U0920995

中国教育考试年鉴

2009

教　育　部　考　试　中　心
全国高等教育自学考试指导委员会办公室　编
教育部高等教育自学考试办公室

中国传媒大学出版社

图书在版编目（CIP）数据

中国教育考试年鉴 . 2009/教育部考试中心（全国高等教育自学考试指导委员会办公室、教育部高等教育自学考试办公室）编 . —北京：中国传媒大学出版社，2010. 6

ISBN 978-7-81127-972-6/G · 972

Ⅰ. ①中 . . . Ⅱ. ①教 . . . Ⅲ. ①高等教育—考试制度—中国—2009—年鉴 Ⅳ. G642. 47-54

中国版本图书馆 CIP 数据核字（2010）第 115921 号

中国教育考试年鉴（2009）

组　　编　教育部考试中心（全国高等教育自学考试指导委员会办公室、教育部高等教育自学考试办公室）
责任编辑　石建华　阳金洲
封面设计　吕　默

出版发行　中国传媒大学出版社
社　　址　北京市朝阳区定福庄东街 1 号　　**邮　　编**　100024
电　　话　010-65779405　010-65738556　　**传　　真**　010-65779405
网　　址　www. cbbip. com
经　　销　新华书店
印　　装　北京市人卫印刷厂

开　　本　890 毫米 × 1240 毫米　1/16
印　　张　38. 25 印张
字　　数　1100 千字
版　　次　2010 年 6 月第 1 版　2010 年 6 月第 1 次印刷

ISBN 978-7-81127-972-6/G · 972　　**定　价**：200. 00 元

编辑说明

《中国教育考试年鉴》是教育部考试中心（全国高等教育自学考试指导委员会办公室、教育部高等教育自学考试办公室）编纂的教育考试资料性工具书。它是各级、各类教育考试部门执行党和国家的教育考试方针政策、做好教育考试工作情况的总结，是我国教育考试事业不断改革发展的成果记录。

编纂《中国教育考试年鉴》的目的，是为教育工作者和研究人员提供教育考试方面的文献资料，为教育考试战线沟通信息、交流经验开辟园地，为宣传中国教育考试改革发展成果设立窗口，为热心关注和研究我国教育考试事业的读者提供事实依据。

《中国教育考试年鉴》的内容反映上一年的工作情况。本卷的内容反映 2009 年教育考试的基本情况。本卷年鉴的基本栏目有：教育部有关领导关于教育考试的重要讲话，政策文献和年代要文，教育部考试中心（全国高等教育自学考试指导委员会办公室、教育部高等教育自学考试办公室）工作情况和各类教育考试综述，地方教育考试情况，各类教育考试统计数字，全国教育考试大事记和附录等。

教育部考试中心（全国高等教育自学考试指导委员会办公室、教育部高等教育自学考试办公室）各处（部、室）、中英教育测量学术交流中心、《中国考试》杂志社、梅迪亚图书资料供应中心和地方教育考试机构参加了本卷年鉴的编写和资料收集工作。

在编纂过程中，力求客观、准确、简明。本卷年鉴如有不足和需要改进之处，诚望各方面的专家和读者指出。

编　者

2010 年 4 月

《中国教育考试年鉴》编辑委员会

《中国教育考试年鉴》编辑委员会

委　　员（按姓氏笔画排序）

目　录

领导讲话

文献选编

教育部考试中心

地方教育考试

统计资料

全国教育考试大事记

附　录

领　导　讲　话

贯彻落实科学发展观　推进自学考试健康发展
——在全国考委第四届专业委员会全体会议上的讲话

教育部副部长、全国考委副主任　赵沁平

今天，我们召开全国高等教育自学考试指导委员会第四届专业委员会全体会议，主要任务是成立新一届专业委员会，研讨新形势下如何加强自学考试工作、以科学发展观积极推进自学考试的改革与发展。值此新一届专业委员会成立之际，我代表教育部和全国考委，对新一届专业委员会的成立表示热烈祝贺，对上一届委员的卓越工作表示衷心的感谢！

借此机会，我讲两点意见：

一、自学考试制度是我国高等教育的重要组成部分

今年是我国改革开放30周年，也是自学考试制度建立27周年、《高等教育自学考试暂行条例》颁布20周年。自学考试制度自诞生以来，始终坚持主动适应社会需求、坚持改革与创新，取得了显著成就。

自学考试主动适应国家经济和社会发展的需求，不断探索、发展，坚持质量标准，满足人们接受高等教育的迫切需求，吸引了5000余万人，近2亿多人次参加自学考试学习，培养了800多万本、专科毕业生，为各行各业输送了大批人才，为社会发展和民族振兴做出了贡献。当前，自学考试的在籍考生还有2700余万人，这充分说明自学考试制度的设计是非常符合中国国情的，是广大人民群众接受高等教育的一种富有弹性的、而且可以因时制宜的制度，为许多因各种原因没有机会进大学里读书的人提供了接受高等教育的途径。

自学考试以自主学习为主，创新了教育机制，在高等教育领域率先打破计划经济的束缚，实现了面向社会需求、适应市场经济的机制体制，为教育改革做出了积极的探索。自学考试的开放、灵活有两个方面，一方面是对学习者的开放、灵活，另一方面是统筹整合社会教育资源的开放、灵活。自学考试专业计划的论证、课程大纲和教材的建设、命题教师的聘用，都是在全国范围内遴选相关专业最适合的高校以及相关行业的一流专家。高等教育自学考试可以汇集全国的优质教育资源，高效率开展工作，直接为全社会服务，以最经济的国家经费投入，培养了质量可靠、规模可观、社会急需的有用人才。

灵活开放、教育成本较低是自学考试的特点。在学习内容、学习方式、学习年限等方面考生都可以自己做出选择，不受空间和时间的限制，是真正的“没有围墙的大学”；自学考试与其他教育形式的课程学分有的可以互认，有的可以续接，搭建了人才培养的“立交桥”。参加自学考试的群体非常广泛，一些领域是其他高等教育形式不可替代的。考生不仅有各类管理人员、专业技术人员、中小学教师、产业工人、务农人员、解放军、武警官兵、公安干警，还有身残志坚的残疾人、甚至在高墙里的服刑人员等。

他们中大多数人是一边工作、一边学习完成学业的,在职参加自学考试,不仅学到了知识、掌握了技能、增强了职业素养,也锻炼和培养了顽强的学习毅力、刻苦的学习精神、不怕挫折的意志品格,成为今后事业发展的宝贵财富。

自学考试制度将个人自学、社会助学和国家考试有机结合起来,极大地激发了广大人民群众奋发学习的热情,调动和利用了社会各类教育资源,逐步成为一种有别于高等学校的教育形式。实践证明,自学考试为国家人才培养,为我国高等教育大众化做出了重要贡献,促进了国民素质的提高,充分体现了继续教育、开放教育的特点,具有广泛的群众基础,已经成为我国高等教育的组成部分,是建设学习型社会不可或缺的重要力量。

二、以科学发展观为指导,推进自学考试健康发展

历史经验表明,国家发展、国际竞争的第一资源是人才建设,自学考试在促进社会公平、社会和谐和构建终身教育体系、建设学习型社会中大有可为。

1. 围绕人力资源大国向人力资源强国迈进的需要,培养社会和基层所需要的人才。

创新型国家的建设不仅需要一大批拔尖创新人才,更需要数以千万计的专门人才和数以亿万计的高素质技能型人才,可以说后两者是社会广泛需求的主要组成部分。人的知识靠学习、能力靠实践,自学考试要根据社会发展变化,科学把握发展方向和人才培养目标的定位,加强实践性环节考核的作用,提高考生实践能力、职业能力的培养。在高等教育大众化继续发展的进程中,自学考试要明确定位于继续教育和终身教育,要体现职业性强、开放度广的特点,专业设置和课程内容要务实,根据社会需要和岗位要求来确定课程,要实现从单一考试向多元化评价的转变,推进教育评价改革和教育科学发展。

2. 加快结构调整,推进自学考试“三个面向”。

调整人才培养的目标,积极推进自学考试面向农村、面向职业教育、面向非学历教育;调整人才培养模式,以自主学习为主,推动各类教育资源,特别是网络教育机构参与助学,形成多层次、开放性、社会化的助学网络。当前,自学考试结构调整的重点是坚持面向农村、面向职业教育和面向非学历教育的发展战略,为此,在政策导向、专业课程体系、学习支撑体系方面要有所突破。自学考试要发挥自身开放、灵活的独特优势,为社会主义新农村建设、为职业教育的大发展做出自己的贡献。

3. 积极调整专业和课程体系,改进评价方式。

专业建设是自学考试事业的基础性工作,体现了自学考试的发展定位,关系自学考试的发展全局。自学考试现有的专业和课程设置、评价的模式与终身教育体系、学习型社会建设的新要求还有一定的差距。调整专业和课程体系,要实现从传统的学科型向以核心课程为主体的职业型、技能型、实用型发展,探索课程评价方式改革,以纸笔考试为主,探索计算机化考试方式;以闭卷考试为主,探索开卷考试方式,形成多元化评价格局。自学考试要积极服务于促进国民经济又好又快的发展,服务于构建多样化、多层次、多类型开放的高等教育体系。

4. 继续发挥专业委员会的重要作用。

全国考委专业委员会是教育部和全国考委依据国务院《高等教育自学考试暂行条例》的规定设立的专家组织。其主要职责是承担自学考试的专业建设、课程大纲和教材建设以及命题质量评估等项工作。在过去的五年里,上一届专业委员会以饱满热情和严谨治学的态度,做了大量工作。在加快自学考试专业建设、确保命题和教材质量、拓展学历与非学历证书教育、推进自学考试改革发展等方面发挥了重要的作用。

成立新一届专业委员会是自学考试工作的一件大事,专业委员会的专家绝大部分来自高等学校，在人才培养和专业设置上如何遵循高等教育规律有着丰富的经验；专业委员会还有来自部委、行业的专家，在实用型人才的培养方面，如何满足行业发展需要也起着重要作用。专业委员会要关注我国高等教育的改革与发展，从经济建设和社会发展所急需人才的角度，来思考和推进自学考试的改革和发展，积极主动地为自学考试的发展提供宝贵的咨询意见和建议。

我相信，新一届专业委员会一定会在上届专业委员会工作的基础上，与时俱进，把工作做得更好。

最后，预祝大会圆满成功，预祝各位委员身体健康、工作愉快！谢谢大家！

在纪念《高等教育自学考试暂行条例》颁布20周年暨优秀自考生表彰大会上的讲话

教育部党组成员、部长助理杨周复

今天我们在这里隆重召开《高等教育自学考试暂行条例》颁布20周年纪念大会，暨优秀自考生表彰大会。首先请允许我代表教育部对这次大会的召开，对获得表彰的优秀自考生表示热烈的祝贺，同时也借此机会向为自学考试制度的设计和发展做出贡献的广大教育工作者表示崇高的敬意！

今年是我国改革开放30周年，伴随着改革开放的不断推进和教育事业的不断发展，高等教育自学考试也走过了近30年的历程，特别是《高等教育自学考试暂行条例》颁布20年来在党中央、国务院的正确领导下，在教育部党组高度重视下，高等教育自学考试事业取得了辉煌的成就，截止到2007年底累计有5 000多万人、近2亿人次参加了学历教育，累计培养本专科毕业生800多万人，累计有3 500多万人次参加了非学历教育，1 200万人获得非学历证书。高等教育自学考试制度逐步形成了学历教育与非学历教育并举发展的新局面，走出了一条发展中国家办大教育的路子，拓宽了高等教育培养人才的途径，受到了社会各行各业的欢迎，为社会各个领域培养了大批人才。今天受到表彰的考生就是他们当中的优秀代表，在他们中间有青年，也有老者；既有主持正义的人民法官，也有为农牧民服务的畜牧师。他们当中绝大多数是边工作边学习，最终完成学业。他们不仅学到了知识、掌握了技能，而且利用所学知识在本职岗位上做出了出色的成绩。

党的十七大报告明确提出要使现代国民教育体系更加完善，终身教育体系基本形成，全民受教育程度和创新人才培养水平明显提高，要发展继续教育，建设全民学习、终身学习的学习型社会。作为世界上规模最大、最能体现终身教育理念和学习型社会要求的开放式高等教育制度，高等教育自学考试制度正面临着新的发展机遇。下面我就高等教育自学考试工作如何进一步贯彻落实党的十七大提出的目标和要求，实现高等教育自学考试科学发展谈三点意见。

第一，高等教育自学考试制度是我国高等教育基本制度之一，要在构建终身教育体系中充分发挥作用。1988 年国务院颁布了《高等教育自学考试暂行条例》，以行政法规的形式确立了高等教育自学考试制度，条例明确规定："凡中华人民共和国公民，不受性别、年龄、民族、种族和已受教育程度的限制，均可依照本条例的规定参加高等教育自学考试。"这为全民提供了均等机会，保障了他们享有平等接受高等教育的权利。1998 年《中华人民共和国高等教育法》规定国家实行高等教育自学考试制度，又以法律的形式确定了自学考试是我国高等教育的基本制度之一。灵活性、开放性是自学考试的突出特点。在学习内容、学习方式、学习年限等方面考生都可以自己做出选择，不受空间和时间的限制，是真正"没有围墙的大学"；与其他教育形式的课程学分有的可以互认，有的可以续接，真正搭建了人才培养的"立交桥"。参加自学考试的群体非常广泛，一些领域是其他高等教育形式不可代替的。考生中不仅有产业工人，机关干部，各类管理人员，中小学教师，有从事农业生产的农民和技术人员，解放军、武警官兵，公安干警还有残疾人，在高墙里服刑人群等特殊群体。这种将个人自学、社会助学和国家考试有机结合起来的学习制度极大地激发了全民学习的热情，调动和整合社会各类教育资源，逐步形成一种有别于普通高等学校的教育形式。实践证明高等教育自学考试制度充分体现了终身教育的理念，具有十分广泛的群众基础，能够在构建终身教育体系中充分发挥作用。

第二，严格保证质量是高等教育自学考试的生命线。在《条例》的指导下，20 年来高等教育自学考试始终坚持严格的质量标准，不断完善和加强组织和质量管理体系建设。目前不仅完善了考试管理机构，建立了严密的考务组织体系，健全的管理制度和规范的操作流程，建成了覆盖全国的国家考试考务管理服务平台，而且在全国考委设立了 16 个专业委员会，由近 200 个专家和教授组成，在专业建设、考试标准、质量评估等方面发挥了重要作用。各地建立了主考学校工作制度，各级自学考试机构把保密工作放在考试安全的首位，严格标准，狠抓落实，坚持思想教育和技术措施两手抓，确保考试安全，维护社会稳定。

当前我国高等教育已经步入了大众化阶段，十七大报告提出要提高高等教育质量，这也是对高等教育自学考试的明确要求。高等教育自学考试作为国家教育考试是一项十分严肃的工作，关系到广大考生切身利益，关系到社会的稳定，必须继续坚持"积极发展、开拓创新、规范管理、保证质量"的发展方针，处理好规模、质量、结构、教育的关系，切实把发展重点放在提高质量上来，并且能够在提高高等教育质量方面做出应有的贡献。高等教育自学考试还必须维护国家考试的严肃性和权威性，执行统一标准，统一命题，统一时间，统一考务，统一考绩，要严厉查处考试中的集体违纪舞弊事件，要大力加强对自学考试的社会助学组织的管理，坚决制止借用自学考试名义的各类违规办学行为，坚决取消各种形式的小考，要认真做好考试突发事件的预案组织工作，提高应急处置能力，净化教育考试环境，确保考试安全、公平、公正，以维护人民群众的根本利益。

第三，坚持制度创新是高等教育自学考试事业发展的动力源泉。《条例》所确立的高等教育自学考试制度，是中国特色社会主义理论在教育领域的伟大实践，是改革开放的产物，它充分继承和发扬了中华民族勤奋好学的优良传统，开创了我国高等教育开放办学的新形式，主动适应我国产业调整和社会经济加速转移的要求；积极面向农村，面向职业，面向非学历教育，把高等教育引向广大农村，把高等教育送到在职职工手中；它积极为转岗就业和需要在职提高的人员服务，为各行各业第一线人员学习服务，努力培养了一大批应用型人才，可以说高等教育自学考试制度本身就是一项制度创新。

《条例》颁布20年来我们深切地体会到《条例》对高等教育自学考试制度的重要意义和作用，随着形式的发展特别是结合国家正在研究制定的“国家教育中长期改革和发展规划纲要”，今后还要修改和完善《条例》，以充分体现坚持制度创新的原则，进一步发挥高等教育自学考试在建设学习型社会中的作用。要以更新教育观念，调整优化结构为重点，培养数以亿计的劳动者；要以增强考生实践能力和创业能力为核心，不断适应转变经济增长方式，优化产业结构和提高自主创新能力的要求；要以终身学习体系建设为目标，构建好开放的适合终身学习的高等教育平台。要以深化改革为手段，进一步加强对社会助学组织的规范管理和指导，关注教育过程的管理，创造良好的助学环境，提高教育质量，保障高等教育自学考试事业的科学发展。

同志们、朋友们，高等教育自学考试制度实施20多年的实践证明发展是主旋律，质量是生命线。高等教育自学考试所取得的成绩来之不易，这是党中央、国务院正确领导的结果，是教育部党组高度重视的结果，是各地各有关部门和社会各方面大力支持的结果，也是教育系统特别是自学考试战线的同志们共同努力的结果。面对新形式、新任务，希望同志们一如既往，再接再厉，以十七大精神为统领，深入学习实践科学发展观，为建设人力资源强国构建学习型社会，为谋划教育事业科学发展，努力办好人民满意教育做出新的更大的贡献。

全国考委秘书长、全国考办主任戴家干同志在全国考委第四届专业委员会全体会议上的讲话

今天，我们召开全国考委第四届专业委员会全体会议，恰逢今年是改革开放30周年，自学考试是改革开放、制度创新的产物；今年又是《高等教育自学考试暂行条例》颁布20周年，条例以行政法规的形式确定了自学考试制度；今年还是《高等教育法》颁布10周年，《高等教育法》进一步明确了自学考试是我国一项高等教育基本制度。

回顾自学考试20多年的发展，分析新的历史时期自学考试面临的机遇和挑战，结合中央开展深入学习实践科学发展观活动的要求，我想借今天这个机会谈三点体会。

一、自学考试始终坚持改革创新，取得了显著成效

自学考试制度的诞生并非偶然，改革开放初期，国家需要大量人才，在当时教育资源严重不足的情况下，自学考试制度应运而生。她是我国教育制度上的一个创新，也是改革开放激发民族创新精神和创造力的必然产物，体现了改革开放给社会带来的活力和首创精神，体现了民族的智慧和政府的胆略。自学考试制度实施20多年来，累计5 000多万考生、1.8亿人次参加了自学考试，培养了860多万本、专科毕业生。20多年来的历程证明，自学考试为解决社会对人才的需求和人民群众对高等教育的需要作出了巨大贡献。

另一方面，自学考试为高等教育的发展理论提供了很好的依据并丰富了这一理论。自学考试除了培养考生的知识和技能，更重要的是养成了自主学习的习惯和磨砺了自强不息的意志品质，这对于人的发展更为关键；同时，自学考试地域上、对象上的广泛性，为边远民族地区考生、为残障人员甚至在押犯人接受高等教育都提供了一个很好的途径，是教育公平和公益性的重要体现，是学习者接受高等教育的一种“保底”制度。自学考试所培养的人才是一个特殊的人才群体，自学考试的考生在自身的成长过程中带动了全社会的学习风气，应该而且必然在建设人力资源强国中凸显出特殊意义。可以说，自学考试为我国建立现代化国民教育体系和构建终身学习的学习型社会作出了巨大贡献。

经过20多年的发展，现阶段自学考试呈现出四个特征。即：学历教育总体规模趋于平稳，近几年基本保持在950万人次以上，今年接近1千万人次；考生人员结构发生了变化，接近60%的考生是在职在岗人员，80%以上的考生考前学历在高中以上；学历教育以本科为主，近年来本科层次增幅很大，目前60%左右的专业是本科层次；非学历教育持续较快增长，规模已接近千万人次，呈现出与学历教育并重发展的态势。

二、自学考试在新的历史时期，要以科学发展观引领各项工作

“不谋全局者不足谋一域”，自学考试要谋求未来的发展，必须放眼教育整体的发展趋势。首先，改革开放30年来，我国经济、社会和文化都在不断发展，教育事业的发展已经进入了一个新的历史时期。党的十七大明确指出，教育事关民生之首，要优先发展，教育是民族振兴的基石，是社会公正的基础。对教育的日益重视，为教育的发展创造出前所未有的良好环境；社会、经济快速发展，财政收入日益增加，也为教育的发展和创新提供了有利条件。其次，全球化的竞争加快了建设人力资源强国的紧迫性，下一阶段是将我国从人口大国向人力资源强国转变的关键时期，要建设人力资源强国，就要保证人民群众接受高等教育的权利，就要多渠道提供接受高等教育的机会。再次，在新阶段教育的发展呈现出新的特征：从教育的需求来看，对优质、公平、多样性、个性化的教育需求正日益成为主导；从教育的发展目标来看，以规模、数量为主的单一发展目标转向以质量为中心的质量、结构、效益复合型发展目标；从教育的发展方式来看，依靠外延扩张的数量型增长方式转向依靠内涵提高的质量型发展；从教育的评价方式上，从内部评价水平转向从外部评价教育；从教育的发展任务来看，有学上的问题逐步解决，上好学的问题成为突出矛盾。

因此，自学考试必须将自身纳入到整个国民教育的发展中，认清形势、明确定位，不断进行结构调整和制度创新，提高质量、办出特色，为学习者提供多样化、个性化的学习途径，为培养数以亿计的高素质劳动者服务，为构建继续教育、终身教育体系和搭建高等教育“立交桥”服务，为从人口大国迈向人力资源强国服务，从单一的终结性考试向多元化评价体系转变，从单一的学历补偿式教育向打造终身教育体系和学习型社会需要的开放式教育平台转型。

三、充分发挥专业委员会的作用

专业委员会是全国考委设立的专家组织，负责自学考试专业建设、制定专业考试计划、组织编写或审定课程考试大纲和教材、命题质量评估等工作，在自学考试中的地位和作用，概括来说就是学术、教学、教材、评估委员会“四位一体”。

自学考试是世界上最大的开放性大学，是一所“没有围墙的大学”，专业委员会首先发挥着学术委员会的作用，负责制定专业考试计划和课程考试标准。自学考试面临着结构调整，要从传统学科型逐步向职业型、技能型、应用型的专业和课程体系转变，形成以核心课程为主体内容、强化实践课和选考课的专业结构，建立选考课程库，这些工作的开展都需要新一届委员会在新时期共同努力。

第二是教学委员会。自学考试机构主要负责考试，考生除了自学主要依靠助学机构的教学和辅导，要加强对考生的自主学习和助学组织的教学辅导的指导和服务，帮助考生掌握学习的重点、克服学习的难点，这方面也需要新一届专业委员会在这方面予以指导和帮助。

第三是教材委员会。自学考试的学习内容主要就体现在教材上，但目前教材还不够多样化，在教材编写中要体现自主学习的特色，符合自学考试教育规律，还要加强网络课件的建设与推广应用，这方面专业委员会将来的工作任务会很重。

最后是评估委员会。专业和课程标准执行情况、命题质量高低、教学效果如何等方面，都需要进行评估，而评估的最权威组织就是专业委员会。

自学考试20多年的发展，历届专业委员会都做了大量工作，上一届的部分委员因为年龄等原因已不再担任这个职务，我们应该永远记住他

们，要感谢他们、给予荣誉。专业委员会是整个自学考试工作核心中的核心，没有在座的老师、专家们，自学考试就不可能有今天的成就和发展。新一届专业委员会保留了很多老委员，你们是自学考试最宝贵的财富，还要请你们和新委员一起，一如既往地继续发挥作用，共同为自学考试事业做出新的贡献。

借此机会再次感谢大家！

在纪念《高等教育自学考试暂行条例》颁布20周年暨优秀自考生表彰大会上的讲话

全国考办主任　戴家干

今天我们在这里隆重集会，纪念国务院《高等教育自学考试暂行条例》颁布20周年。借此机会，总结20年多来自学考试的成就和发展，同时，对全国自学成才奖励基金第三届获奖的优秀自考生予以表彰。请允许我代表全国考办对参加这次会议的各位领导、各位嘉宾、各位同仁和自考生的代表们表示热烈的欢迎，向长期关心自考、支持自考的领导、专家和社会各界同仁表示忠心的感谢，向勤奋学习、自强有为的广大自考生们表示亲切的慰问，向今天获奖的优秀自考生表示热烈的祝贺。

今年是改革开放30年，也恰逢《高等教育自学考试暂行条例》颁布20周年。30年前，中国正处于百废待兴，拨乱反正的时期，国家工作重点转移到了经济建设的轨道上，各行各业急需人才，人们的学习愿望十分强烈，已有的高等教育形式难以满足社会的需求。邓小平同志在科学与教育工作座谈会上指出："教育还是要两条腿走路，就高等教育来说，大专院校是一条腿，各种半工半读的和业余的大学是一条腿。"对人才培养模式，他明确指出："一个是办学校、办训练班进行教学，一个是自学，要下苦功夫学。"小平同志的这些讲话精神是建立自学考试制度的根本指导方针。在小平同志提出的改革开放方针指引下，教育部着手组织研究建立高等教育自学考试制度，探索一种新的适合我国国情的考核制度。1981年1月13日，国务院批转下发了教育部制定的《高等教育自学考试试行办法》，并决定在北京、上海、天津三市试行，到1985年全国各省、自治区、直辖市都开展了高等教育自学考试的试点。

随着自学考试工作在全国的普遍开展，考生人数、考试规模急剧扩大。此时，自学考试机构和队伍急需建立健全，各项工作和各项规章制度急需跟进和完善。老一辈教育部领导和自学考试工作者，审时度势，用发展的魄力和胆略，提出修订《高等教育自学考试试行办法》的战略构想。1986年1月，原国家教委在广泛征求听取意见的基础上决定，起草《高等教育自学考试工作条例》。《条例》历经三年的调研论证和反复修改，凝聚着众多领导、专家、学者以及其他工作者的集体智慧和心血。这项立法工作具有开创性更具挑战性，它不仅涉及教育领域许多重大的理论和实践问题，而且还牵涉到机构、组织、人事、财政等领域诸多政策性和操作性问题，其任务之重、难度之高、争论之多、阻力之大远远超出人们所能想象的范围。但是，在国务院有关部门的大力支持下，在原国家教委的直接领导下，在广大高校专家的指导下，在全国考办以及各省、自治区、直辖市考委负责同志的共同努力下，1988 年 3 月 3 日，国务院正式颁布《高等教育自学考试暂行条例》。《条例》的颁布，是自学考试进一步贯彻邓小平同志教育思想的根本保障，它不仅是自学考试发展史上划时代的里程碑，而且开创了我国终身学习与终身教育立法之先河。它的颁布对推动我国开放教育、继续教育发展，建立终身教育体系具有十分重要的历史意义。在此，请允许我代表全体自考战线的同志们和广大自考生向当年付出辛勤劳动和心血的老领导、老同事、老专家表示崇高的敬意。

在我国现行的四十多部教育法律法规中，《条例》是制订较早的，在当时法制建设任务十分繁重的情况下，充分说明国家对高等教育自学考试工作的重视，说明社会对自学考试这样一种国家考试制度的迫切需求，说明人们自学成才的急切渴望。《条例》对自学考试制度的性质、任务、地位、机构、开考专业、考试办法、毕业生使用等做出了明确规定，以国家行政法规的形式标志着我国高等教育自学考试事业走上了法制化的轨道。特别是 1998 年 8 月，第九届全国人大常委会第四次会议通过《中华人民共和国高等教育法》，第二十一条明确规定：“国家实行高等教育自学考试制度，经考试合格的，发给相应的学历证书或者其他学业证书。”自学考试作为我国高等教育的一项基本制度从法律上得以确立。

自学考试工作在《条例》的规范和保障下获得了蓬勃发展，考试规模逐步扩大，1988 年《条例》颁布的当年，本、专科报考规模突破 300 万人次，到 1997 年年报考规模超过 1 000 万人次，成为世界上规模最大的开放高等教育形式。

《条例》颁布以后，更多的有志者参加了自学考试学习，他们通过自考学习启迪了心灵，培养了智慧，改变了命运，创造了奇迹。多年来，在自学考试中涌现出了一批自强不息、勇于进取的考生群体，今天接受表彰的自考生是全国考委和全国自学成才奖励基金管理委员会共同评选出的“全国十佳自考生”、“单项奖优秀自考生”和“全国优秀自考生”共计 210 名优秀自考生，他们是千千万万自考生的优秀代表。他们的事迹感人至深，催人奋进，有身残志坚者、有耄耋之老者、有坚持正义的英雄、有热爱环境的卫士，有博学多识的学者、有扎根农村脱贫致富的好村官，等等，他们有着几乎相同的学习经历和特点：曲折而不挠，也有着相同的学习结果：圆了大学梦。他们在工作中有着相同的角色：业务骨干或行家里手，在社会里有着相同的认可度：有影响力的人物。获奖的考生，有的是在职职工、有的是退休老人、有的是在校大学生，这样的考生群体结构是其他高等教育形式所没有的，是自学考试独有的特点之一。他们的学习需求虽然各有不同，但是可以认同的是，参加自学考试是提高自身学历、知识和技能的客观需要，更是改变生活环境、工作环境甚至是命运的有效途径。“学习改变命运，知识创造财富。”广大的考生通过参加自学考试，学到了知识、提升了修养、拓宽了思维、培养了坚忍不拔的毅力、升华了人格，他们在工作中学以致用，又有着不同常人的毅力和坚韧，迅速地成长为业务骨干，开拓了自己的个人发展空间。他们用自己的工作业绩证明自己的人生价值，同时回报社会，报效国家！他们已经成长为国家和社会的中坚力量。自学考试因亿万考生的成长而深感骄傲！自学考试制度因广大考生的成就而熠熠生辉！在此再一次让我们用热烈的掌声向他们表示热烈的祝贺和由衷的敬意。

在纪念《高等教育自学考试暂行条例》颁布20周年之际，我们荣幸地邀请到了参加《条例》制订工作的老领导、多年参与自学考试工作的专业委员会的老专家、主考学校的有关领导、助学单位的代表。我想借这个机会，衷心感谢各位领导长期以来对自考事业给予的极大关怀和大力支持！感谢各位专家对自考工作的参与和奉献！感谢主考学校的合作！感谢助学单位对考生的帮助！感谢长期工作在自考一线的各位同事的辛勤工作和默默奉献！

进一步完善自学考试制度　推动自考事业科学发展
——在2008年全国考办主任工作会上的讲话

全国考办主任　戴家干

今天上午刚刚召开了纪念《高等教育自学考试暂行条例》颁布20周年暨优秀自考生表彰大会，回顾了高等教育自学考试的发展历程，总结了高等教育自学考试的成就，表彰了第三届全国自学成才奖励基金优秀自考生。下午召开今年的全国考办主任会议，主要是总结近年来自学考试发展的情况，研究在新的历史时期如何实践科学发展观、进一步改革和发展，讨论社会助学管理工作和部署明年的工作。

一、高等教育自学考试近几年的情况

去年我们召开的考办主任会，讨论并修订完善了《高等教育自学考试改革发展纲要（2007—2012）（征求意见稿）》（以下简称《纲要》）。部党组对自学考试的改革与发展也十分重视，今年年初召开了部长专题办公会专门研究讨论《纲要》。周济部长等部领导对自学考试和《纲要》给予了充分的肯定，认为自学考试制度适合我国国情，是高等教育的重要组成部分，是构建继续教育、终身教育体系和学习型社会的重要平台，是学习者接受高等教育的一种“保底”制度，是教育公平和保障教育权的体现。在新的历史阶段要将自学考试纳入高等教育的整体管理和终身教育的统筹规划中，自学考试要在构建继续教育、终身教育体系的过程中发挥国家考试的权威性，与各类教育形式资源共享，优势互补；要将自学考试与职业教育、与企业行业的在职学习结合起来，为部门、行业的继续教育服务；要加强管理，确保考试质量。

部党组对自学考试工作和《纲要》的肯定，为我们坚定了信心、指明了方向。今年是落实《纲要》的开局之年，各项工作取得了长足的发展。以专业公告制推进专业管理的规范化，同时明确了以核心课为主要内容的专业调整思路，对全国统一专业考试计划和统一命题课程进行了清理并逐步开始调整，结合非学历证书项目大力推进面向农村和职业教育的专业和课程建设；启动了特色教材建设，加强统编教材出版管理并调整了部分出版社，开发了一批网络课件和网络学习卡，稳步推进统编教材选编结合的“双轨制”；加强命题工作的科学化、规范化管理，完成了600多门统一命题课程问卷调查和10门课程的命题质量评估，题库建设取得进展，全面进入题建设命题模式；进一步完善了考务考籍工作规章制度，修订了《考务考籍管理工作手册》，顺利结束对全国的考务考籍质量管理评审，继续推广使用考务管理服务平台和考务指挥系统；加强社会助学管理的同时，积极探索学习服务中心和网络助学等助学新模式，继续推进社会助学组织注册登记工作；加强自考宣传策划，组织了首批12个省市考办网络在线访谈与考生交流，开展主题宣传活动，深入挖掘自考典型，同时加强对各地宣传工作的指导，利用《高等教育自学考试暂行条例》颁布20周年的时机组织评奖，扩大自考影响力；加强信息化建设，利用教育考试专网实现全国性的远程指挥、调度和培训；加强了队伍建设，完成了新一届专业委员会的换届调整工作，将报刊协会纳入自考分会，充分发挥分会在科研、培训、宣传、服务等方面的作用。

在教育部和全国考委的领导下，经过自学考试战线全体同志的共同努力，自学考试呈现出良好的发展态势。首先，总体规模连续三年保持平稳发展态势，特别是今年学历教育报考人次接近千万，比去年增长了4.5%；同时，非学历教育持续发展，比去年增长了5.6%；呈现了学历与非学历教育并重发展的局面。其次，学历层次结构发生显著变化，本科教育有较大发展。本科专业远远大于专科专业，停考的专业中专科专业多于本科专业；报考本科专业的考生约占60%，已经超过专科专业的报考规模。同时，专业设置呈现多样化、职业化趋势。再次，考生学历层次不断提升，具有大专以上学历的考生约占报考总数的54%，每年还有1万名左右的研究生参加自学考试；在职人员逐步成为考生主体，各类在职考生超过报考总数的一半；自学考试继续教育功能日益凸现，已经成为受社会欢迎的继续教育形式。

二、完善制度，推进自学考试科学发展

自学考试制度的创新和独特价值主要体现在以下五个方面：第一，灵活的办学形式是自学考试的灵魂，是其不断进行自我完善和创新的原动力；第二，专业设置灵活、主动适应社会需要的能力强，这是自学考试具有强大的再生能力的基础；第三，自学考试锻炼了学生的自学能力和毅力品质，促进了人的全面、自由发展；第四，自学考试充分利用社会教育资源，相对投入较少，实现最大效益，促进教育公平；第五，自学考试是世界上规模最大、最能体现终身教育理念与学习型社会特点的教育形式。20多年来，累计共有5 000余万人、1.8亿人次参加高等教育自学考试。自学考试制度的建立，对于激发广大人民群众的学习热情、提高全民族文化素质产生深远影响，为全体国民平等享有接受高等教育的机会提供了制度保障，为建立现代国民教育体系、构建终身教育体系和形成学习型社会做出了重要贡献。

但是，我们不能满足已经取得的成绩，必须对当前社会、经济形势进行深入的研究和分析，适应构建终身教育体系和建设学习型社会的需要，抓住战略机遇期推进自学考试科学发展。

1. 推进制度创新，是自学考试科学发展的关键。

制度的创新是一切创造性社会活动的根本，也是决定一切创造性社会活动能否实现的根本。高等教育自学考试之所以有活力，源于其制度是建立在创新的基础之上，而要保持自学考试的活力，就需要不断地进行制度的创新和维护创新的成果。

推进制度创新，实现自学考试与其他各类教育形式的沟通和衔接。目前我国各类教育形式之间没有建立行之有效、相互沟通和衔接的机制，这不仅使社会教育资源没有充分发挥效益，而且使人们在接受继续教育的学习过程中感到很不方便，造成重复学习和考试，既耗费了时间，也不利于人们提高学习效率、就业和从事新的工作。自学考试要发挥开放性、多样性、选择性、兼容性的特点，根据不同类型、不同层次教育形式的差异性需求，积极主动地和其他教育形式进行沟通与衔接，建立多渠道、多层次的教育“立交桥”，形成全方位、立体化的教育格局和相互沟通、相互衔接的教育模式，促进现代国民教育体系的形成，使每个人都有选择接受高等教育的机会和能够根据自己的情况采取更加灵活的学习方式，做到学有所教、学有所成。

推进制度创新，加强与行业部门和企业的合作，通过课程衔接、学分互认、功能互补、专业共建等方式和途径，实现自学考试学历证书与职业资格证书相互沟通和衔接，与其他教育形式优势互补、资源共享。自学考试作为国家考试制度和社会化开放教育形式，在加强与其他教育形式的沟通、衔接方面具有更强的适应性，同时，自学考试的非学历证书教育是未来改革和发展的方向。要建立自考管理部门与职业资格证书管理部门的沟通与协商机制，通过学分互认制度将自学考试与企业、行业、部门的在职学习结合起来；要以应用型人才培养为目标，对自学考试的专业设置、课程考试大纲、教材等进行改革，提高自考生的职业适应能力、创业能力和就业竞争力，为企业、行业的人才需求服务。

2. 提高质量、形成特色，是自学考试实践科学发展观的重要内容。

自学考试以质量求生存、以创新求发展，具有了良好的社会信誉。但是，目前自学考试人才培养的数量和质量还不能完全满足社会经济发展和人民群众对于高等教育的需求，人才培养还存在一些薄弱环节：专业和课程体系仍带有学科化痕迹，教材建设中开放教育的特色体现尚不足，命题和考核的内容、方式、手段仍需改进，实践技能的培养仍然较弱等等。实践科学发展观，就要把提高自学考试质量放在突出位置，坚持质量标准不动摇，走特色发展、内涵式发展道路，注重质量、规模、结构和效益的协调发展，科学把握质量标准，改进考试方式和评价手段，逐步建立科学化、多元化、规范化的考试和评价体系，不断创新人才培养模式，提高劳动者就业能力和技能水平，创建特色品牌专业，打造精品教材，建设高水准的国家题库，严格考试管理，加强对社会助学的管理和监督，切实保证质量。

3. 从单一考试到多元化评价，是实现自学考试科学发展的重要途径。

自学考试是国家考试制度，也是以国家考试为导向的高等教育形式，但是，目前在教育过程中仍然存在一些不足，有以考试为目的的教育、教学倾向，纠正这个不足主要应由教育评价制度来承担。考试主要侧重于测量的技术，侧重于对个体和某个群体的结论性评价；而教育评价更多的是反映教育的价值取向和社会的评价标准，反映了人们对教育状况的认识程度和有关部门的操作水平。从单一的考试到多元的评价已经成为世界各国高等教育人才培养的总体趋势，传统的单一的分数报告和“一考定终身”已经不符合时代和教育发展的要求，必须改造自学考试的评价体系，从单一考试向多元化评价转变，注重对考生的全面评价，这是全面贯彻党的教育方针，提高全民素质的有效方式，更是贯彻“以人为本”思想的重要体现。

作为专业化的教育评价机构，要进一步明确发展定位、拓展服务功能，逐步实现从单一的考试管理向考试管理与教育测评服务并重转变、从行政管理型向服务管理型转变，通过强化教育评价促进自学考试科学发展。首先，要树立为整体教育服务的观念，发挥自学考试在考试信息资源、命题人员、考务组织等方面的优势，积极主动地和有关部门加强联系与合作，开展高水平的考试与评价研究工作，促进科学、完整的教育评价标准体系的形成，为评价教育、评价学校、评价学生服务。其次，要树立“大评价观”，建立新的评价体系，强化自学考试的甄别、选拔功能和评价的反馈、矫正、调节作用，加强考试数据的综合利用工作，对考试数据进行跨年度比较，为了解发展趋势提供参考。再次，要通过构建自学考试的多元化评价体系，为搭建高等教育“立交桥”和构建现代国民教育体系服务，使自学考试培养多层次、多类型人才的功能得到充分发挥，让每个人都有接受各种高等教育和选择适应自己的教育形式的机会。

自学考试要充分利用考试资源，建立一整套科学的教育评价标准和体系，对教育过程和教育对象进行有效评估，加强和深化对人的能力、学力和潜质的测评；要突出学生的主体地位，注重过程性评价，关注学生的成长发展，把形成性评价与终结性评价结合起来，不仅要为考生提供分数，更要通过考试的各种数据，为考生提供知识、能力、特长和潜质的评价报告——“成绩报告单”，让考生了解自己的强项和弱项，要考出学生的长处和优点，使考生知道今后往哪个方向发展，才能真正做到人力资源的合理配置，建设人力资源强国。

三、今后几年工作

自学考试当前和今后一个时期的首要任务，就是要坚持以科学发展观为统领，努力实现《纲要》提出的发展目标，狠抓落实，确保完成几项关键任务。

1. 加大力度推进综合改革，进一步实施结构调整和制度创新，加强核心竞争力。

创新和改革是自学考试事业发展的原动力。今年已经推行综合改革的试点，在此基础上要继续稳步推进，抓住时机、开拓创新，通过综合改革试点推动自学考试各项改革工作，稳定和发展自考规模。

要继续推进专业和课程的结构调整，逐步从传统学科型向以核心课程为主体内容的职业型、技能型、实用型专业和课程体系转变，强化实践课和选考课，尝试建立选考课程库；加大全国统一专业考试计划和统一命题课程的调整力度，实现专业管理的关停并转，做到有开有停；要继续加强专业建设和管理的信息化、网络化，加快运用先进的管理手段。

要继续推进统考课程动态管理，通过预警机制调整全国统一命题课程；要加强省际命题课程协作，推广应用“自学考试命题管理平台”，促进信息共享；要继续推进统考课程命题方式多样化，加快题库建设。

要继续加强自考特色教材建设的研究，制定网络学习课件标准，逐步建立适合自主学习需要、符合自学考试教育规律的学习媒体体系；在建立沟通协调机制的基础上，实行统编教材选编结合“双轨制”运行模式；加强教材管理信息化建设，建立自考教材建设信息服务系统。

要继续发挥考务管理与服务平台的优势，完善应急指挥系统；继续推广标准化考点的建设，规范和推广网上报名、网上评卷，加强考务考籍工作队伍的培训。

要继续拓展服务功能，推行注册学习制，依托规范的社会助学组织建设学习服务中心和实验实习基地；要大力推进网络助学，形成多层次、立体化、开放性的助学服务网络体系；要深化非学历教育证书工作，将自学考试面向农村、面向职业教育和面向非学历教育相结合起来，有针对性地加强与部门、行业沟通合作；要继续开展多元化评价试点，逐步建立科学可行的学业综合评价体系。

2. 完善社会助学管理制度，加强社会助学工作。

社会助学是自学考试的重要组成部分，是自学考试发展的基础力量。但是近年来，社会助学组织连续发生了数起引发社会不稳定的群发事件，有的已经引起了中央领导的重视，这些事件严重损害了自考声誉，成为制约自学考试发展的严重问题。归纳起来，主要原因在于管理上职责不清、体制不顺；个别助学组织办学指导思想不端正，片面追求经济效益；招生广告不规范，虚假承诺；教学管理混乱，质量难以保证等。

解决社会助学管理中存在的严重问题，必须明确职责、理顺关系、完善制度、加强管理。要建立健全注册公告制度，对助学组织进行注册登记并向社会公告，未经注册公告的助学组织不能开展自考助学；要建立招生宣传和广告审查审核制度，对助学组织的招生宣传和广告进行事前审查、事后审核；要建立助学组织检查、评估制度，制订评估检查教学管理的标准体系，不符合要求的必须整改；建立助学活动社会监督制度，向社会公布举报电话，以社会监督促进助学组织建设。

3. 积极推进自学考试面向农村、面向职业教育、面向非学历教育。

自学考试要适应农村经济社会发展需要，建立和完善面向农村的专业和课程体系；要充分利用各类教育资源，建立和完善农村助学网络服务体系；要加强与各类职业资格证书相互沟通，为农民提高职业技能和转移就业能力服务；要充分发挥教师继续教育的优势，积极鼓励农村中小学教师参加自学考试，提高农村教师素质；要加强分类指导，大力推进西部地区自学考试工作。

自学考试专科层次要向职业教育转型，以就业为导向，加大实践环节和职业技能的培养；要以在职人员的继续教育和培训为重点，与企业、行业的在职学习结合起来，为企业、行业的人才需求服务；要主动承担中职中技、高职高专后继续教育任务，开设与中职中技、高职高专和其他教育形式相沟通衔接的专业和课程。

自学考试要深化非学历教育证书考试，结合自考面向农村、面向职业教育，推进“双证书”制度；要有针对性的和行业部门进行沟通与合作，有计划的开发新项目；要继续加强项目宣传推广，打造精品项目，积极推动、扶持农村自学考试工作。

文 献 选 编

教 育 部 文 件

教育部关于印发《2008年高等学校招生全国统一考试考务工作规定》的通知

教考试［2008］1号

各省、自治区、直辖市高等学校招生委员会、教育厅（教委）：

按照我部关于做好高等学校招生全国统一考试工作的要求和部署，现将《2008年高等学校招生全国统一考试考务工作规定》印发给你们，请遵照执行。

附件：2008年高等学校招生全国统一考试考务工作规定

二〇〇八年四月三日

附件：

2008年高等学校招生全国统一考试考务工作规定

第一章 总 则

第一条 高等学校招生全国统一考试（以下简称高考，特指普通、成人高等学校本专科招生全国统一考试）是国家教育统一考试。为健全高考考务工作制度，保障高考的正常实施，根据《教育法》及有关法律、法规，特制定本规定。

第二条 高等学校本专科招生，除经教育部批准外，实行全国统一考试（包含“分省命题”的统一考试）。

第三条 高考的主要目的是为高等学校选拔新生提供考试成绩，同时也要有助于中等学校实施素质教育和公民文化素质的提高。

第四条 高考的基本原则是科学、公平、安全、规范。

第五条　高考的试题（包括副题）在启封并使用完毕前按国家绝密级事项管理，答案及评分参考在考试结束前按国家绝密级事项管理。

第六条　高考考务工作由教育部领导，教育部考试中心负责管理，地方各级考试机构组织实施。

第七条　各级考试机构要采用现代化技术手段管理高考工作。

第二章　考试工作人员

第八条　各级考试机构要配备与所承担的高考考务工作任务相适应的专职与兼职相结合的考试工作人员。考试工作人员的合法权益受到保护。

第九条　考试工作人员的基本条件是：坚持四项基本原则，思想品德良好，作风正派，遵纪守法，遵守保密工作规定，熟悉考试业务，工作认真负责，身体健康。

第十条　考试工作人员要实行岗位或专业技术职务聘任制，经培训合格执证上岗。

第十一条　专职的考试工作人员，如有直系亲属参加当年的高考，应回避接触试题、答案及评分参考与答卷（含答题卡，下同）；兼职人员，如有直系亲属参加当年的高考，不得参加当年的考试工作。

第三章　试卷的印制、运送与保管

第十二条　高考的试卷、答案及评分参考由教育部考试中心或有关省级考试机构提供清样，省级考试机构负责印制。

第十三条　教育部考试中心提供的试卷、答案及评分参考清样通过机要部门发往各省级考试机构。各省级考试机构由 1 名负责人亲自接收，签发回执，并负责本地区试卷、答案及评分参考的保密工作。在试卷的印制、运送与保管过程中，所有涉密事项，必须用加密方式进行联络。

第十四条　试卷、答案及评分参考的清样须存放于省级机要室或省级考试机构的保密室。

第十五条　教育部考试中心提供的试卷、答案及评分参考，在印制过程中任何人不得擅自改动。如需变更，必须经教育部考试中心批准。

第十六条　试卷的印制、运送与保管要严格执行有关文件规定。

第四章　考试实施

第十七条　高考的科目和时间，由教育部公布。自行命题的省（区、市）高考科目名称与全国统一考试科目名称相同的，该科目考试时间安排必须与全国一致，有关科目考试时间安排应报教育部备案后再向社会公布。

第十八条　根据教育部的部署，各省级考试机构在当地政府与招生委员会的领导下，组织实施和管理在本地区的考试工作。

第十九条　考试期间，各级考试机构派督考员或巡视员监督、检查考试实施的情况，协助做好考试工作。

第二十条　高考以地（市）或县（区）为考区，考区设考区委员会，由当地政府负责人任考区主任，教育行政部门及考试机构负责人任副主任，并有公安、保密、监察等部门负责人参加。考区委员会领导、组织、管理本考区的考试实施及处理考试期间本考区发生的重大问题。

第二十一条　考区设若干考点。考点应设在县级以上人民政府所在地。因特殊情况要增设考点的，须报经省级招生委员会批准。

考点设主考 1 人、副主考 2 人，由考区主任聘任。主考、副主考要遵守《主考、副主考职责》（见附 1）。

考点设立考务、保卫、医疗、后勤等小组，以保证考试正常实施。

第二十二条　考点设若干考场。考场应安全、安静，通风、采光条件好，桌椅整齐，室内除必备物品、文字外，不得留有其他任何可能影响考试的物品和字迹。

每个考场考生数为25或30人。考生座位须单人、单桌、单行排列，间距80厘米以上。

每个考场内配备2至3名监考员，考场外设若干流动监考员。监考员由考点主考聘任。监考员必须恪守《监考员职责》（见附2）。普通高考的监考员不得由高三任课教师或班主任担任；成人高考的监考员不得由补习班或辅导班任课教师或班主任担任。

省级考试机构有权统一调派监考员。

第二十三条　省级考试机构应按照教育部的要求建立考生诚信考试电子档案、统一制作《考生诚信考试承诺书》并制订具体的操作办法。

第二十四条　考试机构对符合报名条件的考生，制作、发放《准考证》。《准考证》存根保存半年。

第二十五条　省级考试机构以县和科类为单位随机编排准考证号。准考证号的编排按教育部有关文件执行。

第二十六条　各级考试机构和考试工作人员必须严格按照《考试实施程序》（见附3）实施考试；加强对备用卷的管理，启用备用卷应严格履行有关手续。

第二十七条　考生凭《准考证》和省级考试机构规定的其他证件参加考试，考生必须遵守《考生须知》（见附4）。

第二十八条　用汉语文授课、学习的考生，参加高考（除外语科外），笔试一律用汉文字答卷。用本民族语文授课的高级中等教育毕业生，报考用汉语文授课的高等学校，在参加全国统考时，汉语文由教育部另行命题，不翻译成少数民族文字，并用汉文字答卷；其他各科（包括外语试题的汉语部分）可翻译成本民族文字，用本民族文字答卷。有关省、自治区在考汉语文的同时，也可以考少数民族语文，并负责命题（试题、答案及评分参考报教育部备案）。

第二十九条　跨省借考考生的答卷要单独装订、密封，由借考地省级考试机构于考试结束后立即通过机要部门寄送考生户籍所在省级考试机构。上述考试机构应指定专人（2人以上）负责借考考生答卷的收发与保管。

第三十条　考生答卷在统一评阅前，任何单位或个人不得以任何借口拆封。

第三十一条　考试期间，各级考试机构应安排昼夜值班，值班电话应在考前告知上下级考试组织机构。遇有失密、泄密、大面积舞弊等重大事件，须立即报告省级考试机构并转报教育部考试安全类突发事件应急处置工作组及教育部考试中心。

第三十二条　考试结束后，省级考试机构须按要求立即将考试情况书面简要报告教育部考试中心。

第三十三条　副题的启用

（一）因自然灾害、战争等不可抗原因造成省（区、市）或地、县未能按时实施考试，省级考试机构须及时报告教育部考试安全类突发事件应急处置工作组，经批准后启用副题进行考试。

（二）因试卷丢失、被窃或其他原因造成试题失密、泄密，省级考试机构须立即采取有效措施控制扩散，并立即报告教育部考试安全类突发事件应急处置工作组和省（区、市）保密局。查清失密、泄密范围后，考前应在失密、泄密范围内立即停止考试，考后由教育部宣布在失密、泄密范围内的此次考试无效，经教育部考试安全类突发事件应急处置工作组批准后，启用副题重新进行考试。

（三）启用副题进行考试的组织管理、评卷等工作均依照本规定相应条款执行，考试时间由教育部考试安全类突发事件应急处置工作组确定，教育部考试中心或有关省级考试机构负责提供副题及相应的答案及评分参考。

第三十四条　由于试卷印刷有误或自然灾害等原因造成拖延了全国统一考试开考时间的，须由考区主任立即报省级考试机构批准延长考试结束时间，但延长的考试时间一般不应超过30分钟。

第五章 评卷与分数报告

第三十五条 省级考试机构对本辖区的评卷工作组织、管理和质量负总责。

第三十六条 考生答卷保存期为考试成绩公布后半年。考试成绩在通知考生本人前，任何人不得擅自泄露。

第三十七条 答卷的运送与保管应严格执行有关文件规定。

第三十八条 承担评卷任务的高等学校设评卷点。各评卷点成立评卷领导小组，组长由学校主管领导担任，省级考试机构派人参加。

分学科成立学科评卷小组，组长由具有本学科高级职称的人员担任，并必须遵守《学科评卷小组组长职责》(见附5)。学科评卷小组在评卷结束后，撰写学科评卷工作总结和试题评价报告，经省级考试机构报教育部考试中心。

第三十九条 评卷人员由评卷领导小组聘任。评卷人员以高校教师为主，有中学教师或教研员参加，其队伍应相对稳定。作文等非选择题评卷人员，应聘请责任心强、水平高的教师担任。评卷人员必须遵守《评卷人员守则》(见附6)。

第四十条 评卷工作按照《评卷工作要求》(见附7) 的规定执行。

第四十一条 评卷中发现一考场一科雷同卷超过五分之一以上或其他异常情况，应迅速报告省级考试机构查处，并及时将查处结果报告教育部考试中心。

第四十二条 教育部考试中心负责监督检查各地评卷情况。

第四十三条 评卷结束后，考试成绩通知考生本人，省级考试机构制订具体的成绩通知办法和答卷复查办法。

第六章 考试信息管理

第四十四条 建立、健全考试机构的多级考试信息管理、通讯网络，购置必要的设备，配备一定的专业技术人员，逐步实现考试信息管理科学化、规范化、现代化。

第四十五条 考试信息包括考生情况，考区、考点、考场设置情况，考试情况，考试成绩等。各级考试机构要根据考试工作需要及时公布统一规范的考试信息项目及代码。

第四十六条 下一级考试机构按要求及时向上级考试机构准确报告有关考试信息。各省级考试机构应在考试结束后2天内，将本省（区、市）在考场中发现的违纪、作弊人数汇总并报教育部考试中心。

第四十七条 各级考试机构对考试信息的采集与处理要规定严格的管理程序和严肃的工作纪律，控制误差，保证考试信息的准确。

第四十八条 考试信息未公布前按国家秘密级事项管理。各级考试机构要采取相应的保密措施，保证考试信息的安全。

第四十九条 考试信息由教育部或省级考试机构向社会公布，任何单位或个人不得擅自向社会发布考试信息。

第七章 附 则

第五十条 承担高考相关工作是各级各类学校的责任。各有关学校应为命题、考试、评卷等工作提供条件和支持。

第五十一条 各省级考试机构可根据本规定制订工作实施细则，并报教育部备案。

第五十二条 本规定在2008年高等学校招生全国统一考试中施行。

附：1. 主考、副主考职责
2. 监考员职责
3. 考试实施程序
4. 考生须知
5. 学科评卷小组组长职责
6. 评卷人员守则
7. 评卷工作要求

附1

主考、副主考职责

一、主考在考区委员会的领导下，负责本考点的全面工作，主持本考点的考试，副主考协助主考工作。

二、负责选聘和培训监考员及其他工作人员。

三、负责组织布置考点及考场，做好考前准备工作。

四、负责本考点备用试卷的管理。

如因试卷不完整、字迹模糊、错装等原因须启封备用试卷，应报告考区主任或副主任批准，并须由主考、副主考2人签名负责。

五、负责本考点终止违规考生或违规考试工作人员继续参加考试或工作的处理，其他偶发事件的处理。

六、负责本考点答卷回收和运送工作。

每科考试结束后，组织和验收各考场的答卷装订与密封，并派专人保管与保卫，按时送到考区指定地点。

七、负责本考点的安全保卫工作。

切实组织好安全保卫工作，发现问题及时处理，重大问题要立即报告考区主任。

八、负责本考点的考试情况报告工作。

考试结束后，向考区委员会报告本次考试情况。

附2

监考员职责

一、在考点主考领导下，主持本考场的考试，维护考场秩序，严格执行考试实施程序，如实记录考试情况，保证考试正常进行。

二、对考生进行考风考纪教育，宣读《考生须知》，宣布考试注意事项。

三、检查考生《准考证》及规定的其他证件，督促考生填写姓名、准考证号等，并进行核对，发现填涂错误，应要求其改正。

四、监督考生按规定答卷，制止违纪舞弊行为，并按《国家教育考试违规处理办法》等规定做好相关工作。

五、考试中发现异常情况立即报告主考。

六、制止非本考场考生和除主考、副主考、督考员、巡视员以外的任何人进入考场。

七、遵守监考纪律，不擅离职守，不吸烟，不打瞌睡，不阅读书报，不聊天，不抄题、做题、念题，不检查、不暗示考生答题，不得擅自提前或拖延考试时间。

八、考试期间，不得将手机、寻呼机等通讯工具带入考场，不得以任何理由把试卷、草稿纸带出或传出考场。

九、考前、考后检查、清理考场。

附3

考试实施程序

一、每科目开考前25分钟（第一科为考前35分钟），监考员甲、乙共同领取试卷、答题卡、草稿纸等，检查试卷袋是否有破损，核对试卷袋上标明科目是否与本场考试科目相同，核对无误后直入考场。

二、开考前20分钟（第一科为考前30分钟），监考员组织考生有秩序地进入考场，核对《准考证》及省级考试机构规定的其他证件，指导考生对号入座。

在第一科考试前20分钟，监考员应认真向考生宣读《考生须知》及考试注意事项。

三、开考前15分钟，监考员分发答题卡和草稿纸，并指导考生填涂答题卡的姓名、准考证号及科目。

四、开考前10分钟，监考员当众启封试卷袋，并认真核对，若发现试卷与本场考试科目不符或试卷数量不符、错装、漏印、重印、错印等情况，立即请示主考，按照规定采取有效措施，保证考试实施。

五、开考前5分钟分发试卷。

六、试卷分发完毕后，监考员应指导考生清点试卷，在试卷规定的地方填写自己的姓名、准考证号及座位号等。

七、开考信号发出后，监考员宣布开始答卷。

八、考试开始后，监考员甲在前台监试，监考员乙持《准考证》存根再次逐个认真核对考生在试卷上所填写的姓名、准考证号、座位号等是否正确，考生本人与《准考证》上的照片及省级考试机构规定的其他证件是否相符。若有问题，立即查明，予以处理。

九、开考15分钟后，迟到考生不得进入考点；监考员对缺考考生试卷和空白试卷应分别在总分处和答题卡的姓名处加盖“缺考”或“空白”印章，缺考考生姓名和准考证号、座位号也由监考员填涂。

十、考生交卷出场时间不得早于每科目考试结束前30分钟。

十一、监考员对试题内容不得作任何解释，但对于试卷印刷文字不清之处所提出的询问，应予当众答复，试题有更正时应及时板书当众公布。

十二、监考员应监督考生按规定答卷，制止考生违反考试纪律的行为，并将考生违规情况和考试情况如实填入考场记录单中。

十三、每科目考试结束前15分钟，监考员应当众宣布离考试结束所剩时间。

十四、每科目考试结束信号发出后，监考员要求考生立即停止答题。

监考员检查核对考生所填写的准考证号是否准确，试卷页数是否完整，并按座位号（包括缺考考生）从小到大（小号在上、大号在下）的顺序整理好考生答卷、答题卡和草稿纸后，考生起立，依次退出考场。

十五、监考员将整理好的考生答卷、答题卡交主考验收合格后，装订、密封。

十六、每科目考试结束后，监考员应清理考场。

十七、外语科听力考试部分有关程序由教育部考试中心另行规定。

附4

考生须知

一、考生应讲诚信并自觉服从监考员等考试工作人员管理，不得以任何理由妨碍监考员等考试工作人员履行职责，不得扰乱考场及其他考试工作地点的秩序。

二、凭《准考证》和省级考试机构规定的其他证件，按规定时间和地点参加考试。

三、考生入场，除2B铅笔、书写蓝（黑）字迹的钢笔、圆珠笔或签字笔、直尺、圆规、三角板、橡皮外（其他科目有特殊规定的除外），其他任何物品不准带入考场。

严禁携带各种通讯工具（如手机、寻呼机及其他无线接收、传送设备等）、电子存储记忆录放设备以及涂改液、修正带等物品进入考场。

考场内不得自行传递文具、用品等。

四、考生入场后，对号入座，将《准考证》等证件放在桌子上以便核验。考生领到答题卡和试卷后，应在指定位置和规定的时间内准确清楚地填涂姓名、准考证号、座位号等栏目。凡漏填、错填或字迹不清的答卷、答题卡无效。

遇试卷分发错误及试题字迹不清等问题，可举手询问；涉及试题内容的疑问，不得向监考员询问。

五、开考信号发出后方可开始答题。

六、迟到15分钟后不准进入考点参加当科目考试，交卷出场时间不得早于每科目考试结束前30分钟，交卷出场后不得再进场续考，也不得在考场附近逗留或交谈。

七、在试卷、答题纸的密封线外或答题卡规定的地方答题。不准用规定以外的笔和纸答题，不准在答卷、答题卡上做任何标记。答题过程中需使用同一类型和颜色字迹的笔。

八、在考场内须保持安静，不准吸烟，不准喧哗，不准交头接耳、左顾右盼、打手势、做暗号，不准夹带、旁窥、抄袭或有意让他人抄袭，不准传抄答案或交换试卷、答题卡，不准将试卷、答卷、答题卡或草稿纸带出考场。

九、考试结束信号发出后，立即停笔，根据监考员指令依次退出考场，不准在考场逗留。

十、如不遵守考场纪律，不服从考试工作人员管理，有违纪、作弊等行为的，将按照《国家教育考试违规处理办法》进行处理并将违规事实记入考生诚信考试电子档案。

附 5

学科评卷小组组长职责

一、在评卷领导小组领导下，组织本学科的评卷工作，按时完成评卷任务。严守纪律，保守秘密，严格执行评卷的有关规定。

二、在评卷前组织试评。在试评和学习、掌握答案及评分参考的基础上，制订评分细则。

三、培训评卷人员，使每个评卷人员正确、熟练掌握答案和评分参考及评分细则。

四、检查执行答案及评分参考和评分细则的情况，纠正执行过程中的偏差。

五、负责本学科评卷的质量，裁决有关执行答案及评分参考和评分细则过程中的分歧意见。

六、评卷结束后，对本学科答卷情况进行分析，做出对试题、试卷的定性分析报告，并对试题、答案及评分参考提出意见，报有关考试机构。

附 6

评卷人员守则

一、严守纪律，保守秘密，严格执行评卷的有关规定。

二、严格掌握评分标准，防止偏宽、偏严和错评、漏评，按时完成任务。

三、在规定的地点集中评卷，凭《评卷工作证》出入评卷场所。

四、不得将答卷、评卷及统分的文件、资料等带出工作场所，评卷情况不得外传；工作时间不会客，不打电话；不得私自进入答卷保管室和登分处；不准查询考生分数；不准将手机、寻呼机等通讯工具带入评卷场所。

五、评卷一律使用红色字迹签字笔或圆珠笔，其他笔不得带入评卷场所。记分要清楚，如更改，必须有组长和复核人员签字或盖章。

六、不得私自拆密封答卷册，不准撬看密封线内的考生姓名、准考证号等内容，不得涂改考生答卷及成绩。

七、爱护答卷与各种资料，不得损坏答卷。

八、保证评卷场地安全、安静。

附 7

评卷工作要求

一、选择题评卷注意事项

（一）选择题采用机器评卷。

（二）成立机器评卷领导小组，组织机器评卷工作。

（三）培训评卷人员，做好计算机、光电阅读器等设备的调试工作。

（四）编制评卷软件。评卷软件必须经过试运行。在正式评卷中，任何人不得擅自修改。

（五）标准答案输入计算机须由 2 名以上专职人员负责，保证准确无误，标准答案在计算机中存储时必须采取技术手段加密，防止人为改动。

（六）制定严格的评卷工作程序和工作纪律。

1. 评卷人员的工作用笔为红色字迹签字笔或圆珠笔，不准携带其他笔、橡皮、软盘等进入评卷场所。

2. 评卷组备有专用铅笔和橡皮，由专人保管。

3. 任何人不得修改答题卡的内容。对有问题的答题卡进行技术处理时，须2人以上同时在场。如需复制无法阅读的答题卡，原答题卡须保留备查。

4. 建立责任制。各小组要有工作记录，小组之间要履行严格的交接手续，并由专人负责数据文件的管理。任何人不得擅自修改、拷贝数据文件。必须进行技术性修改时，要填写登记表，写明修改前后的数据，并要有机器评卷组负责人在内的2人以上同时在场。

（七）评卷过程中，应有专职技术人员负责维护计算机、光电阅读器等技术设备的正常运转。

（八）评卷过程中，每个工作单元要做好数据备份，加强计算机存储设备使用的管理，防止计算机病毒的破坏。

（九）加强机器评卷的质量检查。

（十）选择题评卷结束后，应将考生成绩按要求存储，制作备份盘，保存好数据。

二、非选择题评卷注意事项

（一）非选择题含作文、计算题、证明题和论述题等，采用人工评卷。

（二）评卷人员在评卷过程中应按规定签署姓名。

（三）记分要准确、工整。用阿拉伯数字记分，只记得分，不记扣除分数。

（四）计算分数时，对每题和小题中小数点以后的分数不作四舍五入，每科积分时才作四舍五入处理。

（五）作文由2人分别评阅，2人给出的分数在评卷小组设定的评分误差范围的，取2人所评分数的平均值；超出评分误差范围内的，由评卷小组讨论确定。其他题目采取一人一题单独评阅。疑难问题由评卷小组讨论解决。

（六）各学科每天的复查量不得少于当天评卷数的20%。若有与原评卷教师不同意见，由学科评卷小组组长裁决。

积极推广计算机监控和人工复查相结合的方法，提高评卷质量。

（七）积分复核人员对各题分数、全卷分数全面复核。

（八）分数订正由评卷点指定专人负责。订正后，加盖评卷点分数校对章。

（九）评卷人员、复查人员、积分复核员及分数订正人均应签字负责。

（十）对有异常情况的答卷（如雷同卷、字迹前后不一致、在密封线外写有考生姓名、考号或标记的考生答卷等）先评分，同时填写《答卷异常情况登记表》，由评卷领导小组裁定，报省级考试机构处理。

教育部关于进一步加强2008年普通高等学校招生全国统一考试安全工作的紧急通知

教考试［2008］3号

各省、自治区、直辖市高等学校招生委员会、教育厅（教委）：

正在各地积极应对今年高考面临的复杂形势、认真落实5月6日教育部电视电话会议精神之际，四川汶川发生强烈地震，给当地造成重大人员伤亡和财产损失，也给高考准备工作带来压力和困难。在党中央、国务院的坚强领导下，在全国各地的大力支持下，灾区广大教育工作者全力以赴，教育系统抗震救灾工作正在有序、有力、有效地进行。目前，2008年普通高等学校招生全国统一考试在即。为切实做好相关工作，确保“平安高考”目标的实现，现将有关要求通知如下：

一、高度重视，强化部门协调。各级教育行政部门、考试机构要深刻认识到高考能否安全、平稳实施是关系到国家和社会安全稳定，在当前举国抗震救灾的关键时刻，“平安高考”更是教育领域具有政治意义和全局意义的重要工作。在距高考仅剩十余天的时候，各级教育行政部门、考试机构必须再次紧急行动起来，结合今年非同寻常的复杂形势，对考前各项工作尤其是涉及安全方面的工作进行深入细致的检查和落实，把“安全第一”放在最突出的位置，务求把各项工作抓好抓实，确保“平安高考”，让中央放心，让人民满意。

各省级教育行政部门、考试机构要充分发挥省级招生委员会和省级国家教育考试联席会议的作用，密切联系公安、武警、信息产业、无线电、保密、卫生防疫、交通、气象、地震等部门，建立部门联动机制，开展考试综合整治，应对突发事件，维护高考良好的社会信誉和政府形象。

二、加强管理，确保试卷安全。安全保密是高考的生命线。试题试卷安全始终是高考的第一要务，没有试题试卷的绝对安全，“平安高考”就无从谈起。各级教育行政部门、考试机构要充分认识到试卷安全的极端重要性，绝不能因为工作失误给试卷安全带来任何损害，进而对社会稳定造成恶劣影响。各级教育行政部门、考试机构要把高考试题试卷安全作为“一把手工程”，主要负责同志亲自抓，对当地的高考试卷安全负总责。必须明确试卷等各种考试材料的印制、运送、分发、保管以及答卷回收、保管的工作职责，并且责任到人。各级教育行政部门、考试机构负责人要对试卷安全各环节随时进行监督检查，发现问题立即整改。6月1日前，各地要对本地所有试卷保密室及答卷保管室进行全面的安全检查。各省级教育行政部门、考试机构必须按照我部有关规定，认真做好评卷的组织与管理工作，确保不发发生任何问题。

三、采取措施，确保考试安全。确保考试安全是目前各级教育行政部门、考试机构最急迫的首要任务。各地要采取切实有效措施，严格按照我部有关文件规定和5月6日电视电话会议要求，做好考场管理，和有关部门密切配合严厉打击利用现代化通信手段团体作弊行为，严厉查处打击非法制销、使用作弊工具的行为，对互联网有害信息及时封堵、删除。加强对考风薄弱地区，特别是省际交界地区的考场管理。对参与、组织、纵容考生在报名资格、考试等环节作弊的教育系统工作人员，要依照有关法规严惩不贷。

确保考生、考试工作人员的人身安全是各级教育行政部门、考试机构在今年高考工作中的另一项重要职责。各地要对高考考点、考场（教室）、考生集中住宿点及各种设备、场地进行一次集中拉网式排查，消除各种不安全隐患。对考生集中食宿的场所要加强卫生防疫工作。加强环境卫生整治，注意食品和饮水卫生，防止传染病流行。

地处灾区的各级教育行政部门、考试机构在做好上述工作的同时，要采取多种形式，进一步加强考生、考试工作人员防震抗灾救护知识教育，组织必要的防灾演练，进一步增强考生、考试工作人员避险意识，掌握实用的自防自救自护知识，切实提高自防自救自护能力。

四、完善预案，应对突发事件。对可能出现的各种意外情况，各级教育行政部门、考试机构按照《教育部办公厅关于印发〈国家教育考试突发事件应急处置预案实施办法（暂行）〉的通知》（教考试厅［2008］1号）要求认真制定细则，逐级培训到位，做到严密防范，精心组织，措施到位，责任到人。要有应对各种情况发生的准备，及时、妥善处理各类突发事件，确保考生、考试工作人员人身安全和考试安全。

地震灾区和周边受影响的地区要协助有关部门对可能发生余震和次生灾害的地区及其设施采取紧急处置措施并加强监控，及时发布预警通知，防范次生灾害造成新的伤亡。配合建设部门对考点、考场进行安全检查，只有通过权威部门和专家安全评估的考点、考场方可使用。

五、加强宣传，优化服务。各级教育行政部门、考试机构要在当地有关部门的积极支持下，研究部署高考宣传工作。要大力开展形式多样、注重实效的正面宣传引导，防止炒作误导，营造和谐、积极、宽松的高考舆论氛围。

各级考试机构要把以人为本、服务考生融入到工作的每一个环节。地处灾区的各级教育行政部门、考试机构给予考生更多的人文关怀，科学有效地组织开展对灾区考生的进行心理辅导和各种集体活动，使他们能够以最大可能的平静心态参加高考。

各地认真履行好党和人民赋予的神圣职责，以扎扎实实和富有成效的工作，确保2008年普通高等学校招生全国统一考试工作安全平稳实施。

教 育 部

二〇〇八年五月二十二日

教育部关于印发《2009年全国招收攻读硕士学位研究生统一入学考试考务工作规定》的通知

教考试［2008］4号

各省、自治区、直辖市教育厅（教委）、高等学校招生委员会办公室，有关省（市）科委（科技干部局），有关部门（单位）教育司（局），解放军总政治部干部部，各研究生招生单位：

按照我部关于做好2009年招收攻读硕士学位研究生工作的要求和部署，现将《2009年全国招收攻读硕士学位研究生统一入学考试考务工作规定》印发给你们，请遵照执行。

附件：2009年全国招收攻读硕士学位研究生统一入学考试考务工作规定

教　育　部

二〇〇八年九月二十日

附件：

2009年全国招收攻读硕士学位研究生统一入学考试考务工作规定

第一章　总　则

第一条　为健全招收攻读硕士学位研究生入学考试（以下简称硕士生入学考试）考务工作制度，加强考务管理工作的规范化和制度化建设，保障考试的正常实施，根据《教育法》、《高等教育法》及有关法律、法规，特制定本规定。

第二条　硕士生入学考试是选拔硕士生的主要手段。做好硕士生入学考试考务工作是保证研究生招生质量的基础和首要环节。

第三条　硕士生入学考试考务工作应遵循科学、公平、安全、规范的原则。

第四条　招收攻读硕士学位研究生入学考试是国家教育全国统一考试。其中全国统考科目试题（由教育部考试中心组织命制以及教育部委托MBA教学指导委员会命制的试题，包括副题）在启封并使用完毕前按国家绝密级事项管理，答案及评分参考在考试结束前按国家绝密级事项管理；各招生单位联合命制和自行命制的试题（包括副题、单考试题）在启封并使用完毕前按国家机密级事项管理，答案及评分参考在考试结束前按国家机密级事项管理。

答案及评分参考在考试结束后至使用完毕前按国家秘密级事项管理。

考生答卷（含答题卡，下同）在成绩公布前按国家秘密级事项管理。

第二章　管理机构及职责

第五条　硕士生入学考试考务工作由教育部统一领导、部署。教育部考试中心负责硕士生入学考试初试全国统考科目的考务工作。省级教育考试机构负责组织、指导、协调、监督本地区硕士生入学考试考务工作。

第六条　各省级教育考试机构根据本地区实际情况确定报考点，并按规定报教育部备案。报考点要适当集中，相对稳定，以设在地（市、州）招办或高等学校为宜。报考点的负责人由教育行政部门负责人或高等学校负责人担任。报考点接受考生咨询，办理报名手续，安排考场，组织考试（此情况下报考点也称考点），也可另设考点组织考试。

另外，省级教育考试机构也可以地（市、州）为单位设置考区（考区内可设若干考点）。考区设考区委员会，由当地政府部门负责人任考区主任，教育行政部门及教育考试机构负责人任副主任，并有公安、保密、监察等部门负责人参加。

第七条　考点应设在地（市、州）政府所在地。招生单位设置的校外考点须经教育部批准，否则考试成绩无效。

第八条　考点实行主考负责制，设主考 1 人，可根据情况设副主考若干人。考点主考由地（市、州）教育行政部门负责人或高等学校、科研院所有关负责人担任，由省级教育考试机构聘任或授权聘任。主考、副主考要履行并遵守《主考、副主考职责》（见附 1）。

第九条　考点应设立办公室和试卷保管收发、监考、宣传保卫、技术保障、医疗、后勤联络等若干小组（考生少的考点可不设组，但应至少有 2 人专门负责试卷保密保管等工作），实行岗位责任制，分工负责有关工作，以保证考试正常实施。

第十条　各级教育考试机构及高等学校要配备与所承担的硕士生入学考试考务工作任务相适应的专职与兼职相结合的考务工作人员。考务工作人员的合法权益受到保护。

第十一条　考务工作人员选聘的基本条件是：坚持四项基本原则，思想品德良好，作风正派，遵纪守法，遵守保密工作规定，熟悉考试业务，工作认真负责，身体健康的正式在职人员。

第十二条　考务工作人员要实行岗位聘任制，经培训合格后方可上岗。

第十三条　考务工作人员选聘实行回避制度。专职的考务工作人员，如有直系亲属参加当年的硕士生入学考试，应回避接触试卷、答案及评分参考、答卷。兼职人员如有直系亲属参加当年的硕士生入学考试，不得参加当年的考务工作。

第三章　试卷的印制、运送与保管

第十四条　教育部考试中心提供统考科目试题、答案及评分参考清样，省级教育考试机构负责试卷印制。省级教育考试机构应当按照《试卷印制及封装规范》（见附 2）自行印制、联合印制或委托印制，并在规定的时间内将印刷厂和监印人员名单报送教育部考试中心备案。

第十五条　教育部考试中心提供的统考科目试题、答案及评分参考清样通过机要渠道发往各省级教育考试机构。各省级教育考试机构由 1 名负责人亲自接收，签发回执，并负责本地区试卷、答案及评分参考的保密工作。在统考科目试卷的印制、运送与保管过程中，所有涉密事项，必须用加密方式进行联络。

第十六条　教育部考试中心提供的试卷清样，在印制过程中任何人不得擅自改动。如需变更，必须经教育部考试中心批准。印制过程中如有版式改动，应当以教育部考试中心提供的清样内容为准。

第十七条　统考科目试卷、答案及评分参考的清样应当存放于省级教育考试机构指定的保密室或机要室。招生单位自命题的试卷、答案及评分参考应当存放于本单位的保密室。

第十八条　招生单位自命题（含招生单位之间联合命制的试题）由招生单位负责试卷印制和寄送工作。

招生单位自命题试卷的试卷袋（以下称小信封）应严格按照规定的规格及标准印制。试卷按考试科目分别装入小信封内，核查无误后，加以密封，并在封面上注明考生编号、考试科目名称和具体考试时间。小信封内仅封装试卷，招生单位不得装入答题纸和草稿纸。答题纸和草稿纸由考点负责发放。

招生单位将同一考生的装有各科试卷的小信封封装在中信封内。中信封封面上应注明考生编号和招生单位、报考点名称。

招生单位把同一报考点的中信封捆扎装入邮包（即大信封）。在邮包里附一个装有《硕士生入学考试初试考生情况汇总表》的信封，供报考点清点试卷。在邮包的封面注明“（接收试卷地点）××同志亲启”以及“机密”、“非收件人不得拆封”字样。在规定时间内以机要寄、送到报考点。

第十九条　考点负责领取统考命题、招生单位自命题试卷。领取试卷必须选派政治可靠、工作负责、保密观念强、身体健康，且无直系亲属参加当年硕士生入学考试的在职干部，由考点负责人带队，并有公安（或武警）人员参加，3人以上押运。

第二十条　考点在领取试卷前须按照省级教育考试机构要求填写所有参加领卷和护送押运人员的姓名、性别、职务、工作单位等基本情况，加盖考点单位公章后报省级教育考试机构。领卷人员必须持考点单位介绍信、本人居民身份证、省级教育考试机构的领卷证明和由省级公安部门开具签发的《免检证》，按省级教育考试机构安排的时间到保密印刷厂领取全国统考科目试卷，到报考点领取自命题试卷。

第二十一条　省级教育考试机构按各考点准考人数计算、发放硕士生入学考试统考命题科目试卷及招生单位自命题科目试卷答题纸、密封签。

第二十二条　在接收到招生单位以机要寄、送达的自命题邮包后，报考点应及时将机要送至试卷保管室（有条件的要安装视频监控装置），安排专人（两人以上）核对邮包内中信封袋数与准考人数是否相符，检查中信封内的考生试卷袋与《硕士生入学考试初试考生情况汇总表》记载的考生信息、考试科目是否相符。如有差错，应有两人或两人以上书面记录差误情况，立即与相关招生单位联系，并妥善保管机要邮件信封、包装袋、纸箱等材料。如遇试卷袋遗失等情况要在第一时间报告省级教育考试机构。

第二十三条　试卷领取、运送、保管等环节的工作必须严格按照《国家教育考试考务安全保密工作规定》（教考试［2004］2号）等有关保密规定执行。试卷的印刷、封装、移交、收发等各环节，手续要严密、清楚、精确无误，要保证试卷的绝对安全。

第四章　考试实施

第二十四条　各省级教育考试机构根据教育部的部署，在当地政府、省级招生委员会、教育行政部门的领导下，组织实施和管理本地区的考试工作，按照《国家教育考试突发事件应急处置预案实施办法（暂行）》，结合本地实际情况，制订相应的实施细则。

第二十五条　考试期间，各级教育考试机构派督考员或巡视员监督、检查考试实施的情况，协助做好考试工作。考试结束后，督考员或巡视员要向派出教育考试机构书面报告考试实施情况。

第二十六条　硕士生入学考试的科目和时间由教育部公布。

第二十七条　考生凭招生单位制作、发放的准考证和本人居民身份证（现役军人持“军官证”或“文职干部证”）参加考试。考生必须遵守《考场规则》（见附3）。

第二十八条　考点设若干考场。考场应安全、安静，通风、采光条件好，桌椅整齐。室内除必备物品、文字外，不得留有其他任何可能影响考试的物品和字迹。

每个考场以安排30名考生为宜。考生座位隔列安排，相邻两行考生之间距离不得少于80厘米。

每个考场内配备2至3名监考员，考场外设若干流动监考员。监考员由考点主考聘任。监考员必须恪守《监考守则》（见附4），严格按照《考试实施程序》（见附5）进行操作。

第二十九条　省级教育考试机构应按照教育部的要求建立考生诚信考试电子档案、统一制作《考生诚信考试承诺书》并制订具体的操作办法。

第三十条　各级教育考试机构必须加强对备用试卷的管理，如因试卷不完整、字迹模糊、错装等原因须启封备用试卷，须经省级教育考试机构批准，并由主考、副主考至少2人签名负责。

第三十一条　考试期间，各级教育考试机构应安排昼夜值班，值班电话应在考前告知上下级考试组织机构。遇有失密、泄密、大面积舞弊等重大事件，省级教育考试机构须立即采取有效措施控制扩散，并在第一时间报告省级人民政府、教育部（高校学生司和考试中心）。

第三十二条　考试结束后，省级教育考试机构须立即将考试情况书面简要报告教育部考试中心。

第三十三条　副题的启用

（一）因自然灾害等不可抗原因造成省（区、市）或地（市）未能按时实施考试，省级教育考试机构应当第一时间报告省级人民政府、教育部（高校学生司和考试中心），经批准后启用副题进行考试。

（二）因试卷丢失、被窃或其他原因造成试题失密、泄密，省级教育考试机构须立即采取有效措施控制扩散，并在第一时间报告省级政府、教育部（高校学生司和考试中心）。查清失密、泄密情况和范围后，根据不同情况采取相应措施：如在考前发现失密、泄密，则在失密、泄密范围内立即停止使用该试卷。如在考后发现失密、泄密，则由教育部宣布在失密、泄密范围内的此次考试无效。经教育部批准后，启用副题重新进行考试。

（三）启用副题进行考试的组织管理、评卷等工作均依照本规定相应条款执行，考试时间由教育部确定，教育部考试中心或有关单位负责提供副题及相应的答案及评分参考。

第三十四条　由于试卷印刷有误或自然灾害等原因造成全国统一考试开考时间拖延的，应当由考点主考或考区主任立即报省级教育考试机构批准延长考试结束时间，但延长的考试时间一般不应超过30分钟。

第五章　答卷接收、整理和寄送

第三十五条　各招生单位须按照机要保密管理制度，严格机要收发手续。交接过程中要认真清点，详细记录各考点寄达的机要数量、编号以及机要袋密封情况。

第三十六条　招生单位在收到答卷机要后，应及时将机要送至答卷保管室（有条件的要安装视频监控装置），安排专人（两人以上）核对中信封袋数与准考人数是否相符，检查中信封中内的考生答卷袋与《硕士生入学考试初试考生情况汇总表》记载的考生信息、考试科目是否相符。如有差错，应有两人或两人以上书面记录差误情况，立即与相关考点联系核实，查明情况，并将机要邮件信封、包装袋、纸箱等材料应妥善保管，以便核查。如遇答卷遗失等情况要在第一时间报告省级教育考试机构。

第三十七条 考生答卷在集中整理前，任何单位或个人不得以任何借口拆封考生的答卷袋。

第三十八条 招生单位要集中时间，到符合保密规定的场所进行答卷整理工作。整理时至少三人同时在场，禁止无关人员进入。有条件的招生单位要进行视频监控。

第三十九条 考生答卷袋拆封后，应检查答题纸和答题卡上的考生编号和考生姓名是否与答卷袋上的一致，有无漏写（涂）、错写（涂）。如有，应作详细记录，答题纸、卡需复印备查，然后再由专人（二人以上）补上或改正。复印件上同时标注出补、改之处。

考生如有加页，应与答题纸一并装订。考生答卷袋中的草稿纸和试卷要放在原答卷袋中留存，以便特殊情况时查找。答卷袋按序存放，保存至初试成绩公布后一个月。

第四十条 招生单位应按照所在地省级教育考试机构的规定，对考生答卷进行整理和封装，在省级教育考试机构规定的时间送交指定评卷点。

工商管理硕士专业学位（MBA）的外国语、综合能力答卷和法律硕士的专业基础课（含刑法、民法）、综合课（含法理、宪法和中国法制史）按照专业学位指导委员会的要求进行整理和封装，在规定的时间用机要寄送指定评卷点。

第六章　评卷与分数报告

第四十一条 统考科目试卷评卷工作由省级教育考试机构负责组织和管理。联合考试科目的评卷工作由教育部委托有关单位组织进行。招生单位的自命题科目的评卷工作原则上由招生单位组织进行。

第四十二条 考生答卷的运送与保管必须严格按照《国家教育考试考务安全保密工作规定》等有关保密规定执行。

第四十三条 承担评卷任务的高等学校设评卷点。各评卷点要成立由省级教育考试机构负责人和承办高等学校负责人共同组成的评卷领导小组，加强对评卷工作的领导和管理。建立健全评卷工作系列规章制度，特别是评卷工作责任制度、异常情况报告制度、责任追究制度和评卷工作质量监督保证制度。逐步完善评卷员的聘任机制，保证评卷工作的需要。

分学科成立学科评卷小组，组长由具有本学科高级职称的人员担任，并必须遵守《学科评卷小组组长职责》（见附6）。学科评卷小组在评卷结束后，应撰写学科评卷工作总结和试题评价报告，经省级教育考试机构报送教育部考试中心。

第四十四条 评卷员由评卷领导小组聘任，评卷员应选聘业务水平高，遵守纪律，身体健康，能胜任评卷工作，当年无亲属参加该科目考试的高校教师。评卷员必须遵守《评卷员守则》（见附7）。

第四十五条 评卷工作按照《评卷工作要求》（见附8）的规定执行。

第四十六条 评卷过程中发现异常情况，应按规定程序迅速报告省级教育考试机构，并及时将查处结果报告教育部考试中心。

第四十七条 教育部考试中心负责监督检查各地评卷情况。

第四十八条 评卷结束后，考试成绩由招生单位通知考生本人。省级教育考试机构制订具体的答卷复查办法。

第七章　考试信息管理

第四十九条 考试信息包括考生情况，考区、考点、考场设置情况，考试情况，考试成绩，报考学校，报考专业等。

第五十条 各级教育考试机构要加强考试信息管理，配备一定的专业技术人员，购置必要设备，搭建信息网络，逐步实现考试信息管理的科学化、规范化和现代化。

第五十一条 各级教育考试机构必须对评卷

数据、成绩数据、违规数据的安全准确高度重视，应当使用管理和技术手段，对各种数据反复校验和多次审核，每次数据校验和审核后必须有当事人和负责人签字确认，要强化应急处置预案，做好数据的备份（有条件的应当采取异地备份方式）。

第五十二条　各级教育考试机构对考试信息的采集与处理要规定严格的管理程序和严肃的工作纪律，控制误差，保证考试信息的准确。

第五十三条　下一级教育考试机构须按要求，在规定的时间向上级教育考试机构准确报告有关考试信息。各省级教育考试机构应在考试结束后 5 天内，将本省（区、市）发现的违纪、作弊人数等考试信息汇总报送教育部考试中心。

第五十四条　考试信息未公布前按国家秘密级材料管理。各级教育考试机构要采取相应的保密措施，保证考试信息的安全。

第五十五条　任何单位或个人未经教育部或省级教育考试机构同意，不得擅自向社会或其他机构发布或提供考试信息。

第八章　附　则

第五十六条　承担硕士生入学考试相关工作是学校的责任和义务。各有关学校应为命题、考试、评卷等工作提供条件和支持。

第五十七条　各省级教育考试机构可根据本规定制订工作实施细则，并报教育部备案。

第五十八条　本规定在2009 年全国招收攻读硕士学位研究生统一入学考试工作中施行。

附：1. 主考、副主考职责
2. 试卷印制及封装规范
3. 考场规则
4. 监考守则
5. 考试实施程序
6. 学科评卷小组组长职责
7. 评卷员守则
8. 评卷工作要求
9. 硕士生入学考试违规考生记录表
10. 硕士生入学考试违规考生处理决定书
11. 硕士生入学考试违规考生情况汇总表
12. 2009 年硕士生入学考试考务信息网络发布平台使用说明
13. 2009 年硕士生入学考试全国统考科目考试安全保密工作报告要求
14. 2009 年硕士生入学考试违规考生信息上报要求

附 1：

主考、副主考职责

一、主考负责本考点的全面工作，主持本考点的考务。副主考协助主考工作。

二、负责选聘和培训监考员及试卷运送、保管等其他工作人员。

三、负责组织布置考点及考场，做好考前准备工作。

四、负责本考点备用试卷的管理。如因试卷不完整、字迹模糊、错装等原因须启封备用试卷，须报告省级教育考试机构批准，并由主考、副主考至少 2 人签名负责。

五、负责本考点违规考生、违纪考务工作人员及偶发事件的处理。

六、负责本考点答卷回收和运送工作。每科考试结束后，组织和验收各考场的答卷，并派专人保管与保卫，按时送到保密室。

七、负责本考点的安全保卫及医疗、后勤保障工作。切实组织好安全保卫工作，发现问题及时处理，重大问题要立即报告省级教育考试机构或考区主任。

八、负责本考点的考试情况报告工作。考试结束后，应向省级教育考试机构或考区主任书面报告本次考试情况。

附2：

试卷印制及封装规范

一、试卷印制要严格按照教育部、中宣部、公安部、保密局联合印发的《国家教育考试考务安全保密工作规定》（教考试［2004］2号）有关要求进行。

二、各科试卷、答题纸统一使用不低于60克白色书写纸印制。

三、英语、日语、俄语试卷成品为26.3cm×19cm，其他科试卷成品印制规格为26cm×18.5cm（16开）。

四、各科试卷袋的规格为（29cm×21cm），颜色、色标位置要求由教育部考试中心另行规定，试卷袋内所配的红色密封签按试卷袋大小配制。

五、试卷采取一份一袋的办法封装，信封封面应印制以下项目：考试科目代码、考试科目、考试时间、考生编号、报考单位、考场名称及座位号。试卷密封后按有关单位上报的份数（另加备用数）捆扎成包，并在邮包的封面注明“（接收试卷地点）××同志亲启”以及“绝密”、“非收件人不得拆封”字样，于规定日期通过机要寄送给各省级教育考试机构指定的试卷接收人。

附3：

考场规则

一、考生应当自觉服从监考员等考务工作人员管理，不得以任何理由妨碍监考员等考务工作人员履行职责，不得扰乱考场及其他考试工作地点的秩序。

二、考生凭本人《准考证》和本人“居民身份证”（现役军人持“军官证”或“文职干部证”），按规定时间和地点参加考试。

三、考生不得携带任何书刊、报纸、稿纸、资料、通讯工具（如手提电话、寻呼机及其他无线接收、传送设备等）或有存储、编程、查询功能的电子用品以及涂改液、修正带等物品进入考场。只准带必需的文具，如蓝（黑）色字迹钢笔、圆珠笔或签字笔，以及铅笔、橡皮、绘图仪器等，或者根据招生单位在准考证上注明的所需携带的用具。

考场内不得自行传递文具、用品等。

四、考生入场后，对号入座，将《准考证》等证件放在桌子左上角上以便核验。考生领到答题卡和试卷后，应在指定位置和规定的时间内准确清楚地填涂姓名、准考证号、座位号等栏目。凡漏填、错填或字迹不清的答卷、答题卡无效。

遇试卷分发错误及试卷字迹不清等问题，可举手询问；涉及试题内容的疑问，不得向监考员询问。

五、不到规定的开考时间，考生不得拆启试卷。

六、考生迟到15分钟后不准进入考点参加当次科目考试，交卷出场时间不得早于考试结束前30分钟，具体出场时间由省级教育考试机构规定。考生交卷出场后不得再进场续考，也不得在考场附近逗留或交谈。

七、考生在试卷、答题纸的密封线外或答题卡规定的地方答题。不准用规定以外的笔和纸答题，不准在答卷、答题卡上做任何标记。

八、考生在考场内须保持安静，不准吸烟，不准喧哗，不准交头接耳、左顾右盼、打手势、做暗号，不准夹带、旁窥、抄袭或有意让他人抄袭，不准传抄答案或交换试卷、答题卡，不准将试卷、答卷、答题卡或草稿纸带出考场。

九、考试终了时间一到，考生应立即停止答卷，并将试卷、答题卡、答题纸（或答卷）装入原试卷袋内并密封。经监考员逐个核查无误后，方可逐一离开考场，试卷、答题卡、答题纸（或答卷）和草稿纸不准带走。

十、如不遵守考场纪律，不服从考务工作人员管理，有违纪、作弊等行为的，将按照《国家教育考试违规处理办法》进行处理并记入违反诚信考试电子档案。

附4：

监考守则

一、在考点主考领导下，主持本考场的考试，维护考场秩序，严格执行考试实施程序，如实记录考试情况，保证考试正常进行。

二、对考生进行考风考纪教育，宣读《考场规则》，宣布考试注意事项。

三、检查考生《准考证》及规定的其他证件，督促考生填写姓名、准考证号等，并进行核对，发现填涂错误，应要求其改正。

四、监督考生按规定答卷，制止违纪舞弊行为，并按《国家教育考试违规处理办法》等规定做好相关工作。

五、考试中发现异常情况立即报告主考。

六、制止非本考场考生和除主考、副主考、督考员、巡视员外任何人员进入考场。

七、遵守监考纪律，不擅离职守，不做与监考无关和影响考生答卷的事情（吸烟，打瞌睡，阅读书报，聊天，抄题、做题、念题等）。不检查、不暗示考生答题。不得擅自提前或拖延考试时间。

八、考试期间，不得将手机、寻呼机等通讯工具带入考场。不得以任何理由把试卷、答卷和草稿纸带出或传出考场。

九、考前、考后检查、清理考场。

附5：

考试实施程序

一、每科目开考前30分钟（第一科为考前35分钟），所有考点工作人员到位工作。监考员甲、乙到指定地点共同领取试卷、答题卡、答题纸、草稿纸等，检查试卷袋是否有破损，核对试卷袋上标明科目是否与本场考试科目相同，核对无误后，于开考前20分钟同行直入考场。并将试卷、答题卡、答题纸、草稿纸等对号分放在考生的桌面上。

二、开考前10－20分钟（由省级教育考试机构统一规定），监考员组织考生有秩序地进入考场，核对《准考证》及居民身份证，指导考生对号入座。

第一科开考前，监考员应认真向考生宣读《考场规则》及考试注意事项。

三、在各科考试前5分钟，监考员应提醒考生根据试卷小信封封面记载核对所报考专业、考生编号、考试科目名称、时间是否与准考证相符。指导考生填写答题纸封面上有关项目。

四、开考信号发出后，监考员宣布开始答卷，由考生拆封试卷袋，进行答题。每科考试开考后，监考员要逐个检查准考证上的考生编号是否与座签一致，考生本人与准考证及身份证件上的照片是否相符。若有问题，立即查明，予以处理。

五、监考员在每科考试开考15分钟后，对缺考考生应在考生情况汇总表和缺考考生试卷信封正面明显处注明“缺考”字样，并记录缺考考生编号。非经主考批准，监考员不得拆启缺考考生试卷袋。经批准拆封的试卷袋，由考点出具说明函，并经主考签字。所有缺考考生的试卷袋均须寄回招生单位。

六、考生交卷出场时间不得早于每科目考试结束前30分钟，具体出场时间由省级教育考试机构规定。

七、监考员对试题内容不得作任何解释，但对于试卷印刷文字不清之处所提出的询问，应予当众答复，试题有更正时应及时板书当众公布。

八、监考员发现考生作弊时，应立即制止其作弊行为，并做好取证工作和考场记录。如考生无理取闹，影响考场秩序，经主考批准，可终止其考试，并带离考场。

九、考试时间终了前15分钟，监考员应提醒考生注意。终了时间一到，监考员应宣布停止答卷，督促考生将试卷和答题卡、答题纸（或答卷）装入原试卷袋内并密封。逐个验收无误后，允许考生逐一离开考场。监考员将试卷袋送交试卷收发员验收。草稿纸在每科考试结束后收回，待考试全部结束3个月以后由考点统一销毁。

十、全部考试结束后3天内，各考点必须将每名考生（含缺考考生）的各科试卷及答卷，集中捆扎在一起，密封在中信封内，再按招生单位进行汇总，并在招生单位寄来的《硕士生入学考试初试考生情况汇总表》的备注栏内注明每一考生的考试情况，与试卷、答卷一起通过机要寄送招生单位。对有缺考、违规、作弊或其他异常情况，考点必须附函说明，并将硕士生入学考试初试违纪记录寄考生报考单位。

附6：

学科评卷小组组长职责

一、在评卷领导小组领导下，组织本学科的评卷工作，按时完成评卷任务。严守纪律，保守秘密，严格执行评卷的有关规定。

二、在评卷前组织试评。在试评和学习、掌握答案及评分参考的基础上，组织制订评分细则。

三、培训评卷员，使每个评卷员正确、熟练掌握答案和评分参考及评分细则。

四、检查执行答案、评分参考和评分细则的情况，纠正执行过程中的偏差。

五、负责本学科评卷的质量，裁决在执行答案、评分参考和评分细则过程中的分歧意见。

六、评卷结束后，对本学科答卷情况进行分析，撰写学科评卷工作总结和试题评价报告，经省级教育考试机构报教育部考试中心。

七、对在评卷过程中发现的雷同卷进行鉴定，并报评卷领导小组审核。领导小组应及时报省级教育考试机构处理。省级教育考试机构应将重大情况在第一时间报告教育部考试中心。

附7：

评卷员守则

一、评卷员在规定的地点集中评卷，凭《评卷工作证》出入评卷场所。

二、评卷员要熟悉和掌握统一评分标准及执行细则，认真贯彻公正、准确的原则，并做到宽严适度、始终如一。

三、评卷员不准自行携带笔、橡皮、存储介质等进入评卷场所。

四、评卷一律使用红色字迹钢笔、圆珠笔或签字笔。记分数字的书写要准确、清晰、工整，在评卷过程中应按规定签署姓名。如有更改，应有更改人签名。记分使用阿拉伯数字，只记得分，不记扣除分。

五、评卷时要爱护答卷及各种资料，做到完好无损。答卷不准带出评卷场所。

六、评卷员发现试题本身有误，或答卷雷同等异常情况，应及时报告学科评卷小组组长。

七、评卷员要严守纪律，保守秘密，不得向外泄漏评卷情况。不得涂改考生答卷和成绩，不得查阅考生成绩，不得翻阅他人评阅或复查的答卷。

评卷过程中如发现评卷员违反以上职责，应立即停止其工作，并报其所在单位有关部门处理。

附8：

评卷工作要求

一、评卷工作程序和工作纪律

1. 评卷前，评卷点要分科清点好答卷，密封试卷封面的考生编号，另外编写密号。

2. 评卷小组要指定专人负责领送答卷。领送答卷时，要严格检查答卷封面及密号等，如发现问题要及时送答卷保管组处理。

3. 评卷小组应先组织试评，掌握尺度以后，再分题到人流水作业，评完一题，在题号前及试卷封面登分位置记载该题分数，并签上评卷人姓名。遇有疑难问题，可由评卷小组集体讨论，然后定分。

4. 评卷组备有专用红色字迹钢笔、圆珠笔或签字笔、铅笔和橡皮。要有专人保管、发放和收回。

5. 评卷过程中要建立责任制。各小组要有工作记录，小组之间要履行严格的交接手续。

6. 任何人不得修改答题卡或答题纸的内容。对有问题的答题卡或答题纸进行技术处理时，须2人以上同时在场。

7. 在评卷过程中，应组织专人做好复查工作，确保评卷工作质量。对个别答卷评阅的错漏现象，以及登分、记分错误，复查后需要更改的，必须由评卷领导小组负责人、学科评卷小组组长和原评卷员联合签名，说明缘由上报省级教育考试机构审核。若与原评卷员有不同意见，由学科评卷小组组长裁决。

8. 积极推广计算机监控和人工复查相结合的方法，提高评卷质量。

9. 计算分数时，对每题和小题中小数点以后的分数不作四舍五入，每科积分时才作四舍五入处理。积分复核人员对各题分数、全卷分数全面复核。

10. 分数订正由评卷领导小组指定专人负责。订正后，加盖评卷领导小组分数校对章。

11. 评卷员、复查人员、积分复核员及分数订正人均应签字负责。

12. 对有异常情况的答卷（如雷同卷、字迹前后不一致、在密封线外写有考生姓名、考号或标记的考生答卷等）先评分，同时填写《答卷异常情况登记表》，由学科评卷小组认定，并由评卷领导小组审核，报省级教育考试机构处理。

13. 答卷评阅后要当天收回，集中保管。

14. 评卷现场严禁吸烟，需做好防火、防水、防盗、防鼠措施。

二、选择题部分采用机器评卷注意事项

1. 成立机器评卷领导小组，组织机器评卷工作。

2. 培训评卷员，做好计算机、光电阅读器等设备的调试工作。

3. 编制评卷软件。评卷软件必须经过试运行。在正式评卷中，任何人不得擅自修改。

4. 标准答案输入计算机须由2名以上专职人员负责，保证准确无误，标准答案在计算机中的存储必须采取技术手段加密，防止人为改动。

5. 应有专职技术人员负责维护计算机、光电阅读器等技术设备，以保证设备的正常运转。

6. 如需复制无法阅读的答题卡，原答题卡须保留备查。

7. 每个工作单元要做好数据备份，加强计算机磁盘使用的管理，防止计算机病毒的破坏。由专人负责数据文件的管理。任何人不得擅自修改、拷贝数据文件。必须进行技术性修改时，要填写登记表，写明修改前后的数据，并要有机器评卷组负责人在内的2人以上同时在场。

8. 选择题机器评卷结束后，应将考生成绩按要求存入磁盘，制作备份盘，保存好数据。

附 9：

硕士生入学考试违规考生记录表

编号：__________

考点代码：____________________　　考点名称：____________________

考生编号：____________________　　考生姓名：____________________

报考单位：____________________　　违规考试科目：________________

考点负责人（主考或副主考）签名：____________________________________

联系人：______________________　　电话（加区号）______________

考生违规事实	监考员（巡视员/督考员）签名：__________、__________ 我已经阅知上述违规记录的内容。考生签名：__________
处理依据和意见	处理部门盖章 年　月　日

注：此表一式三份，由考点或招生单位填写。一份随“报考攻读硕士学位研究生考生情况汇总表”一起寄考生第一志愿报考单位；一份寄考生报考单位所在省级教育考试机构备案；一份由考点所在地省级教育考试机构备案。

附 10：

硕士生入学考试违规考生处理决定书

（考点留存）

考生姓名：________________　　考生编号：____________________

报考单位：________________　　违规应试科目：________________

违规行为（填背面代码）：

违规证据：

考试地点：____

送达人签字：__________　__________

硕士生入学考试违规处理决定书

考生姓名__________，考生编号____________________，于_________年__________月__________日上（下）午参加全国硕士研究生入学考试，因你的行为（见背面方框内划“√”处）已构成了考试违规。现依据教育部《国家教育考试违规处理办法》（第 18 号令）第五至十条，作出以下处理（见方框内划“√”处）的决定。

□取消该科目的考试成绩；

□本次考试的各科考试成绩无效；

□终止你继续参加本科目考试，本次考试的各科成绩无效。

考生依法享有陈述权、申辩权。如对本决定不服的，考生可在收到本处理决定书之日起十五日内，有权向有关省级教育考试机构或报考单位的主管部门以书面形式提出陈述、申辩意见以及相应事实、理由和证据。逾期视为放弃权利。

处理部门盖章

年　月　日

<table>
<tr><th>违规行为类型及代码</th><th>处理办法</th></tr>
<tr><td>□51. 携带规定以外的物品进入考场或者未放在指定位置的；□52. 未在规定的座位参加考试的；□53. 考试开始信号发出前答题或者考试结束信号发出后继续答题的；□54. 在考试过程中旁窥、交头接耳、互打暗号或者手势的；□55. 在考场或者教育考试机构禁止的范围内，喧哗、吸烟或者实施其他影响考场秩序的行为的；□56. 未经考务工作人员同意在考试过程中擅自离开考场的；□57. 将试卷、答卷（含答题卡、答题纸等，下同）、草稿纸等考试用纸带出考场的；□58. 用规定以外的笔或者纸答题或者在试卷规定以外的地方书写姓名、考号或者以其他方式在答卷上标记信息的；□59. 其他违反考场规则但尚未构成作弊的行为。</td><td>取消该科目的考试成绩</td></tr>
<tr><td>□61. 携带与考试内容相关的文字材料或者存储有与考试内容相关资料的电子设备参加考试的；□62. 抄袭或者协助他人抄袭试题答案或者与考试内容相关的资料的；□63. 抢夺、窃取他人试卷、答卷或者强迫他人为自己抄袭提供方便的；□64. 在考试过程中使用通讯设备的；□65. 由他人冒名代替参加考试的；□66. 故意销毁试卷、答卷或者考试材料的；□67. 在答卷上填写与本人身份不符的姓名、考号等信息的；□68. 传、接物品或者交换试卷、答卷、草稿纸的；□69. 其他作弊行为。</td><td rowspan="2">各科考试成绩无效</td></tr>
<tr><td>□71. 通过伪造证件、证明、档案及其他材料获得考试资格和考试成绩的；□72. 评卷过程中被发现同一科目同一考场有两份以上（含两份）答卷答案雷同的；□73. 考场纪律混乱、考试秩序失控，出现大面积考试作弊现象的；□74. 考务工作人员协助实施作弊行为，事后查实的；□75. 其他应认定为作弊的行为。</td></tr>
<tr><td>□81. 故意扰乱考点、考场、评卷场所等考试工作场所秩序；□82. 拒绝、妨碍考务工作人员履行管理职责；□83. 威胁、侮辱、诽谤、诬陷考务工作人员或其他考生；□84. 其他扰乱考试管理秩序的行为。</td><td>终止该科目考试，各科考试成绩无效</td></tr>
</table>

附 11：

硕士生入学考试违规考生情况汇总表

考点代码：__________ 考点名称（盖章）：__________

考点负责人签名：______________________________

序号	考生编号	违规考生姓名	报考单位代码及名称	违规考试科目代码及名称	违规情况记录	备 注

注：本表一式两份，考试结束后一份交考点所在地省考试机构存档，另一份考点留存。

附 12：

2009 年硕士生入学考试考务信息网络发布平台使用说明
（2009 年硕士研究生入学考试省级用户版）

国家教育考试考务管理平台（以下简称平台）功能及使用方法如下：

一、接入考务专网，打开 IE 浏览器，在地址栏内键入网址：www. kaowu. neea. edu. cn，进入登录界面。

二、在登录界面用户名栏处输入由教育部考试中心为各省级考试机构配发的研考考务值班用户名，即 yk + 省代码（例：北京研考考务值班用户名为 yk11）、对应密码和校验码，之后点击“登录”按钮。

三、登录后进入系统首页，此时弹出“选择考试信息”窗口，选择其中“2009 年硕士学位研究生入学全国统一考试”，单击“确定”按钮即可进入该考试项目。可以看到主界面采用三栏式结构，上部为导航栏，左侧为功能模块列表，中间为信息显示区，右侧为用户在线状态栏。综合信息、信息报送是省级用户应用的重要功能，下面简要介绍其使用方法：

1. 综合信息

教育部考试中心向省级考试机构发布信息的窗口，分为通知通告、工作通报、重要文件三个模块。点击每个模块可以浏览到上述信息的标题列表，再点击标题即可查看该信息的详细内容并可做出相应回复。省级用户只能浏览该栏目中的信息并回复给信息发布人，而不能在该栏目内发布新信息。

2. 信息报送

省级考试机构向教育部考试中心发送请示和汇报的窗口，分为工作请示、考务信息和网络有害信息汇报三个模块。点击“工作请示”或“网络有害信息”后可看到本用户已发出请示或有害信息的标题列表及其状态（未阅读/已阅读/已回复）。点击页面上方“填报”图标则可进入信息发布页面，在其中可以进行请示（汇报）的输入和编辑、添加附件、选择发送方式、定义发送范围及发送时间等操作，最后单击右上方“发布”按钮即可完成请示或汇报的上报工作。点击“考务信息”栏，页面中部出现 11 个与本次考试相关的考务工作报告，分别是：值班安排上报、考试工作布置安排、考前数据上报、试卷印刷情况上报、试卷运送情况上报、试卷考前保管情况上报、考试实施情况上报、考后考试情况总结、评卷情况上报、考场违规数据上报和评卷工作报告，可依据考务工作报告要求逐项填报。

3. 短信

分为收件和发件两个模块，发件功能目前暂不对省级用户开放。点击收件，显示所有通过平台发给本用户手机号码的信息。

四、为保证考试期间有关应急处置的通知、公告、要求、规定等迅速下达到各省，在系统中启用短信通知的方式与各省级考试机构保持联络。考试期间发送短信的手机号码将在本平台上公布。当值班手机收到由系统发出的短信后，必须立即直接回复并署名，但无回电功能。

五、在平台使用中如遇技术问题，请与教育部考试中心信息处褚庆军联系，电话：010 - 82520132；有关平台应用问题请与教育部考试中心考务管理与监察处蔡武越联系，电话：010 - 82520122。

附 13：

2009 年硕士生入学考试全国统考科目考试安全保密工作报告要求

各省级教育考试机构必须按照下表及时上报相关内容，凡属失密、泄密和大规模违纪、舞弊等重大事件必须立即上报。自硕士生入学考试全国统考科目试卷清样发出后，如遇问题，请各省级教育考试机构拨打以下电话与教育部考试中心联系：010－82520111、82520114、82520113（传真）、82520126（传真）、13911684411、13911684422、13911684433。自 2009 年 1 月 6 日起，上述电话昼夜开通。

序号	报告内容	上报人	报送对象	报送途径	上报形式	上报时间及相关要求
1	省、地级考试机构考试值班安排、准考人数、考区、考点、考场、监考员、省派巡视员人数	省级教育考试机构	教育部考试中心考务管理与监察处	传真：010－82520126 或考务信息网络发布平台	书面报告（签字盖章）或通过信息网络发布平台上报	1 月 4 日前上报。内容包括值班人员、值班电话（办公电话、手机、传真）、值班安排、互联网监控联络员姓名、及电话（24 小时开机）。
2	试卷清样的接收情况	同上	同上	同上	同上	接收考试材料当日上报。内容包括收到考试材料的种类、数量、包装情况等。
3	试卷印刷情况	同上	同上	同上	同上	若印刷正常，每三天报一次；否则，必须在发生情况的第一时间报告。
4	试卷运送情况	同上	同上	同上	同上	若运送正常，在到达目的地后立即报告；否则，必须在发生情况的第一时间报告。
5	试卷的考前保管情况	同上	同上	同上	同上	每天 22:00 前报一次;若发生异常情况,必须第一时间报告。
6	考试实施的情况	同上	同上	同上	同上	每天 13:00 前和 19:00 前各报一次。若出现失、泄密或大规模的舞弊事件,必须在发生事件的第一时间报告。
7	评卷情况	同上	同上	考务信息网络发布平台		每天 19:00 前报一次,若出现重大情况,必须在第一时间报告。

＊上述报告内容涉及保密事项的，须通过加密传真上报。

附14：

2009年硕士生入学考试违规考生信息上报要求

为了规范数据格式，更准确、便捷的上报研究生入学考试考生违规记录，加大数据的利用率，从2009年起启用国家教育考试诚信档案系统完成上报研究生入学考试考生违规记录工作。具体工作要求如下：

一、数据输入

研究生入学考试考生违规记录要求使用“诚信档案录入程序”录入或直接导入标准DBF数据库的形式存入诚信档案系统。数据库格式如下：

1. 违规考生信息数据库结构

文件名：年份（2位）+省份代码+CXJL. DBF

序号	字段名	类 型	宽 度	说　明
1	SFZH	C	18	考生身份证号
2	KSH	C	20	考生编号（左对齐）
3	XM	C	24	考生姓名（字间不空，左对齐，缺字用?? 表示）
4	XBDM	C	1	性别代码：1一男，2—女
5	CLJDSBH	C	24	考试违规处理决定书编号
6	KSLBDM	C	1	考试类别代码：3
7	KSSJ	C	12	考试时间：年4位+月2位+日2位+时2位+分2位
8	KMDM	C	3	录入违规考试科目代码
9	KSKMMC	C	24	考试科目名称
10	WGLXDM	C	1	违规类型代码：1一违纪，2一作弊，3一其他违规
11	WGSSDM	C	2	违规事实代码：违纪51－59，作弊61－69、71－75，其他违规81－84；详见考试违规事实代码表
12	WGSS	C	254	违规事实简要说明（取自考试违规处理决定书相关内容）
13	WGCLDM	C	1	违规处理代码：1—取消单科成绩，2—当次报名考试各科成绩无效，3一其他处理结果
14	WGCL	C	254	违规处理结果（取自考试违规处理决定书相关内容）
15	BZ	C	254	备注

2. 考试违规、作弊事实及代码

（1）违纪：

51 携带规定以外的物品进入考场或者未放在指定位置

52 未在规定的座位参加考试

53 考试开始信号发出前答题或者考试结束信号发出后继续答题

54 在考试过程中旁窥、交头接耳、互打暗号或者手势

55 在考场或者教育考试机构禁止的范围内，喧哗、吸烟或者实施其他影响考场秩序的行为

56 未经考务工作人员同意在考试过程中擅自离开考场

57 将试卷、答卷（含答题卡、答题纸等）、

草稿纸等考试用纸带出考场

58 用规定以外的笔或者纸答题或者在试卷规定以外的地方书写姓名、考号或者以其他方式在答卷（含答题卡、答题纸等）上标记信息

59 其他违反考场规则但尚未构成作弊的行为

（2）作弊：

61 携带与考试内容相关的文字材料或者存储有与考试内容相关资料的电子设备参加考试

62 抄袭或者协助他人抄袭试题答案或者与考试内容相关的资料

63 抢夺、窃取他人试卷、答卷（含答题卡、答题纸等）或者强迫他人为自己抄袭提供方便

64 在考试过程中使用通讯设备

65 由他人冒名代替参加考试

66 故意销毁试卷、答卷（含答题卡、答题纸等）或者考试材料

67 在答卷（含答题卡、答题纸等）上填写与本人身份不符的姓名、考号等信息

68 传、接物品或者交换试卷、答卷（含答题卡、答题纸等）、草稿纸

69 其他作弊行为

71 通过伪造证件、证明、档案及其他材料获得考试资格和考试成绩

72 评卷过程中被发现同一科目同一考场有两份以上（含两份）答卷（含答题卡、答题纸等）答案雷同

73 考场纪律混乱、考试秩序失控，出现大面积考试作弊现象

74 考务工作人员协助实施作弊行为，事后查实

75 其他应认定为作弊的行为

（3）其他违规：

81 故意扰乱考点、考场、评卷场所等考试工作场所秩序

82 拒绝、妨碍考务工作人员履行管理职责

83 威胁、侮辱、诽谤、诬陷考务工作人员或其他考生

84 其他扰乱考试管理秩序的行为

二、数据审核

诚信档案数据要求三审制度，数据录入人员输入后自审，考务负责人进行二审，主管领导进行三审，确保数据准确无误后方可上报。

三、数据上报

研究生入学考试考生违规记录需通过省级诚信档案系统上报至国家级诚信档案系统中，上报方式可选用自动上传和手工上传方式。

四、请各省考试机构信息管理部门，尽快安装、部署诚信系统，并负责该系统使用的培训工作，软件安装、部署和使用手册将另行下发。

五、数据报送联系人：考务处　刘勇，电话：010－82520121，传真：010－82520126；技术支持联系人：信息处　赵雷，电话：010－82520137，传真：010－82520134。

全国高等教育自学考试指导委员会文件

关于确定全国考委第四届法学类、公共管理类及医药学类专业委员会组成人选的函

考委［2008］1号

法学类、公共管理类及医药学类专业委员会：

根据全国考委专业委员会章程（考委［2002］3号），第三届专业委员会任期届满，拟进行换届，筹备成立第四届专业委员会。经广泛征求意见，多方酝酿，初步确定第四届法学类、公共管理类及医药学类专业委员会组成人选如下：

一、法学类专业委员会

饶戈平	主任	北京大学
霍宪丹	副主任	司法部司法鉴定管理局
潘剑峰	秘书长	北京大学
余劲松	委员	中国人民大学
马怀德	委员	中国政法大学
张守文	委员	北京大学
刘万奇	委员	中国公安大学
王立民	委员	华东政法大学
徐卫东	委员	吉林大学
李春茹（女）	委员	西南政法大学
郭杰（女）	委员	西北政法大学

王仲兴	委员	中山大学
田土城	委员	郑州大学

二、公共管理类专业委员会

张永桃	主任	南京大学
周光辉	副主任	吉林大学
孙亚忠	秘书长	南京大学
洪大用	委员	中国人民大学
关信平	委员	南开大学
陈瑞莲（女）	委员	中山大学
张建东	委员	云南大学
马敬仁	委员	深圳大学
李和中	委员	武汉大学
陈晓原	委员	复旦大学

三、医药学类专业委员会

王德炳	主任	北京大学
乔旺忠	副主任	北京中医药大学
张成兰（女）	秘书长	北京大学
彭裕文	委员	复旦大学
阎剑群	委员	西安交通大学
董志	委员	重庆医科大学
刘文川	委员	哈尔滨医科大学
涂明华	委员	九江学院
刘华平（女）	委员	中国协和医科大学
丁安伟	委员	南京中医药大学
张文清	委员	天津医科大学

请各专业委员会做好新一届专业委员会的筹备工作，并在新一届专业委员会正式成立以前，暂行承担第三届专业委员会履行的相关工作。

全国高等教育自学考试指导委员会
二〇〇八年三月二十四日

关于确定全国考委第四届经济管理类、教育类、艺术类专业委员会及公共课课程指导委员会组成人选的函

考委［2008］2号

经济管理类、教育类、艺术类专业委员会及公共课课程指导委员会：

根据全国考委专业委员会章程（考委［2002］3号），第三届专业委员会任期届满，拟进行换届，筹备成立第四届专业委员会。经广泛征求意见，多方酝酿，初步确定第四届经济管理类、教育类、艺术类专业委员会及公共课课程指导委员会组成人选如下：

一、经济管理类专业委员会

林　岗	主任	中国人民大学
王广谦	副主任	中央财经大学
高德步	秘书长	中国人民大学
林桂军	委员	对外经贸大学
文　魁	委员	首都经贸大学
李家祥	委员	天津师范大学
何明珂	委员	北京工商大学
罗　飞	委员	中南财经政法大学
靳俊喜	委员	重庆工商大学
徐从才	委员	南京经济学院
王爱国	委员	山东经济学院
田秋生	委员	华南理工大学
沈　滨	委员	西北师范大学
杨谊青	委员	上海商学院
杨　光	委员	辽宁经济职业技术学院
秦志辉	委员	国家发改委中小企业中心
单庆江	委员	商务部科技司
陈永杰	委员	全国工商联研究室

二、教育类专业委员会

王英杰	主任	北京师范大学
施晓光	副主任	北京大学
陈　强	秘书长	北京师范大学
何艳茹（女）	委员	华南师范大学
李国庆	委员	陕西师范大学
范先佐	委员	华中师范大学
洪　俊	委员	东北师范大学
周　鸿	委员	西南大学
周兢（女）	委员	华东师范大学
张传燧	委员	湖南师范大学
王智秋	委员	首都师范大学
孟庆国	委员	天津工程师范学院
刘举科	委员	兰州城市学院

三、艺术类专业委员会

王明旨	主任	清华大学
于　平	副主任	文化部艺术司
卢新华	秘书长	清华大学
李当歧	委员	清华大学
孙为民	委员	教育部艺术专业指导委员
安　平	委员	中央音乐学院
宋　瑾	委员	中央音乐学院

四、公共课课程指导委员会

杨　河	主任	北京大学
孙洪祥	副主任	北京邮电大学
狄增如	副主任	北京师范大学
李毅红（女）	秘书长	北京大学
田心铭	委员	教育部社会科学研究中心
杨达伟	委员	中国人民大学
吴纪桃（女）	委员	北京航空航天大学
陈兆斗	委员	中国地质大学
杨　甦	委员	北京交通大学

请各专业委员会做好新一届专业委员会的筹备工作，并在新一届专业委员会正式成立以前，暂行承担第三届专业委员会相关工作。

全国高等教育自学考试指导委员会
二〇〇八年四月十六日

关于确定全国考委第四届文史类、外国语言文学类、新闻类、机械及轻纺化工类、土木水利矿业环境类和交通类专业委员会组成人选的函

考委［2008］3号

文史类、外国语言文学类、新闻类、机械及轻纺化工类、土木水利矿业环境类和交通类专业委员会：

根据全国考委专业委员会章程（考委［2002］3号），第三届专业委员会任期届满，拟进行换届，筹备成立第四届专业委员会。经广泛征求意见，多方酝酿，初步确定第四届文史类、外国语言文学类、新闻类、机械及轻纺化工类、土木水利矿业环境类和交通类专业委员会组成人选如下：

一、文史类专业委员会

姓名	职务	单位
齐森华	主任	华东师范大学
陈　洪	副主任	南开大学
谭　帆	秘书长	华东师范大学
丁　帆	委员	南京大学
刘建军	委员	东北师范大学
孟昭毅	委员	天津师范大学
徐行言	委员	西南交通大学
沈　阳	委员	北京大学
易　敏（女）	委员	北京师范大学
郭　冬（女）	委员	北京联合大学职业技术师范学院

二、外国语言文学类专业委员会

姓名	职务	单位
金　莉（女）	主任	北京外国语大学
杨俊峰	副主任	大连外国语学院
韩宝成	秘书长	北京外国语大学
赵晓柏（女）	委员	北京外国语大学
张朝意（女）	委员	北京外国语大学

傅　俊（女）	委员	南京师范大学
陈佑林	委员	华中师范大学
何莲珍（女）	委员	浙江大学
廖七一	委员	四川外语学院
陈小全	委员	对外经济贸易大学
平　洪	委员	广州外语外贸大学

三、新闻类专业委员会

郭庆光	主任	中国人民大学
孙文科	副主任	新闻出版总署人事教育局
匡文波	秘书长	中国人民大学
孟　建	委员	复旦大学
曾建雄	委员	暨南大学
吴廷俊	委员	华中科技大学
李　文	委员	兰州大学
毕根辉	委员	中国传媒大学

四、机械及轻纺化工类专业委员会

束鹏程	主任	西安交通大学
王宛山	副主任	东北大学
梅雪松	秘书长	西安交通大学
张卫国	委员	重庆大学
何　桢	委员	天津大学
龚　敏（女）	委员	四川理工学院
张水华	委员	华南理工大学
屈华昌	委员	南京工程学院
刘　彤（女）	委员	华北电力大学（北京）
管　平	委员	浙江机电职业技术学院
刘孝民	委员	桂林航天工业高等专科学校
罗　平	委员	中国机械工程学会

五、土木水利矿业环境类专业委员会

沈世钊	主任	哈尔滨工业大学
邹超英	副主任兼秘书长	哈尔滨工业大学
赵铁军	副主任	青岛理工大学
白晓红（女）	委员	太原理工大学
蔡　健	委员	华南理工大学

袁一星	委员	哈尔滨工业大学
陈廷国	委员	大连理工大学
陈　卫	委员	河海大学
田军仓	委员	宁夏大学
李　辉	委员	四川建筑职业技术学院
高延伟	委员	住宅和城乡建设部人教司
蒋立红	委员	中国建筑第五工程局
吴　琨	委员	中国建筑西北设计研究院

六、交通类专业委员会

张星臣	主任	北京交通大学
朱晓宁	秘书长	北京交通大学
胡大伟	委员	长安大学
杨新湦	委员	中国民航大学
杨华龙	委员	大连海事大学

请各专业委员会做好新一届专业委员会的筹备工作，并在新一届专业委员会正式成立以前，暂行承担第三届专业委员会相关工作。

全国高等教育自学考试指导委员会
二〇〇八年七月十六日

关于确定全国考委第四届电子、电工与信息类和农科类专业委员会组成人选的函

考委［2008］4号

电子、电工与信息类和农科类专业委员会：

根据全国考委专业委员会章程（考委［2002］3号），第三届专业委员会任期届满，拟进行换届，筹备成立第四届专业委员会。经广泛征求意见，多方酝酿，初步确定第四届电子、电工与信息类和农科类专业委员会组成人选如下：

一、电子、电工与信息类专业委员会

白同朔	主任	上海交通大学
陈怀义	副主任	国防科学技术大学
陈建平	秘书长	上海交通大学
陈向群（女）	委员	北京大学
贾素玲（女）	委员	北京航空航天大学
顾乃杰	委员	中国科学技术大学
卢炎生	委员	华中科技大学
刘　桥	委员	贵州大学
朱晋蜀	委员	成都电子机械高等专科学校
温希东	委员	深圳职业技术学院
黄子河	委员	信息产业部教育考试中心
马　跃	委员	北京万林克通信技术有限公司

二、农科类专业委员会

傅泽田	主任	中国农业大学
谢　庄	副主任	南京农业大学
梁书华（女）	秘书长	中国农业大学
于志明	委员	北京林业大学
黄亚群（女）	委员	河北农业大学
郝建平	委员	山西农业大学
郑传芳	委员	福建农林大学
陈东明	委员	华中农业大学
陈文宽	委员	四川农业大学
姚新奎	委员	新疆农业大学
郭智奇（女）	委员	中央农业广播电视学校
赵铁桥	委员	农业部农村合作经济经营管理总站
张真和	委员	农业部全国农业技术推广服务中心

请各专业委员会做好新一届专业委员会的筹备工作，并在新一届专业委员会正式成立以前，暂行承担第三届专业委员会相关工作。

全国高等教育自学考试指导委员会
二〇〇八年九月二日

关于调整电厂热能动力工程专业（专科、独立本科段）等三个全国统一专业考试计划的通知

考委［2008］5号

各省、自治区、直辖市高等教育自学考试委员会、中国人民解放军自学考试委员会：

根据电厂热能动力工程专业（专科、独立本科段）和机电系统智能控制专业（独立本科段）等3个专业的开考情况，经与有关委托开考单位协商，决定自即日起将以上3个专业调整为非全国统一专业考试计划，各开考省级考委可根据实际需要对专业考试计划进行调整或停考，并向全国考委备案。

以上专业所涉及的部分全国统一命题课程（见附件），在2009年过渡期内仍由全国考委统一命题考试，从2010年起不再安排全国统一命题考试。

请各地加强领导、精心组织，妥善安排此次专业停考、调整及有关过渡工作，确保考生权益，积极做好宣传、解释工作，保证平稳过渡，并将相关调整过渡方案报全国考委备案。

附件：有关调整专业和课程表

全国高等教育自学考试指导委员会
二〇〇八年十月八日

抄送：中国电力企业联合会、中国机械工业联合会

附件：

有关调整专业和课程表

序号	课程名称	课程代码	专业名称
1	工程热力学（一）	2248	电厂热能动力工程（专科）
2	传热学（一）	2249	电厂热能动力工程（专科）
3	工程流体力学	2250	电厂热能动力工程（专科）
4	泵与风机	2252	电厂热能动力工程（专科）
5	电厂锅炉	2254	电厂热能动力工程（专科）
6	电厂汽轮机	2255	电厂热能动力工程（专科）

续表

序号	课 程 名 称	课程代码	专业名称
7	热工测量及仪表	2256	电厂热能动力工程（专科）
8	工程热力学（二）	2258	电厂热能动力工程（独立本科段）
9	流体力学及泵与风机	2259	电厂热能动力工程（独立本科段）
10	传热学（二）	2261	电厂热能动力工程（独立本科段）
11	机械设计基础及电厂金属材料	2262	电厂热能动力工程（独立本科段）
12	锅炉燃烧设备	2264	电厂热能动力工程（独立本科段）
13	汽轮机原理及运行	2265	电厂热能动力工程（独立本科段）
14	热力发电厂	2266	电厂热能动力工程（独立本科段）
15	热工过程自动控制	2267	电厂热能动力工程（独立本科段）
16	现代控制技术基础	3206	机电系统智能控制（独立本科段）
17	电机与控制	3209	机电系统智能控制（独立本科段）
18	机电系统智能控制技术	3211	机电系统智能控制（独立本科段）

关于表彰第三届全国自学成才奖励基金优秀自考生的决定

考委［2008］6号

各省、自治区、直辖市高等教育自学考试委员会，中国人民解放军自学考试委员会：

为大力宣传高等教育自学考试考生自强不息、积极进取的先进事迹，鼓励自学成才，为建设人力资源强国、形成学习型社会做出贡献，全国高等教育自学考试指导委员会（以下简称“全国考委”）会同全国自学成才奖励基金管理委员会组织开展了第三届全国自学成才奖励基金优秀自考生的评选活动。活动开展以来，各级自学考试机构精心组织，有关单位大力支持，广大考生积极参与。经过认真、细致的工作，评选出“全国十佳自考生”10名（附件一）、“励志成才奖”等9个单项奖全国优秀自考生35名（附件二）、“全国优秀自考生”165名（附件三）。全国考委、全国自学成才奖励基金管理委员会决定对他们予以表彰。

评选出的210名优秀考生是千百万自考生的杰出代表，他们的感人事迹体现了中华民族发奋图强、勇于拼搏、锐意进取的精神，是广大考生、自考工作者和社会各界学习的榜样。希望受到表彰的考生珍惜荣誉、不懈努力，在工作、学习中取得更大的成绩，为全面建设小康社会做出贡献。

各级自学考试机构和助学组织应以此次评选表彰为契机，开展多种形式的活动，学习、宣传优秀考生的先进事迹，激发广大自考生奋发学习的热忱，激励自考工作者努力工作的热情，推动自学考试事业在新形势下不断发展，促进全民学习型社会的建设。

附件：一、第三届全国自学成才奖励基金十佳优秀自考生名单
二、第三届全国自学成才奖励基金单项奖优秀自考生名单
三、第三届全国自学成才奖励基金优秀自考生名单

全国高等教育自学考试指导委员会
二〇〇八年十月十四日

附件一：

第三届全国自学成才奖励基金十佳优秀自考生名单（10人）

王振敏（女，天津）、杨晓宇（辽宁）、尹波（安徽）、肖中兵（福建）、张晓玲（女，山东）、颜晓华（湖北）、帅育强（重庆）、周晶（甘肃）、扎西桑珠（西藏）、梁建国（解放军）

附件二：

第三届全国自学成才奖励基金单项奖优秀自考生名单（35人）

1. 励志成才奖 (6人):

刘传才（辽宁）、张国庆（辽宁）、荆锐（女，黑龙江）、汤莹莹（女，云南）、王军平（甘肃）、刘汉章（解放军）

2. 学以致用奖 (7人):

廖土生（浙江）、陈松波（广东）、邱驷（女，重庆）、魏新峰（陕西）、张学良（宁夏）、马莉（女，青海）、杨艳丽（女，甘肃）

3. 博学多才奖 (3人):

康小屏（女，山西）、王政清（吉林）、孙权（新疆）

4. 知识致富奖 (4人):

穆红元（山西）、张文泽（内蒙）、吴龙江（江苏）、陈昌灶（福建）

5. 高尚品德奖 (3人):

董海平（女，江苏）、王炜（湖北）、韦兴华（女，广西）

6. 自强不息奖 (4人):

曲继玲（女，北京）、李秀华（女，内蒙）、徐其军（江苏）、姚永红（四川）

7. 身残志坚奖 (3人):

石红（女，江西）、朱露露（女，四川）、王春岩（甘肃）

8. 终身学习奖 (2 人):

蒋三春（湖南，83 岁）、屈景荣（女，贵州，58 岁）

9. 学习创新奖 (3 人):

王军锋（河北）、罗行简（河南）、海尔古丽·沙吾提（女，新疆）

附件三:

第三届全国自学成才奖励基金优秀自考生名单（165 人）

北京市　4 人

于雷鸣、刘振凤（女）、闫现玲（女）、郭景书（女）

天津市　4 人

王仲民、肖霖骏（女）、陈武明、袁庆东（女）

河北省　9 人

王欢（女）、冉蕾（女）、冯雷、刘菊香（女）、张雷、肖彬、梁传强、梁海滨、韩晓杰

山西省　5 人

王永军、王永清、冯雷珺（女）、胡智荣、冀丽芳（女）

内蒙古自治区　3 人

杨喜明、高倩（女）、葛振斌

辽宁省　3 人

宋钰婷（女）、闻秀颖（女）、谭喜龙

吉林省　4 人

吴连甲、杨宗波、施锐、赵飞

黑龙江省　4 人

孔令佳（女）、王宝、冯春娇（女）、周忠友

上海市　5 人

王凤丽（女）、刘从伟 、朱俊、吴涛、邱铭

江苏省　5 人

朱仁威、李全侠（女）、陆乐、蒋华、瞿生林

浙江省　7 人

吴建民（女）、陈燕萍（女）、郑红星、金志瑛（女）、金福兴、秦味泽、蔡祖红

安徽省　3 人

王晓庆、孟诚、崔国发

福建省　4 人

刘玉树、张德业、周万平、赖玲珠（女）

江西省　7 人

李凡（女）、李娜（女）、李思文（女）、徐昕宏、郭俊香（女）、梁斌彬 、曾磊（女）

山东省　10 人

王晓伟（女）、刘涛、曲晓云（女）、许艳（女）、吴立岩、李中华、周媛（女）、郑光泉、查玲玲（女）、郝玉玲（女）

河南省　11 人

刘海燕（女）、巩桂红（女）、张东飞、李鸿

雁（女）、李新华、孟杰、范丰秋（女）、姚爱红（女）、赵晓漪（女）、崔岚（女）、舒振

湖北省　14 人

王先宏、刘月贵（女）、刘依霞（女）、刘歌富、余谨（女）、张自秀（女）、张岳华、沈昌栋、周海平、皇甫圣君、高颖辉（女）、程汤汤（女）、鲁家珍（女）、简兴财

湖南省　8 人

刘建、汤丽平（女）、许娟（女）、张纲（女）、肖波、陈彩虹（女）、罗学慧（女）、虢建辉

广东省　7 人

王朝辉、叶万婷（女）、张艳（女）、周智勇、祝海林、蒋文春、裴略

广西壮族自治区　5 人

韦孝科、李键、黄建初、蒋涛、谭箫

海南省　3 人

王雄富、毕清昕（女）、李英（女）

四川省　4 人

江蓉秋（女）、张志勇、杜健、唐榕（女）

重庆市　2 人

李宣章、熊安林

贵州省　4 人

王正才、冯俊、吴道斌、秦锦

云南省　4 人

左小东、张黎明、李晓菲（女）、姜永权

西藏自治区　2 人

玉珍（女）、陈文志

陕西省　10 人

王铁昌、余扬、张炜、张喜、李军、杜东亚（女）、杜玲（女）、尚晓艳（女）、郝蓉蓉（女）、钱定军

甘肃省　4 人

邓四林、宋同安、张玉蓉（女）、贺登川

青海省　2 人

周连兄（女）、袁玉龙

宁夏回族自治区　2 人

史峰、郝育兰（女）

新疆维吾尔自治区　5 人

杜世成、沙哈别克、周海、郭景红（女）、康巴妮莎（女）

解放军　1 人

王冰（女）

教育部办公厅文件

教育部办公厅关于成立全国高等教育自学考试指导委员会第四届专业委员会的通知

教考试厅函［2008］1号

各省、自治区、直辖市高等教育自学考试委员会、教育厅（教委），中国人民解放军自学考试委员会，有关高等学校，有关单位：

2002年，经全国考委审核、我部聘任，成立了全国考委第三届专业委员会。几年来，在我部和全国考委的领导下，第三届专业委员会积极探索自学考试的特点和规律，在自学考试专业建设、课程自学考试大纲和教材建设以及命题质量评估等方面发挥了巨大的作用。

现在，全国考委第三届专业委员会任期已满，全国考委决定进行换届调整。经全国考委广泛征求意见和认真研究，提出了换届调整名单。经报我部研究确定，现决定成立全国高等教育自学考试指导委员会第四届专业委员会并公布聘任第四届专业委员会委员名单（见附件）。

请各省、自治区、直辖市教育厅（教委）和有关高等学校对专业委员会的工作给予协助和支持。

附件：全国高等教育自学考试指导委员会第四届专业委员会委员名单

教育部办公厅

二〇〇八年十月三十日

附件：

全国高等教育自学考试指导委员会第四届专业委员会委员名单

经济管理类专业委员会：

林　岗	（主任）	中国人民大学
王广谦	（副主任）	中央财经大学
高德步	（秘书长）	中国人民大学
林桂军		对外经贸大学
文　魁		首都经贸大学
李家祥		天津师范大学
何明珂		北京工商大学
罗　飞		中南财经政法大学
靳俊喜		重庆工商大学
徐从才		南京经济学院
王爱国		山东经济学院
田秋生		华南理工大学
沈　滨（女）		西北师范大学
杨谊青		上海商学院
杨　光		辽宁经济职业技术学院
秦志辉		国家发改委中小企业中心
单庆江		商务部科技司
陈永杰		全国工商联研究室

法学类专业委员会：

饶戈平	（主任）	北京大学
霍宪丹	（副主任）	司法部司法鉴定管理局
潘剑锋	（秘书长）	北京大学
余劲松		中国人民大学
马怀德		中国政法大学
张守文		北京大学
刘万奇		中国人民公安大学
王立民		华东政法大学
徐卫东		吉林大学
李春茹（女）		西南政法大学
郭　捷（女）		西北政法大学

王仲兴		中山大学
田土城		郑州大学

公共管理类专业委员会：

张永桃	（主任）	南京大学
周光辉	（副主任）	吉林大学
孙亚忠	（秘书长）	南京大学
洪大用		中国人民大学
关信平		南开大学
陈瑞莲（女）		中山大学
张建东		云南大学
马敬仁		深圳大学
李和中		武汉大学
陈晓原		复旦大学

教育类专业委员会：

王英杰	（主任）	北京师范大学
施晓光	（副主任）	北京大学
陈　强	（秘书长）	北京师范大学
何艳茹（女）		华南师范大学
李国庆		陕西师范大学
范先佐		华中师范大学
洪　俊		东北师范大学
周　鸿		西南大学
周　兢（女）		华东师范大学
张传燧		湖南师范大学
王智秋		首都师范大学
孟庆国		天津工程师范学院
刘举科		兰州城市学院

文史类专业委员会：

齐森华	（主任）	华东师范大学
陈　洪	（副主任）	南开大学
谭　帆	（秘书长）	华东师范大学
丁　帆		南京大学
刘建军		东北师范大学
孟昭毅		天津师范大学

徐行言		西南交通大学
沈　阳		北京大学
易　敏（女）		北京师范大学
郭　冬（女）		北京联合大学

外国语言文学类专业委员会：

金　莉（女）	（主任）	北京外国语大学
杨俊峰	（副主任）	大连外国语学院
韩宝成	（秘书长）	北京外国语大学
赵晓柏（女）		北京外国语大学
张朝意（女）		北京外国语大学
傅　俊（女）		南京师范大学
陈佑林		华中师范大学
何莲珍（女）		浙江大学
廖七一		四川外语学院
陈小全		对外经济贸易大学
平　洪		广州外语外贸大学

新闻类专业委员会：

郭庆光	（主任）	中国人民大学
孙文科	（副主任）	新闻出版总署人事教育局
匡文波	（秘书长）	中国人民大学
孟　建		复旦大学
曾建雄		暨南大学
吴廷俊		华中科技大学
李　文		兰州大学
毕根辉		中国传媒大学

机械及轻纺化工类专业委员会：

束鹏程	（主任）	西安交通大学
王宛山	（副主任）	东北大学
梅雪松	（秘书长）	西安交通大学
张卫国		重庆大学
何　桢		天津大学
龚　敏（女）		四川理工学院
张水华		华南理工大学
屈华昌		南京工程学院

刘　彤（女）　　华北电力大学（北京）
管　平　　浙江机电职业技术学院
刘孝民　　桂林航天工业高等专科学校
罗　平　　中国机械工程学会

电子、电工与信息类专业委员会：

白同朔　　（主任）　　上海交通大学
陈怀义　　（副主任）　　国防科学技术大学
陈建平　　（秘书长）　　上海交通大学
陈向群（女）　　北京大学
贾素玲（女）　　北京航空航天大学
顾乃杰　　中国科学技术大学
卢炎生　　华中科技大学
刘　桥　　贵州大学
朱晋蜀　　成都电子机械高等专科学校
温希东　　深圳职业技术学院
黄子河　　信息产业部教育考试中心
马　跃　　北京万林克通信技术有限公司

土木水利矿业环境类专业委员会：

沈世钊　　（主任）　　哈尔滨工业大学
邹超英　　（副主任兼秘书长）　　哈尔滨工业大学
赵铁军　　（副主任）　　青岛理工大学
白晓红（女）　　太原理工大学
蔡　健　　华南理工大学
袁一星　　哈尔滨工业大学
陈廷国　　大连理工大学
陈　卫（女）　　河海大学
田军仓　　宁夏大学
李　辉　　四川建筑职业技术学院
高延伟　　住宅和城乡建设部人教司
蒋立红　　中国建筑第五工程局
吴　琨　　中国建筑西北设计研究院

农科类专业委员会：

傅泽田　　（主任）　　中国农业大学
谢　庄　　（副主任）　　南京农业大学

梁书华（女）	（秘书长）	中国农业大学
于志明		北京林业大学
黄亚群（女）		河北农业大学
郝建平		山西农业大学
郑传芳		福建农林大学
陈东明		华中农业大学
陈文宽		四川农业大学
姚新奎		新疆农业大学
郭智奇（女）		中央农业广播电视学校
赵铁桥		农业部农村合作经济经营管理总站
张真和		农业部全国农业技术推广服务中心

医药学类专业委员会：

王德炳	（主任）	北京大学
乔旺忠	（副主任）	北京中医药大学
张成兰（女）	（秘书长）	北京大学
彭裕文		复旦大学
阎剑群		西安交通大学
董　志		重庆医科大学
刘文川		哈尔滨医科大学
涂明华		九江学院
刘华平（女）		中国协和医科大学
丁安伟		南京中医药大学
张文清		天津医科大学

艺术类专业委员会：

王明旨	（主任）	清华大学
于　平	（副主任）	文化部艺术司
卢新华	（秘书长）	清华大学
李当歧		清华大学
孙为民		教育部艺术专业指导委员会
安　平		中央音乐学院
宋　瑾		中央音乐学院

交通类专业委员会：

张星臣	（主任）	北京交通大学
朱晓宁	（秘书长）	北京交通大学

胡大伟		长安大学
杨新涅		中国民航大学
杨华龙		大连海事大学

公共课课程指导委员会：

杨　河	（主任）	北京大学
孙洪祥	（副主任）	北京邮电大学
狄增如	（副主任）	北京师范大学
李毅红（女）	（秘书长）	北京大学
田心铭		教育部社会科学研究中心
杨达伟		中国人民大学
吴纪桃（女）		北京航空航天大学
陈兆斗		中国地质大学
杨　甦		北京交通大学

教育部办公厅关于2009年国家公派留学人员全国外语水平考试时间安排的通知

教考试厅函［2008］2号

各省、自治区、直辖市教育厅（教委）、人事厅（局），有关部门（单位）教育（人事）司（局），解放军总政治部干部部，部属各高等学校：

现将2009年国家公派留学人员的全国外语水平考试（WSK）的有关安排通知如下：

一、考试日期和语种

第一次考试时间定于2009年6月13日，开考英语（PETS－5）、法语（TNF）和德语（NTD），口试从笔试当日下午开始；第二次考试时间定于2009年12月12日，开考英语（PETS－5）、日语（NNS）和俄语（ТПРЯ），口试从笔试当日下午开始。

二、报名日期和办法

（一）报名日期：第一次考试报名时间定于2009年4月13日至17日，第二次考试报名时间定于2009年10月12日至16日，考点可根据当地情况提前报名。考生可以函报，但必须提前与考点联系。

（二）报名办法：采取集体报名和个人报名

两种办法。集体报名须持单位介绍信和有考生亲笔签名的身份证复印件；个人报名须持本人的居民身份证或护照（军人凭相应的身份证件）。报名时，考生须交近期一寸正面免冠照片一张。函报考生，还应向考点提供有考生亲笔签名的身份证复印件。

三、报名考试地点

英语（PETS－5）考点：

北京语言大学（电话：010－82303550）

北京外国语大学（电话：010－88817840）

天津外国语学院（电话：022－23245567）

河北师范大学（电话：0311－6045342）

山西大学（电话：0351－7011732）

内蒙古工业大学（电话：0471－6575727）

辽宁省留学服务中心（电话：024－86909660）

大连外国语学院（电话：0411－82829228）

吉林大学（电话：0431－88499358）

黑龙江大学（电话：0451－86608579）

上海外国语大学（电话：021－65422002）

南京大学（电话：025－83593330）

浙江省教育考试院（电话：0571－88008096）

中国科学技术大学（地址：合肥）（电话：0551－3601917）

福州大学（电话：0591－26609821）

厦门大学（电话：0592－2185305）

江西师范大学（电话：0971－8506254）

山东师范大学（电话：0531－86180084）

中国海洋大学（地址：青岛）（电话：0532－85901686）

郑州大学（电话：0371－63887548）

解放军外国语学院（地址：洛阳）（电话：0379－64543766）

武汉大学（电话：027－68752843）

湖南大学（电话：0731－8823272）

湖南师范大学（电话：0731－8872294）

广东外语外贸大学（电话：020－36207153）

广西大学（电话：0771－3237226）

海南省考试局（电话：0898－65851886）

四川大学（电话：028－85407413）

四川外国语学院（地址：重庆）（电话：023－65385446）

贵州师范大学（电话：0851－6702143）

云南师范大学（电话：0871－5516408）

西安外国语大学（电话：029－85309384）

兰州大学（电话：0931－8912115）

青海省小岛文化教育发展基地（电话：0971－6306946）

宁夏大学（电话：0951－2061164）

新疆大学（电话：0991－8582938）

日语（NNS）和俄语（ТПРЯ）考点：大连外国语学院、北京语言大学、西安外国语大学、上海外国语大学、武汉大学、四川外国语学院、广东外语外贸大学、吉林大学、新疆大学。

法语（TNF）考点：北京语言大学、上海外国语大学和广东外语外贸大学。

德语（NTD）考点：北京语言大学、上海外国语大学、四川大学和广东外语外贸大学。

四、考试成绩及发送办法

（一）由教育部考试中心负责阅卷，并将成绩通知各考点。

（二）成绩报告单在考试后两个月左右由各考点转发给有关单位或个人。

（三）考试成绩对于申请国家公派留学有效期为两年，如作其他用途的，由各成绩使用单位自行决定。

请尽快将本文转发至有关单位，通知拟申请公派留学及已获公派留学资格但外语未达标人员按时报名。

二〇〇八年十二月二十九日

教育部办公厅关于2008年国家公派留学人员选拔考试时间安排的通知

教考试厅［2008］2号

各省、自治区、直辖市教育厅（教委）、人事厅（局），有关部门（单位）教育（人事）司（局），解放军总政治部干部部，部属各高等学校：

现将2008年选拔国家公派留学人员的全国外语水平考试（WSK）的有关安排通知如下：

一、考试日期和语种

第一次考试时间定于2008年6月14日，开考英语（PETS－5）、法语（TNF）和德语（NTD），口试从笔试当日下午开始；第二次考试时间定于2008年12月13日，开考英语（PETS－5）、日语（NNS）和俄语（ТПРЯ），口试从笔试当日下午开始。

二、报名日期和办法

（一）报名日期：第一次考试报名时间定于2008年4月14日至19日，第二次考试报名时间定于2008年10月13日至18日，考点可根据当地情况提前报名。考生可以函报，但必须提前与考点联系。

（二）报名办法：采取集体报名和个人报名两种办法。集体报名须持单位介绍信和有考生亲笔签名的身份证复印件；个人报名须持本人的居民身份证或护照（军人凭相应的身份证件）。报名时，考生须交近期一寸正面免冠照片一张。函报考生，还应向考点提供有考生亲笔签名的身份证复印件。

三、报名考试地点

英语（PETS－5）考点：

北京语言大学（电话：010－82303550）

北京外国语大学（电话：010－88817840）

天津外国语学院（电话：022－23245567）

河北师范大学（电话：0311－6045342）

山西大学（电话：0351－7011732）

内蒙古工业大学（电话：0471－6575727）

辽宁省留学服务中心（电话：024－86909660）

大连外国语学院（电话：0411－82803121－6367/6368）

吉林大学（电话：0431－88499358）

黑龙江大学（电话：0451－86608579）

上海外国语大学（电话：021－65422002）

南京大学（电话：025－83593330）

浙江省教育考试院（电话：0571－88008096）

中国科学技术大学（地址：合肥）（电话：0551－3601917）

福州大学（电话：0591－7893124）

厦门大学（电话：0592－2185305）

江西师范大学（电话：0971－8506254）

山东师范大学（电话：0531－86180084）

中国海洋大学（地址：青岛）（电话:0532－5901710）

郑州大学（电话：0371－63887548）

解放军外国语学院（地址：洛阳）（电话：0379－64543766）

武汉大学（电话：027－68752843）

湖南大学（电话：0731－8823272）

湖南师范大学（电话：0731－8872294）

广东外语外贸大学（电话：020－36207153）

广西大学（电话：0771－3237226）

海南省考试局（电话：0898－65851886）

四川大学（电话：028－85407413）

四川外国语学院（地址：重庆）(电话:023－65385446）

贵州师范大学（电话：0851－6702143）

云南师范大学（电话：0871－5516408）

西安外国语大学（电话：029－85309384）

兰州大学（电话：0931－8912115）

青海省小岛文化教育发展基地（电话：0971－6306946）

宁夏大学（电话：0951－2061069）

新疆大学（电话：0991－8582938）

日语（NNS）和俄语（ТПРЯ）考点：大连外国语学院、北京语言大学、西安外国语大学、上海外国语大学、武汉大学、四川外国语学院、广东外语外贸大学、吉林大学、新疆大学。

法语（TNF）考点：北京语言大学、上海外国语大学和广东外语外贸大学。

德语（NTD）考点：北京语言大学、上海外国语大学、四川大学和广东外语外贸大学。

四、考试成绩及发送办法

（一）由教育部考试中心负责阅卷，并将成绩通知各考点。

（二）成绩报告单在考试后两个月左右由各考点转发给有关单位或个人。

（三）考试成绩对于申请国家公派留学有效期为两年，如作其他用途的，由各成绩使用单位自行决定。

请尽快将本文转发至有关单位，通知拟申请公派留学的人员按时报名。

教育部办公厅

二〇〇七年十二月十一日

教育部办公厅关于印发《普通高等学校招生全国统一考试英语、日语、俄语听力考试有关考务要求》的通知

教考试厅［2008］3号

各省、自治区、直辖市高等学校招生委员会、教育厅（教委）：

按照《教育部关于做好2008年普通高等学校招生工作的通知》（教学［2008］3号）精神和《教育部关于印发〈2008年高等学校招生全国统一考试考务工作规定〉的通知》（教考试［2008］1号）要求，各地要继续认真做好外语听力考试实施工作。

现将《普通高等学校招生全国统一考试英语、日语、俄语听力考试有关考务要求》印发给你们。请使用教育部统一命制的外语听力试题的省、自治区、直辖市遵照执行，自行命题的省、自治区、直辖市参照执行。

附件：普通高等学校招生全国统一考试英语、日语、俄语听力考试有关考务要求

二〇〇八年四月　日

抄送：各省、自治区、直辖市教育考试院（局、中心）、普通高等学校招生委员会办公室

附件：

普通高等学校招生全国统一考试英语、日语、俄语听力考试有关考务要求

为确保普通高等学校招生全国统一考试外语考试的顺利进行，根据《2008年高等学校招生全国统一考试考务工作规定》，并结合听力考试的特点，对英语、日语、俄语听力考试考务工作提出如下要求。

一、关于考生入场和听力考试进行中的考务管理

听力考试必须在该科目考试开始时进行，不得将其移至该科目后半段时间进行。具体时间为：

（一）6月8日14:30组织考生入场。

（二）6月8日14:45开始分发答题卡，禁止迟到考生入场。

（三）6月8日14:50当众启封试卷袋和试听（两者同步进行），待听到“试音到此结束”时立即停止播放，不要将磁带（或光盘，下同）倒回开头处。听力考试正式开始时继续播放。

（四）6月8日14:55开始分发试卷。

（五）6月8日15:00听力考试开始，播放正式考试内容。听力部分结束时，将会有“听力部分到此结束”的提示语播出。听力部分结束后，考生可以开始作其他部分的试题，监考员开始持准考证存根逐一核对每个考生准考证和考生本人是否相符。16:30后,考生方可交卷离开考场。

听力考试期间，监考员要注意听力播放情况并保持整个考场的安静，原则上不得在考场内走动，发现问题及时报告和处理。在此期间，巡考员和其他人员应尽量减少在考场外的走动，无特殊情况不能进入考场。

二、关于听力考试播放设备及工作人员

各考点要配备进行听力考试需要的播放设备及其备用设备。在考试前一定要进行播放设备的试运行，将设备调试到最佳状态，确保设备的良好和播放质量。

听力考试期间，各考点要有熟悉听力播放设备使用和维修的技术人员，要配备相应语种的教师。播放室必须有人监听，出现问题及时进行处理，播音声源附近不能有任何噪音干扰和电磁干扰（手机、呼机等容易引起干扰的设备、物品必须关机）。同时，每个考点要有至少一份备用听力磁带，并要确保听力考试进行时电力供应的保障。

三、关于听力考试期间偶发事件的处理

（一）听力考试开始时，听力磁带无声或不清楚，监考员应及时请示考点主考启用备用听力磁带，并由主考及时报告省级考试机构批准顺延考试结束时间。

（二）听力考试进行中，听力磁带无声或不清楚，应记录下出现问题时的题目，及时请示考点主考启用备用听力磁带。重新播放时，应从出现问题时的前一道题开始播放，并由主考及时报告省级考试机构批准顺延考试结束时间；如短时间内问题无法解决，应立即进行其他部分考试，同时积极解决出现的问题，在其他部分考试结束后（考生不得离开考场）立即按规定继续进行听力部分的考试，并在听力考试前请示省级考试机构批准顺延考试结束时间。

（三）听力考试开始时或进行中，放音设备出现故障的，应及时换用备用设备。其他参照本条（一）、（二）款处理。

（四）听力考试进行中，因自然现象或无法预计的因素干扰造成考试受到影响的，参照本条（二）、（三）款处理。

对偶发事件，考点应将发生的时间、范围、故障原因及处理结果如实记录，报省级考试机构。其中有问题的磁带应单独保存，考后送省级考试机构复查。在考试结束后，省级考试机构应及时将所有偶发事件及其处理结果的详细报告报教育部考试中心备案。

四、德语、法语、西班牙语听力考试参照以上要求执行。

教育部办公厅关于做好2008年普通高等学校招生全国统一考试安全保密和考务管理工作的通知

教考试厅［2008］4号

各省、自治区、直辖市高校招生委员会、教育厅（教委）：

为做好2008年普通高等学校招生全国统一考试安全保密和考务管理工作，现就有关要求通知如下：

一、加强领导，周密部署。各地要从贯彻落实科学发展观的高度，切实加强领导，增强忧患意识，积极与公安（武警）、宣传、卫生（防疫）、交通、电信、机要保密、纪检监察等部门协调，精心组织和做好普通高等学校招生全国统一考试实施工作。各地招生考试机构要按照《教育部关于做好2008年普通高等学校招生工作的通知》（教学［2008］3号）要求，严格执行《2008年高等学校招生全国统一考试考务工作规定》（教考试［2008］1号），确保考试实施和评卷工作的平稳进行。

二、确保考试安全保密。试卷清样、试卷（含外语听力磁带，以下简称试卷）的安全保密事关考试能否正常举行和社会稳定，必须坚持“分级管理，逐级负责”、“谁主管，谁负责”、“谁使用，谁负责”的原则，省级教育行政部门和招生考试机构的“一把手”对本地区普通高等学校招生全国统一考试安全保密工作负总责，必须从维护稳定的大局出发，切实抓好各项安全保密规章制度和责任制度的落实。试卷必须在国家保密局确定的国家统一考试试卷定点印制单位印刷，试卷的运送、发放和保管以及答卷回收、运送、保管等每一个环节都要严格按照教育部、中宣部、公安部、国家保密局发布的《国家教育考试安全保密工作规定》的要求执行。加强安全保密工作人员的业务培训，加强试卷保密室、答卷保管室值班和巡视检查工作，严格履行试卷、答卷交接手续，确保各项保密制度和措施落到实处，坚决杜绝任何失密、泄密事件的发生。北京等承担“分省命题”工作的省市应按有关规定采取有效措施，强化命题、试卷印制等各环节的安全保密工作。各地须加大对安全保密工作各环节的监督、检查力度，试卷保密室、答卷保管室在今年启用前必须全部达标。任何情况下，试卷和考生答卷不得在考点过夜存放。在每天考试过程中，试卷和考生答卷确需在考点存放、保管的，需报省级考试机构批准，考点必须设立保管场所并安排包括公安（武警）和县级（或以上）考试机构专职工作人员在内的人员值守。

三、严肃考风考纪。各地要按照有关规定进一步规范考场的设置和管理，加大督促检查的力度，保证考点设置规范、管理有效、措施到位。要建立考风考纪责任人制度，强化对监考人员的培训、考核；加强对考生的诚信教育。按照我部要求与考生签定诚信考试承诺书并建立考生诚信考试电子档案，坚持行之有效的管理办法，不断提高普通高等学校招生全国统一考试考务管理工作的质量。加大考试巡视检查的力度，采取“人防和机防”并举、“严防和严打”并重等更加有力的综合措施，切实防范和制止雇人代考或替考、利用现代信息技术手段作弊等各种形式的群体性违规事件的发生。在具备条件或考务管理相对薄弱，以及考试违规事件多发地区，所有考点要配置防范无线电信号干扰考试正常进行的相关设备及考场监控设备。个别考风考纪较差的省际交界地区，要加强省际协调、联合治理。教育系统要进一步加强与公安机关的配合，严厉打击涉及高考的各类违法犯罪活动，更加有效地防范和打击有组织、有预谋的利用现代信息技术手段团伙作弊行为，切实保障考试公平和考场秩序。各地要进一步发挥高校招生委员会和国家教育统一考试工作联席会议制度的职能，建立健全网络有害信息监察制度，采取有效技术手段，指定专人负责对互联网高考有害信息的监控，配合有关部门净化网络环境。

四、充分发挥国家教育考试考务管理与服务平台的作用。各地应根据我部的有关要求，有计划、分步骤地进行国家教育考试考务管理与服务平台的建设，确保在6月1日前视频会议、考务管理、应急指挥的功能联调开通进入工作状态，并指定专人负责平台的操作。

五、做好外语考试听力测试和网上评卷工作。在高考中进行外语听力测试的有关省、自治区、直辖市的各级招生考试机构要依照《普通高等学校招生全国统一考试英语、日语、俄语听力考试有关考务要求》（教考试厅［2008］3号），认真做好外语考试听力测试的考务准备工作，加强考试工作人员的培训。实行网上评卷的省级考试机构要切实落实有关国家教育考试网上评卷工作的各项规定。

六、加强监督，从严查处。各级教育行政部门和纪检监察部门要加强对普通高等学校招生全国统一考试考务管理工作的监督、检查，要设立举报箱和举报电话并在考前向社会公布，严肃查处弄虚作假和徇私舞弊行为，对考生及考试管理人员在考试中的各种违规行为，按照《国家教育考试违规处理办法》严肃处理；对违反国家有关法律、法规，造成严重后果、构成犯罪的人员，由司法机关依法追究法律责任。

七、制订并落实有效的突发事件应急处置工作预案。各省级考试机构应根据《国家教育考试突发事件应急处置预案实施办法（暂行）》制订实施细则，做好考试工作人员的培训，提高快速反应和应急处置考试中各类突发事件的能力。

八、严格执行值班和报告制度。各省级教育行政部门、招生考试机构必须按《2008年普通高等学校招生全国统一考试安全保密工作报告要求》及时上报相关内容。5月23日至6月1日，我部考试中心开通普通高等学校招生全国统一考试考务管理工作值班电话：010－82520113（带传真）、82520110、82520111、82520112、82520114、82520126（传真）、13911684411、13911684422、13911684433（移动电话昼夜开通）。6月2日起，上述电话及我部考试中心加密传真、考务管理与服务平台均昼夜同时开通，各省级招生考试机构也要保证加密传真和考务管理与服务平台24小时处于开通状态。

附件：1. 2008年普通高等学校招生全国统一考试安全保密工作报告要求

2. 2008年普通高等学校招生全国统一考试网上有害信息监控工作要求

3. 国家教育考试考务管理与服务平台使用说明

二〇〇八年五月十日

抄送：各省、自治区、直辖市教育考试院（局、中心）、普通高等学校招生委员会办公室

附件1：

2008年普通高等学校招生全国统一考试安全保密工作报告要求

序号	报告内容	上报人	报送对象	报送途径	上报形式	上报时间及相关要求
1	省、地级考试机构考试值班安排：包括值班人员、值班电话（办公电话、手机、传真）、值班安排、互联网监控联络员姓名及电话（24小时开机）、报名人数、考区、考点、考场、监考人员、省派巡视员人数	省级考试机构	教育部考试中心考务管理与监察处	国家教育考试考务管理与服务平台	电子文档（具体格式见平台）	5月31日前上报
2	试卷清样、答案和评分参考等材料的接收情况	同上	同上	传真：010－82520126	书面报告（签字盖章）	接收考试材料当日上报。内容包括收到考试材料的种类、数量、包装情况等。
3	试卷印刷情况	同上	同上	国家教育考试考务管理与服务平台	电子文档（具体格式见平台）	印刷开始和结束各报一次；如遇重要情况，必须在第一时间报告。
4	试卷运送情况	同上	同上	同上	同上	若运送正常，在到达目的地后立即报告；否则，必须在发生情况的第一时间报告。
5	试卷的考前保管情况	同上	同上	同上	同上	每天22:00前报一次；若发生异常情况，必须第一时间报告。
6	考试实施的情况	同上	同上	同上	同上	每天13:00、19:00前各报一次。若出现失、泄密或大规模的舞弊事件，必须在发生事件的第一时间报告。
7	评卷情况	同上	同上	高考考务信息网络发布平台		每天19:00前报一次，若出现重大情况，必须在第一时间报告。

* 上述报告内容涉及保密事项的，须通过加密传真上报。

附件2:

2008年普通高等学校招生全国统一考试网上有害信息监控工作要求

1. 指定专人负责

各省要指定专人负责,根据关键词(另发)搜索各网站的有害信息,并要对网上有害信息进行研判,根据信息的危害程度采取不同的措施。一般性的信息采取一天一报,危害性较大的信息立即上报,同时报当地公安网监部门,立即进行处理。监控人员手机要求24小时开机。信息监控人员名单于2008年5月28日前通过国家教育考试考务管理与服务平台(http://www.kaowu.neea.edu.cn)上报我部考试中心。联系人:鱼杰,电话010-82520135。

2. 有害信息处理的原则

针对网上有害信息,要坚持"先删后查"和"打防并举、以防为主、以打促防"的原则,将问题解决在初发期和萌芽状态,做到早发现、早打击,严防有害信息的扩散,维护考试公平秩序。

3. 信息报送的方式

各省考试机构将网上有害信息及研判意见通过国家教育考试考务管理与服务平台上报我部考试中心。

4. 工作时段

2008年普通高等学校招生全国统一考试有害信息监控时间从2008年5月28日开始至6月11日结束,其中6月5日至9日要求24小时监控。

附件3:

国家教育考试考务管理与服务平台使用说明(省级考试机构适用)

"国家教育考试考务管理与服务平台"功能及使用方法如下:

一、接入考务专网,打开IE浏览器,在地址栏内键入网址:www.kaowu.neea.edu.cn,进入登录界面。

二、在登录界面输入用户名、密码和校验码,之后点击"登录"按钮(用户名及初始密码已随教试中心函[2007]85号文件下发)。

三、登录后进入系统首页,可以看到主界面采用三栏式结构,上部为导航栏,左侧为功能模块列表,中间为信息显示区,右侧为用户在线状态栏。综合信息、信息报送是省端用户应用的重要功能,下面简要介绍其使用方法:

1. 综合信息

教育部考试中心向省级考试机构发布信息的窗口,分为通知通告、工作通报、重要文件三个模块。点击每个模块可以浏览到上述信息的标题列表,再点击标题即可查看该信息的详细内容并可做出相应回复。省端用户只能浏览该栏目中的信息并回复给信息发布人,而不能在该栏目内发布新信息。

2. 信息报送

省级考试机构向教育部考试中心发送请示和汇报的窗口,分为工作请示和情况汇报两个模块，点击“工作请示”或“情况汇报”后可看到已发出请示或汇报的标题列表及其状态（未阅读/已阅读/已回复）。点击页面上方“发送”图标则可进入信息发布页面，在其中可以进行请示（汇报）的输入和编辑、添加附件、选择发送方式、定义发送范围及发送时间等操作，最后单击右上方“发布”按钮即可完成请示或汇报的上报工作。

3. 短信

分为收件和发件两个模块，发件功能目前暂不对省端用户开放。点击收件，显示所有通过系统发给本用户手机号码的信息。

四、为保证考试期间有关应急处置的通知、公告、要求、规定等迅速下达到各省，在系统中启用短信通知的方式与各省级考试机构保持联络。考试期间发送短信的手机号码将在国家教育考试考务管理与服务平台上公布。当值班手机收到由系统发出的短信后，必须立即直接回复并署名，但无回电功能。

五、在国家教育考试考务管理与服务平台使用中如遇技术问题，请与教育部考试中心信息处褚庆军联系，电话：010－82520132；有关平台应用问题请与教育部考试中心考务管理与监察处蔡武越联系，电话：010－82520122。

教育部考试中心文件

关于在广州市广播电视大学继续教育学院设立LCCIIQ国际职业资格证书考试考点的批复

教试中心函［2008］4号

广州市广播电视大学继续教育学院：

经我中心研究审核，同意你院设立伦敦工商会（LCCI）国际职业资格证书考试考点的申请。

你校的LCCIIQ考试考点代码为：CHIN1010。

请你校严格按照《教育部考试中心举办境外考试委托协议》（以下简称《协议》）和该协议的《LCCIIQ项目附件》（见附件一）、《合作举办境外教育考试考务安全保密工作规则》和《伦敦工商会考试局（LCCIEB）国际职业资格证书考试实施细则》（见附件二）的有关规定进行各项准备工作并签署《教育部考试中心举办境外考试委托协议》和该协议的《LCCIIQ项目附件》。

请从速完成上述工作并将如下材料寄回我中心：你校法人或授权代表签署的《协议》和《LCCIIQ项目附件》，考点主管和主考（可由一人兼任）以及联络员名单，联系方式（办公电话号码、手机号码、电子邮件地址和传真号码）和详细地址。

今后你校LCCIIQ考试考点的考务工作直接由教育部考试中心管理。凡教育部考试中心下发的考务文件及材料由你校考点留存。希望你校加强对考点的领导，确保此项考试的顺利实施。

教育部考试中心海外处地址：北京海淀区清华科技园立业大厦803室，邮政编码：100084，电话：010－82520178 传真：010－62790346 联系人：陈可

附件：一、LCCIIQ项目附件

二、伦敦工商会考试局（LCCIEB）国际职业资格证书考试实施细则

教育部考试中心

二〇〇八年一月二日

（附件略）

关于增设山东大学担任全国大学英语四六级考试评卷点的通知

教试中心函［2008］6号

山东省教育考试院：

近几年，全国大学英语四六级考试（以下简称“CET”）考试规模呈逐年上升趋势。为保证CET评卷进度和评卷质量，经商我部高等教育司和CET考委会同意，现决定增设山东大学担任CET评卷点，由你院负责相关评卷工作的组织与管理。

请你院在2007年12月CET评卷工作期间（2008年1月14日至28日）派出工作人员赴原评卷点所在省级考试机构，熟悉评卷工作管理流程，以保证2008年6月CET评卷工作平稳实施。

特此通知。

教育部考试中心
二〇〇八年一月八日

抄报：教育部高等教育司

抄送：全国大学英语四六级考试委员会办公室

关于在延边大学等三所高校设立韩国语能力考试考点的批复

教试中心函［2008］24号

延边大学、黑龙江大学、西南民族大学：

经我中心研究审核，同意你校设立韩国语能力考试考点的申请。

请你校严格按照《教育部考试中心举办境外考试委托协议》（以下简称《协议》）和该协议的《韩国语能力考试项目附件》（以下简称《附件》）、《合作举办境外教育考试考务安全保密工作规则》（详见附件）的有关规定进行各项准备工作并签署《教育部考试中心举办境外考试委托协议》和该协议的《韩国语能力考试项目附件》（已经承担教育部考试中心委托的其他境外考试的只签署《韩国语能力考试项目附件》）。

请从速完成上述工作并将如下材料寄回我中心：你校法人或授权代表签署的《协议》和《附件》，考点主管和主考（可由一人兼任）以及联络员名单，联系方式（办公电话号码、手机号码、电子邮件地址和传真号码）和详细地址。

今后你校韩国语能力考试考点的考务工作直接由教育部考试中心管理。凡教育部考试中心下发的考务文件及材料由你校考点留存。希望你校加强对考点的领导，确保此项考试的顺利实施。

教育部考试中心海外处地址：北京海淀区清华科技园立业大厦803室 邮政编码：100084
电话：010－82520175 传真：010－62790346
联系人：解智

附件：一、《教育部考试中心举办境外考试委托协议》
二、《韩国语能力考试项目附件》
三、《合作举办境外教育考试考务安全保密工作规则》

教育部考试中心
二〇〇八年一月二十一日

（附件略）

关于在浙江省教育考试院设立韩国语能力考试考点的批复

教试中心函［2008］25号

浙江省教育考试院：

经我中心研究审核，同意你院设立韩国语能力考试考点的申请。

请你院严格按照《教育部考试中心举办境外考试委托协议》（以下简称《协议》）和该协议的《韩国语能力考试项目附件》（以下简称《附件》）、《合作举办境外教育考试考务安全保密工作规则》（详见附件）的有关规定进行各项准备工作并签署《教育部考试中心举办境外考试委托协议》和该协议的《韩国语能力考试项目附件》（已经承担教育部考试中心委托的其他境外考试的只签署《韩国语能力考试项目附件》）。

请从速完成上述工作并将如下材料寄回我中心：你院法人或授权代表签署的《协议》和《附件》，考点主管和主考（可由一人兼任）以及联络员名单，联系方式（办公电话号码、手机号码、电子邮件地址和传真号码）和详细地址。

今后你院韩国语能力考试考点的考务工作直接由教育部考试中心管理。凡教育部考试中心下发的考务文件及材料由你院考点留存。希望你院加强对考点的领导，确保此项考试的顺利实施。

教育部考试中心海外处地址：北京海淀区清华科技园立业大厦803室　邮政编码：100084
电话：010－82520175　传真：010－62790346
联系人：解智

附件：一、《教育部考试中心举办境外考试委托协议》
二、《韩国语能力考试项目附件》
三、《合作举办境外教育考试考务安全保密工作规则》

教育部考试中心
二〇〇八年一月二十一日

（附件略）

关于做好2008年上半年非学历证书考试考务工作的通知

教试中心函［2008］29号

各省、自治区、直辖市考试院（局、管理中心）、高等教育自学考试办公室：

2008年上半年非学历考试项目定于5月17日、18日开考。请各省级考试机构按照我中心《非学历证书考试考务工作规定》（教试中心函［2004］109号）文件要求，认真做好非学历证书考试考务工作，确保安全保密和考场管理不发生问题。考试中违规行为的记录及处理方式严格按照《国家教育考试违规处理办法》中的规定执行。

为保证考试工作的顺利实施，现将有关事项通知如下：

一、开考项目

2008年上半年非学历证书考试开考6个考试项目：中国餐饮业职业经理人资格证书考试、劳动和社会保障岗位资格证书考试、调查分析师证书考试、中国物流职业经理资格证书考试、中国市场营销资格证书考试和中英合作采购与供应管理职业资格证书考试。

中英合作采购与供应管理职业资格证书考试是2007年11月首次开考，各省级考试机构要新开考此考试项目的，请在考务信息交换平台下载考试代码及课程代码库。此项目考务工作流程见附件一。

二、考试时间及课程

非学历证书考试时间安排在5月17日、18日两天。详细开考课程安排见附件二。

三、考务信息发布

考务信息发布平台增设了非学历证书考试项目栏。今后非学历证书考试信息将在考务信息发布平台发布。各省有关情况可通过考务信息发布平台及时上报。

登录地址、用户名及密码见附件三。

四、成绩数据上报及下发

非学历证书考试必须使用全国统一的考务管理系统。为及时下发考生成绩，请各省级考试机构务必在考试结束之日起20日之内，利用考务信息交换平台上报成绩数据，我中心将利用考务信息交换平台下发各省成绩数据。

考务信息交换平台地址为ftp://ftp.neea.edu.cn；用户名：fxt+省代码；密码：fxt+省代码。请各省级考试机构及时向我中心申请开通。信息处联系人：段伯岩　电话：010－82520136。

刘江平　电话：010－82520118

传真：010－82520126

信箱：liujp@mail.neea.edu.cn

附件：一、中英合作采购与供应管理职业资格证书考试考务工作流程
　　二、2008 年上半年非学历证书考试课程时间安排表
　　三、考务信息发布平台登录网址、用户名及密码

教育部考试中心
二〇〇八年一月二十九日

（附件略）

关于在浙江工贸职业技术学院设立剑桥商务英语证书（BEC）考试考点的函

教试中心函［2008］36 号

浙江工贸职业技术学院：

你校关于申请设立剑桥商务英语证书（BEC）考试考点的请示已收悉。经研究，同意在你校设立 BEC 考试考点，从 2008 年上半年开始承办 BEC 初、中级考试。

请你校与我中心签署《教育部考试中心举办境外考试委托协议》及 BEC 考试项目附件（一式四份），协议及附件应由你校法人代表或法人代表授权人签署并加盖公章后寄回我中心。

请你校根据协议的相关要求将考点主任、联络员名单及联络方式上报我中心，并做好开考的各项准备工作。

附：《教育部考试中心举办境外考试委托协议》及 BEC 考试项目附件

教育部考试中心
二〇〇八年二月二十一日

（附件略）

关于上海第二工业大学申请建立全国外语翻译证书考试考点的批复

教试中心函［2008］67 号

上海第二工业大学：

你校关于建立全国外语翻译证书考试考点的申请收悉。经研究，同意你校设立全国外语翻译证书考试考点。在履行完规定的手续，并接受我中心的相关培训后，从 2008 年 10 月开始正式进行本项考试的相关工作。现就有关事项通知如下：

一、我中心采取签订协议的方式确定双方的职责、权利和义务，你校只有在与我中心签订合作协议后才能正式成为考点。按照有关法规，签订协议的主体必须是法人单位。随此函附我方已签署的协议（见附件 1）一式 6 份，请你校签署后自留 3 份，将另 3 份寄回我中心。

二、你考点的名称定为：全国外语翻译证书考试上海第二工业大学考点，考点代码为：N39。请你校按照《全国外语翻译证书考试主监考手册》的有关规定配置相关工作人员，并填妥附件 2，报我中心备案。

三、今后考点的考务工作直接由我中心管理。凡我中心下发的考务文件及材料由你考点建档留存。希望你校加强对考点的领导，确保此项考试顺利实施。

四、鉴于此项考试从报名到发送成绩的各个环节都采用计算机管理，要求你考点配备计算机以及相应的打印设备。所需软件由我中心统一提供。

五、你考点开考项目暂定为：英语四级笔译、四级口译、英语和日语三级笔译、三级口译、二级笔译、二级口译、一级笔译和一级口译。

六、请你考点认真学习并严格执行主监考手册中的各项管理规定。

七、请与当地机要通信部门联系收寄试卷事宜，并配置所需的密封工具及材料。

八、此项考试的试卷在启用之前属国家机密级材料，接触试卷的人员必须严守国家秘密。试卷在考点的存放应符合有关要求，须有专人看管。

附件：1. 教育部考试中心委托开考全国外语翻译证书考试的合作协议（略）
2. 全国外语翻译证书考试考点登记表（略）

教育部考试中心
二〇〇八年三月二十五日

（附件略）

关于四川省《关于推迟物流职业经理资格证书等项目考试的请示》的回复

教试中心函［2008］93 号

四川省教育考试院：

你院《关于推迟物流职业经理资格证书等项目考试的请示》收悉。鉴于目前四川省余震不断，为确保考生人身安全，经研究回复如下：

1. 同意推迟中国物流职业经理资格证书、中国餐饮业职业经理人资格证书、劳动和社会保障岗位资格证书、调查分析师资格证书、中国市场营销资格证书考试的考试时间。同意将上述 5 个项目考试时间安排在 7 月份与自学考试同步。

2. 同意西南交通大学、乐山师范大学中国市场营销资格证书考试在 5 月 17 日、18 日如期开考。

3. 届时我中心提供 7 月份考试相关课程试卷清样。

4. 请做好相关考务工作。

教育部考试中心
二〇〇八年五月十五日

关于四川省 2008 年高考外语科目考试调整有关问题的回复

教试中心函［2008］104 号

四川省教育考试院：

你院关于 2008 年高考有关问题的请示收悉。经研究，现就相关问题答复如下：

一、同意你省在今年高考中取消外语科目听力考试，今年外语考试时间扣除原听力部分时间后为 100 分钟。

二、同意取消外语听力部分后的外语科目卷面满分按150分计。

三、请尽快将此调整方案向社会公布，以利考生备考。

特此回复。

附件：四川省2008年高考外语各语种试卷结构

教育部考试中心
二〇〇八年五月二十二日

（附件略）

关于印发《第七届全国教育考试科研讨论会会议纪要》的通知

教试中心函［2008］115号

各省、自治区、直辖市教育考试院（中心、局），普通高校招生考试办公室，高等教育自学考试办公室、全国教育考试“十一五”规划各课题负责人：

第七届全国教育考试科研讨论会已于2008年4月在安徽合肥顺利召开。会议总结了“十一五”开局两年来科研工作进展情况，交流了科研成果和经验，并对今后一段时间内教育考试科研工作提出了新的要求。

现将会议纪要印发给你们，请各单位认真学习和贯彻落实会议精神。

附件：第七届全国教育考试科研讨论会会议纪要

教育部考试中心
二〇〇八年五月三十日

附件：

第七届全国教育考试科研讨论会会议纪要

2008年4月25日至26日，教育部考试中心在安徽合肥召开了“第七届全国教育考试科研讨论会”，来自全国各省级教育考试机构以及部分高校的130余人参加了会议。本次会议的主题为“创新考试与评价，促进教育公平”。会议的主要任务是进一步贯彻落实党的十七大精神，深入落实科学发展观，总结交流“十一五”全国教育考试科研工作两年多来的主要成果和经验，研究分析教育考试与评价工作所面临的新形势、新机遇，研究和部署今后一段时期教育考试研究需要开展的工作。

教育部考试中心主任戴家干同志出席会议并

作了重要讲话，既充分肯定了过去考试科研工作取得的成绩，又指出了今后考试科研工作发展的方向。安徽省教育厅、国家教育发展研究中心、全国教科规划办、教育部基础教育质量监测中心等单位的领导和专家应邀出席会议，并在大会上作了专题报告。大会由教育部考试中心副主任李光明同志主持。

在分组报告中，围绕和谐社会、创新人才培养与考试制度改革，自学考试制度创新与终身学习体系建设，学业评价、考试命题和管理的规范化和手段现代化等议题，50 多位专家和科研工作人员分别报告了论文，交流了新近科研成果。

一

戴家干同志在大会上作了题为《转变观念、开拓创新、繁荣教育考试科研工作》的报告。家干同志讲到，本次大会是在全面贯彻落实党的“十七大”精神，着力推进教育事业科学发展的新形势下召开的。今年是“十一五”规划的第三年，又适逢我国改革开放政策施行 30 周年，举世瞩目的奥运盛会将在北京召开，国民经济快速发展，社会事业全面推进，教育改革不断深化，此时召开第七届全国教育考试科研讨论会，来共同探讨和交流我国教育考试领域的科研成果，对进一步促进考试科研工作有着非常重要的现实意义。

家干同志指出，教育考试的改革与发展离不开科研的支撑。恢复高考 30 年来的改革探索、自学考试制度的建立与发展、非学历证书考试的开发与推广，都是以科学研究作为基础来进行的。多年来，教育部考试中心和各省级考试机构共同努力，在高校专家的协助下，不断推动并引领着国内教育考试的研究工作，呈现出不同时期的研究特色、重点和成绩，得到了社会的广泛认可。譬如，八五期间以考试标准化改革为代表的考试理论和技术的研究；九五期间以高考科目和内容改革为代表的研究；十五期间以自学考试制度创新和考试立法为代表的管理科学化、规范化的研究。

针对“十一五”科研进展情况，家干同志讲到，开局两年多来，坚持“实施科研兴考”的方针，以科学发展观为指导，围绕考试与评价制度创新、促进教育考试公平性、提高考试质量三个方面稳步开展研究工作，成效显著。总的情况是，事业发展的方向和科研的目标更加明确，各项科研工作全面展开，科研在日常工作和事业发展中的重要性更加突显；抓住了一批与事业发展和一线工作密切联系的重大课题，特别是以考试与评价制度创新研究、题库建设、考务管理高科技化、学业评价为核心的研究；各类课题研究的数量和级别都越上了一个新台阶，科研管理更加规范；各省级考试机构加大了科研投入，创办学术期刊和论坛，加强科研队伍建设，探索科研激励机制，为建设专业化的考试服务机构打下了良好的基础。所有这些工作的开展使得“十一五”的考试研究有了较高的起点，提升了科研对教育考试改革与发展的原动力和作用力。

家干同志指出，在我们看到成绩的同时，大家还要认识到目前科研工作中仍存在一些问题。与教育改革和发展的要求相比，与国际同行机构的考试研究水平相比，我国考试研究在观念、体制、队伍、投入、成果应用上都还有相当大的差距。我们研究工作的基础还很薄弱，数量和质量都有待提高，研究中还有许多不规范的地方。各级单位、各部门领导对考试研究重要性的认识还有很大差距，科研活动尚未成为考试管理工作者的有利工具和工作常态。所有这些问题都需要给予足够的重视和及时调整，否则将成为科研工作的掣肘。

对完成好“十一五”后期的考试科研工作，家干同志强调要重视以下几个方面的工作：第一，要进一步贯彻落实十七大精神，以科学发展观为指导，解放思想，开拓创新，高度重视和着力推进教育考试科研工作；第二，加强科研队伍建设，建立科研创新的激励机制，将课题研究和人才培养结合起来；第三，以教育考试评价制度创新为龙头，针对影响事业发展和社会反映强烈的重大考试问题开展研究；第四，加大科研经费投入，开展和支持多种形式的科研创新活动，加强国内外的学术合作与交流；第五，完善和加强对科研课题的规范管理和指导，确保课题质量，推动研究成果与实践相结合。

二

本次大会还安排了题为《科研课题管理制度的创新》、《对我国当前教育改革中若干问题的思考》和《因果模型在基础教育评价中的应用》三个专题报告。会议代表反映报告精彩，内容丰富，对科研工作具有指导作用。其中，《科研课题管理制度的创新》系统介绍了科研课题研究的规范化程序和常见问题，提出教育科研应该以质量为导向，以创新为灵魂，以服务社会、服务人民为宗旨，提高教育研究的社会效益和学术水平；《对我国当前教育改革中若干问题的思考》引用了大量的数据和国内外文献，介绍了我国教育发展的宏观现状，及其在国际竞争中所面临的挑战，对高等教育大众化、教育投入不足、教育质量问题，以及高考制度改革问题等提出了思考；《因果模型在基础教育评价中的应用》指出当前教育评价中存在不合适的研究设计、粗糙的分析方法和滥用统计模型的现象，并介绍了评价中的因果关系确认需要用到的科学方法和多种统计方法。

此次会议提交论文踊跃，数量多，质量高，但因时间关系只能选出有代表性的论文分三个组进行分组报告和交流。教育考试制度改革组的同志们，分别从高考多元化评价体系建设、考试公正公平性、高考改革政策综述、自主招生探索和高考宣传对策等专题入手，向与会代表报告了研究成果。自学考试研究组的同志们，分别从自学考试的制度特色、自考条例修订、管理体制建设、制度属性研究和过程性考试模式创新等专题，论述了自己见解。测量与评价技术组的同志们，分别介绍了对高考计分方法、中学学业评价机制、高考能力测量结构、表现性评定和试题难度估算等专题的研究。两个半天单元的分组报告，气氛热烈，信息量大，通过交流拓展了思路，交流了成果，达到了相互学习和借鉴的目的。

与会代表一致认为，这次会议是在新时期召开的一次非常及时、很重要的会议，统一了思想，提高了认识，开拓了视野，对进一步推进教育考试科研工作，实现考试科研工作和考试业务工作的协调发展将起到重要作用。代表们表示，一定认真学习、领会并深入贯彻落实本次会议精神，高度重视科研工作，扎扎实实推进科研工作，为开创“十一五”教育考试事业繁荣发展而努力奋斗。

关于四川、甘肃地震重灾区
2008年高考延考科目时间安排的通知

教试中心函［2008］120号

四川省教育考试院、甘肃省高等学校招生办公室：

现将你们因地震灾害影响造成高考延考地区的考试科目时间安排通知如下：

科目及时间 / 日期	上午	下午
7月3日	语文(9:00~11:30)	数学(15:00~17:00)
7月4日	文科综合/理科综合(9:00~11:30)	外语(15:00~16:40)

请做好考试的各项准备工作。

教育部考试中心
二○○八年六月九日

关于2008年高考甘肃省延考地区英语考试时间的紧急通知

教试中心函［2008］125号

甘肃省高等学校招生办公室：

教试中心函［2008］120号中确认你省的英语考试时间为7月4日15:00—16:40。

但考虑到你省和四川省的英语试卷结构不同，而四川省高考英语试卷原是按照含听力、考试时间为120分钟设计。因地震造成听力设备无法使用，所以四川省的英语试题是在原试卷结构中去掉听力部分进行设计，将考试时间确定为100分钟，正常考试试卷与延考试卷结构、时间相同。

你省原英语试卷即不含听力，考试时间为120分钟。学校、考生平时均按照这样的结构进行教学、复习，为保护延考地区考生的利益，保证这部分考生的正常发挥，以及该部分考生与正常考试考生英语成绩的平衡，经慎重研究决定，你省陇南、甘南高考延考英语科考试时间调整为7月4日15:00—17:00。请你们做好相应工作并做好向学校、考生及家长的解释工作。

教育部考试中心
二〇〇八年六月十六日

关于将“全国少儿计算机考试”更名为“全国青少年计算机考试”的通知

教试中心函［2008］139号

全国少儿计算机考试各承办机构、直属考试点：

全国少儿计算机考试（以下简称：少儿NIT）经过10年的发展，其先进的建构式教学思想和开放式考核模式受到了社会的广泛欢迎，全国28个省市已承办了该项目并陆续开展了培训和考试。

通过近期对考生数据的分析，少儿NIT参考考生已由最初的小学年龄段发展到了初、高中年龄段，而“少儿”一词对初、高中阶段学生形容不够准确。在征求了部分承办机构、培训机构及专家意见的基础上，经考委会研究决定，将“全国少儿计算机考试”更名为“全国青少年计算机考试”，有关政策、内容、模块结构及英文缩写（YNIT）不变。原已颁发的全国少儿计算机考试证书继续有效，不再办理换证手续。

请各承办机构、直属考试点继续严格按照原全国少儿计算机考试有关规定，切实抓好宣传、培训、考试等各项工作。

教育部考试中心

二〇〇八年六月二十六日

关于北京军区申请开办社会证书类考试项目的回复

教试中心函［2008］142号

北京军区政治部宣传部：

今年3月，我中心收到贵部送来的《关于北京军区开办职业技能等级（资格）考试的报告》。现回复如下：

一、同意北京军区作为全军开展教育部考试中心举办的社会类证书考试项目的试点单位。试点期间，北京军区政治部宣传部作为我中心社会考试项目的省级承办机构，履行有关社会考试项目在北京军区所辖部队系统的管理职能。

二、按照先开考部分科目、先进行低级别考试、先从部分考点做起的原则，开展试点考试。在试点项目积累经验的基础上，进一步拓展开考范围，增加考试项目。

三、双方就试点工作共同制定实施方案。试点考试从2009年开始，考试时间按照各项考试全国统考时间。

四、你单位应严格考试管理，严明考风考纪，按照各项考试的相关管理规定加强制度建设，共同维护考试安全和考试质量。

教育部考试中心

二〇〇八年七月十一日

关于做好2008年下半年非学历证书考试考务工作的通知

教试中心函［2008］144号

各省、自治区、直辖市考试院（局、中心）、高等教育自学考试办公室：

2008年下半年非学历证书考试项目定于11月15日、16日开考。请各省级考试机构按照我中心《非学历证书考试考务工作规定》（教试中心函［2004］109号）要求，认真做好非学历证书考试考务工作，确保安全保密和考场管理不发生问题。考试中违规行为的记录及处理方式严格按照《国家教育考试违规处理办法》中的规定执行。

为保证考试工作的顺利实施，现将有关事项通知如下：

一、开考项目

2008年下半年非学历证书开考7个考试项目：中国餐饮业职业经理人资格证书考试、劳动和社会保障岗位资格证书考试、调查分析师证书考试、中国物流职业经理资格证书考试、机械工程师资格认证考试、中国市场营销资格证书考试和中英合作采购与供应管理职业资格证书考试。

中英合作采购与供应管理职业资格证书考试是2007年11月首次开考，各省级考试机构要新开考此考试项目的，请在考务信息交换平台下载考试代码及课程代码库。此项目考务工作流程见附件一。

二、考试时间及课程

非学历证书考试时间安排在11月15日、16日两天。详细开考课程安排见附件二。

三、考务信息发布

考务信息发布平台增设了非学历证书考试项目栏。今后非学历证书考试信息将在考务信息发布平台发布。各省有关情况可通过考务信息发布平台及时上报。

登录地址、用户名及密码见附件三。

四、评卷工作

省级考试机构对考试评卷工作要加强管理，应选聘从事本课程教学工作、业务水平较高、责任心较强的教师集中阅卷，并要求按照考试中心下发的《答案及评分参考》掌握评分标准，以确保评卷的质量。

五、成绩数据上报及下发

非学历证书考试必须使用全国统一的考务管理系统。为及时下发考生成绩，请各省级考试机构务必在考试结束之日起20日之内，利用考务信息交换平台上报成绩数据，我中心将利用考务信息交换平台下发各省成绩数据。

考务信息交换平台地址为 ftp://ftp. neea. edu. cn;用户名：fxt + 省代码；密码：fxt + 省代码。请各省级考试机构及时向我中心申请开通。

信息处联系人：段伯岩　电话：010 - 82520136

刘江平　电话：010 - 82520118

传真：010 - 82520200

信箱：liujp@ mail. neea. edu. cn

附件：一、中英合作采购与供应管理职业资格证书考试考务工作流程

二、2008 年下半年非学历证书考试课程时间安排表

三、考务信息发布平台登录网址、用户名及密码

教育部考试中心

二〇〇八年七月十四日

（附件一、三略）

附件二：

2008 年下半年非学历证书考试开考课程

考试名称及代码	考次	日期	时间	课程代码	课程名称	备注
中国餐饮业职业经理人资格证书考试(01)	下半年	11 月 15 日星期六	上午 09:00 - 11:30	9005	食品卫生与安全	中级
			下午 14:00 - 16:30	9003	现代厨房管理	中级
		11 月 16 日星期日	上午 09:00 - 11:30	9007	餐饮企业财务管理	高级【计算器】
			下午 14:00 - 16:30	9009	餐饮企业战略管理	高级
劳动和社会保障岗位资格证书考试(02)	下半年	11 月 15 日星期六	上午 09:00—11:30	3318	医疗与生育保险	
			下午 14:00 - 16:30	3315	劳动关系	
		11 月 16 日星期日	上午 09:00—11:30	3317	失业保险	
调查分析师证书考试(03)	下半年	11 月 15 日星期六	上午 09:00 - 11:30	7148	调查概论	中级【计算器】
				7162	商务统计	高级【计算器】
			下午 14:00 - 16:30	7152	市场调查实务	中级【计算器】
				7161	经济计量分析	高级【计算器】
		11 月 16 日星期日	上午 09:00—11:30	7156	社会经济调查方法与实务	初级【计算器】
				8003	调查分析基本技能	初级【计算器】可携带三角板和圆规
机械工程师资格考试(04)	下半年	11 月 15 日星期六	上午 09:00 - 12:00	9998	综合素质与技能（第一单元）	【计算器】可携带三角板和圆规
			下午 14:00 - 16:00	9999	综合素质与技能（第二单元）	【计算器】可携带三角板、圆规、《机械工程师资格考试指导书》

续表

考试名称及代码	考次	日期	时间	课程代码	课程名称	备注
中国物流职业经理资格证书考试(05)	下半年	11月15日星期六	上午09:00－11:30	5363	物流基础	初级
				5376	库存管理(二)	中级【计算器】
			下午14:00－16:30	5368	库存管理(一)	初级【计算器】
				5373	物流企业管理	中、高级
		11月16日星期日	上午09:00－11:30	5365	物流信息技术	初级
				5377	采购与供应管理(二)	中级【计算器】
			下午14:00－16:30	5369	采购与供应管理(一)	初级【计算器】
				5375	物流案例与实践(二)	中级【计算器】
				5382	物流战略管理	高级
中国市场营销资格证书考试(06)	下半年	11月15日星期六	上午09:00－11:30	9997	市场营销总监资格证书综合考试	【计算器】可携带参阅考试大纲指定教材
				9996	市场营销经理资格证书综合考试	【计算器】
				9995	市场营销经理助理资格证书综合考试	
中英合作采购与供应管理职业资格证书考试(08)	下半年	11月15日星期六	上午9:00—12:00	3611	采购与供应谈判	中级/CIPS四级
				572	采购原理与战略	初级/CIPS三级
			下午14:00—17:00	3613	采购与供应关系管理	中级/CIPS四级
				5729	国际物流	初级/CIPS三级
		11月16日星期日	上午9:00—12:00	3618	采购项目管理	高级【□】

注:1. 备注栏中有【计算器】标记的课程,表示考生参加笔试时可携带不具备存储功能的计算器辅助计算。

2. 有【□】标记的课程为首次开考课程。

3. 可以携带非编程计算器(仅限续表二课程)。

关于做好 2008 年下半年全国英语等级考试（PETS）考务工作的通知

教试中心函［2008］145 号

全国英语等级考试各省级承办机构：

2008 年下半年全国英语等级考试（PETS）定于 9 月 13 日、14 日进行。为确保考试顺利实施，现将有关工作通知如下：

一、增强安全保密意识，认真贯彻《国家教育考试考务安全保密工作规定》（教考试［2004］2 号）文件中的相关规定，采取措施，切实加强考试的安全保密工作，确保安全保密不出任何问题。

二、严格执行《全国英语等级考试考务管理规则和考务手册》的相关规定和操作规程，规范管理考试，加强考风考纪建设，坚决杜绝大规模违纪舞弊现象的发生，保证考试质量，维护考试社会信誉。

三、8 月 5 日前，将下半年的考试数据备份库＊.Bak 格式文件（＊为省代码）上传至考务平台上。各省应加强对考生信息的核对工作，减少错误，以保证考生利益和考试机构的信誉。

四、建立联络各级考试承办机构的应急通讯网络，强化值班制度和报告制度，保证考试实施过程中能做到及时地报告、传达。各省级承办机构须在正式开考前 5 天（9 月 8 日前），将本省各级考试相关机构（省、地市、考点、保密室）的应急通讯网络、负责人姓名及联系方式报教育部考试中心（通过传真或 E-mail 方式）。

五、我中心计划于 9 月 9 日通过考务指挥平台召开下半年 PETS 考务工作考前动员视频会议。具体时间安排另行通知。

六、考试实施期间，每半天浏览一次我中心的“考务信息网络发布平台”，收取一次 Email。我中心值班电话将在平台上公布。

七、从考试前三天开始直至考试结束（9 月 10 日—14 日），须做到“每日一报”。各省级承办机构应在每天 19：00 前，向我中心以传真、Email 或登录考务平台的方式报告当天的情况。如实记录考试实施过程中出现的情况，对于涉及泄密、集体舞弊等事件应在第一时间报我中心。

八、各省级承办机构应于考试结束一个月内通过以下方式上报数据：

考务平台：http：//www. neea. edu. cn/oa；

电子邮件：petsdata@ mail. neea. edu. cn；

邮寄地址：北京市海淀区清华科技园立业大厦 604；

接收单位：教育部考试中心社考处，邮编：100084。

联系人：艾斌，联系电话：010－82520194。

九、考试工作结束一个月后，各省级承办机构应对本次考试工作情况进行总结，指出工作中存在的问题，对管理方法提出意见和改进建议，形成文字报告报我中心。

附件：1. 全国英语等级考试考务信息网络发布平台使用说明
2. 全国英语等级考试新考务管理平台使用说明

（附件略）

教育部考试中心
二〇〇八年七月二十一日

关于调整 2008 年下半年调查分析师资格证书考试有关课程考试时间的通知

教试中心函［2008］149 号

各省、自治区、直辖市考试院（局、中心）、高等教育自学考试办公室：

根据行业合作单位的要求，现调整 2008 年下半年调查分析师资格证书考试有关课程考试时间（见附件）。其他项目课程的考试时间不变，见教试中心函［2008］114 号“关于做好 2008 年下半年非学历证书考试考务工作的通知”。

附件：2008 年下半年非学历证书考试（调查分析师资格证书考试）课程安排

教育部考试中心
二〇〇八年七月二十四日

抄送：有关合作单位

附件：

2008 年下半年非学历证书考试（调查分析师资格证书考试）课程安排

调查分析师证书考试（03）	下半年	11 月 15 日 星期六	上午 09：00—11：30	7148	调查概论	中级【计算器】
				7162	商务统计	高级【计算器】
			下午 14：00—16：30	7152	市场调查实务	中级【计算器】
				7161	经济计量分析	高级【计算器】
		11 月 16 日 星期日	上午 09：00—11：30	7156	社会经济调查方法与实务	高级【计算器】
			下午 14：00—16：30	8003	调查分析基本技能	初级【计算器】可携带三角板和圆规

关于 2008 年成人高考各科试卷分卷及结构有关情况的通知

教试中心函［2008］174 号

各省、自治区、直辖市教育考试院（局、中心）、高校招生办公室：

根据教育部《关于做好 2008 年全国成人高校招生工作的通知》（教学［2008］14 号）规定，今年成人高校招生全国统一考试将于 10 月 11 日、12 日举行。

为使各地做好今年成人高考答题卡设计、印制的准备工作，现将我中心负责命题的各科试卷分卷及结构有关情况通知如下：

一、高中起点升本、专科试卷分卷及结构有关情况

今年成人高考高中起点升本、专科全国统一考试科目为语文、汉语文、数学（文）、数学（理）、历史地理、物理化学、英语、日语、俄语共九科。其中汉语文、日语、俄语不分卷，汉语文直接在试卷上做答，日语、俄语在答题纸上做答（答题纸式样随试卷清样一并发送）。语文、数学（文）、数学（理）、历史地理、物理化学、英语六科试卷清样为分卷试卷清样，包括Ⅰ卷（选择题）和Ⅱ卷（非选择题）两部分。Ⅱ卷留有答题空间，考生可直接在试卷上做答。请各省（区、市）按照以下数字设计这六科Ⅰ卷的答题卡：语文 1－10 小题，共 10 小题；数学（文）为 1－17 小题，共 17 小题；数学（理）为 1－17 小题，共 17 小题；物理化学 1－15 小题，共 15 小题；历史地理 1－40 小题，共 40 小题；英语 1－50 小题，共 50 小题。以上六科选择题均为四选一的单项选择题。

二、专升本试卷分卷及结构有关情况

我中心负责命题的成人高考专升本全国统一考试科目为政治、英语、高等数学（一）、高等数学（二）、大学语文、教育理论、艺术概论、生态学基础、民法、医学综合共十科。

1. 政治、英语、民法和生态学基础四科提供分卷清样，客观题卷（Ⅰ卷）不留答题空，考生需要在答题卡上做答。其中政治 1－40 小题、民法 1－30 小题、生态学基础 1－20 小题、英语 1－55 小题为四选一的选择题，英语 56－60 题为八选一的选择题。

2. 医学综合全部是选择题，试卷不分卷、不留答题空，考生需要在答题卡上做答。其中 1－108 小题为五选一的选择题，109－120 小题为五选多的选择题。

3. 高等数学（一）、高等数学（二）、大学语文、教育理论、艺术概论五科提供不分卷清样，选择题部分留有答题空，试题均为四选一的单项选择题，考生可直接在试卷上做答。需要在这五科选择题中使用答题卡的省，请按照以下数字设计答题卡：高等数学（一）1－10 小题，共 10 小题；高等数学（二）为 1－10 小题，共 10 小题；大学语

文1－20小题，共20小题；教育理论共24小题，其中1－12小题为教育学部分，19－30小题为心理学部分；艺术概论1－20小题，共20小题。

三、其他

各省级考试机构可以根据本地的实际需要，自行确定除专升本政治、英语、民法、生态学基础和医学综合五科外的其他科目是否使用答题卡，并在试卷印刷时对我中心提供的试卷清样中有关指导语、预留答题空等自行进行调整。

教育部考试中心
二〇〇八年九月二日

关于全国教育考试系统第四届乒乓球、第二届羽毛球比赛有关事宜的通知

教试中心函［2008］181号

各省（自治区、直辖市）教育考试院（局、中心）、普通高校招生办公室、成人高校招生办公室、高等教育自学考试办公室：

兹定于2008年9月25—28日在浙江杭州举办全国教育考试系统第四届乒乓球、第二届羽毛球比赛，现将有关事项通知如下：

一、比赛宗旨

团结、友谊、和谐、发展

二、参赛方式

以省（自治区、直辖市）教育考试机构为单位组队参赛。参赛队员必须是各省（自治区、直辖市）级教育考试机构的正式工作人员（如为聘用人员，必须已在本单位连续工作一年以上），禁止省（自治区、直辖市）级教育考试机构以外的人员参加比赛。如违反上述规定，经本届运动员资格审查委员会确定，将取消该队参赛资格。

三、比赛项目

1. 乒乓球团体赛
2. 羽毛球团体赛
3. 乒乓球单打比赛（限省级考试机构副职以上领导同志参加）

四、比赛办法

1. 乒乓球团体赛：采用每场比赛5盘3胜、每盘比赛3局2胜、每局11分制。每队出场队员由2名男选手和1名女选手组成，每名男选手出场2次，女选手出场1次，比赛顺序依次为：①男子单打；②男子单打；③女子单打；④男子单打；⑤男子单打。赛前抽签决定主、客队队员排位顺序。

2. 羽毛球团体赛：采用每场比赛3盘2胜、

每盘比赛 3 局 2 胜、每局 21 分制（每球得分）。每队出场队员由 2 名男选手和 1 名女选手组成，每场比赛参赛选手只能出场 1 次。比赛顺序依次为：①男子单打；②女子单打；③男子单打。

3．乒乓球单打比赛：采用每场比赛 3 局 2 胜、每局 11 分制。由各省（自治区、直辖市）级教育考试机构领导同志自愿报名参加，性别和人数不限。根据报名人数确定具体比赛办法。

4．乒乓球团体赛和羽毛球团体赛分别取前 8 名，进行奖励，另设“精神文明奖”和“体育道德风尚奖”。乒乓球单打比赛奖项视参赛人数确定。

五、竞赛规程

1．乒乓球团体赛和羽毛球团体赛根据上届比赛成绩分别确定种子队，再视报名情况通过抽签将参赛队分成若干小组，进行循环比赛。小组循环赛出线后，再进入下一阶段淘汰赛，最终决出比赛名次。

2．乒乓球单打比赛根据实际报名参赛人数确定具体赛程。

3．乒乓球、羽毛球比赛适用国际乒联、国际羽联正式比赛规则。

六、比赛报名

请各单位接到通知后抓紧时间组队报名，填写参赛报名表（附后），务必于 9 月 16 日前发电子邮件并传真至教育部考试中心办公室（传真：010－82520014），同时，将参赛报名表发给浙江省考试院方侠同志（传真：0571－88907527、fangx@zjzs.net）。

联系人：刘敏 010－82520100、lium@mail.neea.edu.cn，李炜东 010－82520025、liwd@mail.neea.edu.cn，徐志芳 010－82520046、xuzf@mail.neea.edu.cn。

请各单位拟定能反映本单位精神风貌的入场式解说词（电子版）发送至教育部考试中心，E－mail：shijh@mail.neea.edu.cn，限 100 字以内。

七、报到事宜

报到时间：2008 年 9 月 25 日

报到地点：浙江杭州华美达酒店，地址：杭州市滨江高新区江南大道 3399 号；联系人：吴捷君，电话：13754324800

请各参赛单位提前告知参赛人员乘坐车次或航班号，以便接站。

联系人及电话：方侠（负责会务）：0571－88907527，13805713300；

郭申初（负责竞赛）：0571－88907606；13906514021。

各参赛单位运动员报到时请交验本人工作证。2008 年 9 月 25 日晚 8:00 召开领队会，请各代表队领队准时参加。

比赛期间的差旅费、食宿费由各参赛队自理，适当交纳会议费。

附件：参赛报名表（略）

教育部考试中心
二〇〇八年九月九日

关于在西交利物浦大学设立 IELTS 考试考点的函

教试中心函［2008］191 号

西交利物浦大学：

你校关于申请设立 IELTS 考试考点的函已收悉。根据实地考察，我中心认为你校已具备举办 IELTS 考试的基本条件，经研究，同意在你校设立 IELTS 考试考点，从 2008 年 12 月份开始举办 IELTS 考试。

请你校与我中心签署《教育部考试中心举办境外考试委托协议》及 IELTS 考试项目附件（一式四份），协议及附件应由你校法人代表或法人代表授权人签署并加盖公章后寄回我中心。请你校根据协议的相关要求将考点主任、联络员名单及联络方式上报我中心，并做好开考的各项准备工作。

附：《教育部考试中心举办境外考试委托协议》及 IELTS 考试项目附件

教育部考试中心

二〇〇八年十月十日

（附件略）

关于在对外经济贸易大学设立剑桥商务英语证书（BEC）考试考点的函

教试中心函［2008］207号

对外经济贸易大学：

你校关于申请设立剑桥商务英语证书（BEC）考试考点的请示收悉。经研究，同意在你校设立BEC考试考点，从2009年上半年开始承办BEC初、中、高级考试。

请你校与我中心签署《教育部考试中心举办境外考试委托协议》及BEC考试项目附件（一式四份），协议及附件应由你校法人代表或法人代表授权人签署并加盖公章后寄回我中心。

请你校根据协议的相关要求将考点主任、联络员名单及联络方式上报我中心，并做好开考的各项准备工作。

附：《教育部考试中心举办境外考试委托协议》及BEC考试项目附件

教育部考试中心

二〇〇八年十一月四日

（附件略）

关于沈阳理工大学等单位申请建立全国外语翻译证书考试考点的复函

教试中心函［2008］236号

沈阳理工大学、山东外事翻译职业学院、江西外语外贸职业学院、中南民族大学、廊坊师范学院、成都理工大学、衡阳师范学院、西安外事学院、杭州电子科技大学：

你校（院）关于建立全国外语翻译证书考试考点的申请收悉。经研究，同意你校（院）设立教育部考试中心直属的全国外语翻译证书考试考点。在履行完规定的手续，并接受我中心的相关培训后，从2009年5月开始组织本项考试。现就有关事项通知如下：

一、我中心采取签订协议的方式确定双方的职责、权利和义务，你校（院）只有在与我中心签订合作协议后才能正式成为考点。按照有关法规，签订协议的主体必须是法人单位。随此函附我方已签署的协议（见附件）一式6份，请你校（院）签署后自留3份，将另3份寄回我中心。

二、考点的名称与代码

考点名称	考点代码
全国外语翻译证书考试沈阳理工大学考点	N2102
全国外语翻译证书考试山东外事翻译职业学院考点	N3701
全国外语翻译证书考试江西外语外贸职业学院考点	N3601
全国外语翻译证书考试中南民族大学考点	N4201
全国外语翻译证书考试廊坊师范学院考点	N1301
全国外语翻译证书考试成都理工大学考点	N5101
全国外语翻译证书考试衡阳师范学院考点	N4301
全国外语翻译证书考试西安外事学院考点	N6101
全国外语翻译证书考试杭州电子科技大学考点	N3301

三、开考项目

考点	开考项目
N2102	英语二、三、四级
N3701	英语一、二、三、四级；日语一、二、三级
N3601	英语四级
N4201	英语四级
N1301	英语二、三、四级；日语二、三级
N5101	英语二、三、四级；日语二、三级
N4301	英语一、二、三、四级；日语一、二、三级
N6101	英语四级
N3301	英语一、二、三、四级

四、今后考点的考务工作直接由我中心管理。凡我中心下发的考务文件及材料由你考点建档留存。希望你校（院）加强对考点的领导，确保此项考试顺利实施。请你校（院）按照《全国外语翻译证书考试主监考手册》的有关规定配置相关工作人员，并严格执行主监考手册中的各项管理规定。鉴于此项考试从报名到发送成绩的各个环节都采用计算机管理，要求你考点配备计算机以及相应的打印设备。

五、此项考试的试卷在启用前属国家机密级材料，接触试卷的人员必须严守国家秘密。试卷在考点的存放应符合有关要求，须有专人看管。请与当地机要通信部门联系收寄试卷事宜，并配置所需的密封工具及材料。

附件：教育部考试中心委托开考全国外语翻译证书考试的合作协议

教育部考试中心
二〇〇八年十二月五日

（附件略）

关于2009年硕士研究生招生全国统考及联考科目中计算器使用有关情况的说明

教试中心函［2008］237号

各省、自治区、直辖市教育考试院（中心、局）、普通高校招生办公室：

2009年硕士研究生招生考试定于2009年1月10、11日举行，为保证考试平稳实施，现将全国统考及联考科目中计算器使用有关情况说明如下：

一、农学门类联考化学科目考试需使用不带字典存储和编程功能、具有对数及幂指数计算功能的科学计算器，其他统考及联考科目考试中不允许使用计算器。

二、各省级教育考试机构应当为农学门类联考化学科目考试单独安排考场，避免农学门类联考化学科目和其他科目混编考场；加强对农学门类联考化学科目考场的管理，有效预防并制止各类考场违纪事件的发生。

三、请各省级教育考试机构及时向参加农学门类联考化学科目考试的考生进行传达，有条件的地区可以向农学门类联考化学科目考生提供科学计算器。

请各省级教育考试机构按照要求，采取必要措施，确保2009年硕士研究生招生考试平稳实施。

教育部考试中心
二〇〇八年十二月五日

关于开展2009年“升学指导测验”宣传推广工作的通知

教试中心函［2008］243号

各省、自治区、直辖市教育考试院（中心、局），普通高等学校招生考试办公室：

我中心于2002年正式推出的“升学指导测验”，是通过测量和评价，帮助考生及家长了解和认识考生的兴趣、爱好、特长和志向等方面的情况，推荐适合考生学习的专业，为考生填报高等学校志愿提供参考意见。该项目实施几年来，已在指导考生填报高考志愿中发挥了重要的作用。

为进一步做好该项目的宣传推广工作，现将有关事项通知如下：

一、请各省级考试机构重视宣传，充分利用广播电视、报刊、网络等途径，有针对性地对“升学指导测验”进行宣传推广。

二、我中心为开展该项目准备了宣传海报、折页和网络测试卡，请各省申报对上述宣传资料需求量，我中心将按需求及时邮寄。希望各单位充分利用好以上资料，共同做好该项目的宣传和推广工作。

三、我中心与各省考试机构2009年合作的方式见附件，请拟开展“升学指导测验”的省级考试机构与我中心联系，签署合作协议。

附件：2009年与省级考试机构的合作方式和联系方式（略）

教育部考试中心
二○○八年十二月十八日

关于在东南大学等十三所校（办）设立韩国语能力考试考点的复函

教试中心函［2008］244号

东南大学、哈尔滨师范大学、湖南大学、辽宁师范大学、南昌大学、南开大学、山东大学、深圳职业技术学院、沈阳师范大学、四川大学、苏州大学、武汉大学、西安外国语大学、吉林省自学考试办公室：

经我中心研究审核，同意你校（办）设立韩国语能力考试考点的申请。

请你校（办）严格按照《教育部考试中心举办境外考试委托协议》（以下简称《协议》）和该协议的《韩国语能力考试项目附件》（以下简称《附件》）、《合作举办境外教育考试考务安全保密工作规则》（详见附件）的有关规定进行各项准备工作并签署《教育部考试中心举办境外考试委托协议》和该协议的《韩国语能力考试项目附件》（已经承担教育部考试中心委托的其他境外考试的只签署《韩国语能力考试项目附件》）。

请从速完成上述工作并将如下材料寄回我中心：你校法人或授权代表签署的《协议》和《附件》，考点主管和主考（可由一人兼任）以及联络员名单，联系方式（办公电话号码、手机号码、电子邮件地址和传真号码）和详细地址。

今后你校（办）韩国语能力考试考点的考务工作直接由教育部考试中心管理。凡教育部考试中心下发的考务文件及材料由你校考点留存。希望你校加强对考点的领导，确保此项考试的顺利实施。

教育部考试中心海外处地址：北京海淀区清华科技园立业大厦803室

邮政编码：100084

电　　话：010－82520175

传　　真：010－62790346

联 系 人：解智

附件：一、《教育部考试中心举办境外考试委托协议》

二、《韩国语能力考试项目附件》

三、《合作举办境外教育考试考务安全保密工作规则》

教育部考试中心

二〇〇八年十二月二十二日

（附件略）

关于2009年全国外语翻译证书考试工作安排的通知

教试中心函［2008］245号

各有关考点：

2009年全国外语翻译证书考试考试时间定为，第一次考试：5月23日和24日，开考英语口译和笔译的一级到四级，日语一级到三级；网上报名时间：3月1日至4月5日；考点确认时间：3月30日至4月10日。第二次考试：10月24日和25日，开考英语二级到四级；网上报名时间：8月1日至9月4日；考点确认时间：9月1日至11日。为保证该项考试顺利进行，现将有关事项通知如下：

一、各考点要加强领导，规范管理，严格执行主监考手册的规定，加强对考试工作人员的业务培训，未经培训或培训考核不合格人员不能上岗。试卷安全始终是考试工作的生命线，考试工作人员要充分认识到试卷安全的重要性，要保证试卷的绝对安全。考点必须明确试卷等各种考试材料的运送、分发、保管以及答卷回收、保管的工作职责，并且责任到人。各考点要继续按照我中心“教试中心函［2007］215号”文件的规定寄送考后的答卷。

二、从2009年起，开始有英语四级保留成绩的考生，该部分考生可以单独报考前次考试成绩不合格的项目。考点在审核单独报考四级笔译或者四级口译的考生时，除规定的其他证件外，还必须要求考生出示前次考试的成绩通知单原件。如果该考生前次考试不是四级双项，或者虽然是四级双项，但是口译和笔译两项都不合格，该考生不能单独报考四级笔译或者口译。初次报考四级翻译证书考试的考生，或者前次四级双项考试都不合格的考生须同时报考笔译和口译，不能只报考笔译或口译单项。

三、从2009年开始，一级口译的交替传译和同声传译将在同一考点同一天考试，承办一级口译考试的考点须保证同声传译设备的正常工作。如果同声传译设备不能满足所有考生同时考试时，按已编排的座位次序分批考试，候考考生不准随便离开候考室。

四、收费标准和考点留成见“教试中心函［2007］215号”，在报名工作结束后，请各考点认真填写《全国外语翻译证书考试（NAETI）财务报告》（附件三），五个工作日内，寄送教育部考试中心并将应上缴的报考费通过银行信汇方式汇至如下帐户：

帐户名称：中英教育测量交流中心

帐　　号：810317058408091001

开 户 行：中国银行北京清华园支行

联 系 人：田虹琛

电　　话：010－82520190

五、2009年两次考试订卷截止时间为：上半年考试4月15日，下半年考试9月15日。请各考点按时将试卷申报表填写准确、清楚，适当留出备用卷和磁带，用特快专递或传真报我中心社会考试处。

联 系 人：高旭东、赵宝华

通信地址：北京市海淀区清华科技园立业大厦

邮政编码：100084

电　　话：010－82520323，82520115

传　　真：010－82520154。

六、教育部考试中心考试值班电话：010－82520323，82520115。

附件：一、全国外语翻译证书考试（NAETI）主考报告

二、全国外语翻译证书考试（NAETI）财务报告

教育部考试中心

二〇〇八年十二月十五日

（附件略）

全国高等教育自学考试指导委员会办公室文件

关于2007年度自学考试助学组织登记备案情况的通报

考委办函［2008］2号

各省、自治区、直辖市高等教育自学考试办公室：

2007年度自学考试助学组织登记备案工作按计划完成。各省级考办继续通过基于互联网的"全国自学考试社会助学组织信息管理系统"上报数据。现将有关情况通报如下：

1. 大多数省自考办已经将每年开展助学组织登记工作作为常规工作安排。组织本省助学组织进行登记，认真审核、汇总数据，按时（除个别省尚需催报）向我办报送登记信息。全国有29个省（市）自考办开展了助学组织登记工作，向我办报送了1 451个助学组织助学信息。

2. 经我办认真审核，该1 451个助学组织均符合备案条件，相比2006年（1 446个）基本持平。（详见附件一：2007年度自学考试社会助学登记工作情况统计表）其中，普通高校505个，占35%；成人高校72个，占5%；民办高校236个，占16%；部门委托办学143个，占10%；其他助学组织495个，占34%。

相比2006年，普通高校助学组织数量减少71所，减少了14%。其他各类助学组织数量均略有增加。普通高校和各种社会力量办学组织（含民办高校）仍是自考社会助学的主要力量。（详见附件二：2007年度自学考试社会助学组织个数统计表）

3. 参加助学组织助学的学员约有161万人。按照助学组织的主体类型分：

普通高校助学学员68万人，占全部参加助学学员总数的43%；部门委托助学学员28万人，占全部参加助学学员总数的17%；民办高校助学学员28万人，占全部参加助学学员总数的17%；其他助学组织助学学员24万人，占全部参加助学学员总数的15%；成人高校助学学员13万人，占全部参加助学学员总数的8%。

从参加助学学员人数分布来看，在普通高校参加助学的学员仍占大多数。相比2006年，参加助学的学员总数减少19万，减少了11%。（详见附件三：2007年度自学考试社会助学学员人数统计表）

附件：一、2007年度自学考试社会助学登记工作情况统计表

二、2007年度自学考试社会助学组织个数统计表

三、2007年度自学考试社会助学学员人数统计表

全国高等教育自学考试指导委员会办公室
二〇〇八年一月十六日

附件一：

2007年度自学考试社会助学登记工作情况统计表

专业代码：

省份	各地送报助学组织数	审核结果	
		通过数	未通过数
北京	50	50	0
天津	58	58	0
河北	25	25	0
山西	7	7	0
内蒙古	15	15	0
辽宁	111	111	0
吉林	54	54	0
黑龙江	42	42	0
上海	148	148	0
江苏	145	145	0
浙江	121	121	0
安徽	40	40	0
福建	44	44	0
江西	35	35	0
山东	84	84	0
河南	38	38	0
湖北	102	102	0
湖南	20	20	0
广东	107	107	0
广西	15	15	0
海南	4	4	0
重庆	63	63	0
四川	33	33	0
贵州	13	13	0
陕西	14	14	0
甘肃	32	32	0
青海	11	11	0
宁夏	10	10	0
新疆	10	10	0
合计	**1451**	**1451**	**0**

注：云南、西藏没有报送数据。

附件二：

2007年度自学考试社会助学组织个数统计表

省份	普通高校	成人高校	民办高校	部门委托办学	其他	合计
北京	7	2	29	1	11	50
天津	20	7	0	4	27	58
河北	2	2	0	21	0	25
山西	0	0	7	0	0	7
内蒙古	4	0	5	3	3	15
辽宁	20	1	17	27	46	111
吉林	34	2	2	1	15	54
黑龙江	23	1	16	1	1	42
上海	35	0	18	4	91	148
江苏	34	6	4	4	97	145
浙江	40	9	38	1	33	121
安徽	23	12	5	0	0	40
福建	12	2	6	4	20	44
江西	18	4	13	0	0	35
山东	31	6	29	7	11	84
河南	4	3	4	24	3	38
湖北	44	4	7	9	38	102
湖南	20	0	0	0	0	20
广东	24	4	0	8	71	107
广西	12	2	0	1	0	15
海南	4	0	0	0	0	4
重庆	29	2	16	0	16	63
四川	31	0	2	0	0	33
贵州	7	2	1	2	1	13
陕西	1	0	9	2	2	14
甘肃	16	0	2	11	3	32
青海	4	0	1	5	1	11
宁夏	2	1	3	2	2	10
新疆	4	0	2	1	3	10
合计	**505**	**72**	**236**	**143**	**495**	**1451**

注：云南、西藏没有报送数据。

附件三：

2007年度自学考试社会助学学员人数统计表

省份	按助学组织分					合计	按学习形式分	
	普通高校	成人高校	民办高校	部门委托办学	其他		全日制	业余
北京	1223	668	88978	0	8953	99822	92029	7793
天津	23359	3112	0	2993	13498	42962	21800	21162
河北	34941	67575	0	212511	0	315027	0	315027
山西	0	0	2327	0	0	2327	1505	822
内蒙古	756	0	2782	817	780	5135	1438	3697
辽宁	17005	22	6712	4038	22303	50080	18097	31983
吉林	55435	3176	612	1500	5424	66147	2090	64057
黑龙江	9392	819	7377	2400	260	20248	8584	11664
上海	18684	0	8860	2152	28208	57904	23751	34153
江苏	79500	10682	4051	19137	39958	153328	76559	76769
浙江	47107	10884	30306	0	25339	113636	84266	29370
安徽	4723	2151	2094	0	0	8968	6871	2097
福建	19648	142	5884	1302	11030	38006	24912	13094
江西	15248	1120	21032	0	0	37400	35985	1415
山东	28648	23752	18738	7261	6295	84694	33865	50829
河南	3609	410	2549	8178	479	15225	1026	14199
湖北	75201	385	4554	6056	25029	111225	79338	31887
湖南	78402	0	0	0	0	78402	34796	43606
广东	23169	920	0	3360	40141	67590	15273	52317
广西	19153	1386	0	260	0	20799	12126	8673
海南	10605	0	0	0	0	10605	3066	7539
重庆	24831	866	6547	0	2814	35058	11763	23295
四川	46651	0	295	0	0	46946	7395	39551
贵州	11502	1096	0	400	121	13119	3903	9216
陕西	13833	0	49233	246	320	63632	62507	1125
甘肃	1750	0	156	2734	539	5179	2619	2560
青海	2086	0	88	2417	173	4764	2664	2100
宁夏	9831	951	11787	1730	427	24726	1973	22753
新疆	7875	0	1565	630	10329	20399	17065	3334
合计	**684167**	**130117**	**276527**	**280122**	**242420**	**1613353**	**687266**	**926087**

注：云南、西藏没有报送数据。

关于天津市申请开考现代企业管理专业（独立本科段）的复函

考委办函［2008］3号

天津市高等教育自学考试委员会：

你委《关于申请开考高等教育自学考试现代企业系统管理专业（独立本科段）的报告》（津考委高发［2007］8号）等材料收悉，函复如下：

一、经全国考委经济管理类专业委员会审核，你市申请开考的高等教育自学考试现代企业系统管理专业（独立本科段）调整为现代企业管理专业（独立本科段），并对报送的专业考试计划进行了调整（见附件），请遵照执行。

二、开考计划中凡课程名称、学分与全国统考课程相同（附件内序号标“*”号）者，请使用全国考委组编的课程自学考试大纲、教材，参加全国统一考试。

三、同意你市遴选天津商业大学为该专业的主考学校。请充分发挥主考学校的作用，切实贯彻“教考职责分离”的原则，切实保证质量。

四、鉴于开考专业的培养目标是从事相关工作的应用型专门人才，请注重考生实践技能的培养，认真组织主考学校做好实践性环节考核工作。

此复。

附件：高等教育自学考试现代企业管理专业（独立本科段）课程设置与学分标准

全国高等教育自学考试指导委员会办公室
二〇〇八年一月十六日

抄送：全国考委经济管理类专业委员会

附件：

高等教育自学考试现代企业管理专业（独立本科段）课程设置及学分标准

专业代码：B020309

<table>
<tr><th colspan="2">序号</th><th>课程代码</th><th>课程名称</th><th>学分</th><th>备注</th></tr>
<tr><td colspan="2">1*</td><td>3708</td><td>中国近现代史纲要</td><td>2</td><td></td></tr>
<tr><td colspan="2">2*</td><td>3709</td><td>马克思主义基本原理概论</td><td>4</td><td></td></tr>
<tr><td rowspan="3">3</td><td>1*</td><td>0015</td><td>英语（二）</td><td>14</td><td></td></tr>
<tr><td>2</td><td>0016</td><td>日语（二）</td><td>14</td><td></td></tr>
<tr><td>3</td><td>0017</td><td>俄语（二）</td><td>14</td><td></td></tr>
<tr><td colspan="2">4</td><td>7520</td><td>经济学导论</td><td>6</td><td></td></tr>
<tr><td colspan="2">5</td><td>8815</td><td>现代企业管理理论</td><td>6</td><td></td></tr>
<tr><td colspan="2" rowspan="2">6</td><td>8816</td><td>现代企业管理信息系统</td><td>3</td><td></td></tr>
<tr><td>8817</td><td>现代企业管理信息系统（实践）</td><td>2</td><td></td></tr>
<tr><td colspan="2">7</td><td>5171</td><td>中小企业战略管理</td><td>6</td><td></td></tr>
<tr><td colspan="2">8</td><td>8818</td><td>企业文化与企业形象设计</td><td>6</td><td></td></tr>
<tr><td colspan="2">9</td><td>7114</td><td>现代物流学</td><td>4</td><td></td></tr>
<tr><td colspan="2" rowspan="2">10</td><td>8819</td><td>企业管理咨询与诊断</td><td>4</td><td></td></tr>
<tr><td>8820</td><td>企业管理咨询与诊断（实践）</td><td>2</td><td></td></tr>
<tr><td rowspan="4">11～12</td><td>1</td><td>8821</td><td>会计程序设计</td><td>6</td><td rowspan="4">四选二</td></tr>
<tr><td>2</td><td>8822</td><td>计算机财务管理</td><td>6</td></tr>
<tr><td>3</td><td>6093</td><td>人力资源开发与管理</td><td>6</td></tr>
<tr><td>4*</td><td>0163</td><td>管理心理学</td><td>5</td></tr>
<tr><td colspan="2">13</td><td>6999</td><td>毕业论文</td><td></td><td></td></tr>
<tr><td colspan="2"></td><td></td><td>总学分</td><td>70/71</td><td></td></tr>
<tr><td colspan="2">1*</td><td>0058</td><td>市场营销学</td><td>5</td><td rowspan="2">加考课、二选一</td></tr>
<tr><td colspan="2">2*</td><td>0055</td><td>企业会计学</td><td>6</td></tr>
</table>

关于吉林省申请开考高等教育自学考试应用化学（独立本科段）等专业的复函

考委办函［2008］4号

吉林省高等教育自学考试委员会办公室：

你办《关于开考高等教育自学考试新专业的请示》(吉考办字[2007]49号)收悉,函复如下：

一、经全国考委机械及轻纺化工类和土木水利矿业交通环境类专业委员会审核，同意你省开考高等教育自学考试应用化学专业（独立本科段）、环境工程专业（独立本科段）、过程装备与控制工程专业（独立本科段）、化学工程与工艺专业（独立本科段）四个专业。我办对报送的专业赋予了专业代码和课程代码（见附件）。

同意你省备案开考高等教育自学考试新闻学专业（本科）、财务管理专业（独立本科段）、卫生事业管理专业（独立本科段）、心理健康教育专业（专科、独立本科段）、服装设计与工程专业（专科、独立本科段）、信息管理与服务专业（独立本科段）、动画设计专业（专科）、动画设计专业（特殊教育方向）（独立本科段）等十个专业，请严格执行《高等教育自学考试专业目录与专业基本规范》、考委办函［2007］86号、考委办函［2003］14号、考委［2005］2号、考委办函［2006］94号、考委办函［2004］136号、考委办函［2006］90号、考委办函［2006］29号等文件规定。

二、为保证质量标准，开考计划中凡课程名称、学分与全国统考课程相同者（附件中序号标注“*”号），均须使用全国考委组编的课程自学考试大纲、教材，参加全国统一命题考试。

三、同意你省遴选吉林化工学院为应用化学专业（独立本科段）、环境工程专业（独立本科段）、过程装备与控制工程专业（独立本科段）和化学工程与工艺专业（独立本科段）、吉林师范大学为新闻学专业（本科）和财务管理专业（独立本科段）、长春中医药大学为卫生事业管理专业（独立本科段）、北华大学为心理健康教育专业（专科、独立本科段）、东北师范大学为服装设计与工程专业（专科、独立本科段）和信息管理与服务专业（独立本科段）、长春大学为动画设计专业（专科）和动画设计专业（特殊教育方向）（独立本科段）的主考学校。请充分发挥主考学校的作用，切实贯彻“教考职责分离”的原则，加强省考课程的课程自学考试大纲、教材建设和实践性环节考核等工作，切实保证质量。

附件：1. 高等教育自学考试应用化学专业（独立本科段）课程设置与学分
2. 高等教育自学考试环境工程专业（独立本科段）课程设置与学分
3. 高等教育自学考试过程装备与控制工程专业（独立本科段）课程设置与学分
4. 高等教育自学考试化学工程与工艺专业

（独立本科段）课程设置与学分

5. 高等教育自学考试动画设计专业（特殊教育方向）（独立本科段）课程设置与学分

6. 高等教育自学考试信息管理与服务专业（独立本科段）课程设置与学分

全国高等教育自学考试指导委员会办公室
二〇〇八年一月十六日

抄送：全国考委机械及轻纺化工类、土木水利矿业交通环境类专业委员会

附件：

1. 高等教育自学考试应用化学专业（独立本科段）课程设置与学分

专业代码：B081209

序号	课程代码	课程名称	学分	备注
1*	0004	毛泽东思想概论	2	
2*	0005	马克思主义政治经济学原理	3	
3*	0015	英语（二）	14	
4*	0018	计算机应用基础	2	
	0019	计算机应用基础（实践）	2	
5*	2197	概率论与数理统计（二）	3	
6	2484	仪器分析（二）	3	
	8823	仪器分析（二）（实践）	1	
7	2066	有机化学（二）	4	
	2067	有机化学（二）（实践）	1	
8	2051	物理化学（二）	6	
	2052	物理化学（二）（实践）	4	
9	3146	化工原理（二）	5	
	3147	化工原理（二）（实践）	1	
10	3473	精细有机合成	5	
	8824	精细有机合成（实践）	1	
11	8825	表面活性剂化学	3	
12	8826	助剂化学及工艺学	3	
13	8827	催化原理	3	
	8828	催化原理（实践）	1	
14	8829	精细化工过程与设备	3	
	8830	精细化工过程与设备（实践）	1	
	7999	毕业设计		不计学分
总学分			71	

2. 高等教育自学考试环境工程专业（独立本科段）课程设置与学分

专业代码：B081102

序号	课程代码	课程名称	学分	备注
1*	0004	毛泽东思想概论	2	
2*	0005	马克思主义政治经济学原理	3	
3*	0015	英语（二）	14	
4*	2197	概率论与数理统计（二）	3	
5*	2198	线性代数	3	
6*	0420	物理（工）	5	
	0421	物理（工）（实验）	1	
7	2275	计算机基础与程序设计	3	
	2276	计算机基础与程序设计（实践）	1	
8	2066	有机化学（二）	4	
	2067	有机化学（二）（实践）	1	
9	8831	流体力学与水泵	4	
	8832	流体力学与水泵（实践）	1	
10	4892	环境微生物学	4	
	4676	环境微生物学（实践）	1	
11	2469	环境监测（一）	3	
	2470	环境监测（一）（实践）	1	
12	6610	环境规划与管理	5	
13	4523	水污染控制工程（一）	4	
	8833	水污染控制工程（一）（实践）	1	
14	4521	大气污染控制技术	4	
	4522	大气污染控制技术（实践）	2	
15	4519	固体废物管理	4	
16	8291	环境影响评价	4	
	7999	毕业设计		不计学分
总学分			78	

3. 高等教育自学考试过程装备与控制工程专业（独立本科段）课程设置与学分

专业代码：B080342

序号	课程代码	课程名称	学分	备注
1*	0004	毛泽东思想概论	2	
2*	0005	马克思主义政治经济学原理	3	
3*	0015	英语（二）	14	
4*	2197	概率论与数理统计（二）	3	
5*	0018	计算机应用基础	2	
	0019	计算机应用基础（实践）	2	
6*	2391	工程力学	5.5	
	2392	工程力学（实践）	0.5	
7	1666	金属工艺学	4	
8*	2185	机械设计基础	5	
	2186	机械设计基础（实践）	2	
9	3146	化工原理（二）	5	
	3146	化工原理（二）（实践）	1	
10	8834	过程设备设计	4	
11	8835	过程流体机械	3	
	8836	过程流体机械（实践）	1	
12	8837	过程装备制造技术	3	
	8838	过程装备制造技术（实践）	2	
13	8839	过程装备控制技术及应用	3	
14	8300	机电设备管理	5	
	7999	毕业设计		不计学分
总学分			70	

4. 高等教育自学考试化学工程与工艺专业（独立本科段）课程设置与学分

专业代码：B081205

序号	课程代码	课程名称	学分	备注
1*	0004	毛泽东思想概论	2	
2*	0005	马克思主义政治经济学原理	3	
3*	0015	英语（二）	14	
4*	2197	概率论与数理统计（二）	3	
5*	0018	计算机应用基础	2	
	0019	计算机应用基础（实践）	2	
6	3146	化工原理（二）	5	
	3147	化工原理（二）（实践）	1	
7	2485	化工热力学	4	
8	8840	绿色化学概论	5	
	8841	绿色化学概论（实践）	1	
9	2486	工业化学	3	
10	2489	化工设计概论	4	
11	6041	化工工艺学	4	
	4889	化工工艺学（实践）	1	
12	5044	化学反应工程	4	
	4885	化学反应工程（实践）	2	
13	8842	化工过程开发	5	
	8843	化工过程开发（实践）	2	
14	4882	化工安全生产与管理	3	
	7999	毕业设计		不计学分
总学分			70	

5. 高等教育自学考试动画设计专业（特殊教育方向）（独立本科段）课程设置与学分

专业代码：B050438

序号	课程代码	课程名称	学分	备注
1*	0004	毛泽东思想概论	2	
2*	0005	马克思主义政治经济学原理	3	
3*	0018	计算机应用基础	2	
	0019	计算机应用基础（实践）	2	
4	4503	动画概论	4	
5	1066	速写	2	
6	0743	雕塑	6	
7	4504	动画运动规律	5	
8	1062	原画理论与创作	3	
	1063	原画理论与创作（实践）	3	
9	1064	动画创作原理	3	
	1065	动画创作原理（实践）	3	
10	1040	网页设计（实践）	6	
11	4507	动画场景设计	5	
12	4511	三维动画	4	
	4512	三维动画（实践）	6	
13	4513	数字影视后期合成	2	
	4514	数字影视后期合成（实践）	2	
14	4506	角色设计	5	
15	1071	卡漫创作与短片制作	3	
	1072	卡漫创作与短片制作（实践）	3	
	7999	毕业设计		不计学分
总学分			74	

6 高等教育自学考试信息管理与服务专业（独立本科段）课程设置与学分

专业代码：B071602

序号	课程代码	课程名称	学分	备注
1*	0004	毛泽东思想概论	2	
2*	0005	马克思主义政治经济学原理	3	
3*	0015	英语（二）	14	
4	2115	信息管理基础	4	
5	2116	信息揭示	5	
6	2117	信息组织	6	
7	2118	信息检索	6	
8	2119	信息用户与服务	4	
9	2140	信息咨询	4	
10	2134	信息系统设计与分析	3	
11	2132	信息经济学	5	
12	2139	计算机信息检索	5	
13	2124	信息分析方法	5	
14	8844	经济信息资源开发与利用	6	
	6999	毕业论文		不计学分
总学分			72	

关于公布2007年部分省（自治区、直辖市）高等教育自学考试备案、审核和审批专业的通知

考委办函［2008］5号

各省、自治区、直辖市高等教育自学考试办公室，中国人民解放军自学考试委员会办公室：

根据高等教育自学考试专业管埋的有关规定，经研究，决定公布部分省（自治区、直辖市）高等教育自学考试委员会2006年备案开考专业和经我办审核、审批的开考专业（见附件），现就有关事项通知如下。

一、全国统一制定考试计划的专业，各省（自治区、直辖市）考委须在开考前将专业考试计划报我办备案，不得擅自更改考试计划。

二、开考《高等教育自学考试专业目录》内专业，应将所开考专业的考试计划报我办审核，经同意并给予专业代码、课程代码后，各省（自治区、直辖市）考委方能开考。

三、凡开考《高等教育自学考试专业目录》外专业，需按照原国家教育委员会印发的《高等教育自学考试开考专业管理办法》（教考试［1996］9号）的要求，认真组织专家论证（专家组成员一般为7人，适当吸收主考学校、高职高专、行业部门人员），在严格论证的基础上，科学确定专业名称，规范专业知识结构；有关论证材料、专业考试计划和有关课程考试大纲、教材的编写使用情况说明，须在开考前十个月提交我办，并经我办组织有关专业委员会进行审议批复后，各省（自治区、直辖市）方能开考。

四、各省（自治区、直辖市）考委按照我办批复其他省（自治区、直辖市）考委的专业考试计划开考专业的，须在开考前报我办备案。

五、各省（自治区、直辖市）考委（考办）上报我办审核和审批专业的文件一式四份，并同时上报电子文档（电子邮箱：tans@neea.edu.cn）。

六、为便于宏观管理，各省（自治区、直辖市）停考的专业须报我办备案，并做好停考专业的善后工作。

附件：2007年部分省（自治区、直辖市）新开考专业表

全国高等教育自学考试指导委员会办公室
二〇〇八年一月十六日

附件：

2007年部分省（自治区、直辖市）新开考专业表

省份	序号	专业名称	专业类型	专业代码	申报方式	批准文号	批准时间
北京	1	文化产业	独立本科段	B020155	备案	考委办函［2007］102号	2007年9月18日
	2	汽车维修与检测	专科	A081725	审批	考委办函［2007］102号	2007年9月18日
	3	汽车维修与检测	独立本科段	B081726	审批	考委办函［2007］102号	2007年9月18日
	4	通信信息管理	专科	A080777	审批	考委办函［2007］118号	2007年11月12日
	5	心理学	独立本科段	B071504	审批	考委办函［2007］118号	2007年11月12日
	6	初等教育	独立本科段	B040121	审批	考委办函［2007］131号	2007年12月6日
天津	1	数控技术应用	专科	B080744	备案	考委办函［2007］69号	2007年6月14日
	2	机电设备维修与管理	专科	A080334	备案	考委办函［2007］69号	2007年6月14日
	3	公共管理	独立本科段	B020267	审核	考委办函［2007］130号	2007年12月7日
山西	1	生物工程	独立本科段	B070404	审批	考委办函［2007］88号	2007年8月21日
	2	物流管理	专科	A020228	备案	考委办函［2007］88号	2007年8月21日
	3	物流管理	独立本科段	B020229	备案	考委办函［2007］88号	2007年8月21日
	4	金融	独立本科段	B020106	备案	考委办函［2007］88号	2007年8月21日
内蒙古	1	中药制药技术	专科	A100807	审批	考委办函［2007］24号	2007年3月13日
	2	汽车服务工程	独立本科段	B082232	备案	考委办函［2007］84号	2007年7月20日
	3	道路与桥梁工程	独立本科段	B080807	备案	考委办函［2007］84号	2007年7月20日
	4	经济管理	独立本科段	B020178	备案	考委办函［2007］84号	2007年7月20日
	5	汽车维修与检测	本科	C081710	备案	考委办函［2007］84号	2007年7月20日
	6	环境艺术设计	本科段	C050426	备案	考委办函［2007］135号	2007年12月27日
	7	视觉传达设计	本科段	C050428	备案	考委办函［2007］135号	2007年12月27日
吉林	1	数控加工与模具设计	基础科段	C080326	审批	考委办函［2007］2号	2007年1月8日
	2	数控加工与模具设计	本科段	C080327	审批	考委办函［2007］2号	2007年1月8日
	3	对外汉语	独立本科段	B050140	备案	考委办函［2007］2号	2007年1月8日
	4	数控技术	独立本科段	B080741	备案	考委办函［2007］2号	2007年1月8日
	5	药学与药品营销	专科	A100903	备案	考委办函［2007］2号	2007年1月8日
	6	药学与药品营销	独立本科段	B100904	备案	考委办函［2007］2号	2007年1月8日
	7	公司管理	独立本科段	B020143	备案	考委办函［2007］2号	2007年1月8日
	8	工业自动化	独立本科段	B080603	备案	考委办函［2007］2号	2007年1月8日
	9	机电一体化工程	独立本科段	B080307	备案	考委办函［2007］2号	2007年1月8日
	10	政治教育	独立本科段	B040203	备案	考委办函［2007］2号	2007年1月8日

续表

省份	序号	专业名称	专业类型	专业代码	申报方式	批准文号	批准时间
吉林	11	企业现场管理	独立本科段	B020289	审批	考委办函［2007］2号	2007年1月8日
	12	工程管理	独立本科段	B020279	审批	考委办函［2007］71号	2007年7月3日
	13	测控技术与仪器	独立本科段	B080333	审批	考委办函［2007］71号	2007年7月3日
	14	汽车车身数字化设计	基础科段	C080331	审批	考委办函［2007］71号	2007年7月3日
	15	汽车车身数字化设计	本科段	C080332	审批	考委办函［2007］71号	2007年7月3日
黑龙江	1	园林	专科	B090115	备案	考委办函［2007］15号	2007年2月9日
	2	韩国语	独立本科段	C050224	备案	考委办函［2007］15号	2007年2月9日
	3	财税	独立本科段	B020104	备案	考委办函［2007］63号	2007年6月8日
	4	餐饮管理	专科	A020118	备案	考委办函［2007］63号	2007年6月8日
	5	餐饮管理	独立本科段	B020119	备案	考委办函［2007］63号	2007年6月8日
	6	调查与分析	独立本科段	B020121	备案	考委办函［2007］63号	2007年6月8日
	7	市场营销	独立本科段	B020208	备案	考委办函［2007］63号	2007年6月8日
	8	旅游管理	专科	A020209	备案	考委办函［2007］63号	2007年6月8日
	9	旅游管理	独立本科段	B020210	备案	考委办函［2007］63号	2007年6月8日
	10	人力资源管理	独立本科段	B020218	备案	考委办函［2007］63号	2007年6月8日
	11	电力市场营销	专科	A020219	备案	考委办函［2007］63号	2007年6月8日
	12	物流管理	专科	A020228	备案	考委办函［2007］63号	2007年6月8日
	13	物流管理	独立本科段	B020229	备案	考委办函［2007］63号	2007年6月8日
	14	律师	本科段	C030108	备案	考委办函［2007］63号	2007年6月8日
	15	法律	基础科段	C030112	备案	考委办函［2007］63号	2007年6月8日
	16	公安管理	基础科段	C030403	备案	考委办函［2007］63号	2007年6月8日
	17	小学教育	专科	A040103	备案	考委办函［2007］63号	2007年6月8日
	18	教育管理	独立本科段	B040107	备案	考委办函［2007］63号	2007年6月8日
	19	思想政治教育	独立本科段	B040202	备案	考委办函［2007］63号	2007年6月8日
	20	汉语言文学	基础科段	C050114	备案	考委办函［2007］63号	2007年6月8日
	21	英语	基础科段	C050207	备案	考委办函［2007］63号	2007年6月8日
	22	日语	基础科段	C050208	备案	考委办函［2007］63号	2007年6月8日
	23	俄语	基础科段	C050209	备案	考委办函［2007］63号	2007年6月8日
	24	新闻学	基础科段	C050308	备案	考委办函［2007］63号	2007年6月8日
	25	音乐教育	独立本科段	B050408	备案	考委办函［2007］63号	2007年6月8日
	26	美术教育	独立本科段	B050410	备案	考委办函［2007］63号	2007年6月8日
	27	电力系统及其自动化	独立本科段	B080605	备案	考委办函［2007］63号	2007年6月8日
	28	化学工程	独立本科段	B081203	备案	考委办函［2007］63号	2007年6月8日

续表

省份	序号	专业名称	专业类型	专业代码	申报方式	批准文号	批准时间
黑龙江	29	机车车辆	专科	A081706	备案	考委办函［2007］63号	2007年6月8日
	30	铁道运输	独立本科段	B081720	备案	考委办函［2007］63号	2007年6月8日
	31	护理学	独立本科段	B100702	备案	考委办函［2007］63号	2007年6月8日
	32	中药学	基础科段	C100803	备案	考委办函［2007］63号	2007年6月8日
	33	通信与信息工程	独立本科段	B080767	审批	考委办函［2007］63号	2007年6月8日
	34	初等教育	独立本科段	B040121	审批	考委办函［2007］63号	2007年6月8日
	35	交通（铁道）运输工程	独立本科段	081728	审批	考委办函［2007］63号	2007年6月8日
上海	1	艺术设计	独立本科段	B050437	审批	考委办函［2007］20号	2007年3月8日
	2	建筑工程管理	专科	A082239	审批	考委办函［2007］64号	2007年6月8日
	3	工程管理	独立本科段	B020279	审批	考委办函［2007］64号	2007年6月8日
	4	数控技术应用	专科	A080744	备案	考委办函［2007］124号	2007年11月26日
	5	会展策划与管理	专科	A202166	备案	考委办函［2007］124号	2007年11月26日
	6	动画	独立本科段	B080746	备案	考委办函［2007］124号	2007年11月26日
	7	项目管理	独立本科段	B202256	备案	考委办函［2007］124号	2007年11月26日
	8	采购与供应管理	专科	A020265	备案	考委办函［2007］124号	2007年11月26日
	9	采购与供应管理	独立本科段	B020282	备案	考委办函［2007］124号	2007年11月26日
	10	文化产业	独立本科段	B202155	备案	考委办函［2007］124号	2007年11月26日
	11	电子政务	专科	A082217	备案	考委办函［2007］124号	2007年11月26日
	12	电子政务	独立本科段	B082218	备案	考委办函［2007］124号	2007年11月26日
	13	民航服务与管理	专科	A020160	备案	考委办函［2007］124号	2007年11月26日
江苏	1	采购与供应管理	专科	A020265	备案	考委办函［2007］86号	2007年8月17日
	2	采购与供应管理	独立本科段	B020282	备案	考委办函［2007］86号	2007年8月17日
	3	财务管理	专科	A020296	备案	考委办函［2007］86号	2007年8月17日
	4	财会与审计	专科	A020170	备案	考委办函［2007］86号	2007年8月17日
	5	财务与会计	专科	A020297	备案	考委办函［2007］86号	2007年8月17日
	6	采矿工程	专科	A080108	备案	考委办函［2007］86号	2007年8月17日
	7	电气工程与自动化	专科	A080614	备案	考委办函［2007］86号	2007年8月17日
	8	电子商务物流	专科	A020298	备案	考委办函［2007］86号	2007年8月17日
	9	电子信息工程	专科	A080752	备案	考委办函［2007］86号	2007年8月17日
	10	电子信息技术	专科	A080771	备案	考委办函［2007］86号	2007年8月17日
	11	电子政务	专科	A082217	备案	考委办函［2007］86号	2007年8月17日
	12	法学	专科	A030119	备案	考委办函［2007］86号	2007年8月17日
	13	法语（经贸法语方向）	基础科段	C050227	备案	考委办函［2007］86号	2007年8月17日

续表

省份	序号	专业名称	专业类型	专业代码	申报方式	批准文号	批准时间
江苏	14	服装设计与工程	专科	A050442	备案	考委办函［2007］86 号	2007 年 8 月 17 日
	15	工程管理	专科	A020278	备案	考委办函［2007］86 号	2007 年 8 月 17 日
	16	工商管理	专科	A020176	备案	考委办函［2007］86 号	2007 年 8 月 17 日
	17	国际经济与管理	专科	A020171	备案	考委办函［2007］86 号	2007 年 8 月 17 日
	18	国际商务	专科	A020169	备案	考委办函［2007］86 号	2007 年 8 月 17 日
	19	会计信息技术	专科	A020299	备案	考委办函［2007］86 号	2007 年 8 月 17 日
	20	机电	专科	A080335	备案	考委办函［2007］86 号	2007 年 8 月 17 日
	21	机电系统智能控制	专科	A080336	备案	考委办函［2007］86 号	2007 年 8 月 17 日
	22	机械电子工程	专科	A080337	备案	考委办函［2007］86 号	2007 年 8 月 17 日
	23	建筑装修工程设计	专科	A080822	备案	考委办函［2007］86 号	2007 年 8 月 17 日
	24	交通土建工程	专科	A080808	备案	考委办函［2007］86 号	2007 年 8 月 17 日
	25	金融工程	专科	A020172	备案	考委办函［2007］86 号	2007 年 8 月 17 日
	26	经贸英语	专科	A050228	备案	考委办函［2007］86 号	2007 年 8 月 17 日
	27	模具设计与制造	专科	A080304	备案	考委办函［2007］86 号	2007 年 8 月 17 日
	28	木材科学与工程（家具设计与室内装饰方向）	专科	A082002	备案	考委办函［2007］86 号	2007 年 8 月 17 日
	29	农艺	科	A090630	备案	考委办函［2007］86 号	2007 年 8 月 17 日
	30	情报学	专科	A071603	备案	考委办函［2007］86 号	2007 年 8 月 17 日
	31	商务英语	专科	A050226	备案	考委办函［2007］86 号	2007 年 8 月 17 日
	32	土木工程（建筑工程方向）	专科	A080823	备案	考委办函［2007］86 号	2007 年 8 月 17 日
	33	文化（影视）艺术	专科	A050452	备案	考委办函［2007］86 号	2007 年 8 月 17 日
	34	新闻与传播学	专科	A050317	备案	考委办函［2007］86 号	2007 年 8 月 17 日
	35	信息安全	专科	A080750	备案	考委办函［2007］86 号	2007 年 8 月 17 日
	36	信息与计算科学（应用软件工程方向）	专科	A080772	备案	考委办函［2007］86 号	2007 年 8 月 17 日
	37	应用化学	专科	A081208	备案	考委办函［2007］86 号	2007 年 8 月 17 日
	38	运动人体科学	专科	A040307	备案	考委办函［2007］86 号	2007 年 8 月 17 日
	39	运输工程与物流管理	专科	A081730	备案	考委办函［2007］86 号	2007 年 8 月 17 日
	40	资源环境与城乡规划管理	专科	A020300	备案	考委办函［2007］86 号	2007 年 8 月 17 日
	41	资源与环境管理	专科	A020301	备案	考委办函［2007］86 号	2007 年 8 月 17 日
	42	自动化	专科	A080615	备案	考委办函［2007］86 号	2007 年 8 月 17 日
	43	宗教学（佛教史学方向）	专科	A010103	备案	考委办函［2007］86 号	2007 年 8 月 17 日

续表

省份	序号	专业名称	专业类型	专业代码	申报方式	批准文号	批准时间
江苏	44	财务会计与审计	独立本科段	B020157	备案	考委办函［2007］86号	2007年8月17日
	45	电气工程与自动化	独立本科段	B080612	备案	考委办函［2007］86号	2007年8月17日
	46	电子信息工程	独立本科段	B080753	备案	考委办函［2007］86号	2007年8月17日
	47	电子信息技术	独立本科段	B080738	备案	考委办函［2007］86号	2007年8月17日
	48	动物科学	独立本科段	B090407	备案	考委办函［2007］86号	2007年8月17日
	49	服装设计与工程	独立本科段	B050443	备案	考委办函［2007］86号	2007年8月17日
	50	工程管理	独立本科段	B020279	备案	考委办函［2007］86号	2007年8月17日
	51	国际经济与管理	独立本科段	B020148	备案	考委办函［2007］86号	2007年8月17日
	52	国际经济与贸易	独立本科段	B020173	备案	考委办函［2007］86号	2007年8月17日
	53	环境工程与管理	独立本科段	B081103	备案	考委办函［2007］86号	2007年8月17日
	54	计算机科学教育	独立本科段	B080745	备案	考委办函［2007］86号	2007年8月17日
	55	交通土建工程	独立本科段	B080809	备案	考委办函［2007］86号	2007年8月17日
	56	酒店管理	独立本科段	B020302	备案	考委办函［2007］86号	2007年8月17日
	57	旅游英语	独立本科段	B050222	备案	考委办函［2007］86号	2007年8月17日
	58	模具设计与制造	独立本科段	B080313	备案	考委办函［2007］86号	2007年8月17日
	59	小学教育	独立本科段	B040112	备案	考委办函［2007］86号	2007年8月17日
	60	信息安全	独立本科段	B080751	备案	考委办函［2007］86号	2007年8月17日
	61	营养、食品与健康	独立本科段	B081311	备案	考委办函［2007］86号	2007年8月17日
	62	资源环境与城乡规划管理	独立本科段	B020275	备案	考委办函［2007］86号	2007年8月17日
	63	自动化	独立本科段	B080613	备案	考委办函［2007］86号	2007年8月17日
	64	财务管理	独立本科段	B020303	审批	考委办函［2007］86号	2007年8月17日
	65	采矿工程	独立本科段	B080109	审批	考委办函［2007］86号	2007年8月17日
	66	电子商务物流	独立本科段	B020304	审批	考委办函［2007］86号	2007年8月17日
	67	法语（经贸法语方向）	本科段	C050229	审批	考委办函［2007］86号	2007年8月17日
	68	房地产开发与经营	独立本科段	B082241	审批	考委办函［2007］86号	2007年8月17日
	69	广播电视新闻	独立本科段	B050318	审批	考委办函［2007］86号	2007年8月17日
	70	国际商务	独立本科段	B020174	审批	考委办函［2007］86号	2007年8月17日
	71	会计信息技术	独立本科段	B202305	审批	考委办函［2007］86号	2007年8月17日
	72	机电设备与管理（矿山方向）	独立本科段	B080338	审批	考委办函［2007］86号	2007年8月17日
	73	机械电子工程	独立本科段	B080339	审批	考委办函［2007］86号	2007年8月17日
	74	建筑环境与设备工程	独立本科段	B080824	审批	考委办函［2007］86号	2007年8月17日
	75	金融工程	独立本科段	B020175	审批	考委办函［2007］86号	2007年8月17日

续表

省份	序号	专业名称	专业类型	专业代码	申报方式	批准文号	批准时间
江苏	76	木材科学与工程（家具设计与室内装饰方向）	独立本科段	B082003	审批	考委办函［2007］86号	2007年8月17日
	77	烹饪工艺	独立本科段	B081327	审批	考委办函［2007］86号	2007年8月17日
	78	情报学	独立本科段	B071604	审批	考委办函［2007］86号	2007年8月17日
	79	文化（影视）艺术	独立本科段	B050453	审批	考委办函［2007］86号	2007年8月17日
	80	新闻与传播学	独立本科段	B050319	审批	考委办函［2007］86号	2007年8月17日
	81	信息与计算科学（应用软件工程方向）	独立本科段	B080773	审批	考委办函［2007］86号	2007年8月17日
	82	应用化学	独立本科段	B081209	审批	考委办函［2007］86号	2007年8月17日
	83	运动人体科学	独立本科段	B040308	审批	考委办函［2007］86号	2007年8月17日
	84	运输工程与物流管理	独立本科段	B081731	审批	考委办函［2007］86号	2007年8月17日
	85	资源与环境管理	独立本科段	B020306	审批	考委办函［2007］86号	2007年8月17日
浙江	1	工业设计	专科	A050404	备案	考委办函［2007］44号	2007年4月23日
	2	公共关系	专科	A050303	备案	考委办函［2007］44号	2007年4月23日
	3	产品质量工程	专科	A082238	备案	考委办函［2007］44号	2007年4月23日
	4	食品质量与安全	专科	A081322	备案	考委办函［2007］44号	2007年4月23日
	5	模具设计与制造	专科	A080304	备案	考委办函［2007］44号	2007年4月23日
	6	计算机控制技术	专科	A080765	备案	考委办函［2007］44号	2007年4月23日
	7	检验	独立本科段	B100311	审批	考委办函［2007］44号	2007年4月23日
	8	工业设计	独立本科段	B050421	审核	考委办函［2007］72号	2007年7月6日
	9	动漫设计	独立本科段	B050451	审批	考委办函［2007］72号	2007年7月6日
	10	公共关系	独立本科段	B050309	备案	考委办函［2007］72号	2007年7月6日
	11	产品质量工程	独立本科段	B082240	审批	考委办函［2007］72号	2007年7月6日
	12	食品质量与安全	独立本科段	B081323	审核	考委办函［2007］72号	2007年7月6日
安徽	1	行政管理学	独立本科段	B030302	备案	考委办函［2007］35号	2007年4月3日
	2	电子商务	独立本科段	B020216	备案	考委办函［2007］35号	2007年4月3日
	3	机电一体化工程	独立本科段	B080307	备案	考委办函［2007］35号	2007年4月3日
	4	广告学	独立本科段	B050302	备案	考委办函［2007］35号	2007年4月3日
	5	企业财务管理	独立本科段	B020213	备案	考委办函［2007］35号	2007年4月3日
	6	新闻学	独立本科段	C050305	备案	考委办函［2007］35号	2007年4月3日
	7	调查与分析	独立本科段	B020121	备案	考委办函［2007］35号	2007年4月3日
	8	餐饮管理	专科	A020118	备案	考委办函［2007］35号	2007年4月3日
	9	餐饮管理	独立本科段	B020119	备案	考委办函［2007］35号	2007年4月3日

续表

省份	序号	专业名称	专业类型	专业代码	申报方式	批准文号	批准时间
安徽	10	物流管理	专科	A020228	备案	考委办函［2007］35号	2007年4月3日
	11	物流管理	独立本科段	B020229	备案	考委办函［2007］35号	2007年4月3日
	12	日语	基础科段	C050208	备案	考委办函［2007］35号	2007年4月3日
	13	日语	本科段	C050202	备案	考委办函［2007］35号	2007年4月3日
	14	劳动和社会保障	专科	A020231	备案	考委办函［2007］35号	2007年4月3日
	15	劳动和社会保障	独立本科段	B020232	备案	考委办函［2007］35号	2007年4月3日
福建	1	数控应用技术	专科	A080744	备案	考委办函［2007］43号	2007年4月23日
	2	应用电子技术	专科	A080722	备案	考委办函［2007］43号	2007年4月23日
	3	公共事业管理	专科	A020271	备案	考委办函［2007］43号	2007年4月23日
	4	动漫设计	专科	A050445	备案	考委办函［2007］43号	2007年4月23日
	5	服装设计	专科	A050415	备案	考委办函［2007］43号	2007年4月23日
	6	中国茶艺	专科	A090305	备案	考委办函［2007］43号	2007年4月23日
	7	国际商务	专科	A020169	备案	考委办函［2007］43号	2007年4月23日
	8	物流管理	专科	A020228	备案	考委办函［2007］43号	2007年4月23日
	9	英语翻译	独立本科段	B050134	备案	考委办函［2007］48号	2007年5月14日
	10	播音与主持	专科	A050314	备案	考委办函［2007］56号	2007年5月28日
	11	数字多媒体技术	专科	A080766	备案	考委办函［2007］56号	2007年5月28日
	12	会计（企业会计方向）	专科	A020203	备案	考委办函［2007］56号	2007年5月28日
	13	旅游实务与管理	专科	A020209	备案	考委办函［2007］56号	2007年5月28日
	14	计算机网络及应用	专科	A080759	备案	考委办函［2007］56号	2007年5月28日
	15	模具现代制造技术	专科	A080328	备案	考委办函［2007］56号	2007年5月28日
	16	社区与物业管理	专科	A020250	备案	考委办函［2007］56号	2007年5月28日
	17	环境保护与管理	专科	A020276	备案	考委办函［2007］56号	2007年5月28日
	18	中药学	本科段	C100804	备案	考委办函［2007］56号	2007年5月28日
	19	药学	独立本科段	B100805	备案	考委办函［2007］56号	2007年5月28日
	20	采购与供应管理	专科	A020265	备案	考委办函［2007］56号	2007年5月28日
	21	采购与供应管理	独立本科段	B020282	备案	考委办函［2007］56号	2007年5月28日
	22	投资理财	独立本科段	B020177	备案	考委办函［2007］134号	2007年12月27日
江西	1	服装设计与工程	专科	A050442	备案	考委办函［2007］3号	2007年1月10日
	2	服装设计与工程	独立本科段	B081321	备案	考委办函［2007］3号	2007年1月10日
	3	网络工程	独立本科段	B080727	备案	考委办函［2007］3号	2007年1月10日
	4	日语	本科段	C050202	备案	考委办函［2007］3号	2007年1月10日
	5	动画设计	专科	A050441	备案	考委办函［2007］3号	2007年1月10日

续表

省份	序号	专业名称	专业类型	专业代码	申报方式	批准文号	批准时间
	6	通信工程	专科	A080706	备案	考委办函［2007］3 号	2007 年 1 月 10 日
	7	工程造价管理	专科	A082214	备案	考委办函［2007］3 号	2007 年 1 月 10 日
	8	生物工程	专科	A070403	备案	考委办函［2007］3 号	2007 年 1 月 10 日
	9	韩国语	基础科段	C050224	备案	考委办函［2007］3 号	2007 年 1 月 10 日
	10	工程监理	专科	A080820	审批	考委办函［2007］3 号	2007 年 1 月 10 日
	11	软件工程	专科	C080756	备案	考委办函［2007］3 号	2007 年 1 月 10 日
	12	环境艺术设计	专科	A050444	备案	考委办函［2007］13 号	2007 年 1 月 28 日
	13	室内设计	专科	A050405	备案	考委办函［2007］13 号	2007 年 1 月 28 日
	14	工业设计	专科	A050404	备案	考委办函［2007］13 号	2007 年 1 月 28 日
	15	制鞋设计	专科	A081326	审批	考委办函［2007］22 号	2007 年 3 月 13 日
	16	服装机械	专科	A081325	审批	考委办函［2007］22 号	2007 年 3 月 13 日
	17	金融	独立本科段	B020106	备案	考委办函［2007］55 号	2007 年 5 月 28 日
	18	物流管理	专科	A020228	备案	考委办函［2007］55 号	2007 年 5 月 28 日
	19	物流管理	独立本科段	B020229	备案	考委办函［2007］55 号	2007 年 5 月 28 日
	20	秘书学	独立本科段	B050104	备案	考委办函［2007］55 号	2007 年 5 月 28 日
	21	计算机网络	独立本科段	B080709	备案	考委办函［2007］55 号	2007 年 5 月 28 日
江西	22	教育学	独立本科段	B040108	备案	考委办函［2007］55 号	2007 年 5 月 28 日
	23	电子政务	独立本科段	B082218	备案	考委办函［2007］55 号	2007 年 5 月 28 日
	24	体育教育	独立本科段	B040302	备案	考委办函［2007］55 号	2007 年 5 月 28 日
	25	电子商务	专科	A020215	备案	考委办函［2007］55 号	2007 年 5 月 28 日
	26	电子商务	独立本科段	B020216	备案	考委办函［2007］55 号	2007 年 5 月 28 日
	27	律师	本科段	C030108	备案	考委办函［2007］55 号	2007 年 5 月 28 日
	28	学前教育	独立本科段	B040102	备案	考委办函［2007］55 号	2007 年 5 月 28 日
	29	电厂热能动力工程	独立本科段	B080502	备案	考委办函［2007］55 号	2007 年 5 月 28 日
	30	建筑工程	独立本科段	B080806	备案	考委办函［2007］55 号	2007 年 5 月 28 日
	31	计算机信息管理	独立本科段	B082208	备案	考委办函［2007］55 号	2007 年 5 月 28 日
	32	国际贸易	独立本科段	B020110	备案	考委办函［2007］55 号	2007 年 5 月 28 日
	33	市场营销	独立本科段	B020208	备案	考委办函［2007］55 号	2007 年 5 月 28 日
	34	商务管理	独立本科段	B020226	备案	考委办函［2007］55 号	2007 年 5 月 28 日
	35	行政管理学	独立本科段	B030302	备案	考委办函［2007］55 号	2007 年 5 月 28 日
	36	护理学	独立本科段	B100702	备案	考委办函［2007］55 号	2007 年 5 月 28 日
	37	数控技术	独立本科段	B080741	备案	考委办函［2007］55 号	2007 年 5 月 28 日
	38	药学	独立本科段	B100805	备案	考委办函［2007］55 号	2007 年 5 月 28 日

续表

省份	序号	专业名称	专业类型	专业代码	申报方式	批准文号	批准时间
江西	39	餐饮管理	独立本科段	B020119	备案	考委办函［2007］55 号	2007 年 5 月 28 日
	40	教育管理	独立本科段	B040107	备案	考委办函［2007］55 号	2007 年 5 月 28 日
	41	工商行政管理	专科	A020112	备案	考委办函［2007］55 号	2007 年 5 月 28 日
	42	小学教育	专科	A040103	备案	考委办函［2007］55 号	2007 年 5 月 28 日
	43	商务管理	专科	A020214	备案	考委办函［2007］55 号	2007 年 5 月 28 日
	44	金融管理	专科	A020116	备案	考委办函［2007］55 号	2007 年 5 月 28 日
	45	模具设计与制造	专科	A080304	备案	考委办函［2007］55 号	2007 年 5 月 28 日
	46	机械制造及自动化	专科	A080301	备案	考委办函［2007］55 号	2007 年 5 月 28 日
	47	电力市场营销	专科	A020219	备案	考委办函［2007］55 号	007 年 5 月 28 日
	48	人力资源管理	专科	A020205	备案	考委办函［2007］55 号	2007 年 5 月 28 日
	49	人力资源管理	独立本科段	B020218	备案	考委办函［2007］55 号	2007 年 5 月 28 日
	50	劳动和社会保障	专科	A020231	备案	考委办函［2007］55 号	2007 年 5 月 28 日
	51	航空工程机务维修	专科	A081801	备案	考委办函［2007］55 号	2007 年 5 月 28 日
	52	空中乘务与旅游艺术	专科	A020288	备案	考委办函［2007］55 号	2007 年 5 月 28 日
	53	艺术设计（纺织品装饰艺术设计方向）	专科	A050436	备案	考委办函［2007］55 号	2007 年 5 月 28 日
	54	艺术设计（人物形象设计）	专科	A050436	备案	考委办函［2007］55 号	2007 年 5 月 28 日
山东	1	视觉传达设计	独立本科段	B050433	审批	考委办函［2007］73 号	2007 年 7 月 6 日
	2	室内设计	独立本科段	B050432	审批	考委办函［2007］73 号	2007 年 7 月 6 日
	3	电脑艺术设计	独立本科段	B050450	审批	考委办函［2007］73 号	2007 年 7 月 6 日
	4	数控技术	专科	A080776	审核	考委办函［2007］108 号	2007 年 9 月 25 日
	5	会计电算化	专科	A020242	审核	考委办函［2007］108 号	2007 年 9 月 25 日
	6	现代农村经济管理	专科	A090635	审批	考委办函［2007］108 号	2007 年 9 月 25 日
河南	1	生物技术	独立本科段	B070405	审批	考委办函［2007］82 号	2007 年 7 月 19 日
	2	食品质量与安全	独立本科段	B081323	审批	考委办函［2007］82 号	2007 年 7 月 19 日
	3	农产品贮运与加工	独立本科段	B081405	审批	考委办函［2007］82 号	2007 年 7 月 19 日
	4	畜牧兽医	专科	A090414	审核	考委办函［2007］82 号	2007 年 7 月 19 日
	5	电子政务	独立本科段	B082218	备案	考委办函［2007］82 号	2007 年 7 月 19 日
	6	信息技术应用与管理	专科	A110107	备案	考委办函［2007］82 号	2007 年 7 月 19 日
	7	信息技术应用与管理	独立本科段	B110110	备案	考委办函［2007］82 号	2007 年 7 月 19 日
	8	商务秘书	独立本科段	B050125	备案	考委办函［2007］82 号	2007 年 7 月 19 日
湖北	1	文化产业	独立本科段	B020155	备案	考委办函［2007］10 号	2007 年 1 月 25 日
	2	编辑出版	独立本科段	B050304	备案	考委办函［2007］10 号	2007 年 1 月 25 日

续表

省份	序号	专业名称	专业类型	专业代码	申报方式	批准文号	批准时间
湖北	3	国际经济与管理	独立本科段	B020148	备案	考委办函［2007］10号	2007年1月25日
	4	应用生物技术	独立本科段	B081315	备案	考委办函［2007］10号	2007年1月25日
	5	设施园艺	独立本科段	B090124	审批	考委办函［2007］16号	2007年2月9日
	6	食品质量与安全	专科	A081322	审批	考委办函［2007］16号	2007年2月9日
	7	食品质量与安全	独立本科段	B081323	审批	考委办函［2007］16号	2007年2月9日
	8	包装艺术设计	专科	A081324	备案	考委办函［2007］16号	2007年2月9日
	9	文秘与办公自动化	专科	A030318	备案	考委办函［2007］16号	2007年2月9日
	10	商务英语	专科	A050226	备案	考委办函［2007］16号	2007年2月9日
	11	酒店管理与导游	专科	A020290	备案	考委办函［2007］16号	2007年2月9日
	12	计算机应用技术	专科	A080763	备案	考委办函［2007］16号	2007年2月9日
	13	岩土工程技术	专科	A080817	备案	考委办函［2007］16号	2007年2月9日
	14	水文地质与工程地质	专科	B080818	备案	考委办函［2007］16号	2007年2月9日
	15	工程测量技术	专科	A080819	备案	考委办函［2007］16号	2007年2月9日
	16	模具设计与制造	专科	A080304	备案	考委办函［2007］16号	2007年2月9日
	17	法律文秘	专科	A050141	备案	考委办函［2007］52号	2007年5月15日
	18	种植	专科	A090125	备案	考委办函［2007］52号	2007年5月15日
	19	养殖	专科	A090502	备案	考委办函［2007］52号	2007年5月15日
	20	农村社会化服务	专科	A090628	备案	考委办函［2007］52号	2007年5月15日
	21	城乡社区建设与管理	专科	A030208	备案	考委办函［2007］52号	2007年5月15日
	22	土木工程	独立本科段	B080825	审批	考委办函［2007］90号	2007年8月21日
	23	汽车服务工程	独立本科段	B082232	备案	考委办函［2007］90号	2007年8月21日
	24	船舶与海洋工程	独立本科段	B080325	备案	考委办函［2007］90号	2007年8月21日
	25	投资理财	独立本科段	B020177	审批	考委办函［2007］107号	2007年9月24日
	26	石油工程	独立本科段	B080105	备案	考委办函［2007］107号	2007年9月24日
	27	英语翻译	专科	A050133	备案	考委办函［2007］107号	2007年9月24日
	28	英语翻译	独立本科段	B050134	备案	考委办函［2007］107号	2007年9月24日
	29	社区护理学	专科	A100704	备案	考委办函［2007］107号	2007年9月24日
	30	社区护理学	独立本科段	B100705	备案	考委办函［2007］107号	2007年9月24日
	31	汽车维修与检测	本科	C080710	备案	考委办函［2007］107号	2007年9月24日
	32	自动化	独立本科段	B080613	备案	考委办函［2007］107号	2007年9月24日
	33	珠宝及材料工艺学	独立本科段	B080110	审批	考委办函［2007］109号	2007年9月25日
湖南	1	电子技术	专科	A080704	备案	考委办函［2007］126号	2007年11月26日
	2	电子工程	独立本科段	B080705	备案	考委办函［2007］126号	2007年11月26日

续表

省份	序号	专业名称	专业类型	专业代码	申报方式	批准文号	批准时间
湖南	3	教育管理	独立本科段	B040107	备案	考委办函［2007］126号	2007年11月26日
	4	学前教育	专科	A040101	备案	考委办函［2007］126号	2007年11月26日
	5	学前教育	独立本科段	B040102	备案	考委办函［2007］126号	2007年11月26日
	6	工商企业管理	专科	A020201	备案	考委办函［2007］126号	2007年11月26日
	7	工商企业管理	独立本科段	B020202	备案	考委办函［2007］126号	2007年11月26日
	8	国际贸易	专科	A020109	备案	考委办函［2007］126号	2007年11月26日
	9	国际贸易	独立本科段	B020110	备案	考委办函［2007］126号	2007年11月26日
	10	保险	独立本科段	B020108	备案	考委办函［2007］126号	2007年11月26日
	11	文化产业	独立本科段	B020155	备案	考委办函［2007］126号	2007年11月26日
	12	教育技术	独立本科段	B040105	备案	考委办函［2007］126号	2007年11月26日
	13	会计电算化	专科	A020242	备案	考委办函［2007］126号	2007年11月26日
	14	会计电算化	独立本科段	B020236	备案	考委办函［2007］126号	2007年11月26日
	15	游戏软件开发技术	专科	A080742	备案	考委办函［2007］126号	2007年11月26日
	16	游戏软件开发技术	独立本科段	B080743	备案	考委办函［2007］126号	2007年11月26日
	17	房地产经营与管理	独立本科段	B020224	备案	考委办函［2007］126号	2007年11月26日
	18	人力资源管理	独立本科段	B020218	备案	考委办函［2007］126号	2007年11月26日
	19	动画设计	独立本科段	B050438	备案	考委办函［2007］126号	2007年11月26日
	20	畜牧兽医	专科	A090414	备案	考委办函［2007］126号	2007年11月26日
	21	旅游管理	专科	A020209	备案	考委办函［2007］126号	2007年11月26日
	22	旅游管理	独立本科段	B020210	备案	考委办函［2007］126号	2007年11月26日
	23	模具设计与制造	专科	A080304	备案	考委办函［2007］126号	2007年11月26日
	24	社会工作与管理	专科	A030202	备案	考委办函［2007］126号	2007年11月26日
	25	社会工作与管理	独立本科段	B030203	备案	考委办函［2007］126号	2007年11月26日
	26	音乐教育	专科	A050407	备案	考委办函［2007］126号	2007年11月26日
	27	音乐教育	独立本科段	B050408	备案	考委办函［2007］126号	2007年11月26日
	28	对外汉语	独立本科段	B050140	备案	考委办函［2007］126号	2007年11月26日
广东	1	海洋与渔业管理	专科	A090633	审批	考委办函［2007］89号	2007年8月21日
	2	海洋与渔业管理	独立本科段	B090634	审批	考委办函［2007］89号	2007年8月21日
	3	数字媒体艺术	专科	A050420	备案	考委办函［2007］89号	2007年8月21日
	4	数字媒体艺术	独立本科段	B050418	备案	考委办函［2007］89号	2007年8月21日
	5	汽车维修与检测	独立本科段	B081726	备案	考委办函［2007］89号	2007年8月21日
	6	广播电视编导	专科	A050316	备案	考委办函［2007］97号	2007年9月3日
	7	广播电视编导	独立本科段	B050311	备案	考委办函［2007］97号	2007年9月3日

续表

省份	序号	专业名称	专业类型	专业代码	申报方式	批准文号	批准时间
重庆	1	油汽储运技术	专科	A080107	备案	考委办函［2007］1号	2007年1月1日
	2	工程造价管理	独立本科段	B082231	备案	考委办函［2007］42号	2007年4月17日
	3	知识产权管理	独立本科段	B020225	备案	考委办函［2007］42号	2007年4月17日
	4	材料成型技术	专科	A080203	备案	考委办函［2007］74号	2007年7月6日
	5	商务策划	专科	A020295	备案	考委办函［2007］74号	2007年7月6日
	6	通信技术及应用	专科	A080770	备案	考委办函［2007］74号	2007年7月6日
	7	物业管理	专科	A020234	备案	考委办函［2007］74号	2007年7月6日
	8	水产养殖	专科	A090501	备案	考委办函［2007］74号	2007年7月6日
	9	畜牧（动物营养与饲料加工方向）	专科	A090401	备案	考委办函［2007］74号	2007年7月6日
四川	1	环境艺术设计	专科	A050444	备案	考委办函［2007］11号	2007年1月25日
	2	石油工程	独立本科段	B080105	备案	考委办函［2007］83号	2007年7月19日
	3	道路与桥梁工程	专科	A080802	备案	考委办函［2007］83号	2007年7月19日
	4	汽车维修与检测	专科	A081725	备案	考委办函［2007］83号	2007年7月19日
	5	数控技术应用	专科	A080744	备案	考委办函［2007］83号	2007年7月19日
	6	现代农业经营管理	专科	A090629	审核	考委办函［2007］83号	2007年7月19日
	7	侦查学	独立本科段	B030405	审批	考委办函［2007］83号	2007年7月19日
贵州	1	英语教育	专科	A040115	备案	考委办函［2007］70号	2007年6月14日
	2	汉语言文学教育	专科	A050128	备案	考委办函［2007］70号	2007年6月14日
	3	数学教育	专科	A070101	备案	考委办函［2007］70号	2007年6月14日
	4	计算机应用教育	专科	A080769	审批	考委办函［2007］70号	2007年6月14日
	5	司法文秘	专科	A050143	审批	考委办函［2007］70号	2007年6月14日
	6	社区管理	专科	A030319	审批	考委办函［2007］70号	2007年6月14日
	7	旅游管理	独立本科段	B020210	备案	考委办函［2007］70号	2007年6月14日
	8	教育学	独立本科段	B040108	备案	考委办函［2007］117号	2007年11月7日
	9	学前教育	独立本科段	B040102	备案	考委办函［2007］117号	2007年11月7日
	10	人力资源管理	独立本科段	B020218	备案	考委办函［2007］117号	2007年11月7日
	11	电子政务	独立本科段	B082218	备案	考委办函［2007］117号	2007年11月7日
	12	电子商务	专科	A020215	备案	考委办函［2007］117号	2007年11月7日
	13	电子商务	独立本科段	B020216	备案	考委办函［2007］117号	2007年11月7日
	14	市场营销	专科	A020207	备案	考委办函［2007］117号	2007年11月7日
	15	市场营销	独立本科段	B020208	备案	考委办函［2007］117号	2007年11月7日

续表

省份	序号	专业名称	专业类型	专业代码	申报方式	批准文号	批准时间
甘肃	1	信息安全	专科	A080750	审批	考委办函［2007］23 号	2007 年 3 月 13 日
	2	信息安全	独立本科段	B080751	审批	考委办函［2007］23 号	2007 年 3 月 13 日
	3	种子科学与工程	独立本科段	B090129	审批	考委办函［2007］91 号	2007 年 8 月 21 日
	4	阿拉伯语	独立本科段	B050230	审批	考委办函［2007］91 号	2007 年 8 月 21 日
	5	文化产业	独立本科段	B020155	备案	考委办函［2007］91 号	2007 年 8 月 21 日
	6	公共事业管理	独立本科段	B020230	备案	考委办函［2007］91 号	2007 年 8 月 21 日
	7	劳动和社会保障	专科	A020231	备案	考委办函［2007］91 号	2007 年 8 月 21 日
	8	劳动和社会保障	独立本科段	B020232	备案	考委办函［2007］91 号	2007 年 8 月 21 日
	9	物流管理	专科	A020228	备案	考委办函［2007］91 号	2007 年 8 月 21 日
	10	物流管理	独立本科段	B020229	备案	考委办函［2007］91 号	2007 年 8 月 21 日
	11	小学教育	独立本科段	B040112	备案	考委办函［2007］91 号	2007 年 8 月 21 日
	12	调查与分析	独立本科段	B020121	备案	考委办函［2007］91 号	2007 年 8 月 21 日
	13	机械制造及自动化	独立本科段	B080302	备案	考委办函［2007］91 号	2007 年 8 月 21 日
	14	英语教育	专科	A050213	备案	考委办函［2007］91 号	2007 年 8 月 21 日
	15	英语教育	独立本科段	B050206	备案	考委办函［2007］91 号	2007 年 8 月 21 日
	16	园林	独立本科段	B090115	备案	考委办函［2007］91 号	2007 年 8 月 21 日
	17	化学教育	独立本科段	B070302	备案	考委办函［2007］91 号	2007 年 8 月 21 日
	18	社区护理学	独立本科段	B100704	备案	考委办函［2007］91 号	2007 年 8 月 21 日
	19	项目管理	独立本科段	B020256	备案	考委办函［2007］96 号	2007 年 9 月 3 日
	20	汽车运用工程	独立本科段	B080610	备案	考委办函［2007］96 号	2007 年 9 月 3 日
	21	数控技术	独立本科段	B080741	备案	考委办函［2007］96 号	2007 年 9 月 3 日
	22	电力市场营销	独立本科段	B020262	备案	考委办函［2007］96 号	2007 年 9 月 3 日
	23	模具设计与制造	独立本科段	B080313	备案	考委办函［2007］96 号	2007 年 9 月 3 日
	24	汽车维修与检测	专科	A081725	备案	考委办函［2007］96 号	2007 年 9 月 3 日
	25	动画	专科	A080755	备案	考委办函［2007］96 号	2007 年 9 月 3 日
	26	动画	独立本科段	B080746	备案	考委办函［2007］96 号	2007 年 9 月 3 日
	27	营养、食品与健康	专科	A081310	备案	考委办函［2007］96 号	2007 年 9 月 3 日
	28	营养、食品与健康	独立本科段	B081311	备案	考委办函［2007］96 号	2007 年 9 月 3 日
	29	轨道交通供电技术	专科	A080617	审批	考委办函［2007］129 号	2007 年 12 月 7 日
	30	轨道交通供电技术	独立本科段	B080618	审批	考委办函［2007］129 号	2007 年 12 月 7 日
青海	1	音乐教育	专科	A050407	备案	考委办函［2007］53 号	2007 年 5 月 15 日
宁夏	1	阿拉伯语	专科	A050212	审核	考委办函［2007］95 号	2007 年 9 月 3 日
	2	阿拉伯语	独立本科段	B050230	备案	考委办函［2007］95 号	2007 年 9 月 3 日

续表

省份	序号	专业名称	专业类型	专业代码	申报方式	批准文号	批准时间
宁夏	3	应用心理学	独立本科段	B071502	备案	考委办函［2007］120号	2007年11月19日
	4	园林	独立本科段	B090115	备案	考委办函［2007］125号	2007年11月26日
	5	林学	独立本科段	B090202	备案	考委办函［2007］125号	2007年11月26日
新疆	1	现代农业与农村实务管理	专科	A090626	审批	考委办函［2007］6号	2007年1月16日
	2	汽车运用技术	专科	A081702	备案	考委办函［2007］6号	2007年1月16日
	3	双语教育	专科	A040122	审批	考委办函［2007］79号	2007年7月11日
	4	双语教育	独立本科段	B040123	审批	考委办函［2007］79号	2007年7月11日
	5	俄语	本科段	C050203	备案	考委办函［2007］79号	2007年7月11日
	6	道路与桥梁工程	专科	A080802	备案	考委办函［2007］79号	2007年7月11日
	7	教育学	专科	A040113	备案	考委办函［2007］79号	2007年7月11日
	8	园林	专科	A090114	备案	考委办函［2007］79号	2007年7月11日
	9	园林	独立本科段	B090115	备案	考委办函［2007］79号	2007年7月11日
	10	园艺	专科	A090104	备案	考委办函［2007］79号	2007年7月11日
	11	现代园艺	独立本科段	B090113	备案	考委办函［2007］79号	2007年7月11日
	12	电子商务	专科	A020215	备案	考委办函［2007］103号	2007年9月18日
	13	电子商务	独立本科段	B020216	备案	考委办函［2007］103号	2007年9月18日
解放军	1	军械	专科	A110109	审核	考委办函［2007］59号	2007年5月28日
	2	通信与信息系统管理	专科	A080723	审核	考委办函［2007］59号	2007年5月28日
	3	通信与信息系统管理	独立本科段	B080724	审核	考委办函［2007］59号	2007年5月28日
	4	军需管理	专科	A110101	审核	考委办函［2007］104号	2007年9月18日
	5	军需管理	独立本科段	B110102	审核	考委办函［2007］104号	2007年9月18日
	6	航空机电工程	专科	A081803	审核	考委办函［2007］123号	2007年11月26日
	7	航空机电工程	独立本科段	B081804	审核	考委办函［2007］123号	2007年11月26日

注：本表在汇总时对个别专业名称及专业代码进行了核对和更正。

关于辽宁省申请开考高等教育自学考试药学（独立本科段）等专业的复函

考委办函［2008］6号

辽宁省高等教育自学考试委员会办公室：

你办《关于辽宁省高等教育自学考试申请备案开考药学（独立本科段）专业的请示》（辽招考办字［2007］165号）、《关于辽宁省高等教育自学考试开考机械制造及其自动化（应用专科）、计算机科学与技术（硬件方向）（应用专科）等专业的请示》（辽招考办字［2007］166号）等文件收悉，函复如下：

一、经全国考委机械及轻纺化工类、电子、电工与信息类、经济管理类专业委员会审核，同意你省开考高等教育自学考试机械制造及自动化专业（数控加工方向）（专科）、计算机硬件维护专业（专科）、公司管理专业（专科）、机电设备维修与管理专业（专科）4个专业。我办对报送的专业赋予了专业代码和课程代码（见附件）。同意你省备案开考高等教育自学考试药学专业（独立本科段），请严格执行考委［2004］11号、考委办函［2007］57号等文件的规定。

二、为保证质量标准，开考计划中凡课程名称、学分与全国统考课程相同者（附件中序号标注“*”号），均须使用全国考委组编的课程自学考试大纲、教材，参加全国统一命题考试。

三、同意你省遴选沈阳工业大学为机械制造及自动化专业（数控加工方向）（专科）和计算机硬件维护专业（专科）、辽宁科技学院为公司管理专业（专科）和机电设备维修与管理专业（专科）、沈阳药科大学为药学专业（独立本科段）的主考学校。请充分发挥主考学校的作用，切实贯彻“教考职责分离”的原则，加强省考课程的课程自学考试大纲、教材建设和实践性环节考核等工作，切实保证质量。

附件：1. 高等教育自学考试机械制造及自动化专业（数控加工方向）（专科）课程设置与学分

2. 高等教育自学考试计算机硬件维护专业（专科）课程设置与学分

3. 高等教育自学考试公司管理专业（专科）课程设置与学分

4. 高等教育自学考试公司机电设备维修与管理专业（专科）课程设置与学分

全国高等教育自学考试指导委员会办公室
二〇〇八年一月十六日

抄送：全国考委机械及轻纺化工类、电子、电工与信息类、经济管理类专业委员会

附件：

1. 高等教育自学考试机械制造及自动化专业（数控加工方向）（专科）课程设置与学分

专业代码：A080301

<table>
<tr><th>序号</th><th>课程代码</th><th>课程名称</th><th>学分</th><th>备注</th></tr>
<tr><td>1*</td><td>0001</td><td>马克思主义哲学原理</td><td>3</td><td></td></tr>
<tr><td>2*</td><td>0002</td><td>邓小平理论概论</td><td>3</td><td></td></tr>
<tr><td>3*</td><td>0003</td><td>法律基础与思想道德修养</td><td>2</td><td></td></tr>
<tr><td>4*</td><td>0012</td><td>英语（一）</td><td>7</td><td></td></tr>
<tr><td>5*</td><td>0022</td><td>高等数学（工专）</td><td>7</td><td></td></tr>
<tr><td>6</td><td>8747</td><td>办公自动化基础</td><td>2</td><td></td></tr>
<tr><td>7*</td><td>2151</td><td>工程制图</td><td>4</td><td></td></tr>
<tr><td>8</td><td>8780</td><td>金工实习（实践）</td><td>5</td><td></td></tr>
<tr><td>9*</td><td>2159</td><td>工程力学（一）</td><td>5</td><td></td></tr>
<tr><td rowspan="2">10</td><td>8781</td><td>机械原理及零件</td><td>4</td><td></td></tr>
<tr><td>8782</td><td>机械原理及零件（实践）</td><td>3</td><td></td></tr>
<tr><td rowspan="2">11*</td><td>2187</td><td>电工与电子技术</td><td>5</td><td></td></tr>
<tr><td>2188</td><td>电工与电子技术（实践）</td><td>1</td><td></td></tr>
<tr><td rowspan="2">12</td><td>8616</td><td>公差配合与技术测量</td><td>4</td><td></td></tr>
<tr><td>8783</td><td>公差配合与技术测量（实践）</td><td>2</td><td></td></tr>
<tr><td>13*</td><td>2230</td><td>机械制造</td><td>7</td><td></td></tr>
<tr><td rowspan="2">14</td><td>8784</td><td>数控加工工艺基础</td><td>4</td><td></td></tr>
<tr><td>8785</td><td>数控加工工艺基础（实践）</td><td>4</td><td></td></tr>
<tr><td rowspan="2">15</td><td>8786</td><td>机床电气控制</td><td>2</td><td></td></tr>
<tr><td>8787</td><td>机床电气控制（实践）</td><td>3</td><td></td></tr>
<tr><td colspan="3">总学分</td><td>77</td><td></td></tr>
<tr><td>1*</td><td>4729</td><td>大学语文</td><td>4</td><td rowspan="2">免考英语（一）的加考课程</td></tr>
<tr><td>2*</td><td>2194</td><td>工程经济</td><td>4</td></tr>
</table>

2. 高等教育自学考试计算机硬件维护专业（专科）课程设置与学分

专业代码：A080778

序号	课程代码	课程名称	学分	备注
1*	0001	马克思主义哲学原理	3	
2*	0002	邓小平理论概论	3	
3*	0003	法律基础与思想道德修养	2	
4*	0012	英语（一）	7	
5*	0022	高等数学（工专）	7	
6*	2316	计算机应用技术	2	
	2317	计算机应用技术（实践）	3	
7*	2187	电工与电子技术	5	
	2188	电工与电子技术（实践）	1	
8	8788	Protel 语言与电路设计	3	
9	8789	计算机硬件技术	4	
	8790	计算机硬件技术（实践）	5	
10	8791	计算机网络技术（一）	3	
	8792	计算机网络技术（一）（实践）	3	
11	8793	主板电路原理及芯片级维修技术	3	
	8794	主板电路原理及芯片级维修技术（实践）	4	
12	8795	CRT、液晶显示器成像原理与维修	3	
	8796	CRT、液晶显示器成像原理与维修（实践）	4	
13	8797	打印机工作原理与维修技术	3	
	8798	打印机工作原理与维修技术（实践）	3	
14	8799	电子线路焊接实习（实践）	2	
15	8800	数码产品的维护与维修技术	3	
总学分			76	

3. 高等教育自学考试公司管理专业（专科）课程设置与学分

专业代码：A020168

序号	课程代码	课程名称	学分	备注
1*	0001	马克思主义哲学原理	3	
2*	0002	邓小平理论概论	3	
3*	0003	法律基础与思想道德修养	2	
4*	4729	大学语文	4	
5	8801	运营管理（一）	3	
6	8802	企业与公司法学（一）	3	
7	8803	公司管理学（一）	3	
8*	0147	人力资源管理（一）	6	
9	8804	财政与税务	4	
10*	0018	计算机应用基础	2	
	0019	计算机应用基础（实践）	2	
11	8805	中小企业创办与经营	4	
	8806	中小企业创办与经营（实践）	4	
12*	0890	市场营销（三）	5	
	8807	市场营销（三）（实践）	4	
13*	0896	电子商务概论	4	
	0897	电子商务概论（实践）	2	
14*	0178	市场调查与预测	6	
	8808	市场调查与预测（实践）	2	
15	5476	物流管理与实践	4	
	5477	物流管理与实践（实践）	2	
总学分			72	

4. 高等教育自学考试机电设备维修与管理专业（专科）课程设置与学分

专业代码：A080334

序号	课程代码	课程名称	学分	备注
1*	0001	马克思主义哲学原理	3	
2*	0002	邓小平理论概论	3	
3*	0003	法律基础与思想道德修养	2	
4*	4729	大学语文	4	
5*	2194	工程经济	4	
6*	0022	高等数学（工专）	7	
7*	0018	计算机应用基础	2	
	0019	计算机应用基础（实践）	2	
8	1934	机械制图（四）	5	
9	8809	机械加工设备	4	
10*	2187	电工与电子技术	5	
	2188	电工与电子技术（实践）	1	
11*	2230	机械制造	7	
12	4114	数控机床	4	
	4115	数控机床（实践）	3	
13	8810	钳工实训	4	
	8811	钳工实训（实践）	4	
14	1951	检测技术	3	
	8812	检测技术（实践）	4	
15	8813	机电设备故障诊断与维修	3	
	8814	机电设备故障诊断与维修（实践）	3	
总学分			77	

关于调整全国统考课程《综合英语（一）》和《综合英语（二）》试卷结构的通知

考委办函［2008］9号

各省、自治区、直辖市高等教育自学考试办公室、解放军自学考试办公室：

为进一步实现课程考核目标，并结合近年来各地对这两门课程考试情况的反馈意见，经研究决定，自2008年4月考试起，对《综合英语（一）》和《综合英语（二）》试卷结构进行部分调整。

调整后的试卷结构如下：

综合英语（一）试题结构

部分	考核内容	题型	题量	小题分数	大题分数
I	语法、词汇	单项选择题	20	1	20
II	阅读理解	单项选择题	10	2	20
III	国际音标	书写音标	20	0.5	10
IV	词汇、阅读理解	完形填空题	20	0.5	10
V	课文理解	完成句子	10	2	20
VI	中文翻译英文	单句翻译	10	2	20
合计			90		100

综合英语（二）试题结构

部分	考核内容	题型	题量	小题分数	大题分数
I	语法、词汇	单项选择题	15	1	15
II	语法、词汇、阅读	完形填空题	15	1	15
III	难句释义	单项选择题	10	1	10
IV	阅读理解	单项选择题	10	2	20
V	词形转换	单句填空	10	1	10
VI	中文翻译英文	单句翻译	5	3	15
VII	写作	作文	1	15	15
合计			65+1		100

请及时向社会公布，并通过各种渠道通知参加该课程考试的考生。

全国高等教育自学考试指导委员会办公室
二〇〇八年一月二十三日

关于甘肃省申请高等教育自学考试文化产业（独立本科段）等专业课程代码的复函

考委办函［2008］10 号

甘肃省高等教育自学考试办公室：

你办《关于申请赋予文化产业（独立本科段）等专业课程代码的函》（甘考办函字［2008］5 号）收悉，函复如下：

高等教育自学考试文化产业专业（独立本科段）、小学教育专业（独立本科段）两个专业，为考委办函［2007］91 号文件批复你省开考。

为便于管理，对以下课程赋予课程代码如下，请遵照执行。

序号	课程代码	课程名称	学分	专业名称
1	8845	文化产业政策	3	文化产业（独立本科段）
2	8846	文化产业的项目化运作	6	
3	8847	参与式教学活动设计（实践）	3	小学教育（独立本科段）

全国高等教育自学考试指导委员会办公室
二〇〇八年二月十九日

关于内蒙古自治区申请高等教育自学考试经济管理专业（独立本科段）部分课程代码的复函

考委办函［2008］11号

内蒙古自治区高等教育自学考试委员会：

你委《关于修改经济管理（独立本科段）专业考试计划的申请》（内考委发［2008］1号）收悉，函复如下：

高等教育自学考试经济管理专业（独立本科段）为考委办函［2007］84号文件批复你区开考。

为便于管理，对以下课程赋予课程代码如下，请遵照执行。

序号	课程代码	课程名称	学分
1	0050	经济统计调查与分析	4
2	8815	现代企业管理理论	6
3	8918	会计理论与实务	4
	8919	会计理论与实务（实践）	1
4	8920	生产运作与管理	4

全国高等教育自学考试指导委员会办公室

二〇〇八年二月二十四日

关于湖南省申请开考儿童英语教育专业（专科）和动物防疫与检疫专业（独立本科段）的复函

考委办函［2008］12号

湖南省高等教育自学考试委员会：

你委《关于开考高等教育自学考试儿童英语教育（专科）等专业的请示》（湘教考委［2008］8号）收悉，函复如下：

一、经全国考委农科类、教育类专业委员会审议，同意你省开考高等教育自学考试动物防疫与检疫专业（独立本科段），儿童英语教育专业（专科）调整为英语教育专业（儿童英语教育方向）（专科），并对报送的专业考试计划进行了调整（见附件），请遵照执行。

二、考试计划中凡课程名称、学分与全国统考课程相同（附件内序号标“*”号）者，请使用全国考委组编的课程自学考试大纲、教材，参加全国统一考试。

三、同意你省遴选衡阳师范学院为英语教育专业（儿童英语教育方向）（专科），湖南农业大学为动物防疫与检疫专业（独立本科段）的主考学校。请充分发挥主考学校的作用，贯彻“教考职责分离”的原则，切实保证质量。

四、鉴于开考专业的培养目标是从事相关工作的应用型专门人才，请注重考生实践技能的培养，认真组织主考学校做好实践性环节考核工作。

附件：1. 高等教育自学考试英语教育专业（儿童英语教育方向）（专科）课程设置及学分标准

2. 高等教育自学考试动物防疫与检疫专业（独立本科段）课程设置及学分标准

全国高等教育自学考试指导委员会办公室
二〇〇八年二月二十六日

抄送：全国考委农科类、教育类专业委员会

附件1：

高等教育自学考试英语教育专业（儿童英语教育方向）（专科）课程设置及学分标准

专业代码：A040115

序号	课程代码	课程名称	学分	备注
1*	0001	马克思主义哲学原理	3	
2*	0002	邓小平理论概论	3	
3*	0003	法律基础与思想道德修养	2	
4*	4729	大学语文	4	
5*	0794	综合英语（一）	10	
6*	0795	综合英语（二）	10	
7*	0595	英语阅读（一）	6	
8*	0596	英语阅读（二）	6	
9*	0429	教育学（一）	4	
10	3585	儿童发展心理学	4	
11	8848	儿童英语教学法	4	
12*	8849	儿童英语强化训练	4	
13	8850	儿童英语教学活动设计	4	
14	0593	听力	8	
15	0594	口语	8	
总学分			80	

附件 2：

高等教育自学考试动物防疫与检疫专业（独立本科段）课程设置及学分标准

专业代码：B090418

序号	课程代码	课程名称	学分	备注
1*	0004	毛泽东思想概论	2	
2*	0005	马克思主义政治经济学原理	3	
3*	0015	英语（二）	14	
4	5980	计算机在农业中的应用	5	
	5981	计算机在农业中的应用（实践）	1	
5	8851	动物免疫学及实验技术	5	
6	2785	兽医微生物学	4	
	2786	兽医微生物学（实践）	1	
7	8852	兽医公共卫生学	5	
8	8853	动物防疫与检疫学	6	
9	8776	畜牧兽医行政管理	4	
10	8854	水生动物疾病学	4	
11	4797	动物流行病学	4	
12	8855	动物性食品微生物检验学（实践）	4	
13	1418	动物性食品理化检验学（实践）	2	
14	8856	动物防疫与检疫综合实践	5	
	6999	毕业论文	不计学分	
总学分			70	
1	8857	动物保护学	5	不考英语考生加考课
2	8858	动物药理学	5	
3	8859	饲料毒物与卫生学	4	
1	3652	动物解剖生理学	6	加考课
2	1714	兽医学	4	

加考课说明：

1. 动物医学、动物科学、动物营养学等专业专科以上考生可直接报考本专业；

2. 其他专业考生报考本专业，须加考“动物解剖生理学”和“兽医学”两门课程；

3. 本专业考生可不考“英语（二）”课程，但须选考“动物保护学”、“动物药理学”和“饲料毒物与卫生学”三门课程。

关于宁夏回族自治区申请开考高等教育自学考试石油工程（独立本科段）等两个专业的复函

考委办函［2008］13 号

宁夏教育考试院：

你院《关于开考高等教育自学考试石油工程（独立本科段）和采购与供应管理（独立本科段）两专业的请示》（宁教考院自考［2008］9 号）收悉，函复如下：

一、同意你区备案开考高等教育自学考试石油工程专业（独立本科段）和采购与供应管理专业（独立本科段）两个专业，请严格执行考委办函［2006］99 号和考委［2007］2 号等文件的规定。

二、为保证质量标准，开考计划中凡课程名称、学分与全国统考课程相同者，均须使用全国考委组编的课程自学考试大纲、教材，参加全国统一命题考试。

三、同意你区遴选西安石油大学为石油工程专业（独立本科段）、陕西科技大学为采购与供应管理专业（独立本科段）的主考学校。请充分发挥主考学校的作用，切实贯彻“教考职责分离”的原则，加强区考课程的课程自学考试大纲、教材建设和实践性环节考核等工作，切实保证质量。

全国高等教育自学考试指导委员会办公室
二〇〇八年二月二十六日

抄送：全国考委土木水利矿业交通环境类、经济管理类专业委员会

关于广东省申请开考动漫设计与制作专业（专科）和会展管理专业（专科、独立本科段）的复函

考委办函［2008］14 号

广东省自学考试委员会：

你委《关于申报开考高等教育自学考试动漫设计与制作专业（专科）等三个专业的请示》（粤考委［2007］19 号）收悉，函复如下：

一、经全国考委电子电工与信息类、公共管理类专业委员会审核，同意你省开考动漫设计与制作专业（专科）和会展管理专业（专科、独立本科段），并对专业考试计划进行了调整（见附件），请遵照执行。

二、专业考试计划中凡课程名称、学分与全国统考课程（附件内序号标“*”号）相同者，必须使用全国考委组编的课程自学考试大纲、教材，参加全国统一考试。

三、同意你省遴选华南师范大学为动漫设计与制作专业（专科），暨南大学、广东外语外贸大学为会展管理专业（专科、独立本科段）的主考学校。请充分发挥主考学校的作用，认真贯彻“教考职责分离”的原则，切实保证质量。

四、鉴于开考专业的培养目标是从事相关工作的应用型专门人才，必须注重考生实践技能的培养，请认真组织主考学校做好实践性环节考核工作。

此复。

附件：1. 高等教育自学考试动漫设计与制作专业（专科）考试课程与学分标准
2. 高等教育自学考试会展管理专业（专科）考试课程与学分标准
3. 高等教育自学考试会展管理专业（独立本科段）考试课程与学分标准

全国高等教育自学考试指导委员会办公室
二〇〇八年二月二十六日

抄送：全国考委电子电工与信息类、公共管理类专业委员会

附件1：

高等教育自学考试动漫设计与制作专业（专科）课程设置与学分标准

专业代码：A050454

序号	课程代码	课程名称	学分	备注
1*	0001	马克思主义哲学原理	3	
2*	0002	邓小平理论概论	3	
3*	0003	法律基础与思想道德修养	2	
4	8878	动漫产业概论	4	
5	8879	动漫美术基础一（人物线描）	4	
6	8880	动漫美术基础二（平面与色彩构成）	4	
7	8881	动画编导基础	6	
8	1155	角色设定和场景设定（实践）	4	
9	1581	Flash 动画设计（实践）	5	
10	8882	数码矢量图形设计（实践）	4	
11	1156	Photoshop（实践）	3	
12	1157	Painter（实践）	3	
13	1160	动画运动规律（实践）	4	
14	1162	3DS MAX 软件（实践）	4	
15	1163	MAYA 软件（实践）	4	
16	1164	Softimage xsi 软件（实践）	4	
17	1165	After effect（实践）	4	
18	1166	Combustion（实践）	4	
19	7930	动画制作（实践）	2	
总学分			71	

附件2：

高等教育自学考试会展管理专业（专科）课程设置与学分标准

专业代码：A020179

序号	课程代码	课程名称	学分	备注
1*	0001	马克思主义哲学原理	3	
2*	0002	邓小平理论概论	3	
3*	0003	法律基础与思想道德修养	2	
4*	2126	应用文写作	5	
5*	0018	计算机应用基础	2	
	0019	计算机应用基础（实践）	2	
6*	0012	英语（一）	7	
7*	0178	市场调查与预测	6	
8*	0054	管理学原理	6	
9	3875	会展概论	6	
10	8883	会展政策法规	5	
11	3872	会展营销	5	
12	3873	现代商务礼仪	4	
13	8884	会展经济学	6	
14	8885	会展管理服务技能考核（一）	10	
总学分			72	

附件3：

高等教育自学考试会展管理专业（独立本科段）课程设置及学分标准

专业代码：B020180

序号	课程代码	课程名称	学分	备注
1*	0004	毛泽东思想概论	2	
2*	0005	马克思主义政治经济学原理	3	
3*	0015	英语（二）	14	
4	3877	会展项目管理	5	
5	8886	会展心理学	6	
6	3878	会议运营管理	5	
7	8887	会展场馆经营与管理	6	
8	8725	会展客户关系管理	2	
	8726	会展客户关系管理（实践）	2	
9	8888	会展企业战略管理	6	
10	8889	会议酒店管理	6	
11	8890	会展管理信息系统管理	6	
	8891	会展管理信息系统（实践）	4	
12	8892	会展管理综合技能考核（二）	6	
6999		毕业论文	不计学分	
总学分			73	

关于甘肃省申请开考高等教育自学考试交通信号及控制专业（专科、独立本科段）和发电厂集控专业（专科）的复函

考委办函［2008］15 号

甘肃省高等教育自学考试委员会办公室：

你办《关于我省开考交通信号及控制等 15 个专业的报请示》（甘考办字［2007］51 号）收悉，函复如下：

一、经全国考委电子电工与信息类专业委员会审核，同意你省开考发电厂集控专业（专科），将交通信号及控制专业（专科、独立本科段）调整为轨道交通信号及控制专业（专科、独立本科段），并对报送的专业考试计划进行了调整（见附件），请遵照执行。

二、专业考试计划中凡课程名称、学分与全国统考课程相同（附件内序号标“＊”号）者，请使用全国考委组编的课程自学考试大纲、教材，参加全国统一考试。

三、同意你省遴选兰州交通大学为轨道交通信号及控制专业（专科、独立本科段），兰州理工大学为发电厂集控专业（专科）的主考学校，请充分发挥主考学校的作用，贯彻“教考职责分离”的原则，切实保证质量。

四、鉴于开考专业的培养目标是从事相关工作的应用型专门人才，必须注重考生实践技能的培养，请认真组织主考学校做好实践性环节考核工作。

此复。

附件：1. 高等教育自学考试轨道交通信号及控制专业（专科）课程设置及学分标准
2. 高等教育自学考试轨道交通信号及控制专业（独立本科段）课程设置及学分标准
3. 高等教育自学考试发电厂集控专业（专科）课程设置及学分标准

全国高等教育自学考试指导委员会办公室
二〇〇八年二月二十六日

抄送：全国考委电子电工与信息类专业委员会

附件1：

高等教育自学考试轨道交通信号及控制专业（专科）课程设置及学分标准

专业代码：A080779

<table>
<tr><th>序号</th><th>课程代码</th><th>课程名称</th><th>学分</th><th>备注</th></tr>
<tr><td>1*</td><td>0001</td><td>马克思主义哲学原理</td><td>3</td><td></td></tr>
<tr><td>2*</td><td>0002</td><td>邓小平理论概论</td><td>3</td><td></td></tr>
<tr><td>3*</td><td>0003</td><td>法律基础与思想道德修养</td><td>2</td><td></td></tr>
<tr><td>4*</td><td>0012</td><td>英语（一）</td><td>7</td><td></td></tr>
<tr><td>5*</td><td>4729</td><td>大学语文</td><td>4</td><td></td></tr>
<tr><td>6*</td><td>0022</td><td>高等数学（工专）</td><td>7</td><td></td></tr>
<tr><td rowspan="2">7*</td><td>0018</td><td>计算机应用基础</td><td>2</td><td></td></tr>
<tr><td>0019</td><td>计算机应用基础（实践）</td><td>2</td><td></td></tr>
<tr><td rowspan="2">8*</td><td>2187</td><td>电工与电子技术</td><td>5</td><td></td></tr>
<tr><td>2188</td><td>电工与电子技术（实践）</td><td>1</td><td></td></tr>
<tr><td rowspan="2">9*</td><td>2306</td><td>自动控制理论（二）</td><td>4</td><td></td></tr>
<tr><td>2307</td><td>自动控制理论（二）（实践）</td><td>1</td><td></td></tr>
<tr><td rowspan="2">10*</td><td>4732</td><td>微型计算机及接口技术</td><td>4</td><td></td></tr>
<tr><td>4733</td><td>微型计算机及接口技术（实践）</td><td>1</td><td></td></tr>
<tr><td>11</td><td>8860</td><td>铁路信号运营基础</td><td>3</td><td></td></tr>
<tr><td>12</td><td>8861</td><td>信号基础设备</td><td>4</td><td></td></tr>
<tr><td rowspan="2">13</td><td>8862</td><td>车站信号自动控制基础</td><td>4</td><td></td></tr>
<tr><td>8863</td><td>车站信号自动控制基础（实践）</td><td>1</td><td></td></tr>
<tr><td>14</td><td>8864</td><td>区间信号自动控制</td><td>5</td><td></td></tr>
<tr><td>15</td><td>8865</td><td>驼峰信号自动控制</td><td>3</td><td></td></tr>
<tr><td>16</td><td>8866</td><td>铁路信号远程控制</td><td>4</td><td></td></tr>
<tr><td colspan="3">总学分</td><td>70</td><td></td></tr>
</table>

附件 2:

高等教育自学考试轨道交通信号及控制专业（独立本科段）课程设置及学分标准

专业代码：B080780

序号	课程代码	课程名称	学分	备注
1*	0004	毛泽东思想概论	2	
2*	0005	马克思主义政治经济学原理	3	
3*	0015	英语（二）	14	
4	0023	高等数学（工本）	10	
5*	0420	物理（工）	5	
	0421	物理（工）（实践）	1	
6*	2197	概率论与数理统计（二）	3	
7*	2199	复变函数与积分变换	3	
8*	2141	计算机网络技术	4	
9	8867	电气集中系统	6	
10	8868	列车运行控制系统	5	
	8869	列车运行控制系统（实践）	1	
11	8870	编组站综合自动化系统	5	
12	8871	调度集中与微机监测	5	
13	7467	计算机联锁技术	4	
14	8872	城市轨道交通智能控制系统	3	
	6999	毕业论文	不计学分	
总学分			74	
1*	2187	电工与电子技术	4	非本专业考生加考课
	2188	电工与电子技术（实践）	1	
2	8860	铁路信号运营基础	3	
3	8861	信号基础设备	4	

附件 3：

高等教育自学考试发电厂集控专业（专科）课程设置及学分标准

专业代码：A080504

序号	课程代码	课程名称	学分	备注
1*	0001	马克思主义哲学原理	3	
2*	0002	邓小平理论概论	3	
3*	0003	法律基础与思想道德修养	2	
4*	0022	高等数学（工专）	7	
5*	0012	英语（一）	7	
6*	0018	计算机应用基础	2	
	0019	计算机应用基础（实践）	2	
7*	2151	工程制图	4	
8*	2271	电机学	4.5	
	2272	电机学（实践）	0.5	
9*	2300	电力系统基础	4	
10	8873	电工基础及仪表测量	5	
11	8874	发电厂变电所电气设备	5	
12	7448	继电保护与自动控制装置	5	
	7449	继电保护与自动控制装置（实践）	2	
13	8875	电气运行与管理	4	
14*	2265	汽轮机原理及运行	5	
15	8876	锅炉设备及运行	5	
16	8877	集控运行值班员	4	
总学分			74	

关于全军考办申请开考信息安全与网络管理专业（专科、独立本科段）和航空工程管理专业（独立本科段）的复函

考委办函［2008］16 号

中国人民解放军自学考试委员会办公室：

你办《关于开办高等教育自学考试“信息安全与网络管理”专业和“航空工程管理”专业的请示》（军考办［2007］8 号）收悉，批复如下：

一、经全国考委电子电工与信息类、经济管理类专业委员会审核，同意军队开考信息安全与网络管理专业（专科、独立本科段）和航空工程管理专业（独立本科段），并对报来的专业考试计划进行了调整（见附件），请遵照执行。

二、为保证质量标准，开考计划中凡课程名称、学分与全国统考课程相同（附件内序号标“*”号）者，必须使用全国考委组编的课程自学考试大纲、教材，参加全国统一命题的考试。

三、同意遴选中国人民解放军电子工程学院为信息安全与网络管理专业（专科、独立本科段）、空军工程大学为航空工程管理专业（独立本科段）的主考学校。请充分发挥主考学校的作用，切实贯彻“教考职责分离”的原则，切实保证质量。

四、鉴于开考专业的培养目标是从事相关工作的应用型专门人才，必须注重考生实践技能的培养，请认真组织主考学校做好实践性环节考核工作。

此复。

附件：1. 高等教育自学考试信息安全与网络管理专业（专科）考试课程与学分标准

2. 高等教育自学考试信息安全与网络管理专业（独立本科段）考试课程与学分标准

3. 高等教育自学考试航空工程管理专业（航空装备系统工程与管理方向）（独立本科段）考试课程与学分标准

4. 高等教育自学考试航空工程管理专业（机场建筑工程与管理方向）（独立本科段）考试课程与学分标准

全国高等教育自学考试指导委员会办公室
二〇〇八年二月二十六日

抄送：全国考委电子电工与信息类、经济管理类、土木水利交通矿业环境类专业委员会

附件1：

高等教育自学考试信息安全与网络管理专业（专科）考试课程与学分标准

专业代码：A080781

序号	课程代码	课程名称	学分	备注
1*	0001	马克思主义哲学原理	3	
2*	0002	邓小平理论概论	3	
3*	0003	法律基础与思想道德修养	2	
4*	0020	高等数学（一）	6	
5	3107	计算机原理及军事应用	6	
	3108	计算机原理及军事应用（实践）	2	
6*	0342	高级语言程序设计（一）	3	
	0343	高级语言程序设计（一）（实践）	1	
7*	2141	计算机网络技术	4	
8*	2378	信息资源管理	4	
9	6973	信息作战技术	4	
10	8893	计算机安全法规	4	
11*	2382	管理信息系统	4	
	2383	管理信息系统（实践）	1	
12	6627	网页制作与网站建设	5	
13	8894	计算机网络应用技术	5	
14	8895	实用网络管理技术	5	
15	8896	实用数据库技术	5	
16	1592	信息安全技术	4	
	7999	毕业设计		不计学分
总学分			71	

附件2：

高等教育自学考试信息安全与网络管理专业（独立本科段）考试课程与学分标准

专业代码：B080782

序号	课程代码	课程名称	学分	备注
1*	0004	毛泽东思想概论	2	
2*	0005	马克思主义政治经济学原理	3	
3*	0015	英语（二）	14	
4*	0040	法学概论	6	
5*	2326	操作系统	4	
	2327	操作系统（实践）	1	
6	8897	网络互联设备及原理	6	
7	8898	信息安全规则与管理	4	
8*	0997	电子商务安全导论	3	
	0998	电子商务安全导论（实践）	2	
9*	2628	管理经济学	5	
10	8899	信息系统集成技术	5	
11	8900	计算机病毒防护技术	6	
12	6268	工程数学	10	选考课
13	8901	计算机网络对抗技术	5	
14	7316	外军信息化概论	5	
15*	2333	软件工程	3	
	2334	软件工程（实践）	1	
16	6367	多媒体技术与应用	5	
	7999	毕业设计		不计学分
总学分				

说明：本专业必考课程11门，61学分；选考课程5门，考生须从中选考不少于9学分的课程。

附件 3：

高等教育自学考试航空工程管理专业（航空装备系统工程与管理方向）（独立本科段）考试课程与学分标准

专业代码：B081805

序号	课程代码	课程名称	学分	备注
1*	0004	毛泽东思想概论	2	
2*	0015	英语（二）	14	
3*	4183	概率论与数理统计（经管类）	5	
4*	4184	线性代数（经管类）	4	
5*	0054	管理学原理	6	
6*	2375	运筹学基础	4	
7	3095	系统工程	6	
8	6128	经济学基础	4	
9	0974	统计学原理	4	
9	4624	工程经济学	4	
10*	0153	质量管理（一）	4	
11*	2382	管理信息系统	4	
	2383	管理信息系统	1	
12	8902	装备管理工程	3	
13*	0152	组织行为学	4	
14	3346	项目管理	4	
15	8674	计算机网络基础	4	四选一
16	8903	数据库技术基础及应用	3	
17	8672	人力资源管理（四）	4	
18	8904	技术管理	3	
	7999	毕业设计		不计学分
总学分			76 以上	

附件4：

高等教育自学考试航空工程管理专业（机场建筑工程与管理方向）（独立本科段）考试课程与学分标准

专业代码：B081805

序号	课程代码	课程名称	学分	备注
1*	0004	毛泽东思想概论	2	
2*	0015	英语（二）	14	
3*	4183	概率论与数理统计（经管类）	5	
4*	4184	线性代数（经管类）	4	
5	3125	军事辩证法	6	
6	3823	建筑制图	4	
7*	2391	工程力学（二）	5.5	
	2392	工程力学（二）（实践）	0.5	
8*	2389	建筑材料	2	
	2390	建筑材料（实践）	1	
9	6351	工程地质	4	
10	8905	土质学与土力学	3	
11	8906	工程测量（二）	3	
12	8907	钢筋混凝土结构原理	3	
13	8908	机场规划设计	3	
14	8909	机场道面设计	3	
15	8910	机场排水设计	3	
16	8911	机场地势设计	3	
17	8912	机场施工	3	
18	8913	机场维护与管理	2	四选一
19	8914	机场抢修	2	
20	8915	地基处理	2	
21	8916	地基基础	2	
	7999	毕业设计		不计学分
总学分			74	

关于印发《全国考办2008年工作要点》的通知

考委办函［2008］17号

各省、自治区、直辖市教育考试院（局、中心）、高等教育自学考试办公室，解放军自学考试办公室：

现将《全国考办2008年工作要点》印发给你们，请结合当地实际情况，做好落实工作。

按照惯例，请各地将2007年高等教育自学考试工作总结和2008年工作计划以文件和电子邮件的形式于3月15日前上报全国考办综合处。（邮箱地址：liusj@ mail. neea. edu. cn）

附件：全国考办2008年工作要点

全国高等教育自学考试指导委员会办公室
二〇〇八年二月二十七日

附件：

全国考办2008年工作要点

2008年高等教育自学考试工作，以党的十七大精神为指导，以科学发展观统领全局，坚持"积极发展，规范管理，开拓创新"的原则，坚持发展自学考试事业不动摇，坚持自学考试的质量和标准不动摇，抓住战略发展机遇，推进新形势下自学考试改革与发展战略的实施，为促进教育公平和人的全面发展服务。

根据教育部2008年工作要点，结合自学考试的实际情况，2008年重点抓好以下工作。

1. 深入学习和领会党的十七大报告的精神实质，按照2008年第三次部长专题办公会议提出的要求，适应继续教育、终身教育体系建设的需要，准确把握定位，坚持制度创新和结构调整，落实自学考试改革发展各项工作。

2. 推进专业和课程的结构调整，逐步建立职业型、技能型、应用型专业和课程体系。启动全国统一专业考试计划的调整工作，推进专业管理体制改革，严格控制新开考专业，开考专业实行总量控制。进一步规范专业开考审批制度，实施专业开考公告制度。完善专业委员会制度，改进工作机制，做好专业委员会的换届工作。

3. 完善命题技术规范及管理制度，开展统考课程考试数据抽样统计试点，动态调整自学考试统考课程，建立预警机制。加强命题中心统考课程命题工作跟踪管理，组织统考课程命题质量评估。制订省级命题工作调研与评估方案。推进题库建设，制定题库建设技术规范。做好自考大纲建设工作，加强考试标准及体例研究，推广使用样卷。加强统考课程试卷评价与考试情况统计反馈工作。

4. 加强自学考试教材计划管理工作，实行统编教材“双轨制”。建立全国自考教材建设信息服务系统。进行自学考试特色教材的研究与建设。做好新开考专业、课程的教材建设工作。有计划地对教材进行更新。加强自考网络课件的建设与推广应用，制定自学考试网络学习课件制作标准。开展自考教材建设评估，制订全国组编教材和省编教材评估方案。建立稳定的高素质的自学考试教材建设队伍。

5. 强化安全保密，严肃考风考纪。采用不定期检查的方式，保证质量评审成绩的长效性。制订网上评卷标准，规范网上评卷管理流程。充分发挥考务管理与服务平台的优势，完善应急指挥系统。按照标准化考点的规范，在自学考试中启动、推广标准化考点。启动、开展网上报名研发和试点工作。加强考务考籍工作队伍的培训工作。

6. 加强对社会助学组织的指导、监督和服务，做好自学考试助学组织注册登记工作。在坚持“教考分离”的基础上，依托规范的社会助学机构逐步试点建设自考学习服务中心。利用现代信息技术手段开展网络助学，形成多层次、立体化、开放性的助学服务网络。重视自学考试学习过程，开展多元化评价试点，逐步建立科学严格的自学考试学业综合评价体系。

7. 深化非学历教育证书考试工作，拓展考试服务功能。结合自考面向农村、面向职业教育，推进“双证书”制度，有针对性地和行业部门进行沟通与合作，有计划地开发新项目。继续加强项目宣传推广，打造精品项目。

8. 推动、扶持农村自学考试工作。在总结自考面向农村工作的基础上，推动自考面向农村的“两个体系，一项制度，一个重点”和“三五工程”的实施。加强分类指导，推进西部地区自学考试工作。

9. 发挥高教学会自考分会的服务、咨询功能，继续开展自考管理干部培训工作，不断提高自考队伍素质和工作能力。

10. 以全国哲学社会科学国家重点课题“教育考试评价制度创新研究”为切入点，加强自学考试制度建设的理论和政策研究。做好全国教育科学“十一五”规划中自学考试相关课题的管理工作，为自学考试改革发展提供指导和支持。

11. 全面启动自学考试业务管理信息系统建设，推进自学考试业务全过程的计算机化，实现信息共享，更好为社会和考生提供信息服务。充分发挥国家教育考试考务管理与服务平台的作用，实现国家级指挥中心与各省级考办考务指挥中心的互联互通。

12. 加强自学考试宣传工作，坚持正确的舆论导向，制定《高等教育自学考试宣传工作指导意见》，以《高等教育自学考试暂行条例》颁布20周年为契机开展系列宣传活动，结合年度工作重点、热点和亮点开展主题宣传。建立专、兼职的自考宣传队伍，发挥大众媒体的作用，建立稳定的自学考试宣传的渠道，努力为自考事业发展创造良好的舆论环境和社会环境。

关于上海市申请高等教育自学考试汉语言文学专业（本科段）部分课程代码的复函

考委办函［2008］19号

上海市高等教育自学考试委员会办公室：

你办《关于上海市高教自考汉语言文学专业（本科段）考试计划中增设选考课程的请示》（沪教考院自考［2008］2号）收悉，函复如下：

同意你办在高等教育自学考试汉语言文学专业（本科段）考试计划中增设一门选考课程。

为便于管理，对以下课程赋予课程代码如下，请遵照执行。

课程代码	课程名称	学分
8940	西方现代派文学	5

全国高等教育自学考试指导委员会办公室
二〇〇八年三月十一日

关于江西省申请开考高等教育自学考试公共事业管理（独立本科段）等专业的复函

考委办函［2008］20号

江西省自学考试委员会办公室：

你办《关于开设高等教育自学考试公共事业管理等专业的申请》（赣考办字［2007］90号）和《关于开设高等教育自学考试农村财务会计等专业的申请》（赣考办字［2007］97号）收悉，函复如下：

一、经全国考委农科类、经济管理类、机械及轻纺化工类专业委员会审核，同意你省开考高等教育自学考试畜牧兽医与管理专业（专科）、果树栽培技术专业（专科）、农村财务会计专业

（专科）、县镇企业管理专业（专科）、测控技术与仪器专业（专科、独立本科段）等六个专业，我办对报送的专业赋予了专业代码和课程代码（见附件）。

同意你省备案开考高等教育自学考试公共事业管理专业（专科、独立本科段）、社会工作与管理专业（专科、独立本科段）、工业电气自动化技术专业（专科）、工业自动化专业（独立本科段）、园林专业（专科）等七个专业，请严格执行考委办函［2007］43 号、考委［2005］7 号、考委办函［2005］100 号和《高等教育自学考试专业目录与专业基本规范》等文件的规定。

二、为保证质量标准，开考计划中凡课程名称、学分与全国统考课程相同者（附件中序号标注“*”号），均须使用全国考委组编的课程自学考试大纲、教材，参加全国统一命题考试。

三、同意你省遴选南昌航空大学为公共事业管理专业（专科、独立本科段）、社会工作与管理专业（专科、独立本科段）、工业电气自动化技术专业（专科）、工业自动化专业（独立本科段）和测控技术与仪器专业（专科、独立本科段）、江西农业大学和宜春学院为畜牧兽医与管理专业（专科）、果树栽培技术专业（专科）、农村财务会计专业（专科）和县镇企业管理专业（专科）、江西农业大学和江西环境工程学院为园林专业（专科）的主考学校。请充分发挥主考学校的作用，切实贯彻“教考职责分离”的原则，加强省考课程的课程自学考试大纲、教材建设和实践性环节考核等工作，切实保证质量。

附件：1. 高等教育自学考试畜牧兽医与管理专业（专科）课程设置与学分
2. 高等教育自学考试果树栽培技术专业（专科）课程设置与学分
3. 高等教育自学考试农村财务会计专业（专科）课程设置与学分
4. 高等教育自学考试县镇企业管理专业（专科）课程设置与学分
5. 高等教育自学考试测控技术与仪器专业（专科）课程设置与学分
6. 高等教育自学考试测控技术与仪器专业（独立本科段）课程设置与学分

全国高等教育自学考试指导委员会办公室
二〇〇八年三月十一日

抄送：全国考委农科类、经济管理类、机械及轻纺化工类专业委员会

附件：

1. 高等教育自学考试畜牧兽医与管理专业（专科）课程设置与学分

专业代码：A090620

<table>
<tr><th>序号</th><th>课程代码</th><th>课程名称</th><th>学分</th><th>备注</th></tr>
<tr><td>1*</td><td>0001</td><td>马克思主义哲学原理</td><td>3</td><td></td></tr>
<tr><td>2*</td><td>0002</td><td>邓小平理论概论</td><td>3</td><td></td></tr>
<tr><td>3*</td><td>0003</td><td>法律基础与思想道德修养</td><td>2</td><td></td></tr>
<tr><td>4</td><td>8941</td><td>家畜育种学</td><td>7</td><td rowspan="9">任选四门，不少于23学分</td></tr>
<tr><td rowspan="2">5</td><td>7408</td><td>动物营养与饲料学</td><td>3</td></tr>
<tr><td>7409</td><td>动物营养与饲料学（实践）</td><td>3</td></tr>
<tr><td rowspan="2">6</td><td>2070</td><td>微生物学</td><td>3</td></tr>
<tr><td>2071</td><td>微生物学（实践）</td><td>1</td></tr>
<tr><td>7</td><td>3652</td><td>动物解剖生理学</td><td>6</td></tr>
<tr><td rowspan="2">8</td><td>2783</td><td>家畜病理学</td><td>4</td></tr>
<tr><td>2784</td><td>家畜病理学（实践）</td><td>1</td></tr>
<tr><td>9*</td><td>0107</td><td>现代管理学</td><td>6</td></tr>
<tr><td>10</td><td>3653</td><td>畜牧场经营管理</td><td>5</td><td rowspan="8">任选四门，不少于22学分</td></tr>
<tr><td>11</td><td>3654</td><td>畜产品加工与营销</td><td>5</td></tr>
<tr><td>12</td><td>3655</td><td>家畜内科学与诊断学</td><td>6</td></tr>
<tr><td>13</td><td>2791</td><td>家畜传染病与寄生虫</td><td>6</td></tr>
<tr><td rowspan="2">14</td><td>7416</td><td>动物生产学</td><td>4</td></tr>
<tr><td>7417</td><td>动物生产学（实践）</td><td>2</td></tr>
<tr><td>15</td><td>6489</td><td>畜牧兽医法规</td><td>4</td></tr>
<tr><td>16</td><td>6777</td><td>生产实践（一）</td><td>5</td></tr>
<tr><td rowspan="2">17*</td><td>0018</td><td>计算机应用基础</td><td>2</td><td rowspan="5">选考两门，不少于10学分</td></tr>
<tr><td>0019</td><td>计算机应用基础（实践）</td><td>2</td></tr>
<tr><td>18*</td><td>0341</td><td>公文写作与处理</td><td>6</td></tr>
<tr><td>19</td><td>3650</td><td>创业教育</td><td>4</td></tr>
<tr><td>20</td><td>1443</td><td>社会主义新农村建设知识讲座</td><td>5</td></tr>
<tr><td>21</td><td>1448</td><td>农村管理综合实践</td><td>10</td><td></td></tr>
<tr><td colspan="3">总学分</td><td>73</td><td></td></tr>
</table>

2. 高等教育自学考试果树栽培技术专业（专科）课程设置与学分

专业代码：A090130

序号	课程代码	课程名称	学分	备注
1*	0001	克思主义哲学原理	3	
2*	0002	邓小平理论概论	3	
3*	0003	法律基础与思想道德修养	2	
4*	5737	基础化学	5	
	5738	基础化学（实践）	1	
5	8444	植物学与植物生理学	7	
6	8441	土壤肥料学（一）	6	任选两门，不少于 10 学分
7*	2665	农业生态基础	4	
8*	0135	农业经济与管理	6	
9	2693	果树病虫害防治	4	
	2694	果树病虫害防治（实践）	1	
10	2697	果树栽培学	5	
	2698	果树栽培学（实践）	1	
11	2695	果树遗传育种学	5	任选两门，不少于 11 学分
	2696	果树遗传育种学（实践）	1	
12	2699	果品储藏保鲜	4	
	2700	果品储藏保鲜（实践）	1	
13	5220	市场营销（乡镇）	5	
14	6777	生产实践（一）	5	
15*	0018	计算机应用基础	2	选考两门，不少于 10 学分
	0019	计算机应用基础（实践）	2	
16*	0341	公文写作与处理	6	
17	3650	创业教育	4	
18	1443	社会主义新农村建设知识讲座	5	
19	1448	农村管理综合实践	10	
总学分			73	

3. 高等教育自学考试农村财务会计专业（专科）课程设置与学分

专业代码：A090636

<table>
<tr><th>序号</th><th>课程代码</th><th>课程名称</th><th>学分</th><th>备注</th></tr>
<tr><td>1*</td><td>0001</td><td>马克思主义哲学原理</td><td>3</td><td></td></tr>
<tr><td>2*</td><td>0002</td><td>邓小平理论概论</td><td>3</td><td></td></tr>
<tr><td>3*</td><td>0003</td><td>法律基础与思想道德修养</td><td>2</td><td></td></tr>
<tr><td>4</td><td>8121</td><td>经济学基础（一）</td><td>6</td><td rowspan="5">任选四门，不少于23学分</td></tr>
<tr><td>5*</td><td>0048</td><td>财政与金融</td><td>5</td></tr>
<tr><td>6</td><td>8308</td><td>统计基础</td><td>6</td></tr>
<tr><td>7</td><td>8120</td><td>会计基础</td><td>6</td></tr>
<tr><td>8</td><td>5222</td><td>经济法概论（乡镇）</td><td>6</td></tr>
<tr><td>9</td><td>8115</td><td>财务会计</td><td>6</td><td rowspan="6">任选四门，不少于22学分</td></tr>
<tr><td>10</td><td>8114</td><td>财务管理学（一）</td><td>6</td></tr>
<tr><td>11</td><td>8117</td><td>成本会计（一）</td><td>4</td></tr>
<tr><td>12</td><td>8113</td><td>财务分析</td><td>6</td></tr>
<tr><td>13</td><td>8119</td><td>管理会计</td><td>5</td></tr>
<tr><td>14</td><td>6777</td><td>生产实践（一）</td><td>5</td></tr>
<tr><td rowspan="2">15*</td><td>0018</td><td>计算机应用基础</td><td>2</td><td rowspan="6">选考两门，不少于10学分</td></tr>
<tr><td>0019</td><td>计算机应用基础（实践）</td><td>2</td></tr>
<tr><td>16*</td><td>0341</td><td>公文写作与处理</td><td>6</td></tr>
<tr><td>17</td><td>6956</td><td>经济应用数学</td><td>5</td></tr>
<tr><td>18</td><td>3650</td><td>创业教育</td><td>4</td></tr>
<tr><td>19</td><td>1443</td><td>社会主义新农村建设知识讲座</td><td>5</td></tr>
<tr><td>20</td><td>1448</td><td>农村管理综合实践</td><td>10</td><td></td></tr>
<tr><td colspan="3">总学分</td><td>73</td><td></td></tr>
</table>

4. 高等教育自学考试县镇企业管理专业（专科）课程设置与学分

专业代码：A090637

<table>
<tr><th>序号</th><th>课程代码</th><th>课程名称</th><th>学分</th><th>备注</th></tr>
<tr><td>1*</td><td>0001</td><td>马克思主义哲学原理</td><td>3</td><td></td></tr>
<tr><td>2*</td><td>0002</td><td>邓小平理论概论</td><td>3</td><td></td></tr>
<tr><td>3*</td><td>0003</td><td>法律基础与思想道德修养</td><td>2</td><td></td></tr>
<tr><td>4</td><td>8121</td><td>经济学基础（一）</td><td>6</td><td rowspan="5">任选四门，不少于24学分</td></tr>
<tr><td>5</td><td>4094</td><td>管理学基础</td><td>6</td></tr>
<tr><td>6</td><td>8308</td><td>统计基础</td><td>6</td></tr>
<tr><td>7</td><td>8120</td><td>会计基础</td><td>6</td></tr>
<tr><td>8</td><td>5222</td><td>经济法概论（乡镇）</td><td>6</td></tr>
<tr><td>9</td><td>8114</td><td>财务管理学（一）</td><td>6</td><td rowspan="6">任选四门，不少于22学分</td></tr>
<tr><td>10</td><td>4780</td><td>农业企业经营管理</td><td>6</td></tr>
<tr><td>11</td><td>5220</td><td>市场营销（乡镇）</td><td>5</td></tr>
<tr><td>12</td><td>0334</td><td>农村科学技术与生产管理</td><td>6</td></tr>
<tr><td>13*</td><td>0810</td><td>人力资源管理（二）</td><td>4</td></tr>
<tr><td>14</td><td>6777</td><td>生产实践（一）</td><td>5</td></tr>
<tr><td rowspan="2">15*</td><td>0018</td><td>计算机应用基础</td><td>2</td><td rowspan="6">选考两门，不少于10学分</td></tr>
<tr><td>0019</td><td>计算机应用基础（实践）</td><td>2</td></tr>
<tr><td>16*</td><td>0341</td><td>公文写作与处理</td><td>6</td></tr>
<tr><td>17</td><td>6956</td><td>经济应用数学</td><td>5</td></tr>
<tr><td>18</td><td>3650</td><td>创业教育</td><td>4</td></tr>
<tr><td>19</td><td>1443</td><td>社会主义新农村建设知识讲座</td><td>5</td></tr>
<tr><td>20</td><td>1448</td><td>农村管理综合实践</td><td>10</td><td></td></tr>
<tr><td colspan="3">总学分</td><td>74</td><td></td></tr>
</table>

5. 高等教育自学考试测控技术与仪器专业（专科）课程设置与学分

专业代码：A080343

序号	课程代码	课程名称	学分	备注
1*	0001	马克思主义哲学原理	3	
2*	0002	邓小平理论概论	3	
3*	0003	法律基础与思想道德修养	2	
4*	0012	英语（一）	7	
5*	0022	高等数学（工专）	7	
6*	0018	计算机应用基础	2	
	0019	计算机应用基础（实践）	2	
7	8942	电工电路	5	
	8943	电工电路（实践）	1	
8	1916	测试信号处理	5	
	1917	测试信号处理（实践）	1	
9*	2205	微型计算机原理与接口技术	4	
	2206	微型计算机原理与接口技术（实践）	2	
10	6016	传感器原理及应用	4	
	6017	传感器原理及应用（实践）	1	
11	2348	电子测量	4	
12	8944	无损检测技术	8	
	8945	无损检测技术（实践）	1	
13	8946	非常规 NDT 技术	4	
14	3170	综合实践	4	
总学分			70	

6. 高等教育自学考试测控技术与仪器专业（独立本科段）课程设置与学分

专业代码：B080333

序号	课程代码	课程名称	学分	备注
1*	0004	毛泽东思想概论	2	
2*	0005	马克思主义政治经济学原理	3	
3*	0015	英语（二）	14	
4*	0023	高等数学（工本）	10	
5*	0342	高级语言程序设计（一）	3	
	0343	高级语言程序设计（一）（实践）	1	
6	8947	电路分析	3	
	8948	电路分析（实践）	1	
7	2356	数字信号处理	4	
	2357	数字信号处理（实践）	1	
8*	2277	微型计算机原理及应用	3.5	
	2278	微型计算机原理及应用（实践）	0.5	
9*	2202	传感器与检测技术	4	
	2203	传感器与检测技术（实践）	1	
10	5791	工程材料与热加工	3	
	5792	工程材料与热加工（实践）	1	
11	8949	超声检测技术	4	
12	8950	射线检测技术	4	
13	8951	表面检测技术	5	
14	8952	NDT 仪器	3	
	6999	毕业论文		不计学分
总学分			71	

关于湖北省申请备案开考高等教育自学考试城镇规划与建设（独立本科段）等专业的复函

考委办函［2008］21号

湖北省高等教育自学考试委员会办公室：

你办《关于申请备案开考城镇规划与建设等独立本科段专业及装潢设计等专科专业的请示》（鄂考委办［2008］2号）收悉，函复如下：

一、根据全国考委《关于调整高等教育自学考试专科专业审批权试点工作的若干意见》（考委［2005］5号）精神，同意你省备案开考高等教育自学考试装潢设计专业（专科）和宝石及材料工艺学专业（专科）两个专业。我办对报送的专业赋予了专业代码和课程代码（见附件）。

同意你省备案开考高等教育自学考试城镇规划与建设专业（独立本科段）、美术专业（独立本科段）、乡镇区域发展专业（独立本科段）三个专业，请严格执行考委办函［2003］126号、考委办函［2006］62号和考委办函［2006］11号等文件的规定。

二、为保证质量标准，开考计划中凡课程名称、学分与全国统考课程相同者（附件中序号标注“*”号），均须使用全国考委组编的课程自学考试大纲、教材，参加全国统一命题考试。

三、同意你省遴选武汉职业技术学院为装潢设计专业（专科）、中国地质大学（武汉）为宝石及材料工艺学专业（专科）、湖北民族学院为城镇规划与建设专业（独立本科段）、湖北美术学院为美术专业（独立本科段）、咸宁学院为乡镇区域发展专业（独立本科段）的主考学校。请充分发挥主考学校的作用，切实贯彻“教考职责分离”的原则，加强省考课程的课程自学考试大纲、教材建设和实践性环节考核等工作，切实保证质量。

附件：1. 高等教育自学考试装潢设计专业（专科）课程设置与学分

2. 高等教育自学考试宝石及材料工艺学专业（专科）课程设置与学分

全国高等教育自学考试指导委员会办公室

二〇〇八年三月十一日

抄送：全国考委艺术类、经济管理类、土木水利矿业交通环境类专业委员会

附件：

1. 高等教育自学考试装潢设计专业（专科）课程设置与学分

专业代码：A050455

序号	课程代码	课程名称	学分	备注
1*	0001	马克思主义哲学原理	3	
2*	0002	邓小平理论概论	3	
3*	0003	法律基础与思想道德修养	2	
4*	4729	大学语文	4	
5	0599	素描（三）	3	
6	0674	色彩	3	
7	0675	构成（平面、色彩、立体）	8	
8	0688	设计概论	4	
9	0692	计算机辅助图形设计	4	
10	8917	手绘表现技法	6	
11	8921	建筑装饰制图与识图	4	
12	8362	建筑装修材料	3	
13	8922	建筑装饰工艺	4	
14	8923	建筑装饰预算	4	
15	4490	室内设计原理	5	
16	6086	工程监理	5	
17	8924	装潢设计专题	6	
18	8925	装潢设计课程实习		不计学分
总学分			71	

2. 高等教育自学考试宝石及材料工艺学专业（专科）课程设置与学分

专业代码：A080111

序号	课程代码	课程名称	学分	备注
1*	0001	马克思主义哲学原理	3	
2*	0002	邓小平理论概论	3	
3*	0003	法律基础与思想道德修养	2	
4*	4729	大学语文	4	
5	0018	计算机应用基础	2	
	0019	计算机应用基础（实践）	2	
6*	2126	应用文写作	5	
7	2091	地质学基础	5	
8	8926	结晶学和矿物学	2	
	8927	结晶学和矿物学（实践）	2	
9	8651	应用宝石学	6	
	8928	应用宝石学（实践）	3	
10	8929	首饰设计	4	
	8930	首饰设计（实践）	2	
11	8931	电脑首饰设计	4	
	8932	电脑首饰设计（实践）	2	
12	8933	首饰制作工艺学	4	
	8934	首饰制作工艺学（实践）	2	
13	8935	珠宝琢型设计及加工	3	
	8936	珠宝琢型设计及加工（实践）	2	
14	8937	珠宝广告与展示	4	
15	8938	珠宝市场营销学	4	
16	8939	珠宝市场调查与研究	4	
总学分			74	

关于辽宁省申请开考高等教育自学考试民航管理与服务（专科）等专业的复函

考委办函［2008］24 号

辽宁省高中等教育招生考试委员会办公室：

你办《关于辽宁省高等教育自学考试申请备案开考民航管理与服务（专科）和市场营销（中药营销方向）（专科）专业的报告》（辽招考办字［2008］23 号）收悉，函复如下：

一、同意你省备案开考高等教育自学考试民航管理与服务专业（专科）和市场营销（中药营销方向）专业（专科）两个专业，请严格执行考委办函［2006］10 号和《高等教育自学考试专业目录与专业基本规范》等文件的规定。我办对报送的专业赋予了专业代码和课程代码（见附件）。

二、为保证质量标准，开考计划中凡课程名称、学分与全国统考课程相同者（附件中序号标注“*”号），均须使用全国考委组编的课程自学考试大纲、教材，参加全国统一命题考试。

三、同意你省遴选沈阳航空工业学院为民航管理与服务专业（专科）、辽宁中医药大学为市场营销（中药营销方向）专业（专科）的主考学校。请充分发挥主考学校的作用，切实贯彻“教考职责分离”的原则，加强省考课程的课程自学考试大纲、教材建设和实践性环节考核等工作，切实保证质量。

附件：高等教育自学考试市场营销（中药营销方向）专业（专科）课程设置与学分

全国高等教育自学考试指导委员会办公室
二〇〇八年三月十八日

附件：

高等教育自学考试市场营销（中药营销方向）专业（专科）课程设置与学分

专业代码：A020207

序号	课程代码	课程名称	学分	备注
1*	0001	马克思主义哲学原理	3	
2*	0002	邓小平理论概论	3	
3*	0003	法律基础与思想道德修养	2	
4*	0009	政治经济学（财经类）	6	
5*	4729	大学语文	4	
6*	0018	计算机应用基础	2	
	0019	计算机应用基础（实践）	2	
7*	0020	高等数学（一）	6	
8*	0041	基础会计学	5	
9*	0043	经济法概论（财经类）	4	
10*	0058	市场营销学	5	
11*	0065	国民经济统计概论	6	
12	3190	中医学基础（二）	4	
13*	0178	市场调查与预测	6	
14*	0179	谈判与推销技巧	4	
15	3040	中药鉴定学	7	
16	3042	中药炮制学	3	
总学分			72	

关于新疆维吾尔自治区申请开考高等教育自学考试农村行政管理（专科）专业的复函

考委办函［2008］27号

新疆维吾尔自治区高等教育自学考试委员会办公室：

你办《关于申请开考高等教育自学考试农村行政管理专业（专科）的报告》（新考办［2008］11号）收悉，函复如下：

一、同意你区备案开考高等教育自学考试农村行政管理专业（专科），请严格执行考委办函［2006］138号文件规定。我办对报送的专业赋予了部分课程代码（见附件）。

二、为保证质量标准，开考计划中凡课程名称、学分与全国统考课程相同者（附件中序号标注“＊”号），均须使用全国考委组编的课程自学考试大纲、教材，参加全国统一命题考试。

三、同意你区遴选新疆农业大学为农村行政管理专业（专科）的主考学校。请充分发挥主考学校的作用，切实贯彻“教考职责分离”的原则，加强区考课程的课程自学考试大纲、教材建设和实践性环节考核等工作，切实保证质量。

附件：高等教育自学考试农村行政管理专业（专科）课程设置与学分

全国高等教育自学考试指导委员会办公室
二〇〇八年三月二十一日

附件：

高等教育自学考试农村行政管理专业（专科）课程设置与学分

专业代码：A030317

序号	课程代码	课程名称	学分	备注
1*	0001	马克思主义哲学原理	3	
2*	0002	邓小平理论概论	3	
3*	0003	法律基础与思想道德修养	2	
4	8953	民族理论与宗教政策	3	
5	7492	农村政策法规	4	
6	1442	乡镇行政管理	6	
7	1443	社会主义新农村建设知识讲座	5	
8	8954	实用维语	7	
9	8955	维语听力	5	
10	6766	维语口语	5	
11	1444	农村环境保护	6	
12	4094	管理学基础	6	
13	0119	土地利用规划	5	
14	5220	市场营销学（乡镇）	5	五选一
15	1446	农业综合技术	6	
16	7817	电子政务	6	
17	1445	税收基础	6	
18*	1447	信息技术应用	6	
19	1448	农村管理综合实践	10	
总学分			75	

关于重庆市申请调整高等教育自学考试视觉传达设计（专科）等专业部分课程设置的复函

考委办函［2008］32 号

重庆市高等教育自学考试委员会办公室：

你办《关于调整视觉传达设计（专科）等专业考试计划的请示》（渝考办文［2008］15 号）收悉，函复如下：

高等教育自学考试视觉传达设计专业（专科）、室内设计专业（专科）和视觉传达设计专业（独立本科段）三个专业为考委［1999］29 号、考委办［2000］52 号和考委办函［2005］9 号文件批复你市开考。

同意你办按以下方案进行课程调整设置：

一、视觉传达设计专业（专科）中取消包装结构与包装装潢设计（0715，8 学分）、印刷工艺（0716，4 学分）、计算机辅助图形设计（0692，4 学分）和 POP 与 DM 广告设计（0717，5 学分）4 门课程，增加包装设计（5426，6 学分）、印刷设计（5425，4 学分）和计算机辅助平面设计（8338，5 学分）（含实践 3 学分）3 门课程。该专业调整后，课程门数为 17 门，总学分为 80 学分。

二、室内设计专业（专科）中将建筑设计基础（0707，4 学分）调整为公共室内设计（商业办公）（4585，4 学分）。

三、视觉传达设计专业（独立本科段）中取消视觉传达设计概论（5549，5 学分）和公共环境艺术设计（6223，6 学分）2 门课程，增加装饰设计（5423，4 学分）和展示设计（0711，4 学分）2 门课程。该专业调整后，总学分为 75 学分。

请妥善做好课程调整后相关工作安排，切实保证质量。

全国高等教育自学考试指导委员会办公室
二〇〇八年四月十日

关于江苏省调整高等教育自学考试汉语言文学专业（本科段）选考课程的复函

考委办函［2008］33号

江苏省高等教育自学考试委员会办公室：

你办《关于调整汉语言文学专业（本科段）课程设置的请示》（苏考委办［2008］1号）收悉，函复如下：

同意你省开考的汉语言文学专业（本科段）选考课程“高尔基研究”（课程代码：7039，4学分）调整为“20世纪欧美文学史”（课程代码：8956，4学分）。

此复。

全国高等教育自学考试指导委员会办公室
二〇〇八年四月十日

关于重庆市申请开考高等教育自学考试调查与分析（专科）等专业的复函

考委办函［2008］34号

重庆市高等教育自学考试委员会办公室：

你办《关于开考高等教育自学考试新专业的请示》（渝考办文［2008］20号）收悉，函复如下：

一、同意你市备案开考高等教育自学考试调查与分析专业（专科）和房地产经营与管理专业（独立本科段）两个专业（见附件）。请严格执行考委［2006］2号、考委办函［2005］65号等文件规定。

二、为保证质量标准，开考计划中凡课程名称、学分与全国统考课程相同者（附件中序号标注“*”号），均须使用全国考委组编的课程自学考试大纲、教材，参加全国统一命题考试。

三、同意你市遴选重庆城市管理职业学院为

调查与分析专业（专科）、重庆大学为房地产经营与管理专业（独立本科段）的主考学校。请充分发挥主考学校的作用，切实贯彻“教考职责分离”的原则，加强省考课程的课程自学考试大纲、教材建设和实践性环节考核等工作，切实保证质量。

附件：高等教育自学考试房地产经营与管理专业（独立本科段）课程设置与学分

全国高等教育自学考试指导委员会办公室
二〇〇八年四月十七日

附件：

高等教育自学考试房地产经营与管理专业（独立本科段）课程设置与学分

专业代码：B020224

序号	课程代码	课程名称	学分	备注
1*	0004	毛泽东思想概论	2	
2*	0005	马克思主义政治经济学原理	3	
3*	0015	英语（二）	14	
4*	4183	概率论与数理统计（经管类）	5	
5*	0054	管理学原理	6	
6*	0067	财务管理学	6	
7*	0244	经济法概论	6	
8	0329	城市规划与管理	6	
9	0972	房地产项目评估	6	
10*	2382	管理信息系统	4	
	2383	管理信息系统（实践）	1	
11	2394	房屋建筑学	3	
	2395	房屋建筑学（实践）	1	
12	6569	物业管理实务	4	
	5304	物业管理实务（实践）	3	
13	6570	房地产营销学	4	
	6999	毕业论文		不计学分
总学分			74	
1*	0055	企业会计学	6	免考英语（二）的加考课程
2*	0179	谈判与推销技巧	4	
3*	0182	公共关系学	4	

关于贵州省申请开考高等教育自学考试保险（专科）等专业的复函

考委办函［2008］36号

贵州省高等教育自学考试委员会办公室：

你办《关于我省备案开考高等教育自学考试保险（独立本科段）等九个专业的请示》（黔教考办［2008］01号）收悉，函复如下：

一、同意你省备案开考高等教育自学考试保险专业（专科）、保险专业（独立本科段）、计算机信息管理专业（独立本科段）、酒店管理与导游专业（专科）、软件工程专业（独立本科段）、应用化学专业（分析技术与环境监测方向）（独立本科段）、基础教育专业（中文方向）（独立本科段）、民商法专业（本科段）、道路与桥梁工程（独立本科段）等九个专业，请严格执行教考试［1998］10号、教考试［1998］9号、考委办函［2007］16号、考委办函［2004］52号、考委办函［2007］86号、考委办［2000］52号、考委办函［2006］14号、考委办函［2005］9号等文件规定。我办对报送的部分专业赋予了课程代码（见附件）。

二、为保证质量标准，开考计划中凡课程名称、学分与全国统考课程相同者（附件中序号标注“*”号），均须使用全国考委组编的课程自学考试大纲、教材，参加全国统一命题考试。

三、同意你省遴选贵州广播电视大学为保险专业（专科）和保险专业（独立本科段）、贵州财经学院为计算机信息管理专业（独立本科段）、贵州大学为道路与桥梁工程专业（独立本科段）、贵阳学院为酒店管理与导游专业（专科）、软件工程专业（独立本科段）、应用化学专业（分析技术与环境监测方向）（独立本科段）、基础教育专业（中文方向）（独立本科段）和民商法专业（本科段）的主考学校。请充分发挥主考学校的作用，切实贯彻“教考职责分离”的原则，加强省考课程的课程自学考试大纲、教材建设和实践性环节考核等工作，切实保证质量。

附件：高等教育自学考试民商法专业（本科段）课程设置与学分

全国高等教育自学考试指导委员会办公室
二〇〇八年四月二十八日

附件：

高等教育自学考试民商法专业（本科段）课程设置与学分

专业代码：C030116

序号	课程代码	课程名称	学分	备注
1*	0004	毛泽东思想概论	2	
2*	0005	马克思主义政治经济学原理	3	
3*	0015	英语（二）	14	
4	5557	物权法	5	
5	5558	侵权行为法	5	
6	5559	海商法	5	
7*	0244	经济法概论	6	
8*	0169	房地产法	3	
9	0865	证券法	3	
10*	0257	票据法	3	
11*	0258	保险法	3	
12	8957	法律逻辑	5	
13	5560	破产法	3	
14	6455	社会保障法	5	
15*	0223	中国法制史	5	
16	5561	世界贸易组织法	4	
	6999	毕业论文		不计学分
总学分			74	
1*	0223	中国法制史	5	免考英语（二）的加考课程
2*	0233	税法	3	
3*	0249	国际私法	4	
4*	0262	法律文书写作	3	

关于调整《电子商务网站设计原理》等三门统考课程试卷结构的通知

考委办函［2008］37号

各省、自治区、直辖市高等教育自学考试办公室、解放军自学考试办公室：

根据《关于2008年高等教育自学考试全国统考课程安排及有关事项的通知》（考委办函［2007］32号）要求，全国统考课程《电子商务网站设计原理》（课程代码：0906）、《机械制造》（课程代码：2230）、《工程力学（一）》（课程代码：2159）从2008年10起启用修订后的大纲教材进行考试。根据修订后的大纲要求，为进一步实现课程考核目标，结合近年来各地对这三门课程考试情况的评价反馈，经研究决定，从今年10月考试起，对以上三门课程的试卷结构进行调整，调整后的各门课程试卷结构为：

一、《电子商务网站设计原理》（课程代码：0906）试卷结构：

大题序号	试题类型	小题数量	每小题分数	合计分数
一	单项选择题	20	1	20
二	填空题	10	1	10
三	名词解释题	5	3	15
四	简答题	5	5	25
五	综合题	2	10	20
六	案例分析题	1	10	10
合计		43		100

二、《机械制造》（课程代码：2230）试卷结构

大题序号	试题类型	小题数量	每小题分数	合计分数
一	单项选择题	15	2	30
二	填空题	10（每题2空）	2（每空1分）	20
三	简答题	6	5	30
四	分析计算题	2	10	20
合计		33		100

三、《工程力学（一）》（课程代码：2159）试卷结构

大题序号	试题类型	小题数量	每小题分数	合计分数
一	单项选择题	10（4\6）	2	20
二	填空题	15（7\8）	2	30
三	计算题	5（2\3）	6	30
四	综合题	2（1\1）	10	20
合计		32（14\18）		100（44\56）

注：表中小题数量栏中括号内的数字为理论力学与材料力学各占的题数，其分数比例为44 ：56。

请将以上调整情况及时向社会公布。

全国高等教育自学考试指导委员会办公室
二〇〇八年四月二十九日

抄送：武汉命题中心、西安命题中心

关于印发经济管理类、教育类、艺术类专业委员会及公共课课程指导委员会2008年工作任务及核拨2008年日常活动经费的通知

考委办函［2008］39号

经济管理类、教育类、艺术类专业委员会及公共课课程指导委员会：

根据《全国高等教育自学考试指导委员会专业委员会章程》和2007年全国考委专业委员会主任、秘书长会议精神，现将有关专业委员会2008年工作任务（见附件）印发给你们，并就有关事项通知如下：

一、请有关专业委员会按照我办核定的工作任务做好工作安排。

二、请在做好专项工作的准备后，根据标准上报经费预算，我办核准后拨付相应费用。

三、我办将按照《高等教育自学考试专业委员会经费管理办法》（考委办［2005］1号），核拨有关专业委员会2008年度日常活动经费。请严格按照“办法”规定支出项目和标准列报有关支出。

请有关专业委员会到经费代管单位财务部门核查已下拨的日常活动经费（已拨往所提供的银行账号）。如有问题，请与全国考办财务处（联系人：陈绍君010－82520042）联系。

四、请有关专业委员会做好换届调整后的衔接工作，包括：财务的决算、公章和业务工作的交接。

附件：经济管理类、教育类、艺术类专业委员会及公共课课程指导委员会2008年工作任务表

全国高等教育自学考试指导委员会办公室
二〇〇八年五月五日

附件：

经济管理类、教育类、艺术类专业委员会及公共课课程指导委员会2008年工作任务表

专业委员会	专业考试计划工作任务	大纲及命题质量评估工作任务	教材建设及评估工作任务
经济管理类	1. 完成换届调整工作； 2. 审核各省级考办申报的专业考试计划； 3. 召开本专业委员会年度全体委员会议； 4. 研究全国统一专业考试计划的调整。	1. 重编电子商务概论、电子商务与现代物流、金融理论与实务、银行信贷管理学、审计学、国际商法、涉外经济法、企业管理咨询、经济法概论（财经类）、商业银行业务与经营、企业会计学、政治经济学（财经类）、成本会计、管理会计（一）、电子商务案例分析、金融市场学、货币银行学、基础会计学、企业管理概论、物流企业会计等20门课程大纲。 2. 参与命题质量评估工作。	1. 重编电子商务概论、电子商务与现代物流、金融理论与实务、银行信贷管理学、审计学、国际商法、涉外经济法、企业管理咨询、经济法概论（财经类）、商业银行业务与经营、企业会计学、政治经济学（财经类）、成本会计、管理会计（一）、电子商务案例分析、金融市场学、货币银行学、基础会计学、企业管理概论、物流企业会计等20门课程教材。 2. 对教材建设提出意见，参与教材评估工作。
教育类	1. 完成换届调整工作； 2. 审核各省级考办申报的专业考试计划； 3. 召开本专业委员会年度全体委员会议； 4. 研究全国统一专业考试计划的调整。	参与命题质量评估工作。	
艺术类	1. 完成换届调整工作； 2. 审核各省申报的专业计划； 3. 召开本专业委员会年度全体委员会议； 4. 研究全国统一专业考试计划的调整。		
公共课课程指导委员会	1. 完成换届调整工作； 2. 召开本委员会年度全体委员会议。	参与命题质量评估工作。	对教材建设提出意见，参与教材评估工作。

关于黑龙江省申请开考高等教育自学考试旅游英语（专科）等专业的复函

考委办函［2008］40 号

黑龙江省高等教育自学考试委员会：

你委《关于黑龙江省备案开考高等教育自学考试旅游英语专业的请示》（黑自考委字［2008］6 号）和《关于黑龙江省开考高等教育自学考试商务俄语专业的请示》（黑自考委字［2008］5 号）收悉，函复如下：

一、同意你省备案开考高等教育自学考试旅游英语专业（专科）和旅游英语专业（独立本科段）两个专业，请严格执行考委办函［2006］62 号、考委办函［2007］86 号等文件规定。经全国考委外国语言文学类专业委员会审核，同意你省开考高等教育自学考试商务俄语专业（基础科段）和商务俄语专业（本科段）两个专业。我办对报送的专业赋予了专业代码和课程代码（见附件）。

二、为保证质量标准，开考计划中凡课程名称、学分与全国统考课程相同者（附件中序号标注“*”号），均须使用全国考委组编的课程自学考试大纲、教材，参加全国统一命题考试。

三、同意你省遴选黑龙江大学为旅游英语专业（专科）、旅游英语专业（独立本科段）、商务俄语专业（基础科段）和商务俄语专业（本科段）的主考学校。请充分发挥主考学校的作用，切实贯彻“教考职责分离”的原则，加强省考课程的自学考试大纲、教材建设和实践性环节考核等工作，切实保证质量。

附件：1. 高等教育自学考试旅游英语专业（专科）课程设置与学分
2. 高等教育自学考试旅游英语专业（独立本科段）课程设置与学分
3. 高等教育自学考试商务俄语专业（基础科段）课程设置与学分
4. 高等教育自学考试商务俄语专业（本科段）课程设置与学分

全国高等教育自学考试指导委员会办公室
二〇〇八年五月五日

抄送：全国考委外国语言文学学类专业委员会

附件：

1. 高等教育自学考试旅游英语专业（专科）课程设置与学分

专业代码：A050219

序号	课程代码	课程名称	学分	备注
1*	0001	马克思主义哲学原理	3	
2*	0002	邓小平理论概论	3	
3*	0003	法律基础与思想道德修养	2	
4*	4729	大学语文	4	
5*	0794	综合英语（一）	10	
6*	0795	综合英语（二）	10	
7	8958	BEC 商务英语（一）	6	
8	8959	BEC 商务英语（二）	8	
9	3885	旅游服务礼仪	2	
10	8960	旅游英语听力	4	
11	1524	旅游英语口语	8	
12	5329	导游英语	5	
13	4933	酒店英语（口试）	5	
14	8961	旅游英语函电写作	4	
15	3528	国际旅行社管理	6	
总学分			80	

2. 高等教育自学考试旅游英语专业（独立本科段）课程设置与学分

专业代码：B050222

序号	课程代码	课程名称	学分	备注
1*	0004	泽东思想概论	2	
2*	0005	马克思主义政治经济学原理	3	
3	0840	第二外语（日语）	6	任选一门
	0841	第二外语（法语）	6	
	0842	第二外语（德语）	6	
	0845	第二外语（英语）	6	
	3412	第二外语（韩语）	6	
4	1257	高级英语精读（一）	8	
5	1258	高级英语精读（二）	8	
6	8962	高级旅游英语口语	8	
7	8963	旅游业概论	6	
8	8424	酒店管理	5	
9	3531	国际旅游市场营销	4	
10	8964	旅游英语应用文写作	4	
11	8965	出境旅游英语领队实务	4	
	8966	出境旅游英语领队实务（实践）	2	
12	3690	跨文化交际	3	
13	4940	旅游客源国（地区）概况	4	
14	8967	国际旅游业务模拟	4	
	6999	毕业论文		不计学分
总学分			71	

3. 高等教育自学考试商务俄语专业（基础科段）课程设置与学分

专业代码：C050231

序号	课程代码	课程名称	学分	备注
1*	0001	马克思主义哲学原理	3	
2*	0002	邓小平理论概论	3	
3*	0003	法律基础与思想道德修养	2	
4*	4729	大学语文	4	
5	0613	基础俄语（一）	10	
6	0614	基础俄语（二）	10	
7	8968	俄语基础写作	8	
8	8969	商务俄语阅读（一）	6	
9	8970	初级商务俄语口语	6	
10	8971	商务俄语翻译	4	
	8972	商务俄语翻译（实践）	2	
11	8973	商务俄语国际贸易基础	6	
12	8974	商务俄语听说	6	
13	8975	俄罗斯社会与文化	4	
总学分			74	

4. 高等教育自学考试商务俄语专业（本科段）课程设置与学分

专业代码：C050232

序号	课程代码	课程名称	学分	备注
1*	0004	毛泽东思想概论	2	
2*	0005	马克思主义政治经济学原理	3	
3	0840	第二外语（日语）	6	任选一门
	0841	第二外语（法语）	6	
	0842	第二外语（德语）	6	
	0845	第二外语（英语）	6	
	3412	第二外语（韩语）	6	
4	0617	高级俄语（一）	10	
5	0618	高级俄语（二）	10	
6	8217	市场营销（五）	6	
7	8976	高级商务俄语口语	4	
8	8977	商务俄语阅读（二）	4	
9	8978	商务俄语应用写作	6	
10	8979	商务俄语国际贸易实务	4	
11	8980	商务俄语合同实务	6	
12	8981	商务俄语谈判	4	
	8982	商务俄语谈判（实践）	2	
13	8983	国际商务虚拟运行（俄语）	4	
	6999	毕业论文		不计学分
总学分			71	

关于2009年高等教育自学考试中英合作商务管理专业和金融管理专业全国统考课程考试时间安排的通知

考委办函［2008］43号

各省、自治区、直辖市高等教育自学考试办公室：

现将《2009年高等教育自学考试中英合作商务管理专业和金融管理专业（专科）全国统考课程考试时间安排表》（附件一）、《2009年高等教育自学考试商务管理专业和金融管理专业（本科段）全国统考课程考试时间安排表》（附件二）发给你们。

根据考委办函［2007］93号文件的规定，从2009年起，商务管理专业和金融管理专业（本科段）中的风险管理（课程代码0086）调整为省级命题课程，不再安排全国统一考试。

中英合作商务管理专业和金融管理专业（专科）试卷申报方法不变，仍提供考试试卷；商务管理专业和金融管理专业（本科段）的考试提供试卷清样，申报的要求和方法与高等教育自学考试全国统考课程的申报相同。一月考试课程试卷申报的起止时间为上一年的9月1日至9月30日，七月考试课程试卷申报的起止时间为当年的3月1日至3月31日，一律为在线申报。

特此通知

附件：一、2009年高等教育自学考试中英合作商务管理专业与金融管理专业（专科）全国统考课程考试时间安排表

二、2009年高等教育自学考试商务管理专业与金融管理专业（本科段）全国统考课程考试时间安排表

全国高等教育自学考试指导委员会办公室
二〇〇八年六月二日

附件一：

2009年高等教育自学考试中英合作商务管理专业与金融管理专业（专科）全国统考课程考试时间安排表

时间 专业	1月					
	星期五(1月9日)		星期六(1月10日)		星期日(1月11日)	
	上午 (8:30－11:15)	下午 (14:00－16:45)	上午 (8:30－11:15)	下午 (14:00－16:45)	上午 (8:30－11:15)	下午 (14:00－16:45)
商务管理 (020214)	经济学 (0800)	会计学 (0801)	财务管理 (0803)	数量方法 (0799)	人力资源管理 (二)(0810)	国际贸易实务 (二)(0811)
金融管理 (020116)	经济学 (0800)	会计学 (0801)	财务管理 (0803)	数量方法 (0799)	财务报表分析 (二)(0806)	金融概论 (0807)

时间 专业	7月					
	星期五(7月3日)		星期六(7月4日)		星期日(7月5日)	
	上午 (8:30－11:15)	下午 (14:00－16:45)	上午 (8:30－11:15)	下午 (14:00－16:45)	上午 (8:30－11:15)	下午 (14:00－16:45)
商务管理 (020214)	商务交流 (0798)	企业组织与环境 (0797)	管理信息技术 (0802)	商务英语 (0796)	商法 (0808)	市场营销(二) (0809)
金融管理 (020116)	商务交流 (0798)	企业组织与环境 (0797)	管理信息技术 (0802)	商务英语 (0796)	金融法(二) (0804)	管理会计(二) (0805)

附件二：

2009年高等教育自学考试商务管理专业与金融管理专业（本科段）全国统考课程考试时间安排表

时间 专业	1 月					
	星期五（1月9日）		星期六（1月10日）		星期日（1月11日）	
	上午 （8:30－11:00）	下午 （14:00－16:30）	上午 （8:30－11:00）	下午 （14:00－16:30）	上午 （8:30－11:00）	下午 （14:00－16:30）
商务管理 （020226）	政府、政策与经济学（0937）	组织行为学（二）（0938）			企业管理咨询 （0154）	电子商务概论 （0896）
金融管理 （020120）	政府、政策与经济学（0937）	组织行为学（二）（0938）	国际财务管理 （0208）		高级财务会计 （0159）	电子商务概论 （0896）

时间 专业	7 月					
	星期五（7月3日）		星期六（7月4日）		星期日（7月5日）	
	上午 （8:30－11:00）	下午 （14:00－16:30）	上午 （8:30－11:00）	下午 （14:00－16:30）	上午 （8:30－11:00）	下午 （14:00－16:30）
商务管理 （020226）	商业伦理导论 （0939）	战略管理教程 （0940）	管理系统中计算机应用（0051）	国际商务管理学 （0947）	市场营销策划 （0184）	国际市场营销学 （二）（0952）
金融管理 （020120）	商业伦理导论 （0939）	战略管理教程 （0940）	管理会计（一） （0157）	公司法律制度研究（0943）	审计学 （0160）	

关于福建省申请备案开考高等教育自学考试软件技术（专科）等五个专业的复函

考委办函[2008]44 号

福建省高等教育自学考试委员会：

你委关于开考高等教育自学考试软件技术等五个专业的报告（闽教自考[2008]22 号）收悉，函复如下：

一、根据全国考委《关于调整高等教育自学考试专科专业审批权试点工作的若干意见》（考委[2005]5 号）精神，同意你省备案开考高等教育自学考试软件技术专业（专科）、航海技术专业（专科）、轮机工程技术专业（专科）、报关与国际货运专业（专科）、国际航运管理专业（专科）等五个专业。我办对报送的专业赋予了专业代码和课程代码（见附件）。

二、为保证质量标准，开考计划中凡课程名称、学分与全国统考课程相同者（附件中序号标注“*”号），均须使用全国考委组编的课程自学考试大纲、教材，参加全国统一命题考试。

三、同意你省遴选福州大学、集美大学为软件技术专业（专科）、集美大学为航海技术专业（专科）和轮机工程技术专业（专科）、厦门海洋职业技术学院为报关与国际货运专业（专科）和国际航运专业（专科）的主考学校。请充分发挥主考学校的作用，切实贯彻“教考职责分离”的原则，加强省考课程的课程自学考试大纲、教材建设和实践性环节考核等工作，切实保证质量。

附件：1. 高等教育自学考试软件技术专业（专科）课程设置与学分
2. 高等教育自学考试航海技术专业（专科）课程设置与学分
3. 高等教育自学考试轮机工程技术专业（专科）课程设置与学分
4. 高等教育自学考试报关与国际货运专业（专科）课程设置与学分
5. 高等教育自学考试国际航运管理专业（专科）课程设置与学分

全国高等教育自学考试指导委员会办公室
二〇〇八年六月三日

附件：

1. 高等教育自学考试软件技术专业（专科）课程设置与学分

专业代码：A080783

序号	课程代码	课程名称	学分	备注
1*	3706	思想道德修养与法律基础	2	
2*	3707	毛泽东思想、邓小平理论和“三个代表”重要思想概论	4	
3*	0018	计算机应用基础	2	
	0019	计算机应用基础（实践）	2	
4	7186	软件技术基础	5	
5	8674	计算机网络基础	4	
6	4001	数据库原理与程序设计	3	
	4002	数据库原理与程序设计（实践）	3	
7 *	2323	操作系统概论	4	
8	8413	数据库原理及应用	3	
	8414	数据库原理及应用（实践）	2	
9	7400	面向对象程序设计（一）	1	
	7401	面向对象程序设计（一）（实践）	4	
10	9042	Web 程序设计	4	
11	9043	C#程序设计	5	
12	9044	SQL Server 实用技术	3	
	9045	SQL Server 实用技术（实践）	4	
13	8558	Java 应用程序设计	6	
14	4693	网页设计	4	
	3841	网页设计（实践）	5	
15	9046	ADO. NET 程序设计（实践）	6	
总学分			76	

2. 高等教育自学考试航海技术专业(专科)课程设置与学分

专业代码:A081732

序号	课程代码	课程名称	学分	备注
1*	3707	毛泽东思想、邓小平理论与“三个代表”重要思想概论	4	
2*	3706	思想道德修养与法律基础	2	
3*	0018	计算机应用基础	2	
	0019	计算机应用基础(实践)	2	
4	9047	航海气象与海洋学	5	
5	9048	航海学	8	
6	9049	船舶值班与避碰	5	
7	9050	船舶结构与设备	5	
8	9051	海上货物运输	5	
9	9052	船舶管理(驾驶部分)	4	
10	9053	航海仪器	4	
11	9054	远洋业务与海商法	4	
12	9055	船舶操纵	4	
13	9056	航海雷达与ARPA	4	
	9057	航海雷达与ARPA(实践)	2	
14	9058	航线设计(实践)	6	
15	9059	GMDSS训练(实践)	6	
总学分			72	

3. 高等教育自学考试轮机工程技术专业(专科)课程设置与学分

专业代码:A081733

序号	课程代码	课程名称	学分	备注
1*	3707	毛泽东思想、邓小平理论与“三个代表”重要思想概论	4	
2*	3706	思想道德修养与法律基础	2	
3*	0018	计算机应用基础	2	
	0019	计算机应用基础(实践)	2	
4	4107	机械制图(三)	5	
5	9017	轮机工程基础(机械部分)	4	
6	9018	轮机工程基础(力学部分)	5	
7	9019	轮机工程材料	4	
8	9020	轮机自动化	5	
9	9021	船舶管理(轮机部分)	4	
10	9022	主推进动力装置	6	
11	9023	船舶辅机	7	
12	9024	船舶电气(一)	7	
13	9025	轮机维护与修理	4	
14	8630	金工实训	5	
15	9026	综合训练(实践)	6	
总学分			72	

4. 高等教育自学考试报关与国际货运专业(专科)课程设置与学分

专业代码:A081734

序号	课程代码	课程名称	学分	备注
1*	3707	毛泽东思想邓小平理论与“三个代表”重要思想概论	4	
2*	3706	思想道德修养与法律基础	2	
3*	0018	计算机应用基础	2	
	0019	计算机应用基础(实践)	2	
4	9027	船舶货运	2	
	9028	船舶货运(实践)	3	
5	7787	会计学原理	5	
6	3992	物流学概论	5	
7	0513	国际贸易实务	6	
8	9029	外贸运输业务与保险	6	
9	9030	集装箱运输业务	5	
10	7788	国际结算	5	
11	9031	报检原理与实务	4	
12	9032	报关原理与实务	4	
13	9033	海关法	4	
14	9034	报关英语(实践)	6	
15	1702	国际商务单证实训(实践)	8	
总学分			73	

5. 高等教育自学考试国际航运管理专业(专科)课程设置与学分

专业代码:A081735

序号	课程代码	课程名称	学分	备注
1*	3707	毛泽东思想邓小平理论与“三个代表”重要思想概论	4	
2*	3706	思想道德修养与法律基础	2	
3*	0018	计算机应用基础	2	
	0019	计算机应用基础(实践)	2	
4	8486	航海概论	5	
5	9035	世界海运地理	4	
6	9027	船舶货运	2	
	9028	船舶货运(实践)	3	
7	3992	物流学概论	5	
8	0513	国际贸易实务	6	
9	9030	集装箱运输业务	5	
10	9036	租船运输业务	6	
11	9037	国际航空货运理论与实务	5	
12	9038	港口业务管理	6	
13	9039	国际航运管理	6	
14	9040	港口设备与装卸工艺(实践)	5	
15	9041	航运英语函电(实践)	6	
总学分			74	

关于四川省申请备案开考高等教育自学考试音乐教育（专科）等专业的复函

考委办函［2008］45 号

四川省教育考试院：

你院《关于我省开考高等教育自学考试数字媒体艺术等六个专业的请示》（川教考院自［2008］第 56 号）收悉，函复如下：

一、同意你省备案开考高等教育自学考试音乐教育专业（专科）、数字媒体艺术专业（独立本科段）、工程造价管理专业（独立本科段）、交通运输专业（民航运输与服务方向）（专科）、乡镇管理专业（专科）、电子技术专业（信息工程技术方向）（专科）等六个专业，请严格执行考委办函［2007］53 号、考委办函［2006］99 号、考委办函［20065］131 号、考委办函［2006］62 号和《高等教育自学考试专业目录与专业基本规范》等文件的规定。我办对报送的专业赋予了部分课程代码（见附件）。

二、为保证质量标准，开考计划中凡课程名称、学分与全国统考课程相同者（附件中序号标注“*”号），均须使用全国考委组编的课程自学考试大纲、教材，参加全国统一命题考试。

三、同意你省遴选四川师范大学为音乐教育专业（专科）、西南科技大学为数字媒体艺术专业（独立本科段）、西南交通大学为工程造价管理专业（独立本科段）、中国民航飞行学院为交通运输专业（民航运输与服务方向）（专科）、四川农业大学为乡镇管理专业（专科）、成都电子科技高等专科学校为电子技术专业（信息工程技术方向）（专科）的主考学校。请充分发挥主考学校的作用，切实贯彻“教考职责分离”的原则，加强省考课程的课程自学考试大纲、教材建设和实践性环节考核等工作，切实保证质量。

附件：1. 高等教育自学考试工程造价管理专业（独立本科段）课程设置与学分

2. 高等教育自学考试交通运输专业（民航运输与服务方向）（专科）课程设置与学分

3. 高等教育自学考试乡镇管理专业（专科）课程设置与学分

4. 高等教育自学考试电子技术专业（信息工程技术方向）（专科）课程设置与学分

全国高等教育自学考试指导委员会办公室

二〇〇八年六月三日

附件：

1. 高等教育自学考试工程造价管理专业（独立本科段）课程设置与学分

专业代码：B082236

序号	课程代码	课程名称	学分	备注
1*	0004	毛泽东思想概论	2	
2*	0005	马克思主义政治经济学原理	3	
3*	0015	英语（二）	14	
4*	4183	概率论与数理统计（经管类）	4	
5*	4184	线性代数（经管类）	5	
6	4624	工程经济学	4	
7	2386	土木工程制图	5	
8	8984	房屋建筑工程概论	4	
9	4228	建设工程工程量清单计价实务	5	
10	6087	建筑工程项目管理	4	
11	6962	工程造价确定与控制	8	
12	0107	建筑工程定额与预算	5	
13	4231	建筑工程合同（含 FIDIC 条款）	6	
14	4232	综合课程设计	8	
	7998	毕业考核		不计学分
总学分			77	
1	3893	工程建设法规	2	免考英语（二）的加考课程
2	8985	装饰工程定额与预算	6	
3	8986	安装工程定额与预算	6	
1	2387	工程测量	2	非土木类专业专科毕业生报考的加考课程
	2388	工程测量（实践）	3	
2	2389	建筑材料	2	
	2390	建筑材料（实践）	1	

2. 高等教育自学考试交通运输专业(民航运输与服务方向)(专科)课程设置与学分

专业代码:A081701

序号	课程代码	课程名称	学分	备注
1*	0001	马克思主义哲学原理	3	
2*	0002	邓小平理论概论	3	
3*	0003	法律基础与思想道德修养	2	
4	4574	民航专业英语	7	
5*	4729	大学语文	4	
6*	0018	计算机应用基础	2	
	0019	计算机应用基础(实践)	2	
7*	0058	市场营销学	5	
8	4570	民用航空法	4	
9	4571	航空服务礼仪概论	4	
10	4573	民航服务心理学	5	
11	5102	民航概论	4	
12	5105	民航货物运输	4	
13	5106	民航旅客运输	6	
14	5122	民航国际结算	5	
15	4569	机场服务概论	6	
16	4567	民航企业管理概论	6	
总学分			72	

3. 高等教育自学考试乡镇管理专业(专科)课程设置与学分

专业代码:A030305

序号	课程代码	课程名称	学分	备注
1*	0001	马克思主义哲学原理	3	
2*	0002	邓小平理论概论	3	
3*	0003	法律基础与思想道德修养	2	
4	4139	应用写作	4	
5	8987	农业信息技术	4	
6	2554	农业政策与法规	4	
7*	0277	行政管理学	6	
8	0332	乡镇经济管理	5	
9	8988	农产品营销学	4	
10	0333	乡镇资源开发与环境保护	4	
11	2558	乡镇土地管理	4	
12	1443	社会主义新农村建设知识讲座	5	
13	8989	茶学概论	6	六选三
	8990	茶学概论(实践)	2	
14	8991	果树学概论	6	
	8992	果树学概论(实践)	2	
15	8993	蔬菜学概论	6	
	8994	蔬菜学概论(实践)	2	
16	3162	林学概论	6	
	8995	林学概论(实践)	2	
17	8996	生态旅游学	6	
	8997	生态旅游学(实践)	2	
18	8998	动物生产新技术与应用	6	
	8999	动物生产新技术与应用(实践)	2	
总学分			70	

4. 高等教育自学考试电子技术专业(信息工程技术方向)(专科)课程设置与学分

专业代码:A080704

序号	课程代码	课程名称	学分	备注
1*	0001	马克思主义哲学原理	3	
2*	0002	邓小平理论概论	3	
3*	0003	法律基础与思想道德修养	2	
4*	0012	英语(一)	7	
5*	0018	计算机应用基础	2	
	0019	计算机应用基础(实践)	2	
6*	0022	高等数学(工专)	7	
7	2344	数字电路	3.5	
	2345	数字电路(实践)	0.5	
8	2348	电子测量	4	
	9000	电子测量(实践)	1	
9	9013	低频电子线路	4	
	9014	低频电子线路(实践)	1	
10	2358	单片机原理及应用	4	
	2359	单片机原理及应用(实践)	2	
11	6143	电路基础	6	
12	6145	电磁场、微波与天线	4	
13	6146	有限电视技术与卫星接收	4	
14	2595	高频电子线路	6	
	9015	高频电子线路(实践)	1	
15	9016	移动通信原理与应用	5	
	7998	毕业考核		不计学分
总学分			72	

关于宁夏回族自治区备案开考高等教育自学考试药学与药品营销专业（专科、独立本科段）的复函

考委办函［2008］46 号

宁夏教育考试院：

你院《关于开考高等教育自学考试药学与药品营销（专科、独立本科段）专业的请示》（宁教考院自考［2008］68 号）收悉，函复如下：

一、同意你区备案开考高等教育自学考试药学与药品营销专业（专科、独立本科段）两个专业，请严格执行考委办函［2004］103 号等文件的规定。

二、为保证质量标准，开考计划中凡课程名称、学分与全国统考课程相同者，均须使用全国考委组编的课程自学考试大纲、教材，参加全国统一命题考试。

三、同意你区遴选宁夏医学院为药学与药品营销专业（专科、独立本科段）的主考学校。请充分发挥主考学校的作用，切实贯彻“教考职责分离”的原则，加强区考课程的课程自学考试大纲、教材建设和实践性环节考核等工作，切实保证质量。

全国高等教育自学考试指导委员会办公室
二○○八年六月十六日

关于上海市申请高等教育自学考试汉语言文学（本科段）等专业有关课程代码的复函

考委办函[2008]47号

上海市高等教育自学考试委员会办公室：

你办《关于上海市高等教育自学考试部分课程申请全国统一代码的请示》（沪教考院自考[2008]10号）收悉。经审核，对所报送的汉语言文学（本科段）等专业中的有关课程赋予了课程代码（见附件），请遵照执行。

此复。

附件：汉语言文学（本科段）等专业有关课程代码表

全国高等教育自学考试指导委员会办公室
二〇〇八年六月二十三日

附件：

汉语言文学（本科段）等专业有关课程代码表

序号	课程代码	课程名称	学分	专业代码	专业名称
1	9071	红楼梦研究	4	C050105	汉语言文学（本科段）
2	9072	宋词研究	4	C050105	
3	9073	唐诗研究	4	C050105	
4	9074	十九世纪俄罗斯文学	4	C050105	
5	9075	英语修辞学	4	C050201	英语语言文学（本科段）
6	9076	日语报刊文选	6	C050208	日语（基础科段）
7	9099	日语翻译（一）	6	C050208	
8	9077	日语词汇学	4	C050202	日语（本科段）
9	9078	商务促销策划	6	A050303	公共关系（专科）
10	9079	旅游与饭店英语	8	A020209	旅游管理（导游方向）（专科）
				A020211	饭店管理（专科）
11	9080	城市旅游学	4	B020210	旅游管理（独立本科段）
	9081	城市旅游学（实践）	2	B020210	
12	9082	旅游会展企业操作实务	2	B020210	
	9083	旅游会展企业操作实务（实践）	2	B020210	
13	9084	旅游英语（实践）	2	B020210	
14	9085	社区发展论	5	A030202	社会工作与管理（专科）
15	9086	品牌策划与管理	4	B050302	广告学（独立本科段）
16	9087	汽车电器与电路分析	2	A081702	汽车运用技术（专科）
	9088	汽车电器与电路分析（实践）	2	A081702	
17	9089	现代汽车电控技术与故障诊断概论	3	A081702	
	9090	现代汽车电控技术与故障诊断概论（实践）	2	A081702	
18	9091	证券经济学	4	B020115	经济学（独立本科段）
19	9092	投资银行学	5	B020115	
20	9093	综合业务	不计学分	B020110	国际贸易（独立本科段）
21	9094	人类与社会	4	B040112	小学教育（独立本科段）
22	9095	科学与技术	4	B040112	
23	9096	汉语通论	4	B040112	
24	9097	数学思想与方法	4	B040112	
25	9098	中国医药史	4	C100802	中药学（本科段）

关于重庆市申请备案开考高等教育自学考试建筑工程专业（专科，检测技术方向）的复函

考委办函［2008］48 号

重庆市高等教育自学考试委员会办公室：

你办《关于备案开考建筑工程检测技术专业（专科）的报告》（渝考办文［2008］38 号）收悉，函复如下：

一、根据全国考委《关于调整高等教育自学考试专科专业审批权试点工作的若干意见》（考委［2005］5 号）精神，申报的建筑工程检测技术专业（专科）调整为建筑工程专业（专科，检测技术方向），同意你市备案开考。我办对调整后备案的专业赋予了专业代码和课程代码（见附件）。

二、为保证质量标准，开考计划中凡课程名称、学分与全国统考课程相同者（附件中序号标注“*”号），均须使用全国考委组编的课程自学考试大纲、教材，参加全国统一命题考试。

三、同意你市遴选中国人民解放军后勤工程学院为建筑工程专业（专科，检测技术方向）的主考学校。请充分发挥主考学校的作用，切实贯彻“教考职责分离”的原则，加强市考课程的课程自学考试大纲、教材建设和实践性环节考核等工作，切实保证质量。

附件：高等教育自学考试建筑工程专业（专科，检测技术方向）课程设置与学分

全国高等教育自学考试指导委员会办公室
二〇〇八年六月二十三日

抄送：土木水利矿业环境类专业委员会

附件：

高等教育自学考试建筑工程专业（专科，检测技术方向）课程设置与学分

专业代码：A080828

序号	课程代码	课程名称	学分	备注
1*	0001	马克思主义哲学原理	3	
2*	0002	邓小平理论概论	3	
3*	0003	法律基础与思想道德修养	2	
4*	4729	大学语文	4	
5*	0022	高等数学（工专）	7	
6*	0018	计算机应用基础	2	
	0019	计算机应用基础（实践）	2	
7	4617	房屋建筑构造与识图	5	
8	6393	土木工程概论	4	
9*	2387	工程测量	2	
	2388	工程测量（实践）	3	
10	6606	工程力学（三）	5	
11*	2396	混凝土及砌体结构	6	
	2397	混凝土及砌体结构（实践）	1	
12	9060	建筑工程结构无损检测技术	3	
13	9061	检测机构内务管理及认证	3	
14	9062	混凝土及砌体结构检测技术	4	证书考试课程
	9063	混凝土及砌体结构检测技术（实践）	4	
15	9064	建筑材料及检测技术	4	
	9065	建筑材料及检测技术（实践）	5	
16	9066	室内空气质量检测	2	
	9067	室内空气质量检测（实践）	2	
	7998	毕业考核		不计学分
总学分			76	

关于江苏省申请备案开考高等教育自学考试韩国语专业（基础科段、本科段）的复函

考委办函［2008］49号

江苏省高等教育自学考试委员会办公室：

你办《关于申请开设高等教育自学考试韩国语专业的请示》（苏考委办［2008］2号）收悉，函复如下：

一、同意你省备案开考高等教育自学考试韩国语专业（基础科段、本科段），请严格执行考委办函［2006］97号等文件的规定。我办对报送的专业赋予了部分课程代码（见附件）。

二、为保证质量标准，开考计划中凡课程名称、学分与全国统考课程相同者（附件中序号标注“*”号），均须使用全国考委组编的课程自学考试大纲、教材，参加全国统一命题考试。

三、同意你省遴选盐城师范学院为韩国语专业（基础科段、本科段）的主考学校。请充分发挥主考学校的作用，切实贯彻“教考职责分离”的原则，加强省考课程的课程自学考试大纲、教材建设和实践性环节考核等工作，切实保证质量。

附件：1. 高等教育自学考试韩国语专业（基础科段）课程设置与学分

2. 高等教育自学考试韩国语专业（本科段）课程设置与学分

全国高等教育自学考试指导委员会办公室

二〇〇八年六月二十三日

附件：

1. 高等教育自学考试韩国语专业（基础科段）课程设置与学分

专业代码：C050224

序号	课程代码	课程名称	学分	备注
1*	0001	马克思主义哲学原理	3	
2*	0002	邓小平理论概论	3	
3*	0003	法律基础与思想道德修养	2	
4*	4729	大学语文	4	
5	0018	计算机应用基础	2	
	0019	计算机应用基础（实践）	2	
6	1104	初级韩国语	9	
7	1105	中级韩国语（一）	5	
8	1143	中级韩国语（二）	4	
9	1106	韩国语会话	10	
10	1107	韩国语听力	8	
11	1108	翻译（汉韩互译）（一）	8	
12	1109	韩国语语法	8	
13	1110	韩国概况	6	
14	1113	韩国语阅读	6	
15	9068	韩国企业文化	2	
总学分			82	

2．高等教育自学考试韩国语专业（本科段）课程设置与学分

专业代码：C050223

序号	课程代码	课程名称	学分	备注
1*	0004	毛泽东思想概论	2	
2*	0005	马克思主义政治经济学原理	3	
3	0840	第二外语（日语）	6	二选一
	0845	第二外语（英语）	6	
4	1111	高级韩国语	8	
5	1112	韩国语概论	8	
6	1113	韩国语阅读	6	
7	0090	国际贸易实务（一）	6	
8	1115	韩国文学史与文学作品选读	8	
9	1116	口译与听力（韩）	8	
10	1117	韩国语写作	8	
11	1118	翻译（汉韩互译）（二）	8	
12	9069	应用韩国语	4	
13	9070	韩国语词汇学	4	
	6999	毕业论文		不计学分
总学分			79	

关于河南省申请备案开考高等教育自学考试计算机网络（独立本科段）等专业的复函

考委办函［2008］51号

河南省高等教育自学考试委员会：

你委《关于申请计算机网络等10个已开考专业备案的请示》（豫考委［2008］3号）收悉，函复如下：

一、同意你省备案开考高等教育自学考试计算机网络专业（独立本科段）、护理学专业（独立本科段）、计算机及应用专业（独立本科段）、小学教育专业（独立本科段）、数学教育专业（独立本科段）、物理教育专业（独立本科段）、英语教育专业（独立本科段）、地理教育专业（独立本科段）、化学工程专业（独立本科段）、教育管理专业（专科）、人力资源管理专业（专科）等11个专业，请严格执行教考试［1998］9号、考委［2000］1号、考委［2004］1号、考委办函［2003］77号和《高等教育自学考试专业目录与专业基本规范》等文件的规定。

二、为保证质量标准，开考计划中凡课程名称、学分与全国统考课程相同者，均须使用全国考委组编的课程自学考试大纲、教材，参加全国统一命题考试。

三、同意你省遴选解放军信息工程大学为计算机网络专业（独立本科段）、郑州大学为护理学专业（独立本科段）和化学工程专业（独立本科段）、河南教育学院为数学教育专业（独立本科段）、物理教育专业（独立本科段）、英语教育专业（独立本科段）和地理教育专业（独立本科段）、河南科技大学为计算机及应用专业（独立本科段）、河南师范大学为小学教育专业（独立本科段）、河南大学为教育管理专业（专科）、河南财经学院为人力资源管理专业（专科）的主考学校。请充分发挥主考学校的作用，切实贯彻“教考职责分离”的原则，加强省考课程的课程自学考试大纲、教材建设和实践性环节考核等工作，切实保证质量。

四、今后请进一步加强专业管理工作，严格执行《高等教育自学考试开考专业管理办法》等有关文件的规定，按规定程序申报专业。

全国高等教育自学考试指导委员会办公室
二〇〇八年六月二十七日

关于山西省申请备案开考高等教育自学考试餐饮管理（专科）等专业的复函

考委办函［2008］52号

山西省招生考试管理中心：

你中心《关于高等教育自学考试专业备案的报告》（晋招考自字［2008］10号）收悉，函复如下：

一、同意你省备案开考高等教育自学考试餐饮管理专业（专科、独立本科段）、电力市场营销专业（专科）、计算机通信工程专业（独立本科段）、邮电管理工程专业（独立本科段）、监所管理专业（独立本科段）、小学教育专业（独立本科段）、社会学专业（独立本科段）、社会工作与管理（独立本科段）等9个专业，请严格执行考委［2003］2号、考委办［2004］114号、考委［1998］6号、考委［2001］6号、考委［2004］1号和《高等教育自学考试专业目录与专业基本规范》等文件的规定。

二、为保证质量标准，开考计划中凡课程名称、学分与全国统考课程相同者，均须使用全国考委组编的课程自学考试大纲、教材，参加全国统一命题考试。

三、同意你省遴选太原师范学院为餐饮管理专业（专科、独立本科段）和小学教育专业（独立本科段）、山西大学为电力市场营销专业（专科）和社会学专业（独立本科段）、北京邮电大学为计算机通信工程专业（独立本科段）和邮电管理工程专业（独立本科段）、中央司法警官学院为监所管理专业（独立本科段）、山西财经大学为社会工作与管理专业（独立本科段）的主考学校。请充分发挥主考学校的作用，切实贯彻“教考职责分离”的原则，加强省考课程的课程自学考试大纲、教材建设和实践性环节考核等工作，切实保证质量。

四、今后请进一步加强专业管理工作，严格执行《高等教育自学考试开考专业管理办法》等有关文件的规定，按规定程序申报专业。

全国高等教育自学考试指导委员会办公室
二〇〇八年六月二十七日

关于调整全国统考课程《英语国家概况自学考试大纲》的考核目标的通知

考委办函［2008］53号

各省、自治区、直辖市高等教育自学考试办公室、解放军自学考试办公室：

高等教育自学考试《英语国家概况》（2005版）自学考试大纲修订试行以来，考生及有关方面反映意见较多，认为现行大纲中的个别考核目标不够明确，容易对大纲考核目标的理解产生疑义。经组织全国考委外语类专业委员会研究论证，全国考办决定对现行考核目标进行调整。调整后的大纲考核目标以章节形式出现。现将调整后大纲考核目标印发给你们，请及时向社会公布。

调整后的《英语国家概况自学考试大纲》将于2009年4月考试试行。

附件：《英语国家概况自学考试大纲》的考核目标

全国高等教育自学考试指导委员会办公室
二〇〇八年七月八日

附件：

《英语国家概况自学考试大纲》的考核目标

Part One The United Kingdom of Great Britain and Northern Ireland

Chapter 1 Land and People

I. Different Names for Britain and its Parts

Chapter 2 The Origins of a Nation

I. Early Settlers

3. The Celts

II. Roman Britain

III. The Anglo – Saxons

Ⅳ. The Viking and Danish Invasions

V. The Norman Conquest

Chapter 3 The Shaping of the Nation

Ⅰ. Norman Rule

1. William's Rule

Ⅱ. The Great Charter and the Beginning of Parliament

1. The Great Charter

Ⅲ. The Hundred Years' War with France

Ⅳ. The Black Death and the Peasant Uprising

Chapter 4 Transition to the Modern Age

Ⅰ. Transition to the Modern Age

Ⅱ. The English Reformation

Ⅲ. Elizabeth I

1. Elizabeth and Parliament

2. Elizabeth's Religious Reform

3. Elizabeth's Foreign Policy

Ⅳ. The English Renaissance

VII. The Civil Wars

VIII. The Commonwealth

IX. The Restoration and the Glorious Revolution of 1688

Chapter 5　The Rise and Fall of the British Empire

Ⅰ. Whigs and Tories

Ⅱ. Agricultural Changes in the Late 18th Century

Ⅲ. The Industrial Revolution

Ⅳ. The Chartist Movement

VII. Twentieth Century

1. Britain and the First World War

3. Britain and the Second World War

4. Postwar Britain

Chapter 7　Government and Administration

Ⅰ. The Monarchy

Ⅱ. Parliament

1. The House of Lords

2. The House of Commons

Ⅲ. The Cabinet and Ministry

Ⅳ. The Privy Council

Chapter 8　Justice and the Law

IV. The Judiciary

V. Police

Chapter 9　Social Affairs

Ⅰ. Health and Social Services

1. The National Health Service

Ⅲ. Religion

1. Established churches

Ⅳ. Festivals and Public Holidays

1. Christian festivals

2. Other festivals

3. Public holidays

Chapter 10　Cultural Affairs

Ⅰ. Education

3. Higher education

Ⅱ. The Media

1. Newspapers

Ⅲ. Sports

Ⅳ. The Arts

3. Drama

Part Two　The Republic of Ireland

Chapter 11　Geography and History

I. Geographical Features

II. Climate and Weather

III. Population and Religion

IV. Historical background

Part Three　The United States of America

Chapter 14　Population, Race and Ethnic Groups

I. Introduction

IV. Racial and Ethnic Minorities

1. Blacks

Chapter 15　American History (I)

Ⅰ. Discovery of the New World

Ⅱ. The Colonial Period

Ⅲ. The War of Independence

Ⅳ. A New Form of Government

Ⅵ. Territorial Expansion and Westward Movement

Ⅶ. The Civil War

Ⅷ. Rapid Growth of Capitalism after the Civil War

Chapter 16　American History (II)

Ⅰ. Economic Development

Ⅱ. Progressivism

Ⅲ. World War I and the United States

Ⅳ. The United States in the 1920s

Ⅴ. The Great Depression and the New Deal

Ⅵ. World War II and the United States

Chapter 17 American History (III)

Ⅰ. The Origins of the Cold War

Ⅱ. The Truman Doctrine and the Marshall Plan

V. McCarthyism

VII. American Society During the Postwar Boom: 1945—1960s

VIII. The Cuban Missile Crisis

IX. The Vietnam War

X. United States' Relations with China

XII. Watergate Scandal

Chapter 18 The Economy

(Two paragraphs)

Ⅰ. The Economic System of the United States

V. Foreign Trade

VI. Problems in the U. S. Economy

Chapter 19 Political Institutions

Ⅰ. The U. S. Constitution

1. The Federal system

2. Separation of powers: checks and balances

3. Provisions for amendment

Ⅱ. The Executive Branch

1. The Presidency

2. Presidential Powers

Ⅲ. The Legislative Branch

2. Powers of the House and Senate

3. Officers of the Congress

4. Functions of the Congress

Ⅴ. Political Parties (two – party system)

Chapter 20 Education

Ⅰ. Characteristics of American Education

Ⅱ. Elementary and Secondary Education

Ⅲ. Higher Education

Ⅴ. Education Reforms

Chapter 21 Literature, Architecture and Music

Ⅰ. American Literature

1. Washington Irving

2. Emerson and Hawthorne

3. Mark Twain

4. Whitman and Dickinson

5. Theodore Dreiser

6. T. S. Eliot

7. Ernest Hemingway

8. Hughes and Wright

Chapter 22 Holidays and Festivals

Ⅰ. New Year's Day

IV. Valentine's Day

VI. Easter Day

VIII. Independence Day

IX. Halloween

XI. Thanksgiving Day

XII. Christmas Day

Part Four Canada

Chapter 23 Geography and History

Ⅰ. Geographic Features

4. Geographic regions

Ⅱ. The making of Canada

1. The European discovery

3. Self – government and Confederation

4. The Canadian nation

Chapter 26 Society and Culture

I. Canadian Society

1. Population

2. Immigration

3. Bilingualism

4. Multiculturalism

Part Five Australia

Chapter 27 Land and people

Ⅰ. The Geographical Structure

1. The Great Western Plateau

2. The Eastern Highlands

3. The Central Eastern Lowlands

Ⅱ. Climate

3. Causes and effects of the hot and dry climate

Ⅳ. People

1. Population

2. Population density and distribution

Ⅴ. Australia's Built Environment

1. Sprawling cities

2. Rural areas

Ⅵ. Political Divisions

1. New South Wales

2. Victoria

3. Queensland

4. South Australia

5. West Australia

6. Tasmania

Chapter 32　Society and Culture

IV. Australian Culture

1. Aboriginal culture

2. Modern Australian culture

Part Six　New Zealand

Chapter 33　The Making of New Zealand

Ⅰ. Geography

Ⅱ. Climate

Ⅲ. Plants and Animals

Ⅳ. Historical Background

2. The Treaty of Waitangi 1840

VI. Maoritanga

5. Race relations

关于调整全国统考课程《英美文学选读自学考试大纲》的考核知识点与考核要求的通知

考委办函［2008］54号

各省、自治区、直辖市高等教育自学考试办公室、解放军自学考试办公室：

经组织全国考委外语类专业委员会研究论证，全国考办决定对《英美文学选读自学考试大纲》的考核知识点与考核要求作部分调整。现将调整意见印发给你们，请及时向社会公布。

调整后的《英美文学选读自学考试大纲》将于2009年4月考试试行。

附件：《英美文学选读自学考试大纲》的考核知识点与考核要求

全国高等教育自学考试指导委员会办公室
二〇〇八年七月八日

附件：

《英美文学选读自学考试大纲》的考核知识点与考核要求

一、关于考核知识点的调整

考核知识点中的各章概述内容仍为考核内容；对知识点中的作家只保留对如下主要作家的考核。

英国文学：

Chapter 1　III. William Shakespeare
　VI. John Milton

Chapter 2　III. Daniel Defoe
　IV. Jonathan Swift
　V. Henry Fielding

Chapter 3　I. William Blake
　II. William Wordsworth
　V. Percy Bysshe Shelley
　VII. Jane Austen

Chapter 4　I. Charles Dickens
　II. Charlotte Bronte
　VI. Thomas Hardy

Chapter 5　I. George Bernard Shaw
　IV. T. S. Eliot
　V. D. H. Lawrence

美国文学：

Chapter 1　III. Nathaniel Hawthorne
　IV. Walt Whitman
　V. Herman Melville

Chapter 2　I. Mark Twain
　II. Henry James
　III. Emily Dickinson
　IV. Theodore Dreiser

Chapter 3　II. Robert Lee Frost
　IV. F. Scott Fitzgerald
　V. Ernest Hemingway
　VI. William Faulkner

二、关于考核要求的调整

考核要求中每章概述内容不作调整；“该时期的重要作家”只包含对考核知识点中保留的重要作家的相关内容的考核。

关于辽宁省申请备案开考高等教育自学考试国际经济与贸易（独立本科段）等专业的复函

考委办函［2008］55号

辽宁省高等教育自学考试委员会办公室：

你办《关于辽宁省高等教育自学考试申请备案开考国际经济与贸易（独立本科段）专业的请示》（辽招考办字［2008］86号）和《关于辽宁省高等教育自学考试备案开考应用化学（独立本科段）、过程装备与控制工程专业（独立本科段）、化学工程与工艺专业（独立本科段）、自动化专业（独立本科段）等专业的请示》（辽招考办字［2008］93号）收悉，函复如下：

一、同意你省备案开考高等教育自学考试国际经济与贸易专业（独立本科段）、应用化学专业（独立本科段）、过程装备与控制工程专业（独立本科段）、化学工程与工艺专业（独立本科段）、自动化专业（独立本科段）等五个专业，请严格执行考委办函［2007］86号、考委办函［2005］174号、考委办函［2006］62号等文件的规定。我办对报送的专业赋予了部分课程代码（见附件）。

二、为保证质量标准，开考计划中凡课程名称、学分与全国统考课程相同者（附件中序号标注“*”号），均须使用全国考委组编的课程自学考试大纲、教材，参加全国统一命题考试。

三、同意你省遴选辽东学院、辽宁对外经贸学院为国际经济与贸易专业（独立本科段）、辽宁石油化工大学为应用化学专业（独立本科段）和自动化专业（独立本科段）、辽宁石油化工大学、沈阳工业大学为过程装备与控制工程专业（独立本科段）和化学工程与工艺专业（独立本科段）的主考学校。请充分发挥主考学校的作用，切实贯彻“教考职责分离”的原则，加强省考课程的课程自学考试大纲、教材建设和实践性环节考核等工作，切实保证质量。

附件：1. 高等教育自学考试国际经济与贸易专业（独立本科段）课程设置与学分

2. 高等教育自学考试应用化学专业（独立本科段）课程设置与学分

3. 高等教育自学考试过程装备与控制工程专业（独立本科段）课程设置与学分

4. 高等教育自学考试化学工程与工艺专业（独立本科段）课程设置与学分

5. 高等教育自学考试自动化专业（独立本科段）课程设置与学分

全国高等教育自学考试指导委员会办公室

二〇〇八年七月一日

附件：

1．高等教育自学考试国际经济与贸易专业（独立本科段）课程设置与学分

专业代码：B020173

序号	课程代码	课程名称	学分	备注
1*	0004	毛泽东思想概论	2	
2*	0005	马克思主义政治经济学原理	3	
3*	0015	英语（二）	14	
4	4811	宏观经济学	6	
5	3686	国际经济学	5	
6	5296	国际经济合作	5	
7	3687	WTO与国际经贸惯例	4	
8	0947	国际商务管理学	7	
9	5844	国际商务英语	6	
10	8201	制单结汇与报关实务	6	
11	7797	电子商务	6	
12*	0100	国际运输与保险	6	
13	9100	ERP（企业信息系统）	3	
	6999	毕业论文		不计学分
总学分			73	

2．高等教育自学考试应用化学专业（独立本科段）课程设置与学分

专业代码：B081209

序号	课程代码	课程名称	学分	备注
1*	0004	毛泽东思想概论	2	
2*	0005	马克思主义政治经济学原理	3	
3*	0015	英语（二）	14	
4*	0018	计算机应用基础	2	
	0019	计算机应用基础（实践）	2	
5*	2197	概率论与数理统计（二）	3	
6	2484	仪器分析（二）	3	
	8823	仪器分析（二）（实践）	1	
7	2066	有机化学（二）	4	
	2067	有机化学（二）（实践）	1	
8	2051	物理化学（二）	6	
	2052	物理化学（二）（实践）	4	
9	3146	化工原理（二）	5	
	3147	化工原理（二）（实践）	1	
10	3473	精细有机合成	5	
	8824	精细有机合成（实践）	1	
11	8825	表面活性剂化学	3	
12	8826	助剂化学及工艺学	3	
13	9101	气相色谱	2	
	9102	气相色谱（实践）	2	
14	9103	油品分析	3	
	9104	油品分析（实践）	1	
	7999	毕业设计		不计学分
总学分			71	

3. 高等教育自学考试过程装备与控制工程专业（独立本科段）课程设置与学分

专业代码：B080342

序号	课程代码	课程名称	学分	备注
1*	0004	毛泽东思想概论	2	
2*	0005	马克思主义政治经济学原理	3	
3*	0015	英语（二）	14	
4*	2197	概率论与数理统计（二）	3	
5*	0018	计算机应用基础	2	
	0019	计算机应用基础（实践）	2	
6	9105	过程设备力学基础	3	
	9106	过程设备力学基础（实践）	3	
7	1666	金属工艺学	6	
8*	9107	化工机械设计基础	4	
	9108	化工机械设计基础（实践）	2	
9	9109	过程原理与设备	3	
	9110	过程原理与设备（实践）	2	
10	8834	过程设备设计	4	
	9111	过程设备设计（实践）	1	
11	8835	过程流体机械	3	
	8836	过程流体机械（实践）	1	
12	8837	过程装备制造技术	3	
	8838	过程装备制造技术（实践）	2	
13	8839	过程装备控制技术及应用	3	
	9112	过程装备控制技术及应用（实践）	2	
14	9113	化工设备管理	2	
	9114	化工设备管理（实践）	2	
	7999	毕业设计		不计学分
总学分			72	

4．高等教育自学考试化学工程与工艺专业（独立本科段）课程设置与学分

专业代码：B081205

序号	课程代码	课程名称	学分	备注
1*	0004	毛泽东思想概论	2	
2*	0005	马克思主义政治经济学原理	3	
3*	0015	英语（二）	14	
4*	2197	概率论与数理统计（二）	3	
5*	0018	计算机应用基础	2	
	0019	计算机应用基础（实践）	2	
6	3146	化工原理（二）	5	
	3147	化工原理（二）（实践）	1	
7	5737	基础化学	5	
	5738	基础化学（实践）	1	
8	8840	绿色化学概论	5	
9	9115	化工仿真实验	4	
10	2489	化工设计概论	4	
11	6041	化工工艺学	4	
	4889	化工工艺学（实践）	1	
12	9116	石油加工工程	4	
	9117	石油加工工程（实践）	3	
13	9118	精细化学品合成原理	3	
	9119	精细化学品合成原理（实践）	3	
14	4882	化工安全生产与管理	3	
	7999	毕业设计		不计学分
总学分			72	

5. 高等教育自学考试自动化专业（独立本科段）课程设置与学分

专业代码：B080613

序号	课程代码	课程名称	学分	备注
1*	0004	毛泽东思想概论	2	
2*	0005	马克思主义政治经济学原理	3	
3*	0015	英语（二）	14	
4	8172	电子实习与课程设计（实践）	2	
5	4737	C++程序设计	3	
	4738	C++程序设计（实践）	2	
6	2652	自动控制原理	4	
7	7961	工程数学（一）	5	
8	9120	现代控制理论基础	3	
9	1644	单片机原理与接口技术	4	
	1645	单片机原理与接口技术（实践）	2	
10	7454	传感器技术与应用	4	
	9121	传感器技术与应用（实践）	1	
11	2308	电力电子变流技术	3	
	2309	电力电子变流技术（实践）	1	
12	8175	智能控制导论	3	
13	9122	电气控制及 PLC 技术	2	
	9123	电气控制及 PLC 技术（实践）	2	
14	8173	过程控制工程	4	
	8174	过程控制工程（实践）	2	
15	9124	DSC 机现场总线技术	3	
	9125	DSC 机现场总线技术（实践）	1	
	7999	毕业设计		不计学分
总学分			70	

关于北京市申请调整高等教育自学考试广告学（独立本科段）等专业课程设置的复函

考委办函［2008］56号

北京市高等教育自学考试委员会办公室：

你办《关于调整北京市高等教育自学考试广告学专业（独立本科段）考试计划的请示》和《关于申请北京市高等教育自学考试网络技术应用专业（专科）课程代码的请示》收悉，函复如下：

一、同意你市高等教育自学考试广告学专业（独立本科段）中，将“现代管理学”（课程代码0107，6学分）由必考课程调整为选考课程，“广告摄像与摄影”（课程代码7334，4学分）（含实践）由选考课程调整为必考课程，增加“网页广告设计”（课程代码9126，5学分）为选考课程。

二、同意你市高等教育自学考试网络技术应用专业（专科）中，将“网页设计与制作”（课程代码0900，2学分）（含实践）调整为“网站设计与开发”（课程代码9127，5学分）。

此复。

全国高等教育自学考试指导委员会办公室
二〇〇八年七月一日

关于第三届全国自学成才奖励基金优秀自考生评选情况的通报

考委办函［2008］60 号

各省、自治区、直辖市教育考试院（局、中心）、高等教育自学考试委员会办公室，解放军自学考试办公室：

根据我办“关于开展第三届全国自学成才奖励基金优秀自考生评选活动的通知”（考委办函［2007］115 号）要求，各地积极响应，认真组织，共上报 210 名优秀自考生候选人名单。我办组织有关省市的同志和专家对考生材料进行了评审。初步评出“全国十佳自考生”10 名（附件一）、“全国优秀自考生”165 名（附件三）。根据各地所报材料情况，考虑部分优秀自考生的学习或工作的某一方面事迹比较突出，决定增加评选“单项优秀自考生”35 名（附件二）。

请各地对获奖自考生名单进行认真核实并上网公示，确认后于 8 月底前将公示和核实的结果报我办，我办将报全国考委批准，并在《高等教育自学考试暂行条例》颁布 20 周年纪念大会上予以表彰。我办将根据获奖自考生的感人事迹组织编撰《学习改变命运》（第三辑），请各地组织力量重点对“全国十佳自考生”、“单项优秀自考生”事迹材料进行整理和挖掘（具体要求见附件四），同时开展对获奖自考生的宣传活动。

各地有何意见和建议，请及时与我办综合处联系。

联系人：刘素娟　张志刚

电话：010－82520097　010－82520095

邮箱：liusj@ mail. neea. edu. cn；
zhangzg@ mail. neea. edu. cn

附件：一、第三届全国自学成才奖励基金全国十佳自考生名单
二、第三届全国自学成才奖励基金单项优秀自考生名单
三、第三届全国自学成才奖励基金优秀自考生名单
四、《学习改变命运（第三辑）》征稿函

全国高等教育自学考试指导委员会办公室
二〇〇八年七月十一日

附件一：

第三届全国自学成才奖励基金全国十佳自考生名单（10人）

王振敏（女，天津）、杨晓宇（辽宁）、张晓玲（女，山东）、尹波（安徽）、肖中兵（福建）、颜晓华（湖北）、帅育强（重庆）、扎西桑珠（西藏）、周晶（甘肃）、梁建国（解放军）

附件二：

第三届全国自学成才奖励基金单项优秀自考生名单（35人）

1. 励志成才单项奖（6人）

张国庆（辽宁）、荆锐（黑龙江）、王军平（甘肃）、刘传才（辽宁）、汤莹莹（女，云南）、刘汉章（解放军）

2. 学以致用单项奖（7人）

廖土生（浙江）、邱驷（重庆）、马莉（青海）、张学良（宁夏）、魏新峰（陕西）、杨艳丽（女，甘肃）、陈松波（广东）

3. 博学多才单项奖（3人）

王政清（吉林）、康小屏（女，山西）、孙权（新疆）

4. 知识致富单项奖（4人）

陈昌灶（福建）、张文泽（内蒙）、吴龙江（江苏）、穆红元（山西）

5. 高尚品德单项奖（3人）

董海平（江苏）、韦兴华（女，广西）、王炜（湖北）

6. 自强不息单项奖（4人）

李秀华（女，内蒙）、姚永红（女，四川）、徐其军（江苏）、曲继玲（女，北京）

7. 身残志坚单项奖（3人）

石红（女，江西）、王春岩（甘肃）、朱露露（女，四川）

8. 终身学习单项奖（2人）

蒋三春（湖南，83岁，贵州）、屈景荣（女，贵州）

9. 学习创新单项奖（3人）

罗行简（河南）、海尔古丽·沙吾提（女，新疆）、王军锋（河北）

附件三：

第三届全国自学成才奖励基金优秀自考生名单（165 人）

北京市　4 人
郭景书（女）　闫现玲（女）　于雷鸣
刘振凤（女）
天津市　4 人
王仲民　肖霖骏（女）　陈武明
袁庆东（女）
河北省　9 人
冉蕾（女）　梁传强　刘菊香（女）
梁海滨　王欢（女）　冯　雷　韩晓杰
张　雷　肖　彬
山西省　5 人
王永军　胡智荣　冀丽芳（女）　王永清
冯雷珺（女）
内蒙古自治区　3 人
杨喜明　高倩（女）　葛振斌
辽宁省　3 人
谭喜龙　闻秀颖（女）　宋钰婷（女）
吉林省　4 人
施　锐　吴连甲　杨宗波　赵　飞
黑龙江省　4 人
孔令佳（女）　王宝　冯春娇（女）
周忠友
上海市　5 人
刘从伟　吴涛　王凤丽（女）　邱　铭　朱　俊
江苏省　5 人
朱仁威　瞿生林　陆　乐　李全侠（女）
蒋　华
浙江省　7 人
秦味泽　蔡祖红　金福兴　金志瑛（女）
陈燕萍（女）　郑红星　吴建民
安徽省　3 人
崔国发　王晓庆　孟　成
福建省　4 人
周万平　赖玲珠　张德业　刘玉树
江西省　7 人
梁斌彬　李凡（女）　李思文（女）
徐昕宏　郭俊香（女）　李娜（女）
曾磊（女）
山东省　10 人
郑光泉　周媛（女）　李中华　郝玉玲（女）
许艳（女）　王晓伟（女）　吴立岩
曲晓云（女）　刘　涛　查玲玲（女）
河南省　11 人
张东飞　范丰秋（女）　李鸿雁（女）
舒振　巩桂红（女）　姚爱红（女）
崔岚（女）　刘海燕（女）　孟杰　李新华
赵晓漪（女）
湖北省　14 人
刘依霞（女）　程汤汤（女）　简兴财
周海平　余谨（女）　鲁家珍（女）
皇甫圣君　高颖辉（女）　张自秀（女）
沈昌栋　张岳华　刘歌富　刘月贵　王先宏
湖南省　8 人
罗学慧（女）　陈彩虹（女）　许娟（女）
肖　波　刘　建
汤丽平（女）　张纲（女）　虢建辉
广东省　7 人
祝海林　张艳（女）　蒋文春　王朝辉
周智勇　叶万婷（女）　裴　略
广西壮族自治区　5 人
李键　黄建初　谭　箫　蒋　涛　韦　孝
海南省　3 人
王雄富　李　英　毕清昕
四川省　4 人
杜　健　唐榕（女）　江蓉秋（女）　张志勇
重庆市　2 人

熊安林　李宣章
贵州省　4人
吴道斌　秦锦　王正才　冯　俊
云南省　4人
姜永权　左小东　李晓菲（女）　张黎明
西藏自治区　2人
玉珍（女）　陈文志
陕西省　10人
钱定军　余　扬　李　军　郝蓉蓉（女）
杜东亚（女）　杜玲（女）
王铁昌　张　喜　张　炜　尚晓艳（女）
甘肃省　4人
贺登川　邓四林　宋同安　张玉蓉（女）
青海省　2人
周连兄（女）　袁玉龙
宁夏回族自治区　2人
郝育兰（女）　史　峰
新疆维吾尔自治区　5人
杜世成　康巴妮莎（女）　沙哈别克
郭景红（女）　周　海
解放军　1人
王冰（女）

附件四：

《学习改变命运（第三辑）》征稿函

报告文学集《学习改变命运》业已出版两辑，她以自考生的平凡故事，展现广大自考生的精神风采；她是自学成才标兵的典型报告，更是中国高等教育自学考试的壮丽篇章；她以或细腻或恢宏的笔触，展现千百万自考生的自学精神，成为全国自考生的励志读本。

为了进一步挖掘典型，全国考办拟编辑出版《学习改变命运（第三辑）》。希望各省、市、区自考办以“全国十佳自考生”“单项优秀自考生”“全国优秀自考生”为原型，整理获奖者先进事迹材料按以下要求报送。

一、来稿要求

1. 撰写体例为报告文学；2. 事例典型，形象生动，语言活泼；3. 字数在5000左右；4. 随文附生活照、工作照各一张；5. 交稿时间截止为2008年9月20日。

二、联系方式

地址：湖北省武汉市武昌东湖路147号
　　　《学习改变命运》编辑部
邮编：430077
电子邮箱：sheyt@ sina. com
联系电话：027－68883913
联系人：佘运涛

关于江西省申请开展高等教育自学考试综合改革试点的批复

考委办函［2008］61号

江西省高等教育自学考试办公室：

你省关于呈报《江西省自学考试综合改革试点方案》的报告（赣考委字［2008］5号）收悉，经研究，同意你办按照申请报告提出的内容进行试点，现就改革试点提出如下要求：

一、自学考试改革工作必须在省考办的直接领导和组织下进行。你办要加强对改革工作的领导，制定完善的试点工作制度，保证试点工作所需的人力、物力和财力，确保试点工作的成功。

二、各项改革工作必须制定完整的实施方案和应急预案，实施方案和应急预案应经过专家的论证，并报全国考办备案。

三、注意总结试点工作的经验，并及时报全国考办。

此复。

全国高等教育自学考试指导委员会办公室
二〇〇八年七月十五日

关于湖北省申请开展高等教育自学考试综合改革试点请示的批复

考委办函［2008］62号

湖北省高等教育自学考试办公室：

你省关于上报《湖北省高等教育自学考试综合改革实验方案》的请示（鄂考委办［2008］15号）收悉，经研究，同意你办按照请示报告提出的内容进行试点，现就改革试点提出如下要求：

一、自学考试改革实验工作必须在省考办的直接领导和组织下进行。你办要加强对改革工作的领导，制定完善的实验工作制度，保证实验工作所需的人力、物力和财力，确保实验工作的成功。

二、各项改革工作必须制定完整的实施方案和应急预案，实施方案和应急预案应经过专家的论证，并报全国考办备案。

三、注意总结实验工作的经验，并及时报全国考办。

此复。

全国高等教育自学考试指导委员会办公室
二〇〇八年七月十五日

关于重庆市申请建立高等教育自学考试学习服务中心的批复

考委办函［2008］63 号

重庆市高等教育自学考试委员会办公室：

你办关于建立高等教育自学考试重庆市学习服务中心的请示（渝考办文［2007］68 号）收悉，现批复如下：

构建终身学习体系，建立学习型社会是当前教育战线面临的重要任务，高等教育自学考试作为我国高等教育的一项基本制度，在满足人们继续教育、终身教育方面具有独特的优势。经研究同意建立高等教育自学考试重庆学习服务中心，探索发挥自学考试优势，研究设计自学考试在新形势下依托社会教育资源，拓展服务功能，构建多层次、立体化、开放性的社会助学网络。

加强社会助学，重视学习过程，是五届考委二次会议对自学考试的要求，是贯彻落实十七大提出的以人为本方略的重要举措，重庆市是国务院批准的城乡统筹改革试验区，你办要加强领导，认真研究，精心准备，制定详细的实施方案，保证试点工作必须的人力、物力和财力，及时总结试点工作经验，确保试点成功。

此复。

全国高等教育自学考试指导委员会办公室
二〇〇八年七月十七日

关于天津市申请备案开考高等教育自学考试药学专业（独立本科段）的复函

考委办函［2008］64 号

天津市高等教育自学考试委员会：

你委《关于申请开考高等教育自学考试药学专业（独立本科段）的请示》（津考委高发［2008］4 号）收悉，函复如下：

一、同意你市备案开考高等教育自学考试药学专业（独立本科段），请严格执行考委［2004］11 号、考委办函［2007］57 号等文件规定。我办对报送的部分课程赋予了课程代码（见附件）。

二、为保证质量标准，开考计划中凡课程名称、学分与全国统考课程相同者（附件中序号标注“*”号），均须使用全国考委组编的课程自学考试大纲、教材，参加全国统一命题考试。

三、同意你省市遴选天津医科大学为药学专业（独立本科段）的主考学校。请充分发挥主考学校的作用，切实贯彻“教考职责分离”的原则，加强省考课程的课程自学考试大纲、教材建设和实践性环节考核等工作，切实保证质量。

附件：高等教育自学考试药学专业（独立本科段）课程设置与学分

全国高等教育自学考试指导委员会办公室
二〇〇八年七月二十一日

附件：

高等教育自学考试药学专业（独立本科段）课程设置与学分

专业代码：B100805

序号	课程代码	课程名称	学分	备注
1*	3708	中国近现代史纲要	2	
2*	3709	马克思主义基本原理概论	4	
3*	0015	英语（二）	14	
4	7793	医药市场营销学	5	任选三门
5	7780	化学制药工艺学	6	
6	9128	临床药物治疗学	6	
7	2051	物理化学	6	
8	2087	分子生物学	6	
9	6831	药理学（四）	5	
	6832	药理学（四）（实践）	1	
10	1757	药物分析（三）	5	
	1758	药物分析（三）（实践）	2	
11	1759	药物化学（二）	4	
	1760	药物化学（二）（实践）	1	
12	1761	药剂学（二）	6	
	1762	药剂学（二）（实践）	2	
13	3049	数理统计	4	
14	1763	药事管理学（二）	3	
15	5524	药用植物与生药学	4	
	6999	毕业论文		不计学分
总学分			80	
1	5522	有机化学（五）	4	加考课程
2	6850	分析化学	3	
	6851	分析化学（实践）	2	
3	3033	生物药剂及药物动力学	4	

关于吉林省申请备案开考高等教育自学考试社区护理学（专科）等六个专业的复函

考委办函［2008］65号

吉林省高等教育自学考试委员会办公室：

你办《关于开考高等教育自学考试新专业的请示》（吉考办字［2008］25号）收悉，函复如下：

一、同意你省备案开考高等教育自学考试社区护理学专业（专科、独立本科段）、采购与供应管理专业（专科、独立本科段）、投资理财专业（独立本科段）、工程造价管理专业（独立本科段）等6个专业，请严格执行考委［2006］4号、教考试办函［2008］19号、考委［2007］2号、考委办函［2007］107号、考委办函［2003］141号等文件规定。

同意你省高等教育自学考试商务英语专业（独立本科段）中，将“国际市场营销学”（课程代码0098，5学分）调整为“国际市场营销（英语）”（课程代码9129，7学分）、“国际贸易实务”（课程代码0513，6学分）调整为“国际商务文化”（课程代码9130，7学分）、“电子商务”（课程代码7797，6学分）调整为“国际商务英语谈判”（课程代码9131，7学分）。

二、为保证质量标准，开考计划中凡课程名称、学分与全国统考课程相同者，均须使用全国考委组编的课程自学考试大纲、教材，参加全国统一命题考试。

三、同意你省遴选北华大学为社区护理学专业（专科、独立本科段）、吉林大学为采购与供应管理专业（专科、独立本科段）、东北师范大学为投资理财专业（独立本科段）、长春工程学院为工程造价管理专业（独立本科段）的主考学校。请充分发挥主考学校的作用，切实贯彻“教考职责分离”的原则，加强省考课程的课程自学考试大纲、教材建设和实践性环节考核等工作，切实保证质量。

全国高等教育自学考试指导委员会办公室
二〇〇八年七月二十一日

关于新疆维吾尔自治区申请备案开考高等教育自学考试畜牧兽医（专科）等两个专业的复函

考委办函［2008］66号

新疆维吾尔自治区高等教育自学考试委员会办公室：

你办《关于调整高等教育自学考试畜牧兽医、农学、园林三个专科专业考试计划的报告》（新考办［2008］29号）收悉，函复如下：

一、同意你区备案开考高等教育自学考试畜牧兽医专业（专科）、园林专业（专科）2个专业。其中农学专业（专科）为全国统一计划专业，待全国统一计划调整后再行申请备案开考该专业，现暂不予备案调整该专业。我办对报送的专业赋予了部分课程代码（见附件）。

二、为保证质量标准，开考计划中凡课程名称、学分与全国统考课程相同者（附件中序号标注“*”号），均须使用全国考委组编的课程自学考试大纲、教材，参加全国统一命题考试。

三、同意你区遴选新疆农业职业技术学院为畜牧兽医专业（专科）和园林专业（专科）的主考学校。请充分发挥主考学校的作用，切实贯彻“教考职责分离”的原则，加强省考课程的课程自学考试大纲、教材建设和实践性环节考核等工作，切实保证质量。

附件：1. 高等教育自学考试畜牧兽医专业（专科）课程设置与学分

2. 高等教育自学考试园林专业（专科）课程设置与学分

全国高等教育自学考试指导委员会办公室

二〇〇八年七月二十一日

附件：

1．高等教育自学考试畜牧兽医专业（专科）课程设置与学分

专业代码：A090414

序号	课程代码	课程名称	学分	备注
1*	3706	思想道德修养与法律基础	3	
2*	3707	毛泽东思想、邓小平理论和“三个代表”重要思想概论	3	
3	9132	科技应用文写作	5	
4	7414	畜牧业经济管理（一）	3	
	7415	畜牧业经济管理（一）（实践）	1	
5	3367	家畜解剖生理学	4	
	8002	家畜解剖生理学（实践）	2	
6	7408	动物营养与饲料学	3	
	7409	动物营养与饲料学（实践）	3	
7	6697	家畜繁殖学	5	
8	7412	兽医基础	3	
	7413	兽医基础（实践）	3	
9	9133	动物传染病与寄生虫病	4	
	9134	动物传染病与寄生虫病（实践）	3	
10	9135	牛养殖生产技术	4	任选一门
	1480	牛养殖生产技术（实践）	2	
11	9136	羊养殖生产技术	4	
	1482	羊养殖生产技术（实践）	2	
12	9137	鸡养殖生产技术	4	
	9138	鸡养殖生产技术（实践）	2	
13	9139	猪养殖生产技术	4	
	1486	猪养殖生产技术（实践）	2	
14	9140	经济动物养殖生产技术	4	
	1481	经济动物养殖生产技术（实践）	2	
15	6312	动物性食品卫生检验	3	
	6313	动物性食品卫生检验（实践）	1	
16	3223	兽医临床诊断学	5	
17	9141	牛病防治技术（实践）	4	任选一门
18	9142	羊病防治技术（实践）	4	
19	9143	猪病防治技术（实践）	4	
20	9144	鸡疾防治技术（实践）	4	
21	2074	畜产品加工	4	
	4168	畜产品加工（实践）	2	
	6998	毕业实习		不计学分
总学分			70	

2. 高等教育自学考试园林专业（专科）课程设置与学分

专业代码：A090114

序号	课程代码	课程名称	学分	备注
1*	3706	思想道德修养与法律基础	3	
2*	3707	毛泽东思想、邓小平理论和“三个代表”重要思想概论	3	
3	9132	科技应用文写作	5	
4	2668	土壤肥料学	4	
	2669	土壤肥料学（实践）	1	
5	6640	园林规划设计	6	
6	1570	园林工程施工组织与管理	5	
7	7904	设施园艺	5	
	9145	设施园艺（实践）	2	
8	9146	植物生长与环境	4	
	9147	植物生长与环境（实践）	2	
9	4041	园林树木栽培	5	
	4042	园林树木栽培（实践）	1	
10	9148	果树栽培基础知识	3	
11	9149	核桃优质丰产栽培技术（实践）	3	任选一门
12	9150	枣树栽培（实践）	3	
13	9151	杏树栽培（实践）	3	
14	9152	石榴优质丰产栽培技术（实践）	3	
15	9153	扁桃优质丰产栽培技术（实践）	3	
16	9154	葡萄丰产栽培技术（实践）	3	
17	7430	园林植物病虫害防治（一）	3	
	7431	园林植物病虫害防治（一）（实践）	3	
18	9155	园林苗木繁育技术	3	
	9156	园林苗木繁育技术（实践）	3	
19	9157	草坪建植于养护技术（实践）	2	任选一门
20	9158	花卉栽培技术（实践）	2	
21	9159	花卉装饰技术（实践）	2	
22	6262	园艺产品贮运与加工学	4	
	6998	毕业实习		不计学分
总学分			70	

关于河南省建立高等教育自学考试命题中心请示的批复

考委办函［2008］68号

河南省高等教育自学考试委员会：

你委《关于申请成立“全国高等教育自学考试郑州命题中心”的报告》（豫考委［2008］2号）收悉。经研究，同意你委筹建“高等教育自学考试郑州命题中心”。

筹建的高等教育自学考试郑州命题中心，主要任务是承担你省高等教育自学考试的课程命题，并将接受全国高等教育自学考试指导委员会办公室的委托，承担高等教育自学考试全国统考课程的命题任务及其他考试业务。

请你委及其办公室加强领导，根据有关命题管理工作的规定，继续采取切实有效措施建设命题中心。应配备不少于8人的专职命题工作人员队伍；落实与命题工作需要相适应的场地和经费，添置必要的办公设备；完善各项规章制度，提高命题管理水平，确保命题工作质量。

高等教育自学考试郑州命题中心筹建后，请及时将人员、地址、联系电话报我办高等教育自学考试命题处。我办将组织检查，验收合格后，批准正式成立高等教育自学考试郑州命题中心。

全国高等教育自学考试指导委员会办公室
二〇〇八年七月二十八日

关于天津市申请开展高等教育自学考试综合改革试点的批复

考委办函［2008］70号

天津市高等教育自学考试委员会办公室：

你办《关于开展高等教育自学考试综合改革试点的请示》（津考办高发［2008］18号）收悉。经研究，同意你办按照请示报告提出的试点方案进行试点。现就改革试点提出如下要求：

一、自学考试改革工作必须在市考办的直接领导和组织下进行。你办要加强对改革工作的领导，制定完善的试点工作制度，保证试点工作所需的人力、物力和财力，确保试点工作的成功。

二、各项改革工作必须制定完整的实施方案和应急预案，实施方案和应急预案应经过专家的论证，并报全国考办备案。

三、注意总结试点工作的经验，并及时报全国考办。

此复。

全国高等教育自学考试指导委员会办公室
二〇〇八年七月三十一日

关于贵州省申请备案开考高等教育自学考试劳动和社会保障（独立本科段）等专业的复函

考委办函［2008］73号

贵州省高等教育自学考试委员会办公室：

你办《关于我省备案开考高等教育自学考试劳动和社会保障（独立本科段）等27个专业自学考试的请示》（黔教考办［2008］02号）文件收悉，函复如下：

一、同意你省备案开考高等教育自学考试劳动和社会保障专业（独立本科段）等25个专业（见下表）。

序号	专业名称	专业类型	专业代码	执行文号
1	劳动和社会保障	独立本科段	B020232	考委［2004］4号
2	物流管理	独立本科段	B020229	考委［2004］10号
3	餐饮管理	独立本科段	B020119	考委［2003］2号
4	秘书学	独立本科段	B050104	教考试［1999］1号
5	新闻学	本科段	C050305	教考试［1999］1号
6	档案学	独立本科段	B060202	考委［1998］4号
7	文化产业	独立本科段	B020155	考委［2005］9号
8	国际贸易	独立本科段	B020110	教考试［1998］10号
9	公共关系	独立本科段	B050309	考委［2003］5号
10	公共事业管理	独立本科段	B020230	考委［2005］7号
11	农业经济管理	独立本科段	B020114	教考试［1998］10号
12	机电系统智能控制	独立本科段	B080309	考委［2003］1号
13	应用电子技术	独立本科段	B080735	考委办函［2005］41号
14	动画	独立本科段	B080746	考委办函［2006］29号
15	模具设计与制造	专科	A080304	专业目录与专业基本规范
16	数控技术应用	专科	A080744	考委办函［2007］69号
17	计算机网络及应用	专科	A080759	考委办函［2007］56号
18	计算机应用技术	专科	A080763	考委办函［2007］16号

续表

序号	专业名称	专业类型	专业代码	执行文号
19	应用电子技术	专科	A080722	考委办函［2007］43号
20	通信技术	专科	A080706	教考试［1998］9号
21	农村经济与管理	专科	A090622	考委办函［2004］75号
22	会计电算化	专科	A020242	专业目录与专业基本规范
23	社区与物业管理	专科	A020250	考委办函［2007］56号
24	道路与桥梁工程	专科	A080802	专业目录与专业基本规范
25	汽车运用技术	专科	A081702	专业目录与专业基本规范

请你办严格按照相关文件要求执行。

二、为保证质量标准，开考计划中凡课程名称、学分与全国统考课程相同者，均须使用全国考委组编的课程自学考试大纲、教材，参加全国统一命题考试。

三、同意你省遴选贵州大学为劳动和社会保障专业（独立本科段）、物流管理专业（独立本科段）、餐饮管理专业（独立本科段）、秘书学专业（独立本科段）、新闻学专业（独立本科段）、档案学专业（独立本科段）、文化产业专业（独立本科段）、国际贸易专业（独立本科段）、公共关系专业（独立本科段）、公共事业管理专业（独立本科段）、农业经济管理专业（独立本科段）、机电系统智能控制专业（独立本科段）、应用电子技术专业（独立本科段）和动画专业（独立本科段）、贵州电子信息职业技术学院为模具设计与制造专业（专科）、数控技术应用专业（专科）、计算机网络及应用专业（专科）、计算机应用技术专业（专科）、应用电子技术专业（专科）和通信技术专业（专科）、贵州教育学院为农村经济与管理专业（专科）、贵阳商业高等专科学校为会计电算化专业（专科）和社区与物业管理专业（专科）、贵州交通职业技术学院为道路与桥梁工程专业（专科）和汽车运用技术专业（专科）的主考学校。

请充分发挥主考学校的作用，切实贯彻“教考职责分离”的原则，加强省考课程的课程自学考试大纲、教材建设和实践性环节考核等工作，切实保证质量。

全国高等教育自学考试指导委员会办公室
二〇〇八年九月一日

关于印发文史类、外国语言文学类、新闻类、机械及轻纺化工类、土木水利矿业环境类和交通类专业委员会 2008 年工作任务及核拨 2008 年日常活动经费的通知

考委办函［2008］74 号

文史类、外国语言文学类、新闻类、机械及轻纺化工类、土木水利矿业环境类和交通类专业委员会：

根据《全国高等教育自学考试指导委员会专业委员会章程》和 2007 年全国考委专业委员会主任、秘书长会议精神，现将有关专业委员会 2008 年工作任务（见附件）印发给你们，并就有关事项通知如下：

一、请有关专业委员会按照我办核定的工作任务做好工作安排。

二、请在做好专项工作的准备后，根据标准上报经费预算，我办核准后拨付相应费用。

三、我办将按照《高等教育自学考试专业委员会经费管理办法》（考委办［2005］1 号），核拨有关专业委员会 2008 年度日常活动经费。请严格按照“办法”规定支出项目和标准列报有关支出。

请有关专业委员会到经费代管单位财务部门核查已下拨的日常活动经费（已拨往所提供的银行账号）。如有问题，请与全国考办财务处（联系人：陈绍君 010－82520042）联系。

四、请有关专业委员会做好换届调整后的衔接工作，包括：财务的决算、专业委员会公章的交接或上交、业务工作的交接。

附件：文史类、外国语言文学类、新闻类、机械及轻纺化工类、土木水利矿业环境类和交通类专业委员会 2008 年工作任务表

全国高等教育自学考试指导委员会办公室
二〇〇八年九月一日

附件：

文史类、外国语言文学类、新闻类、机械及轻纺化工类、土木水利矿业环境类和交通类专业委员会2008年工作任务表

专业委员会	专业考试计划工作任务	大纲及命题质量评估工作任务	教材建设及评估工作任务
文史类	1. 完成换届调整工作； 2. 审核各省级考办申报的专业考试计划； 3. 召开本专业委员会年度全体委员会议； 4. 研究全国统一专业考试计划的调整。	1. 组织修订“写作（一）（0506）”、“中国古代文学史（一）（0538）”、“中国古代文学史（二）（0539）”三门课程大纲； 2. 参与命题质量评估工作。	1. 组织修订“写作（一）（0506）”、“中国古代文学史（一）（0538）”、“中国古代文学史（二）（0539）”三门课程教材。
外国语言文学类	1. 完成换届调整工作； 2. 审核各省级考办申报的专业考试计划； 3. 召开本专业委员会年度全体委员会议； 4. 研究全国统一专业考试计划的调整。	1. 组织修订“英语（一）（0012）”、“英语（二）（0015）”、“英语翻译（0087）”、“英美文学选读（0604）”四门课程大纲； 2. 参与命题质量评估工作。	1. 组织修订“英语（一）（0012）”、“英语（二）（0015）”、“英语翻译（0087）”、“英美文学选读（0604）”四门课程教材。
新闻类	1. 完成换届调整工作； 2. 审核各省级考办申报的专业考试计划； 3. 召开本专业委员会年度全体委员会议； 4. 研究全国统一专业考试计划的调整。		
机械及轻纺化工类	1. 完成换届调整工作； 2. 审核各省申报的专业计划； 3. 召开本专业委员会年度全体委员会议； 4. 研究全国统一专业考试计划的调整。	1. 参与命题质量评估工作。	
土木水利矿业环境类	1. 完成换届调整工作； 2. 审核各省申报的专业计划； 3. 召开本专业委员会年度全体委员会议。 4. 研究全国统一专业考试计划的调整。	1. 组织修订“工程力学（二）（2391）”、“结构力学（一）（2393）”两门课程大纲。	1. 组织重编“工程力学（二）（2391）”、“结构力学（一）（2393）”两门课程教材。
交通类	1. 完成换届调整工作； 2. 审核各省申报的专业计划； 3. 召开本专业委员会年度全体委员会议。 4. 研究全国统一专业考试计划的调整。		

关于辽宁省申请备案开考高等教育自学考试药学（专科）等三个专业的复函

考委办函［2008］75 号

辽宁省高中等教育招生考试委员会办公室：

你办《关于辽宁省高等教育自学考试申请备案开考矿产资源开发管理（专科）专业、药学（专科）专业的请示》（辽招考办字［2008］146 号）和《关于辽宁省高等教育自学考试备案开考船舶与海洋工程（航海技术方向）（专科）专业、船舶与海洋工程（轮机工程方向）（专科）专业的请示》（辽招考办字［2008］148 号）收悉，函复如下：

一、同意你省备案开考高等教育自学考试矿产资源开发与管理专业（专科）、药学专业（专科）、船舶与海洋工程专业（航海技术方向、轮机工程方向）（专科）等 3 个专业，请严格执行《专业目录与专业基本规范》和考委办函［2006］90 号等文件规定。我办对报送的专业赋予了部分课程代码（见附件）。

二、为保证质量标准，开考计划中凡课程名称、学分与全国统考课程相同者（附件中序号标注“＊”号），均须使用全国考委组编的课程自学考试大纲、教材，参加全国统一命题考试。

三、同意你省遴选辽宁科技学院为矿产资源开发与管理专业（专科）、沈阳药科大学为药学专业（专科）、大连海事大学为船舶与海洋工程专业（航海技术方向、轮机工程方向）（专科）的主考学校。请充分发挥主考学校的作用，切实贯彻“教考职责分离”的原则，加强省考课程的课程自学考试大纲、教材建设和实践性环节考核等工作，切实保证质量。

附件：1. 高等教育自学考试船舶与海洋工程专业（航海技术方向）（专科）课程设置与学分

2. 高等教育自学考试船舶与海洋工程专业（轮机工程方向）（专科）课程设置与学分

全国高等教育自学考试指导委员会办公室

二〇〇八年九月九日

附件：

1. 高等教育自学考试船舶与海洋工程专业（航海技术方向）（专科）课程设置与学分

专业代码：A080321

序号	课程代码	课程名称	学分	备注
1*	3706	思想道德修养与法律基础	2	
2*	3707	毛泽东思想、邓小平理论和“三个代表”重要思想概论	4	
3*	0012	英语（一）	7	
4*	0022	高等数学（工专）	7	
5*	0018	计算机应用基础	2	
	0019	计算机应用基础（实践）	2	
6	9160	船舶信号学	4	
	9161	船舶信号学（实践）	3	
7	9049	船舶值班与避碰	5	
8	9051	海上货物运输	5	
9	3849	船体结构	3	
	3850	船体结构（实践）	2	
10	3853	船舶设备	4	
11	3855	船舶建造工艺	6	
12	3856	船舶检验	4	
13	9047	航海气象与海洋学	5	
14	9162	船舶综合实践	5	
总学分			70	

2. 高等教育自学考试船舶与海洋工程专业（轮机工程方向）（专科）课程设置与学分

专业代码：A080321

序号	课程代码	课程名称	学分	备注
1*	3706	思想道德修养与法律基础	2	
2*	3707	毛泽东思想、邓小平理论和“三个代表”重要思想概论	4	
3*	0012	英语（一）	7	
4*	0022	高等数学（工专）	7	
5*	0018	计算机应用基础	2	
	0019	计算机应用基础（实践）	2	
6	9163	轮机工程基础	6	
	9164	轮机工程基础（实践）	3	
7	9022	主推进动力装置	6	
8	9023	船舶辅机	7	
9	3849	船体结构	3	
	3850	船体结构（实践）	2	
10	3853	船舶设备	4	
11	1233	船舶电气	3	
12	3855	船舶建造工艺	6	
13	3856	船舶检验	4	
14	9162	船舶综合实践	5	
总学分			73	

关于天津市申请备案开考高等教育自学考试广播电视编导（专科）等三个专业的复函

考委办函［2008］77号

天津市高等教育自学考试委员会：

你委《关于备案开考高等教育自学考试广播电视编导（专科、独立本科段）和对外汉语专业（独立本科段）的请示》（津考委高发［2008］9号）收悉，函复如下：

一、同意你市备案开考高等教育自学考试广播电视编导专业（专科、独立本科段）和对外汉语专业（独立本科段）等3个专业。请严格执行考委［2006］8号、考委办函［2006］134号等文件规定。我办对报送的专业赋予了部分课程代码（见附件）。

二、为保证质量标准，开考计划中凡课程名称、学分与全国统考课程相同者（附件中序号标注“*”号），均须使用全国考委组编的课程自学考试大纲、教材，参加全国统一命题考试。

三、同意你市遴选天津师范大学为广播电视编导专业（专科、独立本科段）和对外汉语专业（独立本科段）主考学校。请充分发挥主考学校的作用，切实贯彻“教考职责分离”的原则，加强省考课程的课程自学考试大纲、教材建设和实践性环节考核等工作，切实保证质量。

附件：1. 高等教育自学考试广播电视编导专业（专科）课程设置与学分

2. 高等教育自学考试广播电视编导专业（独立本科段）课程设置与学分

3. 高等教育自学考试对外汉语专业（独立本科段）课程设置与学分

全国高等教育自学考试指导委员会办公室

二〇〇八年九月十日

附件：

1．高等教育自学考试广播电视编导专业（专科）课程设置与学分

专业代码：A050316

序号	课程代码	课程名称	学分	备注
1*	3706	思想道德修养与法律基础	2	
2*	3707	毛泽东思想、邓小平理论和“三个代表”重要思想概论	4	
3*	4729	大学语文	4	
4*	0018	计算机应用基础	2	
	0019	计算机应用基础（实践）	2	
5*	4121	中国文化导论	6	
6	9165	导演艺术基础	6	
7	1170	电视画面编辑基础	6	
8	1171	电视摄影造型基础	6	
9	9166	编导概论	6	
10	1173	影视声音艺术	5	
11	1174	视听元素组合训练（实践）	6	
12	1175	视听元素基础	5	
13	1176	电视写作	5	
14	1177	电视作品赏析	5	
总学分			70	

2. 高等教育自学考试广播电视编导专业（独立本科段）课程设置与学分

专业代码：B050311

序号	课程代码	课程名称	学分	备注
1*	3708	中国近现代史纲要	2	
2*	3709	马克思主义基本原理概论	4	
3	0015*	英语（二）	14	三选一
	0016	日语（二）	14	
	0017	俄语（二）	14	
4*	0642	传播学概论	6	
5	1178	电视艺术概论	5	
6	1179	非线性编辑	6	
7	1180	电视采访	6	
8	7189	视听语言	6	
9	1182	电视文艺节目创作（实践）	6	
10	1183	电视文艺编导	6	
11	1184	电视艺术片创作	6	
12	1185	广播新闻节目创作	5	二选一
	1186	电视节目包装与编排	5	
	6999	毕业论文		不计学分
总学分			72	

3. 高等教育自学考试对外汉语专业（独立本科段）课程设置与学分

专业代码：B050140

序号	课程代码	课程名称	学分	备注
1*	3708	中国近现代史纲要	2	
2*	3709	马克思主义基本原理概论	4	
3	0015*	英语（二）	14	三选一
	0016	日语（二）	14	
	0017	俄语（二）	14	
4*	0541	语言学概论	6	
5	1205	中国古代文学（一）	6	
6	1206	中国古代文学（二）	6	
7*	0537	中国现代文学史	6	
8*	0540	外国文学史	6	
9	1209	西方文化与礼仪	5	
10	1210	对外汉语教学法	6	
11	1211	对外汉语教学发展概论	5	
12*	4121	中国文化导论	6	
	6999	毕业论文		不计学分
总学分			72	

关于“高等教育自学考试改革和发展战略与政策研究”课题研究工作安排的通知

考委办函［2008］79号

北京、天津、辽宁、江苏、浙江、山东、福建、江西、湖北、湖南、广东、四川、重庆、贵州、陕西、甘肃等省（市）自学考试办公室：

“高等教育自学考试改革和发展战略与政策研究”是教育部教育改革发展战略与政策研究重大课题“继续教育改革和发展战略与政策研究”的子课题（教高司函［2008］160号）。是关系自学考试改革和发展的重大研究课题。为了如期完成任务，根据9月9日北京开题会的讨论结果，将课题研究工作安排如下：

一、课题研究工作分工

1. 自学考试的历史、现状与发展趋势研究　辽宁
2. 自学考试政策研究　湖南
3. 自学考试管理体制现状研究　福建
4. 自学考试质量保证体系研究　广东
5. 自考专业与教材研究　浙江
6. 自学考试主考学校制度研究　江苏
7. 自学考试学习支持服务体系研究　四川
8. 自学考试与行业合作现状与模式研究　北京
9. 非学历证书自学考试研究　山东
10. 自学考试考生群体特征与学习需求研究　重庆
11. 农村自学考试现状与农村经济社会发展研究　陕西、江西、甘肃、湖北、贵州
12. 自学考试发展定位研究　天津

二、根据“关于推进教育部继续教育改革和发展战略与政策研究重大课题的子课题实施工作的通知”（教高司函［2008］160号）具体要求，结合我们研究工作的实际，各省（市）应按照调研提纲（附件）要求，认真组织调研，2008年10月底完成调研报告，寄全国考办总课题组。

三、参与课题研究的省（市）自考办要高度重视、明确课题责任人，组成由行政负责人、有关专家参加的课题组，自筹经费，制定具体的研究实施方案，组织课题的研究工作，并于2008年12月底按照分工完成阶段性研究报告，寄全国考办总课题组。各参与省要积极参加、配合总课题的调研工作，以确保总课题调研任务的顺利完成。

总课题组联系人：

全国考办综合处
汤新国　010－82520093
贾洪芳　010－82520098，010－82520094（FAX）
电子邮件：jiahf@ mail. neea. edu. cn

附件：“自学考试改革和发展战略与政策研究”课题调研提纲

全国高等教育自学考试指导委员会办公室
二〇〇八年九月十八日

附件：

“自学考试改革和发展战略与政策研究”课题
调研提纲

一、调研目的、对象和方式

1. 目的

本调研旨在摸清目前自学考试的基本情况，通过对重点问题的系统调研和深入分析，为自学考试改革和发展提供政策建议和决策依据。

2. 对象

本调研对象包括省级教育行政管理部门、自学考试管理机构、主考学校、合作开考部门、助学机构、考生、用人部门。

3. 方式

抽样调查，书面调研，访谈。

二、调研重点

（一）政策分析

1. 现行国家自学考试政策法规的分析

分析现行自学考试政策、法规、管理规定在贯彻执行过程中遇到的困难和问题（包括政策、规定与实际情况的不相适应及政策滞后、缺失等），并提出建议。

2. 省级政府及相关行政部门自学考试政策和规定的分析

分析当地政府及相关行政部门对自学考试的政策、规定、实施办法。（包括政策、规定与实际情况的不相适应及政策滞后、缺失等），并提出建议。

3. 行业行政主管部门相关政策对自学考试的影响分析。

分析行业政策、规定及相关措施对自学考试的影响（包括导向与制约等），并提出建议。

4. 其他与自学考试相关的政策分析

5. 自学考试的定位、政策等现状分析，并提出建议。

（二）管理体制现状分析

1. 省级考委的工作情况（包括人员构成、工作制度等）

2. 省级教育行政部门的自学考试管理体制

3. 省级考试机构内部自学考试组织机构

4. 自学考试运行体系（教育行政部门、考试机构、主考学校、专家委员会、助学机构各方职责及相互关系）

5. 存在的问题及政策建议

（三）专业与教材

1. 各省及全国自学考试现行专业情况（表一）

2. 省级考试机构专业设置、管理情况

3. 面向农村、职业的专业现状

4. 选用和新编教材的原则、程序及现状（全国组编、自编、选用其他教材的数量）

5. 存在的问题及政策建议

（四）主考学校

1. 自学考试主考学校总体情况（表二）

2. 主考学校内自学考试机构设置及职责

3. 主考学校院系承担自考业务工作的职责及运行机制

4. 主考学校开展助学的情况及管理模式

5. 存在的问题及政策建议

（五）学习支持服务体系

1. 助学机构基本情况

• 基本情况（数量、结构、辅导专业、学员数等）

• 普通高校参与自考助学基本情况和分析

• 部门行业培训机构参与自考助学基本情况和分析

• 民办教育机构参与自考助学基本情况和分析

• 助学机构情况汇总（表三、四、五）

2. 管理模式（审批机构、管理机构、管理流程、各方职责）

3. 参加助学学员基本情况

• 学习方式（全日制和业余比例）

• 职业分布

• 年龄分布

• 考前学历分布

4. 网络助学

• 基本情况（机构、在学人数、模式、效果）

• 运作情况

• 网络媒体监管情况

5. 问题和建议

（六）部门行业合作情况

1. 合作情况

2. 合作方式

3. 行业开展助学情况

4. 问题和建议

（七）与其他教育形式沟通情况

1. 与其他继续教育形式（电大、网络、普通高校）沟通合作情况

2. 问题和建议

（八）非学历证书考试情况

1. 非学历证书考试现状（包括开发、承办各类非学历证书的名称、数量、参加考试的人数等（表六）

2. 非学历证书考试管理和运作模式

3. 收费情况

4. 培训单位的情况及管理模式

5. 问题和建议

（九）考生的群体特征和学习需求

1. 年龄结构

2. 职业结构

3. 收入分布

4. 考前学历

5. 学习方式

6. 学习需求

7. 毕业生的年龄、职业结构

（十）对自学考试的需求

基于现状及社会发展、产业转型、技术创新、人才结构变化等情况，分析自学考试未来三年的需求情况

1. 学历教育的需求

2. 非学历教育的需求

3. 自学考试为适应新的需求形势的思路、规划、改革创新举措

4. 结合本地区的特点及社会的需求分析未来自学考试发展的走势

三、附表

1. 自学考试专业开考情况表

省份： 填表时间：

专业名称	专业类别	主考学校	考试人数	开考时间	合作部门	备注

2. 年度各省主考院校统计表（名称、办学性质、数量）

省份：　　填表时间：

序号	主考学校名称	主考专业	地域	隶属关系	层次	机构性质（公办/民办）

3. 年度各省自学考试社会助学组织个数统计表

省份	普通高校	成人高校	民办高校	部门委托办学	其他	合计

4. 年度各省自学考试社会助学学员人数统计表（按主体类型区分）

省份	普通高校	成人高校	民办高校	部门委托办学	其他	合计

5. 年度各省自学考试社会助学学员人数统计表（按学习形式区分）

<table>
<tr><td rowspan="2">省份</td><td colspan="2">按学习形式分</td><td rowspan="2">合计</td></tr>
<tr><td>全日制</td><td>业余</td></tr>
<tr><td></td><td colspan="2"></td><td></td></tr>
</table>

6. 自学考试非学历项目情况表

项目名称	开考时间	合作部门	2007年报考人次	截至2007年累计报考人次

关于江西省申请开考高等教育自学考试光伏材料加工与应用技术专业（专科）的复函

考委办函［2008］82号

江西省自学考试委员会办公室：

你办《关于开设高等教育自学考试光伏材料加工与应用技术专业的申请》（赣考办字［2008］62号）收悉，函复如下：

一、经全国考委机械及轻纺化工类专业委员会审核，同意你省开考高等教育自学考试光伏材料加工与应用技术专业（专科）。我办对报送的专业赋予了专业代码和课程代码（见附件）。

同意你省备案停考高等教育自学考试林业生态环境管理专业（专科），从2009年起停止招收新考生，并做好停考的有关善后工作。

二、为保证质量标准，开考计划中凡课程名称、学分与全国统考课程相同者（附件中序号标注“*”号），均须使用全国考委组编的课程自学考试大纲、教材，参加全国统一命题考试。

三、同意你省遴选新余高等专科学校为光伏材料加工与应用技术专业（专科）的主考学校。请充分发挥主考学校的作用，切实贯彻“教考职责分离”的原则，加强省考课程的课程自学考试大纲、教材建设和实践性环节考核等工作，切实保证质量。

附件：高等教育自学考试光伏材料加工与应用技术专业（专科）课程设置与学分

全国高等教育自学考试指导委员会办公室
二〇〇八年十月七日

抄送：全国考委机械及轻纺化工类专业委员会

附件：

高等教育自学考试光伏材料加工与应用技术专业（专科）课程设置与学分

专业代码：A080204

序号	课程代码	课程名称	学分	备注
1*	3706	思想道德修养与法律基础	2	
2*	3707	毛泽东思想、邓小平理论和“三个代表”重要思想概论	4	
3*	4729	大学语文	4	
4*	0022	高等数学（工专）	7	
5*	0018	计算机应用基础	2	
	0019	计算机应用基础（实践）	2	
6*	0420	物理（工）	5	
	0421	物理（工）（实践）	1	
7*	2187	电工与电子技术	5	
	2188	电工与电子技术（实践）	1	
8	9167	材料科学概论	4	
9	9168	材料加工设备概论	4	
10	9169	材料加工 CAD	3	
11	9170	太阳能光伏发电技术	4	
	9171	太阳能光伏发电技术（实践）	2	
12	9172	太阳能利用技术	4	
	9173	太阳能利用技术（实践）	1	
13	9174	光伏系统概论	6	
14	9175	材料化学	3	二选一
	9176	材料化学（实践）	1	
15	9177	半导体器件物理	3	
	9178	半导体器件物理（实践）	1	
16	3144	环境科学基础	6	二选一
17*	0395	科学·技术·社会	5	
18	8630	金工实训	5	
	6998	毕业实习		不计学分
总学分			75	

关于青海省申请备案开考高等教育自学考试应用生物技术专业（独立本科段）的复函

考委办函［2008］83 号

青海省高等教育自学考试指导委员会办公室：

你办《关于开考〈生物技术〉（独立本科段）专业的申请报告》（青教考办［2008］12 号）收悉，函复如下：

一、同意你省备案开考高等教育自学考试应用生物技术专业（独立本科段），请严格执行考委办函［2005］168 号等文件规定。

二、为保证质量标准，开考计划中凡课程名称、学分与全国统考课程相同者（附件中序号标注“＊”号），均须使用全国考委组编的课程自学考试大纲、教材，参加全国统一命题考试。

三、同意你省遴选青海师范大学为应用生物技术专业（独立本科段）的主考学校。请充分发挥主考学校的作用，切实贯彻“教考职责分离”的原则，加强省考课程的课程自学考试大纲、教材建设和实践性环节考核等工作，切实保证质量。

附件：高等教育自学考试应用生物技术专业（独立本科段）课程设置与学分

全国高等教育自学考试指导委员会办公室
二〇〇八年十月七日

附件：

高等教育自学考试应用生物技术专业（独立本科段）课程设置与学分

专业代码：B081315

序号	课程代码	课程名称	学分	备注
1*	3708	中国近代史纲要	2	
2*	3709	马克思主义基本原理概论	4	
3*	0015	英语（二）	14	
4*	0051	管理系统中计算机应用	3	
	0052	管理系统中计算机应用（实践）	1	
5	2634	生物化学（二）	6	
6*	2666	普通遗传学	4	
	2667	普通遗传学（实践）	1	
7	2087	分子生物学	6	
8	4348	现代生物学技术	4	
9	2533	普通生物学	5	
10	6707	酶工程	5	
11*	2662	植物生理学	4	
	2663	植物生理学（实践）	1	
12*	2660	植物学（二）	3	
	2661	植物学（二）（实践）	1	
13	6003	作物育种新技术	6	
14	4350	植物组培与快繁	6	
	6999	毕业论文		不计学分
总学分			76	

关于高等教育自学考试《计算机网络安全》等四门统考课程考试安排的通知

考委办函［2008］84号

各省、自治区、直辖市高等教育自学考试办公室、解放军自学考试办公室：

根据有关文件规定和大纲、教材编写出版情况，从2009年起安排计算机网络专业（独立本科段）的计算机网络安全（课程代码4751），采购与供应管理专业（专科、独立本科段）的采购谈判与供应商选择（课程代码5728）、商业组织与过程（课程代码5734）和采购战术与运营（课程代码3616）等4门课程的考试，具体考试时间安排如下表所示，使用大纲、教材情况见附件。

《计算机网络安全》等四门课程考试时间安排表

课程名称	课程代码	正常考试时间	单独申报考试时间
采购战术与运营	3616	2009年4月18日上午	2009年7月4日上午
商业组织与过程	5734	2009年4月18日下午	2009年7月4日下午
计算机网络安全	4751	2009年4月19日上午	2009年7月5日上午
采购谈判与供应商选择	5728	2009年4月19日下午	2009年7月5日上午

请各省根据本地情况，妥善安排有关课程的考试安排工作，并及时向社会公布。

附件：《计算机网络安全》等四门课程大纲、教材目录

全国高等教育自学考试指导委员会办公室
二〇〇八年十月七日

抄送：中国交通运输协会

附件：

《计算机网络安全》等四门课程大纲、教材目录

课程名称	课程代码	教材名称	大纲名称	主编	出版社	版次
采购谈判与供应商选择	5728	采购谈判与供应商选择	采购谈判与供应商选择自学考试大纲	葛建华	机械工业出版社	2008
商业组织与过程	5734	商业组织与过程	商业组织与过程自学考试大纲	郑称德	机械工业出版社	2008
采购战术与运营	3616	采购战术与运营	采购战术与运营自学考试大纲	方惠	机械工业出版社	2008
计算机网络安全	4751	计算机网络安全	计算机网络安全自学考试大纲	梁亚声	机械工业出版社	2008

关于新疆维吾尔自治区申请备案开考高等教育自学考试园林（独立本科段）等专业的复函

考委办函［2008］85号

新疆维吾尔自治区高等教育自学考试委员会办公室：

你办《关于申请开考园林（本科）、种子生产与经营（专科）和调整俄语（本科）、农村行政管理（专科）专业计划的报告》（新考办［2008］41号）收悉，函复如下：

一、同意你区备案开考高等教育自学考试园林专业（独立本科段）（见附件），请严格执行考委办函［2003］55号等文件规定。

同意你区在俄语专业（独立本科段）中，将俄罗斯概况（0615，4学分）课程调整为俄汉商贸谈判及应用文（8038，6学分）课程。

同意你区在农村行政管理专业（专科）中，对选考课程作出的调整（见附件）。

同意你区在畜牧兽医专业（专科）中，将兽医临床诊断学（3223，5学分）课程调整为兽医临床诊疗技术（1715，4学分）课程。

你区申报的种子生产与经营专业（专科）暂不批准开考。

二、为保证质量标准，开考计划中凡课程名称、学分与全国统考课程相同者（附件中序号标注“*”号），均须使用全国考委组编的课程自学考试大纲、教材，参加全国统一命题考试。

三、同意你区遴选西北农林科技大学为园林专业（独立本科段）的主考学校。请充分发挥主考学校的作用，切实贯彻“教考职责分离”的原则，加强区考课程的课程自学考试大纲、教材建设和实践性环节考核等工作，切实保证质量。

附件：1. 高等教育自学考试园林专业（独立本科段）课程设置与学分

2. 高等教育自学考试农村行政管理专业（专科）课程设置与学分

全国高等教育自学考试指导委员会办公室

二○○八年十月八日

附件：

1．高等教育自学考试园林专业（独立本科段）课程设置与学分

专业代码：B090115

序号	课程代码	课程名称	学分	备注
1*	3708	中国近代史纲要	2	
2*	3709	马克思主义基本原理概论	4	
3*	0015	英语（二）	14	
4*	0018	计算机应用基础	2	
	0019	计算机应用基础（实践）	2	
5	6415	美学原理	4	
6	6631	园林苗圃学	4	
	6632	园林苗圃学（实践）	1	
7	7477	鲜切花生产技术	5	
8	6224	园林艺术学	5	
	7478	园林艺术学（实践）	1	
9	6637	园林树木学	4	
	6787	园林树木学（实践）	1	
10	6638	园林建筑设计	5	
	6788	园林建筑设计（实践）	1	
11	6639	植物造景设计	4	
	6789	植物造景设计（实践）	1	
12	7433	园林规划设计（一）	4	
	7434	园林规划设计（一）（实践）	2	
13	6641	园林工程	4	
	6791	园林工程（实践）	1	
14	6642	园林管理	4	
	6999	毕业论文		不计学分
总学分			75	
1	2746	森林病虫害防治	4	其他专业考生报考加考课程
	2747	森林病虫害防治（实践）	1	
2	2691	花卉学	5	
	2692	花卉学（实践）	1	
3	2668	土壤肥料学	4	
	2669	土壤肥料学（实践）	1	
1	6643	草坪科学与管理	5	免考英语（二）的加考课程
2	6644	园林史	5	
3	6645	插花艺术	4	

2．高等教育自学考试农村行政管理专业（专科）课程设置与学分

专业代码：A030317

序号	课程代码	课程名称	学分	备注
1*	3706	思想道德修养与法律基础	2	
2*	3707	毛泽东思想、邓小平理论和“三个代表”重要思想概论	4	
3	8953	民族理论与宗教政策	3	
4	7492	农村政策法规	4	
5	1442	乡镇行政管理	6	
6	1443	社会主义新农村建设知识讲座	5	
7	8954	实用维语	7	二选一
	1446	农业综合技术	6	
8	8955	维语听力	5	二选一
	5220	市场营销学（乡镇）	5	
9	6766	维语口语	5	二选一
	7817	电子政务	6	
10	1444	农村环境管理	6	
11	4094	管理学基础	6	
12	0119	土地利用规划	5	
13	1445	税收基础	6	二选一
	1447	信息技术应用	6	
14	1448	农村管理综合实践	10	
总学分			73	

关于上海市申请调整高等教育自学考试汽车运用技术专业（专科）考试计划的复函

考委办函［2008］89号

上海市高等教育自学考试委员会：

你委《关于调整上海市高等教育自学考试汽车运用技术专业（专科）考试计划的请示》（沪自考委［2008］2号）收悉，函复如下：

一、高等教育自学考试汽车运用技术专业（专科）已由考委办［2004］3号文件批复你市开考，现同意你市对此专业考试计划的调整。我办对部分课程赋予了课程代码（见附件）。

二、为保证质量标准，开考计划中凡课程名称、学分与全国统考课程相同者（附件中序号标注“*”号），均须使用全国考委组编的课程自学考试大纲、教材，参加全国统一命题考试。

三、请进一步加强该专业的实践性环节考核等工作，切实发挥主考学校的作用，保证质量。

此复。

附件：高等教育自学考试汽车运用技术专业（专科）课程设置与学分

全国高等教育自学考试指导委员会办公室
二〇〇八年十月九日

附件：

高等教育自学考试汽车运用技术专业（专科）课程设置与学分

专业代码：A081702

序号	课程代码	课程名称	学分	备注
1*	3706	思想道德修养与法律基础	2	
2*	3707	毛泽东思想、邓小平理论和“三个代表”重要思想概论	4	
3*	0018	计算机应用基础	2	
	0019	计算机应用基础（实践）	2	
4	3981	汽车专业英语	4	
5	1042	应用数学	5	
6	6606	工程力学（三）	5	
7	5463	机械制图基础	2	
8*	2185	机械设计基础	5	
	2186	机械设计基础（实践）	2	
9	8570	汽车构造与原理	3	
	8571	汽车构造与原理（实践）	3	
10*	2187	电工与电子技术	5	
	2188	电工与电子技术（实践）	1	
11	9087	汽车电路与电路分析	2	
	9088	汽车电路与电路分析（实践）	2	
12	4178	现代汽车检测技术	6	
13	5913	汽车维修技术	4	
14	9179	现代汽车电控技术及其故障诊断与排除	3	
	9180	现代汽车电控技术及其故障诊断与排除（实践）	4	
15	3972	汽车营销与策划	3	
	3973	汽车营销与策划（实践）	1	
16	4449	汽车文化	3	
	6998	毕业实习		不计学分
总学分			73	

关于浙江省申请备案开考高等教育自学考试电子政务（专科）等十个专业的复函

考委办函［2008］90号

浙江省高等教育自学考试委员会：

你委《浙江省自考委关于要求对高等教育自学考试电子公务管理与应用等十个专业计划准予备案的报告》（浙考委［2007］11号）收悉，函复如下：

一、根据全国考委《关于调整高等教育自学考试专科专业审批权试点工作的若干意见》（考委［2005］5号）精神，同意你省备案开考高等教育自学考试公路建设与管理专业（专科）、电气工程与自动化专业（专科）、广告专业（专科）、园林专业（专科）、会展策划与管理（专科）、制冷与空调技术（专科）等六个专业。

以下四个专业请按照全国已有并公布统一的专业考试计划确定专业名称备案开考。电子公务管理与应用专业调整为电子政务专业（专科）、建筑工程专业调整为房屋建筑工程专业（专科）、法律事务专业调整为法律专业（基础科段）、警察管理专业调整为公安管理专业（基础科段）。

我办对报送的专业赋予了专业代码和课程代码（见附件）。

二、为保证质量标准，开考计划中凡课程名称、学分与全国统考课程相同者（附件中序号标注“*”号），均须使用全国考委组编的课程自学考试大纲、教材，参加全国统一命题考试。

三、同意你省遴选浙江师范大学为电子政务专业（专科）、浙江大学为公路建设与管理专业（专科）、房屋建筑工程专业（专科）和电气工程与自动化专业（专科）、浙江工商大学和宁波大学为法律专业（基础科段）、浙江警察学院为公安管理专业（基础科段）、浙江工商大学为广告专业（专科）、浙江林学院为园林专业（专科）、浙江树人大学为会展策划与管理（专科）、浙江商业职业技术学院为制冷与空调技术（专科）的主考学校。请充分发挥主考学校的作用，切实贯彻“教考职责分离”的原则，加强省考课程的课程自学考试大纲、教材建设和实践性环节考核等工作，切实保证质量。

附件：1. 高等教育自学考试电子政务专业（专科）课程设置与学分
2. 高等教育自学考试公路建设与管理专业（专科）课程设置与学分
3. 高等教育自学考试房屋建筑工程专业（专科）课程设置与学分
4. 高等教育自学考试电气工程与自动化专业（专科）课程设置与学分
5. 高等教育自学考试法律专业（基础科段）课程设置与学分
6. 高等教育自学考试公安管理专业（基础科段）课程设置与学分
7. 高等教育自学考试广告专业（专科）课程设置与学分

8. 高等教育自学考试园林专业（专科）课程设置与学分
9. 高等教育自学考试会展策划与管理（专科）课程设置与学分
10. 高等教育自学考试制冷与空调技术（专科）课程设置与学分

全国高等教育自学考试指导委员会办公室
二〇〇八年十月九日

附件：

1. 高等教育自学考试电子政务专业（专科）课程设置与学分

专业代码：A082217

序号	课程代码	课程名称	学分	备注
1*	3706	思想道德修养与法律基础	2	
2*	3707	毛泽东思想、邓小平理论和“三个代表”重要思想概论	4	
3*	0277	行政管理学	6	
4*	0341	公文写作与处理	6	
5	3331	公共事业管理	6	
6*	0261	行政法学	6	
7	8689	公共政策基础	6	
8	8690	办公自动化原理及应用操作（实践）	7	
9	8691	经济信息资源管理	5	
10	3333	电子政务概论	3	
	3334	电子政务概论（实践）	2	
11	8692	管理信息系统应用与操作（实践）	5	
12	8693	计算机网络技术操作（实践）	5	
13	8694	计算机英语	6	四选二
14	8695	数据库及其应用操作（实践）	6	
15*	0034	社会学概论	6	
16*	0108	工商行政管理学概论	6	
17	4643	专业实习		不计学分
总学分			75	

2. 高等教育自学考试公路建设与管理专业（专科）课程设置与学分

专业代码：A080827

序号	课程代码	课程名称	学分	备注
1*	3706	思想道德修养与法律基础	2	
2*	3707	毛泽东思想、邓小平理论和“三个代表”重要思想概论	4	
3*	0022	高等数学（工专）	7	
4*	0018	计算机应用基础	2	
	0019	计算机应用基础（实践）	2	
5*	2386	土木工程制图	5	
6*	2387	工程测量	2	
	2388	工程测量（实践）	3	
7*	2389	建筑材料	2	
	2390	建筑材料（实践）	1	
8	2605	材料力学	5	
	8696	材料力学（实践）	1	
9*	2398	土力学及地基基础	3.5	
	2399	土力学及地基基础（实践）	0.5	
10	8697	道路与桥梁概论	5	
11	2405	道路勘测设计	4	
	2406	道路勘测设计（实践）	2	
12	2407	路基路面工程	4	
	2408	路基路面工程（实践）	1	
13	3941	工程招投标与合同管理	5	
14	7968	公路施工组织与项目管理	5	
15	0975	工程概预算	5	
	8698	工程概预算（实践）	1	
总学分			72	

3. 高等教育自学考试房屋建筑工程专业（专科）课程设置与学分

专业代码：A080801

序号	课程代码	课程名称	学分	备注
1*	3706	思想道德修养与法律基础	2	
2*	3707	毛泽东思想、邓小平理论和“三个代表”重要思想概论	4	
3*	0022	高等数学（工专）	7	
4*	2386	土木工程制图	5	
5*	2387	工程测量	2	
	2388	工程测量（实践）	3	
6*	2389	建筑材料	2	
	2390	建筑材料（实践）	1	
7	2605	材料力学	5	
	8696	材料力学（实践）	1	
8*	2393	结构力学（一）	5	
9	2394	房屋建筑学	3	
	2395	房屋建筑学（实践）	1	
10	8699	结构设计理论与方法	8	
11	8700	结构分析与设计软件实验（实践）	3	
12*	2398	土力学及地基基础	3	
	2399	土力学及地基基础（实践）	1	
13*	2400	建筑施工（一）	6	
	2401	建筑施工（一）（实践）	1	
14	0975	工程概预算	5	
	8698	工程概预算（实践）	1	
15	2548	生产实践	4	
总学分			73	

4. 高等教育自学考试电气工程与自动化专业（专科）课程设置与学分

专业代码：A080614

序号	课程代码	课程名称	学分	备注
1*	3706	思想道德修养与法律基础	2	
2*	3707	毛泽东思想、邓小平理论和“三个代表”重要思想概论	4	
3*	4729	大学语文	4	
4*	0022	高等数学（工专）	7	
5	8701	工程图学	3	
	8702	工程图学（实践）	1	
6*	2269	电工原理	6	
	2270	电工原理（实践）	1	
7*	2271	电机学	4.5	
	2272	电机学（实践）	0.5	
8*	2273	电子技术基础（二）	5	
	2274	电子技术基础（二）（实践）	1	
9*	2275	计算机基础与程序设计	3	
	2276	计算机基础与程序设计（实践）	1	
10*	0018	计算机应用基础	2	
	0019	计算机应用基础（实践）	2	
11*	2300	电力系统基础	4	
	8703	电力系统基础（实践）	1	
12	4262	高电压技术（一）	2	
	4263	高电压技术（一）（实践）	2	
13	8704	电力技术经济基础	4	
14	8705	发电厂电气	3	
	8706	发电厂电气（实践）	3	
15	7448	继电保护与自动控制装置	5	
	7449	继电保护与自动控制装置（实践）	2	
总学分			73	

5. 高等教育自学考试法律专业（基础科段）课程设置与学分

专业代码：C030112

序号	课程代码	课程名称	学分	备注
1*	3706	思想道德修养与法律基础	2	
2*	3707	毛泽东思想、邓小平理论和“三个代表”重要思想概论	4	
3*	5677	法理学	7	
4*	5679	宪法学	4	
5	0808	商法	5	
6*	0245	刑法学	7	
7*	0242	民法学	7	
8*	0260	刑事诉讼法学	4	
9*	0918	民事诉讼原理与实务（一）	7	
10*	0923	行政法与行政诉讼法（一）	7	
11*	0244	经济法概论	6	
12	8707	合同法原理与实务	5	
13	5556	婚姻家庭继承法	5	
14	8708	法律事务案例分析	3	
15	4643	专业实习		不计学分
总学分			73	

6. 高等教育自学考试公安管理专业（基础科段）课程设置与学分

专业代码：C030403

序号	课程代码	课程名称	学分	备注
1*	3706	思想道德修养与法律基础	2	
2*	3707	毛泽东思想、邓小平理论和“三个代表”重要思想概论	4	
3*	5679	宪法学	4	
4*	0245	刑法学	7	
5*	0260	刑事诉讼法学	4	
6*	0354	公安学基础理论	6	
7*	0357	治安管理学	6	
8*	0361	公安法规	6	
9*	0358	刑事侦察学	7	
10*	0242	民法学	7	
11*	0241	警察管理学	5	
12*	0355	公安秘书学	5	
13	0359	保卫学	5	
14	8709	警务案列分析	4	
15	1617	专题调研报告	4	
总学分			76	

7. 高等教育自学考试广告专业（专科）课程设置与学分

专业代码：A050301

序号	课程代码	课程名称	学分	备注
1*	3706	思想道德修养与法律基础	2	
2*	3707	毛泽东思想、邓小平理论和“三个代表”重要思想概论	4	
3*	0018	计算机应用基础	2	
	0019	计算机应用基础（实践）	2	
4	8710	广告学概论	6	
5	8711	电脑图文设计基础（实践）	6	
6	0851	广告文案写作	4	
	8712	广告文案写作（实践）	2	
7	8713	广告创意与策划	6	
8	0635	广告法规与管理	4	
9	4872	广告媒介实务	6	
10	8714	广告市场调查（实践）	6	
11	8715	公关策划与实务	5	
12	8716	广告摄像与摄影（实践）（一）	5	
13	8717	平面广告设计与制作（实践）	6	
14	0636	广告心理学	4	四选二
15	8718	新闻采编业务	4	
16*	2126	应用文写作	5	
17	8719	浙江地方写作	5	
总学分			74	

8. 高等教育自学考试园林专业（专科）课程设置与学分

专业代码：A090114

序号	课程代码	课程名称	学分	备注
1*	3706	思想道德修养与法律基础	2	
2*	3707	毛泽东思想、邓小平理论和“三个代表”重要思想概论	4	
3*	4729	大学语文	4	
4	8720	艺术欣赏	3	
5	6637	园林树木学	4	
	6787	园林树木学（实践）	1	
6	2691	花卉学	5	
7	0113	测量学	3	
8	2559	园林设计	5	
9	2428	园林植物栽培管理学	4	
	2429	园林植物栽培管理学（实践）	3	
10	6640	园林规划设计	6	
11	1441	计算机辅助园林设计（实践）	4	
12	3697	盆景与插花艺术	4	
13	6641	园林工程	4	
14	6634	园林植物遗传与育种	5	
15	6635	园林植物病虫害防治	4	
16	8721	园林施工与管理	5	
总学分			70	

9. 高等教育自学考试会展策划与管理专业（专科）课程设置与学分

专业代码：A020166

序号	课程代码	课程名称	学分	备注
1*	3706	思想道德修养与法律基础	2	
2*	3707	毛泽东思想、邓小平理论和“三个代表”重要思想概论	4	
3*	0018	计算机应用基础	2	
	0019	计算机应用基础（实践）	2	
4*	0054	管理学原理	6	
5*	0178	市场调查与预测	6	
6	3875	会展概论	6	
7	8722	会展策划与组织	2	
	8723	会展策划与组织（实践）	2	
8	3872	会展营销	5	
9	3877	会展项目管理	5	
	8724	会展项目管理（实践）	4	
10	8725	会展客户关系管理	2	
	8726	会展客户关系管理（实践）	2	
11*	0182	公共关系学	4	
12	8727	会展信息技术	2	四选二
	8728	会展信息技术（实践）	4	
13*	0043	经济法概论（财经类）	4	
14	8729	会展专业英语	6	
15*	2126	应用文写作	5	
16	8730	会展经典案例分析	6	
17	8731	会展设计实践	6	
总学分			71	

10. 高等教育自学考试制冷与空调技术专业（专科）课程设置与学分

专业代码：A080829

序号	课程代码	课程名称	学分	备注
1*	3706	思想道德修养与法律基础	2	
2*	3707	毛泽东思想、邓小平理论和“三个代表”重要思想概论	4	
3*	0018	计算机应用基础	2	
	0019	计算机应用基础（实践）	2	
4	8732	工程制图与计算机绘图	3	
	8733	工程制图与计算机绘图（实践）	3	
5	8734	热工基础	6	
6	4070	电工电子技术基础	4	
7	8735	初级维修电工（实践）	2	
8	8736	制冷原理	7	
9	8737	空气调节	7	
10	3835	制冷与空调	8	
	3845	制冷与空调（实践）	2	
11	8738	制冷空调装置安装操作维修（实践）	6	
12	8739	制冷空调自动化	5	四选二
13	8740	空调工程概预算（实践）	5	
14	8741	电冰箱与空调器	3	
	8742	电冰箱与空调器（实践）	2	
15	8743	冷库及冷藏技术	5	
16	8744	中级制冷设备维修工（实践）	5	三选一
17	8745	中级制冷工（实践）	5	
18	8746	中级空调工（实践）	5	
19	6998	毕业实习		不计学分
总学分			73	

关于印发第四届“全国自学成才奖励基金管理委员会”委员名单的通知

考委办函［2008］93号

各省、自治区、直辖市高等教育自学考试办公室，解放军自学考试办公室：

根据《关于对全国自学成才奖励基金管理委员会委员进行调整的通知》（考委办函［2007］年114号）的要求，各捐资单位推荐了新一届管理委员会的成员。经过研究，依据《全国自学成才奖励基金管理机构设置及人员配备办法》的规定，由推荐人选组成第四届全国自学成才奖励基金管理委员会，现将委员名单发给你们。

第四届基金管理委员会将依据相关规定开展工作，努力促进自学考试事业的健康发展，为建立完善的终身教育体系作出新的贡献。

附件：第四届“全国自学成才奖励基金管理委员会”委员名单

全国高等教育自学考试指导委员会办公室
二〇〇八年十月二十一日

抄送：中国中小学幼儿教师奖励（教育）基金会

附件：

第四届“全国自学成才奖励基金管理委员会”委员名单

主　任：戴家干

副主任：刘军谊、杨春茂

委　员（按姓氏笔划为序）：

丁　毅、王永志、王　华、王成骥、王　坦、王　涵、王新民、邱　可、卢羡文、刘炳贵、朱华山、米吉提·胡加力木、李军相、李孝元、杨智磊、陈　均、陈　奋、孟禹男、姜秀芳、胡汴民、黄恩育、黄继晏、黄　鹏、葛洪贵、蒋明之、缪克俭、蔡柏良、魏成松

秘书长：鲁欣正

关于广东省申请调整高等教育自学考试行政管理学专业（独立本科段）考试计划的复函

考委办函［2008］95号

广东省自学考试委员会办公室：

你办《关于调整我省高等教育自学考试行政管理学专业（独立本科段）考试计划的请示》（粤考办［2008］52号）收悉，函复如下：

同意你省在高等教育自学考试行政管理学专业（独立本科段）中增加“机关管理”（课程代码：0509，6学分）课程为选考课程。

此复。

全国高等教育自学考试指导委员会办公室
二〇〇八年十月三十日

抄送：全国考委公共管理类专业委员会

关于上海命题中心移交《中国税制》等三门课程报告的复函

考委办函［2008］97号

全国考委上海命题中心：

你中心“关于上海命题中心移交《中国税制》等三门课程的报告”收悉。经研究，决定自2009年4月起，原由你中心承担的高等教育自学考试《中国税制》（课程代码0146）、《高级财务会计》（课程代码0159）、《政府与事业单位会计》（课程代码0070）三门财经类全国统考课程的命题工作交由我办命题二处负责，你中心不再承担这三门课程的命题工作。

请与我办命题二处配合，做好《中国税制》等三门统考课程的命题交接工作。

全国高等教育自学考试指导委员会办公室
二〇〇八年十月三十一日

关于辽宁省申请备案开考高等教育自学考试动画专业（专科）的复函

考委办函［2008］98 号

辽宁省高中等教育招生考试委员会办公室：

你办《关于辽宁省高等教育自学考试申请备案开考〈动画设计〉（专科）专业的请示》（辽招考办字［2008］193 号）收悉，函复如下：

一、同意你省备案开考高等教育自学考试动画专业（专科），请严格执行考委办函［2006］53 号等文件规定。我办对报送的专业赋予了部分课程代码（见附件）。

二、为保证质量标准，开考计划中凡课程名称、学分与全国统考课程相同者（附件中序号标注“*”号），均须使用全国考委组编的课程自学考试大纲、教材，参加全国统一命题考试。

三、同意你省遴选辽宁师范大学为动画专业（专科）的主考学校。请充分发挥主考学校的作用，切实贯彻“教考职责分离”的原则，加强省考课程的课程自学考试大纲、教材建设和实践性环节考核等工作，切实保证质量。

附件：高等教育自学考试动画专业（专科）课程设置与学分

全国高等教育自学考试指导委员会办公室
二〇〇八年十月六日

附件：

高等教育自学考试动画专业（专科）课程设置与学分

专业代码：A080755

序号	课程代码	课程名称	学分	备注
1*	3706	思想道德修养与法律基础	2	
2*	3707	毛泽东思想、邓小平理论和“三个代表”重要思想概论	4	
3*	4729	大学语文	4	
4	0012*	英语（一）	7	二选一
	9181	动画专业英语	7	
5	7876	美术基础	8	
6	3423	现代漫画概论	3	
7	0675	构成（平面、色彩、立体）	8	
8	4310	透视与解剖（实践）	5	
9	3424	动画史	3	
10	3425	音乐欣赏	3	
11	3426	影视动画影片分析	3	
12	8500	Flash 二维动画制作技术	2	
	8501	Flash 二维动画制作技术（实践）	2	
13	1943	MAYA 软件（一）	4	
	1163	MAYA 软件（实践）	4	
14	9182	图形图像设计	2	
	9183	图形图像设计（实践）	1	
15	7929	动画制作	3	
16	6367	多媒体技术与应用	5	
17	6386	网页设计与制作	2	
18	3170	综合实践	4	
总学分			79	

关于江西省申请备案开考高等教育自学考试电厂热能动力工程（专科）等三个专业的复函

考委办函［2008］99号

江西省自学考试委员会办公室：

你办《关于开设高等教育自学考试电厂热能动力工程等专业的申请》（赣考办字［2008］86号）收悉，函复如下：

一、同意你省备案开考高等教育自学考试电厂热能动力工程专业（专科）、工程造价管理专业（独立本科段）和室内设计专业（独立本科段）等三个专业（见附件）。请严格执行《专业目录与专业基本规范》、考委办函［2005］131号和考委办函［2004］162号等文件规定。

二、为保证质量标准，开考计划中凡课程名称、学分与全国统考课程相同者（附件中序号标注“*”号），均须使用全国考委组编的课程自学考试大纲、教材，参加全国统一命题考试。

三、同意你省遴选江西电力职业技术学院为电厂热能动力工程专业（专科）、江西师范大学为工程造价管理专业（独立本科段）和室内设计专业（独立本科段）的主考学校。请充分发挥主考学校的作用，切实贯彻“教考职责分离”的原则，加强省考课程的课程自学考试大纲、教材建设和实践性环节考核等工作，切实保证质量。

附件：1. 高等教育自学考试电厂热能动力工程专业（专科）课程设置与学分

2. 高等教育自学考试工程造价管理专业（独立本科段）课程设置与学分

3. 高等教育自学考试室内设计专业（独立本科段）课程设置与学分

全国高等教育自学考试指导委员会办公室

二〇〇八年十一月六日

附件：

1. 高等教育自学考试电厂热能动力工程专业（专科）课程设置与学分

专业代码：A080501

序号	课程代码	课程名称	学分	备注
1*	3706	思想道德修养与法律基础	2	
2*	3707	毛泽东思想、邓小平理论和“三个代表”重要思想概论	4	
3*	0012	英语（一）	7	
4*	0022	高等数学（工专）	7	
5*	2183	机械制图	6	
	2184	机械制图（实践）	1	
6*	2159	工程力学（一）	5	
7△	2248	工程热力学（一）	5	
8△	2249	传热学（一）	4	
9△	2250	工程流体力学	3.5	
	2251	工程流体力学（实践）	0.5	
10△	2252	泵与风机	2.5	
	2253	泵与风机（实践）	0.5	
11*	2187	电工与电子技术	4	
	2188	电工与电子技术（实践）	2	
12*	2205	微型计算机原理与接口技术	4	
	2206	微型计算机原理与接口技术（实践）	2	
13△	2254	电厂锅炉	4	
14△	2255	电厂汽轮机	4	
15△	2256	热工测量及仪表	3.5	
	2257	热工测量及仪表（实践）	0.5	
16	7555	综合作业（一）		不计学分
总学分			72	

注：序号中带“△”的课程执行考委［2008］5号文件规定。

2. 高等教育自学考试工程造价管理专业（独立本科段）课程设置与学分

专业代码：B082231

序号	课程代码	课程名称	学分	备注
1*	3708	中国近代史纲要	2	
2*	3709	马克思主义基本原理概论	4	
3*	0015	英语（二）	14	
4*	4183	概率论与数理统计（经管类）	5	
5*	4184	线性代数（经管类）	4	
6*	2382	管理信息系统	4	
	2383	管理信息系统（实践）	1	
7	3305	城市规划原理	6	
	3306	城市规划原理（实践）	2	
8	4228	建设工程工程量清单计价实务	5	
9	4229	项目决策分析与评价	5	
10	4230	建设监理导论	5	
11	4231	建设工程合同（含 FIDIC）条款	6	
12	4232	综合课程设计	8	
	6999	毕业论文		不计学分
总学分			71	

3. 高等教育自学考试室内设计专业（独立本科段）课程设置与学分

专业代码：B050432

序号	课程代码	课程名称	学分	备注
1*	3708	中国近代史纲要	2	
2*	3709	马克思主义基本原理概论	4	
3*	0015	英语（二）	14	
4*	0058	市场营销学	5	
5	6216	中外建筑史	5	
6	6217	人机工程学	3	
7	5339	环境心理学	4	
8	5340	室内空间组合与理论	6	
9	5341	计算机室内设计绘图（CAD）	6	
10	5342	室内环境与设备	6	
11	5343	商业建筑室内设计	6	
12	5344	餐饮建筑室内设计	6	
13	5345	景观设计	6	
	7999	毕业设计		不计学分
总学分			73	

关于 2009 年高等教育自学考试《保险法》课程考试用书的通知

考委办函［2008］101 号

各省、自治区、直辖市高等教育自学考试办公室：

根据《关于 2009 年高等教育自学考试全国统考课程安排及有关事项的通知》（考委办函［2008］41 号），《保险法》课程将于 2009 年使用新的教材和大纲。

因国家即将出台新的保险法，且内容变化较大，为保证新版大纲和教材的编写质量，新教材将延迟出版。经研究决定，2009 年全国统考《保险法》课程将延用 2000 年版大纲和教材（覃有土主编，北京大学出版社出版）。

特此通知！

全国高等教育自学考试指导委员会办公室
二〇〇八年十一月二十日

关于委托高等教育自学考试全国统考课程命题任务的通知

考委办函［2008］102号

全国考委南京命题中心：

根据考委［2006］1号文件的要求，计算机网络专业（独立本科段）中的数据通信原理（课程代码2364，5学分）更换为通信概论（课程代码4742，5学分）。按照高等教育自学考试全国统一命题工作安排，根据你中心的工作实际和相关命题任务的承接意向，并考虑专业师资的具体情况，经研究，决定将全国统考课程通信概论（课程代码4742，5学分）的命题任务委托给你中心。我办按每使用一次试卷清样1.3万元的标准拨付课程命题经费。

请按照全国统考课程命题工作有关文件的规定和《高等教育自学考试命题工作手册》的要求做好命题工作，保证命题质量和试题的安全保密，提高命题工作的科学化、规范化水平。我办将对全国统考课程命题工作进行跟踪管理和检查评估。

全国高等教育自学考试指导委员会办公室
二〇〇八年十一月二十五日

关于甘肃省申请备案停考土地与房地产管理专业（专科）的复函

考委办函［2008］104号

甘肃省高等教育自学考试办公室：

你办《关于对我省土地与房地产管理（专科）专业毕业生进行网上注册的请示》（甘考办字［2008］80号）收悉。经审核，函复如下：

一、同意你省停考土地与房地产专业（专科），为便于毕业生注册和管理，赋予该专业全国统一专业代码“A082242”，请遵照执行。

二、专业的开考、调整和停考，必须严格执行教育部和全国考委专业管理和考务管理有关制度，履行相关审批、备案手续，不得擅自开考、调整和停考专业。

此复。

全国高等教育自学考试指导委员会办公室
二〇〇八年十一月二十六日

关于北京市申请计算机应用专业（专科）等专业代码的复函

考委办函［2008］105号

北京市高等教育自学考试委员会办公室：

你办《关于赋予北京市高等教育自学考试应用技术类专业代码的请示》（京自考委办函［2008］1号）收悉。经审核，对所报送专业赋予全国统一专业代码如下，请遵照执行。

序号	专业名称	专业代码	主考学校
1	计算机应用（专科）	A080716	北京联合大学
2	市场营销（专科）	A020207	北京联合大学
3	物业管理（专科）	A020234	北京联合大学
4	智能建筑控制技术（专科）	A080830	北京联合大学
5	装饰艺术（专科）	A050456	北京联合大学
6	导游（专科）	A020310	北京联合大学
7	汽车应用技术（专科）	A081736	北京联合大学
8	网络技术应用与服务（专科）	A080785	北京联合大学
9	烹饪与餐饮管理（专科）	A020181	北京联合大学
10	数控应用技术（专科）	A080784	北京联合大学
11	文秘（专科）	A050144	北京联合大学

此复。

全国高等教育自学考试指导委员会办公室
二〇〇八年十一月二十六日

关于做好高等教育自学考试命题工作课程代码升位有关事项的通知

考委办函［2008］109号

各省、自治区、直辖市高等教育自学考试办公室、解放军自学考试办公室、各高等教育自学考试命题中心：

根据全国高等教育自学考试考务考籍管理系统课程代码升位工作部署，自2009年7月考试开始，课程代码由目前的4位全部升级为5位（见教考试办函［2008］31号）。

为实现课程代码升位期间自学考试命题工作的平稳过渡，现将有关事项通知如下：

1.《关于2009年高等教育自学考试全国统考课程安排及有关事项的通知》（考委办函［2008］41号）所包含的四个附件，即《2009年高等教育自学考试全国统考课程考试时间安排表》、《2009年高等教育自学考试全国统考课程1月和7月考试时间安排表》、《2009年高等教育自学考试全国统考课程单独申报考试时间安排表》、《2009年高等教育自学考试全国统考课程使用的大纲、教材目录》，其中所列7月考试（含）之后的课程，其代码按照升位规则，在原代码前加“0”升级到5位，如“0001”升级为“00001”。全国考办不再另行发文更改。

2. 全国考办从2009年7月起，课程申报系统课程代码升级为5位。

3. 各命题中心所负责命制的统考课程，从2009年7月（含）起，在试卷上标注的课程代码升级为5位。

4. 各省级自考办所负责命制的省级命题课程，从2009年7月（含）起，在试卷上标注的课程代码升级为5位。

请各省级自考办按照上述要求，妥善安排相关工作，确保自学考试命题工作平稳发展。

全国高等教育自学考试指导委员会办公室
二〇〇八年十二月十七日

关于湖北省申请大众传播专业（独立本科段）等专业代码的复函

考委办函［2008］112号

湖北省高等教育自学考试委员会办公室：

你办《关于明确大众传播等专业名称及代码的请示》（鄂考委办［2008］26号）收悉。经审核，对所报送专业赋予全国统一专业代码如下，请遵照执行。

序号	专业名称	专业代码
1	大众传播（独立本科段）	B050320
2	国际金融（专科）	A020182
3	国际金融（独立本科段）	B020183
4	外贸英语（基础科段）	C050233
5	外贸英语（本科段）	C050234
6	治安管理（基础科段）	C030406
7	治安管理（本科段）	C030407
8	动物科学与动物医学（独立本科段）	B090419

你办今后应进一步加强专业管理，拟开考专业必须按规定提前向全国考委申报，批准后方可开考；未经全国考委审批同意，不得擅自开考新专业。

此复。

全国高等教育自学考试指导委员会办公室
二〇〇八年十二月三十日

关于河北省申请调整高等教育自学考试机电一体化工程等部分本科专业课程设置的复函

考委办函［2008］113号

河北省自学考试委员会：

你委《关于调整河北省高等教育自学考试部分本科层次专业英语（二）等公共外语课程设置的请示》（冀考委自［2008］8号）等文件收悉，函复如下：

一、同意你省将机电一体化工程专业（独立本科段）中的英语（二）（课程代码0015，14学分）调整为选考课程，同时免考英语（二）的考生需加考法律基础（课程代码8118，5学分）、现代科学技术基础（课程代码3130，5学分）、应用写作概论（课程代码4024，5学分）三门课程。

二、同意你省将现代园艺专业（独立本科段）等16个专业（见附件）中免考英语（二）的加考课程统一调整为法律基础（课程代码8118，5学分）、现代科学技术基础（课程代码3130，5学分）、应用写作概论（课程代码4024，5学分）三门课程。

三、同意你省在市场营销专业（独立本科段）中，将消费者行为学（课程代码7146，3学分）课程调整为营销渠道决策与管理（课程代码9184，4学分）课程。

四、请认真组织主考学校做好省考课程的大纲、教材建设、助学指导和实践性环节考核等工作，切实保证质量。

请提前通知考生，做好课程调整的相关工作。

此复。

附件：16个调整课程设置的专业名称

全国高等教育自学考试指导委员会办公室
二〇〇八年十二月三十日

附件：

16个调整课程设置的专业名称

序号	专业代码	专业名称
1	B020106	金融（电大方向）（独立本科段）
2	B020108	保险（独立本科段）
3	B020148	国际经济与管理（独立本科段）
4	B020202	工商企业管理（含中小企业管理方向）（独立本科段）
5	B020208	市场营销（独立本科段）
6	B020210	旅游管理（独立本科段）
7	B020218	人力资源管理（独立本科段）
8	B030107	经济法学（电大方向）（独立本科段）
9	B080806	建筑工程（独立本科段）
10	B080811	城镇规划与建设（独立本科段）
11	B090113	现代园艺（独立本科段）
12	B090115	园林（独立本科段）
13	B090403	畜牧兽医（独立本科段）
14	B100902	卫生事业管理（独立本科段）
15	C050105	汉语言文学（电大方向）（本科段）
16	B030117	法律（城乡法制方向）（独立本科段）

关于印发《全国考办2009年工作要点》的通知

考委办函［2008］114号

各省、自治区、直辖市教育考试院（局、中心）、高等教育自学考试办公室，解放军自学考试办公室：

现将《全国考办2009年工作要点》印发给你们，请结合当地实际情况，做好落实工作。

请各地将2008年高等教育自学考试工作情况和2009年工作计划以文件和电子邮件的形式于2009年2月20日前报全国考办综合处。（邮箱地址：liusj@ mail. neea. edu. cn）

附件：全国考办2009年工作要点

全国高等教育自学考试指导委员会办公室
二〇〇八年十二月三十日

附件：

全国考办2009年工作要点

2009年高等教育自学考试工作，以党的“十七大”精神为指导，以实践科学发展观为指针，以人才培养为核心，解放思想，更新观念，抓住机遇，坚持“积极发展、开拓创新、规范管理、确保质量”的原则，进一步深化新形势下自学考试改革与发展战略的实施，努力推进自学考试事业健康、协调、可持续发展，为建设全民学习、终身学习的学习型社会做出贡献。

根据教育部工作部署，结合自学考试实际情况，2009年重点抓好以下工作。

1. 深入学习实践科学发展观，坚持用科学发展观统领自学考试工作全局，进一步实施结构调整，推动自学考试面向农村、面向职业教育和非学历教育，落实自学考试改革发展各项工作，稳步推进综合改革试点工作。

2. 加快专业和课程体系的调整，确定调整原则和方案，推进以核心课程为主体的职业型、应用型的专业和课程体系建设。推进专业管理体制改革，实施专业开考公告制度，进一步规范专业开考审批制度。

3. 实施统考课程动态管理，调整全国统一命题课程。加强省际协作命题，推广应用“自学考试命题管理平台”，促进信息共享。全面推进题库建设，完善题库建设技术规范，确保试题保密安全。继续加强对命题中心命题工作的指导检查，组织统考课程命题质量评估。对省级命题工作开展调研和评估。继续做好自考大纲建设工作，加强考试标准及体例研究，推广使用样卷。加强统考课程试卷评价与考试情况统计反馈工作。

4. 加强教材建设管理，继续做好全国组编教材的更新工作。推进4000门课程的非统考课程教材信息服务系统的建立，实现各省教材信息共享。继续加强自考特色教材建设的研究，制定编写标准。制定并发布网络学习课件标准，推出250门课程的网络课件，结合自学考试综合改革试点工作，开展学习媒体的改革试点，逐步形成纸质教材、网络课件、光盘等多样化学习媒体。

5. 加强安全保密、考风考纪的管理。发挥考务管理与服务平台的作用，加快推进平台建设。进一步完善突发事件应急处置预案，补充案例库，完善应急指挥系统。启动标准化考点建设工作。加强对考务工作人员的培训、考核工作。

6. 加强非学历教育与学历教育、职业教育的结合。优化非学历教育考试项目结构，建立项目准入、预警及退出机制。加强市场研究，有计划、有针对性地开发新项目。在非学历教育项目中建立科学的评价系统，从单一考试向综合评价迈进。

7. 加强社会助学工作，规范社会助学的管理，建立和完善社会助学的注册公告制度，建立助学组织检查、评估制度，引导和规范助学组织的健康发展。继续推进网络助学工作。

8. 加快自学考试信息系统建设，完成自学考试信息系统的安装、部署和上线运行，开展自学考试信息系统的使用培训。加强对省级自学考试机构的信息技术培训，推动省级自学考试信息化建设。

9. 以国家社科重点课题“教育考试评价制度创新研究”和教育部重大课题子课题“高等教育自学考试改革和发展战略与政策研究”为基础，加强自学考试制度理论和改革政策研究。

10. 加强自学考试主题宣传工作，建立稳定的自学考试宣传渠道，充分发挥大众媒体的宣传作用，组织记者对自学考试工作进行深入采访报道，配合中国教育电视台建国60周年大型教育纪录片的拍摄，做好自学考试宣传片的制作。发挥高教学会自考分会宣传委员会的平台作用，开展自学考试机构宣传人员培训工作。

关于海南省申请备案开考高等教育自学考试电子商务（专科）等九个专业的复函

考委办函［2008］115号

海南省高等教育自学考试委员会办公室：

你办《关于申请开考自学考试电子商务等九个专业的请示》（琼考函［2008］42号）和《关于申请自学考试化工工艺（专科）专业“石油化工生产技术”方向新增课程的请示》（琼考函［2008］43号）收悉，函复如下：

一、同意你省备案开考高等教育自学考试电子商务专业（专科）、物流管理专业（专科）、市场营销专业（专科）、电子技术专业（专科）、视觉传达设计专业（专科）、模具设计与制造专业

（专科）、化工工艺专业（石油化工生产技术方向）（专科）、数控技术应用专业（专科）和日语专业（本科段）等九个专业（见附件）。请严格执行教考试［2000］6号、考委［2004］10号、教考试［1998］10号、考委办函［2007］43号、考委办函［2007］44号和《高等教育自学考试专业目录与专业基本规范》等文件规定。

二、为保证质量标准，开考计划中凡课程名称、学分与全国统考课程相同者（附件中序号标注“＊”号），均须使用全国考委组编的课程自学考试大纲、教材，参加全国统一命题考试。

三、同意你省遴选海南科技职业学院为电子商务专业（专科）、物流管理专业（专科）、市场营销专业（专科）、电子技术专业（专科）、视觉传达设计专业（专科）、模具设计与制造专业（专科）、化工工艺专业（石油化工生产技术方向）（专科）和数控技术应用专业（专科）、海南师范大学为日语专业（本科段）的主考学校。请充分发挥主考学校的作用，切实贯彻“教考职责分离”的原则，加强省考课程的课程自学考试大纲、教材建设和实践性环节考核等工作，切实保证质量。

附件：1. 高等教育自学考试电子商务专业（专科）课程设置与学分

2. 高等教育自学考试物流管理专业（专科）课程设置与学分

3. 高等教育自学考试市场营销专业（专科）课程设置与学分

4. 高等教育自学考试电子技术专业（专科）课程设置与学分

5. 高等教育自学考试视觉传达设计（专科）课程设置与学分

6. 高等教育自学考试模具设计与制造专业（专科）课程设置与学分

7. 高等教育自学考试化工工艺专业（石油化工生产技术方向）（专科）课程设置与学分

8. 高等教育自学考试数控技术应用专业（专科）课程设置与学分

9. 高等教育自学考试日语专业（本科段）课程设置与学分

全国高等教育自学考试指导委员会办公室
二〇〇八年十二月三十日

附件：

1. 高等教育自学考试电子商务专业（专科）课程设置与学分

专业代码：A020215

序号	课程代码	课程名称	学分	备注
1*	3706	思想道德修养与法律基础	2	
2*	3707	毛泽东思想、邓小平理论和“三个代表”重要思想概论	4	
3*	0888	电子商务英语	3	
4*	0889	经济学（二）	5	
5*	0041	基础会计学	5	
6*	0058	市场营销学	5	
7*	0891	国际贸易实务（三）	6	
8*	0892	商务交流（二）	4	
9*	0894	计算机与网络技术基础	3	
	0895	计算机与网络技术基础（实践）	3	36小时
10*	0896	电子商务概论	4	
	0897	电子商务概论（实践）	2	24小时
11*	0898	互联网软件应用与开发	3	
	0899	互联网软件应用与开发（实践）	3	36小时
12*	0900	网页设计与制作	2	
	0901	网页设计与制作（实践）	3	36小时
13*	0893	市场信息学	5	
14*	0902	电子商务案例分析	3	
	0903	电子商务案例分析（实践）	3	36小时
15*	0904	综合作业	2	
	0905	综合作业（实践）	2	24小时
总学分			72	

注：备注栏内的数字表示网上作业的学时数。

2. 高等教育自学考试物流管理专业（专科）课程设置与学分

专业代码：A020228

序号	课程代码	课程名称	学分	备注
1*	3706	思想道德修养与法律基础	2	
2*	3707	毛泽东思想、邓小平理论和“三个代表”重要思想概论	4	
3*	0018	计算机应用基础	2	
	0019	计算机应用基础（实践）	2	
4*	0020	高等数学（一）	6	
5	5362	物流英语	7	
6	5363	物流基础	5	
7*	0041	基础会计学	5	
8	5365	物流信息技术	4	
	5366	物流信息技术（实践）	3	
9	5367	物流案例与实践（一）	4	
10	5368	库存管理（一）	5	
11	5369	采购与供应管理（一）	5	
12	5370	运输管理（一）	5	
13	5371	仓储管理（一）	5	
14*	5372	国际物流导论	4	
总学分			68	

3. 高等教育自学考试市场营销专业（专科）课程设置与学分

专业代码：A020207

序号	课程代码	课程名称	学分	备注
1*	3706	思想道德修养与法律基础	2	
2*	3707	毛泽东思想、邓小平理论和“三个代表”重要思想概论	4	
3*	0009	政治经济学（财经类）	6	
4*	4729	大学语文	4	
5*	0018	计算机应用基础	2	
	0019	计算机应用基础（实践）	2	
6*	0020	高等数学（一）	6	
7*	0041	基础会计学	5	
8*	0065	国民经济统计概论	6	
9*	0043	经济法概论（财经类）	4	
10*	0177	消费心理学	5	
11*	0144	企业管理概论	5	
12*	0178	市场调查与预测	6	
13*	0058	市场营销学	5	
14*	0180	企业定价	4	
15*	0182	公共关系学	4	
总学分			70	

4. 高等教育自学考试电子技术专业（专科）课程设置与学分

专业代码：A080704

序号	课程代码	课程名称	学分	备注
1*	3706	思想道德修养与法律基础	2	
2*	3707	毛泽东思想、邓小平理论和“三个代表”重要思想概论	4	
3*	4729	大学语文	4	
4*	0012	英语（一）	7	
5*	0022	高等数学（工专）	7	
6*	2198	线性代数	3	
7*	2269	电工原理	6	
	2270	电工原理（实践）	1	
8	2340	线性电子电路	4	
	2341	线性电子电路（实践）	1	
9*	2342	非线性电子电路	3	
	2343	非线性电子电路（实践）	1	
10	2344	数字电路	3. 5	
	2345	数字电路（实践）	0. 5	
11*	2275	计算机基础与程序设计	3	
	2276	计算机基础与程序设计（实践）	1	
12*	2277	微型计算机原理及应用	3. 5	
	2278	微型计算机原理及应用（实践）	0. 5	
13	2348	电子测量	4	
14	2353	办公自动化设备	4	
15	7136	家用电器	3	
	7137	家用电器（实践）	1	
16	7134	电视机原理	4	
	7135	电视机原理（实践）	1	
总学分			72	

5. 高等教育自学考试视觉传达设计专业（专科）课程设置与学分

专业代码：A050406

序号	课程代码	课程名称	学分	备注
1*	3706	思想道德修养与法律基础	2	
2*	3707	毛泽东思想、邓小平理论和“三个代表”重要思想概论	4	
3*	4729	大学语文	4	
4	0688	设计概论	4	
5	0599	素描（三）	3	
6	0674	色彩	3	
7	0675	构成（平面、色彩、立体）	8	
8	0713	字体设计	4	
9	0714	插画技法	4	
10	0715	包装结构与包装装潢设计	8	
11	0716	印刷工艺	4	
12	0640	平面广告设计	6	
13	0717	POP与DM广告设计	5	
14	0718	标志设计	3	
15	0719	机构形象设计（VI）	8	
16	4616	专业实践		不计学分
总学分			70	

6. 高等教育自学考试模具设计与制造专业（专科）课程设置与学分

专业代码：A080304

序号	课程代码	课程名称	学分	备注
1*	3706	思想道德修养与法律基础	2	
2*	3707	毛泽东思想、邓小平理论和“三个代表”重要思想概论	4	
3*	0018	计算机应用基础	2	
	0019	计算机应用基础（实践）	2	
4*	2183	机械制图（一）	6	
	2184	机械制图（一）（实践）	1	
5	1618	机械工程基础	3	
	1619	机械工程基础（实践）	2	
6	1620	模具材料与热处理	2	
	1621	模具材料与热处理（实践）	2	
7	2220	塑料成型工艺与模具设计	4	
	2221	塑料成型工艺与模具设计（实践）	2	
8	1626	模具软件（Pro/E）	3	
	1627	模具软件（Pro/E）（实践）	3	
9	1628	模具数控加工	3	
	1629	模具数控加工（实践）	3	
10	5511	现代模具制造技术	6	
	5512	现代模具制造技术（实践）	2	
11	1632	压铸模及其他模具	3	
	1633	压铸模及其他模具（实践）	3	
12	1634	塑料成型机械	3	
	1635	塑料成型机械（实践）	3	
13	1639	企业管理与技术经济	6	
14	7999	毕业设计		不计学分
总学分			70	

7. 高等教育自学考试化工工艺专业（石油化工生产技术方向）（专科）课程设置与学分

专业代码：A081201

序号	课程代码	课程名称	学分	备注
1*	3706	思想道德修养与法律基础	2	
2*	3707	毛泽东思想、邓小平理论和“三个代表”重要思想概论	4	
3*	2126	应用文写作	5	
4*	0022	高等数学（工专）	7	
5*	2151	工程制图	4	
6	2173	无机化学（二）	4	
	2174	无机化学（二）（实践）	1	
7	2066	有机化学（二）	4	
	2067	有机化学（二）（实践）	1	
8	2175	分析化学（一）	4	
	2176	分析化学（一）（实践）	1	
9	2481	物理化学（三）	3	
	2482	物理化学（三）（实践）	1	
10	3146	化工原理（二）	5	
	3147	化工原理（二）（实践）	1	
11*	0018	计算机应用基础	2	
	0019	计算机应用基础（实践）	2	
12	2182	文献检索	3	
13	9185	石油加工生产技术	4	
14	9186	化工设备使用与维修	4	
15	9103	油品分析	3	
16	9187	化工安全技术	4	
总学分			69	

8. 高等教育自学考试数控技术应用专业（专科）课程设置与学分

专业代码：A080744

序号	课程代码	课程名称	学分	备注
1*	3706	思想道德修养与法律基础	2	
2*	3707	毛泽东思想、邓小平理论和“三个代表”重要思想概论	4	
3*	0018	计算机应用基础	2	
	0019	计算机应用基础（实践）	2	
4	4107	机械制图（三）	5	
5	1665	计算机绘图（实践）	5	
6	1666	金属工艺学	6	
7	4108	电工电子技术基础	4	
	4109	电工电子技术基础（实践）	3	
8	4077	数控技术	4	
9	2609	互换性原理与测量技术基础	4	
10	4114	数控机床	4	
11	1667	数控加工工艺及设备	5	
12	4118	数控加工编程与操作	5	
	4119	数控加工编程与操作（实践）	3	
13	1668	机床设备电气与PLC控制	5	
14	3395	数控机床故障诊断与维护	4	
15	4117	CAD/CAM（实践）	3	
总学分			70	

9. 高等教育自学考试日语专业（本科段）课程设置与学分

专业代码：C050502

序号	课程代码	课程名称	学分	备注
1*	3708	中国近代史纲要	2	
2*	3709	马克思主义基本原理概论	4	
3*	0845	第二外语（英语）	6	
4	0609	高级日语（一）	8	
5	0610	高级日语（二）	8	
6	0611	日语句法篇章法	4	
7	0612	日本文学选读	6	
8	0601	日语翻译	6	
9	0535	现代汉语	7	
10	6042	日语写作	6	
11	5443	日本社会文化	4	
12	6044	外贸函电（日语）	4	
	6999	毕业论文		不计学分
总学分			65	
1	0606	基础日语（二）	8	其他专业专科毕业加考课程
2	0844	日语阅读（二）	6	
3	0490	日语听说	6	

教育部高等教育自学考试办公室文件

关于委托中央广播电视大学组织“注册视听生”考试工作的函

教考试办函［2008］12 号

中央广播电视大学：

贵校《关于协商解决“注册视听生”统一考试问题的函》收悉。根据 1995 年原国家教委《关于广播电视大学招收高等专科“注册视听生”的试点的通知》（教成［1995］13 号）和《关于广播电视大学招收高等专科“注册视听生”试点工作的实施意见》（教成厅［1995］19 号）文件的规定，广播电视大学高等专科“注册视听生”的命题和考务工作由教育部自学考试办公室负责。鉴于 2002 年“注册视听生”停止招生以后，剩余考生人数已经很少，我办组织 75 门课程的命题和考务工作有一定的困难，同时考虑到稳定大局。根据双方协商，为妥善解决“注册视听生”考试的收尾工作，拟同意贵校来函中提出的解决方案，2008 年以后至 2010 年在读遗留学生八年学籍有效期到期前，委托贵校自行组织遗留考生必修课程的命题、考务等考试组织工作，如贵校需要，我办将提供必要的协助。

教育部高等教育自学考试办公室
二○○八年五月四日

抄报：教育部高等教育司

关于举办高等教育自学考试网络在线访谈活动的通知

教考试办函［2008］17号

有关省、直辖市教育考试院（中心）、高等教育自学考试办公室：

根据《关于做好2008年高等教育自学考试宣传工作的通知》（考委办函［2008］38号）要求，充分利用网络信息化渠道扩大自学考试宣传，进一步加强自学考试与广大考生的沟通与交流，教育部自考办决定于6月开始，举办高等教育自学考试网络在线访谈活动。此次活动的主要内容是宣传自学考试制度的特性和新形势下自学考试改革发展的新举措，解读自学考试相关政策，回答社会比较关注的问题，了解自考生的学习需求，解决自考生的实际困难。现将此次活动的安排和要求通知如下：

一、访谈形式：

由教育部自考办牵头，相关省、市考试机构参加，新浪网教育频道电话访谈、文字直播，相关省（市）教育考试机构网站、华夏大地等教育网站同步直播。

二、访谈时间安排（暂定）

福建　6月11日　　北京　6月17日
山东　6月20日　　甘肃　6月24日
湖北　7月2日　　广东　7月8日
江苏　7月16日　　重庆　8月5日
天津　8月20日　　江西　9月9日
浙江　9月16日　　辽宁　9月23日
全国考办　10月14日
其他省（市、区）访谈活动另行安排

三、访谈的主要内容

1. 本省（市）自学考试发展概况、现状特点；

2. 本省（市）自学考试发展趋势、自考改革新举措；

3. 利用网络信息化开展自学考试工作的优势（如报名、查分、网络助学等）；

4. 自学考试政策、专业计划、考务考籍、转考免考等信息咨询、互动答疑；

5. 访谈总结语（献给社会各界、广大考生、网友的鼓励语）。

四、访谈的具体要求

1. 由相关省、市考试机构负责人牵头，相关业务部门负责人参加，组成访谈小组；

2. 做好前期发动工作，利用文件通知、网络、平面媒体等多种渠道发布消息，推广此项活动；

3. 收集社会和考生预先提出的访谈问题，同时自备些问题，针对问题，进行准备。访谈问题需在访谈的前一天提交我办；

4. 做好访谈的具体事宜安排工作，包括提供访谈人物的照片及简介，自考政策文件准备，安排带有网络、电话接口的活动场所、可上网的电脑、免提电话等硬件设备（具体数量根据参与访谈人数而定）；

5. 发挥考试机构网站的作用，同步直播，链接方式为自考网站专题页面链接、图片或其他形式链接；

6. 华夏大地教育网协助全国考办负责与新浪网和访谈省（市）的具体事宜的联络和沟通，制作访谈宣传页面并提供给访谈省（市）考办网络链接，协助访谈省做好前期发动工作，免费开放百门课程为考生服务。

7. 新浪网提供访谈系统支持，通过相关页面进行访谈活动的公告。

高等教育自学考试网络在线访谈公益活动，是纪念《高等教育自学考试暂行条例》颁布20周年系列重要活动内容之一，目的是通过与社会各界、自考生网络“面对面”，搭建互动交流的平台，宣传自学考试在促进社会经济发展和满足人们多样化、个性化学习需求方面所发挥的作用。希望你们高度重视、认真组织。在组织的过程中有何意见和建议请及时与我办综合处联系，具体的技术咨询和访谈对接可与华夏大地教育网直接联系。

联系人及电话：刘素娟　010－82520097
张志刚　010－82520095
田　阳（华夏大地）
01058022046、13671037694

邮箱：liusj@mail.neea.edu.cn
zhangzg@mail.neea.edu.cn

教育部高等教育自学考试办公室
二○○八年六月五日

抄送：华夏大地教育网

关于全国高等教育自学考试考务考籍管理系统课程代码升位的通知

教考试办函［2008］31 号

各省、自治区、直辖市高等教育自学考试办公室，解放军自学考试办公室：

全国高等教育自学考试考务考籍管理系统自 1999 年推广使用以来，规范了考试管理流程、统一了信息标准，推动了全国自学考试的计算机化管理进程。为了更好地适应自学考试业务的发展，经研究，拟对自学考试课程代码进行升位。

一、升位原则

全国高等教育自学考试考务考籍管理系统覆盖全国各级自学考试机构，课程代码是该系统关键基础数据，本着对系统影响最小和确保历史数据完整、准确无误的原则，平稳过渡。

二、升位方案

课程代码由原来 4 位升级为 5 位（方案见附件）。

三、升级计划安排

2008 年 11 月底前，我办完成全国高等教育自学考试考务考籍管理系统的课程代码升级改造及部署工作，并将改造好的全国高等教育自学考试考务考籍管理系统下发各省级自考办。2009 年 5 月底前，各省级自考办完成本省课程代码升级、部署工作。从 2009 年 6 月 1 日起，我办审批新开考的课程代码为 5 位，首位从“1”开始。从 2009 年 7 月考试开始，凡涉及课程代码的，全部采用 5 位。

请各省级自考办按照系统课程代码升级要求，在确保自学考试工作平稳的基础上，做好系统课程代码升级改造和部署工作。

附件：全国高等教育自学考试考务考籍管理系统课程代码升位方案

教育部高等教育自学考试办公室
二〇〇八年十一月十二日

附件:

全国高等教育自学考试考务考籍管理系统课程代码升位方案

1. 课程代码原整型类型不变，直接由 4 位升为 5 位，课程代码从“00001”到“65535”，编码为顺序编码。

2. 课程代码升到 5 位后，历史课程代码在原代码前面加“0”，升级到 5 位，例如“0001”升级为“00001”。

3. 课程代码升到 5 位后，为了便于区分和管理新旧数据，“高等教育自学考试考务考籍管理系统”升级完成后新开考的课程代码首位从“1”开始，即从“10000”开始。

4. 由于“全国高等教育自学考试考务考籍管理系统”在当时开发时支持两种数据库：Sybase SQL Anywhere 7.0 和 SQL Server。随着数据库技术的发展，根据课程代码升级的需要，要求将所有的 Sybase SQL Anywhere 7.0 数据库迁移到 SQL Server2000 及以上。

会议纪要

高等教育自学考试综合改革试点工作研讨会会议纪要

2008年3月31日，高等教育自学考试综合改革试点工作研讨会在广东省广州市召开，会议的主要内容是：研讨和部署自学考试在专业和课程设置、“三个面向”、人才培养模式和多元化考试评价、主考学校机制、学习服务中心建设、网络助学等方面综合改革试点工作。15个省市考办的负责人出席了会议，部分合作部门、行业代表列席了会议。教育部自考办主任戴家干到会并讲话，教育部自考办副主任刘军谊作会议总结，自考综合处、命题二处、教材处、社考处等部门负责人参加了会议并介绍了相关工作情况和改革发展思路。

一

戴家干主任简要回顾了自学考试的发展情况。他指出，经过自学考试战线的共同努力，近年来学历教育稳定发展，非学历教育持续增长，总体规模不断扩大，继续教育功能日益凸现，社会声誉不断巩固和提升，自学考试已经成为最受欢迎的高等继续教育形式之一。戴家干主任传达了部长专题办公会讨论《高等教育自学考试改革发展纲要》（征求意见稿）的情况和部领导对自学考试改革与发展的指示精神。

戴家干主任着重分析了当前自学考试面临的新形势。他指出，自学考试在自身定位、与其他教育形式的协调发展、助学组织的管理、《暂行条例》的修订、高校扩招、其他开放教育不断发展、部分主考学校积极性下降、民办高校不断发展、组织机构队伍等方面面临挑战。与此同时，改革开放30年以来，社会经济的发展和高等教育的转型，高等教育的需求发生了结构性变化，继续教育、终身教育日益重要；尤其是党的“十七大”明确提出，要全面建设小康社会，到2020年终身教育体系基本形成，要推动人力资源强国和全民学习、终身学习的学习型社会的建设，这对自学考试提出了新的要求，也为自学考试带来了新的发展机遇，机遇大于挑战。

戴家干主任指出，认清自身的发展规律和面临的形势，才能更好地进行改革和寻求发展的第二曲线。自学考试要贯彻落实“十七大”精神，以科学发展观为指导，顺应新形势，从单一的学历教育和补偿教育向打造终身教育、继续教育的平台转型。

戴家干主任要求，自学考试战线要根据部党组的要求不断与时俱进，抓住自学考试发展的重要机遇期，调整定位和发展方向，促进质量、结构、规模、效益协调发展，大力增强核心竞争力，保证《纲要》各项目标和任务的完成，为构建终身教育体系和学习型社会、为建设人力资源强国作出更大的贡献。

二

会议对各地近年来自学考试发展情况进行了交流，并结合实际对综合改革试点工作的开展进行了讨论。教育部自考办综合处、命题二处、教材处分别介绍了专业和课程体系、面向职业教育、面向农村、学习服务支持体系、命题工作、统编教材和主考学校多元化等改革试点的工作思路和初步方案。会议认为，改革是自学考试事业发展的原动力，自学考试诞生于改革和创新，她的发展也是一个不断改革创新的过程。在新形势下要进一步解放思想、锐意改革，通过制度创新加强核心竞争力，打造终身教育的学习平台，构建高等教育立交桥，实现自学考试稳定、健康、可持续发展，在构建终身教育体系的过程中发挥更大的作用。

会议认为，自学考试应主动适应社会发展的需要，在专业建设、教材建设、命题工作、学习服务和主考学校等方面加大改革力度，充分调动和发挥各级考试机构、助学单位、部门行业和主考学校等方面的积极性，深入推进面向职业教育、面向农村和非学历教育工作，积极开展各项改革试点，以试点促改革、以改革促发展，通过改革试点推动自学考试各项改革工作顺利进行，保证自学考试事业积极稳妥发展。在改革试点中要树立正确的质量观和规模观，处理好质量、规模和效益的关系，注重内涵式发展，通过拓展服务对象、完善服务功能，保持规模适度增长；要认真研究考试机构的“考”与考生的“学”、助学单位的“教”之间的关系，使之构成一个有机的整体；还要加强考试机构之间和与部门行业、助学单位、主考学校之间的合作，加强沟通与协调，实现资源共享、优势互补、合作共赢。

三

刘军谊副主任在听取各地情况介绍和会议讨论后作了会议总结。他认为，建立终身学习体系对自学考试提出了新的要求，这是我们当前面临的最大机遇和挑战。终身教育具有开放性、多样化、兼容性和以继续教育为重点四大特征，自学考试必须从属性、功能、培养目标和培养对象等方面准确定位，充分发挥自身的优势和特色，努力为终身教育、继续教育体系的建立作出更大的贡献。

刘军谊副主任指出，这次会议是自学考试战线在新形势下进行改革和发展的一次会议，会议交流了经验，达成了广泛共识，今后一段时间主要在以下八个方面进行改革和发展：

——改革专业和课程体系，实现从传统的学科型向应用型、职业型、实用型的方向转变。一要调整专业结构，给各地一定的自主权，下放一部分全国统一计划专业和全国统考课程；二要停考一部分已不适应社会经济发展需要的过时专业，但是必须妥善处理停考专业考生的善后工作；三要增设一批体现像地铁、企业现场管理这样的和职业教育合作的有自考特色的新专业，这样的专业人数也许不多，但是对社会的影响和满足企业的需要，社会效益远远超过经济效益。进一步加大对本科、专科的结构调整，要在一定范围内开展选修课、互认课的试点。扩大选修课的比例，给考生更多学习的自主权和选择权。加强与其他教育形式的课程互认，扩大自考的兼容性和包容性，努力搭建高等教育立交桥；要实施核心课的试点，调整课程结构，建立自学考试特色的专业和课程体系。

——改革命题方式，调整命题结构，加快考试方法的改革。一要调整命题结构，要充分发挥协作命题优势，加大协作命题的比例，调动整个战线的积极性，提高命题效率，加强命题针对性；二要加快题库建设，既实现命题资源共享又切实保证“教考分离”。

——教材建设改革一要从单一的纸介质教材向立体化教材方向发展，加快网络课件、多媒体光盘等多种形式的教材建设；二要实行统编教材的“双轨制”，变单一的教材统编模式为统编与选用已有教材双轨并行，提高效率；三要加强自考特色教材的建设，体现自学考试的职业性、技能性和实用性。

——加强学习支持服务体系的建设，强化自学考试教育功能。要正确认识“教考分离”，重视学习过程，一要与电大、网络大学、助学机构等各类教育资源广泛合作，支持、扶持这些教育资源建立示范性学习服务中心，为自学考试学历和非学历教育服务；二要积极推动网络助学，与电大、网络大学、农广校和助学网站等网络教育资源合作，建立网络助学平台，为考生提供网络学习服务。

——积极推进自学考试面向职业教育。一要加强与部门、行业的合作，为在职人员继续教育服务；二要进一步完善与中职中技、高职高专教育后继续教育的沟通与衔接，反对在校生拿“双毕业证”。

——深化自学考试面向农村工作。一要大力推进面向农村的专业和课程体系建设，按照农村实际需要调整和开设一批适农、涉农的专业和课程，建立面向农村的专业目录；二要与农广校、农村技校职校进行全面合作，建立遍布乡村的助学网络。

——积极推进“双证书”制度。一要结合自考面向农村、面向职业教育，大力推进学历教育与非学历教育的相互沟通；二要加强与部门、行业的合作，共同扶持一批非学历教育的培训机构，建立非学历教育的培训网络。

——主动保护和调动主考学校积极性。主考学校是自学考试制度的基础和支柱，一要制定鼓励主考学校参与自考工作的政策，充分发挥主考学校在专业建设、命题、教材建设和助学工作等环节的作用；二要研究个别主考学校退出的机制，有计划地考虑主考学校的布局，在巩固重点大学担任主考学校的同时，进行主考学校多元化的试点，遴选部分职业院校和取得普通高校招生资格的民办高校作为专科层次的主考学校。

刘军谊副主任指出，改革要“摸着石头过河”，不能全面铺开、急于求成。各省市要根据本地实际拿出具体改革试点方案，教育部自考办根据各地申报的方案统筹协调、全盘布局，成熟一个试点一个。

与会代表一致认为，本次会议开得及时、有效，交流了情况、统一了认识、坚定了信心，明确了自学考试改革与发展的重点，为下一步工作指明了方向；表示要在挑战面前寻求机遇、在机遇面前不忘挑战，将认真结合本地实际，积极承担试点，努力推动自学考试事业健康、稳定、可持续发展，为构建终身教育体系作出更大的贡献。

全国考委第四届专业委员会全体会议纪要

2008 年 11 月 29 日，全国考委第四届专业委员会全体会议在北京召开，15 个专业委员会的全体委员参加了会议。教育部副部长、全国考委副主任赵沁平同志到会讲话并为委员颁发了聘书，全国考委秘书长、全国考办主任戴家干同志就自学考试发展情况和工作思路做了介绍，全国考委委员、电子、电工与信息类专业委员会主任白同朔同志代表新一届专业委员会发言，全国考委副主任、中国人民大学副校长林岗同志以及全国考办副主任梁育民同志、刘军谊同志、李光明同志出席了会议。

一

赵沁平副部长首先代表教育部和全国考委，对新一届专业委员会的成立表示热烈祝贺，对上一届专业委员会的卓越工作表示衷心的感谢。

赵沁平副部长在讲话中指出，自学考试制度符合中国国情，是广大人民群众接受高等教育的一种富有弹性、因时制宜的制度，满足了人民群众接受高等教育的迫切需求，激发了人民群众的学习热情，统筹整合了全社会的教育资源，20 多年来为各行各业输送了大批人才，为社会发展和民族振兴，为我国高等教育大众化做出了重要贡献，已经成为我国高等教育的重要组成部分。今后一段时期，自学考试的发展要以科学发展观为指导，紧紧围绕从人力资源大国向人力资源强国迈进的需要，明确定位于继续教育和终身教育，面向农村、职业教育和非学历教育，从单一的学历教育向多样化、多层次、多类型的开放式教育平台转型。

赵沁平副部长指出，专业委员会是教育部和全国考委设立的专家组织，历届专业委员会以饱满的热情和严谨的治学态度为自学考试做了大量工作，对自学考试事业的科学、健康和可持续发展发挥了重要作用。自学考试在新的历史时期面临着新的发展机遇和任务，新一届专业委员会要根据经济建设和社会发展对人才的需求，适应高等教育改革与发展的趋势，积极主动为自学考试的改革和发展作出新的贡献。

二

戴家干主任在讲话中首先回顾了自学考试 20 多年来的发展。他指出，自学考试制度是我国教育制度上的创新，也是改革开放激发民族创新精神和创造力的必然产物。20 多年来的发展历程证明，自学考试不但为解决社会对人才的需求和人民群众对高等教育的需要作出了巨大贡献，而且为我国建立现代化国民教育体系和构建终身学习的学习型社会发挥了重要作用。

戴家干主任指出，自学考试在新的历史时

期，要以科学发展观引领各项工作，进行结构调整和制度创新，为构建继续教育、终身教育体系和搭建高等教育立交桥服务，为培养数以亿计的高素质劳动者、数以千万计的专门人才和建设人力资源强国服务。

戴家干主任指出，自学考试的发展，要充分发挥专业委员会学术、教学、教材、评估委员会“四位一体”的作用。自学考试要实现从传统学科型逐步向职业型、技能型、应用型的专业和课程体系转变，要加强对考生的自主学习和助学组织的教学的指导和服务，在教材编写中要体现自主学习的特色，要对专业和课程标准执行情况、命题质量高低、教学效果等方面进行评估，这些工作都需要新一届专业委员会共同努力给予指导和帮助。

三

各专业委员会进行了分组讨论，审议了《全国高等教育自学考试指导委员会专业委员会章程》（审议稿），研究和讨论了新一届专业委员会的工作，并对自学考试的发展、专业委员会的工作机制等方面提出了建议和意见。与会委员一致表示，新一届专业委员会成立后，将按照全国考委和教育部的要求，坚定信心、明确方向，带着对教育事业和自学考试事业的满腔热情、带着对自学考试考生的深厚感情，认真负责地完成各项工作，不断积极探索自学考试的特点和教育规律，为自学考试事业的科学、健康、可持续发展发挥更大的作用。

纪念《高等教育自学考试暂行条例》颁布20周年暨优秀自考生表彰大会会议纪要

2008年12月13日，纪念《高等教育自学考试暂行条例》颁布20周年暨优秀自考生表彰大会在北京隆重召开。第三届全国自学成才奖励基金优秀自考生代表，部分从事自学考试工作的老领导、老同志，各省、自治区、直辖市和解放军高等教育自学考试办公室负责人，来自全国考委专业委员会、助学单位、主考学校和相关部委、行业协会的代表，以及特邀嘉宾和新闻媒体的代表，共计300余人参加了会议。会议由全国考办党委书记、副主任李鹏同志主持，全国考委秘书长、全国考办主任戴家干同志致辞，教育部党组成员、部长助理杨周复同志出席了会议并讲话，教育部政策研究与法制建设司、职业教育与成人教育司和高校学生司等司局负责人出席了会议。

一

教育部党组成员、部长助理杨周复同志发表了热情洋溢的讲话。他首先代表教育部对本次大会的召开，对获得表彰的优秀自考生表示热烈的祝贺，并向为自学考试的发展做出贡献的广大自考工作者表示崇高的敬意。

周复同志指出，今年是我国改革开放 30 周年，高等教育自学考试也走过了近 30 年的历程，特别是《条例》颁布 20 年来高等教育自学考试事业取得了辉煌的成就，目前，累计有 5000 多万人近 2 亿人次参加了学历教育，累计培养本专科毕业生 800 多万人，累计有 3500 多万人次参加了非学历教育，1200 万人获得非学历证书。高等教育自学考试制度逐步形成了学历教育与非学历教育并举发展的新局面，走出了一条发展中国家办大教育的路子，拓宽了高等教育培养人才的途径，受到了社会各行各业的欢迎，为社会各个领域培养了大批人才。

最后，周复同志就高等教育自学考试工作如何进一步贯彻落实党的十七大提出的目标和要求，实现科学发展谈了三点意见。

第一，高等教育自学考试制度是我国高等教育基本制度之一，要在构建终身教育体系中充分发挥作用。自学考试为全民提供了均等机会，保障了他们享有平等接受高等教育的权利。灵活性、开放性是自学考试的一项突出特点。在学习内容、学习方式、学习年限等方面考生都可以自己做出选择，不受空间和时间的限制，是真正“没有围墙的大学”；与其他教育形式的课程学分有的可以互认，有的可以续接，搭建了人才培养的“立交桥”。参加自学考试的群体非常广泛，一些领域是其他高等教育形式不可代替的。这种将个人自学、社会助学和国家考试有机结合起来的学习制度极大的激发了全民学习的热情，调动和整合社会各类教育资源，逐步形成一种有别于普通高校的教育形式。实践证明高等教育自学考试制度充分体现了终身教育的理念，能够在构建终身教育体系中充分发挥作用。

第二，严格保证质量是高等教育自学考试的生命线。在《条例》的指导下，20 多年来高等教育自学考试始终坚持严格的质量标准，不断完善和加强组织和质量管理体系建设，建立了严密的考务组织体系、健全的管理制度和规范的操作流程，建成了覆盖全国的国家考试考务管理服务平台。在全国考委设立了 16 个专业委员会，由近 200 个专家和教授组成，在专业建设、考试标准、质量评估等方面发挥了重要作用。各级自学考试机构把保密工作放在考试安全的首位，严格标准，狠抓落实，确保考试安全，维护社会稳定。

第三，坚持制度创新是高等教育自学考试事业发展的动力源泉。《条例》所确立的高等教育自学考试制度是中国特色社会主义理论在教育领域的伟大实践，是改革开放的产物，它充分继承和发扬了中华民族勤奋好学的优良传统，开创了我国高等教育开放办学的新形式。它主动适应我国产业调整和社会经济发展的要求，积极面向农村，面向职业，面向非学历教育，努力为各行各业培养应用型人才，可以说高等教育自学考试制度本身就是一项制度创新。

《条例》对高等教育自学考试制度具有重要意义和作用，随着形式的发展特别是结合国家正在制定的“国家教育中长期改革和发展规划纲要”，今后还要修订和完善《条例》，以充分体现坚持制度创新的原则，进一步发挥高等教育自学考试在建设学习型社会中的作用。

二

全国考办主任戴家干同志致辞。他首先代表全国考办向长期关心自学考试，支持自学考试的领导、专家和社会各界同仁表示衷心的感谢；向获奖的优秀自考生们表示热烈的祝贺。其次，他着重回顾了《高等教育自学考试暂行条例》的诞生，以及在推动自学考试的发展过程中发挥的巨大作用。

高等教育自学考试制度是伴着改革开放的东风，在邓小平同志思想的指引下，为了满足各行各业人才需求及人们强烈的学习愿望，而探索实行的一种新的适合我国国情的考试制度。1981 年 1 月经国务院批准试行高等教育自学考试，到 1985 年全国各省、自治区、直辖市都开展了高等教育自学考试的试点。随着自学考试工作在全国的普遍开展，老一辈教育部领导和自学考试工作者历经三年的调研论证和反复修改，凝聚着众多领导、专家、学者以及其他工作者的集体智慧和心血的《高等教育自学考试暂行条例》于 1988 年 3 月 3 日经国务院正式颁布。《条例》的颁布是自学考试进一步贯彻邓小平同志教育思想的具体体现，它不仅是自学考试发展史上划时代的里程碑，而且开创了我国终身学习与终身教育立法之先河。它的颁布对推动我国开放教育、继续教育发展，建立终身教育体系具有十分重要的历史意义。《条例》的颁布标志着我国高等教育自学考试事业走上了法制化的轨道。特别是，1998 年 8 月，第九届全国人大常委会第四次会议通过《中华人民共和国高等教育法》，使得自学考试作为我国高等教育的一项基本制度从法律上得以确立。

自学考试工作在《条例》的规范和保障下获得了蓬勃发展，1988 年《条例》颁布的当年，本、专科报考规模突破 300 万人次，到 1997 年年报考规模超过 1000 万人次，成为世界上规模最大的开放高等教育形式。当前，千百万自考生通过自学考试已经成为各行各业的生力军，成长为国家和社会的中坚力量。在新的形势下，自学考试更要主动顺应经济和社会发展的需要，深入学习实践科学发展观，不断深化改革，提高自学考试的教育质量。

三

教育部政策研究与法制建设司司长孙霄兵同志在会上讲话。

孙霄兵同志指出，高等教育自学考试 20 多年来巨大的报考规模和毕业生人数，证明自学考试是采取多种形式，积极发展高等教育的一种重要的形式。同时，高等教育自学考试制度被国家的法律法规所确定，已经成为了一种重要的高等教育制度。今后，要将这样的考试制度继续推向前进。目前，国家要制定“考试法”，《高等教育自学考试暂行条例》为“考试法”的制定提供了很好的素材和经验的借鉴。另外，高等教育自学考试也是我们公民参加高等教育学习的重要途径，是我们进行终身教育体系建设，实现学习型社会的重要形式。

他强调高等教育自学考试要进一步成为有中国特色的社会主义现代化教育制度的重要组成部分，使参加学习的成人和青年能够把自己的人生理想、工作岗位和实际需要和学习结合起来，做到学有所用。

天津市教育招生考试院院长乔丽娟同志代表各省市自考办发言。她主要回顾了天津自学考试的发展历程。天津市作为首批试点省市之一见证了高等教育自学考试从无到有，不断发展壮大的历程。自学考试为天津市高等教育毛入学率贡献率约为 8%。

江西蓝天学院院长于果同志代表助学单位发言。他描述了江西蓝天学院与自考共同发展的成长历程，结合学院办学谈了几点体会。

优秀自考生代表、全国五一劳动奖章获得者尹波同志代表自考生发言。他与大家分享了艰辛的求学历程以及通过自学考试在事业上取得的成功。

四

最后，大会举行了隆重的颁奖仪式。为来自 31 个省、自治区、直辖市及全军的 40 多名第三届全国自学成才奖励基金优秀自考生代表授予奖牌、颁发荣誉证书。

2008年全国考办主任工作会会议纪要

2008年12月13日，2008年全国考办主任工作会在北京召开。各省、自治区、直辖市和解放军高等教育自学考试办公室负责人参加了会议，会议由全国考办党委书记、副主任李鹏同志主持，全国考办主任戴家干同志作自学考试工作报告，全国考办副主任刘军谊同志作会议总结。会议总结了近年来自学考试事业的发展状况，对《全国考办2009年工作要点》和《关于加强高等教育自学考试社会助学管理的意见》等进行了讨论，明确了下一阶段自学考试工作重点。

一

戴家干主任首先回顾了近年来自学考试的发展情况。他指出，在教育部和全国考委的正确领导下，经过自考战线全体同志的共同努力，近年来专业建设、教材建设、命题工作、考务管理、助学管理、宣传工作、信息化建设和队伍建设等各项工作取得了长足的发展，自学考试呈现出良好的发展态势：总体规模连续三年保持平稳，非学历教育持续发展；学历层次结构发生显著变化，本科教育有较大发展；专业设置呈现多样化、职业化趋势；考生学历层次不断提升，在职人员逐步成为考生主体，自学考试继续教育功能日益凸现，已经成为受社会欢迎的继续教育形式。

戴家干主任要求自学考试战线要在科学发展观指引下不断完善制度，推进自学考试科学发展。他指出，自学考试的制度创新和独特价值体现在：灵活的办学形式、专业设置适应社会需要、锻炼自学能力和毅力品质、相对投入较少、最能体现终身教育理念与学习型社会特点，在新的历史起点上，自学考试必须全面贯彻科学发展观，实现事业健康、稳定、可持续发展。戴家干主任指出，推进制度创新，是自学考试科学发展的关键，要通过课程衔接、学分互认、功能互补、专业共建等方面的制度创新，加强与行业和企业的合作、改革课程和教材，实现自学考试与其他各类教育形式的沟通、衔接和资源共享；提高质量、形成特色，是自学考试科学发展的重要内容，要坚持质量标准不动摇，走特色发展、内涵式发展道路，注重质量、规模、结构和效益的协调发展，科学把握质量标准，改进考试方式和评价手段，不断创新人才培养模式，提高学习者就业能力和技能水平，切实保证质量；从单一考试到多元化评价，是实现自学考试科学发展的重要途径，要树立自学考试为整体教育服务的观念，树立“大评价观”，通过构建多元化评价体系，为搭建高等教育“立交桥”和构建现代国民教育体系服务，充分利用考试资源，建立一整套科学的教育评价标准和体系，突出学习者的主体地位，把形成性评价与终结性评价结合起来，提供知识、能力、特长和潜质的评价报告，让考生了解自己的强项和弱项、长处和优点、今后发展方向，真正做到人力资源的合理配置。

戴家干主任提出了今后几年的工作重点。他指出，要加大力度推进综合改革，进一步实施结构调整和制度创新，从专业和课程体系建设、教材建设、命题工作、考务管理和学习服务支持系统建设等方面加强核心竞争力；要对社会助学工作明确职责、理顺关系、完善制度、加强管理，通过建立健全助学组织注册公告制度、招生宣传和广告审查审核制度、助学组织检查评估制度、助学活动社会监督制度，切实加强社会助学活动的规范化；要继续大力推进自学考试面向农村、面向职业教育、面向非学历教育，将三者有机结合起来，有针对性地加强与部门、行业沟通合作，推进“双证书”制度为农民和在职人员提高学历、提升职业技能和就业能力服务，同时要建立和完善面向农村的专业和课程体系、农村助学网络服务体系，重点面向农村中小学师资队伍，还要主动承担中职中技、高职高专后继续教育任务，专科层次要向职业教育转型，以在职人员的继续教育和培训为重点。

戴家干主任最后强调，自学考试机构一定要注意加强安全意识。一方面是考试安全，要建立紧急事件的应急预案，设立新闻办公室和专门的新闻发言人负责对外信息发布，要组织新闻发言人的培训，提高业务能力和水平；另一方面是资金安全，自学考试机构的资金流入、流出量大，在资金分配、项目审批和收费标准等方面一定要重视，不能因为财务问题给考试机构带来不稳定因素和负面的社会影响。

二

会议根据各地实际并结合戴家干主任的报告，对近年来自学考试的发展情况进行了总结。与会代表认为，今年是我国改革开放 30 周年，自学考试是改革开放激发民族创新精神和创造力的必然产物，并伴随着改革开放发展壮大；今年又是《高等教育自学考试暂行条例》颁布 20 周年和《高等教育法》颁布 10 周年，《条例》和《高等教育法》明确了自学考试的性质、任务和各项基本制度，并从法律意义上确立了自学考试为我国一项高等教育基本制度。自学考试 20 多年来的发展得到了社会广泛的认可、党和国家领导人的充分肯定，年初，教育部部长办公会专门研究讨论《自学考试改革与发展纲要》，部领导对自学考试的关注和重视为我们坚定了信心、指明了方向。我们一定要在教育部和全国考委领导下，以科学发展观为引领，切实推进自学考试各项工作，完成《纲要》中提出的发展目标。

会议还讨论了《全国考办 2009 年工作要点》和《关于加强高等教育自学考试社会助学管理的意见》。

三

全国考办副主任刘军谊同志对会议进行了总结并对下一阶段的工作进行了部署。他指出，这次会议总结交流了各地自学考试的发展情况，讨论了工作中的出现的一些问题和推进工作的方向，下一阶段，我们主要围绕以下几个方面开展工作：

——加快自学考试面向农村工作。要针对农村的实用性和职业性的发展需要，选择部分面向农村的专业进行调整，建立面向农村的专业和课程体系；通过与中小学教师继续教育网等教育资源进行合作，建立覆盖广大农村的辅导网络。

——加快自学考试综合改革试点。建立以核心课程为主体内容的职业型、技能型、实用型专业和课程体系，强化实践课和技能培训，尝试建立选考课程库；改革命题和考核的内容、方式、手段，尝试计算机考试、开卷考试，从单一考试向多元评价转变，建立科学可行的学业综合评价体系；建立适合自主学习需要、符合自学考试教育规律的学习媒体体系，实现纸质教材、光盘、网络课件、活页等学习媒体的多样化，相互配合、补充；推行注册学习制，依托规范的助学组织建立学习服务中心和实验实习基地，大力推进网络助学，形成多层次、立体化、开放性的助学服务网络体系；拓展非学历教育的服务功能，结合自学考试面向农村、面向职业教育，整合各类教育资源，实现优势互补。

——稳步实施自学考试面向职业教育的试点。试点要取得教育行政部门的支持和同意；要按照职业教育的培养目标和要求，调整专业和课程设置；要在试点基础上进行推广，不能全面铺开；要坚持继续教育、在职教育的原则，以业余时间自愿学习为主。

——加强自学考试的社会助学管理工作。要争取教育行政部门的支持，明确办学资格审查、教学管理、助学指导和监督等职责，加大社会助学管理力度，切实维护自学考试声誉和考生权益；要建立健全注册公告制度，对助学组织进行注册登记并向社会公告，未经注册公告的助学组织不能开展自考助学；要建立招生宣传和广告审查审核制度，对助学组织的招生宣传和广告进行事前审查、事后审核；要建立助学组织检查、评估制度，制订评估检查教学管理的标准体系，不符合要求的必须整改；建立助学活动社会监督制度，向社会公布举报电话，以社会监督促进助学组织建设。

——加强自学考试机构工作队伍的培训。要提高各个环节工作人员的工作能力管理水平，加强日常教育、强化安全意识；严格命题、考务工作制度，组织集中培训。

与会代表一致表示，这次会议开得及时而富有成效，总结了经验、交流了情况、分析了问题、部署了工作，必将认真研究落实会议提出的各项要求，在科学发展观指导下结合本地实际，努力推进各项工作的开展，将自学考试事业推向新的台阶。

教育部考试中心

高校入学考试命题

普通高等学校招生全国统一考试

[**综述**] 2008年全国高考试题质量总体较好，与往年相比，考试形式和难度基本保持稳定，但稳中有变，大部分试题都做了有益的新的尝试和创新。试题在考查知识的同时，加强了能力的考查；试题注意理论联系实际，贴近生活，关注社会；试题难度基本适当，具有较好的区分度；试题基本无科学性问题，参考答案基本准确、规范，有利于评卷，评分参考合理。

海南、宁夏、广东、山东等4个省区实施课程标准后的第二年高考，新高考命题进一步体现能力立意，体现课改的理念。加强对学科探究能力的考查。考试内容与高中新课程内容相衔接，突出学科的核心内容和主干知识，体现基础性、时代性和选择性要求；关注对考生情感、态度、价值观的考查。选考模块间试题难度平衡，试题的区分度进一步提高。

受地震影响，甘肃部分地区高考延期举行，教育部考试中心命制了延考试卷，考试顺利举行。

[**分省命题工作**] 2008年全国高考分省命题省市仍保持16个，基本稳定。其中，北京、天津、山东、重庆、四川等5个省市命制语文、数学（文/理）、英语、文科综合、理科综合；上海、江苏、广东等3个省市命制语文、数学（文/理）、英语、政治、历史、地理、物理、化学、生物等学科（上海、广东还命制文科基础和理科基础）；辽宁、浙江、福建、安徽、江西、湖北、湖南等7个省命制语文、英语、数学（文/理），陕西省命制数学（文/理）和英语，其他考试科目使用教育部考试中心命制的试题。所有小语种考试仍由教育部考试中心命题。

2008年教育部进一步加强对分省命题的指导、培训、监督和评价工作，重点是对实行高中课程改革后高考命题省的管理工作。2008年3月下旬在北京召开了2008年课程标准后高考命题培训与交流会，山东、广东、天津、辽宁、江苏、福建、安徽、浙江等八省市考试机构的命题管理人员和学科人员50余人参加了会议，交流了学科命题工作的经验，研究和讨论了课程改革后高考命题的思路和方向。

2008年各分省命题省市继续高度重视高考命题工作，进一步加强了制度建设和保密安全工作，强化命题教师队伍建设，加强对命题教师的保密教育和培训，进一步提高命题质量。即将实施课程标准后高考的省市及早准备，提前介入，周密计划，认真调研，为实施课程标准后高考命题打下良好基础。

[**试题评价与分析**] 2008年7月，召开了全国普通高考试题评价会，对全国高考试题从政治性、科学性、规范性等方面进行了专业分析和评价，形成了《2008年全国普通高考试题专家评价报告》，并分别反馈给各命题省市，有利于加强命题管理，有利于提高试题质量。2008年11月，

召开了2008年全国高考命题工作总结会。重庆、天津、湖南、广东向大会报告了本省市分省命题的工作，宁夏汇报了新高考的考试情况，四川介绍了在地震发生后封闭入闱期间的命题工作经历。各省市代表结合本省市的高考命题工作，在命题队伍建设、试题质量控制、命题安全保密措施和评卷工作等方面进行了广泛和深入的讨论。通过会议，各命题单位交流了工作经验，相互学习借鉴，进一步明确了今后的工作重点和方向。

全国硕士研究生入学统一考试

[新增计算机科学与技术学科联考命题] 根据《教育部办公厅关于全国硕士研究生统一入学考试计算机科学与技术学科初试科目调整及命题形式改革的通知》（教学厅［2008］11号），教育部从2009年起对全国硕士研究生统一入学考试计算机科学与技术学科联考的初试科目进行调整。调整后的初试科目为政治理论、外国语、数学一和计算机学科专业基础综合。

在上述改革措施下，考试中心承接了新增加的计算机学科专业基础综合（包括数据结构、计算机组成原理、操作系统和计算机网络）考试科目的命题任务。组建了命题教师队伍、编写了《考试大纲》，进行了预命题，成功命制了2009年正式考试用试卷。

[政法院校招录培养体制改革试点笔试命题]

根据《2008年政法院校招录培养体制改革试点工作实施方案》（政法［2008］28号）文件的指示精神，2008年将从军队退役士兵和普通高校毕业生中选拔优秀人才进行专门培养，毕业后到西部和经济欠发达地区的县级人民法院、人民检察院、公安和司法行政机关工作，以提高政法干部队伍的整体素质。培养层次包括专科、本科和研究生。

上述三个培养层次招生考试的笔试包括公务员公共科目考试和教育入学考试。报考专科试点班的考生只参加公务员公共科目考试；报考本科班的考生还需参加民法学的考试；报考法学硕士研究生班的考生还需参加专业综合Ⅰ（含刑法学、民法学）、专业综合Ⅱ（含法理学、中国宪法学、中国法制史）的考试。

根据中央政法委的文件和教育部的要求，考试中心承接了本科班招生民法学、硕士研究生招生专业综合Ⅰ、专业综合Ⅱ三个考试科目的《考试大纲》制定和命题工作。

教育入学考试笔试于8月31日举行，共有17 175人参加了本科班招生民法学的笔试（拟招录1 040人，考录比为16：1），有1 572人参加了硕士班招生专业综合Ⅰ、专业综合Ⅱ的笔试（拟招录80人，考录比为19：1）。

根据考后考生成绩的统计数据分析显示试题难度适中、区分度较好，符合预期设计目标，能够较好地满足招生录取的需求。

全国各类成人高等学校招生统一考试

[题库建设] 根据教育考试国家题库建设规划，2008年考试中心继续推进成人高等学校招生全国统一考试的题库建设工作。组织全部17个学科的专家，按照考试标准准确、内容科学、格式规范、素材公平和难度稳定的原则，补充了题库试题，基本达到了成人高考项目的题库建设目标。在2008年的考试中，采取从题库中随机抽取试题组卷用于考试的办法，实现了命题方式的根本转变。

供稿：教育部考试中心高校入学考试命题处
撰稿：任子朝　李　勇　陈　睿　胡传勇
审稿：余仁胜

高等教育自学考试

[**概况**] 2008 年全年报考 989 万人次、2 343 万科次，与 2007 年相比增加 33 万人次和 128 万科次，分别增加 3.4% 和 5.2%。本科报考 585 万人次（占 59.2%），专科报考 375 万人次（占 38%）（其他层次未包含），其他层次 29 万（占 2.8%）；本科报考 1374 万科次（占 58.7%），专科报考科次 899 万科次（占 38.4%），其他层次 70 万科次（占 2.9%）。

总　类

[**纪念《高等教育自学考试暂行条例》颁布 20 周年暨优秀自考生表彰大会**] 12 月 13 日，纪念《高等教育自学考试暂行条例》颁布 20 周年暨优秀自考生表彰大会在北京隆重召开。第三届全国自学成才奖励基金优秀自考生代表，部分从事自学考试工作的老领导、老同志，各省、自治区、直辖市和解放军高等教育自学考试办公室负责人，来自全国考委专业委员会、助学单位、主考学校和相关部委、行业协会的代表，以及特邀嘉宾和新闻媒体的代表，共计 300 余人参加了会议。教育部部长助理、党组成员杨周复和教育部政策研究与法制建设司司长孙霄兵出席会议并讲话，职业教育与成人教育司司长黄尧、高校学生司司长林惠青等出席了会议，全国考办主任戴家干同志致辞、党委书记李鹏同志主持。会议回顾了自学考试制度的发展历程，总结了自学考试为我国经济社会的发展、国民文化素质的提高和促进教育公平等方面的成就，表彰了优秀自考生并为优秀自考生代表颁发了证书、奖章。

[**首届全国十佳自考生评选**] 为大力宣传自考生自强不息、努力上进的优秀事迹，鼓励广大自考生勤奋学习、努力成才，推动自学考试事业蓬勃发展，全国考办组织开展了全国自学成才奖励基金首届“全国十佳自考生”、“单项优秀自考生”和第三届“优秀自考生”的评选、表彰、宣传活动。

“全国十佳自考生”是王振敏（女，天津）、杨晓宇（辽宁）、张晓玲（女，山东）、尹波（安徽）、肖中兵（福建）、颜晓华（湖北）、帅育强（重庆）、扎西桑珠（西藏）、周晶（甘肃）、梁建国（解放军），有 35 名自考生获得“单项优秀自考生”称号，165 名自考生获“优秀自考生”称号。

编写“全国十佳自考生”和“单项优秀自考生”事迹报告文学《学习改变命运》第三辑。

[**全国考委第四届专业委员会成立**] 10 月 30 日，经教育部批准，全国考委第四届专业委员会正式成立。目前，第四届专业委员会设置了 15 个专业委员会，由 165 位来自高校、部委、行业和企业的专家组成。本届专业委员会在广泛征求意见的基础上，实现了结构调整，规模得到有效

控制；平均年龄降低，实现了年轻化；专业结构进一步优化，具有正高级职称人员占 93%；同时吸收、保留了一些学科带头人和知名学者，其中有工程院院士 1 人、全国政协委员 2 人、全国人大基本法委员会委员 1 人、现职校级领导 34 人。

11 月 29 日，全国考委第四届专业委员会全体会议暨成立大会在北京召开，教育部副部长、全国考委副主任赵沁平同志到会讲话并为委员颁发了聘书，全国考委秘书长、全国考办主任戴家干同志就自学考试发展情况和工作思路做了介绍。

专业管理

[概况]　2008 年 22 个省、自治区、直辖市和解放军新开考 194 个专业点，含本科层次 92 个、专科层次 102 个，其中经审批开考的新专业 32 个。经过加强专业开考审批、备案管理，实行总量控制和宏观规划，至此全国已开考共计 828 个专业，其中专科层次 365 个，本科层次 463 个；全国已开考共计 3 608 个专业点，其中专科层次 1 678个，本科层次 1 930 个。进一步规范专业管理，积极推动专业公告制度的进程，分三批进行了专业公告的动员，有关省按要求进行了清理核对。同时，大力推进自学考试专业和课程体系的结构调整，提出了调整的初步方案。

社会助学

[概况]　2008 年，全国注册登记并经教育行政管理部门批准的社会助学组织共有 1 336 个。其中，普通高校 461 个，占 34%；民办高等教育机构 381 个（其中民办普通高校 105 个），占 29%；成人高校、部门培训机构以及其他形式的短期培训班 494 个，占 37%。全国共有 169 万人参加助学。普通高校助学学员 74 万人，占全部参加助学学员总数的 44%；民办高等教育机构助学学员 41 万人（其中民办普通高校助学学员 17 万人），占全部参加助学学员总数的 24%。部门委托助学学员 20 万人，占学员总数的 12%；成人高校助学学员 9 万人，占学员总数的 5%。在参加助学辅导的学员中，约有 53% 的学员是业余学习。

自学考试宣传

[概况]　根据全国考办的部署，各地自学考试机构以《高等教育自学考试暂行条例》颁布 20 周年为契机，积极开展纪念《条例》20 周年座谈会、表彰会、自考征文、自考宣传周（月）、自考文化节等主题宣传活动。与新浪网、华夏大地教育网联合举办全国性的网络在线访谈活动，为考生答疑解惑，利用中国教育报、中国青年报等多家媒体进行专题报道。编写《高等教育自学考试宣传画册》、《高等教育自学考试 2007 年工作报告》、《高等教育自学考试 2007 年大事记》，编写《自学考试简报》13 期。

中国高等教育学会自学考试分会

[概况]　中国高等教育学会自学考试分会是团结最广泛的自考相关领域力量的社团组织。截至 2008 年年底，会员单位已增至 248 个。2008 年，召开了常务理事会会议，举办了第三期自学考试管理干部培训班。并结合纪念改革开放 30 年，开展了重大课题《自学考试：中国高等教育制度的创新》的研究，主研究成果浓缩版在中国高教学会主编的《改革开放 30 年中国高等教育发展经验专题研究》专著中出版。

自学考试命题

[全国统考课程概况]　2008 年高等教育自学考试全国统考课程共计 660 门。其中全国考办负责

命题课程 107 门，北京、沈阳、上海、南京、武汉、成都、西安、广州、杭州、哈尔滨、重庆、天津、长春、济南、福州、兰州（筹）等 16 个命题中心共负责命题课程 553 门。

[统考课程考试安排]　2008 年全国考办共安排 741 科（次）课程进行全国统一命题考试，共组织提供试卷清样 13 578 套。

1 月、7 月，通过统考课程单独申报工作，安排 447 科（次）课程，组织提供试卷清样3 046套。

[考试大纲建设]　2008 年，全国考办配合有关专业委员会，参与完成中文、计算机、护理学、行政管理等专业的 33 门课程自学考试大纲的修订及审订工作。

[自学考试国家题库建设]　完成 A 类题库建设一期计划的《大学语文》等 10 门课程的年度题库建设任务，每门课程达到 10 倍以上试题储量；启动 A 类题库建设二期计划的《马克思主义基本原理概论》等 9 门课程的命题工作，编写《马克思主义基本原理概论》等 9 门课程的《命题工作手册》；完成 B 类 97 门课程的年度题库建设计划，命制 272 套备用试卷。

[命题信息管理平台建设]　根据自考信息管理系统的建设规划，启动命题信息管理平台建设，完成了命题信息管理平台的研发工作，并导入统考课程的有关数据进行了试运行。

[统考课程动态调整机制]　初步建立统考课程动态调整机制，停考电厂热能动力工程等专业，将 18 门统考课程调整为省级命题课程。

[统考课程命题质量与考试情况调查反馈]　对 2007 年 10 月考试的 321 门和 2008 年 4 月考试的 317 门全国统考课程命题质量与考试情况进行了问卷调查。天津、上海、湖北等 19 个省级考办按照要求，上报了有关课程的考试数据和评价意见。经汇总整理，及时将有关课程考试信息分别反馈给各命题中心，供命题教师参考，提高命题质量。

[省级命题管理]　4 月，以问卷形式调查了全国自学考试省级命题工作情况。10 月，初步拟定《高等教育自学考试省级命题管理办法》。

[中英合作专业考试命题]　完成中英合作专业考试 8 门课程 10 套试卷清样。

教材建设

[概况]　2008 年自考教材建设工作继续以“五四三一”工程为核心开展各项工作。

共更新了 86 门自学考试课程的教材，保障了考生有充足的时间学习教材和全国统一考试的顺利进行。

通过合作建立了包括 4 000 多门各省非统考课程教材的自学考试教材信息服务系统并开始运转，为全国自学考试教材建设管理工作提供信息服务。

合作开发了 184 门自考课程的网络课件，对已开发网络课件的课程教材进行“书配卡”，每本教材配发可免费学习 6 小时的网络学习卡。截至 2008 年 11 月共配卡 450 万张，比去年同期增加了 270 多万张。

供稿：教育部考试中心自考综合处
　　　教育部考试中心命题二处
　　　教育部考试中心教材出版处
撰稿：刘素娟　李　颖　贾洪芳　杨　榭
　　　东晓华　冯加根　姚　刚　沈　漪
审稿：鲁欣正　柳　博　王建民

非学历教育考试

[全国计算机等级考试（NCRE)]　该项目是由教育部考试中心主办，面向社会，用于考查应试人员计算机应用知识和能力的全国性计算机水平考试体系。2008 年的报考人数达 418 万（比 2007 年增长 7.2%)，获证人数 168.4 万。截止 2008 年底，逐年累计报考人数达 2 874.4 万，累计获证人数达 1 073.4 万。

2008 年全面落实 2007 年版 NCRE 考试大纲，计算机职业英语一级、二级 Delphi 语言、四级网络工程师等五个新科目顺利开考，基于 SQL Server 数据库的新版上机考试系统分别完成个别考点试点和个别省内试点考试工作，按计划将于 2009 年上半年在全国 2 000 多考点全面实施。

[全国计算机应用技术证书考试（NIT)]　该项目是教育部考试中心主办的考试，它借鉴了英国剑桥大学考试委员会举办的剑桥信息技术的成功经验，以建构主义学习理论的精华为指导，以任务驱动的原则为教学模式，采用指导评估的方式进行能力考核，侧重培养学员的实际应用技能，着重考察学员的独立操作解决问题的能力，适合各种行业人员岗位培训的需要。

该考试于 1996 年开考，2008 年考试人次达到 35 万，培训机构和考试点达到 1 800 多个。

[全国计算机职业技能考试（NIT - Pro)]　该项目是教育部考试中心主办，面向计算机软件专业岗位的全新职业技能类考试。项目根据专业岗位需求，并结合企业实际情况，将理论考试与实践考核相结合，对考生的理论应用、实践操作、团队协作等能力进行全面测评。2004 年开考，分为工程师及高级工程师两个级别。2008 年在全国 9 个省、自治区、直辖市，30 个直属考试点开考，考生近 2 000 人。

[全国青少年计算机考试（YNIT)]　该项目是教育部考试中心针对 5 ~ 16 岁青少年的认知能力和心理特点研究设计的计算机应用能力培训与考试系统。全国 28 个省市已承办了该项目并陆续开展了培训和考试。

2008 年 6 月将原全国少儿计算机考试（YNIT）更名为全国青少年计算机考试（YNIT)。目前开考 13 个模块，2008 年报考人数近 5 万，获证人数超过 3.8 万。

2008 年 5 月份举行了第二届全国少儿计算机考试优秀作品评选活动，全国共有 302 人分别获得了不同级别的奖励。

[全国英语等级考试（PETS)]　全国英语等级考试（Public English Test System，简称 PETS)，共分五个级别（其中 1 级下设一个附属级 PETS - 1B)。每个级别都包含笔试和口试，考生

可根据自己的需求，只报考笔试或口试，单项合格者将获得单项成绩合格证；两者均合格者，方可获得教育部考试中心颁发的等级合格证书。

2008 年，PETS 在全国 31 个省（直辖市、自治区）和解放军总参系统开考，全年共计 1 109 096名考生报名参加了 PETS 各级别考试，比2007 年增长 10.3%。共 176 368 名考生获取了 PETS 各级别的合格证书。

2008 年，PETS 设计完成了旨在对考生英语能力进行分析性评价的成绩报告单。该报告单首先在二级启用，之后逐步推广到其他级别。为完善 PETS 的评价与服务功能，方便考生查询成绩（报告单），方便用人单位验证证书真伪，教育部考试中心开通了 PETS 考试成绩（报告单）及证书网上查询系统。考生和用人单位只需登录（chaxun. neea. edu. cn）网站，输入考生的相关信息，便可免费查询到自己的笔试成绩报告单和有关信息。

在成功开发并施行 PETS 一级 B 和一级计算机辅助口语考试的基础上，2008 年进行了二级口试计算机化的研究和试验，拟在 2009 年下半年正式推出二级计算机辅助口语考试。

2008 年浙江省发布《浙江省新课改高考方案》，方案规定，浙江高考英语听力考试成绩（满分为 30 分）使用全国英语等级考试二级听力考试成绩，每年为考生提供两次考试机会，每一考生可自定参加一次或二次考试，取最高的一次成绩计入高考总分。2008 年 9 月 13 日，浙江省 33.22 万考生参加了 PETS 二级的听力考试。

[全国外语水平考试（WSK）]　全国外语水平考试（WSK）是教育部举办的用于考查国家公派出国留学人员外语水平的考试，共包括英语（PETS－5）、法语（TNF）、德语（NTD）、日语（NNS）和俄语（ТПРЯ）五个语种，统称为全国外语水平考试，并以该名称的汉语拼音首字母 WSK 为其简称。

WSK 主要用于测试考生运用外语进行交流的能力。目前，WSK 除了用于选拔国家公派留学人员外，还适用于：1）有关外语培训中心对其学员外语水平的评价；2）有关企事业单位对其工作人员外语水平的鉴定；3）非外语专业人员职称评定时的外语水平鉴定；4）其他外语自学者对其外语水平的评估。

该考试为标准参照性考试，具有一套完整的试题编制、题目等值、计算机阅卷、主观题阅卷质量控制与分数调整等标准化程序。

考试时间：每年 6 月的第 2 个周末考英语、德语、法语，12 月的第 2 个周末考英语、日语和俄语。2008 年全国共有考点 36 个，共报考 19 015人次。

[全国外语翻译证书考试（NAETI）]　全国外语翻译证书考试（NAETI）是教育部考试中心与北京外国语大学合作举办，在全国实施的面向全体公民的非学历证书考试。主要测试应试者笔译和口译能力。目前开设英语和日语两个语种，以后将逐步扩展到其他语种。

NAETI 分为笔译和口译两大类，英语含四个级别，分别为：一级（具备高级笔译和口译能力）、二级（具备一定难度的笔译和口译能力）、三级（具备一般的笔译和口译能力）和四级（具备基本的笔译和口译能力）；日语含三个级别，分别为一级（具备高级笔译和口译能力）、二级（具备一定难度的笔译和口译能力）和三级（具备一般的笔译和口译能力）。

考试合格者可分别获得相应级别和类型的证书。该证书由教育部考试中心和北京外国语大学共同颁发。

2008 年全国 37 个考点组织了考试，报考总人数2 640人次。

[全国中小学教师教育技术水平考试（NTET）]

该项目是教育部主管，教育部考试中心主办

的测试全国中小学教师教育技术应用能力的水平考试。旨在全面提高教师教育技术应用能力，促进教育技术在教学中的有效运用，建立教师教育技术培训和考试认证体系，全面提高教师实施素质教育的能力水平。

2008 年 259 608 名考生参加了考试，219 232 人取得了合格证书。

［中国餐饮业职业经理人资格证书考试（CMEP）］

该项目是由全国自考办和中国烹饪协会共同创建并共同实施，面向社会，用于考查应试人员餐饮行业管理知识和能力、进行资格认证的水平考试。目前共设置两个级别，包括中级职业经理人资格证书考试和高级职业经理人资格证书考试，证书课程与自考相应专业课程相互衔接。考试采取全国统一考试的形式，每年举办两次，时间分别为 5 月和 11 月。2004 年 5 月首次开考。2008 年报考 14 440 科次。

［调查分析师证书考试］ 该项目是全国自考办与国家统计局合作开发和联合实施的考试与培训项目。调查分析师证书课程考试合格，在高等教育自学考试调查与分析专业（专科、独立本科段）中承认相应课程的学分。调查分析师证书分为初级、中级和高级三个等级。该考试采取全国统考的形式，每年开考两次，时间分别为 5 月和 11 月。2004 年 11 月首次开考。2008 年报考 19 073科次。

［机械工程师资格认证考试］ 该项目是由教育部考试中心与中国机械工程学会联合开发的“综合素质与技能考试”。教育部考试中心主要承担《考试大纲》编写以及考试命题工作。凡申请机械工程师资格认证的人员，必须参加并通过该“综合素质与技能考试”。该考试于每年 11 月举行。2004 年 11 月首次开考。2008 年报考909人。

［中国市场营销资格证书考试（CMAT）］ 该项目是教育部考试中心与中国市场学会联合举办，在全国实施的用以测试应试人员市场营销知识与营销管理能力的资格证书考试。考试共分三个级别：中国市场营销总监资格证书、中国市场营销经理资格证书、中国市场营销经理助理资格证书。该考试采取全国统考形式，每年开考两次，时间分别为 5 月和 11 月。2005 年 11 月首次开考。2008 年报考 3 646 科次。

［劳动和社会保障岗位资格证书考试（LSSEP）］

该项目是人力资源和社会保障部人事教育司、教育培训中心（原劳动和社会保障部教育培训中心）与教育部高等教育自学考试办公室共同推出和实施的岗位资格考试与培训项目。证书课程与全国高等教育自学考试劳动和社会保障专业（专科）相应课程学分相衔接。证书由劳动和社会保障部人事教育司、教育培训中心和教育部考试中心共同审核、签署，劳动和社会保障部教育培训中心负责发放。

2004 年 11 月首次开考。2008 年全国 13 个省（自治区、直辖市）开考，总报考科次为 6 966。

［中国物流职业经理资格证书（CPLM）］ 该项目是全国高等教育自学考试指导委员会与中国交通运输协会联合开发和实施的考试与培训项目。

证书课程与高等教育自学考试物流管理专业（专科、独立本科段）相应课程学分相衔接，与英国皇家物流与运输学会的职业资质证书有限制互认。

2005 年 11 月首次开考。2008 年报考总科次为 248 282。

［中英合作采购与供应管理职业资格证书考试］

该项目是由全国高等教育自学考试指导委员会与中国交通运输协会、英国皇家采购与供应学会（The Chartered Institute of Purchasing and Supply，简称 CIPS）合作开发、联合实施的考试项目。

中国采购与供应管理职业资格证书与英国皇家采购与供应学会（CIPS）职业资格证书的相应级别的课程互认，即通过规定级别的几门课程的考核，可同时获得以上两项证书。另外，证书课程与自学考试采购与供应管理专业（专科、本科）的部分课程衔接。通过证书课程的学员在获得职业资格证书的同时，还可以在自考学历教育中享有相应学分。

2008 年，12 个省（直辖市、自治区）开考，报考人数达 6 933 人，比 2007 年增长了近 10 倍。报考总科次达 14 717。

[剑桥少儿英语]　该项目是英国剑桥大学考试委员会为非英语母语国家 6 至 12 岁少年儿童提高英语能力而设计。剑桥少儿英语于 1996 年由教育部考试中心中英教育测量学术交流中心（以下简称中英中心）引进、完善成为集培训、考试一体的学习系统。

目前，学习剑桥少儿英语的人数累计已达六百万余人次，参加考试的人数累计已近二百万人次。全国持证上岗的教师有 3 万余人，培训合格的口试考官 5 千余人。2008 年全国报考人数 225 478人。

2008 年，开发、设计了剑桥少儿英语全新的立体学习考试评价体系。有效地利用计算机及互联网等现代化手段，提高教学质量和学习效率。

[中英合作商务管理与金融管理]　该项目是经原国家教委批准，全国高等教育自学考试指导委员会办公室与英国剑桥大学考试委员会共同设计，旨在为工商企业界人士及希望在商务管理、金融管理方面发展的人员，提供具有国际标准的专业教育。该考试从 2000 年 1 月起在部分省市开考。中英合作商务管理和金融管理专业考试自开考以来累计报考科次为 80.2 万。

2008 年，在北京、天津等 17 个省（市、自治区）开考，报考科次为 12.4 万。

2008 年 1 月，教育部考试中心与剑桥大学国际部签署了“关于在中国合作开展高等教育自学考试商务管理、金融管理专业新项目证书考试会谈备忘录”。

[中国书画等级考试（CCPT）]　该项目是教育部考试中心主办，面向全国书画学习者的技能培训、测评系统。旨在学习和普及书画艺术，继承中华优秀传统文化，通过科学、规范的培训与测评，提高学习者的书画艺术、技能和审美水平。考试共设书法、硬笔书法、素描、色彩、动漫画、国画、山水、国画花鸟、国画人物、篆刻九个科目，每个科目各分 9 个级别。2007 年 12 月首次开考，2008 年共报考 4 914 科次，其中书法 1 547 科次，硬笔书法 3 367 科次。

供稿：教育部考试中心社会考试处
　　　教育部考试中心外语考试处
撰稿：王连晓　孙显福　李　英　吴　莎
　　　张宝发　赵英华　赵宝华　姜春红
　　　高　升　黄啸波　董　琳　韩　雁
审稿：王　莉　刘庆思

海外考试

[**完善考试管理**]　2008 年结合考试中心“十一五”事业发展规划考务巡视监控平台的建设，将海外考试考点的监控逐步地纳入到平台的建设中来。特别针对托福网考，要求新建考点配备视频监控设备。严格执行境外考试保密管理规则，加大对试卷的发送、接收和存储的监控力度。为确保海外考试的信誉，在考试期间，组织人员对考点进行巡视，督促考点严格执行各海外考试的各项考试规定。

此外，召开了全部考点参加的全国海外考试考务工作会议，通过对 2007 年工作的总结、评比，对口试考官的培训，对新设考点工作人员的培训，以及参加为促进考生报考的积极性的外方组织的英语口语比赛，为海外考试扩大规模奠定了坚实的基础。

[**扩大考试规模**]　与英、日语之外的小语种国外权威考试机构进行了多次接触与交流，其中包括法国国际教学法研究中心、巴黎工商会、西班牙塞万提斯学院、意大利佩卢贾大学、巴西教育部等国外考试机构会谈，商讨引进法语、西班牙语、意大利语和葡萄牙语考试的相关事宜。

2008 年新增了 BJT 商务日语能力考试和德国的学习能力考试（TestAS）两个考试项目。

2008 年海外考试考生人数再创历史新高。全年考生人数（科目）950 695，与 2007 年的 711 852人（科目）相比，考生人数增长 33.5%。

2008 年海外考试考生人数（科次）统计与增减幅度表

国别	考试名称	中文名称	次数	2007 年总数	2008 年总数	2008 年增幅
美国	TOEFL iBT	托福网考	42	62 998	132 813	111%
	GRE	研究生入学考试	2	34 195	43 395	27%
	GRE SUB	研究生入学考试（专业）	1	2 368	2 209	-7%
	CGFNS	外国护士资格证书考试	3	205	93	-55%
	IT	各类信息技术证书	0	14 277	12 911	-10%
	GMAT	管理学研究生入学考试	0	10 085	15 250	51%
	LSAT	法学院入学考试	2	453	566	25%

国别	考试名称	中文名称	次数	2007 年总数	2008 年总数	2008 年增幅
英国	BEC	剑桥商务英语证书考试	2	69 098	92 734	34%
	MSE	剑桥英语等级考试	2	4 046	6 044	49%
	IELTS	雅思	36	200 516	265 056	32%
日本	JLPT	日本语能力测试	1	254 893	245 787	-4%
日本	BJT	商务日语能力考试	2		3 685	
韩国	TOPIK	韩国语水平考试	1	53 987	125 154	132%
德国	TestDaF	德福考试	3	2 520	2 911	16%
	TestAs	学习能力考试	2		65	
英国	LCCIIQ	伦敦工商会国际认证考试	3	2 211	2 022	-9%
合计				711 852	950 695	34%

[托福考试（TOEFL 英语作为外国语考试，美国）]　2008 年在上一年原有考点的基础上增设了 19 个考点，38 个考场，至今全国共设有网考考点 71 个，考场 125 个。全年实施计算机化网络考试 41 次。到 2008 年底，全年网考报名总数 132 813人，实际参加考试总数121 377人，实际参加考试人数比去年增加近 1 倍。

[GRE（研究生入学考试，美国）]　2008 年 GRE 一般能力双模式考试机考人数为45 037人，比上年度增长 20.7%。一般能力双模式纸笔考试（词汇和数学考试），考试 2 次（6 月、10 月），考生总人数为43 395人，比上年度增长 21.2%。专业测验考试 1 次（11 月），考生总人数为2 209人，比上年度减少 7.2%。

[GMAT（工商管理研究生入学考试，美国）]

2008 年全国 12 个（9 个兼用、3 个专用）GMAT 考场共有 15 250 名考生参加了 GMAT 机考考试。比 2007 年度参考人数增长 51%。

[LSAT（美国法学院入学考试，美国）]　2008 年组织考试 2 次，6 月报考 246 人，12 月报考 320 人，考生人数共计 566 人。比 2007 年增长了 25%。

[CGFNS 考试（外国护校毕业生委员会，美国）]

2008 年全年共进行了 3 次(3 月、7 月、11 月）考试，考生人数 93 人，比 2007 年下降了 120.43%。

[IT（信息技术证书考试，美国）]　2008 年共有 12 911 名考生报名考试，比 2007 年的 14 277 名减少了 11.6%。

[BEC（商务英语证书考试，英国）]　继续协助剑桥大学考试委员会在成功举办“剑桥商务英语大赛”的基础上继续推出的“亚太地区剑桥商务英语大赛”。

3 月在北京举行了 BEC 计算机化考试的考务与技术培训，8 个考点参加了此次培训。4 月 12 日举行了 BEC 机考的测试，9 月 27 日和 11 月 2 日正式举行了两次 BEC 机考并取得了成功。

全年纸笔考试两次，考生人数为 92 734 人，比 2007 年增长了 34%；机考两次，考生人数 66 人。

[MSE（剑桥英语主体考试，英国）]　为提高

考点积极性，将考点考务费进行了适当的上调，KET、PET 上调 20 元，FCE 上调 15 元。

全年举行两次考试，考生人数 6 044，比 2007 年增长了 49%。其中 56% 的考生来自北京。

[IELTS **考试（国际英语语言测试系统，英国）**]

2008 年为满足社会报考 IELTS 考试的需求，大多数考点都在现有基础上进行了扩容，扩容得到英国文化委员会（BC）的确认达到考试要求后，由海外处对报名网站该考点的容量进行调整。

为帮助考生更轻松地使用报名网站，在报名网站中，加入报名辅导动画片。

新增苏州西交利物浦大学考点。

与 BC 达成协议，从 2009 年起将考点考务费由 5% 提高到 7%。提高部分由 BC 支付。

全年共举行 46 次考试，考生人数 265 056 人，比 2007 年增长 32%。

[LCCIIQ **考试（伦敦工商会国际认证，英国）**]

2008 年在原有的 22 个考点的基础上增加了广州市广播电视大学继续教育学院 1 个考点。至此全国共有 23 个考点承担 LCCIIQ 的考试工作。

全年共举行了固定的 3 期考试。并为有集体加考需求的华东师范大学、广州市广播电视大学、西安国际经贸人才培训中心、福建省人才培训测评中心举行了共 11 次即期（加考）考试。全年 3 期考试全国共有 661 名考生参加了 783 科次的考试。11 次即期考试共有 859 名考生参加了 1 239 科次的考试。全年共计考试 2 022 科次。比 2007 年下降了 9%。

[**日本语能力测试，日本**] 为满足不断增加的考生参加日本语能力测试的需求，在 2007 年的基础上增加了新疆大学考点，至此，已在全国 24 个省（自治区、直辖市）的 30 个城市设立了 60 个考点，总容量基本维持在 25 万人左右。基本上缓解了考生报名难的问题。

由于日本国际交流基金会的成本增加，并且为了 2009 年增加考试次数做准备，经中日双方协商，考试费用由原来的 190 元提高到 350 元。

本年度全国共有 245 791（包括残疾人）名考生报名参加考试，比上一年略有减少，但缺考率由去年的 20.5% 减至 15.4%。

[BJT **商务日语能力考试，日本**] 自 2008 年起，我中心与日本贸易振兴机构签署协议，引进了 BJT 商务日语能力考试，每年于 6 月和 11 月举办两次。首次在北京大学、上海外国语大学、天津外国语学院、广州外语外贸大学、大连外国语学院、中国海洋大学、辽宁大学等 7 所院校开考，考试费用为 630 元。

6 月份报名人数为 1 521 人，11 月报名人数为 2 164 人。

[**德福考试（**TestDaf**，德语作为外国语考试），德国**] 2008 年 TestDaf 考试共举行 3 次（4 月、7 月、11 月）。

全年报考 3 596 人，比去年增加 42.4%。

[**学习能力考试（**TestAS**），德国**] 该项考试主要用于非欧盟的学生申请进入德国高校。它由三个部分组成：语言测试，核心（能力）测试及专业测试。该考试没有最低分数线，各个高校会根据不同的专业方向将申请人排名，择优录取。

整个 TestAS 考试分为两种形式：OnScreen 测试（上机考试）和笔试。通常上午进行上机考试，下午进行纸笔考试。该考试一年进行两次，分别在 3 月和 10 月的周末进行。

2008 年 11 月 22 日在北京外国语大学举行首次考试，共有 65 名考生参加了此次考试。

[**韩国语水平考试（**TOPIK**），韩国**] 为满足考生参加考试，特别是实务韩国语考试的需求，在

2007年9个考点的基础上新增设了6个考点（延边大学、哈尔滨师范大学、浙江省教育考试院、西南民族大学、沈阳师范大学和山东大学威海分校），考点总数达到了21个。

由于考试成本的增加，考试费用由原来的200元增至300元。

全年考试2次，4个级别报名人数125 154人，比上一年增加132%。

供稿：教育部考试中心海外考试处

撰稿：陈　可　李　彤　解　智　王　巍　余　珂

审稿：罗　民　张　进

教育考试国家题库

[综述] 2008 年教育考试国家题库（以下简称“题库”）建设继续采取边建设边应用、边应用边完善的策略滚动式发展，圆满完成了一期工程（2006 - 2008）的各项任务，并带来了良好的工作效益和社会效益，特别是在 2008 年抗震救灾和应急需求中发挥了不可替代的作用。

[规范程序，强化制度] 2008 年，对以往制定的一系列工作文件在题库实践中不断充实、修订和完善。通过制定核心制度性文件和严格执行工作程序，形成了题库建设各环节的工作规范，为高标准完成题库建设提供了制度保障。

[提高素质，加强科研] 为了加快业务人员在思想认识上的转型和业务能力的提高，有针对性地分期分批地组织业务人员培训与交流。鼓励以工作推进科研，以科研带动工作。2008 年，命题业务人员先后在学术期刊上发表论文 50 余篇。

[明确业务需求，自主研发平台] 题库计算机管理系统是题库建设的基础工程。各考试项目学科秘书通过反复摸索和探讨，提出了详细的业务需求，《“教育考试国家题库软件系统”业务需求》于 2008 年 7 月 3 日通过了专家论证，为二期工程中的题库软件开发奠定了坚实的需求基础。中心专门成立软件开发团队，立足自主研发“教育考试国家题库软件系统”。

[题库一期工程目标完成，通过考试中心验收]

2008 年 9 月至 11 月，由教育部考试中心有关领导和相关部门组成了“教育考试国家题库验收小组”，采取查阅文档资料、随机访谈、实地考察、与相关部门咨询等形式，分别对题库的制度建设、试题试卷、平台建设、财务状况等方面进行了全面、认真的专项检查。对题库建设一期工程进行的总结与验收为题库建设二期工程又好又快地开展奠定了坚实的基础。

供稿：教育部考试中心题库工作小组
撰稿：关丹丹
审稿：梁育民　刘　芃

考务管理与监察

[综述]　2008 年，国家教育考试考务管理工作面临形势的特殊性、艰巨性、复杂性前所未有。考试中心坚决按照国务院和部党组的要求，举全中心之力，在各级党委、政府和国务院有关部门、有关司局强有力的支持下，采取多项措施，克服汶川特大地震带来的巨大困难，充分发挥部际联席会议作用，坚持以人为本，从维护社会稳定和考生利益出发，部署并开展各项工作。各级考试机构狠抓落实，在有关部门的配合下，重点做好安全保密和考场管理工作，及时查处考试违规行为。总体看，2008 年国家教育考试考务工作实施平稳，社会反应平静。

四川、甘肃共 8 个地市州 62 个县近 12 万考生因汶川地震延期高考，这是新中国成立以来最大规模的因自然灾害而延期的考试。遵照政治局委员、国务委员刘延东同志和部领导的批示精神，考试中心多位领导分批带队赶赴现场指导，并与学生司、两省招办密切配合，在社会各界和部队的帮助下，克服重重困难，于 7 月 3 ~ 5 日顺利举行延期考试，考生及家长较为满意。

在 2008 年各项国家教育考试考务工作中，充分利用“十一五”事业发展规划取得的成果，发挥国家教育考试考务管理与服务平台等高科技手段的作用，效果良好，得到了亲临考试中心视察的刘延东同志的高度赞扬。

[国家教育考试安全保密]　为确保考试平稳实施，2008 年各项国家教育考试前，考试中心通过会议及文件形式，对试卷安全保密、考风考纪、考试值班制度、报告制度、突发事件应急处理等做出具体安排和要求，从而进一步加强各级教育考试机构的安全保密责任意识。考前 3 ~ 5 天，考试中心进入 24 小时值班状态，试卷到达地市级保密室后，每天不定时对各地试卷保密室进行抽查，并及时通报抽查结果。同时，配合国务院相关部委做好互联网有害信息处理工作。考试期间，派出巡视组，对部分地区安全保密、考风考纪、预案细化及落实等工作进行巡视检查。

[国务院部委联动确保考试大环境]　为净化考试环境，防范和打击利用互联网和无线通讯工具进行涉嫌考试泄密、团伙舞弊、枪手替考和助考、招生诈骗等非法行为，确保国家教育考试平稳进行，2008 年各项国家教育考试前，考试中心和学生司共同牵头召开部际联席会议，专题研究解决方案，国务院有关部门相关负责同志参加会议。会后，各有关部门共同发布文件，提出具体要求，明确要加强部门协作，统一行动，共同净化考试环境。

针对今年复杂形势，国务院有关部门继续给予国家教育考试工作以大力支持、配合。特别是公安部、工业和信息化部与教育部进一步优化了联合工作制度，使考试期间能够快速沟通，及时切断互联网上各种有害信息的传播，迅速侦破了一批网上诈骗案，抓获了一些利用现代化通讯工具作弊的团伙；中宣部切实把握宣传口径，今年新闻媒体对高考宣传较为平静；各地公安（武警）积极参与了试卷印刷保卫、运送、保管工作，并派出警力维护考场周边环境；各级保密部门考前检查了当地的试卷保密室。新中国成立后首次动用军用直升机运送地震灾区试卷及答卷；地震、气象部门及时提供自然灾害可能性判断并提供建议，建设部门对灾区涉及高考各种用房逐一检测；卫生防疫、消防部门加强对考场和考生集中食宿点的检查。正是由于多部门协作，今年继续保持了对国家教育考试环境进行综合整治、齐抓共管的良好态势。

[四川、甘肃高考延考有关情况]　“5·12”汶川特大地震的发生，造成四川、甘肃部分地区考生无法按时参加高考。对此，党中央、国务院及教育部高度重视，刘延东国务委员批示要求做好高考延考工作；周济、袁贵仁、赵沁平等部领导对两省延考工作多次指示并亲临灾区视察，指导工作。

教育部学生司、考试中心于5月13日启动应急预案，先后向四川派出8批工作组，向甘肃派出2批工作组，向陕西派出1批工作组，协调，指导当地做好高考各项工作。同时协调重庆、青海做好相关工作，

四川、甘肃两省各级党委、政府、教育行政部门、考试机构高度重视本次延考工作，在教育部、省招委的指导、领导下制订方案，调动力量，一手抓抗震救灾，一手抓延考工作，建立完善了延考期间防震预案，强化安全保密措施，加强对考生集中住宿的安全保卫及卫生工作。

两省延考报考基本情况

	地市州	县区	考点	考场	考生
四川	6	45	81	3 250	96 436
甘肃	2	17	25	810	23 492
总计	8	62	106	4 060	119 928

四川6个地市州中，绵阳、广元、成都、阿坝、德阳的平武、北川、青川、都江堰、汶川、绵竹全部或部分考生分别外迁到绵阳市区、广元市区、成都市区、德阳市区里，使用经建设部门鉴定合格的教室，其余的均在当地使用木板房做考场。雅安均在本地使用木板房进行考试。

甘肃陇南市全部在当地使用活动板房，甘南州70%使用教室，其余使用板房。

[下发《国家教育考试突发事件应急预案》，并进行培训]　1月31日，教育部下发了《教育部办公厅关于印发〈国家教育考试突发事件应急处置预案实施办法（暂行）〉的通知》（教考试厅［2008］1号）。该文件对国家教育考试工作中可能出现的突发事件以及处置程序进行了规定，包括命题管理、试卷印刷、运送、保管、评卷组织管理等环节出现的试卷（答卷）安全保密事件、考试实施中出现的突发事件，以及网络有害信息等影响考试和社会稳定的其他突发事件。同时，文件要求各级教育行政部门、考试机构结合本地实际情况制订实施细则。4月22日，考试中心在西安召开了全国省级教育考试机构的培训会，并在今年历次国家教育考试考前安全保密工作会上进行重申和强调。

[教育部出台国家教育考试网上评卷相关规定]

4月28日，教育部印发了《国家教育考试网上评卷暂行实施办法》、《国家教育考试网上评卷技术暂行规范》、《国家教育考试网上评卷统计测量暂行规范》（教考试［2008］2号）。

《国家教育考试网上评卷暂行实施办法》明确了工作职责，规范了相关制度和工作流程；

《国家教育考试网上评卷技术暂行规范》从软硬件配置、数据格式、信息安全要求、质量监控及专业术语等技术层面提出了明确要求；《国家教育考试网上评卷统计测量暂行规范》规范了误差控制模型、雷同卷的判定、数据统计、评价等方面工作。

［**教育部出台 2008 年高考、成人高考考务工作规定**］　4 月 3 日，教育部印发了《2008 年高等学校招生全国统一考试考务工作规定》（教考试［2008］1 号）。此文件对考试工作人员的配备、试卷的印刷、运送与保管、考试实施、评卷与分数报告、考试信息管理以及相关考试工作要求、人员职责等方面做出了规定。

5 月上旬，教育部办公厅下发文件并做出工作部署，要求各地加强领导，周密部署，确保考试安全保密，严肃考风考纪，充分发挥国家教育考试考务管理与服务平台的作用，做好外语考试听力测试和网上评卷工作，加强监督，严肃查处弄虚作假和徇私舞弊行为，制订并落实有效的突发事件应急处置工作预案，严肃执行值班和报告制度。

［**教育部出台进一步加强 2008 年高考安全工作的紧急通知**］　“5·12”汶川特大地震发生后，5 月 22 日，教育部发出了《教育部关于进一步加强 2008 年普通高等学校招生全国统一考试安全工作的紧急通知》（教考试［2008］3 号），要求各级教育行政部门、招生考试机构要牢固树立“安全第一”的思想，要确保试卷、考生及考试工作人员的安全，完善突发事件应急预案。受地震影响的地区，要配合城建等部门对考点、考场进行安全评估和检查，加强对考生、考试工作人员防震、抗灾、救护知识教育，要制订专门预案，成立相关的应急机构，协助有关部门对可能发生余震和次生灾害的地区密切监控。要以人为本，对受地震影响的地区的考生开展科学有效的心理辅导，使考生尽可能以平和心态参加高考。

［**加强督考监察工作**］　2008 年，考试中心在高考、成人高考、研究生考试、自学考试、大学英语四六级考试期间，共派出 30 个检查组，巡视检查人员 97 人次，对 34 个（次）省（自治区、直辖市）、105 个（次）地（市、县）考试组织管理工作、127 个（次）保密室的安全保密工作、87 个（次）考点的考风考纪情况以及阅卷情况进行了深入细致的巡视检查。

［**加强大学英语四、六级考试网上评卷的组织与管理工作**］　2008 年全国大学英语四、六级考试考生人数突破 1 600 万人次，与 2007 年相比增长了 14.3%。评卷工作仍采用网上集中评卷方式，扫描点由吉林、江苏、福建、山东省考试机构承担。北京、天津、吉林、上海、江苏、浙江、山东、湖北、广东、四川、重庆、陕西省（市）考试机构负责网上评卷的组织与管理工作。

供稿：教育部考试中心考务管理与监察处
撰稿：马炳勋　王　伟　蔡武越　刘　勇
审稿：张为舟

教育考试评价

［2008 年度试点地区高考评价工作］　2008 年，在江西省招办、南昌市教委以及北京师范大学和江西师范大学的支持和协助下，以南昌部分学校为试点，从问卷调查和考试数据统计两方面进行了高考成绩影响因素分析评价工作，考察影响高中生学业成绩的各种因素，形成了《2008 年度试点地区高考学业成绩影响因素分析报告》，调查结果表明师生关系、学习策略、学习动机等因素都会影响学生的学业成绩。评价结果力图对我国高中阶段教学成果的检验提供更科学的实证，对影响学生学业能力的不同层面的原因有一个客观的解释，同时为其他考试项目的评价积累经验。

［全国大学英语四级考试评价工作］　2008 年，在北京师范大学心理学院的协助下，联合全国大学英语四、六级考试委员会，利用 2007 年 12 月四级考试本科生的考试数据，开展评价工作，对我国大学英语教学进行多方位的评价和诊断，形成了《2007 年 12 月全国大学英语四级考试评价报告》，主要内容包括对考生能力现状的分类及分项实证分析，以及对学生成绩的校际差异及其影响因素的实证分析。评价结果全面地反映了我国大学生英语能力的现状，为教育行政部门和教学单位提供了更客观和详实的大学英语教学改革成果的情况。

［升学指导测验］　升学指导测验是为高考考生选择填报高等学校专业志愿的服务系统。教育部考试中心从 1999 年开始研发，2001 年正式推出，至今已经为几十万考生填报志愿提供了服务。多年的数据研究表明，该测验具有较高的可靠性和有效性。为了帮助更多的考生填报志愿，2008 年教育部考试中心加大了对该测验的宣传和推广力度，约有 62 000 人参加了测试。

［教育考试质量评价标准研究］　“教育考试质量评价标准研究”是全国教育科学“十一五”科研规划重点课题，于 2007 年 4 月开题并进行分工，2008 年取得了初步研究成果。该研究的目标是基于国家四大类考试（普通高考、成人高考、自学考试、研究生考试），以科研的形式总结提炼形成一个基础的、统一的考试行业标准，引领考试更加科学化、规范化，提高办考质量。

供稿：教育部考试中心评价处
撰稿：焦丽亚
审稿：马世晔

教育考试科研发展

[国家社科基金重点课题“教育考试评价制度创新研究”开题]　2008 年 6 月 30 日，国家社会科学基金重点课题“教育考试与评价制度创新研究”开题，全国教科规划办常务副主任曾天山研究员、北京师范大学心理学院院长车宏生教授、清华大学教育研究所常务副所长史静寰教授作为评议专家应邀参加会议。来自北京教育考试院、天津教育考试院、北京师范大学、厦门大学、福建师范大学等单位的 7 个子课题负责人参加了开题会。课题总负责人戴家干就课题研究背景、意义和对研究工作的基本要求做了说明。福建师范大学黄光扬教授代表课题组介绍了课题研究的基本内容、分工和计划，其他子课题组负责人做了简要补充。评议专家认真听取了课题组的开题报告，一致认为本课题经过认真准备，研究方向正确，内容全面、思路清晰，队伍强大、分工明确，突出了从考试到评价的转变，体现了考试改革重大思维创新。

[北京市哲社重点课题“教育考试公平性及其评价标准研究”]　2008 年 3 月 18 日，北京市哲学社会科学规划重点课题“教育考试公平性及其评价标准研究”开题。课题总负责人戴家干就教育考试的公平性研究及其评价标准制定的目的、意义及课题研究的方向作了说明。课题设立三个子课题，北京师范大学刘复兴教授承担教育考试公平性的理论研究部分、北京市教育考试院臧铁军院长承担教育考试公平性的实证研究部分、教育部考试中心评价处承担教育考试设计和实施程序中的公平性标准与检验方法的研究部分。

2008 年 12 月 10 日，《教育考试公平性及其评价标准研究》课题组召开中期研讨会。三位子课题负责人作的中期研究成果汇报后，清华大学史静寰教授和北京师范大学周作宇教授分别对该课题的研究进行了评点。会后，各子课题组成员就研究中遇到的问题展开讨论。

[财政部课题“教育考试评价制度创新与经济分析研究”立项]　2008 年 12 月，考试中心申报的财政部科研课题系列“教育考试评价制度创新与经济分析研究”课题获得立项，并得到科研资助经费。该课题由戴家干主任牵头，有关高校专家和省级考试机构参与研究。侧重于教育考试制度改革过程中若干重大问题，从社会环境、理论与技术、现状调查、质量和公平性以及社会、经济效益分析等不同专题开展研究，从制度经济学视角分析国家教育考试制度的变迁，国家教育考试制度的供求关系、考试管理成本效益以及国家教育考试制度与宏观经济发展关系等，以期全面探索完善教育考试财经管理机制。

[“十一五”科研课题管理]　1）“十一五”全国教育考试规划课题中期检查。根据《“十一五”全国教育考试科研规划课题管理办法》要求，

2008年上半年对2006年底立项的全国教育科学规划“教育考试科学研究专设课题”和全国教育考试“十一五”科研规划重点课题进行了中期检查。检查结果为：专设课题共15项，除一项课题因特殊原因尚未开题外，14项课题均已上报了中期检查表及中期研究成果。经评定，均通过检查。重点课题共34项，全部上报了中期检查表及中期研究成果。经评定，全部通过检查。

2）课题研究成果交流。在中期检查的基础上，为促进教育考试研究人员的学术交流、提高研究质量，从考试社会学研究、高校招生考试研究、高等教育自学考试研究、教育测量与评价、考试信息化建设、教育考试财务研究六个方面，组织、征集、甄选出了46篇优秀论文，整理、编印了《全国教育考试“十一五”科研规划课题中期成果论文选编》。

3）组织课题结题。2008年下半年，全国教育科学规划“教育考试科学研究专设课题”和全国教育考试“十一五”科研课题陆续进入结题鉴定阶段。为此出台一系列结题管理文件和材料，如《关于组织全国教育考试“十一五”科研规划课题结题的通知》、《全国教育科学规划“教育考试科学研究专设课题”及全国教育考试“十一五”科研规划课题成果结题鉴定实施细则》、《课题成果鉴定申请·审批书》、《课题成果鉴定意见表》、《致全国教育科学规划“教育考试科学研究专设课题”及全国教育考试“十一五”科研规划课题成果鉴定专家的函》等。截至12月底，已有7项课题先后结题。

［第七届全国教育考试科研讨论会在安徽召开］

2008年4月25－26日，“第七届全国教育考试科研讨论会”在安徽合肥召开。各省级教育考试机构的考试研究人员和高校的专家学者百余人参加了会议；国家教育发展研究中心、全国教科规划办、教育部基础教育质量监测中心、安徽省教育厅等单位领导和专家应邀出席会议，并在大会上作了专题报告。

本次会议主题为“创新考试与评价，促进教育公平”。主要任务是进一步贯彻落实党的十七大精神，深入落实科学发展观，总结交流“十一五”全国教育考试科研工作两年多来的主要成果和经验，研究分析教育考试与评价工作所面临的新形势、新机遇，研究和部署今后一段时期教育考试研究需要开展的工作。

围绕和谐社会、创新人才培养与考试制度改革，自学考试制度创新与终身学习体系建设，学业评价、考试命题和管理的规范化和手段现代化等议题，50多位科研人员在3个分会场分别宣读论文、交流了前期科研成果。

本届科研讨论会是教育部考试中心自2001年举办第六届全国教育考试科研讨论会以来，间隔7年之后举办的又一次全国性学术会议，对于引导和推动全国教育考试领域的研究工作，具有重要的意义。

［编辑出版《创新考试与评价、促进教育公平》论文集］　在第七届全国教育考试科研讨论会论文的基础上，考试中心编辑、整理、出版了《创新考试与评价、促进教育公平》论文集。论文集从全国广泛征集的240篇论文中，评选出72篇质量较高、有代表性的文章。内容涵盖“和谐社会、创新人才培养与考试制度改革”，“学业评价、考试命题和管理的规范化和手段现代化”和“自学考试制度创新与终身学习体系建设”三大议题。论文作者主要是高校教授和教育考试战线的管理人员，分别从各自不同的角度分析、论述了当前教育考试工作所面临的新形势、新问题，提出了新思路和新办法，不少是针对教育考试工作遇到的热点、难点问题的研究论文。

［中美教育测评研讨会召开］　由教育部考试中心和美国加州考试中心（CTB）联合举办的“中美教育测评专题研讨会”，于2008年9月23日

在教育部考试中心举行。由CTB副总裁理查德·派兹先生带队，其业务发展部、国际研发部、亚洲部、中国区等部门负责人一行6人参加研讨会，重点对CTB机构情况、项目研发与合作模式、外语测试项目、成长网络报告等方面作了介绍，较全面地展示了CTB的命题技术、题库技术、测评技术和成绩报告。本次研讨会进一步增进了中美两家考试机构的相互了解，为今后的交流与合作奠定了基础。

[“教育考试改革的背景与思路”专家座谈会召开] 根据教育部和考试中心关于深入学习实践科学发展观活动的总体部署与工作安排，2008年11月10日召开了“教育考试改革的背景与思路”座谈会。来自教育发展研究中心、中央教科所、北京师范大学、基础教育质量监测中心、北京教育考试院、天津教育考试院等单位的有关专家，就30年来教育考试取得的主要成绩和经验、当前我国教育考试制度中存在的突出问题和矛盾、如何正确认识教育与考试的辩证关系、未来社会需要什么样的考试评价制度、如何拓宽考试评价服务等问题，发表了很好的意见和建议。

[专题学术讲座] 2008年12月10日，ETS专家颜端丽女士应邀到教育部考试中心做了“测验编制与统计分析”的学术讲座，就ETS测验编制的工作流程、工作细则及统计分析的主要指标等做了专题讲解。

供稿：教育部考试中心科研发展处
撰稿：韩家勋
审稿：韩家勋

教育考试信息化

[国家教育考试考务管理与服务平台建设] 国家教育考试考务管理与服务平台是中心“十一五”事业发展规划五大重点工程之一。该工程经近两年的建设目前已初具规模，共完成31个省级招生考试机构的考务指挥中心建设，其中北京、河北、辽宁、黑龙江、河南、陕西等6省市建立了地市级考务指挥中心，实现了国家级、省级、地市级的三级指挥中心建设。16个省区市建设了网上巡查系统，各类考试可监控的考场达5万多个。该平台七大功能中现已完成了网上巡查、视频指挥、考务综合管理、突发事件应急处置、考生服务等五大功能建设并开始发挥作用，社会效益明显。2008年进一步完善了平台建设的整体规划，得到国家财政资金专项援助。该平台在高考、成考、研究生考试、自学考试、四六级考试、英语等级等多项重要考试中发挥了巨大的作用。6月7日高考首日，中共中央政治局委员、国务委员刘延东同志、教育部部长周济同志亲临国家教育考试考务指挥中心，通过该平台视频巡查系统检查全国高考的组织工作，了解四川、甘肃、陕西等地震灾区的高考安排情况，听取工作汇报，并慰问了工作在高考一线的全体同志。刘延东同志同时对平台建设给予充分肯定。

[国家教育考试考生诚信档案系统建设情况]

为落实教育部文件规定，进一步完善国家教育考试考生诚信档案系统，考试中心于4月召开了全国各省级教育考试机构培训会，进行国家教育考试考生诚信档案系统安装部署、使用操作的培训。到目前为止已完成20多个省区市的部署工作，并开通面向社会查询的网站，为招生高校、用人单位提供诚信记录查询、认证服务。

[网络信息安全] 根据教育部要求进行了涉密计算机和移动存贮介质大检查，在中心保密领导小组的领导下，成立了涉密计算机检查工作组，制订自查方案，集中中心计算机人员，并请电科院专业技术人员，对涉密计算机、移动存储设备及工作使用非涉密计算机进行逐一检查，扫描系统漏洞，系统补丁升级，查杀木马病毒，清除上网记录和移动存在介质使用记录，对非涉密计算机中的敏感信息进行处理。完成中心命题部门办公用计算机局域网改造，与互联网物理隔离，同时为涉密部门配备专用的上网计算机，确保涉密部门工作计算机不上网，上网计算机不处理涉密信息。针对国家题库机房的局域网，设计一套完整的安全解决方案，对入库试题进行加解密处理。加强计算机网络与信息安全制度建设，重新修订《教育部考试中心计算机网络系统运行管理办法》和《教育部考试中心信息上网管理办法》，制订了《教育部考试中心关于涉密计算机及移动存储介质保密管理办法（暂行）》。

中央保密委工作组采取全面检查、重点抽查和随机抽查的方式，三次对中心计算机网络和涉密部门的计算机系统进行检查，没有发现失泄密问题，充分肯定了考试中心的计算机信息安全保密工作。

[网上有害信息监控] 加强与公安部、工业与信息化部、国务院新闻办的协调和沟通，多次召开专门会议，形成联成机制，充分发挥各省级考试机构工作积极性，建立了不良信息监察员制度，进行群防群治，切断高科技作弊的供应链，加大打击力度，有效地防止利用高科技手段大规模的作弊发生。在高考、成考、研究生、自学考试、英语四六级考试期间，加强网上不良信息的监控，共发现不良信息 12 898 条，有害 QQ 群及 QQ 号 1 885 个，封杀了助考网、代考网等 170 多个具有独立域名的网站。其中 2008 年高考共发现网上有害信息 9 549 条，涉及出售高考试卷答案信息 4 150 条，占 43.4%；涉及提供作弊工具助考的信息 4 491 条，占 47.0%；涉及提供枪手替考的信息 908 条，占 9.5%；高考期间公安部共查处有害 QQ 群及 QQ 号 838 个，侦破案件 19 起，抓获 62 人。

[网站开发、运行和维护] 考试中心外网、自考办公网、内部办公网的信息上网和栏目更新维护，2008 年信息更新约 1 000 条，字数 100 万字，新增栏目 6 个，实施了信息上网统计公告制度，鼓励各部门信息上网。做好各类活动、会议的电子文件资料收集整理工作，入库文件 150 个，图片入库 1 633 幅。严格信息上网审批制度，加强中心各网站信息的监管，确保网站在十七大、两会、奥运会等国家大型活动期间的信息安全。按照考试中心统一部署，对托管在外部以考试中心名义开办的各类考试网站，归口管理，全部移植到中心的网络平台上，进行统一的管理和维护，改造、移植了 20 多个考试项目网站，网站的移植开发工作全部完成。

[软件开发和维护] 2008 年完成高等教育自学考试信息系统立项、招标工作，启动高等教育自学考试信息系统的开发工作。完成国家教育考试诚信系统的开发、测试、部署，对各省级考试机构进行安装、部署、使用的培训，到目前为止已完成 20 多个省端系统的部署工作。根据考试服务中心的要求，完成统计软件（ESAS）的升级改造工作。根据自考综合处的要求，完成自考分会网站和自考专业计划公告网站的开发工作。做好证书查询、成绩查询、课程在线申报、统计直报、助学管理、科研管理、工资查询等各业务系统软件的技术支持、运行维护工作中心业务应用系统软件的维护工作。

[计算机网络、设备的日常运行和维护] 加强网络运行的管理、监控、分析，建立定期巡检制度和网络运行状况周报制度，做好数据库、运行日志的备份工作，确保中心网络全年无故障运行。加强计算机病毒的防治，定期升级杀毒软件和全网杀毒，及时安装系统的补丁程序，堵塞系统安全漏洞，做好垃圾邮件的防治。做好计算机等设备的维护，共处理计算机等设备故障约 550 多次，为中心职工提供了优质的服务。做好电话系统的运行、维护工作，完成电话系统的升级改造和扩容工作。

供稿：教育部考试中心信息处
撰稿：鱼　杰
审稿：褚庆军

《中国考试》杂志

[**概况**]　2008 年《中国考试》杂志贯彻落实新定位，全面调整刊物内容，“高考版”停刊，致力于打造教育考试专业性学术理论期刊，反映国内外考试科学研究的新成果，介绍国内外考试理论研究的新动态，探讨考试改革和发展的新问题。读者对象调整为国内外及地区各级各类考试机构的研究者和工作者，教育工作者，高等院校相关专业的师生及其他与考试有关的人员。

[**出版情况**]　2008 年 1 月 1 日起杂志由半月刊变更为月刊。全年出刊 13 期，其中增刊 1 期。着力提升杂志内容质量，实现编辑体例规范化，调整封面和版式设计，改进栏目设置，加强策划和约稿工作。

[**发行广告**]　发行渠道以邮政报刊局为主，受刊期变更影响发行量大幅下降；“高考版”停刊后，自办发行数量锐减；全年总发行量 9 万余册；广告全年销售 24 版。

供稿：教育部考试中心《中国考试》杂志社
撰稿：石建华
审稿：杨　跃

地方教育考试

北　京　市

综　　述

［概况］　2008 年，北京市共组织各级各类考试 441 次，参加考试考生 179 万人次，比上年减少 22.3 万人次，降低 11%；为各级各类学校录取新生 31.7 万人，比上年减少 1.3 万人；命制各类考试试题 1259 套，各级各类考试全年评阅试卷总量 331.3 万份。

［加强命题管理研究，逐步拓展命题领域］　2008 年，北京考试院完成高考试题资源库建设和普通高中新课程实施后高考考试内容与形式试测工作；编写《高考试题分析》和《中考试题解析》；进一步完善“自学考试命题管理规范”内容，启动“命题管理信息系统”和“试卷查重系统”开发与研制工作；顺利完成新设高考口语加试、美术类招生省级统测试题命制任务，并承担有关中央部委和外省市单位委托的部分社会命题服务项目，命题领域逐步拓展。

［统筹协调科学规范考试管理］　2008 年，召开年度教育考试招生工作电视电话会议，统筹部署，提出要求，明确分工，责任到人。

2008 年，修订《北京教育考试考务管理暂行规定》、《北京教育考试网上阅卷管理规定》等文件，制订《北京教育考试远程电子巡查系统管理办法》，启动《试卷安全管理工作规程》制订工作。

考试管理科学化水平提高。网上阅卷规模进一步扩大，已占阅卷课程总量 40%；初步形成标准化考点、阅卷点建设方案。中考、会考远程电子巡查系统建设与系统升级改造进展顺利，远程电子巡查系统在全年 19 次考试中发挥积极作用。

［探索进一步推进招考改革］　2008 年，北京市中等专业招生考试首次全面实现网上远程录取；中招管理系统首次实现与中小学生学籍管理系统（即 CMIS 系统）对接，直接接收考生基本数据。

2008 年，北京普通高等学校招生考试顺利调整考生体检时间，并将高职单考单招考生志愿填报与统考考生合并；实行部分平行志愿方式，在录取中实行本科批次第一志愿录取按志愿优先，第二志愿改为分数优先，实现志愿和分数有机结合；继续扩大网上评卷范围，增加语文科网上评卷，促进评卷工作更加公平、公正；进一步推进高职自主招生改革，由上年 10 所高职学校增至 11 所。

2008 年，北京研究生招生考试逐步建立适合北京工作研究生招生工作管理服务模式，调整优化考试考点布局；成功试行统考英语科目网上阅卷；进一步规范博士生招生工作，检查范围由 4 个招生单位增至 23 个。

2008年，北京成人高校招生考试继续加大技术防范设施对考场覆盖；顺利实施全科次首次网上阅卷；稳步推进“一个系统，三个平台”建设；基本实现与日常工作节奏相适应的录取方式。

2008年，北京高等教育自学考试在全市顺利实施“考场超员编排”改革；全部课程实现“网上评卷”改革；结合市场需求，适时调整专业计划；考生档案目录实现科学化管理；数字化管理毕业生历史档案；开通自学考试综合查询系统、全天电话语音咨询系统；举办北京市自学考试大型网上咨询活动。

2008年，北京英语水平考试软件系统建成，网上报名工作平稳顺利；英语口语证书考试在内蒙古自治区新设考点；承接教育部考试中心举办的中国书画等级考试；成功举办第六届全国社会考试论坛。

[加强考试评价研究，推动招考制度改革]　2008年，开展2010年高考改革方案研究，形成《北京市高考改革综合研究》、《新课程高考会考改革七省（区）调研报告》、《北京教育考试院高考改革研究论文选编》以及《2010年高考改革方案论证报告》等；开展中考、会考改革研究，研究设计初中学业考评体系；积极参与教育部考试中心组织《考试公平性研究》和《考试制度创新研究》。

2008年完成中考、会考和高考等23门课程命题质量、考生水平及教学质量的分析评价工作；完成9个区县委托进行的高考全样本数据分析。

[以人为本，优化考试服务体系]　考试院网站服务于招考业务的功能进一步发挥。2008年顺利完成29次网上报名报考、5次网上咨询活动；提供约127万条招考业务数据查询；组织完成9次网上阅卷、3次网上录取工作。

构建多维宣传途径服务社会。2008年通过网站共向社会发布各类招考信息3 921条，网站点击数24.11亿次，7月单月点击数达4.62亿次，创历史新高。提供包括成绩、录取结果、证书等约127万条查询数据；以北京考试报为载体，编辑出版北京高招通讯、中招特刊、成招特刊和研招特刊系列招考专刊，总字数1 000万字；充分利用广播、电话、电视、手机短信、报刊、网络等多种形式，为考生提供全方位、多样化信息服务；选派专人耐心细致地做好上访、信访工作。

总　类

[召开教育考试电视电话会议]　4月9日，召开北京教育考试招生工作电视电话会议。会议部署年度普通高校招生考试招生工作，要求各区县落实会议精神，结合实际情况，制订工作方案。会议提出各区县成立由区委（区政府）及相关部门负责人组成招生委员会（联席会），区县教委成立领导小组，加强对高考统筹、协调、解决教育考试环境综合整治工作中有关问题。会议还要求公安、交管、保密、供电、卫生、城建、城管、宣传等部门要加强协调与配合，为各级各教育考试提供支持和保障。

[郭金龙视察高招工作]　6月7日，郭金龙视察北京市普通高校招生考试工作。郭金龙听取考试院汇报高考工作情况，检查试卷保密室和考务指挥室，并通过教育考试远程电子巡查系统巡视考试情况。郭金龙对高考准备工作给予充分肯定，他强调要坚持高标准、严要求做好高考工作，为首都教育做出贡献。郭金龙、王安顺、赵凤桐等领导实地察看人大附中考点考试实施情况，并慰问一线考试工作人员。

[完成远程电子巡查系统]　12月20日，完成中考、会考远程电子巡查系统项目建设、调试与验

收工作。该系统依托北京教育信息网，采用视频网络技术，实现考试远程电子巡查。项目总投资3 450万元，建设规模涵盖19个考区382个考点，涉及考场、考务室、室外考点共计3 800余个监控头。该巡查系统将在2009年1月北京市高中会考中投入使用，会考考场覆盖率达100%。

[完成中高考命题工作] 5月16日至6月8日和6月2日至6月17日，完成普通高校招生考试北京卷和北京市高级中等招生考试全程入闱命题工作。其中，5月16日至6月8日，聘请90名教师和专家参与高招北京卷命题和审题工作，完成语文、数学、英语、文科综合、理科综合5个学科的12套试卷。6月2日至6月17日，聘请37名教师和专家参与中招试卷命题和审题工作，完成语文、数学、英语、物理和化学5个学科试题的15套试卷。本年是北京市中招考试完全采用课标卷的第一年。

[召开高考试题资源库建设和高考内容与形式试测会] 7月23日至25日，召开“高考试题资源库建设”与“新课程背景下高考内容与形式的试测”两个项目启动会议。会议宣布组建高考试题资源库和新课程背景下高考内容与形式的试测两个项目，项目组建高招考试9个学科以及教育统计测量和软件技术等11个方向的专家指导组，参与项目专家200人。新课程背景下高考内容与形式的试测项目主要完成考试内容与考试形式等方面测试，项目分别按学科组建专家指导组和命题组，参与项目专家100人。至年底，“高考试题资源库建设”项目经过命题、审题和修改等环节，各学科共筛选出1 000道试题进入资源库。“试测”项目已完成50所学校、约2万人次学生的第一轮测试。

[自学考试试题命制工作] 全年完成高等教育自学考试（包括学历文凭考试、高等职业技术教育考试）试题命制1 100套，涉及524门课程。

[高考改革综合研究通过专家鉴定] 1月28日，考试院承担的北京市教育科学“十五”规划课题《北京市高考改革综合研究》通过专家鉴定。该课题于2004年立项，采用历史分析、调查研究和行动研究等方法，研究北京高考改革进程与现状，形成研究报告、论文9篇，研究成果8项，并对北京市高考进行了系统研究并提出相关建议。

[召开突发事件处置专题会议] 5月22日，召开北京教育考试突发事件处置工作专家组专题会议。会议研究高考、中考、夏季会考以及自考考试安全问题，针对考试安全有关问题进行了研究探讨，并向4名院外专家颁发聘书。考试院处置教育考试突发事件专家组全体人员以及有关处室负责人共10余人参加会议。

[赵沁平副部长调研高考改革工作] 11月20日，教育部副部长赵沁平率学生司、基教司、考试中心有关负责同志到北京教育考试院就高考改革工作进行调研。会上，北京教育考试院副院长臧铁军汇报了北京市2010年高考改革方案的思路与调研情况，北京市教委主任刘利民、北京市政府教育督导室主任线联平和考试院院长王健出席会议。上海、天津市教委与考试院有关领导出席会议并分别汇报了两市的高考改革思路。

[完成考试评价研究] 年内，完成年度北京市春季会考、高考、中考以及夏季会考评价研究。该评价包括各类考试各科命题质量、考生水平及教学质量分析评价工作，共涉及23门课程，形成包括各种评价分析指标数据统计分析报告47份、4 800页，完成评价分析报告49篇、71万字。完成对东城、西城、朝阳、海淀、石景山、房山、大兴、门头沟、延庆9个区县高考全样本

数据统计分析，形成数据统计分析报告209份，共计2.3万页，组织专家结合统计数据对房山、大兴、门头沟、延庆等区县进行各学科讲解分析与教育教学指导。

［**组织中外教育考试交流活动**］　2008年，组织中外教育考试评价交流活动。该活动先后与美国、英国、芬兰、瑞典、韩国、日本、中国香港等国家和地区考试管理部门和教育测量机构进行互访，与伦敦三一学院和剑桥大学考试委员会（ESOL）考试部分别签订考试合作框架协议。

普通高考

［**概况**］　2008年，全国共有826所高等学校在京招生，录取升学率75%以上。统招计划76 971人，统招报名103 789人。实际录取新生79 836人，比上年减少1023人，比计划增招2 865人。其中，文史类录取25 386人，占录取总数的31.80%；理工类录取54 450人，占录取总数的68.20%。全年高职单独招生报名14 317人，计划招生5 914人，录取新生5 989人。

［**高招报名资格审查**］　完成普通高等学校招生考试报名资格审查工作。该审查与市公安局合作，采用将考生户籍信息与全市户籍管理系统比对方法审查高中毕业生。本年取消北体大竞技体校不符合在京参考条件考生报名资格。

［**高招志愿填报调整工作**］　实行部分平行志愿方式，完成普通高校招生志愿填报调整工作。该调整涉及本科一批、二批、三批志愿填报设置方式，由原来3所学校扩大到4所学校，调整后每批次第一志愿填报1所学校，第二志愿填报3所平行学校。不调整提前批次、高职（专科）批次和单考单招志愿设置及录取方式。实行部分平行志愿增加第一志愿高分落榜考生录取机会，减轻学生填报志愿的压力，增加学校按志愿录取和学生有效选择学校机会，实现志愿和分数相结合。从考生填报志愿和录取结果显示，部分平行志愿减轻考生填报志愿压力，得到考生和社会认可。本科批次第二志愿录取率比上年提高4个百分点；高分落榜考生明显减少。本科批次第一批录取结束后600分以上考生剩72人，比上年减少167人。调整后录取时间缩短5天，提高工作效率。

［**高职升本科招生试点**］　完成高职升本科试点招生工作。全市48所高校推荐专科毕业生6 463人报名参加考试，共有23所高校参加招生，计划招生2154人，实际录取2 060人。该试点是选拔高等职业教育（专科层次）优秀应届毕业生进入本科阶段继续学习。至此，高职自主招生试点校由10所增加到11所。

［**高招电台咨询活动**］　3月31日至4月27日和6月30日至7月13日，举办普通高校招生电台咨询活动。该活动与北京人民广播电台联合创办，介绍学校办学情况和招生信息，并指导考生填报志愿。北京70所在京高校参加咨询活动。

［**高招网络咨询活动**］　4月20日至24日，举办普通高等学校招生网络咨询活动。该活动利用考试院网站，设立6个单元，来自北京70所招生院校参加活动，每所学校有三个单元时间解答考生提问。访问该系统34 360人次，注册6 405人，网站点击数25 229 798次，提问28 086个，回答问题25 567个，处理问题27 631个，回答率和处理率分别为91.03%和98.38%。

［**高招评卷评卷工作**］　6月9日至25日，完成年度普通高等学校招生考试评卷工作。共评阅各科试卷47万份。其中，统考考生103 789人，按

科目分别由北大、清华、首师大、北师大和二外5所高校评阅；高职单考单招考生14 317人，分别由北工大、北京联合大学2所高校承担。7所高校参加评卷教师1 780人。本年，英语、语文两科主观题答卷试行网上评卷，最大限度减少人为误差。

[**高招录取控制分数线**]　6月24日，北京市招生委员会第二次全体会议确定普通高校招生最低录取控制分数线。该控制分数线规定，普通专业最低录取分数线，文科本科第一批最低录取控制分数线515分，第二批最低录取控制分数线472分，第三批最低录取控制分数线439分；理科本科第一批最低录取控制分数线502分，第二批最低录取控制分数线455分，第三批最低录取控制分数线430分。提前批次专科录取参考工作线，文科330分，理科330分。艺术类本科录取最低分数线，文科283分，理科273分。艺术类专科录取参考工作线，文科231分，理科231分。体育教育专业，文科（本科）320分（体育成绩60分），理科（本科）320分（体育成绩60分）。本科批次录取结束后，经市高招委主任委员批准，确定专科批次录取最低控制分数线，文科290分；理科310分。

研究生招生考试

[**概况**]　2008年，北京市研究生（博士、硕士）招生总规模（不含解放军在京单位）68 588人，比上年增加2 047人，增长3.1%，其中，国家计划51 527人，比上年增加5 028人，增长10.8%。硕士研究生招生规模53 728人，比上年增加1 718人，增长3.3%。其中，国家计划38 213人，比上年增加3 957人，增长11.6%。博士生招生规模14 860人，比上年增加349人，增长2.4%。其中，国家计划13 314人，比上年增加1 071人，增长8.8%。全国报考北京138个招生单位硕士生考生214 450人，比上年减少7 127人，减少3.2%。报考75个博士生招生单位（不含解放军在京招生单位）考生共计43 887人，比上年增加1 017人，增长2.4%。全年北京研究生招生单位（不含解放军在京单位）共录取硕士生52 901人，比上年增加2 523人，增长5%，录取博士生14 816人，比上年增加179人，增长1.2%。

[**调整农学考试初试科目**]　2008年，教育部调整农学门类入学考试初试科目。该调整涉及初试科目设置和命题两个方面，在农学门类第3单元增加数学（农）、化学（农）两个科目，第4单元增加植物生理学与生物化学、动物生理学与生物化学4个全国联考科目。本年，全国报考北京招生单位参加农学科目联考考生共有4200人。

[**全国硕士生统一入学考试**]　1月19日至20日，组织完成北京地区2008年度全国硕士研究生统一入学考试。该考试共设置考点67个，考场2 436个，考场比上年减少71个。应试考生89 558人，比上年减少3 537人，降低3.8%。

[**硕士生统考科目评卷**]　2月12日至3月12日，组织完成硕士生入学考试全国统考科目统一评卷工作。评卷涉及政治理论、医学综合、数学（1至4）、外国语、教育学、心理学、历史学等10个统考科目，共评阅试卷47万份。评卷工作分别由北大、清华、北航和北师大承担。考试科目改革新增数学（农）、化学（农）、植物生理学与生物化学、动物生理学与生物化学6个农学门类统考科目评卷任务由中国农业大学承担。

[**硕士生考试英语科目试行网上阅卷**]　2008年，首次在硕士生统考英语科目成功试行了网上阅卷，完成了近17万份试卷的评卷工作，达到

了预期效果。

[硕士生录取工作]　6 月上旬，组织完成北京硕士研究生录取工作。北京高校和科研机构共有招生单位 138 个（不含解放军在京单位），实际录取 52 901 人，比上年增加 2 523 人，增长 5%。其中，高等学校录取 47 051 人，占 88.9%；在京部属科研机构录取 2 287 人；占 4.3%；中国科学院研究生院录取 3 196 人，占 6%；北京市属科研机构录取 47 人，中国社会科学院录取 182 人，党校系统录取 138 人。

[新增推免高校 2 所]　7 月 14 日，完成北京新增推免生高校遴选工作。北京市遴选具有推免生资格高等学校专家委员会依照教育部关于评选开展推荐工作的高等学校应具备的条件，对来自全市 11 所申报推免生工作的高校进行综合评定，其中，中央美术学院、北京协和医学院 2 所高校入选。推免生工作于 2009 年开始，至此，北京共有推免生工作高校 37 所。

[博士生招生工作]　7 月，完成北京博士生招生录取工作。北京 75 个高校和科研机构招生单位（不含解放军在京单位），共报考 43 887 人，比上年增加 1 017 人，增长 2.4%。实际录取 14 816人，比上年增加 179 人，增长 1.2%。其中，高等学校录取 10 701 人，占 72.2%；科研机构录取 864 人，占 5.8%；中国科学院研究生院录取 2 895 人，占 19.6%；中国社会科学院录取 258 人，占 1.7%；党校系统录取 98 人，占 0.7%。招生专业覆盖全部 12 个学科门类。

[硕士生报名工作]　10 月 10 日至 31 日，组织完成 2009 年全国招收攻读硕士学位研究生统一入学考试报名工作。该报名分为网络报名和现场确认两个阶段，来自全国各省市（自治区）报考北京招生 151 个单位考生 225 649 人，比上年增加 11 199 人，增长 5.2%。北京共有 67 个报考点组织考生进行现场确认，共确认考生 102 790 人，比上年增加 4 197 人，增长 4.3%。其中，报考京内招生单位考生 95 732 人，占京内报名总人数 93.1%；报考外埠 471 个招生单位考生 7 058 人，占 6.9%。

[研究生招生表彰会议]　12 月 18 日，召开“北京市研究生招生工作表彰暨 2009 年考务工作会议”。会议总结上年度研究生招生工作，部署下一年度研究生招生业务工作。会议表彰恢复研究生招生工作 30 周年来，长期从事研究生招生工作先进工作者 53 人和突出贡献个人 25 人。北京市副市长赵凤桐、北京市教委主任刘利民等领导到会讲话并颁奖，全市 150 多个招生单位的 200 多人参加了会议。

成人高考

[概况]　2008 年，全国共有 102 所高校在京招生，招生专业 1 510 个（含单考单招 14 个）。招生计划 81 913 人（含单考单招 710 人），比上年减少 3 002 人，下降 3.5%。其中，高中起点专科计划 37 493 人，占计划总数 45.7%；高中起点本科计划 8 656 人，占计划总数 10.6%；专科起点本科计划 35 764 人，占计划总数 43.7%。全市共有 113 189 人报名参加考试，比上年减少 3 072 人，下降 2.64%。报考高中起点专科 48 972人，比上年减少 2 901 人；报考高中起点本科 19 239 人，比去年减少 256 人；报考专科升本科 44 978 人，比去年增加 85 人。实际录取新生 80 741 人。其中，第一批高中起点艺术体育类专业共录取新生 7 502 人，第二批本科录取新生 40 112 人，第三批专科录取新生 31 414 人，单考单招录取新生 1 713 人。

[**成人高校招生工作会**] 6月27日，召开北京市成人高校招生工作会。会议传达了教育部关于做好2008年全国成人高校招生工作文件精神，总结上年招生考试工作，部署本年度工作。会议提出考务工作重点是重视考试安全，加强考试组织与管理，创造和谐考试环境。来自各在京招生成人高校，区县考试中心、成招办主要负责人180余人参加会议。

[**网络报名工作**] 8月15日至28日，完成成人高考网络报名工作。该报名实行网络报名和现场确认两部分，全市共有146 886人报名参加考试，比上年增加6 274人。全市各区县成招办设立确认点20个，确认考生113 189人，比上年减少3 072人，下降2.64%。其中，报考高中起点专科48 972人，报考高中起点本科19 239人，报考专科起点升本科44 978人。报考部属院校69 173人，报考市属院校44 016人。报考脱产学习形式6 715人，报考业余学习形式106 474人，其中，报考函授学习形式2 398人。报考文史类67 964人，报考理工类45 225人。

[**全国统一考试**] 10月11日至12日，完成北京市年度成人高等学校招生全国统一考试。全市共设考区19个，考点160个，考场3 892个，实际参加考试104 953人。查处违规考生172人，违纪率1.5‰。

[**赵凤桐副市长看望成人高考考试招生一线工作人员**] 10月11日，赵凤桐副市长来到市考试院，看望北京市成人高考考试招生一线工作人员，并通过北京教育考试远程电子巡查系统检查考试组织工作，并代表市委市政府对考试招生一线工作人员表示慰问。市教委主任刘利民陪同检查。

[**统一阅卷**] 10月13日至17日，完成成人高校招生全国统一考试评阅卷工作。设立北京师范大学、首都师范大学、北京教育学院和北京广播电视大学4个阅卷点，聘请600名教师参加评卷，评阅试卷总量35.9万份。本年，北京市成招考试20科首次实行网上阅卷。

[**最低控制分数线**] 11月6日，北京市高校招生委员会确定成人高考录取最低控制分数线。该分数线明确，高中起点专科，文史外语类162分，艺术类72分，理工类132分，体育类95分。高中起点本科，文史外语类266分，艺术类172分，理工类180分，体育类130分。专科起点升本科，文史中医类180分，艺术类100分，理工类110分，经济管理类150分，法学类125分，教育学类100分，农学类140分，医学类215分。

[**年度成招工作会**] 11月14日，召开年度成人高校招生录取工作会。会议总结成人高考考务工作情况，部署下年度招生录取工作。会议要求各学校要结合国家和北京市“十一五”教育发展规划对继续教育定位，依照控制规模，提高质量原则，做好招生工作。会议提出研究成人教育发展问题，按照要求继续坚持业余学习办学方向，丰富服务面向，适应社会需求。来自市教委等有关领导及在京招生院校等单位有关人员共100多人参加会议。

[**录取工作**] 12月10日，完成成人高校招生录取工作。全市共有102所院校1 510个专业参加招生，共录取新生80 741人，比上年减少1 311人，降低1.6%，完成计划98.6%，与上年持平。按照录取批次统计，第一批次高中起点艺术、体育类专业共录取新生7 502人，完成计划88.5%；第二批次本科录取新生40 112人，完成计划91.75%；第三批次专科录取新生31 414人，完成计划105.04 %。单考单招录取1 713人。

高级中等学校招生考试

[**概况**] 2008年，北京市中考中招采取网上报名、报考方式。全市共有10.7万人报名，参加中考考生9.8万人，其中，11名盲残考生、7名视力障碍考生。全市共有440所高级中等学校计划招生10.5万人。其中，普通高中286所，中等师范1所，普通中专42所，技工学校32所，职业高中73所，五年制高职院6所。共录取新生8.7万人。其中，普通高中录取新生6.2万人，普通中专（含师范）录取新生1.16万人，技工学校录取新生0.58万人，职业高中录取新生0.43万人，五年制高职学院录取新生0.33万人。录取率96.8%。另外，21所中职学校录取未升学高中毕业生1 163人。

[**编印中考参考资料**] 3月17日至30日，完成中招考试参考资料编写印制工作。该资料包括中招考试《招生简章》、《报考指南》和《部分学校情况介绍》三部分，其中，《招生简章》刊载全市127所提前招生学校和411所统一招生学校招生计划，《部分学校情况介绍》收录全市249所学校情况介绍，占招生学校总数56%。

[**网络咨询活动**] 5月10日，举办高级中等学校招生网络咨询活动。该活动采用电话连线、视频直播、文字交流等方式，分为主会场和分会场两部分，主会场设在考试院，分会场设在19个区县（地区）中招办和310所咨询学校。全市学生、家长1.1万人次通过电话方式咨询，1 099.2万人次通过上网点击，访问人数2.03万人，共提出问题1.26万个；在线回答问题1万个，回答率79.37%。来自市教委、市劳动和社会保障局、市体检中心和市区县中招办以及咨询学校共计900人参加活动。

[**考试工作**] 6月24日至26日，完成高级中等学校招生考试工作。该考试采用全市统一命题，分区县组考、阅卷方式，考试科目为语文、数学、外语、物理、化学共计5个科目，分数权重为120分、120分、120分、100分、80分。考试时间分别为语文150分钟、数学、外语、物理120分钟、化学100分钟。全市共设考点228个，考场3 414个，来自全市考生9.8人参加考试。

[**评卷标准报告会**] 6月25日至27日，召开高级中等学校招生考试统一评卷标准报告会。会议听取命题组教师介绍语文、数学、外语、物理、化学5个学科评分标准，提出并讲解评卷中应注意问题。来自全市19个区县（地区）中考评卷负责人300人参加会议。

[**残疾学生试卷评阅工作**] 6月27日，完成高级中等学校招生考试残疾学生试卷评阅工作。该试卷面向盲残、视障考生，分为盲文和大字试卷两种，共计18份 。全市共有盲残和视障考生18人参加语文、数学、外语、物理和化学5科文化课考试。来自北京市盲人学校教师14人参加试卷评阅工作。

[**提前招生录取审批**] 7月12日，完成高级中等学校提前招生录取审批工作。该审批通过127所提前招生学校报审考生7 276人。其中，普通高中录取1 011人，中专录取1 989人，技校录取2 785人，职业高中录取1 491人。

[**特殊学生录取资格审核**] 7月16日，完成高级中等学校特殊学生录取资格审核。该审核通过102所有招收特殊学生任务普通高中学校报审特殊考生4 224人。其中，优秀生1 342人、市级三好生365人、实验班690人、文艺特长生727人、体育特长生585人、科技特长生43人、大学子女246人、集训队员39人、推荐生80人、金

银帆奖3人、外交人员子女104人。

[**中招录取工作**]　7月27日至29日，完成高级中等学校统一招生录取工作。该录取按照考生考试总成绩从高分到低分，依照考生志愿顺序择优录取原则，面向全市411所招生学校，录取新生76 700人。其中，74所示范高中，录取27 480人；209所一般高中，录取31 936人；1所师范学校，录取200人；30所中专学校，录取8 804人；32所技校，录取2 795人；59所职高，录取2 648人；6所高职，录取2 837人。全市411所学校全部实行中招网上录取，按时接收、审核本校初录新生信息，办理审批手续。

[**中招补录工作**]　8月25日至29日，完成部分高级中等学校招生补录工作。该录取面向全市271所未完成招生计划学校，实际补录考生2 506人。其中，一般高中197所，补录1 561人；中专25所，补录608人；技校18所，补录85人；职高27所，补录171人；高职4所，补录81人。

[**调剂录取工作**]　10月9日，完成部分高级中等学校调剂录取工作。该录取依照考试院《关于做好2008年中招录取结束后有关工作通知》文件，采取对调剂考生集中办理审批手续方法，面向全市77所学校，实际调剂录取考生1 465人。其中，落榜考生77人，占调剂录取总人数5.26%；调剂录取考生1 388人，占94.74%。

[**高考落榜生录取**]　10月27日，完成部分高级中等学校录取高考落榜生审核备案工作。该取录依据市教委关于“在部分中等职业学校中开展面向未升学高中毕业生进行中等职业教育的试点工作”要求，采用由招生学校到考试院集中办理审批方法，面向全市22所中等职业学校，比上年增加13所，实际录取高考落榜生1 163人，完成计划45.7%；录取人数比上年增加531人，增长84%。

高中毕业会考

[**概况**]　2008年，北京教育考试院完成春季和夏季两次高中毕业会考。两次会考共开设语文、数学、外语、地理、历史、政治、物理、化学、生物9科文化课考试。其中，语文、外语、地理、历史4科实行网上阅卷。全年参加高中会考（含自行组考及替代科目）的考生总计222 837人，比上年减少102 708人；报考总科次为718 213科次，比上年减少228 994科次。颁发《北京市高中会考合格证》83 960份，其中，职技类考生83份，社会类考生24份。全市参加高中会考的应届高中学生95 861人，取得合格证76 257人，占毕业生总人数79.55%。共为1 346人办理会考成绩转京手续，其中，以转入海淀区考生最多，占总数26.3%。

[**春季高中会考**]　1月6日至8日，完成春季高中毕业会考。该会考设立语文、数学、英语、政治、物理、化学、生物、历史、地理9科文化课考试科目。全市共设考点144个，考场2 653个。来自全市341所学校考生及非在校公民共117 314人参加考试，报考总科次323 135科次。考试期间，发现并处理违规考生348人。

[**春季会考阅卷和成绩登统**]　1月10日至20日，完成春季会考阅卷及成绩登分统计工作。该工作分手工评卷和网上评卷两种形式。其中，数学、政治、物理、化学、生物5个学科采用手工评卷方式，语文、外语、地理、历史4个学科采用网上评卷方式。手工评卷共聘请教师328人，评阅试卷170 716份。网上评卷共聘请教师198人，阅评试卷152 419份。成绩登统采用以知识点为单位录入小分方法，其数据用于命题及高中

教学质量分析。

[颁发高中会考合格证] 4月和9月，颁发《北京市高中会考合格证》。全市共颁发合格证83 960份，其中，普高类83 853份，职技类83份，社会类24份。全市参加会考应届高中毕业生95 861人，取得合格证76 257人，合格率79.55%。

[夏季高中毕业会考] 6月24日至26日，完成夏季高中毕业会考。该会考开设语文、数学、英语、政治、物理、化学、生物、历史、地理9科文化课考试科目。全市共设考点143个，考场2 700个。来自全市349所学校考生及非在校公民95 944人参加考试，报考总科次364 750科次。考试期间，发现并处理违规考生374人。

[夏季会考阅卷和成绩登统] 6月29日至7月13日，完成夏季会考阅卷及成绩登分统计工作。该工作分手工评卷和网上评卷两种形式。其中，数学、政治、物理、化学、生物5个学科采用手工评卷方式；语文、外语、地理、历史4个学科采用网上评卷方式。网上评卷共聘请教师71人，评阅试卷66 445份。手工评卷共聘请教师392人，评阅试卷298 305份。成绩登统采用以知识点为单位录入小分方法，其数据用于命题及高中教育教学质量评价分析。

[中招会考工作总结会] 12月17日至19日，召开中招会考年度工作总结会。会议总结全年中考中招及高中会考工作情况，部署下一年度中招、会考工作。会议提出中考网上阅卷和高中会考有关工作初步意见。来自市教委、市劳动和社会保障局、市体检中心，部分区县教委主管主任，北工大中招和会考项目组以及各区县考试中心、中招办、会考办及中教研中考负责人130人参加了会议。

自学考试

[概况] 2008年，组织高等教育自学考试、中英合作考试、应用技术教育考试、非学历证书考试和各类非笔试课程考试共38次。全年共有595 865人次报考1 569 252科次，其中，自学考试（含非笔试课程考试）239 996人报考1 350 882科次，应用技术教育考试3 643人报考11 633科次，中英合作专业16 860人报考102 438科次，非学历证书考试23 005人报考48 423科次。各类考试累计考生违规450科次，违规率0.47‰。全年开考专业总计113个，其中，自学考试专业101个，应用技术教育考试专业12个；同时开设10类21种证书考试。全年共毕业学生13 898人，其中，专科毕业生5 982人，本科毕业生5 719人，学历文凭毕业生2 197人。全年共有4 597人获取学士学位证书，158人办理会计从业人员资格证书。

[学历文凭考试毕业审定] 3月26日至28日，完成高等教育学历文凭考试毕业审定工作。该审定共有42所民办高校2 167名考生申报毕业，共涉及25个专业。其中，2 135名考生通过毕业复审。至此，北京市高等教育学历文凭考试顺利完成。

[上半年自学考试报名] 1月18日，完成上半年高等教育自学考试报名工作。该报考采用网络和邮局电话及营业网点两套系统3种方式，报考始于2007年12月18日，全市共有190 881名考生报考582 323科次，16 734人办理新生注册手续。报考考生人数比上年减少23 147人，降低10.81%；报考课程减少68 458科次，降低11.19%。

[**上半年学历文凭 2 类考试**]　1 月 11 日至 15 日，完成上半年学历文凭 2 类考试。2 类考试分别是自学考试和应用技术教育考试，全市共设考区 13 个，考点 133 个，考场 2 934 个，教师 5 868 人参加监考，监考 20 404 场次。全市共有 150 963 人报名参加 322 328 科次考试，实考 200 949 科次，实考率 62. 34%。考试期间，发现并处理违规考生 48 人，违规率 0. 24‰。本次考试设立宣武、海淀、丰台、石景山、通州、顺义、延庆 7 个"考场超员编排"改革试点考区，网上阅卷由 9 门公共政治课增加到 30 门公共政治课和专业基础课。

[**开通自考信息查询系统**]　4 月 1 日，开通北京市高等教育自学考试综合信息查询系统。该系统依托教育信息网，采用 J2EE 技术，设立自学考试计划、考生个性化报考、考试成绩、考试通知单、毕业计划和考籍等查询功能，提供自考政策，满足考生查询需求。

[**上半年自学考试**]　4 月 12 日至 13 日和 19 日至 20 日，完成上半年高等教育自学考试。该考试采用笔试方式，共开考 103 个专业、365 门课程。全市共设立考区 19 个，考点 161 个，考场 3 695 个，7 390 人参与监考工作。来自全市 183 815 名考生报名参加 543 259 科次考试，实考 327 807 科次，实考率 60. 34 %。考试期间，发现并处理违规考生 76 人，违规率 0. 23‰。

[**下半年学历文凭 2 类考试报名**]　4 月 15 日至 25 日，完成下半年学历文凭 2 类考试报名工作。2 类考试分别是自学考试、应用技术教育考试，采用网络和邮局电话及营业网点两套系统 3 种方式。其中，自学考试共有 17 615 名考生报名参加 54 273 科次考试，1 115 人办理新生注册手续。报考考生人数比上年增加 3 167 人，增长 21. 9%；报考课程 10 520 科次，增长 24%。应用技术类考试共有 2 381 名考生报名参加考试，报考课程 7 032 科次。报考人数比上年减少 3 150 人，降低 57%；报考课程比上年减少 6 297 科次，降低 53. 5%。

[**上半年计算机应用基础上机考试**]　5 月 10 日至 11 日，完成上半年自学考试计算机应用基础上机考试。该次考试设立考区 16 个，考点 21 个。来自全市 18 257 名考生报名参加 18 257 科次考试。

[**上半年自学考试非学历证书考试**]　5 月 17 日至 18 日，完成上半年高等教育自学考试非学历证书考试。该考试分别在东城区、海淀区和延庆县设置考点 12 个，考场 796 个，组织考试 796 场次。共开考 5 个证书类别共计 29 门课程，11 094 名考生报名参加 23 293 科次考试。实考 20 641 科次，考试期间，发现并处理违规考生 11 人，违规率 0. 53‰。

[**自考网络咨询活动**]　5 月 29 日，举办年度高等教育自学考试网络咨询活动。该活动利用教育信息网络，宣传自学考试政策，指导考生参加自学考试学习与考试，并解决考生问题。来自全市考试 12 583 人参加活动，咨询主页点击阅览 1 380 028 人次，共提出各类问题 2 923 个，问题回答率 81. 73%。

[**下半年自考报名**]　6 月 18 日至 7 月 18 日，完成下半年高等教育自学考试报名工作。该报考继续采用网络和邮局电话及营业网点两套系统 3 种方式，全市共有 146 374 名考生报名参加 470 523 科次考试，其中，8 870 名新生注册参加考试，报考人数比上年减少 22 151 人，降低 13. 1%；报考课程比上年减少 81 279 科次，降低 14. 7%。

[**上半年毕业复审工作**]　6 月 24 日至 27 日，完

成上半年高等教育自学考试毕业复审工作。全市共有 92 个专业 5 859 名考生申报毕业，通过复审 5 675人。其中，自学考试申报毕业 5 612 人，通过复审 5 443 人；应用技术类考试申报毕业 247 人，通过复审 232 人。专科毕业 2 652 人，本科毕业 2 791 人。自考毕业人数比上年降低 19.4%。来自全市 17 个区县工作人员及部分主考高校教师共 73 人参加毕业生审定工作。

[下半年学历文凭 2 类考试] 7 月 4 日至 7 日，完成下半年学历文凭 2 类考试。2 类考试分别是应用技术教育考试和常规自学考试。3 类考试共设考区 3 个，开考 18 个专业，69 门课程，设立考点 23 个，考场 186 个，组织考试 918 场次，3 804人参加监考工作。其中，自学考试设立西城和延庆两个考区，开考 6 个专业，24 门课程，共有考生 17 615 人报名参加 54 273 科次考试，实考 38 982 科次，实考率 71.83%。考试期间，发现并处理违规考生 87 人，违规率 0.22%。应用技术教育考试考区设在崇文区，开考 12 个专业，45 门课程，笔试课程共有考生 2 381 人报名参加 5 481 科次考试，实考 3 837 科次，实考率 70.01%。考试期间，发现并处理考生 7 人，违规率 0.18%。

[自考电话语音咨询系统] 7 月 21 日，开通高等教育自学考试电话语音咨询系统。该咨询系统连接10 路语音线路，满足考生全天候语音咨询服务，并可提供人工咨询服务。语音咨询电话 1606688，拨打费用与市内电话相同。

[下半年自学考试] 10 月 18 日至 19 日和 10 月 25 日至 26 日，完成下半年高等教育自学考试。该考试采用笔试方式，共开考 103 个专业 384 门课程。全市共设立考区 19 个，考点 138 个，考场 3 164 个，组织考试 14 772 场次，6 328 名教师参加监考工作。来自全市 143 779 名考生报名参加 437 146科次考试，实考 266 615 科次，实考率 60.99%。考试期间，发现并处理违规考生 72 人，违规率 0.27‰。

[自学考试报名] 10 月 15 日至 25 日，完成自学考试、应用技术考试两项考试的报名工作。报考继续采用网络和邮局电话及营业网点两套系统 3 种方式进行。其中，自学考试共有 127 650 人报考 264 355 科次，注册新生 44 825 人；与上年同期相比，报考人数减少 9 961 人，降幅为 18.2%；报考课程减少 51 830 科次，降幅为 16.4%。应用技术类考试笔试课程共有 1 081 人报考 1 900 科次，非笔试报考 126 科次。由于此类考试不再注册新生，因此与上年同期相比，报考规模继续下降，报考人数减少 1 789 人，降幅为 62.3%；报考课程减少 4 252 科次，降幅为 69.1%。

[自考课程全部实现网上评卷] 2008 年 10 月高等教育自学考试全部课程实现网上评卷。网上评卷采用校园局域网、VPN 虚拟专网和互联网 3 种方式，共涉及阅卷学校 21 所，累计评阅答卷 266 469 份。其中，3 所学校通过校园局域网、1 所学校通过 VPN 虚拟专网、17 所学校通过互联网阅卷。至此，全市自学考试首次实现全部课程网上评卷。

[签订自学考试生电子档案项目协议] 11 月 3 日，考试院与博睿斯达数字技术公司签订“北京市高等教育自学考试毕业生历史档案电子化项目”建设合作协议。该协议规定，博睿斯达数字技术公司负责考生原始档案电子扫描及电子字段采集工作。考试院负责项目的具体组织实施及项目完成后的验收工作。项目建设预计 3 个月，总投资约 20 万元。

[下半年计算机上机考试] 11 月 8 日至 9 日，

完成下半年自学考试计算机应用基础上机考试。该考试共设立考区 16 个，考点 17 个。来自全市 10 338名考生报名参加 10 338 科次考试。

[下半年自考非学历证书考试]　11 月 15 日至 16 日，完成下半年高等教育自学考试证书考试。该考试分别在东城、西城、延庆共设置考点 12 个，考场 258 个，组织考试 861 场次，实考 22 746 科次。开考中国餐饮业职业经理人资格证书、中国物流职业经理资格证书和市场营销资格证书等 7 个类别证书，共计 32 门课程，11 914 名考生报名参加 25 069 科次考试。考试期间，查处违规考生 19 人，违规率 0. 84‰。

[北京市 5 名自考生荣被评为“全国优秀自考生”]　12 月 13 日，全国高等教育自学考试指导委员会在北京召开“纪念高等教育自学考试暂行条例颁布 20 周年暨优秀自考生表彰大会”，北京市自考生曲继玲荣获“自强不息单项奖”，郭景书、闫现玲、于雷鸣、刘振凤 4 人分别荣获“优秀自考生”称号。

[下半年毕业复审]　12 月 24 日至 28 日，完成下半年高等教育自学考试毕业复审工作。全市共有 98 个专业 6 058 名考生申报毕业，审核通过 5 897人。其中，自学考试申报毕业 5 785 人，审核通过 5 632 人；应用技术类考试申报毕业 273 人，审核通过 265 人。专科毕业生 3 180 人，本科毕业生 2 452 人。本科毕业生人数比上年降低 16. 22% ，专科毕业生人数比上年增长 20. 72% 。

社会考试

[概况]　2008 年，北京教育考试院共举办 19 次 9 个项目考试，报考总人数 242 473 人，并取得相应证书。阅卷 241 000 人。其中，剑桥少儿英语报考 49 252 人，比上年 56 123 人减少 12. 2% ；北京英语口语证书考试报考 45 479 人，比上年 76 541 人减少 40. 6% ；北京英语水平考试报考 13 600 人，比上年 13 923 人减少 2. 3% ；全国计算机等级考试报考 117 988 人，比上年 135 787 人减少 13. 1% ；全国计算机应用技术证书报考 9 634人，比上年 14 467 人减少 33. 4% ；全国青少年计算机考试报考 6 166 人，比上年 9 439 人减少 34. 7% 。新开考中国书画等级考试，报考 217 人。剑桥办公管理国际证书考试报考 137 人。

[剑桥少儿英语考试]　3 月、10 月和 12 月，举办 3 次剑桥少儿英语全国统一考试。该考试采用笔试和口试两种方式，北京共有 49 252 人次报名参加考试。其中，一级 18 117 人，二级 16 710 人，三级 14 425 人。

[北京英语水平考试]　5 月和 10 月，举办两次北京英语水平考试。该考试采用笔试和口试两种形式。全市共有 13 600 人次报名参加考试，其中，一级 7 728 人，二级 5129 人，三级 743 人。

[北京英语水平考试网络报名]　4 月 1 日至 15 日，完成北京英语水平考试网络报名工作。分 3 个级别，全市共有 8 215 人报名参加考试。其中，一级 4 913 人，二级 2 732 人，三级 570 人。

[剑桥少儿英语优秀学员评选活动]　每两年一次的北京市剑桥少儿英语优秀学员评选活动，共评选出优秀学员 3 500 人。6 月各培训机构以多种形式向优秀学员颁发了证书和奖品。

[北京英语口语证书考试]　5 月 17 日至 28 日和 11 月 15 日至 16 日，举办两次北京英语口语证书考试（BOEC）。该考试采用考官对考生一对一口试形式，分为初、中、高 3 个等级，考试时间分别为初级 5 ~ 7 分钟/人，中级 8 ~ 10 分钟/人，高

级 12～15 分钟/人。全市共有 45 479 人次报名参加考试。其中，初级 18 463 人，合格率为 75% 和 59%；中级 10 525 人，合格率分别为 61% 和 62%；高级 3 519 人，合格率分别为 59% 和 52%。

[北京英语口语证书考试在内蒙古设点]　2008 年口语考试工作重点继续围绕着“立足北京、走向全国”的目标展开全年的工作，8 月在内蒙古呼和浩特市设立了考点，内蒙古北方科技专修学院培训中心成为北京英语口语证书考试考点，并进行了考试。

[全国计算机等级考试]　4 月 12 日至 16 日和 9 月 20 日至 24 日，举办两次全国计算机等级考试（NCRE）。两次考试均采用笔试和上机考试相结合方式，分为一级、二级、三级和四级共 4 个等级，共设立 119 个考点。来自全市 117 988 人参加考试，46 050 人获得全国计算机等级考试合格证书。其中，一级 44 497 人，及格 26 533 人；二级 54 026 人，及格 15 910 人；三级 17 423 人，及格 3 369 人；四级 2 042 人，及格 238 人。

[全国计算机应用技术证书考试]　6 月和 12 月，分别举办两次全国计算机应用技术证书考试。该考试采用系统及题签考试方式，设立 23 个考点，累计开考文字处理、电子表格和演示文稿制作等共计 15 个模块，报考总人数 9 634 人。其中，7221 人取得证书。

[全国青少年计算机考试]　3 月、6 月和 12 月，分别举办 3 次全国青少年计算机考试（YNIT）。3 次考试分别采用题签考试方式，开考操作基础、文字处理和多媒体制作等 12 个模块。北京共有 6 166人报名参加考试，其中，操作基础模块 683 人，合格 683 人；文字处理模块 704 人，合格 700 人；表格处理模块 592 人，合格 586 人；画图模块 869 人，合格 857 人；网络应用模块 393 人，合格 378 人，多媒体制作模块 738 人，合格 733 人；动画制作模块 645 人，合格 638 人；图像处理模块 547 人，合格 543 人；网站设计模块 417 人，合格 413 人；数据库模块 229 人，合格 28 人；程序设计模块 348，合格 343；数码绘画模块 1 人，合格 1 人。

[全国少儿计算机考试更名]　6 月，全国少儿计算机考试更名为全国青少年计算机考试。更名后操作基础的考试形式采用“过程式考核”其他模块采用“任务式考核”，考试内容分为操作基础、文字处理、多媒体制作等 12 个模块；考试管理为北京教育考试院与中心考点两级管理模式，北京教育考试院负责组织和落实工作，各中心考点负责本区县内各考点考务管理、教学研究工作。

[剑桥办公管理国际证书考试]　4 月和 11 月，举办两次剑桥办公管理国际证书考试。该考试采用笔试和上机两种方式，开考《办公室管理》、《沟通和项目管理》、《文字处理》、《人际商务技巧》、《客户服务》，模块初、中、高级，共 137 人报名参加 189 个模块考试。其中，报考核心模块 160 个，报考选修模块 29 个；报考初级模块 182 个，报考中级模块 4 个，报考高级模块 3 个。至此该考试共举办 6 年，共有 671 人报名参加考试。本年为剑桥办公管理国际证书考试项目最后一年考试。

[中国书画等级考试]　5 月和 11 月，举办中国书画等级考试。该考试设硬笔书法和书法两个科目，分九个级别。北京共有 217 人报名参加考试，其中，硬笔书法 126 人，书法 91 人。

[成功举办第六届社会考试论坛]　第六届全国社会考试论坛 11 月 20 日至 21 日在北京教育考试

院举行。出席论坛的领导和嘉宾有：教育部赵沁平副部长，教育部考试中心戴家干主任、刘军谊副主任，北京市教委刘利民主任、线联平副主任，市政府外事办公室刘洋副主任，以及来自全国各省市自治区考试机构、北京地区考点、考官、国外3家知名考试机构代表、14家中央和市属新闻媒体记者等共计200余人参加本届论坛。

第六届全国社会考试论坛的主要内容是：围绕论坛主题“和谐·合作”，通过主旨演讲、特邀演讲、平行演讲等形式，探讨社会考试理论，交流经验，共享成果；在科学发展观的指导下，怎样办好社会考试、怎样发展好社会考试等问题进行研讨，着眼面临的问题，探讨未来社会考试科学发展途径。严谨制作特色徽标；精心制作社会考试宣传纪录片；征集社会考试论文，编辑出版了《第六届全国社会考试论坛论文集》。

中外合作考试

[概况]　2008年，举办英语口语等级考试（GESE）205场，英国剑桥通用英语证书考试（MSE）2场。全市共有25 791人报名参加考试。全年举办英语口语等级考试（GESE）考前培训，英语口语等级考试（GESE）教师培训，剑桥少儿英语教师培训，英国剑桥通用英语证书考试（MSE）教师培训，共11期，共有720人报名参加培训。

[英国剑桥通用英语证书考试]　5月24日至6月15日和11月22日至12月6日，共举办两场英国剑桥通用英语证书考试（MSE）。该考试采用纸笔考试和口语面试相结合的方式，分为一级（KET）、二级（PET）和三级（FCE）3个级别。北京共有3 357人报名参加3个级别考试，合格1 880人，总体通过率56%。其中，一级（KET）1 649人，通过率61%；二级（PET）1 456人，通过率45%；三级（FCE）252人，通过率24%。

[英语口语等级考试]　2008年全年，共举办205场英语口语等级考试（GESE）。该考试采用考生和考官一对一面试的方式，分为12个级别，全市共有22 434人报名参加12个级别考试，合格14 358人，总体通过率64%。其中，一至三级9 757人，通过率82%；四至六级11 620人，通过率51%；七至九级1 016人，通过率38%；十至十二级41人，通过率83%。

[各种英语培训班]　2008年全年，举办各种英语培训班。该培训班开设英语口语等级考试（GESE）考前培训，英语口语等级考试，英语口语等级考试（GESE）教师培训，剑桥少儿英语教师培训，英国剑桥通用英语证书考试（MSE）教师培训等11期。来自全市720人报名参加培训。

社会委托考试

[全国英语等级考试]　3月和9月，教育考试指导中心完成北京地区“全国英语等级考试（PETS）”。该考试采用笔试和口试两种形式，北京共有18 363人次报名参加考试。其中，参加笔试17 738人次，参加口试12 247人次，评阅试卷26 070份，发放成绩12 978份。

[奥组委社会招聘考试]　1月8日和4月22日，教育考试指导中心完成两次“北京奥组委面向社会招聘工作人员考试”组考工作。该考试受北京奥组委委托，教育考试指导中心承担招聘考试英语笔试、英语口试及综合知识3个科目试题命题11套，制卷865份，评阅试卷855份。285人次报名参加考试，发放成绩285份。

[中国银行招聘选聘考试]　3 月，教育考试指导中心完成中国银行招聘考试和中国银行选聘考试。该考试受中国银行委托，承担英语笔试和综合知识 2 个考试科目。其中，完成“2008 年中国银行招聘考试”英语笔试、综合知识 2 个科目试题命题，制卷 96 896 份，评阅试卷 84 816 份。全国共有 42 408 人次参加考试。同时，完成“2008 年中国银行选聘考试”英语、综合知识 2 个科目试题命题，印制试卷 15 504 份，评阅试卷 13 156 份。全国共有 6 578 人次参加考试。

[安全评价师职业资格鉴定]　1 月至 12 月，教育考试指导中心完成 45 次评价师国家职业资格（试验性）鉴定。该鉴定受劳动部鉴定中心、国家安全生产监督管理总局委托，教育考试指导中心承担基础理论和专业知识 2 个科目 3 个级别共计 58 套试题命题工作，组考 29 626 科次，制卷 32 743 份，评阅试卷 29 626 份，制作、发放“安全评价师国家职业资格证书”14 121 份。来自全国 32 个省、直辖市、自治区共计 14 813 人次报名参加安全评价师国家职业资格（试验性）鉴定。

[全国报检员资格考试]　10 月，教育考试指导中心完成北京考区全国报检员资格统一考试考务工作。该考试受北京市进出口商品检验检疫局委托，教育考试指导中心承接 1 个科目 1 个级别考试。设立考区点 2 个，考场 110 个，全市共有 3 297人报名参加考试。

供稿：北京教育考试院

撰稿：闻　艳　滕　岩　万雅奇　赵海燕　丁秀涛　董乮林　郭振铎　李青文　刘　红　卢　杰　毕　胜　徐卫红　何森森　金　辉　冯国红　姜树森　庞　博　胡　海等

审稿：李鸿江

天 津 市

总 类

[第四届“科举制与科举学学术研讨会”在津召开] 2008年10月13～15日，由天津市教育招生考试院、天津市教育考试与评价研究所同北京大学、厦门大学和中国社会科学院共同主办的第四届“科举制与科举学学术研讨会”在考试院召开。来自中外大学、研究院所、考试机构与文博机构等多家单位90余位代表参加会议。研讨会以“科举与中华传统文化”为主题，分“科举思想与科举制度”、“科举与社会”、“科举与教育”、“科举考试考务管理”、“科举文化遗产”、“科举与其他形态文化”和“现代化视野下的科举学”等7个专题。会议收到60余篇论文，来自不同学科的代表围绕主题对这一深刻影响我国历史与现实的制度展开深入探讨。为促进中国科举文化研究、为其创设稳定和高标准的组织基础，中国炎黄文化研究会科举文化专业委员会在会间成立。《光明日报》、《中国教育报》、《天津教育报》等多家媒体对此次研讨会进行了报道。

[第三期“考试技术与评价方法研修班”开班] 由天津市教育招生考试院、天津市教育考试与评价研究所举办的第三期“考试技术与评价方法研修班”于2008年12月2日至6日在天津举行。该研修班2006年开始举办，旨在与考试界人士共同分享考试测评领域的先进管理理念和技术方法，研讨国内考试与评价的技术解决方案。此次研修班以“大规模考试设计与实施”为主题，邀请中国教育学会教育统计与测量分会理事长冯伯麟教授、台湾师范大学教育心理与辅导系林世华教授、台湾大学入学考试中心学科研究员管美蓉博士、华东师范大学公共管理学院张远增博士等分别作“国内大规模考试的现状与展望”、“台湾地区国民中学学生基本学力测验的设计与实施”、“台湾大学入学考试之试题命制与评价”以及“中考评价及对中考命题的诉求”等报告。研修班吸引了全国15个省、市、自治区25个单位，从事考试科研、管理、评价、命题等工作的人员有100余人参加。

[天津市中小学生学业质量分析反馈工作会召开] 2008年5月13日，由教育部基础教育课程教材发展中心、天津市教育委员会主办，天津市基础教育学业水平评估中心承办的“天津市中小学生学业质量分析反馈工作会”在津召开。中小学生学业质量分析项目于2003年启动，该项目旨在通过测试、问卷等手段，科学、全面地评价基础教育教学质量，建立符合素质教育要求的评价系统。此次会议是在教育部项目组2007年底对天津市小学三年级和初中八年级学生部分学科成绩进行抽样测试，并对测试结果进行严格、

科学的分析与评价基础上召开的一次结果反馈会议。会上，天津市基础教育学业水平评估中心副主任赵彤璐介绍了天津测试组织工作的情况。为了确保工作高效、顺畅并发挥其对天津市基础教育实践的指导作用，市教委中学处、小学处、市教研室、市基础教育学业水平评估中心建立了行政、教研、考试机构三方合作机制，在此基础上建立市、区、校三级实施网络。反馈工作会上，教育部项目组按语文、数学、科学、英语四个学科分组，各学科负责专家分别介绍学科测试的设计理念、操作方法，以及测试的实际结果和改进建议，并同与会人员进行了深入交流。

[《身边科学》杂志创刊] 2008年1月，《身边科学》杂志创刊。《身边科学》杂志是天津市教育委员会主管、天津市教育招生考试院主办，面向中学生研究性学习活动的综合性刊物。其办刊宗旨是为广大师生搭建研究性学习平台，创造开放型学习环境，引导青少年用科学的研究方法，自主探究自然、社会和生活中的课题，培育创新精神和实践能力，提升科学素养。《身边科学》关注新课改，以在全国各地普遍开展的研究性学习为内容。设置新视界、身边课题、研究方法、成果展示、热点阅读、国际在线等专栏。杂志信息量大，内容涵盖面广，刊登国内外研究性学习最新动态，介绍研究性学习的方法，提供研究性学习的典型案例，是一本指导研究性学习的教辅类杂志。《身边科学》杂志为月刊，2008年共出版12期。

[天津市首届中学生研究性学习成果展评活动] 由天津市教育委员会中学处主办，市教育教学研究室、市基础教育学业评价中心与《身边科学》杂志编辑部承办的“天津市首届中学生研究性学习成果展评活动”于2008年10月启动。此次展评活动历时半年，意在落实《天津市普通高中新课程实验工作方案》，推进研究性学习活动深入开展。同时，借举办活动扩大《身边科学》杂志的影响。此次展评活动受到各区县办学单位积极响应，经学校推荐、区县筛选，共提交245项成果。来自天津部分高校、中学、科研院所及科技界的20余位专家组成市评选委员会，进行成果认定、评价。经初评、复评、综合评审、问辩和网上公示等程序，评出一等奖成果5项、二等奖成果15项、三等奖成果55项。

[考试科研成果获奖] 为推动教育招生考试事业发展研究和招生考试评价应用技术研究，加强对科研工作的过程管理，按照市教育规划办的统一部署，组织实施考试院承担的“十一五”课题中期检查工作，全院各级各类16个课题完成中期自查总结。考试院招生考试研究成果突出，岳伟、钟君、赵彤璐、谷青等撰写的《天津市高等教育自学考试发展状况及其对策研究》荣获天津市第十届优秀调研成果三等奖和市教卫系统第五届优秀调研成果二等奖。

[《高考考生水平及教学质量分析》出版] 为更好地服务基础教育领域，透过考试数据反映学生水平，向社会及时发布基础教育的质量信息，天津市基础教育学业水平评估中心以《考试研究》杂志增刊形式，正式向社会发布《高考考生水平及教学质量分析》研究报告。此系列报告包括文理科共9科，通过对全市考生高考总体表现进行数据统计分析，并从知识范畴、能力属别、题型结构等维度，探讨考生学习和教师教学中的问题。同时，结合评价教师的分析，反映本年度高考考生的学科能力水平和教学质量，为教学研究部门和学校了解全市学生各学科的表现水平，进而为有针对性地指导教学工作和改进教学策略提供依据。

[《普通高中教学质量综合评价报告》发布] 天津市普通高中学业水平考试于2008年1月举行新

课程实验后，外语、物理、化学、历史和地理5个科目的首次测试。为了充分发挥普通高中学业水平考试检测普通高中教学状况，为评估学校教育、教学绩效提供依据的功能，受天津市教育委员会委托，市基础教育学业水平评估中心利用普通高中学业水平考试测试结果，通过评价指标设计、数据分析处理、报表设计等，制作完成《普通高中教学质量综合评价报告》。报告对天津市高中新课程实施后，各区域、区县及各学校的整体教学质量、学科教学质量进行评价，是开发和利用考试数据，发挥考试评价功能的又一成果，同时也成为天津市基础教育学业水平评估中心服务教育行政部门的标志。

普通高考

［概况］ 2008 年，天津市普通高等学校招生工作在教育部、市委、市政府的领导下，从贯彻科学发展观和构建社会主义和谐社会的高度，将安全稳定作为第一要务，始终坚持试卷安全是生命线、考试安全是生命线、服务品质是发展线的基本理念，狠抓过程和细节管理，确保招考安全；优化招生服务，进一步提升人民群众的满意度；以高度的责任感和使命感，努力实现了“确保试卷答卷和考点考场的绝对安全，确保考生和考场工作人员的人身安全，确保录取安全平稳”的工作目标。

2008 年全国在津共有 1 215 所高等学校计划招生 64 274 人，其中，理工类计划招生 45 183 人，文史类计划招生 16 790 人，艺术类计划招生 2 000 人，体育类计划招生 107 人，保送生计划 152 人，非英语语种提前计划招生 42 人。此外，单独计划招生 754 人，在津招生院校全部实现远程网上录取。

全市普通高考报名数 88 523 人，比 2007 年增加 775 人，增长 0.9%；其中理工类报考 61 407人，文史类报考 22 638 人，艺术类报考 3 550人，体育类报考 928 人。报考考生中，应届高中毕业生 78 614 人，往届高中毕业生 9 909 人。

各类普通高校在津录取新生 68 733 人，其中，理工类录取新生 47 961 人，文史类录取新生 18 500 人，艺术类录取新生 1 971 人，体育类录取新生 107 人，保送生录取 152 人，非英语语种提前招生 42 人。此外，单考备案 754 人。

［普通高考命题］ 2008 年，天津市普通高考命题工作坚持能力立意的指导思想，实现稳中有变、稳中有新，试卷内容更加注重基础性、突出综合性、把握时代性、反映地方性，适当渗透新课程标准的理念；对命题教师队伍进行适当调整，保留命题骨干人员，同时，进一步充实学科秘书队伍，增强命题工作合力。本年共完成 5 个考试科目 9 个学科试卷的命制任务，撰写各学科命题说明及《2008 年天津卷试卷评价和试题分析报告》；通过座谈会和问卷调查形式进行试卷评价，并开展各学科的全样本定量分析；各学科均在一定范围内召开了试卷评价会，进行分析并着手启动 2009 年高考命题工作。经评价，试卷整体设计满足《考试大纲》和《天津卷考试说明》的要求，质量较高，符合教育测量学技术规范，社会反响良好。

［普通高考各批次控制分数线］ 2008 年，普通高考录取控制分数线：理工类本科一批录取控制分数线 522 分，本科二批录取控制分数线 466 分，本科三批录取控制分数线 405 分，高职高专录取控制分数线 339 分；文史类本科一批录取控制分数线 523 分，本科二批录取控制分数线 483 分，本科三批录取控制分数线 432 分，高职高专录取控制分数线 362 分。

［香港、澳门高校继续在津招生］ 2008 年，香

港地区 12 所高校、澳门地区 5 所高校继续在本市招生。香港高校在津共有两种招生形式：香港中文大学和香港城市大学在本市普通高考提前批次安排招生，香港大学、香港中文大学、香港理工大学、香港科技大学、香港城市大学、香港浸会大学、岭南大学、香港教育学院、香港公开大学、香港演艺学院、香港树仁大学、珠海学院 10 所香港高校采取单独招生录取的办法，共有 500 名考生报考 10 所单独招生香港高校。香港高校共在津录取考生 53 人。澳门大学、澳门理工学院、旅游学院、澳门科技大学、澳门镜湖护理学院采取网上报名的方式，共有 236 名考生被录取。

[《天津市普通高等学校招生考试制度综合改革方案》公布] 2006 年秋季，天津市开始普通高中新课程实验。市政府决定进行高中新课程背景下高考招生制度改革。同年 10 月，市教育委员会和市教育招生考试院联合有关单位成立课题组，启动《方案》的研制工作。经过两年多的广泛调研和严密论证，2008 年 4 月，正式向教育部报送经市政府批准的《方案》。5 月 28 日，教育部批复天津市教委，同意该《方案》2009 年在津实施。

《方案》根据本市教育发展的实际情况，逐步构建和完善以国家统一考试为主，与德智体美综合素质评价、多样化选拔录取相结合，政府宏观指导、高校自主自律、社会有效监督的现代高等教育招生考试制度。《方案》具有综合性、主体性、选择性、渐进性和可操作性的特点。

《方案》规定，在津招生的高校在以高考成绩为主要录取依据的基础上，自主确定高中学业水平考试成绩和综合评价结果的使用原则和办法。具有招收保送生资格和试行自主选拔录取的高校可自主选拔适合本校培养要求的学生，探索高考、高中学业水平考试、综合素质评价与学校测试相结合的多元评价选拔办法。

《方案》规定，高考科目组设置为语文、数学（文史类/理工类）、外语（含听力测试）、文科综合/理科综合。其中，文科综合包括历史、地理和思想政治；理科综合包括物理、化学和生物。文科综合与理科综合科目考试中各个考试科目将分别命制试题，同场分卷考试。

[春季高考继续试行自主招生] 2008 年，本市有 16 所高职院校进行自主招生试点，招生计划 890 人，涉及 25 个特色专业。报考自主招生试点专业的考生须参加文化统一考试和专业测试。遵循“体现专业选才要求，普遍适合考生报考”的原则，专业测试一般为 1 科，满分为 200 分。录取时，试点院校以文化统一考试成绩和专业测试成绩相加的总成绩为依据择优录取。报考试点专业的考生十分踊跃，全市共录取 1 057 人。

[春季高考和高职升本科招生考试] 2008 年，全市报名参加春季高考的考生 15 341 人，比去年减少 2 000 人（限应届普通高中毕业生报名参加春季高考），减幅 11.5%。其中，中职学校应届毕业生 13 073 人；各类高级中等学校往届毕业生 2 268人。全市 29 所高职院校安排招生计划 6 033 人，比去年减少 3 370 人，减幅 35.8%。实际录取 6 434 人，录取率 41.9%，比 2007 年低 14 个百分点。

高职升本科报名人数 6 111 人，比 2007 年减少 2 403 人，减幅 28.2%。共有 10 所普通高校，安排招生计划 1 511 人，比 2007 年减少 1 063 人，减幅 52.8%。实际录取 1 615 人，录取率 26.4%。考试分别在 20 个考区、37 个考点、740 个考场进行。考试工作在市相关职能部门的支持配合下，经过 2 700 多名监考教师和考试工作人员的共同努力，考场秩序井然、考试组织顺利，共查处考试违纪作弊 170 件，确保考试的公平公正。

[春季高考命题]　2008 年，适当调整本市春季高考及高职升本科命题教师队伍，通过培训进一步强化命题教师业务能力，完成春季高考语文、数学（文、理）、英语、计算机基础、日语和高职接本科语文基础、高等数学、英语、日语、计算机应用基础等 10 个学科试卷的命制任务。试卷未发现政治性、科学性、技术性问题，满足教育测量技术规范，社会反应平稳。

研究生招生考试

[概况]　2008 年，本市共有 27 748 名考生报名参加研究生招生初试，考试在 18 个考区，25 个考点，800 多个考场进行。考试工作在市相关职能部门的支持配合下，经过 3 000 多名监考教师和考试工作人员的共同努力，考场秩序井然、考试组织顺利，共查处考试违纪作弊 90 件。全市 25 个招生单位，录取硕士研究生 10 654 人，完成计划 99.2%；录取博士研究生 1 861 人，完成计划 97.8%。从市属招生单位来看，硕士和博士研究生超额完成招生计划。

成人高考

[成人高校招生全国统一考试]　2008 年，本市共有 43 467 名考生报名参加成人高考，比去年增加 2 245 人，增幅 5.4%。其中，报考专升本 16 594人，比去年减少 210 人，减幅 1.3%；报考高起本 294 人，比去年减少 97 人，减幅 24.8%；报考高起专 26 579 人，比去年增加 2 552人，增幅 10.6%。成人高考分别在 18 个考区 65 个考点，1 583 个考场进行考试。共查处考试违纪作弊 384 件，违纪率为 0.8%。2008 年共录取新生 34 920 人，录取率为 80.3%，完成计划的 106%。其中，高中起点升本科录取 135 人，完成计划的 42.6%；专科起点升本科录取 14 078 人，完成计划的 89.8%；高中起点升专科录取 20 707 人，完成计划的 122.4%。

[专升本考试及成人高考命题]　2008 年完成成人高考预考高中起点语文、数学（文、理）、英语，专升本政治、英语、计算机基础等学科命题工作，以及成人高考高中起点计算机基础，专升本计算机基础、日语等学科试卷的命制工作，试卷施测效果良好。

高初等学校考试

[天津市普通高中学业水平考试]　根据本市普通高中新课程设置的安排，普通高中学业水平考试按不同年级分别于 1 月份和 6 月份举行。考试科目为物理、化学、生物、历史、地理、思想政治、语文、数学、外语（英语学科设置听力考试）、计算机信息技术、通用技术；考试形式有笔试、实验考查、在线考试。2008 年共有 137 351人报名参加考试。全市 20 个考区、74 个考点、4 602 个考场秩序井然。两次考试共处理违规考生 122 人，所有科目均实行网上评卷。学业水平考试成绩采用 A、B、C、D 等第的方式呈现。

[天津市高级中等学校招生录取情况]　2008 年本市各类高级中等学校录取本市应届初中毕业生总量（含五年制高职）为 92 497 人，以本市报名参加学业考试的应届初中毕业生为基数，高中阶段入学率为 96.71%。普通高中学校与中等职业学校（含五年制高职）录取本市新生人数分别为 58 101 人和 34 396 人，普通高中学校与中等职业学校录取新生人数比为 6.3∶3.7。各类高级中等学校录取情况：

（1）普通高中学校录取新生人数为 58 101 人。其中：市重点中学录取新生 20 612 人，区县级重点中学录取新生 21 055 人。市、区县重点中学录取新生人数占普通高中录取新生人数的 71.2%。民办高中学校录取新生人数为 8 190 人，占普通高中学校录取新生数的 14.1%。一般高中学校录取新生人数为 7 472 人，占普通高中学校录取新生人数的 12.9%。艺术类高中学校录取新生人数为 772 人，占普通高中学校录取新生人数的 1.3%。

（2）中等职业学校（含五年制高职）录取新生人数为 34 396 人。其中：三二分段中职接高职录取新生人数为 2 691 人；普通中专学校一般专业（含艺体专业）录取新生人数为 17 554 人；职业高中（职专）学校一般专业（含艺体专业）录取新生人数为 6 048 人；技工学校录取新生人数为 6 974 人；五年一贯制高职录取本市新生人数为 1 129 人。

普通高中学校录取本市新生人数为 58 101 人，比下达计划的 56 765 人增加 1 336 人，增加 2.35%。中等职业学校（含艺术专业）录取本市新生人数为 26 293 人，比下达计划的 25 200 人增加 1 093 人，增加 4.34%，其中“三二分段”中职接高职录取本市新生人数为 2 691 人，比下达计划的 2 735 人减少 44 人，减少 1.61%。

［天津市普通高中学业水平考试命题］　2008 年，根据普通高中学业水平考试评价教学、评价学生的学业发展水平和为高校录取提供参考的功能，在全市范围内遴选优秀教师参与学业水平考试的命题工作。全年完成语文、数学、外语、物理、化学、生物、政治、历史、地理、通用技术、信息技术 11 个学科的试卷命制任务。经实测后，社会反响良好。

［天津市初中毕业生学业考查概况］　2008 年是实行初中学业考查工作的第二年。2008 年 5 月 31 日，进行初中八年级地理、生物和九年级历史、思想品德课程学业考查工作。全市八年级、九年级共有 198 571 人报名参加学业考查，其中八年级为 102 231 人，九年级为 96 340 人。学业考查分别在 21 个考区、142 个考点、共计 6 756 个考场进行，学业考查成绩以等第形式呈现。

［天津市初中毕业生学业考试概况］　2008 年 6 月 28 日至 29 日，进行初中毕业生学业考试。考试报名人数为 95 646 人，考试工作分别在 21 个考区、133 个考点、3 236 个考场进行。2008 年初中毕业生学业考试科目进行了调整，取消了思想品德课程，开考科目为语文、数学、外语、物理、化学，考试总成绩为 560 分，其中语文、数学、外语满分为 120 分，物理、化学满分为 100 分。

［天津市初中毕业生学业考试（考查）命题］

2008 年初中毕业生学业考试本着有利于初中学校全面推进素质教育；有利于全面提高教育质量；有利于基础教育课程改革的命题指导思想，依据九年义务教育的课程标准、教材和市教委有关文件精神，命题中严格控制考试难度，坚持面向初中学校的所有学生，发挥学业考试正确的导向作用。全年共命制语文、数学、外语（英语、日语、德语、法语、韩语）、物理、化学 5 个考试科目，思想政治（开卷）、历史（开卷）、地理、生物 4 个考查科目的试卷。试卷符合命题指导思想的要求，难度、区分度合理，社会反响良好。

［初等英语水平考试命题］　2008 年在充分调研的基础上，修订并出版了《天津市初等英语水平考试报考指南（3 至 6 级）》，对各级别的能力要求进一步明确，对试卷的题型进一步规范、修改，对考查词汇进行了补充完善；同时制定了初等英语水平考试分数等级评价标准。全年命制初等英语水平考试一级、二级、三级（B）、三级、四级、五级、六级笔试试卷 7 套，计算机化口语

考试试卷 48 套，面试型口语考试试卷 14 套；同时，遴选优秀英语专家录制了 7 个级别听力测试的磁带和光盘，每一级别各一套。

自学考试

[概况]　2008 年，在市委、市政府的领导下，坚持以科学发展观为指导，以构建终身学习体系和建设学习型社会为平台，积极发挥自学考试的制度优势，努力整合各种社会资源，主动适应社会经济发展需求，不断拓宽服务领域，坚定“以市场为导向、以考生为中心、以规范保质量、以创新求发展”的指导思想，圆满地完成了全年工作目标和任务。2008 年天津市高等教育自学考试报考人数继续保持稳定上升的态势，全年报考总计 650 161 科次，其中，1 月 189 550 科次；4 月 143 982 科次；7 月 189 798 科次；10 月126 831 科次。与 2007 年报考科次总数相比增加31 244科次，增幅达 5. 05% 。全年毕业生人数总计 11 950 人（其中专科 5 370 人、本科 6 580 人），上半年毕业人数 6 193 人（其中专科 2 662 人、本科 3 531 人）；下半年毕业人数 5 757 人（其中专科 2 708 人、本科 3 049 人）。截至 2008 年底累计开考专业 246 个（其中本科专业 149 个、专科专业 97 个）、在籍考生近 90 万人、毕业生总人数达 17. 3 万人。

[朝升培训网站开通]　2008 年 6 月 5 日，由天津市朝升终身学习服务中心与北京东大正保科技有限公司共同建立的助学网络平台：“朝升培训网站”（www. etctj. com）开通。通过为考生学习提供政策资讯、学程指导、学习资源、督学导学、过程评价、互动交流等进行服务支持；同时为推动网络助学工作，又引入过程性考核政策。2008 年底累计注册人数 3 300 人，其中 840 人已经开始网上学习。全国考委《自学考试简报（总第 239 期）》以“天津市自学考试选择专业试行网络助学新模式”为题进行宣传报道。

[自学考试助学服务体系]　以开展学习实践科学发展观活动为契机，针对自学考试助学工作的新形势，就“进一步完善自学考试社会助学服务体系”课题进行深入调研，完成《关于完善本市高等教育自学考试助学服务体系调研报告》。调研报告本着“积极支持、正确引导、改善服务、加强指导”的方针，提出在建立试点基础上遴选符合标准的助学机构成立若干助学基地或助学园区。形成在市自考办管理和指导下的布局合理、方便考生、资源共享、互惠共赢，以主考校为龙头的助学示范园区新模式。通过建立助学示范园区新模式，推进以普通高校为龙头的自学考试助学体系建设，促进本市自学考试事业的稳步发展。

[开展《天津市高等教育自学考试促进条例》立法调研]　从 1982 年作为国家首批高等教育自学考试试点省市，以及 1988 年《高等教育自学考试暂行条例》颁布以来，天津市自学考试工作一直在持续健康地发展。在新形势下自学考试面临着新的机遇和挑战，目标任务需要重新认识，作为中国高等教育制度的自学考试要在继续教育、终身教育和构建学习型社会中发挥“立交桥”作用，只有经过不断完善才能促进自学考试的发展，制定《天津市高等教育自学考试促进条例》是建立在对自学考试的功能、目标任务重新认识基础上的，并以法律的形式予以保障。经过与区县、主考院校以及相关部门的反复调研论证，形成了调研论证报告并上报市教委有关部门、市人大立法工作委员会。2008 年 11 月市人大、市教委领导来考试院就《天津市高等教育自学考试促进条例》的立法工作进行听证，对条例的立法工作达成了共识，《天津市高等教育自学考试促进条例》的立法工作列入市人大立法程序。

[纪念《高等教育自学考试暂行条例》颁布20周年] 2008年在国务院颁布《高等教育自学考试暂行条例》20周年和改革开放30周年之际，市自考办组织了系列纪念活动。宣传高等教育自学考试实施以来，为社会经济建设、改革开放在人才培养方面以及在构建终身教育体系、推进学习型社会建设中做出的突出贡献。向社会全方位展示高等教育自学考试的发展的历程，改革创新的思路和取得的成就，充分展示自考生和自考工作者的风采与精神面貌。纪念活动主要以宣传、表彰、交流、座谈的方式进行，各主考院校、助学单位也开展了形式多样的纪念宣传活动。报纸、电视、电台等新闻媒体对纪念活动进行了大量报道。活动期间市委、市政府领导、全国考办和市教委领导对高等教育自学考试工作给予了充分的肯定。

[高等教育自学考试天津命题中心概况] 2008年，天津命题中心召开了两次全国统考课程命题工作会议：上半年完成《机电一体化系统设计》等11门高等教育自学考试全国统考课程命题任务；下半年完成《Java语言程序设计（一）》等16门高等教育自学考试全国统考课程命题任务。

2008年，天津命题中心完成了62科次的高等教育自学考试全国统考课程试题清样任务，向全国有关省市提供试卷、试题答案及评分参考分卷及合卷清样116种，共计853套。

2008年，天津命题中心完成了天津市考课1 353套试卷清样、试题答案及评分参考，其中，笔试765套、实践考核43套（合计808套），全国统考课程545套，全年命制市考课程共258门，试卷837套。

社会考试

[社考考试] 2008年努力克服社会考试发展面临的困难，加大项目宣传推广力度，加强考务规范化管理，努力保持社会考试的稳步发展。2008年社会考试项目共计16大项，初步形成了集通用能力考核、职业资格认证、学业能力测试等多门类并重的社会考试体系，全年组织各级各类考试27次，培训考试规模为665 596人次。其中2008年下半年全国大学英语四、六级考试报考人数首次突破20万人，创考试院单次考试报考人数之最。

2008年初，经教育部考试中心同意引进托福考试。这是利用考试院新址条件优势，自行组织实施的第一个考试项目，该项目首批将建立80个机位的考场。该项目的引进将进一步拓展考试院的服务领域。

2008年在常规宣传的基础上，主动与北方人才市场联系，借助北方人才市场与企业和求职者紧密联系的优势，双方进行合作，聘请毕业生就业指导部负责同志作为社会考试项目发展顾问，加强社会考试向用人单位和求职者的宣传推广力度，从而进一步拓宽社会考试宣传领域，扩大证书考试的社会认知度和认可度。

为促进证书考试在中等职业学校的开展，2008年紧紧抓住本市作为全国职业教育改革实验区的契机，以服务全市中等职业学校技能型人才培养为出发点，聘请部分中专中职学校负责人成立了社会考试项目发展顾问队伍，为证书考试在中等职业学校的推广和开展提供了科学有效的指导。2008年在中等职业学校新增全国计算机应用技术证书考试考点17个，极大地促进了该项目在中等职业学校的进一步开展。

供稿：天津市教育招生考试院
撰稿：王建国　司健全　安国义　李　方
肖玉宇　肖　燃　余永玲　张耀萍
郑　刚　钟　君　徐冠兴　徐娟敏
解兴泉　薛东风
审稿：乔丽娟

河　北　省

综　　述

［概况］　2008 年，河北省教育考试院在省委、省政府和省教育厅的正确领导下，认真贯彻落实科学发展观，以实施“基础建设年”的 10 个重点工作为抓手，加强规范管理，确保各项考试安全，维护公平公正秩序；坚定不移地推进“阳光工程”常态化、制度化建设，全面提升业务管理水平和服务质量，大力加强考试环境综合整治工作，积极稳妥地推进关键环节改革；实施干部调整，努力加强机关建设和招生队伍建设，扎实深入地开展学习实践科学发展观活动，教育招生考试事业迈上一个新的台阶。全院同志齐心协力，真抓实干，圆满完成各项任务，为经济建设和社会发展提供了有力的人才支撑，为构建和谐河北和学习型社会做出了积极贡献。

普通高考

［概况］　2008 年报名人数 57.5 万人，比上年增加 1.32 万人；全省共设 187 考区、422 个考点、20 019 个考场，聘用考试工作人员 8 万余人；有 1 603 所院校在河北省安排招生计划 313 839人，共录取考生 361 651 人，其中本科录取 148 031 人，专科录取 206 933 人，单独招生录取 6 687 人；完成计划 115%，录取率 62.9%。

［周密部署，狠抓落实，考试工作安全顺利进行］

在考生人数增加、组考和管理难度加大的情况下，按照省委、省政府的统一部署，各级党委和政府都成立了强有力的高考工作领导小组，建立了高效快捷的部门联动、反应机制，分管领导亲自研究部署，严格措施，明确责任；各级教育、招生部门准备充分，部署周密，措施得力；各考点组织有序，考试工作安全顺利，未发生失泄密事件和集体舞弊事件以及其他大的事故，总体情况好于往年；在考场和评卷中共查出违规考生 160 人次，均已按法律程序和国家规定进行了处理。

［精心组织，措施到位］　2008 年继续由省统一采用计算机随机编排考场；继续在县与县之间调换主监考员；每科考前抽签确定考场的监考员，保证 4 场考试不重复；在往年向每个县考点选派省、市两级巡视员的基础上，2008 年对所有考点省、市两级都派驻了巡视员；加大考点监管和考务工作力度，重点防范和打击利用现代通讯工具舞弊以及雇人代考等严重考试违规行为。

［强化监督检查，安全保密到位］　采取随机抽查和全面检查相结合的方式，确保保密室的安全；完善交接手续，简化工作环节，继续采用由印刷厂在设区市向各县区交接试卷的做法，减少试卷在基层运转的时间和交接环节；实行领导带班制，落实岗位责任制，试卷到达各县区后，省市县三级招生考试机构领导亲自上岗24小时值（带）班；建立网上巡查制度。

［坚持统一标准，强化质量检查，高质量完成阅卷工作］　2008年，除对口招生专业理论课外，其他科目全部实行网上阅卷。共有3 700多名教师和工作人员参加了阅卷工作。通过严密阅卷程序，严格评分标准和强化阅卷教师的责任心，做到了宽严一致，一把尺子量到底。同时，加强阅卷质检工作，建立省质检、阅卷点、学科组和题组四级阅卷质量检查机制，确保阅卷质量。

考试成绩公布后考生提出申请查卷19 111份，经专家组认真复核，没有一份错判、漏判、误核分试卷。

［推进录取方式改革，使考生和学校双受益］

2008年深化平行志愿投档改革，将实行平行志愿投档的批次推进到本科二批A和使用联考成绩的艺术、体育类招生，效果良好。2008年省考试院开发了模拟投档线查询系统，在本科一批AB、本科二批AB和本科三批录取前进行模拟投档，高校通过本系统提前了解各分数段的生源情况，及时调整录取政策。

调整细化录取批次。将本科提前批细化为A、B两段录取；将对口招生本科专业调整到本科二批B录取，一志愿和征集志愿均实行5个平行志愿，全部批次都实行征集志愿。2008年10个录取批次共征集志愿11次。

［加强管理，严肃纪律，确保录取工作的公平公正］　加强工作人员的管理，要求全体工作人员从全省招生的大局出发，严格执行招生工作“六不准”和招生工作人员廉政守则，自觉抵制社会不正之风的干扰和侵蚀，严守纪律，团结协作。严格落实各项政策和制度，严格执行“学校负责、招办监督”的录取办法和“六公开”制度，实行岗位责任制和责任追究制度，严格按照政策规定办事；在录取工作中切实做到不点录一名不够标准的考生、不降低标准录取一名考生、不计划外录取一名考生、不违规录取一名考生。建立录取工作通报会制度，2008年省考试院首次实行录取工作通报会，在录取现场向10余家新闻媒体通报有关录取情况和录取政策，录取期间共计召开10次通报会。

加强监督检查，拓宽监督渠道。设立由省纪委、省教育厅、省考试院纪检监察人员组成的纪检监察组，对录取工作实施全程监督；邀请来自省属高校、新闻媒体、省监察厅、省行风办等单位的民主评议特邀监督员到录取现场检查指导工作，听取监督员的建议和良策。加强三级服务站建设，完善信访咨询服务机制。继续在录取现场及市县招生系统开展高考录取信访咨询服务活动，认真接待每一位考生和家长的咨询和投诉。

研究生招生考试

［概况］　2008年共有60 582名考生报名参加全国硕士研究生统一入学考试。实际录取国家正式硕士研究生18 627人，录取率为30.2%；报考河北省研究生招生单位的硕士生考生30 964人，录取国家正式硕士研究生9 994人，录取率为32.3%。

［调整部分推免政策，做好推免生工作］　针对河北省部分高校对推免工作的要求，根据国家有关政策，为进一步做好推免硕士研究生工作，对推荐免试到外省高校的推免政策进行了调整，取

消了推免到外省推免生的比例限制。在实施过程中，虽然不再限制比例，但各高校为保留优秀生源，自行对外推比例进行了限制，2009年省属院校实际推免生737人，其中外推46人，外推所占比例为6.2%，远未达到调整之前河北省要求的20%外推比例。

[华北煤炭医学院获得硕士研究生推免资格]

2008年，在教育部对新增推免招生单位的审核工作中，经多方协调和努力，华北煤炭医学院被教育部批准获得硕士研究生推免资格。目前，河北省具有研究生推免资格的省属高校达到8所。

成人高考

[概况]　2008年在河北省招生的成人高等院校共128所，其中，省属高校74所，部委、外省市属高校54所；计划招生75 715人，较2007年增加1 336人，增幅为1.8%；报名总数为136 535人，较2007年增加5 414人，增幅为4.13%；共录取新生90 593人，录取率为66.4%。

[积极扩展成人教育为社会服务的新途径]　充分利用成人高校教育资源，提高偏远地区党政干部受教育水平。2008年，配合中共河北省委组织部、中共阿里地委组织部、河北省教育厅，依托河北师范大学开办“西藏阿里地区干部班”，为阿里地区基层党政干部提供本科教育。针对部分特殊行业，拓展为行业服务的新途径，配合河北省委统战部、省民宗厅、省教育厅，依托河北师范大学，开办了“河北省宗教教职人员成人教育大专班”，增强了河北省宗教教职人员队伍的政治素质，进一步巩固和加强统一战线和民族团结。探索校企合作的新模式，多所成人高校与省内知名企业合作，充分利用成人高校的教育资源，提高合作企业员工的整体受教育水平，收到了良好的经济、社会效益。

[深化改革，调整相关招生政策和操作办法]

调整录取批次，2008年录取工作分二个批次进行，第一批是本科层次院校（含专升本、高起本），第二批是专科层次院校。脱产、非脱产专业不再单独划线。进一步扩大告知的力度和范围，通过《考生诚信考试承诺书》的形式，对医学类报名条件、专升本考生专科毕业证书要求等考生应当知晓的各项规定和政策，进行书面告知，并由考生签字确认。

[坚持“科技考务”]　2008年实行全省统一编排考场，加强了安全性和公平性。实行签订诚信考试承诺书制度，承诺书印有《考生守则》和《国家教育考试违规处理办法（摘要）》，使考生能够了解自己的权利和义务，提高诚信考试的理念。建立有效的成人高考有害信息防范和打击的工作机制，各级招生部门主动与公安、信息等部门联系，加强对有害信息的监测，做到及时封堵、及时处理。

[加强评卷质量管理]　评卷工作始终坚持“科学、公正、准确、规范、宽严适度、首尾一致”的原则。继续采取“三评加仲裁”的评卷模式，严格按照教育部网上评卷工作的要求，合理制定各学科“误差控制阈值”。加强对试卷的复查力度，明确规定各科目抽查比例，保障了评卷的质量。

[科学划定录取最低控制线]　2008年河北省生源和招生计划的矛盾仍十分突出，且学校之间以及各层次、各科类之间的报名及生源计划情况也很不均衡。同时，由于科类较多，考试科目不同、学习形式不同，投档方式是按招生学校在河北省招生生源计划上所列的专业进行。在相同学

历层次、相同专业、相同学习形式的情况下，由招生学校根据“从高分到低分择优录取”的原则，决定考生录取与否。所以在划定录取最低控制分数线时，在保证生源质量、兼顾科类平衡、综合考虑各学习形式之间的影响基础上，科学的划定了各科类录取最低控制分数线。

中师、中专招生考试

［概况］　2008年参加全省统一中考的考生总数为726 888人。共设考点863个，考场24 644个。经过各级招生考试部门精心组织，严格管理，确保了中考顺利进行。中职、中师、高职院校招生任务为8万余人，经过招生部门和学校的共同努力完成了招生任务。

［加强五年一贯制、“3+2”高职院校招生管理］

一是严格执行招生计划；二是加强考生信息管理，要求各市上报五年一贯制、“3+2”考生信息盘；三是严格进行报考资格审查；四是做好录取审核工作，严格执行录取最低控制分数线。

［加强体育、艺术院校（专业）招生管理］　明确要求报考体育、艺术院校（专业）五年一贯制、“3+2”高职院校的考生，必须是参加全省统一中考的应届初中毕业生。省部属和市属跨市招生的体育、艺术类院校（专业）五年一贯制、“3+2”高职院校录取分数线由省统一确定。专业测试由院校分别或联合组织。录取时，由院校向省招生部门和有关市考试院（招生办）提供专业测试合格考生名单后办理录取手续。

［规范自主招生，集中办理录取手续］　要求以自主形式招生的各院校普通中专班，招生对象必须是往届初中毕业生或具有同等学力的人员，参加中考的考生不准列入自主招生。今年河北省中、高职院校招收初、高中毕业生的普通中专班自主招生办理录取手续时间与河北省教育厅学籍备案时间结合起来，既方便了学校，也缩短了办理录取手续时间，效果很好。对民办医学类中专招生，严格审查学生的录取资格。

自学考试

［概况］　2008年上半年报考人数为201 723人，429 508科次，毕业生人数为16 211人，其中本科10 925人，专科5 286人；下半年报考人数为161 509人，347 659科次，毕业生人数为17 901人，其中本科12 768人，专科5 133人。

［科学开展计划管理工作］　根据最新的《全国统一专业考试计划课程设置汇编》，2008年全面核查了开考专业的考试计划，按必考课、选考课、加考课分门别类的进行比对，初步理出了下一步“大专业、宽方向”的专业调整思路；规范了现开考的141个专业的毕业条件，每个条件都详尽注解了文件依据和历史来源，包括课程顶替、计划调整、代码转换、手工审定说明等各项内容，为下一步网上统一发布打下了良好的基础；利用两个月的时间，对全省104所高职高专院校的1 200多个专业进行了数据分析，开展自学考试与高职高专教育衔接的试点，本科专业是今后专业建设工作的发展方向。

［规范命题制卷工作］　规范了命题工作的整体标准，从保密安全、命题思路、命题办法、命题规范等几个重要环节着手，探索科学管理命题工作的方法。2008年完成两次自学考试命题工作任务，共命制试题110余科；组配试题800余套；完成了两次印制试卷工作，共印制了1 157门课程，近80多万科次的试卷。未发生泄密及质量问题，保证了本年度全省两次大型考试的顺利

进行。

[**严格管理考务工作**]　严格标准，精心挑选考点。挑选交通便利、多年来考试组织认真负责的学校为考点，对监考教师不认真履行职责、监管不力，周围环境差、交通不便，试卷有漏装、倒装、错装等差错率较高的学校取消考点资格；认真选聘巡视员、主监考和工作人员，坚持考前三级培训制度。坚持每个考区有省考试院一名处长带队参加巡视。挑选政治素质高、讲原则、责任心强的人员担任主监考和考试工作人员。考前，分别从政策法规、安全保密、业务技能、措施要求等方面进行培训，使每个考试管理人员做到全面熟悉掌握考试业务，经培训合格后方可上岗；各考点实行全封闭管理，安装了手机信号屏蔽系统；加强对考试环境的综合整治，河北省自学考试委员会会同省无线电管理局、省公安厅等有关部门联合下发了《关于进一步加强河北省国家教育考试环境综合整治工作的通知》，加强了考试期间的信息管理，齐抓共管，协同作战，净化了考试环境，收到了较好的效果；加强了对评卷工作的监管力度，选派人员检查评卷工作，差错率明显降低，评卷质量有了明显提高。

[**加强自考实践环节考核工作**]　自学考试正处在向培养应用型、复合型人材发展的过程中，实践性环节考核内容课程不断增加。自学考试开考本科专业以来，几乎所有专业都设有实践性环节考核的内容。主考院校对实践性环节考核的认识不断提高，各院校设立了专门机构，专人负责此项工作。

[**非学历考试项目发展平稳**]　2008 年 5 项非学历证书考试项目累计报考人数 19 888 人，报考 42 488 科次。其中，餐饮业职业经理人资格证书考试累计报考人数 1 431 人，2 664 科次；劳动和社会保障岗位资格证书考试累计报考人数 3 826 人，9 930 科次；调查分析师证书考试累计报考人数 1 816 人，4 050 科次；机械工程师资格考试累计报考人数 246 人，492 科次。

社会考试

[**概况**]　2008 年共报考 1 179 773 人，其中全国计算机等级考试报考 295 454 人次；全国英语等级考试报考 11 796 人次；大学英语四六级考试报考 867 293 人次；剑桥少儿英语报考 4 847 人次；市场营销资格认证报考 383 人；总体比上年度增加 186 532 人次，增幅达 15.6%。

[**用先进的技术手段保障全国计算机等级考试平稳发展**]　全国计算机等级考试经过多年的发展，考务、考绩管理日趋成熟完善，报名和参考人数屡创新高。2008 全年累计报考 295 454 人次，比上年增长 62 062 人次，增幅达 27%。每次考试结束后，省考试院都运用现代化技术手段对考试数据进行分析，请省公安厅帮助分析鉴定可疑试卷，对违纪考生和不规范考点坚决处理，对考试纪律和考试事业的发展起到了监督和促进的作用。

[**完善全国英语等级考试管理体制**]　一方面积极学习全国考办推广的管理经验，借鉴兄弟省市的先进做法；另一方面积极利用各种宣传媒介加强宣传，增强公众对该考试项目的认识。强力推行社会考试三级管理体制，即省级考办—市级考办—考点管理体制，全年共新增考点 3 个，考点总数达到 28 个。

[**剑桥少儿英语考试管理到位**]　对教学、考试以及教材发行过程中的违规行为坚决予以纠正；对办学管理人员通过以会代训的形式，加强管理，解决在发展过程中存在的问题；对教师及考

官，聘请专家进行专项培训；在考试过程中按教育部考试中心的要求，严格管理；对不规范的竞争行为加以纠正和引导。

[科学管理四六级考试]　大学英语四六级考试考生规模大，社会关注度高，管理程序复杂，省考试院因考试性质和项目而异，提出了于细微处见大方略，在整体中考虑多方面的发展原则。切实抓好试卷及相关保密材料的安全保密工作，确保安全保密工作万无一失；切实加强监考队伍建设，提高监考人员的水平；切实加强对考生考风考纪的教育；切实加强考点管理力度；切实加强市级教育考试机构日常管理和考试期间的重点管理；切实加强考试的具体组织工作，高标准、严要求执行各项标准化操作。

供稿：河北省教育考试院

撰稿：王建峰　陈献明　徐　新

审稿：李　石

山　西　省

综　　述

[**概况**]　2008年山西省坚持以科学发展观为统领，深化改革、狠抓管理、优化服务、确保质量，顺利举办各类考试，圆满完成各项招生任务，各类招生考试工作在尝试不断改革中取得了新进展，实现了平安考试目标。

[**安全第一，确保考试万无一失**]　在考试环境日益复杂的情况下，始终把安全作为第一要务，把"平安考试"作为目标，切实加强安全保密工作。加强保密室规范管理，抓好各项安全保密规章制度和责任制度的落实，制订了统一的保密制度，坚持"分级管理，逐级负责"、"谁主管、谁负责"的原则，层层签订责任书，任务落实到人，责任明确到人，保证试卷安全、考试安全；建设高标准的保密室，各保密室除具备防盗、防火、防潮、防鼠功能，具有防盗门、窗，单间室配双锁和密码锁铁柜，铁柜数量能满足分科存放全部试卷的试卷保密室、答卷保管室以外，全部安装"监视器"，通过省、市、县保密室三级联网，有效地对各保密室的安全情况进行实时监督检查；完善了国家教育考试网上巡查系统建设；在高考、中考、成考等考试中制订了考试突发事件应急处置预案，健全完善了应急反应机制。2008年各类考试工作安全顺利实施，为维护社会稳定做出了贡献。

[**保障有力，考风考纪明显好转**]　抓好规范管理，建设良好考风考纪，是提升考试质量的关键环节。

（1）提高管理的科技含量，加大建设规范化考点、考场力度。全省所有考场均配备了视频监控系统，实现了省统考指挥中心与部分市、县（市、区）考场的联网监视；加强了考试管理，市、县考场配备了手机屏蔽器、金属探测仪和监考大师等设备，防范和打击了利用现代化通讯工具作弊、代考和替考等作弊行为，同时为考后妥善处理问题提供了依据。

（2）多项规章制度保障有力。实行上岗前的培训制度，在各类招生考试工作中，对全体参与招生考试工作的人员、特别是监考人员进行了严格的审查、选聘和培训；按照"政策熟、业务精、尽责任、守纪律"的要求，精心挑选工作人员和监考人员，并实行未经审查者不聘用，未经培训者不上岗，不合格者坚决清退的制度，提高了工作人员和监考人员的素质；继续实行省、市、县考点层层签订责任书的三级巡视监督检查制度；坚持县（市、区）交叉监督与监考随机抽签制度；实行各考点设立举报电话和举报信箱制度；对考风考纪薄弱的地方实行重点治理制度；在考试中实行领导蹲点包干制度；实行各种人员回避制度；坚持保密工作日报告、零报告、重大事件即时报告、预案和重点时段 24 小时值班制度；实行各类招生考试工作人员责任制度和责任追究制度。

（3）进一步加强诚信体系建设，提高全社会诚信考试意识。利用各种媒体宣传招生政策规定，严肃考风考纪的具体措施。教育广大考生自觉遵守考试纪律和服从考试管理，自觉抵制考试违纪行为，在广大考生中营造“违纪必纠，作弊必罚”的考试氛围，弘扬“诚信考试光荣，违纪作弊可耻”的社会风尚。

据统计，山西省2008 年在各类国家教育考试中严格按照《国家教育考试违规处理办法》的规定，对各类考试监考、巡视、评卷工作人员书面报告的考试违规情况记载，进行了严格认定和严肃处理，共查处违规考生 4 641 人次，比上年减少 7 550 人次。招生考试秩序明显改善，维护了招生考试的公平公正。

[信息公开，继续推进阳光工程]　坚持实施阳光工程，是在新形势下综合整治招生环境、办好人民满意的招生考试的重要举措。坚持推行公开办事制度，创建公开办事窗口，通过《填报志愿指南》或《报考简章》、新闻媒体、互联网或印发宣传资料等渠道和方式，“十公开”落实高校招生公平、公正原则：公开招生考试政策规定、公开办事程序、公开高校招生资格及有关考生资格、公开招生计划、公开录取投档比例和院校第一志愿报考情况、公开录取分数线、公开录取结果；公开考生咨询及申诉渠道、公开《国家教育考试违规处理办法》和重大违规事件及处理结果、公开招生考试廉政规定。

进一步规范和扩大公开内容：在报名阶段，向考生和社会公示报名时间、地点、条件以及体检、政审等有关要求；在考试阶段，向社会公布统考时间、考生守则及注意事项、考点主考（副主考）职责、监考守则及考试实施程序、巡视检查员工作职责、招生考试工作人员条件、国家教育考试违规处理办法等。在录取阶段，重点向考生和社会公示各批次、各科类、各院校、各专业招生计划；公示投档办法及录取原则；公示各批次、各科类录取最低控制分数线；公示各科类、各院校录取最高分和最低分；公示自主招生、艺术特长生、高水平运动员、二级以上运动员认定名单，保送生、单独招生、小语种考生录取名单和各类享受政策性照顾分数的考生名单、省外高校自行测试艺术专业的合格考生名单；公示个别院校生源不足的情况；公示举报电话和重大违规事件处理结果。将公开办事制度贯穿于招生考试工作的全过程，使整个招生工作置于全社会的监督之下，为考生创造了公开、公平、公正的竞争环境。

为确保公开办事制度的实施，坚持以“十项制度”作保障：重要工作环节上级领导检查指导制度；录取期间中心领导接待制度；录取现场信访接待制度；实行首接待负责制度；考生或家长参观录取工作现场制度；纪检监察干部进驻录取现场制度；新闻宣传报道制度；社会评议制度；举报制度；工作人员挂牌上岗制度。

通过实施阳光工程，关心、理解、支持招生考试工作的人明显增多了，考生及家长和社会各界对招生工作公平、公正、择优录取的不放心情绪明显减弱了，直接上访的考生或家长以及来信明显减少了。促进了录取工作更加公平、公正，保证了招生考试工作质量，维护了招生部门的良好声誉，提升了党和政府的公信力。

[发挥监察部门作用，实现“参与中监督”]　山西省各类招生录取除设立领导组外，还专门成立了录取监察机构，由省纪检委、省教育厅监察室、省考试中心负责纪检监察的同志组成，加强对录取工作重要部位（领导组、录检组、计划组、计算机管理组）、重点环节（领导决策、出退档案、增减计划、计算机管理）的执法监察，

参与招生考试工作全过程的监督检查，参与集体领导决策，参加研究重大问题的会议，及时提出纪检监察建议和意见，从源头上加强防范和治理有法不依、有令不行、有禁不止的问题发生。同时在高考、成考、对口升学、专升本录取工作中，按照录取领导组的安排，对录取领导组会议决定的计划调整审核、分数线审核、指令投档审批等重大事项，实行了计算机组、考务组、监察办公室“三支笔会签”的集体办公办法，实现了监察部门“参与中监督”。

在各类招生录取工作中，坚持受理举报和信访接待制度，把信访维稳列入重要议事日程。把及时处理信访作为进一步加强监督的重要措施，作为为广大考生提供优质服务的重要途径，最大限度地增加和谐因素，减少不和谐因素。落实首问责任制，及时处理家长和考生的来信来访，每收一件，当即核实一件，答复一件，做到件件有着落。信访问题的妥善处理，较好地维护了考生的合法权益，消除了一些家长对招生政策的误解，化解了一些可能引发的社会不稳定因素，同时维护了招生考试管理部门的良好社会形象，为构建和谐招生考试工作环境做出了积极贡献。

[以人为本，优化服务]　坚持树立以人为本的理念，主动转变观念，改进工作作风，强化服务意识，在各类招生考试中尽可能地为院校、考生、社会提供优质服务。从政策和程序的制定到录取的实际操作，把人民群众的利益作为出发点，考虑群众是否满意，努力提升服务质量和水平。

（1）积极组织宣传咨询服务活动，高考考前通过做客山西晚报新闻会客室接听热线电话等活动，为考生、家长提供政策导读服务和志愿填报指导；

（2）积极开展“网上咨询周”活动，在咨询期间，全国 439 所院校参加，回答考生及家长提问 10 万余条；

（3）充分发挥中心网站功能，在招生录取期间及时详尽地向社会公布最权威的信息、政策、录取程序、工作进程，准确及时地为广大考生及家长提供各类考试分数、录取结果、院校招生信息等权威资讯，架起政府与公众、考生及院校之间的沟通桥梁，备受考生、高校、社会关注，赢得了良好的社会效应；

（4）进行网上征报志愿。为方便考生，高考、成考、对口升学和专升本考试实行了网上补报志愿，各类考试共补报志愿 46 次，及时、顺利地完成了各项工作任务；

（5）沟通新闻媒体，及时、准确、客观、公正地宣传报道有关招生考试信息，使广大考生和社会及时了解有关政策规定；

（6）为重病考生提供特殊服务，保证他们顺利参加考试。同时在工作和生活中，考虑各级招生部门、招生院校和社会有关方面的愿望和要求，充分调动他们的积极性和创造性，同心协力实施优质服务。

[加快信息化建设]　顺应社会需求，加快信息化建设步伐，推进现代化技术手段在招生考试工作中的应用。加强招生考试信息化及管理制度建设，增强对有害信息的封堵，制定下发了网络运行管理办法，确保信息安全；加大了计算机设备投入，抓好信息软件的深度开发利用，实现了网上报名、网上征报志愿、网上调整计划和统计分析；加快中心网站建设，网站的社会影响力和应用能力提高，全年网站点击数过亿次，高峰时访问 IP 地址达 120 余万个。

[加强队伍建设，强化内部管理]　加强招生考试队伍建设、强化内部管理，始终是做好招生工作的基础和重要保证。在抓好制度建设的同时，按照教育部将 2008 年作为“加强队伍建设年”的意见，把队伍建设和行风建设纳入年度工作计划，做到有目标、有要求、有检查、有进展。加

强对全体工作人员的诚信教育、责任教育、警示教育及业务培训。特别强化岗位责任，制订每一个流程、每一个环节的岗位责任要求，实行严格的岗位责任监督和追究；对基层队伍特别是区县级建立系统培训和严格考核上岗制度，深入进行思想教育和业务培训，组织人员进行考试演练，提高考试工作人员应对、处理突发事件的能力；建立健全科学、合理、可行的招生考试岗位工作质量评估体系和对工作人员的考核评价体系及奖惩机制，逐步建立招生考试岗位资格证书制度；严格落实招生工作责任制和责任追究制，严肃查处招生考试工作人员各类违规行为和渎职行为。

与此同时，把廉政教育作为招生考试工作队伍建设的一个十分重要的方面抓紧抓好。坚持对各类招生考试工作人员进行理想信念教育、党章党规和招生考试政策法规教育；结合中心工作实际，坚持开展爱岗敬业、保密安全、艰苦奋斗、清正廉洁、甘于奉献的职业道德和廉洁自律教育；利用新闻媒体曝光的腐败案件进行反腐倡廉警示教育。把工作纪律教育贯穿在招生考试工作的各个环节。

[命题工作]　1）强化命题教师培训管理。严格命题教师的选派，将命题教师所在单位的选派过程、确定的人员名单、时间、地点、命题目的等有关事项列入保密工作责任书范畴，按有关规定加以保密。同时在入闱前除组织全体命题教师认真学习命题要求，按照规定的标准、程序和要求命题外，还反复进行《保密法》和保密纪律教育，签订保密工作责任书，极大地强化了命题教师的保密责任和意识，为考试的顺利进行奠定了基础。

（2）补充完善命题办法。根据对口升学和专升本、高考艺术类招生考试特点，对命题原则、命题程序和保密纪律要求等作了修改和完善，同时严格了命题管理，使试题更加符合当前的教学和实际，对教学起到积极的导向作用。

（3）完善题库建设。加强自学考试的命题研究，进一步完善了题库建设，在命题人员、命题办法上作了进一步的改进，使征集的试题质量得到进一步提高。

普通高考

[概况]　2008年山西省参加普通高校招生考试的考生共37 7940人，比上年增加了42 894人。全省共设388个考点，12 979个考场。

2008年在晋招生的高等院校共有1 548所，其中本科院校879所，专科院校837所。年初招生计划159 552人，比上年减少1 110人，其中本科82 041人，专科77 511人。2008年普通高校招生实际录取176 875人，录取总人数占报考总人数的46. 8%，比上年下降1. 13%。其中本科录取数占高校录取总数的51. 4%，专科录取数占高校录取总数的48. 6%。

中国矿业大学等高校提前单招报考人数3 187人，实际录取710人；香港高校录取12人，澳门高校录取35人；空军飞行员录取19人，民航飞行员录取34人。

[精心组织体育类、艺术类专业考试，稳步推进改革]　按照教育部和省招委的有关规定要求，精心组织了体育、艺术类专业考试和等级运动员认定测试工作。各类考试分别制定了严格的《考务规定》和《评分细则》，制定了评委、工作人员、考生守则和违纪处罚规定，与专家、评委签订了《诚信评分承诺书》，对考场工作人员和专家评委全部实行随机抽签定岗制度和责任追究制度；艺术类专业考试全程实施了视频监控，维护了小科类专业考试考风考纪的严肃性。

（1）调整了体育测试项目。在充分调研论证的基础上，将原考试项目中的原地推铅球、立定三级跳远分别调整为1分钟杠铃连续挺举和立定跳远，100米和800米由原来的普通跑道调整为塑胶跑道。考试项目的调整，降低了专业考试的难度，同时考察了考生的基本素质、基本能力和身体协调性，对促进中学体育教育教学起到积极推动作用，得到中学和高校的广泛认可；同时，进一步完善了考试办法和考试程序，考试成绩现场公布，考生现场确认签字，全面接受考生和社会监督；

（2）艺术类专业考试实行全省统一组织、命题、制卷、编排考场、考试评卷，播音主持、表演（含影视表演与戏曲表演）等小科目由广播电影电视管理干部学院牵头，联合省内院校，实行本省范围内的联考，为山西省高校和部分外省院校该专业招生提供了充足的生源。

[改革批次划分和志愿栏设置，实行网上多次征集志愿，完善录取办法] 新增了艺术类专科提前批次。实行了在晋招生的艺术类院校不分招生来源计划的高校列入提前批，分来源计划的列入同一批次，既有利于考生报考和增加录取机会，又有利于院校能够完成招生计划、满足院校的要求，体现高校招生的自主权。为提高院校报到率，在细化录取批次的基础上，适当减少参考志愿的个数，并取消了服从志愿栏，加快了档案周转时间。对各批次未完成的计划全部实行网上征集志愿的办法。征报志愿的时间根据录取工作的进度安排提前告知考生，录取期间，本专科、艺术类、体育类网上征报志愿36次，征报志愿77 452人次，志愿142 915个，录取59 332人。圆满完成普通高校招生任务。

[严格执行招生计划，规范执行程序] 在招生过程中，按照教育部的要求，严格执行教育部下达的分省生源计划，严禁没有招生资格的高校在山西省招生；对高校追加的计划，严格按程序在教育部计划管理系统上进行审批。

研究生招生考试

[概况] 2008年山西省共有40 456人报名参加全国硕士研究生统一入学考试，比2007年减少1 310人，报考本省招生单位的考生共19 487人。全年招收硕士研究生总规模为6 510人，实际录取6 569人，招收博士研究生总规模为395人，实际录取403人。

[建立健全规章制度，整合优化考试科目] 改进评卷管理办法，建立健全评卷规章制度；规范复试程序，完善复试内容，提高了复试工作的科学性、规范性和公正性；对山西省招生单位涉及的初试科目和内容进行改革，规范、整合和优化了考试科目，提高了选拔的有效性；推免生制度改革成效显著，增加了推免生的比例、院校和校际交流比例。

成人高考

[概况] 2008年山西省共有101 605名考生报名参加成人高考，比上年增加10 499人。全年共有158所成人学校在晋安排招生，招生总计划数82 814人，录取新生78 791人，完成招生计划的95.1%。

[稳步推进成人高校招生改革] 适时调整招生政策，进一步规范管理。

（1）责成各有关院校统一归口管理本校招生工作，不得委托各院（系）、函授站（点）、教学点、任何中介机构或个人参与招生工作；

（2）通过2008年省教育厅年检的164个函授站的主办院校可以继续在晋安排成人高等教育函授招生计划，省内各普通高校只能在通过年检的函授站安排组织成人高等函授教育，不得在其他任何机构举办函授教育；

（3）加强招生计划管理，各成人院校未经批准不得超计划录取，对办学条件差、管理不规范的院校减少其招生计划；

（4）组织省内 8 所有关煤炭类院校，集中对煤矿主要安全生产管理人员进行学历提升教育；

（5）加强对考生报名证件的审验，在报名现场通过互联网查询考生毕业证、身份证，严格防范替考等违纪行为的发生；

（6）调整了考生出场时间，考生必须在考试时间结束方可交卷出场。

改进招生报名办法，继续允许成人应届专科毕业生报考专升本，由中心向各市专升本报名点下发“成人高校应届专科毕业生信息库”确认信息；同时将报名卡和志愿卡合二为一，适应考生需求。改进志愿设置栏，考生志愿设一个第一志愿，一个参考志愿，取消服从调配志愿，提高报到率。加强补报志愿管理，完善志愿补报办法和程序，保障考生权益。对达线人数不能开班的专业不得办理录取手续，在征得学生同意后，首先由报考学校转录到本校相关专业，或由省招考中心协调转录到其他学校的同一专业，以保证教育教学质量。

[拓宽宣传渠道，严格规范管理] 采取多种方式拓宽宣传渠道，严格规范管理，大力扭转部分函授站在宣传中“虚假承诺、违规宣传”的现象。通过山西招生考试网及全省各大网络、报纸、电视和广播等媒体方法宣传招生政策、办法。在各考点张贴了《国家教育考试违规处理办法》、《考生须知》等规章制度，教育考生自觉遵守考试纪律和服从考试管理，自觉抵制考试违纪行为。各报名点的宣传版面统一制作并予以规范，各院校按要求制定宣传计划并对宣传点的设置、工作人员的配备严格规范，真实宣传，不夸大其词，不无中生有，不作虚假承诺。同时运用宣传手段营造严肃考风考纪的舆论氛围，收到良好效果。

[健全组织机构，确保录取工作完成] 各成人高校建立健全了招生工作领导组和招生监察办公室，加强对招生工作的管理和监督；认真对录取工作人员的政治素质、业务水平和纪律观念等方面的进行了培训；进一步完善了录取有关设备和网络设施，加强对登录信息、网络和数据安全保密工作的管理。对网络、数据安全采取了有效的监控措施，防止各种网络攻击和病毒侵袭，确保录取安全。在录取过程中建立和完善了以“六公开”为主要内容的信息公开制度，严格执行招生工作“六不准”。确保了招生录取工作全程公开，信息透明。

对口升学和专升本招生考试

[概况] 2008 年报名参加对口升学招生考试的考生共 34 535 人，比上年增加 3 514 人，共设 36 个考点，4 806 个考场。本科院校计划招生 929 人，实际录取 929 人；专科院校计划招生 12 347 人，实际录取 12 347 人，本专科均完成计划的 100%。

2008 年报名参加专升本选拔考试的考生共有 13 394 人，比上年减少 76 人，共设 17 个考点，2 042个考场（分科次）。计划招生 4 462 人，实际录取 4 462 人，完成计划 100%。

[继续完善规章制度，不断改进考试管理] 在广泛征求意见的基础上，对对口升学、专升本考试工作作了进一步改进和完善。精心挑选工作人员和监考员，实行未经审查者不予聘用，未经培训者不得上岗，不合格者坚决清退的选拔培训制度，使工作人员和监考教师的整体素质有了较大的提高。加强专升本保送推荐的招生管理，在高职高专院校人才培养工作水平评估优秀单位中，

试行省级以上教改试点专业保送推荐制度。明确保送推荐办法，学校将推荐名单确定后，保送推荐生与其他专升本考生一并办理报名和填报志愿手续，填写推荐申请表，公示无异议后按学生第一志愿录取，并办理相关手续。规范试题格式和表述形式，方便考生阅读和理解，逐步实现试题格式和表述形式的简明化、规范化。得到了考生和评卷教师的充分肯定。

[专业测试组织严谨，测试工作公平公正] 完善了专业测试组织机构，充实和调整了人员，实行工作责任制，各岗位职责明确。进一步修订各项专业测试的实施细则和评分标准，使专业测试的安排和要求更加严谨、科学。严格专升本专业测试管理人员选聘，强化对测试人员的培训，使参加测试的所有人员都能熟练掌握测试的程序和要求。加强了对口升学专业测试的检查和指导，要求各设点院校按照省统一安排制定测试的办法、程序和标准，成立以主要领导挂帅的精干、高效的组织机构负责测试工作。测试期间组织有关领导和专业人员共同组成的检查指导小组，对各设点院校进行了检查和指导，测试工作圆满顺利、公平公正。

[严格录取办法，完善录取体制] 在录取工作中，严格执行教育部和省教育厅的有关录取政策，认真贯彻德智体全面考核，择优录取，公平、公正、公开、透明的原则，严格执行有关部门下达的招生计划。录取工作全部采用计算机管理。专升本个别艺术、体育专业实行在划定的文化课最低控制线上，根据考生志愿和专业测试成绩分段从高到低投档。对口升学专科录取划定最低控制线，实行分段、分专业按志愿顺序从高分到低分、段段清的投档原则；个别艺术类专业在划定的录取总成绩控制线上，按考生志愿和专业测试成绩分段从高到低投档。招生院校根据省招考中心提供的预录取考生名单填发预录通知书，组织新生预报到，对未经院校同意逾期不预报到的考生，视为自动放弃预录取资格。较好地完成了招生录取任务。

普通中专招生考试

[概况] 2008年山西省共有520 836人报名参加考试，比上年减少7 292人；全省共设547个考点，17 417个考场。普通中专共有238所院校在晋招生，招生总计划为89 060人，录取94 360人。

[规范中职招生宣传，提高生源数量质量] 为了让考生全面了解中职招生政策和招生办法，防止虚假广告损害学生利益的行为，由教育厅职教处、发展规划处和中心人员组成宣传广告审查组，集中审查学校招生宣传材料。审查合格的统一格式，可在省里集中进行宣传或在各市编印的“报考指南”上登载；将中职招生政策、高职和中专的招生计划及专业、审查合格的学校招生宣传材料编印成《山西广播电视报》“中考特刊”，免费发送到全省52万名考生手中，使考生能够了解各级各类中等学校。较为到位的宣传工作，使得报考中专的考生人数较往年有较大幅度的提高，为保证招生学校生源数量和质量奠定了良好基础。

[完善招生录取办法，推进录取现代化管理]

录取管理采取具有中考特色的网上录取办法，首次录取时，由中心根据考生志愿按比例划线投档，学校从系统管理组领取本校的招生密码，从互联网下载本校的预录取考生信息，组织学生预报到。对不同类型学校，采取不同的办法。完善了五年制师范类录取办法，简化录取程序，先后四次集中办理录取审批手续，大大地减少了招生学校重复劳动；加强对高中后中专的审核管理工作，采取各市招办与学校交叉审核的办法，集中统一办公，重要问题集中会审，保证了质量；加强电子档案管理，采取集中时间统一办理录取手续的办法，提高了工作效率，极大地方便了招生学校与广大考生。

山西省 2008 年中专招生人数创造了历史新高，超额完成了国家下达的招生任务，实现了高中阶段教育学校招生普职比 1∶1 的战略意图。

自学考试

[概况]　2008 年组织了两次自学考试，报考人数 142 532 人次，报考总科次为 380 129 科次。其中 4 月份报考人数 76 915 人，报考科次 201 709 科次；10 月份报考人数 65 617 人，报考科次为178 420科次。两次考试比上年共减少 13 708 人。

2008 年 6 月和 10 月两次共有 24 019 人获得高等教育自学考试毕业证书。

[精心组织，强化管理，健全考务工作制度]

严格按照国家考办《高等教育自学考试考点、考籍管理工作规则》、《山西省高等教育自学考试考务考籍管理工作细则》及国家考办对 2008 年自学考试工作要点的要求，结合本省实际，进一步健全了考务工作制度。每次报名时，抽调处室工作人员到基层报名点检查报名诸环节的措施落实情况，全省考务工作会后，检查各市考务会的召开情况。在印制、运送试（题）卷期间，严格按照四部委颁发的《国家教育考试考务安全保密工作规定》的要求，检查安全保密措施的落实情况，做到了岗位职责明确，各环节互相监督，层层签定责任书，制定了突出事件处置的应急预案，使全年的两次考试顺利、有序，没有发生大的舞弊事件，没有失密泄密现象出现。

[完善报名程序，提高考生信息采集的准确性]　自考有生源分布广，学习周期长，组织松散的特点，考生报考时采集的信息至关重要。为了维护广大考生的切身利益，通过调研，完善了报名阶段的工作流程：要求所有报名的考生（无论是首次报名还是非首次报名）都必须对现场打印的《考生报考信息确认单》上的内容进行核实，本人签字确认，今后不再进行信息的修改。这一环节，由计算机打印工作人员对考生进行提醒和监督，极大地提高了所采集信息的准确性。

[积极探索与其他高等教育形式构架立交桥的途径]　为推动自学考试在新形势下发挥自身优势，根据全国考办自学考试的发展规划，对山西省自学考试与高职高专的沟通做了积极的探索。先后数次和山西省警官高等专科学校，太原理工大学及山西省电力高等专科学校召开座谈会，认真分析研讨高职高专的专业与自学考试结合的切入点。确定在 2009 年上半年高等教育自学考试在山西省警官高等专科学校、山西省电力高等专科学校进行沟通试点工作。

[实施自考合格课程成绩 8 年有效的考籍管理办法]　根据全国高等教育自学考试委员会有关精神，山西省从 2009 年将实施自考合格课程成绩 8 年有效的规定。自考合格成绩及参加专业课实践操作、实习、毕业论文答辩等考核合格成绩 8 年有效期的计算办法：考生从 2009 年开始，8 年以上的合格成绩作废，不满 8 年的课程成绩有效，考生需重修作废的课程。即 2009 年作废 2000 年及之前的全部课程成绩，2010 年作废 2001 年的合格课程成绩，自考有效成绩计算按此办法依次类推。

[纪念《高等教育自学考试暂行条例》颁布 20 周年]　2008 年是《高等教育自学考试暂行条例》（以下简称《条例》）颁布 20 周年，出台《山西省 2008 年自学考试宣传工作方案》，在全省 11 个市

开展了纪念《条例》颁布 20 周年的系列活动。组织各市自考办、各主考院校和委托厅局的专家学者和自考工作者、广大自考生进行了纪念《条例》颁布 20 周年的征文活动，选出优秀征文 25 篇，与《山西教育》合办一期纪念《条例》颁布 20 周年特刊。让全社会了解、关心、参与自学考试。

[**开展第三届自学成才奖励基金优秀自考生评比表彰活动**]　大力宣传自学考试考生自强不息、积极进取的先进事迹。在全国考委和全国自学成才奖励基金管理委员会的指导下，在全省 11 个市范围内开展了第三届自学成才奖励基金优秀考生的评比表彰活动。各市自考办组织所属市自考生进行“全国十佳自考生”、“单项优秀自考生”和“优秀自考生”的评选，对上报的 65 名初选学生组织专人对材料进行整理和挖掘，评出 7 位全国优秀自考生，其中两位应邀参加了全国表彰会，集中展现了山西省自考生的风采。

社会考试

[**概况**]　2008 年组织实施了全国计算机等级考试、全国英语等级考试、剑桥少儿英语考试、全国大学英语四六级考试、全国大学英语四六级口语考试、中国餐饮业职业经理人资格证书考试、机械工程师资格证书考试、调查分析师考试、中国物流经理资格证书考试、成人 NIT 计算机考试 20 个考试项目的国家教育考试。全年共组织了 21 次考试，报考人数为 470 303 人，处理违纪考生 2004 人，培训了机务考务人员、口试考官共 150 多人，培训巡视人数 400 多人。

[**规范考务管理，提高管理水平**]　针对社会考试人员来源复杂、文化结构差别大、项目繁多，特别是全国大学英语四、六级考试时间紧、报考人数多、考试组织工作相当艰巨等情况，每次考试都组织印制全国大学英语四六级考试考务培训手册，对各个环节的操作规程进行系统化、规范化管理，使得全国大学英语四六级考试有章可循，有法可依。同时加强现代化的考务管理手段，开展多种形式的“诚信”教育，制定切合实际的管理办法，细化工作流程，为考务工作的科学化管理奠定基础。

[**严格培训教育，确保考试质量**]　评卷工作是体现考试质量的关键性工作，也是考场考务工作的后期管理。认真选拔责任心强、业务素质高、热心评卷工作的讲师以上职称的教师参加评卷；对评卷教师和全体工作人员都进行上岗前的业务培训、纪律教育、法律教育、保密教育等；对评卷教师和工作人员实行集中全封闭管理，杜绝一切容易出现的问题发生。

[**加强考试领导，强化考点管理**]　各考点加强对考试工作的领导，严格执行国家考试的考务规程和各项制度。实行回避制度，明确规定参加培训的教师不许参加考试的有关工作，严格实行教考分离。各考点统一思想、端正作风，促进了考试工作健康发展。

供稿：山西省招生考试管理中心
撰稿：陈晓红
审稿：赵　晶

辽　宁　省

普通高考

[高度重视，确保平安高考]　2008 年辽宁省以“平安高考”为工作日标，进一步增强做好“平安高考”工作的责任感和紧迫感，高考前，全省各级招考办不但做好了各项准备工作，同时，在各级政府的领导下，积极协调高考指挥部相关成员单位，做好各项工作的应急预案。特别是针对今年的特殊形势，做好反恐、防暴及防止自然灾害等情况的应急预案。辽宁省省委、省政府对高考工作高度重视。张文岳书记亲自听取高考工作汇报。陈政高省长亲自主持召开省长办公会议，听取确保平安高考的工作汇报，研究部署 2008 年全省普通高校招生考试工作，政高省长要求各级政府、各有关部门要切实负起平安高考的政治责任，做到“五个确保”：要切实加强高考工作领导，省、市都要成立高考指挥部；要确保高考经费，要根据新形势下高考工作的实际需要，保障高考工作顺利进行的经费开支，提高监考教师补助标准，保障购置更新防范高科技舞弊设备、高考技防设置日常维护等各项经费需求；各市政府要足额安排确保高考安全高科技设备的购置经费；要坚决查处高考舞弊和腐败行为，各级监察部门要对行政监察对象的高考腐败行为依法依规严肃查处，招生考试部门对舞弊考生、各级行政管理部门对本系统不作为人员和参与舞弊人员要进行严肃处理，各级公安、工商部门要对制售高科技舞弊器材和高科技团伙舞弊行为予以坚决打击。

[进一步严肃高考考风考纪，加强人防与技防]

2008 年辽宁省进一步完善了高科技防控考场违纪舞弊的电子监控录取系统，全省考前按时完成了国家、省、市、考点学校电子监控的四级联网建设和考务管理网上视频指挥平台建设。考试期间，全省各考点、考场的电子监控录像系统、手柄安检仪，手机信号屏蔽器等设备全部开通和正常使用，省高考指挥部可以即时监控全省任何一个考点和考场考试全过程。辽宁省的高科技考试监控系统在全国是领先的。与此同时，在考前和高考期间，省政府派出督察组到各市督查高考工作，考试期间，省招考办从高校抽调近1 000人组成100 多个飞行检查组，对各考区、考点的考风考纪进行监察。各市教育局也增加力量，加强对辖区内各个考点的指导和巡查，严防死守，维护良好的考试秩序，促进辽宁省考风考纪根本好转。

[进一步加强评卷工作，确保评卷安全和质量]

为全面实现教育部和省政府提出的平安高考的目标，辽宁省高度重视评卷工作，成立了高考评卷领导小组，召开了评卷高校参加的评卷工作会议，对高考评卷工作进行了全面详细的部署。

高考考试结束后，立即组织力量接收和集中各市送返的答卷，并开始扫描答题卡，经过扫描、切割，形成了各学科网上评卷库，为网上评卷做好准备。评卷场所实行封闭管理，由武警负责安全保卫。高考试卷采用分题评阅的办法，即每个题目组由若干评卷教师组成，只负责评阅一道试题。各评卷学科都选聘高水平教师和专家组成了评卷顾问组，指定试题评卷组的负责人，负责掌握评卷标准，抽查和监督评卷质量，确保评卷尺度一致，确保评卷公平公正。评卷过程中，从安全保密、技术保障、人员选择、教育培训、坚持标准、公正评阅和准确无误等方面入手，加强评卷和登分工作的组织管理，确保评卷工作进度与质量。

[规范查分程序，保护考生利益]　为保证查分工作公平公正，2008 年辽宁省首次实行保密查分方式，即每份试卷查分前均隐去了考生姓名和考号等信息，做到了查分公平、保密。整个高考查分过程做到了管理严格，方式严密，程序规范，信息安全，圆满顺利，维护了高考的公平、公正和考生的切身利益。全省 2008 年申报查分的考生共 6 587 人，10 585 科次；查分结果通知考生后，提出二次复查申请的有 90 人、137 科次，都是近年来人数最少的一年。

[高考监控录像倒查]　2008 年高考考试结束后，各市招考办按省招考办要求，组成审查小组，对考场录像资料进行回放复查，向省招考办上报审查中发现的违纪舞弊考生名单和处理意见。6 月 12 ~ 18 日，省招考办又组织 60 人的专门队伍对全省高考考场录像进行复审，共复查了 5 386 个考场，占全省考场总数的 51. 56%，覆盖了全省所有考点，审查后又将审查出的问题反馈给各市进行核查，并对省与各市发现的问题提出了查处意见。全省又查处违纪、作弊考生 154 人，其中 92 人取消相关科目考试成绩；62 人取消全部科目考试成绩。

[平行志愿试点]　从有利于考生的利益、办让人民满意招生考试的角度出发，结合辽宁省的实际情况，按照积极推行、逐步推进、稳妥实施的原则，辽宁省 2008 年在普通类一批本科 A 段实行平行志愿试点。平行志实行愿，在一定程度上提高了考生所填报志愿的实现率，增加了考生的被录取机会，减少高分考生落榜现象，能在一定程度上降低考生填报志愿的风险。

[2008 年辽宁普通高校招生考试总体情况]

2008 年辽宁省高考报名总数达 30 余万人（包括中职生及其他考生），共有 1 342 所普通高等学校在辽宁计划招生约 22. 3 万人，实际录取达 23. 4 万人，总录取率为 78%。

研究生招生考试

[概况]　2008 年，辽宁省研究生招生工作以党的十七大精神为指导，全面贯彻落实科学发展观，为振兴辽宁老工业基地，为辽宁省经济建设和社会发展提供有力的人才保障，在研究生招生工作中努力做好拔尖创新人才的选拔，全面提高研究生选拔质量，全省研究生招生工作在教育部的正确领导下，在省招考委高度重视下，经过招生单位和各市招考办同志们的密切配合、共同努力，顺利完成了全省 2008 年研究生招生工作任务。

2008 年辽宁省 46 个硕士研究生招生单位招生规模 24 616 人，其中，博士研究生规模2 639 人，比 2007 年增加 46 人，增长 1. 8%；硕士研究生规模 21 977 人，比 2007 年的增加 1 323 人，增长 6. 4%。

2008 年全国有 57 868 人报考辽宁省域内 46 个招生单位，比 2007 年减少了 3 228 人，降幅

5.6%；经全省 33 个报考点现场确认的考生有 51 401人，比 2007 年的 56 737 人减少了 5 336 人，降幅 10%。

2008 年辽宁省共组织评阅统考科目试卷 17 科，比 2007 年 13 科增加了 4 科（新增加了农学门类公共基础的化学、数学，学科基础综合的动物生理学与生物化学、植物生理学与生物化学四科初试科目的业务课），其中手工评阅试卷 15 科，计算机评阅答题卡 12 科。全省共计评阅统考科目答卷 115 671 份，比 2007 年减少了 9 973 份。

2008 年辽宁省硕士研究生录取 22 105 人，超出招生计划 128 人；比 2007 年多录取 1 503 人，增幅为 7.6%，其中国家计划录取 15 666 人。专项计划执行情况方面：强军计划 120 人，完成 101 人；少数民族骨干计划 130 人，完成 52 人；农村师资计划 10 人，完成 10 人。2008 年辽宁省博士研究生共录取 2 602 人，其中春季入学 648 人，秋季入学 1 954 人；少数民族高层次骨干人才招生计划录取 15 人。2008 年辽宁省还录取港澳台研究生 43 人。

[研招录取新举措]　为做好硕士研究生招生工作，辽宁省采取了一系列的有效措施：认真学习教育部文件精神，狠抓落实；加大力度组织考前检查、确保考试安全；重点做好制卷、邮卷、护卷的各项准备工作；加强监考人员队伍建设，做好考试培训工作；协调有关部门，做好考场周边环境的综合整治工作；提高处置考试期间突发及偶发事件的能力；增强服务意识，积极做好调剂工作，争取更多的合格生源，全面提高生源质量；积极推进复试改革，使复试更加规范化、科学化；采取有效措施确保研招录取的公平公正。

研究生招生如何体现公平公正原则是制定工作规则的重要原则，公平公正的理念和意识要始终贯穿于 2008 年研招工作的各个环节、各个方面。在工作中要求各招生单位坚决做到全面施实“阳光工程”，加大研招工作透明度，重要信息要及时公开、公示；加强约束机制建设，强化过程监督，保证申诉和投拆渠道畅通，严肃追究违规责任，切实维护了考生的权益。

成人高考

[普通高等学校专升本招生]　2008 年辽宁省有 28 所普通高等学校招收专升本应届考生，招生计划为 3 985 人，其中普通类计划 2 400 人，定向类计划 325 人，计算机软件类计划 1 260 人，涉及 62 个专业。2008 年在普通高校设 25 个考点，512 个考场，全省有 11 067 人报名参加考试。2008 年全省共录取考生 3 950 人，占计划总数的 99.12%。其中普通类共录取 2 405 人，占计划总数的 100.2%；定向类共录取 329 人，占计划总数的 100.3%；计算机软件类共录取 1 219 人，占计划总数的 96.75%，2008 年 100% 的完成了全省普通高校专升本招生计划。

[成人高校招生]　2008 年辽宁省成人高等学校招生，国家和辽宁省计划部门共下达招生计划 69 134人。其中，专升本招生计划为 31 186 人；高升本招生数为 3 183 人；高升专 34 765 人。有 129 所成人高校在辽宁招生，2008 年辽宁省报名人数又逾 10 万人，达到 119 027 人。其中，报考专科起点升本科考生人数为 29 323 人，占报名总数的 25%；报考高中起点升本科的考生人数为 6 536人，占报名总数的 5.4；报考高中起点升专科的考生人数为 83 168 人，占报名总数的 69.8%；专升本和三校生免试 2 250 人。

2008 年辽宁省成招录取总数为 76 856 人，其中统考生为 74 606 人，免试生为 2 250 人；专科起点升本科录取 25 844 人，其中统考生为 24 931 人，免试生为 913 人；高中起点升本科 3 292 人，其中统考生为 3 282 人，免试生为 10 人；高中起点升专科 47 720 人，其中统考生为 46 393 人，免试生为 1 327 人。

［**成人高校招生改革**］　2008 年辽宁省成人高校招生工作深化改革，通过制定招生政策，积极引导、鼓励成人高校利用自己的优势为当地经济建设、为辽宁老工业基地的振兴服务。

（1）在部分成人高等医学院校举办临床医学（乡医班）。报考临床医学（乡医班）的考生，必须是已经取得中专或中专同等学历，具备执业助理医师以上资格的农村基层医疗机构的中青年技术骨干，由县级卫生行政部门推荐，市级卫生行政部门审核，参加成人高考，择优免费进入成人高等医学院校专科学习。特别是对报考临床医学（乡医班）的考生，在上线人数不足时，采取降分录取，2008 年全省共录取临床医学（乡医班）的考生 1 200 人。

（2）面向煤炭企业职工进行定向培养，单独划线录取。为进一步加快我国煤炭行业人才培养的速度，不断满足安全生产对专业人才的需求，解决煤炭生产一线专业技术人才招不进，留不住的问题，从 2008 年起在辽宁省有关成人高校煤矿工程类专业，招收在煤炭企业生产一线工作 5 年以上，或担任区队长、班组长及技术骨干、或获得多县团级及以上表彰奖励的煤炭企业在职员工，经所在企业推荐，参加成人高考，单独编制招生计划，单独填报专业，定向培养，单独划定分数线录取。2008 年辽宁工程大学采矿专业、机械工程及自动化、煤矿开采技术和矿山机电等专业招收煤矿企业职工 150 人。

（3）免试入学，为高考落榜生拓宽升学渠道。对普通高校高职、高专升高职本科的合格生源，由于招生计划所限未被录取的考生，实行免试进入成人高校相对应的本科专业学习；普通高校招生考试的三校生升高职本科或高职专科未被录取的上线考生，实行免试进入成人高校的专科学习。2008 年全省 35 所成人高校 216 个专业，录取免试生 2 250 人。发挥了辽宁省成人高等教育的资源优势，满足了广大考生的求学愿望，缓解了社会就业压力。

（4）在辽宁广播电视大学进行成人高职试点。为了充分发挥辽宁广播电视大学教育资源优势，满足部分参加 2008 年普通高校招生考试未被录取考生求学深造的愿望，为辽宁老工业基地建设培养实用型高技能人才，2008 年在辽宁广播电视大学系统，进行普通高考未被录取的考生免试进入辽宁广播电视大学成人高职学习试点工作。根据招生计划，按照考生所报专业、考试总成绩，从高分到低分择优录取。学制 2 年，学习形式为脱产，学生学习期满且成绩合格，颁发辽宁广播电视大学成人高等学校专科毕业证书。2008 年辽宁省录取考生 903 人。

（5）鼓励、引导成人高校为当地经济建设服务。2008 年是辽宁老工业基地建设关键的一年，辽宁省成人高校招生工作通过制定招生政策，积极引导、鼓励成人高校利用自己的优势为当地经济建设、特别是为辽宁老工业基地的振兴服务。对那些涉及辽宁省传统工业、支柱产业、艰苦行业的考生，继续实行政策照顾加分，对那些远洋运输、道桥、社会福利、冶金矿山、地质测量等专业在上线考生不足时，可降分投档。为支持社会主义新农村建设，辽宁对涉农专业继续给予大力扶持，鼓励农业院校为“一村一名大学生”计划积极培养人才。在政策的引导下，辽宁省成人高校积极投身振兴辽宁老工业基地建设主战场，将自己的专业结构和人才培养结构与省委省政府确定的产业结构调整方向密切结合，增设相应的专业，增加相关专业的招生计划。2008 年全省有 86 所成人高校举办符合政策支持的专业 252 个，受惠于各项政策照顾的考生达 4 663 人。

自学考试

［**概况**］　2008 年，辽宁省高等教育自学考试组

织和完成了4月、10月的2次考试，开考46个专科，61个本科、16个应用本科专业的830门课程，共有168 709人报考428 419科次。完成了11 806人的自考毕业生的审查和毕业证书的发放工作，并上报教育部进行了电子注册。办理自学考试学历认定和课程免考14 234人；开具自学考试学历、成绩证明500人次；办理自学考试转考3 200多人次；应用指纹比对系统对42万多科次的考试进行了指纹采集、比对工作，杜绝了替考行为。

[学历文凭考试] 根据教育部考试中心2008年起不再安排学历文凭考试和省教育厅关于做好学历文凭考试善后工作的指示精神，辽宁省制定了遗留问题的处理方案，将学历文凭考试纳入自学考试相关专业，有15个专业、200人报考363科次；完成了48人的毕业生的审查和毕业证书的发放工作。

[资格证书考试] 2008年，辽宁省完成了5月、11月的5个资格证书考试的45门课程，5 681人、11 891科次的组考任务。

[辽宁省农村信用社公开招聘考试] 2008年，辽宁省招考办承担并组织了2次辽宁省农村信用社面向社会公开招聘大学生和择优考核业务岗位临时工考试，有3 439人参加，报考6 858科次。2次考试均获得圆满成功。这是省农村信用社继2006年委托省招考办组织实施公开招聘考试后，省招考办再次承担社会委托的非教育招生考试的有益尝试，为省招考办面向社会服务、拓宽服务功能积累了宝贵的经验。

[强化考风考纪、确保试卷安全] 2008年，辽宁省自学考试实行全省所有考点、考场专用电子信号屏蔽器的全覆盖和电子视频监控辅助监考。实现了省、市（县、区）所有试卷保密室联网监控，联动报警，加强了试卷安全保密工作，继续实行在考试中使用手柄式安检仪，杜绝了考生携带通讯设备进入考场。全省首次在自学考试工作中应用了考试指挥中心。实行2名考生发卷前验收试卷袋密封情况并签字的安全保密制约制度，进一步加强了试卷的安全保密工作；加强了指纹卡的收集、核对整理和上交工作的安全保密制约制度。全省首次开展考场监控录像回放审查工作，全年共查处违纪考生323名，对查出的违纪考生根据相关规定进行了处理，并对在监控录像回放审查中不作为的监考教师进行批评教育和相关处理。

[取消自学考试纸介质考生档案，全部实现电子化管理] 自学考试考生考籍档案全部实现电子化管理。在过去专科试点的基础上，对本科考生考籍档案进行了全面的清档，于2008年底彻底取消了纸介质档案。使全省自学考试考生的纸介质档案全部取消。实现自学考试管理工作的信息化、电子化和规范化。与此同时，不断完善自学考试管理应用程序，与有关开发人员多次沟通研究修改完善应用程序，特别是对省级管理平台的修改完善也在稳步进行。

[自学考试系列宣传活动] 2008年，恰逢我国《高等教育自学考试暂行条例》颁布20周年，辽宁省在全省范围内开展了形式多样的自学考试宣传活动：省招考委组织了全省优秀自考生评选活动，全省共评选出省优秀自考生46名；举办以"融入自考，成就人生"为主题的征文活动，共评出一等奖10篇、二等奖15篇、三等奖25篇、纪念奖33篇，并在《辽宁招生考试》杂志上发表。同时向国家考办推荐优秀稿件8篇；各市招考办围绕自学考试改革发展的中心工作，开展宣传周活动，采取多种宣传形式，开展了丰富多彩的宣传活动；为了宣传辽宁省自学考试工作，为国家考办制作自学考试宣传画板，提供了高质量

的图片及说明词。

[参加全国优秀自考生评选]　辽宁省积极参加全国自学成才奖励基金管理委员会组织开展的第三届全国自学成才奖励基金优秀自考生，在这次活动中，全国共评选出“全国十佳自考生”10名，辽宁省自学考试考生杨晓宇获此殊荣；共评出优秀自考生35名“励志成才奖”等9个单项奖，辽宁省自学考试考生刘传才和张国庆获此殊荣；共评选出“全国优秀自考生”165名，辽宁省自学考试考生宋钰婷、闻秀颖、谭喜龙等3人获此殊荣。

[自学考试网上在线答疑]　为纪念《高等教育自学考试暂行条例》颁布20周年，加强与广大自考生网络“面对面”的交流，辽宁省在新浪网教育频道举办了在线答疑活动，同时在华夏大地教育网、辽宁招生考试之窗网站现场直播访谈内容。面向考生答疑并介绍了辽宁省自学考试的发展基本情况和下一步发展的基本思路。通过此次活动，宣传了国家和省的自学考试的有关规定、政策和办法，通过“面对面”活动了解了广大考生关心的问题和想法，解答了考生的疑惑，这次活动将有利于辽宁省自学考试的健康发展。

[进行专业调整，探索扩大自学考试生源的新途径]　2008年辽宁省开考应用本科专业1个，独立本科专业5个，专科专业4个，积极论证开考专业9个；组织调研组分别到高职高专院校进行调研，了解考生的需求和学校的要求，积极宣传高等教育自学考试应用本科的相关规定及政策。组织了两个调研组，分别到辽阳、大连、抚顺、葫芦岛、锦州、鞍山等6个市的10所高校和自学考试助学组织召开座谈会，宣传自学考试的相关政策，积极发动、了解各高校和助学组织的需求及在办学中的问题，现场指导；积极制定证书考试与自学考试课程相沟通，于2008年开始对全国计算机应用技术证书考试（NIT）合格证书顶替高等教育自学考试《计算机应用基础》课程。

[自学考试助学组织登记]　2008年，辽宁省招考办开展了省内高等教育自学考试助学组织登记工作，对辽宁省的120家自考助学组织的办学规模、办学形式等情况进行了统计登记，并向社会公布，为全省自学考试考生提供了方便。

[自学考试科研]　辽宁省招生考试办向全国自考办呈报的自学考试科研课题《自学考试为振兴辽宁老工业基地服务研究》，被全国教育科学规划办确定为全国教育科学规划教育考试科学研究专设课题“十一五”立项课题；承担了教育部重点课题《高等教育自学考试改革和发展与政策研究》课题研究，根据课题研究的需要总结辽宁省自学考试发展20多年来基本经验，分析辽宁省自学考试教育基本现状及需求，积极调研、召开研讨会等，根据自学考试面临的突出矛盾和问题探讨研究今后发展的方向及对策。为教育部的重点课题研究提供了详实素材。

社会考试

[概况]　社会考试继续保持平稳发展，辽宁省全年共组织11项22次社会考试，参考达1 190 847人次，比去年增加8.65%，社会考试参考人数不断创出新高。

2008年，辽宁省招考办组织的社会考试有11项，全年组织22次考试，共有1190847人次参加考试，比2007年增加了94 816人次，增加8.65%，创历年社会考试规模新高。其中，全国计算机等级考试227 999人；全国英语等级考试21 241人；大学外语四、六级考试661 186人；高等学校英语应用能力A、B级考试196 265人；辽宁省成人本科生学士学位外语课程考试36 777

人；全国高等学校计算机等级考试22 906人；剑桥少儿英语考试321人；机械工程师资格证书考试24人；全国市场营销经理资格证书考试232人；全国中小学教师技术水平考试21 888人；计算机应用能力（NIT）考试1 808人。

社会考试的管理进一步规范，管理水平不断提高。高等学校英语应用能力A、B级考试、全国高等学校计算机考试、辽宁省成人本科生学士学位外语课程考试等项目网上评卷系统不断完善；社会考试试卷保密室建设逐步推进；全国中小学教师技术水平考试继续实行网上报名和网上考试；结合工作实际，及时修订了社会考试的各项规章制度，考试的公正、公平性得到进一步保证。

供稿：辽宁省高中等教育招生考试委员会办公室
撰稿：梁　滨
审稿：李荣希

黑龙江省

综　　述

2008 年全年共组织各类招生考试 28 次，报考总规模 115 万人次，其中，普通高考及对口招生 241 282 人，成人高考 88 000 人，研究生招生 47 920 人，自学考试 118 000 人次，社会考试 60.8 万多人次，累计命题 1 526 套。全办上下按照阶段性中心工作要求，齐心协力，精诚协作，圆满完成了各项招考任务。

普通高考

[概况]　2008 年全省高考报名人数 231 189 人，设考场 8 297 个，近 25 000 名监考人员参与考试管理工作。计划招生 199 603 人，其中，本科 107 621 人，高职（专科）91 982 人。录取 206 004人，其中本科录取 120 336 人，高职（专科）录取 85 668 人，理工类录取 127 236 人，文史类录取 63 572 人，艺术、体育类录取 15 196 人。

[村大学生招生]　2008 年计划招生 1 420 人，其中科技带头人 450 人、乡村教师 740 人、乡村医生 230 人。录取 1 379 人，其中，科技带头人 737 人、乡村教师 334 人、乡村医生 308 人。

[高考评卷实行“三次加密”、“六项监控”、“八项校查”]　“三次加密”即评卷前对条形码加密，对答卷扫描再加密，对切割后的答卷第三次加密；“六项监控”即评卷中对评分分布、均值、标准差等适时进行六项过程质量监控；“八项校查”即评卷后对考生学科总分、成绩总分、主观题、客观题等进行八项指标校验检查。

研究生招生考试

[概况]　2008 年黑龙江省硕士研究生共受理报名 44 377 人。其中：报考全国统考考生 39 198 人，推荐免试 2 424 人，单独考试 429 人，工商管理硕士（MBA）联考 1 285 人，法律硕士联考 842 人，强军计划 167 人，农村师资教育硕士 32 人，应届本科毕业生 27 012 人，非应届本科毕业生 17 365 人，应届本科毕业生占报考总数的 60.9%，非应届本科毕业生占报考总数的 39.1%；全国各地报考黑龙江省招生单位的总人数为35 563人。其中：报考全国统考考生 31 175 人，推荐免试 2 277 人，单独考试 429 人，工商管理硕士（MBA）联考 1 285 人，法律硕士联考 198 人，强军计划 167 人，农村师资教育硕士 32 人；共设 5 个考区，19 个考点，准考 41 850 人，实考 35 230 人，缺考 6 620 人，缺考率 15.8%；

国家统考科目试卷的评阅工作由省招考办、哈尔滨工业大学和黑龙江大学联合组织，共评阅试卷82 141份，其中人工阅卷 76 827 份，机器阅卷68 955份；硕士生招生规模 13 891 人，其中：国家计划 9 348 人，强军 140 人，单独考试 263 人，普通高校的招生规模占总招生规模的 99.6%；全省共录取新生 13 429 人，比 2007 年增加 435 人，增长 3.2%，录取总数比国家下达的招生规模少录取 462 人，完成招生规模的 96.6%。

博士生招生规模 2 134 人，其中：国家计划1 795人，普通高校的招生规模占总规模的 99%，报考总人数为 3 543 人，共录取新生 2 152 人，比 2007 年增加 59 人，增长了 2.7%。

[硕士生复试标准资格由 A 类地区调至 B 类地区]　2008 年黑龙江省硕士生复试标准资格由 A 类地区调至 B 类地区：黑龙江省地处边疆，人居环境差，经济发展缓慢，人均收入偏低，硕士研究生录取实行全国统一按专业类别划定分数线，本省硕士生的上线生源不足，2005 年至 2007 年平均上线率仅为 59.45%，需大量进行调剂录取，每年招生计划完成非常困难。2008 年经教育部批准，将本省初试成绩基本要求按照 B 类地区（二区）执行。

成人高考

[概况]　2008 年全国各类成人高校在黑龙江省计划招收人数为 62 977 人，其中专科起点升本科31 422 人、高中起点升本科 3 069 人、高中起点升专科 28 486 人，计划总数比上一年减少了7 526人；报名总人数为 84 331 人，专科起点升本科 30 140 人、高中起点升本科 3 926 人、高中起点升专科 48 599 人，本科第二学历和免试生1 666人，报考总人数比上一年增加了 3 259 人；全省共设置考区（分考区）14 个，考点 128 个、考场 2 957 个，监考人员 9 000 多人，省派巡考人员 48 人，实考人数为 78 279 人，缺考 4 386人，处理各种违规考生 643 人，其中替考 192人、利用通讯工具作弊考生 61 人、其他违规 390人，全省违规率为 0.82%，已达到 4 年来的最低；录取总人数为 69 052 人，其中专科起点升本科 24 760 人、高中起点升本科 3 015 人、高中起点升专科 39 611 人、第二学历本科生 1 664 人、免试生 2 人。

[修订成人高考考务实施细则]　2008 年对成人高考考务实施细则进行了重新修订，强化了主考、流动监考职责，细化了监考教师操作程序，使之更加完善，更具有操作性。

[编制成人高考监考培训课件]　2008 年编制并使用了《黑龙江省成人高考监考教师培训要点》课件，图文并茂，操作方便，要求统一，提高了终端考务工作培训质量。

中等专业学校招生

[概况]　2008 年全省共有 17 670 名应、往届初中毕业生报考中等专业学校及中等师范学校。

2008 年省内、外各类高师、高职、中等专业学校、中等师范学校在黑龙江省招生计划数为54 585人。其中 5 年制高师招生计划数为 2 630人；5 年制高职招生计划数为 2 050 人；3 年制中师招生计划数为 320 人；3 年制中专招生计划数为 49 585 人。

2008 年省内、外各类高职、中等专业学校、中等师范学校在黑龙江省共录取新生 39 667 人，其中 5 年制高师录取 1 757 人；5 年制高职录取1 938人；3 年制中师录取 48 人；3 年制中专录取35 924 人；3 年制中专录取人数含免试生。

自学考试

[**概况**] 2008年全省共组织2次高等教育自学考试，分别在4月和10月进行。4月份全省共计报考59 723人，其中专科17 336人，本科42 387人，报考科次为159 352科次，违纪人数为708人，共计开考103个专业，考试课程为500门；10月份全省共计报考57 998人，其中专科17 317人，本科40 681人，报考科次为156 062科次，违纪人数为572人，共计开考103个专业，考试课程为510门。

社会考试

[**概况**] 2008年全省共有1 653人报考剑桥少儿英语考试；2008年共有5 843人报考全国公共英语等级考试；2008年全省共有124 782人报考全国计算机等级考试。2008年共有528 622人报考大学英语四、六级考试；2008年共有176人报考中国市场营销助理等级资格证书考试。

供稿：黑龙江省招生考试委员会办公室
撰稿：沈永波　李伟晗
审稿：孙　权

上　海　市

综　述

[概况]　2008年报考普通高校123 311人（含秋季集中录取、非集中录取、春季招生、应届“三校毕业生”高考）；报考硕士研究生90 490人；报考成人高校90 518人；参加初中毕业生统一学业文化考试9.97万人；报考高等教育自学考试及中英合作开考专业考试667 887科次；报考各类社会考试842 829人（科）次。

2008年共录取考生30万多人。普通高校录取新生104 642人，完成计划的102.36%，总录取率为84.86%；录取硕士研究生26 712人，为国家允许招生规模的97.76%，占报考总人数的29.52%，下达的21 326名国家计划全部完成；成人高校录取新生71 630人，完成招生计划的100.5%，录取率为79.13%；高中阶段各类学校录取新生9.68万人，升学录取率达到97%。

[高校招生首次实行“平行志愿”]　上海市普通高校招生首次实施“平行志愿”的投档录取方式，即遵照“分数优先、遵循志愿”的原则，按照考生高考成绩（含教育部和上海市教委规定加分项目的加分分值）从高分到低分排序（总分相同时，按文、理科不同的单科顺序次排序）；按录取批次，逐分逐个地检索考生填报过的志愿，全部检索分档后，将符合投档条件的考生一次投档到相关招生院校，由高校对考生进行录取；投档比例为院校公布招生计划数的105%，以减少考生被退档的风险。“平行志愿”在第一批本科、第二批本科和第三批高职（专科）中实行。第一批本科和第二批本科可填报A、B、C、D 4所院校，高职（专科）批次可填报A、B、C、D、E、F、G、H 8所院校。每所院校均设6个专业志愿及愿否接受专业调剂的选项。零志愿、提前批及艺术类、体育教育和社会体育专业不实行“平行志愿”，仍按原办法投档录取。

[“平行志愿”实施效果良好]　从“平行志愿”实施情况看，考生敢于填报自己理想的学校和专业，志愿匹配率明显提高，每一批高分考生落榜人数较往年大幅度减少，考生、高校及社会的满意度上升。撤销志愿的考生不足100人，比2007年下降了40.6%；集中录取期间，信访组共接待群众来访2 400余人，比2007年同期下降了21.41%，来信数200余件，比2007年同期减少了6.54%。上海院校全部圆满完成招生计划，各校投档分普遍高于2007年。部分外省市院校在模拟投档后因生源情况好，增加了在上海的招生计划，外省市院校实际招生录取数超过往年。

[继续推进上海市普通高校自主招生改革]　本科和专科层次的自主招生改革继续推进。复旦大

学、上海交通大学“深化自主选拔录取改革试验”计划招生1 000人，比2007年增加400人；实际录取863人，比2007年增加297人。上海市高职专科层次“依法自主招生改革试点”招生院校由2005年的3所、2006年的6所、2007年的11所扩大为2008年的16所，新增的5所院校为：上海医疗器械高等专科学校、上海医药高等专科学校、上海交通职业技术学院、上海工艺美术职业学院和上海立达职业技术学院。上海市高职专科层次“依法自主招生改革试点”院校招生计划10 010人（含招收2007年冬季退役士兵计划120名），比2007年增加4 350人；实际录取5 656人，比2007年增加4 326人。

[免收全部招生考试声讯服务费]　为了减轻考生的经济负担，在2005年6项考试成绩声讯电话查询免收信息服务费的基础上，2008年开始，上海市教育考试院与168教育声讯热线合作的包括成绩查询、征求补填志愿、录取查询、政策咨询在内的所有35项声讯服务项目首次全部免收信息服务费，全部信息服务费用由上海市教育考试院支付，考生、家长只需支付普通电话费用即可。这一举措进一步体现了上海市教育考试院服务社会、服务考生的理念，受到了考生和家长的普遍好评。

[外省市院校在沪录取考生人数再创新高]　上海市继续实行报考外省市普通高校加分投档和降分录取政策。实施“平行志愿”后，不再强制规定考生在每一批次志愿中必须填报一所外省市院校，但考生所填报的本科4所院校志愿和高职（专科）8所院校志愿均被视为第一志愿，在实行“报考外省市普通高校加分投档”政策时均可获得加20分投档的优惠。对愿意报考外省市院校的考生而言，选择机会更多，受惠幅度更大。因此，外省市院校在上海市的招生计划完成情况未受影响。外省市院校对上海市推出“平行志愿”投档方式大力支持，增加了在上海市的招生计划。“一本”、“二本”和高职（专科）三个批次中，共有1 719名考生享受到了加分投档政策；“一本”、“二本”批次中，共有428名考生享受到了降分录取的政策。集中录取阶段被外省市院校录取的上海生源考生人数为9 365人，比2007年增加了119人，是近10年来外省市院校在上海实际招生录取人数最多的一年。

[全国招生宣传报刊协作会第十二届年会在沪召开]　全国招生宣传报刊协作会第十二届年会于12月1日至4日在上海召开。全国26个省级教育考试院（招办、考试中心）负责招生宣传工作的领导、报社社长及有关人员等80多人参加会议。会议由协会秘书长、四川省招生考试报社社长侯建宁主持，教育部高校学生司招生处干部平伟、上海市教委副主任张民选、上海市教育考试院院长李瑞阳等出席会议。

通过宣传年会和新闻评比，各省市招生宣传工作者在沟通中加强凝聚力，在交流中提高了水平，在合作中迈出了可持续发展的步伐。与会代表普遍认识到：教育是事关民生的大事，招生考试更是教育中的关键领域，而招生考试的宣传工作则是为招考事业保驾护航；宣传工作要紧紧围绕“共建和谐社会”这一中心，以服务考生、服务学校为宗旨，构筑起平面媒体和电视媒体相补充、网上宣传与网下宣传相结合、集中宣传和个别咨询配套的一体化招生宣传平台。会议选举《高校招生》杂志社社长何星原为新一届全国招生宣传报刊协作会秘书长；评选出2007—2008年度“好新闻”作品20篇。

普通高考

[概况]　2008年上海市普通高校招生共计报名123 311人（含秋季集中录取、非集中录取、春

季招生、“三校生”），招生总计划为102 232人，共计录取新生104 642人，完成计划的102.36%，总录取率为84.86%。其中录取本科生58 046人，占录取总数的55.47%，录取高职（专科）生46 596人，占录取总数的44.53%。与2007年相比，录取本科新生的比例进一步上升。

[春季招生]　参加2008年上海市普通高校春季入学招生考试报名的考生有6 178人，比2007年减少2 301人，减幅为27.14%。参加上海市普通高校春季入学招生的高校有上海大学、上海师范大学、上海工程技术大学、上海商学院、上海师范大学天华学院、上海工商外国语职业学院、上海农林职业技术学院、上海思博职业技术学院等8所，计划招生1 568人，实际报到录取1 492人，完成招生计划的95.15%。其中，5所高校本科计划招生1 020人，录取报到1 132人，完成招生计划的110.98%；4所高校高职（专科）计划招生548人，录取报到360人（其中26名考生文化考试成绩在本科报考资格线上），完成招生计划的65.69%。

考试科目实行“3+综合能力测试+学校加试选考科目”。其中语文、数学、外语和综合能力测试为全市统一考试。数学试卷不分文、理。外语设英、俄、日3个语种，由报考学生选择。外语设听力考试，听力考试成绩计入总分。综合能力测试为6门课（物、化、生、政、历、地）基础上的能力测试，不分文科适用卷和理科适用卷。学校加试选考科目由招生高校根据不同专业要求自主决定，并自行组织考试，也可采用面试。凡语文、数学、外语、综合能力测试（20%计入总分）4门考试成绩总分达到上海市划定的本科报考资格线或高职（专科）报考资格线的考生，可选择报考一所高校，亦可同时报考若干所高校。考生若同时被多所高校录取，可自主选择其中一所高校报到。

[秋季招生]　2008年参加上海市普通高校秋季招生集中录取的高校共633所（含2所香港地区高校和14所军事、武警部队高校），其中上海高校63所，外省市高校570所。报考人数为96 961人（不含复旦大学、上海交通大学“深化自主选拔录取改革试验”录取考生863人）。招生计划数80 161人（不含未编制分省招生计划的艺术类高校招生计划数）。共录取新生82 978人，完成招生计划的103.51%。

考试科目设置为“3+X”。本科为“3+综合+1”，高职（专科）为“3+综合”。“3”为语文、数学、外语，数学分文、理卷，外语设英、俄、日、德、法、西班牙语6个语种，均设听力考试，听力考试成绩记入总分；“综合”为6门课（政、史、地、物、化、生）基础上的综合能力测试，分为文科适用和理科适用两张卷，以卷面得分的20%计入总分；“1”为政、史、地、物、化、生6科，由考生选择1门。

[招收应届“三校生”]　2008年上海市普通高校招收应届“三校生”的普通高校共25所。报名13 692人，比2007年减少4 601人。计划招生8 266人（不含上海应用技术学院20个听力残障单独招生计划），录取8 100人，完成招生计划的97.99%，录取率为59.16%。其中本科录取160人，占录取考生的1.98%；高职（专科）录取7 940人，占录取考生的98.02%。

普通高校招收应届“三校生”的报考对象为：具有上海市户籍的“三校生”（含本市常住户口在外省市就读的“三校生”）；持有上海市蓝印户口的“三校生”；经市教委批准招收的外地生源“三校生”（不含“定向培养”、“对口支援”形式招收的外地生源毕业生）。考生按文、理专业大类对口的要求报考有关高等学校。考试科目为“3+2”，其中“3”为语文、数学、外语，由全市统一组织考试。“2”为专业技能课。

全市按语文、数学、外语3门文化课总分和单科成绩的要求统一划定最低录取控制分数线，招生院校原则上在最低录取控制分数线上的考生中按“3+2”共5门总分成绩择优录取。如学校自定录取标准的，须在考生网上报名前向社会公布，并上报备案。

研究生招生考试

[硕士研究生]　2008年共有90 490人报考上海市各硕士研究生招生单位，比2007年减少4 555人，减幅为4.8%。参加全国统考的有72 719人，推荐免试生5 447人，参加单独考试840人，参加MBA联考8 221人，参加法律硕士联考3 216人，强军计划47人。参加上海市硕士研究生招生的高校和科研院所共53个单位（不含第二军医大学和解放军南京政治学院上海分院），上海市总的招生规模为27 325名，比2007年增加1 169名，增幅为4.47%；其中国家计划21 326名，比2007年增加2 639名，增幅为12.68%。

实际录取硕士生26 712人，比2007年增招1 438人，增幅为5.7%，报名人数和录取人数之比约为3.39∶1。具体录取情况：录取的硕士研究生中，统考生17 478人，单考生354人，工商管理硕士2 651人，法律硕士720人，推免生5 384人，少数民族骨干计划103人，强军计划22人。按录取类别分：非定向录取19 191人，占71.84%；定向录取370人，占1.39%；委培生录取1 429人，占5.35%；自筹经费生录取5 722人，占21.42%。

[博士研究生]　2008年上海市博士研究生招生报名人数为17 406人，比2007年减少110人，减幅为0.64%。参加上海市博士生招生的高校和科研院所共有31个单位，招生总规模为5 838人（不含教育部增加规模21个），比2007年增加112人，增幅为1.96%；其中国家计划为5 402人，比2007年增加407人，增幅为8.15%。实际录取5 867人，比2007年增加127人，增幅为2.2%。录取的博士生按录取类别分：非定向录取4 112人，占70.09%；定向录取741人，占12.63%；委培录取926人，占15.78%；自筹经费录取88人，占1.5%。

成人高考

[概况]　在上海市招生的成人高校共72所，其中上海市成人高校62所，外省市成人高校10所。录取71 630人，完成招生计划的100.5%。

招生计划、报考情况及录取情况如下：

招生类型	公布计划数（人）	比2007年增减情况		报考数（人）	比2007年增减情况		录取数（人）	比2007年增减情况	
		人数（人）	比例（%）		人数（人）	比例（%）		人数（人）	比例（%）
专科起点升本科	37 856	437	11.7	49 268	1150	2.4	38 480	836	2.2
高中起点升本科	6 870	-182	-2.6	11 002	-694	-5.9	6 991	-79	-1.1
高中起点升专科	25 232	-3 198	-11.2	30 248	-1 162	-3.7	26 159	-2 868	-9.9
合计	69 958	-2 943	-3.3	90 518	-706	-0.8	71 630	-2 111	-2.9

注：计划栏内为公布计划数，不含体育单招计划和高校在招生过程中的调整计划。

中等学校高中阶段招生考试

［概况］　2008 年上海市应届初三毕业生 10.1 万人，实际报考人数为 9.97 万人，比 2007 年减少 0.73 万人。经市实验性示范性高中和中职校国家级示范专业免试招收优秀生入学、提前类招生学校录取、统一招生学校录取、征求志愿录取等，被高中阶段各类学校录取的人数为 9.68 万人，招生录取率达到 97%；普职比为 59:41。

［计划执行情况］　高中阶段各类学校执行计划情况如下：

学校类别	招生计划数（人）	实际录取数（人）	完成率（%）
普通高中	59 303	57 560	97.06
综合高中	1 523	1 800	118.19
中专	30 360	26 615	87.66
职校	13 762	8 701	63.22
技校	3 020	2 129	70.50
全市总计	107 968	96 805	89.66

［推优免试和提前录取情况］　（1）市实验性示范性高中"推优生"招生计划数占学校招生计划数的 30%，区实验性示范性高中"推优生"招生计划数不超过学校招生计划数的 30%（具体比例由学校所在区县决定），与 2007 年相同；中职校国家级示范专业推优生招生计划数占学校国家级示范专业招生计划数的 30%，比 2007 年增加 15%。录取总数为 5 111 人，比 2007 年增加 522 人。（2）市实验性示范性高中自主招生学校数与 2007 年同为 48 所，录取人数为 1 378 人，比 2007 年增加 286 人；国家级重点中职校自主招生学校数由 2007 年的 39 所增加到 44 所，录取人数为 5 598 人，比 2007 年减少 282 人。（3）52 所高中学校参加"零志愿"提前招生录取 1 884 人。（4）50 所实验性示范性高中实行"名额分配"招生录取办法，招生计划为学校招生计划的 12%（2007 年为 10%），其中 9 所市实验性示范性高中将 2% 的计划分配到市郊区县。招生计划 1 927人，实际录取 1 784 人。

首次将体育考试成绩以 30 分计入录取总分，初中毕业生统一学业考试的总分由 2007 年的 600 分提高为 630 分。

24 所中等职业学校向对口支援的四川省都江堰市招生，录取（转移）新生 1 193 名。

自学考试

［概况］　2008 年 4 月和 10 月分别举行了第 52、53 次高等教育自学考试。上海市第 52 次高等教育自学考试由 19 所主考学校开考了 97 个专业，其中本科专业 49 个、专科专业 48 个，开考课程 331 门（不包括学历与职业资格证书相结合的证书考试）；报考人数为 117 622 人（其中报考本科专业考生为 49 975 人，报考专科专业考生为 67 647 人），报考科次数达到 316 847 科次（不包括学历与职业资格证书相结合的证书考试）。本次考试全市实际参加考试 236 538 人次，实考率 74.65%，平均合格率 46.40%，有 109 755 人次取得单科合格证书。取得专科毕业证书者有 3 069人，取得本科毕业证书者有 2 140 人。上海市第 53 次高等教育自学考试由 19 所主考学校开考了 97 个专业，其中本科专业 49 个、专科专业 48 个，开考课程 363 门（不包括学历与职业资格证书相结合的证书考试）；报考人数为 117 033 人（其中报考本科专业考生为 52 890 人，报考专科专业考生为 64 143 人），报考科次数达到 301 494 科次（不包括学历与职业资格证书相结合的证书考试）。本次考试全市实际参加考试 221 303 人次，实考率 73.40%，平均合格率 47.04%，有 104 101 人次取得单科合格证书。

［其他考试］　2008年中英合作开考的商务管理和金融管理两专业上海市全年报考科次数为21 554科次。学历与职业资格证书相结合的证书考试：报考中国物流职业经理资格考试为17 810科次；报考餐饮职业资格证书考试为524科次；报考调查分析师资格证书考试为287科次；报考劳动与社会保障职业资格证书考试为2 100科次；报考中英合作开考的采购与供应管理职业资格证书考试为7 271科次。

［停考专业］　上海市高教自考城市规划专业(独立本科段)自2004年下半年起,已停止接受新考生报名,并进入停考过渡期。2008年起,上海市高教自考城市规划专业(独立本科段)停止开考。

社会考试

［概况］　2008年上海市教育考试院承办的各类非学历证书考试共有10项，总计报考数为842 829人（科）次。

［上海市高等学校计算机等级考试］　由上海市教委和上海市高等学校计算机等级考委会组织的全市高校统一教学考试，报考对象为上海市普通高等院校本科、专科、研究生在校生、专科生和研究生；共设有一级、二级、三级3个等级9个科目的考试。报考总人数为106 836人。

［在职攻读硕士学位全国联考］　由国务院学位办公室和教育部学位中心主办，报考对象为获得学士学位3～5年以上，具有一定的工作经验，必须经本单位人事部门或有关主管部门推荐方可报考。上海市报考人数为16 108人。

［同等学力人员申请硕士学位外国语水平和学科综合水平全国统一考试］　由国务院学位办公室和教育部学位中心主办，报考对象为获得学士学位后工作满3年以上，且已通过学位授予单位培养方案规定课程的考试。上海市共计报考7 142门次。

［全国大学英语四、六级考试］　大学英语四、六级考试每年考2次，上半年四级开考英语、日语、德语和法语，六级仅开考英语，下半年四、六级都仅开考英语。全年上海市报考总人数为636 459人。

［剑桥少儿英语考试］　由教育部考试中心中英中心和剑桥大学考试委员会（UCELS）主办，该项目适合6～12岁少年儿童学习，开考预备级、一级、二级和三级，每年2次考试，2008年上海市报考总人数为19 036人。

［全国英语等级考试］　由教育部考试中心主办，报考者不受年龄、职业、学历和地域限制，一次限报一个等级，测试考生听、说、读、写能力的英语等级水平，每年两次考试，设一级（含一级B）、二级、三级和四级4个等级。上海市报考人数为17 824人。

［全国计算机等级考试］　由教育部考试中心主办，考生不受年龄、职业和学历限制，测试考生计算机应用知识与能力的等级水平考试，设一级、二级、三级、四级4个等级，考生一次限报一个等级，每年开考2次。上海市参考人数37 824人。

［全国少儿计算机考试］　由教育部考试中心中英测量中心主办，主要考试对象为5～16岁的儿童和少年。上海市报考人数为649人。

［剑桥英语五级证书考试］　由教育部考试中心和剑桥大学考试委员会主办，报考者不受年龄、

职业和学历限制，上海目前共开设 KET（英语入门）、PET（初级英语）、FCE（第一英语）3 个级别证书考试，每年 2 次考试。上海市报考总人数为 713 人。

[中国市场营销资格证书考试]　由教育部考试中心和中国市场学会合作主办，考生无年龄、职业或受教育程度等方面限制，证书分三种：中国市场营销总监资格证书、中国市场营销经理资格证书和中国市场营销经理助理资格证书，每年 2 次考试。上海市报考人数为 238 人。

供稿：上海市教育考试院
撰稿：汪成辉　黄　琦　张亚萍　程新圩
　　　孙长庚　柏伟民等
审稿：李瑞阳

江 苏 省

综 述

[概况] 2008 年江苏省教育考试工作，坚持以党的十七大精神为指导，坚持以科学发展观统领教育考试全局，紧紧围绕全省教育改革发展大局，按照年初制订的完成“一个重点”，实现“两个确保”，力争“三个突破”的工作目标，以建设“平安招考、和谐招考”为着眼点，进一步加强对各类教育考试事业的统筹协调，提高了招考工作的组织水平和管理质量，安全、平稳地完成2008 年高考方案的实施工作，全省教育考试事业在规模发展、考试项目开发以及招考现代化建设等方面取得了新突破。全年共组织各类教育考试58 次，各类教育考试报考总规模达 526.85 万人次，其中，普通高考及对口单招 54.62 万人，普通高中学业水平测试 57.57 万人，信息技术考试52 万人，研究生考试 7.26 万人，成人高考 18.77 万人，“专转本”考试 2.76 万人，自学考试学历教育考试 89.1 万人次，各类社会证书考试 244.77 万人，实现了江苏省教育招生考试事业的科学、高效、可持续发展，为建设教育强省、实现“两个率先”的宏伟目标做出了应有的贡献。

[贯彻落实科学发展观活动扎实有效] 按照中央、省委及省教育厅党组关于深入学习实践科学发展观活动的各项要求和部署，紧紧围绕“推动科学发展，建设美好江苏”的主题和全省教育招生考试事业的大局，坚持把学习实践科学发展观活动摆在全院工作的突出位置，认真部署，积极行动，深入调研，查摆问题，经过 4 个多月时间的学习实践与整改落实，基本完成了“学习有方向，落实有目标，行动有成果”的既定目标，学习实践科学发展观活动取得了明显成效。在学习实践活动中，共向全省 18 个教育招考管理机构及全院干部职工发放了近 300 份学习试点工作群众满意度测评表，其中，对学习实践活动情况的满意率为 97.03%，对解决突出问题情况的满意率为 96.21%，基本达到了学习实践活动“统一认识、提高能力、解决问题、创新机制”的预期目标。

[教育考试安全保密万无一失] 坚持安全教育，增强忧患意识，积极协调公安、武警、卫生、机要保密、纪检监察等部门，精心组织和做好各类教育考试组织工作。2008 年全省考试违规考生仅为 24 人，比上年又减少了 18 人；在研究生考试中，江苏省首次采用了手持式无线电信号探测仪和无线电信号探测车；在成人高考中，首次联合省无线电管理局，对部分考点实施无线电设备监控，查处利用无线电设备作弊事件 2 起。全年各类教育考试未发现一起重大违纪舞弊事件，未出

现一起失密泄密事件。

[教育考试命题安全与试题质量稳步提高]　坚持以“安全、优质、规范”指导命题工作，进一步强化命题教师的遴选与保密培训工作，2008年共完成普通高考、学业水平测试（必修科目）、“对口单招”、“专转本”、自学考试、成人高考“日语”课程、示范性高职院校单独招生命题，自主招生院校委托命题约6 167门（套）试卷，审验试卷289门1 932套，补充修订试卷760门3 000余套，保证了各项教育考试工作的顺利进行。

[教育考试宣传工作成效显著]　坚持以服务考生、服务社会、服务招考工作为宗旨，全方位、多层次地开展宣传工作，为各类教育考试工作的顺利进行，营造了平稳、安全、公正、和谐的良好舆论氛围。先后开通了成人高考、自学考试网上报名、填报征求志愿窗口，逐步实现了考试成绩的网上查询。全年共召开新闻发布会6次，组织专题采访8次，发布新闻通稿100多篇；共编辑出版《江苏招生考试》100期，《江苏自学考试》12期；成功开展纪念《高等教育自学考试暂行条例》颁布20周年系列活动；举办各类教育考试网上咨询会5场，访问量达3 600多万人次，解答考生问题10多万条；教育考试院网站访问量已达1 400多万人次，回复考生来信1万余封，为考生、院校和社会提供了更加优质的信息服务。

[教育招生考试现代化建设稳步推进]　研制《江苏省教育招生考试信息化建设规划》，明确招考信息化建设目标和要求。开发了2008年高考方案考务考籍管理系统平台，实现了普通高考、学业水平测试、信息技术等级考试的数据融合，实现了一次采集数据，多个项目多次使用的高度共享业务模式，大大简化业务流程和操作方式。2008年信息技术、学业水平测试首次采用了新的机考系统。2008年全省普通高校招生工作全部实行网上填报志愿方式，共完成49.9万名考生的志愿填报工作，大大提高了科学化操作水平；自学考试全面实现了网上报名、网上支付的报名管理模式；成人高考全面推广网上报名，实现了计划网上申报、考生信息和志愿信息网上采集、网上评卷、网上录取等全网络管理模式，同时开发了省控分数线划线智能辅助系统，极大地提高了工作效率。

普通高考

[2008年普通高考方案安全平稳顺利实施]

2008年是新高考方案的首次实施之年，在省委、省政府和省教育厅的正确领导下，认真贯彻教育部关于普通高考工作的一系列文件精神，紧紧围绕确保2008年高考方案的平稳、顺利实施，严抓报名、命题、考试组织、网上评卷、志愿填报以及网上录取等各个环节，特别是针对实施过程中出现的一些问题，积极应对，主动工作，强化服务，妥善解决，确保了全省普通高考工作安全、平稳、顺利完成。全省报名考生50.76万人，实际录取40.47万人，总录取率达到79.7%，其中本科录取率达到41.6%，录取新生数、录取率和本科录取率都位居全国前列。

[顺利完成普通高校对口单独招生考试录取工作]　2008年普通高校对口单招工作首次将技能作为考试内容并计入总分，进一步扩大了学校招生考试的自主权。全省共有38 681人报名考试，共录取新生18 029人。其中本科2 665人，专科15 364人。本科录取率为7%，专科录取率为40%，总录取率达47%。

[学业水平测试首次实现两届学生同时考试]

全省2008年普通高中学业水平测试必修科目考试共有575 742名考生报名参加，首次实现两届学生同时考试。全省信息技术考试考生516 162人，续考考生3 934人。信息技术考试是2008年高考方案后采用新考试系统进行的第一次考试，与以往相比，考前培训更细致，考务管理更规范，成绩处理更严格，考试数据更准确。

研究生招生考试

[顺利完成研究生招生考试录取工作] 2008年江苏省20个统考报名点共接受72 642人报名，报名人数比2007年减少3 268人，降幅为4.3%。2008年全省45家硕士招生单位招生规模数为30 541人，实际录取30 299人，计划完成率99.21%。

成人高考

[稳步推进成人高校招生改革发展] 稳步推进成人高校招生改革，全省第一次全面推广网上报名圆满完成。主动与招生院校沟通协调，进一步优化录取方案，完善工作流程。2008年全省成人高校招生报名187 748人，在省内招生的各类成人高校151所，计划招生130 399人，实际录取新生137 914人，完成计划的100.68%，其中专升本录取47 744人，高起本录取9 599人，高起专录取80 571人。

[圆满完成“专转本”招生考试选拔工作]

2008年考试院编制了更加严格、相对统一、操作性强的本科专业对考生专科所学专业的要求，并改进了报名手段和调剂录取方式。全省共有116所院校推荐27 646人报考，共有32所院校计划招生11 680人，实际参加考试人数为26 920人，共录取12 355人，录取率为45.89%。

自学考试

[自学考试规模继续保持全国领先地位] 2008年自学考试继续推进改革创新，积极拓展办考领域，研究出台了在籍专科生接读自考本科的补充意见和“实施细则”，充分挖掘事业潜能，全省自考规模达89.1万人次，报考规模稳居全国第一，预计今年毕业生达4万人，事业规模呈现在较高平台上稳步发展的态势。同时，继续坚持打造江苏自考品牌，深化内涵建设，优化专业结构，强化助学督导，拓宽助学渠道，改进服务手段，推广网上报名，逐步完善网上申请毕业、网上转考等网上考务考籍管理功能。

社会考试

[社会证书考试报考规模再创新高] 以项目管理为主线，统筹做好各类社会证书考试工作。全省大学英语四六级考试（CET）、中小学义务教育水平测试、书法水平等级考试、全国英语等级考试、剑桥少儿英语考试、教师资格认定考试等14项社会证书考试报考总规模为2 447 673人次，比2007年增长13.17%。其中，大学英语四六级考试（CET）、全国计算机等级考试等项目继续保持全国第一的考试规模。

供稿：江苏省教育考试院
撰稿：刘海宁
审稿：朱卫国

浙 江 省

综 述

2008年，浙江省教育考试院组织各类教育考试170余次，考生总规模300多万人次，其中：普通高考39.8万人次，英语听力和技术考试55万人次，成人高考16.1万人次，硕士研究生考试2.9万人次，自学考试50余万人次，各类证书考试近146万人次。普通高考录取新生26.98万人，其中本科14.55万人、专科12.43万人，平均录取率为75.13%，比2007年提高了2.5个百分点。此外40所高职院校录取单考单招新生1.18万人，平均录取率约为35.26%。自考本专科毕业生近1.2万人，获得各类非学历证书考生达55万人。教育考试事业继续保持健康协调发展。

总 类

[狠抓考风考纪建设] 以严格管理和规范管理为核心，多方面完善考务管理工作。

提高考试安全管理水平，确保考风考纪。充分运用现代科技手段与措施管理考试。普高、研招考试期间，招考机构积极会同信息、公安部门，出动无线电信号检测车辆对考点周边可疑信号进行巡回检测和查处违纪舞弊行为，各考点均配置了无线电讯号检测仪，以加强对考场内外可疑讯号的侦查；部分考区，启用了会议屏蔽系统实施无线讯号干扰屏蔽；此外，还加强了对网络有害信息的检查、监控，并根据“先封堵后查处”的原则，严肃查处有害信息的发送传播。

加强考生诚信教育，减少考试违规。为提高考前教育的针对性、规范性，首次制作了面向普通高考考生的专题教育片——《走进高考考场》，首次拟定了面向成人高考考生的公开信，向他们全面介绍了国家教育考试管理要求、考试违规的严重后果，对减少考生的无意违规行为产生了积极作用。

提升安全意识和措施，确保考试平安。根据教育部等四部局《国家教育考试考务安全保密工作规定》，进一步细化考试管理安全工作，以“六坚持、一延伸”管理考试，即：试卷管理，坚持配足人员，不折不扣地做好押运、保管、值班巡逻等工作，彻底杜绝任何失密、泄密事件的发生和不法破坏活动的产生；安全检查，坚持从试卷运抵当地之日起直到考试结束，每天由各市、县（市、区）教育局分管局长至少检查一次；坚持在任何情况下，试卷和考生答卷不在考点过夜存放；试卷、答卷在考点期间，坚持由考点、招生考试机构、公安三方面人员共同负责安全保管工作；考点启用前，坚持由教育、公安、环保等部门对考点环境、考场内外进行联合检查，在确认无安全隐患后予以当场封闭；每场考试结束后、开始前，考点均坚持由监考教师检查考场内外环境，清理各类杂物；各考点警戒线设置适当延伸，扩大范围，并邀请公安部门派出警力值守、维持秩序。

[开展优质服务主题实践活动]　全省考试招生系统开展优质服务主题实践活动，在观念和实践上致力于从管理向服务转型，把考试的组织管理工作看作为考生服务、为高校服务、为社会服务，树立服务至上和以考生为本理念；认真制订各单位各岗位服务规程，创设上下互动、明查暗访的工作机制，将优质服务融入日常工作；开展送服务下基层活动，深入县区、中学，与考生、家长和老师面对面，提供咨询和释疑解惑服务；高度重视信访咨询服务的规范化制度化。

录取期间，努力争取外省和部属高校在浙江增加招生计划。有关高校先后增加招生计划7 600余名，其中进入“211”和“985”的高校增加招生计划1 100余名，包括清华大学增加43名，北京大学增加43名，浙江大学增加231名，为考生创造更多的就学机会。

普通高考

[概况]　2008年，普通高校招生报名人数为36.47万人，其中文科（含艺术、体育）14.52万人、理科（含艺术、体育）21.95万人；单考单招报名人数3.36万人。普通高校录取人数26.97万人，其中文史类近8万人、理工类17.22万人、艺术类1.64万人、体育类0.12万人；单考单招录取2.7万人。

[省政府公布新课改高考方案]　为适应高中新课程改革需要，更好地选拔和培养社会发展所需要的各类人才，经广泛征求意见、充分研究论证，省政府办公厅于2008年4月确定并公布新课改高考方案。

新课改高考方案以现行的高考为基础，实行在全科会考基础上的分类测试、分批选拔、综合评价、全面考核、择优录取的选拔模式。逐步建立学业水平测试、综合素质评价和统一选拔考试三位一体的多元化的招生考试评价体系。主要作了以下五方面的改革：

（1）改单一的统一选拔考试为学业水平测试（高中会考）、综合素质评价和统一选拔考试三位一体的多元化的招生考试评价体系，高中会考作为学业水平考试，综合素质评价替代思想政治品德考核，强化了这两者在高校招生中的作用；

（2）改单一考试科目为分类设置考试科目，一类增设自选模块，三类不设综合（文综/理综），增设技术考试科目；

（3）改单一选择为多重选择，进一步扩大了学生和招生院校的自主选择权；

（4）改一次考试为有条件的部分科目的多次考试；

（5）改学校集体报名为社会化报名和学校报名相结合的办法。

新课改高考的实施将有利于扩大学生的自主选择权，有利于学生量力而考，减轻相当部分学生的学习和考试压力；有利于高等学校招收适合自己培养目标的新生；有利于因材施教，让合适的人通过适合的考试接受适合自身的教育，实现实质上的而不仅仅是形式上的考试公平和教育公平，更好地适应经济与社会发展对多样化人才的需求。

为确保新课改高考顺利实施，全省教育考试系统利用多种渠道、多种形式全力开展宣传解读工作。通过采用大型宣讲咨询会、下基层释疑解惑、报刊专题解读、网上在线咨询、编发解读手册等方式对新课改高考进行广泛深入宣传解读，受到社会普遍欢迎。

[扩大平行志愿覆盖范围，加强配套措施]　浙

江省在2007年普高文理科试行平行志愿招生办法的基础上，2008年进一步扩大范围，完善运行机制。除提前批外，艺术（二、四批）、体育以及高职单考单招均实行平行志愿。同时加强平行志愿配套措施：实行前期平行投档多次模拟试验；适当缩小投档比例，省内高校普遍要求从2007年的1∶1.05调整为按招生计划的1∶1，省外高校也有相当数量要求缩小投档比例，并关注和监控高分考生录取进展情况。

[开展网上填报志愿试点]　为最大限度地减少考生在填写志愿过程中出现的错误，准确地采集考生志愿信息，严格和规范志愿信息的管理，确保招生工作公正公平，2008年在普通高校、单考高职招生考生填报志愿工作中，选择嘉兴、湖州两市进行网上填报志愿试点。省教育考试院领导带队多次到有关市、县、中学进行调研，召开座谈会，对兄弟省、市进行网上填报志愿经验教训和特点进行分析和研究，在此基础上根据本省实际制定了实施方案，并邀请专家对网上填报志愿方案进行论证。由于方案完善、技术先进、各方配合有序，试点工作进展顺利，没有出现因系统和网络繁忙堵塞使考生未能报上志愿的情况。网上志愿填报试点工作顺利完成，为全省全面推广积累了经验并打下良好的基础。

[各项考试全面实现网上评卷]　在借鉴普通高考和成人高考网上评卷的经验的基础上，2008年单考单招高职阅卷实行网上评卷。至此，浙江省在包括单考单招高职在内的全部高考考试科目评卷推行网上评卷。网上评卷充分利用先进的计算机技术和设备，结合多年来形成的评卷经验，能够更加有效地控制评卷误差，确保考试结果的信度与效度，提高评卷的质量。全部高考考试科目评卷推行网上评卷，将进一步增强高考评卷的科学性和公平公正性。

[规范高考、中考加分政策]　普高政策加分首次实行考生所在地和省教育考试院两级公示和省级主管部门会审制度，扩大公示层面，加强审查力度。2008年开始省教育厅不再评选“省级优秀学生”，因此取消该项目的加分政策。

根据省厅统一要求，着手对高考、中考政策加分进行调研，在此基础上进行适当调整，并决定对高考政策加分体育类项目进行全省统一测试认定；对中考加分项目原则上只减不增，对新增加分项目实行备案制度，加分值最高不超过20分。政策调整从2009年开始执行。

[精心组织新课改高考三项考试]　新课改高考方案中的英语听力、信息技术、通用技术科目考试（下简称：三项考试）的组织实施，既是新课改高考方案中的亮点之一，又是实施新课改高考的开局项目。2008年9月、10月，平稳、顺利地完成了有568 420人次参加的首次三项考试，为新课改高考方案的成功实施奠定了坚实基础。

[精心组织编写新改高考考试说明]　新课改高考后自主命题任务从3门课程增至11门，命题平稳是高考新方案顺利实施的关键点之一。为提高考试说明质量，使命题依据贴近新课程实际，省教育考试院重点抓各学科考试说明与样卷的编制工作，认真编写了语文、数学、英语、政治、历史、地理、物理、化学、生物共9个学科的考试说明征求意见稿，发各设区市征询意见。同时专门针对新课改高考各个学科的参考试卷进行了抽样试测，试测范围覆盖全省11个设区市30多所中学，参加试测的学生有2万多人。期间省教育考试院还组织了多个调研组赴温州、宁波、嘉兴等地开展新课改高考命题的调研，与会的专家代表近700人。根据考试说明反馈意见、试测评估结果及调研结果，对考试说明和参考卷进行进一步的修改，修改稿经过再次征求意见和审定后，正式向社会公布。

[全面推进招生阳光工程]　加大招生审核、公开、公示力度；首次实行对政策加分考生由所在地和省教育考试院两级公示和省级主管部门会审制度；首次实行招生简章联审制度。保送生、艺术特长生等特殊类招生均集中公示；坚持录取过程重大问题集体研究、纪检监察部门全程监督等制度；强化信访咨询责任制和承诺制，畅通信访咨询渠道，使招生录取工作在阳光下运行。

研究生招生考试

[概况]　2008 年，浙江省硕士研究生考试报名 2.9 万人，录取 1.18 万人（其中非定向 10 465 人、定向 297 人、委培 277 人、自筹 719 人）。

成人高考

[概况]　2008 年，浙江省成人高校招生报名人数 16.15 万人，其中专升本 3.89 万人、高起本 0.42 万人、高起专一批 7.23 万人、高起专二批 4.61 万人。录取人数 10.80 万人，其中专升本 3.16 万人、高起本 0.22 万人、高起专一批 3.50 万人、高起专二批 3.93 万人。

自学考试

[概况]　全年学历教育考试共开考专业 136 个（本科 71 个、专科 65 个），考生 50.2 万人次（其中本科 22.5 万、专科 27.7 万），本、专科毕业生 1.12 万人。为完善终身教育和继续教育体系，构建人才培养立交桥和学习型社会，为浙江省经济建设和社会发展，作出了积极的贡献。

[规范全日制自考助学管理]　2008 年，在对全省自考全日制助学情况展开深入的调研基础上，出台《浙江省教育厅关于进一步加强高等教育自学考试全日制助学管理的若干规定（征求意见稿）》及《浙江省高等教育自学考试全日制助学机构评估指标体系》，从机制上保证自考全日制助学活动依法、规范、有序进行。省教育考试院根据省教育厅的文件精神，对全省自考全日制助学单位进行重新认定和综合评估。经重新认定，确认 85 家助学机构具备举办自考全日制助学资格，占原有助学机构的 77%；通过办学条件、教育教学质量和校园安全稳定工作等内容综合评估，核定 81 家助学单位 2009 年招生计划。

对自考全日制助学单位进行全面综合评估，在浙江省乃至全国尚属首次。通过这次评估基本上摸清了家底，掌握了情况，理顺了关系，明确了职责，为下一步规范办学，规范管理打好了基础，也推动了助学单位以评促改，以评促建。

[加强自考专业建设]　全年共开考专业 136 个（本科 71 个、专科 65 个），2008 年新开动漫设计、工业设计等 12 个专业（本科 6 个、专科 6 个），论证了印刷技术、保安、韩语 3 个专业。停开 7 个专业（本科 2 个、专科 5 个），使自考专业结构更好地体现与区域经济结合、为职工培训服务的理念。

2008 年新开的 12 个专业均实行衔接式开考模式。在开设新专业时，除做好常规市场调研、需求分析论证外，同时落实相对应的中高职学校作为衔接基地，从而形成“专业开设、高校主考、中职衔接”三位一体的开考新模式。

[推进自考与其他教育的沟通衔接]　继续稳步推进自考与其他教育形式衔接沟通和学分互认试点工作。2008 年全省共有 7 所本科院校参与学分互认试点，参加的学生由 2007 年的 10 727 人增加到 18 841 人。专本衔接的试点高职高专学校 29 所，参加的学生由 21 634 人增加到 28 518 人；与高职自考衔接试点的中职学校由 28 所增加到 49 所，参加的学生由 23 185 人增加到 31 155 人；

在 19 个自考专业中实行与证书教育沟通试点，参加学生 4 000 余人；另有 17 828 人参加中职养成教育自考课程学习考试，比 2007 年增加 41%。

2008 年在温州职业技术学院开展职业教育与自学考试衔接沟通新模式的试点工作。该模式从专本衔接、中高职衔接、在职人员培训等多个方面做好学校教学计划和自考专业计划的互接互通，目前已经取得初步成效，参加试点的中职学生 1 900 余人。

[稳步推进学习支持体系建设]　2008 年，在抓好全日制助学规范办学的同时，一是抓教学媒体建设。继续坚持研发和供应课程学习包，累计供应 171 门课程 21 万余个。不断改进教材供应服务措施，满足基层和全日制助学单位的需求，全年教材预订率（约 71%）较上年提高了 10.04 个百分点。二是进一步发挥网络助学的功能。网上课程答疑继续实现全覆盖，867 门课程答疑回复率达 98%。三是积极扩大过程性考试试点范围，试点课程从原来的 9 门扩大到 15 门，试点单位从全日制助学班扩大到衔接沟通学校和符合条件的市，参加学生近 4 000 人。

社会考试

[概况]　2008 年，浙江省各类证书考试共开设 37 个项目（见下表），近 146 万人报考。

浙江省各类证书考试项目一览表

项目类别	项目名称
全国	全国英语等级证书（PETS）、全国计算机等级证书、大学英语四、六级考试、高职高专英语能力 A、B 级考试、中国物流初、中、高级职业经理资格证书、全国电子商务中、高级职业证书、中国餐饮业中、高级职业经理人资格证书、全国外语翻译证书、中国书画等级证书、同等学历申请硕士学位外语水平和学科水平考试、在职人员攻读学位全国联考、机械工程师资格证书、调查分析师初、中高级资格证书、中国市场营销总监、市场营销经理、市场营销经理助理资格证书、劳动与社会保障岗位资格证书
本省	教师资格认定教育学心理学培训考试合格证书、心理健康教育基础知识培训合格证书、专业证书、物业管理初级、中级证书、浙江省企业劳动管理人员岗位资格证书、浙江省大学英语三级证书考试、浙江省高校计算机等级考试、浙江省动漫专业能力认证考试
涉外（中外合作）	剑桥商务管理证书、剑桥高级商务管理证书、剑桥高级金融管理证书、剑桥少儿英语等级证书、剑桥商务英语证书、剑桥通用英语证书、LCCI 证书、LELTS（雅思）、日本语能力测试、托福（TOEFL）、韩国语能力考试、中英合作采购与供应管理初、中、高级职业资格证书

供稿：浙江省教育考试院
撰稿：薛　平
审稿：缪克俭

安 徽 省

综 述

2008年在省委、省政府和教育部的正确领导下，在委厅的直接指挥下，始终坚持以邓小平理论和“三个代表”重要思想为指导，深入贯彻落实科学发展观，着力构建和谐招生考试。教育考试环境综合整治联席会议、院内工作规章制度等不断得以完善，教育招生考试各方面、各领域、各环节都取得了重大进展，事业发展进一步提升。

普通高校招生考试

[概况] 2008年全省共有高考报名考生60.9万人，比2007年增加4.6万人，增幅8.4%。其中，文史类考生29.3万人，占48.1%，理工类31.6万人，占51.9%。应届考生42万人，占69%，历届考生18.9万人，占31%。计划招生30.4万人，比2007年增长6.4%。在皖参加招生录取的院校1 600余所，实际录取31.05万人，高考录取率51%。

[首次试行平行志愿取得圆满成功] 首次在普通文理科的本科一、二、三批次和高职（专科）的一、二批次试行平行志愿。经过广泛调研、充分论证、集中智慧、审慎决策，制定了完善的平行志愿实施方案，同时，进行了广泛宣传和深入解读，使广大考生和家长正确把握了平行志愿的内涵，掌握了实行平行志愿后志愿填报的技巧和方法，大多数考生较好地按照平行志愿的规则填报志愿，从而使平行志愿的优点最大化，风险最小化。高分考生落榜现象大大减少，到录取结束，文科1 022名585分以上的考生只有1人未被录取，理科6 689名600分以上的考生只有8人未被录取。高校招生录取过程中的出档率也明显提高，高校断档现象显著减少。各批次平行志愿的出档率均超过了90%，绝大多数院校生源充足，彻底消除了传统志愿下极少数名校断档现象。考生志愿满意率大大提高，绝大多数考生对录取结果比较满意。安徽省高校的新生报到率有了明显的提高，其中本科院校的报到率为94.8%，比2007年提高1.8个百分点；高职（专科）院校的报到率为83.5%，比2007年提高7.7个百分点。

[完善报名工作流程，严厉打击违规报名] 首次实行考生报名基本信息网上填报，提高了工作效率，减轻了基层负担。在报名工作同时，实施报考考生在考点学校、县、市教育招生考试机构三级公示制度。向社会公布举报信箱、举报电话，对群众反映有“高考移民”、违规报考现象的重点地区进行深度督察，通过将高考报名数据

库与3年前中考数据库比对，对可疑报考者追踪审查，多途径、多方式齐头并进，省、市、县三级联手，对“高考移民”、违规报考形成高压态势。全省共清退违规报名考生300余人。

[规范命题制卷工作，保证命题质量]　继续自主命制语文、数学（文、理）、英语3科4卷。命题、制卷期间，国家保密、公安部门全程参与安全保密工作，实行全封闭管理。一套符合本省实际的命题工作规程已经形成。精心选拔命题教师，加强管理和培训，严格按大纲范围命题。经40余天的入闱命题，命题、审题任务圆满完成。自主命制的试题难易适中，无任何差误，得到认可和好评。

[统筹谋划，部门联动，确保考试平安、顺利]

全省共设置91个考区，479个考点，20 414个考场。直接参加考务工作的人员2.3万人，监考教师达6.2万人。全省共查获违规违纪考生60人，违规违纪率为万分之一。采取的主要做法：

（1）切实加强试卷安全保密工作，按照教育部和省招委、省教育厅的要求，落实分级管理，逐级负责的原则，实行“一把手工程”；

（2）省招委、省考试院首次召开了到县的考务工作会议进行动员，全面部署。市、县教育行政部门部署所属高级中学，在考试前，对考生进行诚信考试专题教育；

（3）建立了规范有效的综合整治考试环境联席会议制度；

（4）加强对考风考纪的督察。抽调180名机关干部和工作人员加强高考巡视，各市抽调大批机关干部参与高考巡考，多层次督查考风考纪；

（5）制定并及时印发了《安徽省教育考试突发事件应急处置预案》，规范了考试过程中各类突发事件的应急处置程序、要求；

（6）实现了考务平台建设的新突破，砀山6个考点，300余个考场均安装了网络摄像设备，实现了通过该系统进行国家、省、市、县、考点五级网上巡查的功能。

[精心设计、规范程序、落实责任，网上评卷工作平稳、顺利]　始终把做好网上评卷工作放在更加突出位置，高标准、严要求、细操作、保质量。

（1）成立网上评卷工作领导组，领导组下设网评工作办公室。按照统一认识、调研摸底、研制方案、实施遴选、规范操作的步骤，全面掌握网上评卷工作全过程，把握网上评卷工作关键环节和标准要求；

（2）认真做好网评服务商的重新遴选工作，按照规范、有序、公正、公开的原则，经公开招标，确定山东山大欧玛软件有限公司为安徽省网评服务商；

（3）修订和完善了2008年网上评卷工作方案和网评工作实施细则。设立纪检监察组、专家组和8个职能工作组；

（4）按照国家教育考试网上评卷技术规范，强化了网上评卷硬件平台和网上评卷基地的建设；

（5）严格评卷教师选聘，严格执行评卷基本规范和工作流程，确保评卷质量；

（6）切实加强过程和质量监控。评卷严格实行双评、三评及终评的模式。建立考试院—学科组—题组—小组四级质量监控体系；

（7）严格过程与结果的检查、监督、校验，确保统分合成阶段万无一失、考分数据准确无误。考分公布后，经6万余科次查分，无一例差错。

[科学谋划、规范操作、严格管理、热情服务，高质量完成录取工作]　（1）制定周密录取工作方案、精细操作。省教育厅成立了省招生录取工作领导组，在领导组办公室下成立了9个功能组，具体负责招生录取工作。（2）严格管理、严

肃纪律。在录取过程中，始终以“六不准”和“七条禁令”，规范和约束招生录取工作人员行为。（3）以考生为本，提供优质服务。及时、准确向考生提供全面信息服务。招生录取期间，共安排7次新闻发布会，通报每一批次录取情况，安排2次新闻采访，邀请省市领导、招委领导、人大代表、政协委员以及考生及家长代表参观招生录取现场，录取工作全过程在“阳光”下操作。（4）开通咨询电话，畅通与广大考生、家长沟通与联系。成立信访接待组，热情接待考生、家长及其他人员来访。

［实现招生计划、录取人数双增长］　在省市、教育部直属高校招生部门编制来源计划之际，分别邀请高校招生部门负责人和有关省、市教育厅计划部门负责人来合肥参加研讨会，落实教育部对口帮扶计划，吸引省外高校多投放在皖招生计划。2008 年，全省计划招生 30.4 万人，比 2007 年增加 1.8 万人，增幅 6.4%，高于全国 1.4 个百分点。其中，省外院校在安徽省计划招生 6.3 万人，增幅 27%。本科计划招生 14 万人，增幅 14.1%，本专科招生计划接近 1∶1，基本与全国持平，本专科招生结构得到进一步优化。2008 年共录取新生 31.05 万人，比 2007 年增加 2.05 万人。

研究生招生考试

［概况］　报名工作分别在 17 个市级招办及 4 所高校共 21 个报考点进行。2008 年全省报名总数为 49 984 人，比 2007 年减少 3 825 人，减幅为 7.1%。全国报考安徽省 21 个研究生招生单位的考生共有 26 068 人，全省 21 个研究生招生单位（不含军队院校）共招收硕士研究生 10 336 人，比上一年增长 14.17%。博士研究生共录取 1 202 人，比上一年增加 42 人，增幅为 3.62%。

［评卷情况］　全省各研究生招生单位的统考科目的评卷工作由合肥工业大学组织进行。其中政治理论、英语、日语、俄语、数学一、二、三、四、西医综合、中医综合、数学（农）、化学（农）12 门统考科目的评卷、所有科目的机器评卷与统分工作由合肥工业大学承担；教育专业综合、心理专业综合和历史专业综合的评卷工作由安徽师范大学承担；动物生理学与生物化学、植物生理学与生物化学的评卷工作由安徽农业大学承担。安徽省成绩中统考的政治、数学一、二、四的平均分和及格率都高于 2007 年。

［建立健全研招各项规章制度］　结合安徽省实际，制定了《2008 年安徽省招收攻读硕士学位研究生工作操作办法》（皖招考［2007］30 号）、《2008 年安徽省硕士研究生招生考试工作细则（试行）》和《安徽省研究生招生考试安全保密工作规则（试行）》，进一步健全制度、完善机制。针对整个考试管理工作流程，制定了《安徽省硕士研究生招生统一考试考务工作规范用表》，统一省内上报实用性表格式样。逐步实现工作制度和管理机制的科学化和规范化。

［精心组织，加强宣传，做好报名确认工作］

各报考点和招生单位充分利用报纸、网络，多渠道、多方式进行招生宣传，本着为考生服务的宗旨做好考生的来电、来访咨询、网上咨询，为考生、院校搭建良好的服务沟通平台。要求各报考点、招生单位在中国研究生招生信息网发布本单位的详细全面的报考公告信息，指导考生报考。按照教育部有关文件精神，安徽省组织招生单位和各报考点于 9 月 11 日至 13 日在中国研究生招生信息网积极参与联合举办的“2008 年全国硕士研究生招生宣传咨询活动”。鉴于合肥地区考生众多，另设了位于合肥市的中国科学技术大学、合肥工业大学、安徽大学（新校区）为报考点。另外设置位于芜湖市的安徽师范大学为报考点，分流芜湖市考生。要求各报考点精心设计确认流程方案，做好人员的培训。

[加强研招考试安全保密工作]　各市考试机构和招生单位的主要负责同志高度重视，对本地区、本单位研究生招生考试工作负全责。分管领导作为主管负责人，承担领导、组织、协调和监管责任。明确岗位责任、分工负责制和责任追究制。要求设置报考点的17个市招办和4所高校必须达到国家保密局和教育部规定的试卷保密室和答卷保管室的标准要求。考试期间省派巡视员再次检查各市试卷保密室及值班情况。针对招生单位承担的研究生招生考试初试自命题试卷、初试答卷和复试试卷的安全保密情况，安徽省教育厅、公安厅、省保密局三家联合下文《关于加强在皖研究生招生单位试卷保密室建设工作的通知》，对招生单位明确要求，对发现的问题限期整改。并联合省公安厅、省国家保密局对各报考点、招生单位试卷保密室进行了抽查。

[综合治理考试环境，抓好考风考纪]　针对研究生招生考试形势重点做了以下几个方面工作：(1) 继续坚持省内有关厅局间的教育考试环境综合整治联席会议制度；(2) 进行网上有害信息监控；(3) 做好考生的诚信教育；(4) 在校研究生考研和重复报名情况核实；(5) 配备防作弊设备、规范考点工作，考点考场配备手机信号屏蔽仪和无线耳机检测器；(6) 加强作弊后续处理，对作弊考生，特别是替考、使用通讯工具（无线耳机）等较恶劣的作弊考生加大处罚力度，2008年查实的作弊考生35人。

[严格执行录取政策，做好协调服务、监督检查]　结合安徽省实际情况，提出了本省2008年硕士生复试、录取工作的原则和实施意见，并监督各招生单位在复试前公布复试、录取工作办法。在执行中，严格督促检查，对不符合条件的，坚决不予录取，同时给予说明解释。对符合条件的，按招生程序及时予以办理，确保研究生录取工作质量。为做好硕士生复试工作，进一步规范和加强复试管理，选派了部分工作认真、责任心强、业务熟悉的同志到各招生单位进行巡视，督促招生单位规范复试录取办法。对富余的考生或生源不足的招生单位，各招生单位通过教育部生源调剂系统，及时公布余缺，积极进行余缺调剂。

成人高校招生考试工作

[概况]　2008年全省报名考生102 518人，其中高起本2 603人，专升本35 488人，高起专64 427人。全省共设考区17个，考点110个，考场3 471个，参与考试的工作人员10 413人，省派巡视员73人。有111所成人高校在安徽省招生，计划招生57 159人。实际录取82 190人，比2007年增加3 581人，增幅4.6%。

[精心设计，实现“平安成考”工作目标]　严格按照教育部《关于做好2008年全国成人高校招生工作的通知》精神，结合安徽省实际，制定了《2008年安徽省成人高校招生工作实施办法》，编印了《2008年安徽省成人高校招生工作手册》，制订了详细的工作进程表，推动各项工作进一步规范化、制度化。早安排、早部署，在成人高校招生工作启动前，召开有市招办、技术服务公司等单位参加的研讨会，广泛征求意见，不断改进完善工作。

[明确责任，加强管理]　各级招生机构严格按照《教育部关于实行高等学校招生工作责任制及责任追究暂行办法》的规定，强化对成人高校招生考试的管理和监督，岗位责任明确到人，每个招生工作人员都严格执行有关规定和操作程序，

依法履行各自的职责，把工作做细、做实。

［突出重点，确保安全］ 华东五省联合制卷由安徽省牵头负责，在公安、保密等部门的支持下，精心安排，谨慎操作，措施落实到位，圆满完成了试题清样领取、押送，试卷监印等工作，确保了安全和质量。考试期间，省考试院和各级招生考试机构指派专人对互联网上涉嫌国家教育考试试题泄密及涉嫌考试诈骗的有害信息进行监测，发现有害信息及时报告并配合公安机关予以处理和打击。

［综合治理，优化考试环境］ 近年来成人高考考风考纪形势不容乐观，替考、夹带、利用现代通讯工具作弊等现象还比较突出。针对成高招生考试中存在的突出问题，采取了一系列措施加大考试环境综合治理的力度：购置了 130 台“身份证识别仪”，配备到每个报名确认点和考点，遏制成人高考替考上升的势头；加强对手机、互联网等传播涉嫌泄密或诈骗等有害信息的防范和封堵；建立诚信档案，要求考生签订《诚信考试承诺书》，专升本考生还要签订《有效文凭保证书》；考试期间在考点张贴《公告》，加强对考生的诚信教育；所有考场均配备手机屏蔽仪，防止利用手机等通讯工具作弊；设立举报电话，接受社会监督。

［标本兼治，防范大规模异地报考］ 按照教育部的要求，着重做了以下几方面工作：一是严格控制考生异地报考，对持外省身份证报名的考生，统计后发至各报名点重点审核，考生非特殊情况均劝其回原籍报考；二是实施重点考生管理，对报名地与户籍所在地不符的考生进行身份多“证”审查，严格把关；三是实施重点考场管理，将报名地与户籍所在地不符的考生分散安排考场，增加巡考人员，配置必要设备，防止利用高科技手段有组织作弊现象的发生。

［网上报名不断完善］ 重视网上报名的前期准备和宣传工作，在软硬件保障、网络保障、病毒防护、数据备份、人员配备，制定应对和解决突发事件的应急预案等方面做了大量工作。针对成人高考生源的特点，加大网上报名宣传力度，多形式、多途径地进行广泛宣传，如：编印成人高考《报考须知与问答》，在成招网站上开辟专栏，预报名期间公布咨询电话，充分利用各种新闻媒体加大宣传力度。

［做好评卷、录取工作］ 为保证评卷的质量和进度，考试院派员进驻评卷点现场办公，指导评卷工作，发现问题及时解决。评卷单位本着对国家和考生高度负责的态度，抽调专业人员组成精干队伍，精心组织，严格要求，规范操作。机器评卷点在总结往年评卷经验的基础上，提前制定评卷工作方案，改进登分及读卡程序。人工评卷点为保证评卷质量，加强评卷过程的质量监测，每道题都坚持一评一复，给分、合分、登分的每道工序都做到 100% 复核，并对每一本答卷都进行检查，确保考生成绩的准确无误。录取形式以远程网为主、局域网为辅。录取期间专门成立了录取工作领导组，在领导组的统一指挥下，各职能组明确职责，紧密协作，规范有序地开展工作。

［加强宣传，做好服务］ 积极争取宣传部门支持、配合，及时、主动地对招生政策、工作程序、招生信息进行宣传、发布，提高透明度，让考生安心、放心。如从 2008 年起，普通高校举办的成人高等学历教育一律停止招收脱产学生。对类似这样的政策规定，反复宣传，耐心解释，让考生了解政策，便于报考。

中等教育招生考试

［概况］ 2008 年考生人数为 821 382 人，比 2007 年减少 42 578 人，市和省属中职学校共完成招生 343 447 人。全省共有 139 所省属普通中专、高职院校参加三年制中专和五年制高职招生录取，共录取新生 121 229 人，比 2007 年增加 6 805人。

［认真细致，确保中考平稳有序］ 共设置 729 个考点、27 520 个考场，监考教师及考务工作人员 12 万多人。印发了《2008 年安徽省初中毕业学业考试考务工作实施细则》，对一些重要工作都制定了预案。考试期间 24 小时值班，实行一日两报，有事随时报告制度。要求各市、县（区）切实加强对考试工作领导和管理，实行责任制和责任追究制。考前认真做好监考教师的选聘和培训工作，要求所有初中学校对考生进行“诚信考试的教育”。考试期间从考试院和厅机关抽调干部分赴各市、县进行巡视，检查各地考试组织情况和考风考纪情况。

［坚持统筹领导高中阶段学校招生］ 为做好 2008 年的中职招生工作，省教育厅及省考试院下发文件，要求各市进一步理顺高中阶段教育学校招生管理体制，统一制定高中阶段教育学校招生政策和措施，统一组织生源，统筹协调、统筹规划、统一安排利用高中阶段各类学校教育资源，促进高中阶段教育平衡发展。

［着力拓宽中职招生渠道］ 继续推进中职招生“五个放开”，进一步扩大学校的招生自主权，采取各市集中录取与学校自主招生相结合的方式，以集中录取为主，学校自主招生录取为补充，鼓励普通中专学校进一步扩大中职招生范围，招收历届初、高中毕业生，并将高中辍学生、复转业军人、进城农民工纳入中等职业教育对象。省教育厅在下达学校招收初中毕业生招生任务的同时，对国家级重点、省级示范学校安排招收应届高中毕业生，并且每校不得少于 100 人计划。另外还给九所卫生类重点中专学校专门下达招收高考落榜学生计划。

［积极推进中职招生现代化手段］ 省考试院研制开发了符合省情的中招考生电子档案制作和网上录取平台。该系统平台化、模块化的设计使得各市能在统一的平台上完成各类学校的录取工作，同时兼顾各类不同学校及不同市县招生工作的个性需求。按照省教育厅的部署，中考报名全部采用电子摄像，制作考生电子档案，积极推进网上录取。发放报名电子信息采集和网上录取系统软件，连续三年给各市、县配发中考、中招专用设备，不断加强各市、县中考中招专用设备的建设，使招生手段得到改善。

［大力开展中职招生考核与督查］ 进一步完善中职招生激励和考核机制，主要包括：将中职招生和高中阶段职普比纳入省教育厅对市、县党政领导的教育督导考核体系。省教育厅组织四个督查组由分管厅长带队分片到 17 个市，深入到县、学校进行中职招生和中职资助的落实情况，开展了专项督查。

［加强招生管理，改进招生服务］ 省考试院要求各市有组织有计划地开展中职招生宣传，利用各种会议、媒体渠道开展宣传。要求各市统一印制中招《报考指南》，统一刊登学校招生计划、招生专业、学制和收费标准，免费发放进校入班，从而营造有利于招生的良好社会氛围，规范招生秩序。省考试院在普通中专录取前主动征求各市中专招生部门意见，交流中专招生办法，督促鼓励各市完成招生任务。在各市录取工作结束

后，学校在省教育招生考试院办理审批时，对未报到的学生给予注销，免收录取费。对要求进入普通中专就读的普通高中回流考生、应届高中毕业生、往届的初（高）中毕业生，省教育招生考试院积极给予办理录取手续。

高等教育自学考试

[概况]　2008 年共进行 4 次考试，合计报考 427 933 人次；进行两次中英合作考试计 197 人次、377 科次。经审核，共有 16 065 名自考生获得毕业证书，其中：上半年毕业 5 648 人；下半年毕业 10 417 人。

[严格执行国家保密规定，确保命题制卷工作的规范、质量、安全]　在命题工作方面，精心选拔命题教师，加强管理和培训，严格按大纲范围命题，确保命题安全，提高命题质量。严格执行保密规定，规范全国统一命题试题的保管、制卷。命题、制卷期间，国家保密、公安部门全程参与安全保密工作，实行全封闭管理。在试卷安全保密工作方面，落实分级管理，逐级负责的原则，实行“一把手工程”。

[统筹谋划，部门联动，确保考试平安、顺利]

（1）召开考务工作会议，重点部署，进行战前动员和再部署；（2）按照国家教育统一考试联席会议制度模式，建立了规范有效的省教育考试工作联席会议制度；（3）加强对考风考纪的督察。省委教育工委、省教育厅领导实行分片包干，抽调机关干部和工作人员加强巡视，督查考风考纪；（4）制定并及时印发了《安徽省教育考试突发事件应急处置预案》，规范了考试过程中各类突发事件的应急处置程序；（5）按照教育部的要求，考务平台建设取得新突破，在 2008 年的考试中发挥了重要作用。

[落实责任，评卷工作平稳、顺利，考生考分数据安全可靠]　严格评卷教师选聘，认真执行回避制度，落实评卷工作流程，加强过程和质量监控，确保评卷质量。为保证评卷质量，各学科组根据参考答案并在专家试评的基础上，制定评分细则，对评卷教师坚持集中培训上岗，统一评分尺度。建立考试院—学科组—题组—小组四级质量监控体系，对每位教师的评卷质量进行动态监控，及时终止无法胜任的教师评卷工作。在登分环节除执行双工录入外，还进行大比例的抽查和复查，确保考生成绩登录及合成准确无误。

[以考生为本，提供优质服务]　采取更加便利的转考办法，完成省内外自考考籍转档、归档 1 200人。完成考生网上征订教辅材料及考生教材宣传、发行工作，并开设网上书店方便考生购买正版教材；通过安徽自考网向考生提供老生准考证号码查验功能，为考生提供服务。

[根据经济社会发展需要，规范开考专业]　对安徽省开考的专业计划进行清理并及时上报、备案。顺利完成自考专业的公共政治课替换变更工作，并及时更新毕业条件设置。贯彻教育部考试中心关于《实行高等教育自学考试开考专业公告制度的通知》，对安徽省 20 多年来 100 多个开考专业进行了梳理和规范，查阅了安徽省自考有史以来所有专业建设方面的文件资料，形成了 100 多页、6 万多字的开考专业计划表和高等教育自学考试开考专业情况汇总表，并按要求在教育部考试中心办公网发布。

[开展征文活动，营造良好环境]　与安徽青年报联合开展了“融入自考，成就人生”征文活动，面向全省自考在籍考生、毕业生、有过自考经历的人士以及自考工作者，得到了各级招生考试机构的大力支持和广大自考生的热烈响应，经过认真评选，共评出一等奖 3 名，二等奖 6 名，

三等奖 20 名，对获奖者予以奖励并在安徽青年报上刊发获奖作品。

社会考试

[大学英语四六级考试] 全省共有 89 个考点学校。参加考生共计 650 243 人，其中上半年 293 608人，下半年 356 635 人。比 2007 年净增加 88 993 人，同比增长 15.9%。

[全国计算机等级考试] 全省 17 个市共计 68 个考点开考，报名人数共计 159 631 人。比 2007 年增加 32 006 人，报名人数同比上升 25%。

[全国英语等级考试] 在合肥、芜湖、马鞍山三个市设有考点，共计 1 907 人参加考试。比 2007 年增加 238 人，增长率为 14.3%。

[非学历资格证书考试] 在合肥、亳州、淮北三个市设有考点，共计 3 256 人参加考试，比 2007 年增加 520 人，增长率 19%。目前开考中国餐饮业职业经理人资格证书考试、中国物流职业经理资格证书考试、调查分析师证书考试、中国市场营销资格证书考试、劳动和社会保障资格证书考试 5 个项目。

[全国高校计算机水平考试] 2008 年上半年，共 90 个考点 99 713 人报名参加考试，比 2007 年同期减少 2 618 人；下半年，共 91 个考点 121 319人报名参加考试，比 2007 年同期增加 9 099人。

[剑桥少儿英语考试] 2008 年上半年，共 19 个考点 1 081 人报名参加考试；下半年，共 16 个考点 1 266 人报名参加考试。

[高等学校英语应用能力考试] 2008 年上半年，安徽省共 63 个考点 91 155 人报名参加考试，比 2007 年同期增加 4 987 人；下半年，安徽省共 62 个考点 73 897 人报名参加考试，比 2007 年同期增加 6 012 人。

供稿：安徽省教育招生考试院
撰稿：邬平川　张　明
审稿：郑大明　邸建伟　卫道元　沈　滔

福　建　省

综　述

2008年，福建省自学考试工作在教育部考试中心（全国考办）和福建省教育厅的领导下，在主考院校、地市县区考办的支持下，在全办干部职工的共同努力下，走学历考试与非学历考试并重发展的路子，拓宽办考渠道，积极服务考生、服务基层考办，从严治考、从严办考，取得较好的业绩。

2008年，全省共开考145个专业，其中专科层次专业74个，本科层次专业71个，涵盖文、理、农、工、医、教育、经济、管理、政法等多学科门类，有41所高等院校担任主考学校，与15个厅局、行业合作开考33个专业。各项考试指标比2007年均有所提高，2008年，福建省自学考试学历教育报考达68.7万科次，比2007年增加近5万科次。非学历教育各考试项目全年报考761 903人，较2007年659 525人增加102 378人，增长15.52%，同时，增加了新托福考试等项目，非学历教育后来居上，成为新亮点。

2008年无考试安全事故，无重大或群体性考试违规违纪事故，保持了自学考试的良好社会声誉。主要体现在：（1）着力打造品牌专业；（2）加强考试质量、考试安全管理，开展“质量管理年”活动；（3）继续做好为考生、基层考办的服务工作；（4）确保命题工作规范化和安全性；（5）更新考务考籍服务理念，满足社会多元化的需求；（6）坚持学历考试与非学历考试并重发展；（7）加大宣传科研力度，多方位宣传研究自学考试；（8）规范助学行为，关注学习过程，丰富助学形式；（9）改革教材供应模式，理顺教材供应渠道；（10）加强队伍建设，关心职工生活。

2008年，福建省自学考试事业在许多方面实现了新跨越，为促进两个文明建设，维护社会稳定，提高国民素质和再就业率，保证社会公平公正，做出了重要贡献。

总　类

[赈灾献爱心]　2008年6月2日，省考办全体党员踊跃交纳“特殊党费”，向四川地震灾区人民献爱心 。据统计，省考办32位党员共缴纳特殊党费计18 700元，这笔专款如数上交省教育厅机关党委，用于赈灾专用。

[省考办筹得36万余元赈灾款]　从2008年5月13日福建省考办向全省发出赈灾捐款倡议书之后，全省各主考院校、助学单位、社会各界和广大自考生对抗震救灾工作十分关注，纷纷伸出援助之手，奉献一片爱心。至6月4日，福建省自学考试奖励基金会实际接收到的捐赠善款累计

达365 808.60元人民币。这笔捐款已经以最快的速度送达四川地震灾区。

[开展学习科学发展观专题调研]　2008年11月19日，由省考办业务部门组成的深入学习实践科学发展观专题调研小组会同福州市考办到福州金晚职业培训学校开展“自学考试考生情况调查及生源发动”专题调研活动，发放调查问卷1 000份。

[开展重点课题研究]　2008年12月，陈明庆等承担省教育厅高等教育自学考试质量体系建设研究重点课题。课题组成员有：陈明庆、林文广、念孝明、郑可、林正展、刘郁萍、谢梅沁、黄敏霁、谢政强。项目基金号：福建省教育厅社会科学研究项目（JA082795）。另由陈明庆、罗立祝等承担的省教育厅高等教育自学考试制度转型研究重点课题，课题组成员有：陈明庆、罗立祝、王海东、苏良琪、陈汉华、郑实。项目基金号：福建省教育厅社会科学研究项目（JA08280S）。

[与集美大学成教院举行篮球友谊赛]　为了加强省考办与主考院校的沟通和了解，丰富职工的业余生活，在省考办领导和集大成教院领导大力支持下，12月1日，福建省考办和集美大学成教院2008～2009年度篮球友谊赛在福州举行。最终省考办队以56比67不敌集大成教队。

自学考试

[慰问困难自考生]　2008年2月4日，省教育厅副厅长、省考委副主任薛卫民同志率省考办主任陈明庆、福州市教育局副局长陈红等同志前往有关院校慰问困难自考生，并为他们颁发奖金，赠送学习生活用品。

[开展自考质量管理年活动]　为强化管理，规范办考办学行为，全面提高自学考试质量和管理水平，促进福建省自学考试工作均衡、快速和可持续发展，努力办好让人民满意的自学考试，福建省考办于2008年年初成立了自考质量管理年活动领导小组和领导小组办公室，全面负责活动的组织领导、协调指导和监督落实，在全省各级自考办、主考院校成教院、助学机构以及非学历证书考试考点开展“高等教育自学考试质量管理年活动”。整个活动分动员部署、组织实施和总结表彰三个阶段进行。

[社会艺术教育学会常务理事会会议召开]　2008年2月29日，福建省社会艺术教育学会常务理事会会议在福州召开，会议主要议题：回顾总结2007年4月学会成立以来开展的各项工作和存在问题、商讨今后学会的发展方向和工作重点，如何进行宣传活动、进一步壮大学会规模和拓展工作业务。

[深入高职高专院校宣传自考]　2008年3月25日，省考办与福州市考办工作人员分别走访了福建商业高等专科学校和福建农业职业技术学院，向这两所院校在校生分发自学考试宣传资料，并就在校生关注的热点问题进行现场解答。2008年5月19日，省考办联合福州市考办在福建金融职业学院开展自学考试宣传咨询活动。

[看望残疾自考生]　2008年5月19日，省考办主任陈明庆到漳州市看望了肢残自考生肖中兵，并送上了慰问金，勉励他发扬自强自立的精神，为全省残疾自考生树立学习的榜样。

[自考乡村管理专业列入福建省五部委科普兴村的“三个一”工程]　中共福建省委组织部、中共福建省委农村工作领导小组办公室、福建省教育厅、福建省财政厅和福建省科学技术协会联合

发出《关于在全省相对薄弱村实施科普兴村“三个一”工程的通知》。《通知》决定，从 2008 年起，依托福建省农函大，在全省下派驻村干部所在的相对薄弱村中，联合实施科普兴村“三个一”工程。《通知》指出，从农村中选派具有一定文化程度和自学能力的村干部，进入省农函大“乡村管理”大专班学习，经过 2 年时间较系统的学习，掌握农业科技知识、市场营销知识、经营管理知识，成为具有教育部门认可的自考大专毕业文凭的大学生。通过几年努力，使全省相对薄弱村实现一村一名在职的大学生村干部，逐步建立一支懂技术、会经营、善管理的农村干部队伍。

[全省自学考试主考院校工作研讨会举行]　2008 年 5 月 29 日，省考办在福州举行全省自学考试主考院校工作研讨会，各主考院校成教院院长、考办主任以及省考办各科室负责人共 80 余人参加了会议。省考委秘书长、省考办主任陈明庆在会上做重要讲话。

[自学考试助学工作会暨省高教学会自考助学分会筹备会召开]　2008 年 5 月 30 日，福建省自学考试助学工作会暨省高等教育学会自考助学分会筹备会在福州市召开。会议由省考委秘书长、省考办主任陈明庆主持，省考办副主任杨小川作重要讲话。会议选举并公布了福建省高等教育学会自考助学分会的理事长、副理事长、正副秘书长、常务理事及理事名单。杨小川同志正式当选为自考助学分会理事长。

[主任在线访谈]　2008 年 6 月 11 日，由教育部自考办组织的首批 12 省（市）举办高等教育自学考试网络在线访谈活动正式在福建启动。福建省考办主任陈明庆首个通过新浪网教育频道与广大网友进行了网络“面对面”的交流。访谈期间，考生积极参与，中国教育考试网、福建自考网、华夏大地教育网进行了同步直播。

[开展优秀自考生夏令营活动]　2008 年 8 月 1 日，由省考办主办的第二届“福建省自学考试优秀考生夏令营活动”在武夷山市举行。本次活动的主题为“爱护自然、创建和谐社会”，共有 102 名优秀自考生参加。

[表彰先进]　2008 年 9 月 4 日，省考办在福建师范大学召开表彰大会，对全省自学考试 72 名优秀教师、34 名优秀辅导员、22 名优秀命题教师、5 名优秀入闱审题教师、5 名优秀命题工作者、12 个先进考点、22 名优秀主考、275 名优秀监考进行表彰。省教育厅副厅长、省考委副主任薛卫民、福建师范大学副校长游小波、省考办主任陈明庆出席大会并讲话。

[全国自考管理干部培训会在榕召开]　2008 年 9 月 23 日，中国高等教育学会自学考试分会在福州市召开高等教育自学考试管理干部培训会议。来自全国 22 个省（市、自治区）97 家会员单位的代表共 171 人与会。会上，教育部考试中心主任戴家干做了“从单一考试到多元评价”的专题讲座。

[出版自考资讯手册]　2008 年 9 月，陈明庆、林文广主编的《高等院校自学考试新生资讯手册》由海潮摄影艺术出版社出版，该书由省教育厅副厅长薛卫民作序，内容有高等教育自学考试常识、常见题型与考试指导、考试与毕业申请办法、大学生日常行为规范等。

[教育纪工委书记尉纬巡视自考考点]　2008 年 10 月 25 日、26 日两天自考考试期间，福建省教育纪工委书记、省教育厅党组成员、纪检组组长尉纬在省考办主任陈明庆、福州市教育局副局长陈红的陪同下巡视了福州市的部分考点，尉纬书

记对自考的组织管理和考风考纪给予了充分的肯定。

[省市联合发动生源]　2008 年 11 月 4 日，省考办宣传小组分别与厦门、漳州、龙岩 3 个设区市考办联合，采取户外摆摊设点和集中专题讲座相结合的形式，在厦门医学高等专科学校、厦门城市职业技术学院、漳州市高校园区、漳州市财贸学校、长汀县职业中专学校和闽西职业技术学院开展自考宣传。

[举办自考咨询会]　2008 年 11 月 13 日，省考办与福建儿童发展职业技术学院共同举办自学考试咨询会。现场解答了学生们普遍关注的热点问题。

[深入助学点与自考生互动]　2008 年 11 月 27 日，省考办与福州市考办联合深入武汉大学福州自考助学点举行咨询会。会上，还向学生们分发了自学考试招生简章和宣传材料。

[6 名自考生获全国优秀自考生称号]　2008 年 12 月 13 日，在全国考办召开的纪念《高等教育自学考试暂行条例》颁布 20 周年暨优秀自考生表彰大会上，福建省自考生肖中兵荣获第三届全国自学成才奖励基金十佳优秀自考生称号，陈昌灶荣获第三届全国自学成才奖励基金知识致富单项奖优秀自考生称号，刘玉树、张德业、周万平、赖玲珠荣获第三届全国自学成才奖励基金优秀自考生称号。15 日上午，省自考办主任陈明庆、副主任丁毅接见载誉而归的肖中兵和陈昌灶等同学。希望受表彰的考生珍惜荣誉、不懈努力，在工作、学习中取得更大的成绩，为全面建设小康社会做出贡献。

[举办自考优秀学员先进事迹报告会]　2008 年 12 月 15 日，“全国自考优秀学员先进事迹报告会”在福建科技职业技术学校举行，从北京载誉归来的福建籍全国自学成才奖励基金“十佳自考生”肖中兵和“知识致富奖”获得者陈昌灶，应邀到该校作报告，师生共 800 多人聆听了报告。

社会考试

[全国英语等级考试考务工作会暨省级口试主考培训会在榕召开]　2008 年 4 月 24 日上午，全国英语等级考试（PETS）考务工作会暨省级口试主考培训会在武夷山召开。来自教育部考试中心和 31 个省、市、自治区考办（教育考试院、招生考试中心、考试局）及解放军总参的领导和代表共 170 余人参加会议。会议主要议题是：总结 PETS 近几年考试情况；介绍 PETS 低级别计算机辅助口语考试试点情况；进行省级口试主考培训并颁发聘书。会上，福建省教育厅副厅长薛卫民同志致欢迎辞，教育部考试中心党委书记李鹏同志作重要讲话。

[教育厅厅长鞠维强视察大学英语四六级考场]　全国大学英语四六级考试、全国高等学校英语应用能力考试于 6 月 21 日、22 日举行。考试期间，省教育厅厅长鞠维强在省考办主任陈明庆、福州市教育局副局长郑勇的陪同下，视察了西安工程大学福州服装学院、福州软件职业技术学院等考场。

[CET 和 PRETCO 考务工作会召开]　2008 年 12 月 9 日，省考办召开 2008 年下半年全国大学英语四六级考试（CET）和高等学校英语应用能力考试（PRETCO）考务工作会议，来自全省本科院校和高职高专院校的分管领导 90 多人与会。

[获准举办新托福（网考）考试]　经教育部考试中心批准，福建省考办从 2008 年起承担美国

教育考试服务中心（ETS）开发的新托福（托福网考）考试业务，首次考试时间定为 3 月 2 日，考场设在福州市西湖公园通湖路后曹巷 13 号省考办办公大楼内。

供稿：福建省高等教育自学考试委员会办公室

撰稿：念孝明　苏良琪

审稿：陈明庆

江　西　省

综　述

江西省2008年招生考试工作在省委、省政府的正确领导下，各级招生考试机构认真贯彻执行教育部有关文件精神，以科学发展观统领全局，不断深化改革，大力推进“阳光工程”，确保了考试安全、维护了公平公正，圆满完成了普通高考、研究生考试、成人高考、自学考试等各项工作任务。

普通高考

[概况]　2008年，全省共有384 493人考生报名，其中，普通考生355 384人，占考生总数的92.43%；“三校生”（职业高中、中专、技校毕业生）考生29 109人，占考生总数的7.57%。普通考生中，文史类考生158 055人，占普通考生数的44.47%；理工类考生197 329人，占普通考生数的55.53%。其中，兼报艺术类的考生24 252人（美术类专业18 959人、音乐类专业4 515人，特殊类专业778人），占普通考生数的6.82%；兼报体育类的考生9 250人，占普通考生数的2.60%。“三校生”考生中，兼报艺术类的考生597人（美术类568人，音乐类29人），占“三校生”考生数的2.05%；兼报体育类的考生111人，占“三校生”考生数的0.38%。

全省11个考区，共设置220个考点，13 089个考场，从本省本科高校选派高考巡视员220人，选聘考试组考工作人员4万多人。

[评卷情况]　普通高考评卷工作分别在南昌大学、江西师范大学、江西农业大学、南昌航空大学4个评卷点进行，全省共有1 900名教师参加评卷工作。全省查分过程中核查出分数存在误差的共计20科次，总误差率为万分之0.13，大大低于教育部允许的万分之5的误差上限。

[录取情况]　2008年，全国在赣招生普通高校录取江西省考生总数为235 650人，录取率达61.29%。

[全面落实安全保密措施]　2008年，江西省平稳、顺利地完成了普通高校招生命题、考试、评卷等工作，实现了教育部提出的“平安高考”目标。安全是高招工作的重中之重，全省各级教育行政部门、招生考试机构牢固树立“安全第一”的意识，尤其在重要时段和关键环节上，组织管理到位，检查监督到位，应急预案到位。江西省2008年高考自行命题工作，坚持做到一手抓命题质量，一手抓安全保密，在提高命题质量的同时，安全保密得以稳妥实现。在纪检、公安、保密等部门的大力协助下，2008年高招工作从命题

到试（答）卷的接送、发放、回收、保管，没有发生任何失密、泄密事件，确保了各环节安全保密工作万无一失。

[顺利实现“平安高考”目标] 江西省高考考生人数多，组考难度大，考试正值汛期，安全等方面工作压力很大。全省各级教育行政部门、招生考试机构明确责任，落实措施，首次实施在高考考点及考场设置手机信号屏蔽仪的改革取得成功，在宣传、公安、武警、信息、保密、卫生防疫、交通、气象等部门的协助下，开展了考试环境综合治理，有效防止了高科技舞弊事件的发生，整个考试没有出现大面积违纪舞弊事件，没有出现试卷泄密、答卷丢失等安全事故；高考评卷工作严格遵循“坚持标准，统一做法，宽严适度，前后一致”的原则，真正做到了给分合理，扣分有据，客观准确。教育部提出的“平安高考”目标得以顺利实现。

[“三个增长”体现计划圆满完成] 2008年普通高校招生考试工作报名人数、招生计划和录取率三个数据均有所增长。2008年全省共有384 493名考生报名，比2007年增加201人，增长比例为0.052%；省内外1 400余所普通高校投放招生计划总数为21.9万人，比2007年增加1.2万人，增幅为5.8%；2008年全国普通高校录取江西省考生总数为235 650人，完成招生计划的108%，录取率达61.29%，比2007年增长了4.4个百分点。报名人数和招生计划的增长反映了招生录取工作量的增加，社会关注度的提高；录取率的增长一方面说明招生计划完成情况良好，一方面说明为更多的考生争取到升学深造的机会。

[“三个降低”凸显高考公平公正] 2008年查处高考违规违纪共107人次，违纪率仅为万分之0.69（2007年为万分之0.92），大大低于全国平均万分之2.6的违纪率；查分过程中，核查出分数存在误差的共计20科次，总误差率为万分之0.13（2007年为万分之0.46）；2008年的高分考生落选率是历年来最低的，全省4 585人560分以上考生录取4 512人，占560分以上考生总数的98.4%。其余73人均因未被理想院校录取而自愿放弃录取，仅占560分以上考生总数的1.6%。高考违纪率、评卷误差率、高分考生落选率三个数据的降低，是高招公平公正的具体体现，是把高招工作办成人民满意的民生工程的有力实践。

[“严字当头”规范管理] 2008年是江西省教育系统规范管理年，规范招生考试管理，促进高招公平公正，是深入学习实践科学发展观试点工作的实际行动。江西省2008年普招工作推行了六项改革举措：一是严格规范高考报名工作；二是兼报艺术、体育类的考生在县（区）参加文化考试时单独按科类编考场；三是专科、高职合并为一个批次录取；四是进一步规范外省院校艺术类专业招生工作；五是改革公安、司法类专科（高职）院校的投档办法；六是在考点及考场设置手机信号屏蔽仪器。加强了管理力度，进一步推进了高招工作的科学、规范，提升了服务水平，有效地维护了广大考生的切身利益，集中体现在五大亮点上。

（1）严格执行招生计划，全面完成招生任务。坚决杜绝无计划、超计划、体制外招生，坚持严格管理与优质服务相结合原则，确保高校按照规范程序，全面完成招生计划。

（2）严格把握招生政策，实现录取工作零违规。招生工作中，始终坚持按政策办、按规定办、按程序办、按权限办，不降低标准点名录取考生，实现了投档和录取工作的零违规。

（3）坚决执行录取标准，扩招严格执行各校投档分数线。2008年，江西省扩招实行了新政策：省内本科院校和省内外专科（高职）院校扩招，必须严格执行各校批量投档分数线，进一步规范了高校扩招工作，确保录取工作公平、公正、公开。

(4) 积极争取外省高校扩招，有效缓解考生升学压力。为了实现考生升学的理想和愿望，江西省 2008 年争取外省本科高校在赣扩招 3 405 名(含艺术类全国计划)，对缓解考生升学压力、提高录取率发挥了积极作用。

(5) 多次征集考生的志愿，实现考生和院校双赢。2008 年，江西省推出多次征集考生志愿措施，为考生提供了 9 次填报志愿的机会，其中 3 次集中填报志愿，6 次在网上填报缺额院校志愿。这种方法既体现人性化的要求，又有很强的操作性，实现了考生和高校的双赢。

[深入实施“阳光高招”]　江西省深入实施高招“阳光工程”，切实推行以“六公开”为主要内容的信息公开制度，不断优化服务质量，获得了高校的普遍好评，受到考生、家长及社会各界的广泛赞誉。

(1) 把握舆论导向，维护稳定大局。始终把握高招宣传主动权，充分发挥新闻舆论的导向作用，努力维护奥运期间的社会稳定。按期举办“新闻发布会”和“新闻通气会”，为新闻媒体宣传好、报道好高招工作提供准确的信息来源；认真接受纪检监察部门、新闻媒体、人大代表、政协委员的监督，并分别邀请省教育厅特邀教育督导员和考生及家长代表巡视、参观录取现场，主动接受群众的监督；切实做好高招录取期间的信访工作，为考生、家长提供了有效的咨询申诉渠道，化解了矛盾，维护了稳定。

(2) 严守招生纪律，严打中介诈骗。严格执行教育部关于招生工作“六不准”规定和《江西省高招工作人员七条禁令》，高度重视防范和打击招生诈骗工作，推出并采取一系列有效措施，坚决打击了非法中介的诈骗行为。

(3) 提高服务质量，群众满意度高。通过“高考直通车”、“网上答疑”、“现场咨询会”、“QQ 热线”等措施，不断提高服务质量，办人民群众满意高招，高招录取期间，省高招办收到了中南大学、武汉大学等不少高校发来的感谢信，收到了考生、家长、中学自发赠送的锦旗（匾）20 面（块）。

研究生招生考试

[概况]　江西省 2008 年报考硕士研究生的考生为 28 886 人，比上年减少 3 214 人，减幅为 10.01%。其中统考生 26 606 人，推荐免试生 671 人，MBA 考生 690 人，法律硕士考生 919 人。2008 年全省 13 所招生单位共接纳的考生人数为 13 294 人（含 677 名推荐免试生），比 2007 年的 14 077 人减少了 783 人，减幅 5.56%（全国下降 6.3%）。报考本省博士研究生的考生为 563 人，比 2007 年增加 35 人，增长比例为 6.6%。全省在 11 个设区市和江西财经大学共设 12 个考区，24 个考点，947 个考场，共选拔 3 150人担任监考老师及考务工作人员。

[评卷情况]　江西省 2008 年初试统考试卷的评卷工作在江西师范大学进行。评卷工作于 3 月 4 日并盘结束，整个评卷工作进展顺利，共计评阅 23 836 份试卷。

[录取情况]　2008 年起，江西省执行二类区域分数线进行硕士研究生的录取工作，经统计，全省第一志愿上线率为 80.9%（含推免生）；实际录取 5 655 人。江西省博士生实际录取人数 164 人，比 2007 年增加 18 人。

[继续深化初试科目的改革]　教育部从 2008 年起对全国硕士研究生统一入学考试农学门类初试科目和内容进行优化调整。随着初试科目改革的

不断深化，招生单位得到进一步优化精简初试自命题科目，在充分研究协调的基础上，有效推进了按照一级学科设置科目，积极探索按照学科群调整科目，命题的质量和水平也在逐步提高。

[强化试卷保密保管责任]　2008 年省招办对硕士研究生招生考试安全保密工作重新细化了具体要求和保卫工作实施细则，以增强相关责任人员对安全保密工作的认识和责任感。

[加大研招考试环境综合整治工作力度]　2008 年在教育部和教育厅领导的支持下，省招办提前与省信息产业厅无线电管理处取得联系，多次就如何确保全省研究生招生考试初试的安全进行了磋商。同时与省公安厅联合发文配合全省教育考试机构进行考试环境的综合治理。考试期间，江西省各市加大考试组织管理力度，及早准备，周密部署，强化安全保密责任制，加大检查监督力度；省无线电委员会出动了所有的信号探测车和人员分配到全省 12 个考区进行保考工作；各地公安积极组织警力与教育、信息部门通力配合，确保公平、公正的考试环境。

[获得教育部优惠政策的支持]　2008 年教育部在调整全国划线分区之时，鉴于江西省研究生招生的实际困难，将江西省调整到 B 类地区进行招生。该调整使得江西省 2008 年的第一志愿上线率上升了 13.8 个百分点。全省首次有两所院校第一志愿考生超过录取计划数，结束了依靠调剂招生的历史；大大减轻了其他院校的生源调剂任务，也有效地提升了录取生源的质量，实现了真正意义上的“差额复试”。

[争取新增推免单位]　根据教育部《关于遴选 2008 年新增开展硕士推免生工作高等学校有关事宜的通知》（教学司函［2008］96 号）文件精神，经过办公室领导的综合评定，省招办在递交申请的 5 个招生单位中推荐了条件相对较强的南昌航空大学和江西理工大学参加全国的评审。在省招办和招生单位的共同努力下，江西省于 2008 年又新增一所推免单位——江西理工大学。至此，江西省共有硕士研究生推免单位 5 所，推免人数达到 800 人。

成人高考

[概况]　江西省 2008 年成人高考报名人数为 66 952人，其中：大专起点升本科 21 290 人，高中起点升本科 12 127 人，高中起点升专科 33 535 人。

全省共设 11 个考区，54 个考点，2 304 个考场，共有 7 041 名监考教师和考务工作人员参加监考及管理工作。

[录取情况]　江西省 2007 年成人高校招生实际录取 46 933 人，其中专科起点升本科录取 17 864 人；高中起点升本科录取 4 754 人；高中起点升专科录取 24 315 人。实际录取率为 70.1%。

[扎实推进招生三项重大改革]　2008 年是江西省扎实推进成人高校招生全面实施网上报名、网上评卷、全省各考场均安装手机信号屏蔽器三项重大改革，并不断取得新的突破和实际成果的一年。网上报名工作进展顺利，招生网上报名系统全过程运行稳定、高效，网上报名数据管理得到进一步加强，考试信息完整、准确、规范、安全；网上评卷工作更加科学、规范，进一步规范了网上评卷的管理，探索出了新的网上评卷思路和模式，对评卷教师评卷质量进行实时、动态的监控和调节，评卷质量的体现更加主动和直观，统分工作变得快捷、准确，评卷过程更加科学，评卷结果更加公平公正；考风考纪建设进一步加强，考试期间，除在全省所有考场使用手机屏蔽

器外，南昌市、景德镇市还出动了无线电信号检测车在考点外围监控，重点防范和查处利用无线电设备的考试舞弊行为，有效防范了有组织利用现代信息技术手段作弊的发生。江西省成人高校招生改革已经从这三个方面突破性发展到组考和录取整体推进的新阶段，改革的关联性、综合性和配套性显著增强。

[扩大宣传，创新形式，提升报名工作水平] 2008年是江西省成人高校招生全面实施网上报名改革以来的第三年。全省各级招考机构和招生院校结合各自报名宣传工作实际，将打造和谐招考作为2008年江西省成人高校招生网上报名宣传工作的主题，采取政策引导、服务优先、形式多样、注重实效的工作思路和方法，扎实有效推进招生报名宣传工作，体现出三个特点：(1) 工作部署早，抓得实。2008年省高招办比往年提前2个多月召开会议部署网上报名宣传工作，各地按照省里的招生工作部署，在招生报名前制订了切实可行的招生宣传工作方案和进一步稳定扩大江西省成人高校招生规模的工作措施，确保成人高考报名工作落到实处。(2) 宣传工作广泛而深入。各地和招生院校通过各种方式，不断扩大对成人高校招生意义、作用的宣传，扩大对成人高校招生政策、规定和办法的宣传，扩大对招生学校办学优势、办学成果和招生专业等情况的宣传，积极争取生源。宜春、抚州等设区招考办充分利用县(区)电视台、广播电台、当地报刊、招考网站、社区等各种方式、各种渠道，大张旗鼓开展成人高校招生报名宣传月活动，使符合报考条件的考生踊跃报考。南昌市2008年一共有24 539人报名参加考试，占全省报考人数的36.35%。(3) 不断提升招生报名工作水平和服务质量。全省广大招生工作人员努力改进服务方式，确保服务到位、热情周到；在报名工作中对考生热情接待，耐心解答，准确填报，让考生放心，让考生满意。使江西省成人高校招生网上报名宣传这一开局性的工作顺利开展，取得了新的成效。

[综合整治，多措并举，推行招生考试规范化管理] 江西省成人高校招生工作按照抓管理、促规范、保安全的要求，不断加强和规范成人高校招生工作管理，考试安全平稳，考风考纪明显好转，管理行为进一步规范。2008年江西省成人高校招生工作着重采取了10项管理举措，全面提高决策和管理水平，促使各项工作再上新台阶。

(1) 坚持把提高成人高校考试管理水平作为落实“目标管理”的重要职责，继续深入开展成人高校招生工作“目标管理”考核评比活动；

(2) 严格执行报考政策，严把报名资格审查关，有效规范了江西省成人高校招生报考秩序，把国家成人高校招生规定落到了实处；

(3) 进行规范招生宣传，有效遏制考生异地报考行为；

(4) 提高针对性和有效性，强化考生诚信教育工作；

(5) 积极采取有效措施，着力加强对考试工作人员的教育、培训和管理；

(6) 牢固树立考试安全是整个成人招生考试工作第一要务的观念，狠抓各项安全保密措施的落实；

(7) 狠抓考试过程管理，确保良好的考风考纪；

(8) 净化考试环境，对互联网上危及成人高考安全的有害信息加强监测和处理；

(9) 加强舆论导向和监督，营造良好的招生考试舆论环境；

(10) 坚持省派巡视组巡考制度，扎扎实实做好巡考工作。通过强化措施，创新管理，各级招考机构和成人高校为全面提升江西省成人高校招生工作的综合管理水平，做出了卓有成效的实践和努力。

严明招生考试纪律，加大对违规考生的查处力度。2008年江西省以严格执行考试纪律来保证考试的公平公正和国家考试的严肃性。在考试期间，狠抓责任落实到人，狠抓考风考纪不松懈，并进一步加大考试巡查力度，及时严肃处理考试舞弊行为，违纪舞弊人数进一步减少。2008 年全省共查处各类违纪舞弊人数 358 人（其中代考 285 人，携带通讯工具 24 人，夹带抄袭 38 人，其他违纪 11 人）占考生总数的 0.53%，比去年舞弊人数的 389 人减少了 7.91%。

[坚持标准，强化措施，提高评卷工作效率和质量] 2008 年江西省进一步强化对评卷工作的组织管理，制定了详尽的工作方案和实施办法，有力推进了评卷工作的有序进行。评分力求客观、准确，在评卷、合分、统分等一系列环节中都进行了严格的质量动态抽查，确保了评卷和统分信息的完整准确，不出现任何疏漏；确保数据安全，对所有涉及数据安全的环节都制定了严格的操作规范，杜绝影响数据安全的行为发生；从制度上保障了评卷结果的公平公正，按网上评卷的制度、流程，确保了每位考生一卷二评和存在误差或争议时的三评、多评；认真检查、分析和评估评卷质量，在做好评卷工作的同时，各学科领导小组组织评卷教师及时总结经验，在实践中开展控制评卷误差、进行质量监控和提高评卷工作效率等方面的研究工作。2008 年，所有科目（除日语外）继续采取网上评卷方式，评卷总数为 214 818 份。整个评卷过程按程序、按标准、按要求实施，确保了评卷工作的严谨、准确。

[规范管理，保障质量，有效规范招生行为]

2008 年江西省成人高校招生录取工作牢固树立质量意识，把切实维护广大考生的合法权益和稳步提高新生质量作为招生工作的出发点和落脚点，进一步完善制度和措施，以公平公正为核心，以严格管理为根本，以优质服务为依托，以有效监督为保障，严格规范录取行为和进行有效管理。主要采取了六个方面的措施，全面推进招生录取工作。

（1）坚持质量，科学划定录取分数线。江西省严格执行教育部和省高招委、省教育厅有关政策及规定，在划线时严格以全省的招生计划、专业及考生成绩为依据，科学合理划定了江西省 2008 年成人高校各层次录取控制分数线，并在录取过程中认真把握。

（2）制定严明的招生纪律和严密的工作制度规范录取行为。通过各项管理措施到位、制度落实到位，为招生工作顺利进行奠定了坚实的基础。

（3）加强对录取工作人员的培训，保证了各项招生规定的落实。

（4）坚持按章办事，严格规范工作流程。严格按批次、按标准、按程序录取，录取工作有条不紊，纪律严明，整体进展顺利。

（5）认真履行招生计划调整工作程序，严肃招生计划管理。严格按规定、按审批程序实行网上计划的调整，实现了招生计划的统一管理；通过对社会急需热门专业计划的调整，为院校录取更多的合格考生创造条件，同时也为考生提供了更加合适的学习院校和专业。

（6）坚持公开透明，确保服务到位。坚持招生计划公开、录取政策公开、录取结果公开、考生咨询及申诉渠道公开，并充分发挥纪检监察部门对招生录取全过程的监督作用，更好地贯彻了“公平竞争、公平选拔、公正录取”的录取原则；在录取过程中，全面体现为高校、为考生服务的宗旨，录取现场与院校联系通畅、信息沟通及时，录取信息及有关政策通过“江西教育网”及时向社会和考生公布，最大限度地为广大考生提供网络信息服务，进一步增加了录取工作的透明度。

自学考试

[概况] 2008 年，江西省参加各类考试的考生

人数为1 510 724人，比去年增长13.51%，其中学历教育考试人数为636 123人，同比增长20.36%；非学历教育考试人数为874 601人，同比增长8.99%。

开考专业143个，其中本科专业63个，专科专业80个，开考专业比2007年增加了11个。扩大了8个适农专业、10个应用型专业的开考。开考非学历教育考试项目14个。本、专科毕业生达22 682人，比2007年的16 590人增加了36.72%。

共查处违纪舞弊考生1 395人，其中学历教育考试查处违纪舞弊考生852人；非学历教育考试查处违纪舞弊考生543人，比2007年下降2.1%。

[创新思路 科学发展]　2008年，在省委教育工委、省教育厅的正确领导下，省自考办坚持以“三个代表”重要思想为指导，以深入学习实践科学发展观活动为契机，紧扣“规范管理年”的主题，用科学的思想理论武装头脑，以面向农村、面向职业教育、面向非学历教育搭建继续教育新平台为目标，改革自考体制机制，创新工作思路，着力办人民满意教育和提升高等教育贡献率，明确在新形势下自学考试的发展定位，实现江西省自考事业的科学发展。发出征求意见函300余件，共计收到200余件回函，整理出63条意见，集中公开回复19个类别的意见，印发学习实践科学发展观活动专题简报9个，共计1 450份。

[精心策划 加强宣传]　主动宣传，把充分利用舆论与积极引导舆论结合起来，提升江西省自考事业的社会影响力。省自考借江西改革开放30周年江西教育成就展之机，精心策划了宣传展板，并在展出期间安排了工作人员在本展区做好咨询工作；按照教育部教育成就展的要求，做好江西省自学考试宣传工作；在新浪网与考生进行了网上的答疑与交流；充分发挥《自学成才》杂志和江西自考网站主阵地、主渠道作用。今年面向各地市招办、有关高校共印发宣传提纲1.2万份，印发宣传册3万份。

[转变观念 做好服务]　省自考办组织以办公室领导带队的调研小组，分赴各地有针对性地进行调研活动，并积极与主考学校和地市招办开展工作交流活动，上下联动，及时了解和解决相关问题。轮流值班咨询，把做好电话咨询和回复登记作为一项常规工作，办公室咨询台共计回复了4 000多名考生的咨询及网上咨询5 064条。及时回复了厅长信箱提出的500余条问题。通过网络平台进行报考缴费，网上报名考生达到59 183人、126 204科次，同时积极利用网络平台，提供查询服务和相关政策的公布，极大地方便了考生。加强制度建设，规范内部管理，实行用制度管人、管事、管权的机制，在管理中切实做到：无泄密、无重大事故和无重大差错。

[明确责任 强化考风考纪]　随着自考事业的发展，考生的人数和考试的科次越来越多，省自考办从强化考务培训入手，加强考场管理；精心选聘监考老师，并在南昌、九江、新余和萍乡地区共计28所高校、2 520名监考老师参与实施了交叉监考；充分应用高科技手段防范手机等现代化通讯工具进行考试作弊的行为，并严格按照教育部18号令及时查处违规违纪行为；做好考点下延工作，从政策支持、资金投入、考务培训、考点建设方面着手加强县级考点的建设。进一步明确责任，加强考风考纪建设，自觉维护自考质量和声誉。

[推动试点 构建高等教育立交桥]　充分发挥自考开放教育的优势，加强自学考试与其他教育形式的沟通，维护自学考试的健康有序发展。一是继续规范和扩大与各类高校的合作，共同推进自

学考试应用型专业的发展，坚持和完善社会助学审批、备案制度，规范自考助学行为，特别是加强对民办高校社会助学的监督与管理，有控制、有计划地开展全省自考招生工作；二是加强与中等职业教育的衔接，经省教育厅和省劳动厅协商同意，在全省 6 所高级技工学校开展自学考试试点工作，积极探索自考向职业教育转型的模式和渠道；三是开展了在蓝天学院进行的全国自学考试综合改革试点工作。

［**加强自考队伍建设**］　建立健全各项规章制度，探索用制度管理人和管事的路子，进一步提高工作效率和管理效能。创新学习方式和学习考核机制，通过内部培养与外部学习相结合，鼓励工作人员通过努力学习，提升自身的学历和能力。另外，还通过考务会等机会积极宣传自考新政策和新情况。2008 年还举办了全省自考干部第三期培训班，对各设区市（县、区）招考办、主考学校等近 200 多人就考务考籍、转考免考和网上毕业生审查及计算机管理等方面进行了系统的业务培训，努力促进工作人员素质与事业发展相适应。

供稿：江西省高等院校招生委员会办公室
　　　江西省自学考试委员会办公室
撰稿：余芳霖　王新福　刘江华　纪文河
　　　徐　炜
审稿：肖　辉　黄继晏

山东省

综述

2008年山东省教育招生考试院狠抓招考系统的党风廉政建设，深入学习实践科学发展观，全面实施“阳光工程”，以人为本，坚持依法治招、依法治考，严肃考风考纪，加强考试环境综合治理，确保考试安全和招生秩序，顺利实现了平安高考和人民满意的招生考试的工作目标。

2008年共组织各级各类教育考试33次，参加人数3 692 054人次，为各级各类学校录取新生858 839人。其中，组织各类证书考试总人数达到2 032 408人次，比2007年增加117 464人次；高等教育自学考试开考专科专业45个，本科专业57个，全年累计报名515 283人次，报考902 533科次。

总类

[“阳光工程”成为品牌]　山东省招生考试“阳光工程”已成为社会的品牌工程。2008年继续全面深入实施，重点加强制度化建设，在已有工作基础上，从内容、方式、程序等方面建立和完善报名、考试、录取三个主要工作阶段招生信息的公布、公告和公示制度，将招生信息全面、及时、准确地向社会公开。

[考试环境综合治理，考风考纪良好]　进一步发挥省招生委员会和教育考试环境综合整治联席会议制度的职能，加强与公安（武警）、信息产业、保密、宣传、监察等各部门的协调配合，明确部门职责，细化工作环节、规范操作程序，形成了齐抓共管的有效机制和局面。省教育厅下发了《关于高考期间加强防范打击利用无线电通讯工具作弊的通知》，省无线电管理办公室下发了《关于加强全国高考期间无线电监测工作的通知》，省公安厅下发了《关于做好2008年普通高等学校招生全国统一考试安全保卫工作的通知》，重点防范和打击有组织、有预谋的“团伙舞弊”、雇人代考或替考以及利用现代通讯工具作弊等严重舞弊行为，确保不发生大面积群体舞弊事件；采取有效技术手段，层层设防，加强对互联网有害高考信息的封堵，净化网络环境；加强考点周边环境治理，切实保障考点秩序和安全；坚决杜绝招生考试工作人员参与、组织、纵容考试作弊、录取舞弊等恶性行为。

在考试管理方面，采取8项措施，加大考试管理力度，确保考风考纪的根本好转。

（1）考试期间所有考点实施电子监控。针对高科技作弊问题，有条件的市购进现代化的高科技设备，如指纹检测仪、手机探测狗、无线屏蔽仪等。

（2）加大统考检查力度。省、市两级向考点派遣统考检查组。普通高考期间，省教育厅全体班子成员分 8 路在各市检查巡视指导高考工作，省招考院的主要领导带队到全省检查考试工作，包片蹲点，进行巡视检查。

（3）继续由省招考院统一编排考场。

（4）对 2007 年发现问题的县区，或发现来信举报有作弊苗头的县区，一是要求拿出整改方案，二是加大重点检查力度。

（5）继续采取考务管理中防止作弊的好做法。如按手印、对调监考员、考前临时抽签决定考场、答完试题考生不允许出考场或考点等。

（6）认真选派和培训监考工作人员，杜绝考试工作人员协同舞弊的行为。

（7）加强对考生的思想教育和考风考纪教育。

（8）建成并开通国家教育考试考务指挥平台，对部分考场进行远程监控，顺利实现和教育部考务指挥平台对接。

1 年来，共接待群众来访 700 人次，办理人民来信和举报信 122 件，其中查实违纪作弊 47 件，接听答疑咨询电话 1 300 多人次，查处违纪舞弊考生 3 148 人（普通高考 427 人、对口高职 126 人、研究生 154 人、体育专业测试 74 人、高水平及优秀运动员测试 41 人、艺术专业考试 633 人、成人高考 1 729 人）。

[落实四个严防，招生考试平安顺利]　认真落实周济部长在全国普通高校招生考试电视会议上提出的“四个严防”要求，严防试题泄密，严防大规模舞弊事件的发生，严防违规录取和体制外招生，严防因自身工作失误造成大的社会影响。对招生考试的安全保密工作常抓不懈，严防死守。按照“分级管理，逐级负责”的原则，进一步健全和完善招生考试的各项保密措施，狠抓考试命题和试卷印制、运输、保管以及考试实施、评卷等每个环节的安全管理与监控，做到条件达标、培训到岗、措施到位、责任到人，确保安全保密工作万无一失。切实加强对命题工作的组织和领导，选好命题教师，实行全程封闭式管理，确保命题安全和试题质量。各县、市、区、各评卷点和试卷印制单位严格执行安全保密规定，杜绝了试卷印制、运输、保管方面的事故发生。

[命题工作安全、科学]　普通高考命题工作坚持“有利于高等学校选拔新生、有利于中学推进素质教育、有利于扩大高等学校办学自主权、有利于考试科学、公正、安全、规范”的原则，认真贯彻落实省委、省政府关于大力促进素质教育的指示精神，在命题工作中既保证平稳过渡，又体现新课程理念。

2008 年高等教育自学考试命题承担全国统考课程 16 门的命题任务，向全国各省及单位提供 30 套标准式样的试题；自考省内试题命制 352 套；中小学教师自考试题命制 64 套；自学考试职业类专业全年试题命制 20 套。全年没有发生安全保密和试题质量方面的问题。

[以科研促创新，年科研立项近百]　2008 年省招考院对驻鲁高校、各市招考办上报的山东省教育招生考试科学研究规划课题进行系统归类，制定了《山东省教育招生考试 2007～2010 年科研规划课题评审立项原则和评审程序》、《山东省教育招生考试 2007～2010 年科研规划课题立项评审要求》、《山东省教育招生考试科研规划立项课题资金使用管理办法》、《科研规划资金资助办法》等规章制度。根据《山东省教育招生考试科学研究规划要点 2007～2010 年》要求，组织省内外教育专家对申报的 131 项科研规划课题进行了集中、匿名评审，共评审出重点课题 21 项、一般课题 62 项，作为山东省教育科研规划课题立项，向相关课题组下发了立项通知书。

普通高考

[**概况**]　2008 年报名参加普通高考的人数为 742 642 人，比去年增加 24 689 人。其中，普文 216 841 人，普理 408 051 人，艺术文 84 639 人，体育 10 592 人，艺术理 22 519 人；对口高职报名 38 835 人，比去年减少 19 943 人。今年普通高校招生计划 432 665 人，其中，本科计划 196 887人，比 2007 年多 14 612 人。专科（高职）计划 235 778 人，比 2007 年多 1 562 人；对口高职计划 19 000 人，其中，本科计划 1 350 人，比 2007 年减少 250 人，专科（高职）计划 17 650 人，比 2007 年减少 4 450 人。

实际录取考生 566 328 人（含对口高职 24 200 人）。本科录取 222 430 人，专科录取 343 898人。

录取最低控制分数线

批次		文科	理科
本科军检		567	557
本科一批		584	582
本科二批	省属	566	556
	市属	559	550
	济南青岛	546	536
本科三批	省属	541	531
	市属	534	525
	济南青岛	521	511
专科军检		527	517
专科一批	省属	534	520
	市属	527	514
	济南青岛	514	500
专科二批		220	220

艺术专业本科填报志愿资格线艺术文 295 分，艺术理 290 分；省外独立设置的本科艺术院校和享受同样政策的 8 所院校，由招生院校自行划定本校文化录取控制分数线；山东艺术学院、山东工艺美术学院不低于全省艺术专业分数线下 20 分之内确定本校文化分数线。艺术专业专科填报志愿资格线艺术文、艺术理专科（高职）最低录取控制分数线 200 分。体育专业本科最低录取控制分数线 431 分，专科（高职）最低录取控制分数线 400 分。对口高职本科填报志愿资格线为 500 分，专科填报志愿资格线为 280 分。

[**扩大网上阅卷规模**]　普通高考语文、基本能力测试、数学和理科综合 4 个科目实施网上阅卷。3 月份组织了 10 万人规模的模拟测试阅卷工作，为 6 月份正式评卷积累经验。对口高职和成人高考全部实行网上阅卷。

[**顺利完成注册录取改革试点工作**]　为了探索和建立以国家统一考试为主，多元化的评价方式和多样化的录取模式相结合，学校自我约束、政府宏观指导、社会有效监督的符合山东实际的高校招生录取制度，促进普通高中认真实施新课程改革，促进学生全面而有个性的发展，根据教育部有关高中课程改革和高校招生改革的精神，在青岛滨海学院、山东英才学院、潍坊科技学院、山东协和职业技术学院、山东凯文科技职业学院、青岛黄海职业学院 6 所院校进行注册录取改革试点。从录取结果看，考生认可，生源充足，试点取得了圆满成功。

[**积极把握导向，宣传工作到位**]

（1）由省教育厅新闻中心牵头，联合省委宣传部召开了驻鲁新闻媒体座谈会，对 2008 年全省普通高考宣传工作提出了具体要求。（2）省政府和山东人民广播电台推出的“阳光政务热线”栏目，将高考内容列为重点之一，省招考院领导率相关业务处室工作人员到广播电台现场接听热线电话，介绍高考政策，解答考生和家长关心的热点问题。(3) 与大众报业集团的《齐鲁晚报》合作于6月25日、7月28日召开了两次招生考试大型咨询会。(4) 8月19日山东省人民政府新闻办公室举行新闻发布会，通报2008年高考录取情况，取得了较好的宣传效果。人民网、新华社、大众日报、山东电视台等新闻单位对发布会做了相关报道。

[招生考试服务措施优化，人民群众满意]

(1) 继续加强对填报志愿的指导，举办面对面咨询会、网络咨询和书面指导等。印刷《2008年在鲁招生高等院校通览》，免费赠送给考生。充分发挥网络宣传的时效性和覆盖率，利用山东招生考试信息网站大力宣传省招生考试院所涉及的各项考试的政策、法规。使广大考生在第一时间了解这些考试的各项要求，及时掌握考试的时间安排、考试内容要求等信息。

(2) 采取有效措施，保护高分考生利益。鼓励部分名牌高校拿出部分计划录取第二志愿高分考生，尽量将高分的考生调剂到名牌或层次较高的学校。对部分成绩特别高的不服从调剂的考生采取电话重新征求考生志愿的办法，准许在未满计划的好学校中进行重新选择。

(3) 对于专科二批未完成计划的学校，空额计划重新征求考生志愿进行补录，既帮助学校完成计划，又给落榜的考生增加上学的机会。

(4) 按时出版《2008年山东省普通高校招生填报志愿指南》杂志，帮助考生正确选择志愿。

(5) 加强市、县（区）两级招生考试办公室的职能，抓住报名、考试、填报志愿、录取等几个关键环节，结合“阳光工程”做好政策宣传、咨询信访等工作，努力把招生考试工作做成老百姓满意的“品牌工程”。

研究生招生考试

[概况]　2008年全省36个硕士研究生报考点，共有128 273考生参加了报名考试，比去年减少8 240人，减幅6%。全国报考山东省招生单位的共有56 823人，比去年减少8 746人，减幅13.3%；其中省外考生报考山东省院校科研单位的有11 066人，比去年减少668人，减幅6%。博士研究生报名人数为5 392人，比2007年增加5%。全省硕士研究生招生规模16 124人，比去年增加1 617人，增幅11.1%。其中部属6 527人，省属9 597人。录取总人数为16 364人，比去年增加1 756人。其中，全国统考13 074人，推荐免试2 465人，单独考试144人，MBA联考407人，法律硕士231人。全省录取率为28.8%，与去年比较上升6.6%。

博士生招生规模为1 793人，比去年增加3.4%。其中部委属计划1 407人，省属计划386人。录取1 828人，占报名人数的33.9%，比2007年下降0.5%。

[加大复试录取监督检查力度]　在2007年基础上进一步加强了研究生录取复试监督检查力度。要求各招生单位严格按教育部研究生复试工作的指导意见组织复试，所有招生单位在复试前要制定并公布复试原则、复试办法。加强对线下生破格复试录取工作的管理。根据德智体全面衡量、保证质量、宁缺毋滥的原则，制定了线下生破格复试的复试办法。对招生单位上报的破格复试名单，按初试、复试成绩排序，严格审核标准，严格审核程序，做到公平、公正。2008年对各院校破格复试考生，全省没有接到任何来信来访。

成人高考

[概况]　2008年成人高考报名人数229 221人，

其中专升本 80 461 人，高起本 9 848 人，高起专 138 912 人，比 2007 年报考人数略有下降。共录取 168 807 人，其中专升本录取 67 231 人，高起本录取 6 452 人，高起专录取 95 124 人。

[招生考试全面实现信息化管理]　2008 年山东省成人高校招生考试工作实现了网上报名、网上阅卷和网上录取。针对考生异地报名问题，2008 年进一步改进了网上报名系统，使得报名管理工作更加规范，控制成人高考移民，充分发挥了信息化管理在规范招生秩序中强有力的作用。

录取最低控制分数线

<table>
<tr><th>层次</th><th>代码</th><th>科类</th><th>最低控制分数线</th><th>备注</th></tr>
<tr><td rowspan="10">专升本</td><td rowspan="2">11</td><td rowspan="2">文史、中医类</td><td>120</td><td>文史类专业</td></tr>
<tr><td>100</td><td>中医类专业</td></tr>
<tr><td>12</td><td>艺术类</td><td>100</td><td></td></tr>
<tr><td>13</td><td>理工类</td><td>110</td><td></td></tr>
<tr><td>14</td><td>经济、管理类</td><td>110</td><td></td></tr>
<tr><td>15</td><td>法学类</td><td>110</td><td></td></tr>
<tr><td rowspan="2">16</td><td rowspan="2">教育、体育类</td><td>110</td><td>教育类专业</td></tr>
<tr><td>100</td><td>体育类专业</td></tr>
<tr><td>17</td><td>农学类</td><td>100</td><td></td></tr>
<tr><td>18</td><td>医学类</td><td>190</td><td></td></tr>
<tr><td rowspan="4">高中起点本科</td><td>41</td><td>文史类</td><td>280</td><td></td></tr>
<tr><td>43</td><td>艺术类</td><td>130</td><td></td></tr>
<tr><td>45</td><td>理工类</td><td>280</td><td></td></tr>
<tr><td>48</td><td>体育类</td><td>220</td><td></td></tr>
<tr><td rowspan="6">高中起点专科</td><td>51</td><td>文史类</td><td>170</td><td></td></tr>
<tr><td>53</td><td>艺术类</td><td>100</td><td></td></tr>
<tr><td>55</td><td>理工类</td><td>170</td><td></td></tr>
<tr><td>58</td><td>体育类</td><td>100</td><td></td></tr>
<tr><td>71</td><td>医疗、高护、西医类</td><td>170</td><td></td></tr>
<tr><td>73</td><td>中医药类</td><td>130</td><td></td></tr>
</table>

中专招生考试

[概况]　2008 年总的招生计划为 157 735 人。其中五年制高职招生计划为 11 396 人，三二连读高职招生计划为 15 213 人，普通中专招生计划为 131 126 人。录取新生实际报到 105 512 人。其中五年制高职实际报到 10 493 人，占招生计划的 92%，三二连读高职实际报到 13 019 人，占招生计划的 86%，普通中专实际报到约 82 000 人，占招生计划的 62% 左右。

[采取有效措施，扩大招生规模]　2008 年把扩大中专招生规模作为招生工作的重点加以落实，特别是把扩大农村生源规模作为今年新的增长点。要求各市在 2007 年招生总量的基础上保持持续增长。为了进一步扩大中职招生规模，同时为往届初中毕业生和同等学力者提供继续学习的机会，今年继续对往届初中毕业生和同等学力者实行注册入学，资格审查工作由各市招生办公室负责。这项措施，受到了社会的普遍欢迎和好评。

自学考试

[概况]　全年度共组织 4 次考试，开考专科专业 45 个，本科专业 57 个。1 月份考试报名 99 107 人、报考 144 760 科次，4 月份报名 185 015 人、报考 352 696 科次，7 月份报名 90 887 人、报考 138 911 科次，10 月份报名 140 274 人、报考 266 166 科次。全年累计报名 515 283 人次，报考 902 533 科次。发放高等教育自学考试课程合格证书 228 541 张。办理自学考试毕业手续 2 次，颁发毕业证书 17 540 张。组织毕业考核及技能考核 2 次，上半年考核 21 818 人次，下半年考核 33 671 人次，累计考核 55 489

人次。全年共接收各省的转入档案 852 份。

[自学考试开拓新空间]　适应山东经济社会发展对高素质技能型、应用型人才的需要，充分发挥高等教育自学考试开放、灵活的优势，更好地发挥高等院校、高等职业院校在自学考试中的作用。2008 年研究制定了《山东省高等职业院校学生参加高等教育自学考试本科专业考试试点方案》，考察批准 22 所高职院校参加试点考试工作。拓宽自学考试服务功能，开发自学考试范围，积极推进高级技工院校参加自学考试。调整专业结构，完善开考计划。努力拓展自学考试的服务功能，积极探索自学考试向职业教育、向普通高校、向广大农村延伸，考试规模不断扩大。

社会考试

[概况]　2008 年各类证书考试总人数达到 2 032 408人次。其中全国英语等级考试 88 887 人次，全国计算机等级考试 368 750 人次，NIT 考试 1 200 人次，少儿 NIT 考试 1 312 人次，剑桥少儿英语考试 11 043 人次，全国大学英语四、六级考试 948 518 人次，中小学信息技术考试 57 万人，书画等级考试 13 000 人，山东省英语口语等级证书考试 8 548 人次、山东省工商管理职业资格证书考试 1 396 人次、中国餐饮业职业经理人资格证书考试 1 722 人次、调查分析师证书考试603 人次、机械工程师资格考试72 人次、劳动和社会保障岗位证书考试 88 人次、中国物流职业经理资格证书考试 16 173 人次、市场营销资格证书考试 39 人次、中英合作证书考试 1 057 人次。总人数比 2007 年增加 117 464 人次。

[优化考务管理，扩大考试规模]　2008 年教育行政部门将中小学信息技术考试纳入信息技术学业考试体系，全年分 10 多批组织 57 万人参加了考试，对山东省中小学的计算机知识的普及和推广发挥了重要作用。山东省中国书画艺术等级考试在 2007 年试点的基础上加大宣传力度，考试人数由 2007 年的 2 565 人增加到 13 000 余人，有了实质性进展，形成了从报名、考试，到评卷、发证的整套工作程序，为弘扬祖国优秀传统文化和建设文明山东做出了积极的贡献。承办的全国英语等级考试、全国计算机等级考试和全国大学英语四六级考试等证书考试从报名、编场到考试阅卷的每一个环节都精心组织，实现了考试管理的科学化、规范化，确保了考试质量，顺利完成了考试各项任务。

2008 年教育部考试中心确定增加山东鸥玛集团和山东大学作为新的全国大学英语四、六级试卷扫描点和网上阅卷点。在省教育厅领导下，省招考院认真履行了协调、指挥、监管职责，经过各方共同努力，按时完成任务，得到上级好评。

供稿：山东省教育招生考试院
撰稿：卢岩红
审稿：王　坦

河　南　省

总　类

[调整省招生考试委员会成员]　为进一步做好招生考试工作，加强招生考试工作的组织协调，根据工作需要和人员变动情况，省政府对省高（中）等学校招生考试委员会暨省高等教育自学考试委员会成员进行了调整。调整后，省委常委、宣传部长、副省长孔玉芳任主任，省政府副秘书长李建庄，省教育厅厅长蒋笃运、副厅长肖新生、巡视员孙洪臣、招生办主任杨智磊任副主任，省委宣传部副部长刘少宇、省纪委常委刘卫华、省卫生厅厅长马建中、省发改委副主任陈永石、省公安厅政治部主任熊文修、省财政厅副厅长鲁轶、省人事厅副厅长高勇、省交通厅副厅长李和平、省信息产业厅副厅长杨新方、省通信管理局纪检组长赵会群、省国家保密局副局长陈锋、省电力公司总经理助理马海林、郑州大学副校长宋毛平、河南大学副校长赵国祥、河南农业大学副校长崔保安、省招生办副主任朱玉山为成员。

[“四个结合”培训考务人员]　全员培训与重点培训相结合，即所有考试工作人员必须参加培训，重点加强对主考和监考员的培训；全面培训与岗位培训相结合，所有考务工作人员既要全面学习相关政策规定，又要着重掌握岗位工作要求和操作规程；业务培训与思想教育相结合，既要学习掌握考试管理业务，又要进行责任意识教育、服务意识教育、工作纪律教育和警示教育；集中培训与结果考核相结合，培训工作要集中进行，培训结束要进行考核，不参加培训或考核不合格者不能上岗。

[制作《主考监考操作规程》电教片]　为了提高考务人员培训效果，省招办投入专项资金，联合省电教馆拍摄制作了考务培训电教片《主考监考操作规程》，考前发到各级招办和所有考点，统一培训要求，规范培训内容，确保培训质量，通过培训达到提升队伍素质、规范考试管理、优化考风考纪的目的。

[学习实践科学发展观活动]　按照省委和教育厅党组的统一部署和要求，省招办自2008年10月中旬开始开展深入学习实践科学发展观活动，历时5个月，完成了学习调研、分析检查、整改落实各阶段的规定动作，创造性的开展了自选动作，广大干部形成了贯彻落实科学发展观的重要共识，集中解决了影响制约招生考试科学发展的突出问题，完善强化了招生考试工作的长效机制，达到了提高思想认识，解决突出问题，创新机制体制，促进科学发展的目的，实现了党员干部受教育、科学发展上水平、人民群众得实惠的

目标。在由省政协委员、无党派人士、省招办领导、副处级以上和部分科级干部代表共 37 人参加的群众满意度测评中，满意率为 100%。

[党风廉政建设]　强化落实机制。建立了党委统一领导、纪委协调监督、处室各负其责、干部支持参与的党风廉政建设工作机制。认真落实“一岗双责”，把廉政建设纳入各处年度责任目标，把廉政作为领导班子、领导个人及一般干部年终考核的硬指标，实行责任追究。

加强领导班子建设。坚持理论中心组学习制度，切实加强党委及行政班子的组织建设、思想建设、作风建设。认真贯彻民主集中制原则，集体领导和分工负责相结合，在重大问题上实行集体决策，民主决策。在整个招生工作和单位管理中，推行政务公开。领导班子及成员严格执行“四大纪律、八项要求”和省委廉洁从政 12 条规定。录取期间班子成员和每个工作人员人人签订了廉洁自律承诺书，带头执行招生工作人员“六不准”的规定。

严肃查办案件。配合有关部门，严肃查处了商丘跨地区高考替考案和安阳汤阴县监考教师参与作弊案，有关领导受到了责任追究，涉案人员分别受到党纪政纪和法纪处理，维护了高考的严肃性和公平公正。

[《招生考试之友》杂志]　作为全省唯一的招生考试刊物，《招生考试之友》杂志坚持“为考生服务，以考生为本”的原则，突出精品意识，强化质量标准，2008 年在办刊理念、封面设计和公益广告方面三次受到省新闻出版局表扬，《河南报刊审读》把《招生考试之友》誉为“读者的良师益友”。《招生考试之友》分设普通高招、中招、成人高招等系列栏目。全年共编辑出版常刊 10 期（普通高招系列栏目 7 期，中招系列栏目 3 期），普招专业目录 1 期，成人专业目录 3 期，试题与参考答案 2 期（增刊）。2008～2009 学年度普招版订量达到 46.4 万套，中招版 4.8 万套，在全国同行业报刊发行中名列前茅。

[河南招生考试信息网]　河南招生考试信息网自改版开通后，以信息发布及时、容量大且涵盖内容丰富、受众可实时互动的特点为考生、为社会提供了周到的服务，深受各招生院校、新闻单位和社会各界的好评。网站内容经常被省内多家新闻媒体多次转载，目前已成为本省发布招生考试信息的窗口和新的媒体形式。它的宣传优势已经引起了多家运营服务商的关注。

普通高考

[概况]　2008 年，全省共有高考考生 98.8 万人，比上年增加 10.9 万人，增长 12.4%。其中：全国统考类 90.58 万人，比上年的 79.07 万人增加 11.51 万人，增长 14.6%；对口招生报考 5.19 万人，专升本报考 2.98 万人，与上年持平。全省共设考点 889 个，考场 33 776 个，比上年增加 3 652 个。考务人员超过 10 万人，新增考务人员近万人。其中，跨市、县异地监考的监考员近 4 万人。省招办统一组织、跨省辖市异地派遣、定点包场的巡视员 2 226 人。全省汇总招生来源计划总数为 503 279 人，其中：普通类统考招生计划 448 333 人（普通本科 186 282 人、专科 262 051 人），对口升学计划 32 514 人（对口本科 2 024 人、对口专科 30 490 人），专升本 20 000 人，单独考试招生计划 2 450 人（本科 2 145 人、专科 305 人）。录取新生 515 669 人，其中：普通类统考实录 462 160 人（普通本科实录 193 358 人、专科实录 268 802 人）；对口本科实录 2 027 人、对口专科实录 29 644 人；专升本实录 18 174 人；单招本科实录 2 892 人，单招专科实录 175 人。

[高考考生资格审查有新举措]　为从源头上防范考试舞弊，报名工作技术上实现新突破，采取考生现场照相并同步扫描采集身份证图像信息，一并载入电子档案。采集过程联网监控，信息加密防伪，并实行“四级检查”，通过身份证图像信息与考生基本信息进行自动识别比对，检查考生身份证件及相应信息的合法性、一致性；通过上年报名库、录取库、会考库等相关信息进行比对，重点核查高二学生、高校在校生报考和同一考生异地重复报考；改进报名组织方式，在校生以班为单位集中报名，由班主任和语、数、外教师对班级考生信息签字确认，并分别在学校和班级张贴公示；社会考生由县区招办负责审查，在辖区各中学张贴公示。加大对舞弊的处罚力度，明确规定高二学生报考、替考以及利用通讯设备等作弊情节严重的考生，取消其当年各科成绩和下年度报考资格。

[高考管理“十项举措”]　一是各级政府层层签订高考管理责任书，各级教育行政部门领导分片包干；二是继续坚持实行县与县之间推磨交换监考制度，部分地方监考员全部来自外县区，跨市、县异地监考的监考员近4万人，全省统一组织，跨省辖市异地派遣定点包场巡视员2千余人；三是继续使用手机信号屏蔽器、金属探测器和隐形耳机探测器，协调无线电管理和公安部门派出检测车，查处利用无线电作弊行为；四是所有考生座位号都由省、市招办现场集体办公、计算机随机编排；五是每科考试结束前考生不得提前交卷出场；六是全省普通高中、普通高校在校学生高考期间集中管理；七是严格执行回避制度，高三教师和有直系亲属参加考试的必须回避，本校教师不在本校监考；八是继续严格执行“禁酒令”，所有涉考人员考试期间严禁饮酒；九是重点地区的监考人员集中食宿、封闭管理；十是各考点都公布省、市、县招生举报电话号码，对群众举报的舞弊行为进行严肃查处。

[加强安全保密管理]　省教育厅、省保密局联合印发了《河南省教育厅、河南省国家保密局关于认真做好普通高等学校招生考试保密工作的通知》，切实落实高考保密工作领导责任，进一步明确各级教育、招生部门一把手是高考保密工作第一责任人，并要明确一名副职具体负责高考保密工作。考前，教育、招生部门对试卷保管人员和考务人员集中进行一次保密教育，让所有招生考试工作人员都能够自觉遵守、严格执行各项安全保密规定。省辖市教育、保密部门联合对试卷保密室进行一次全面检查，验收合格核发使用许可证。存放高考试卷期间，试卷保密室内外必须24小时不间断实行电视监控，安全保密人员任何时候不得擅自脱岗，任何人任何时候不能单独接触试卷。试卷答卷运送增加了警力，配备了押运车辆。对易发事故的地方和关键环节，尤其是从县保密室到考点的途中、在考点备用卷保管和使用，予以特别重视。考点试卷保管室内须设专用保密柜存放备用试卷，保密柜设两把锁，考点副主考和考务办公室主任或副主任作为考点保密员，分别掌管保密柜钥匙。

[全部实行网上评卷]　为提高评卷质量和效率，本省普通高考各科目全部实行网上评卷。为确保网上评卷工作顺利实施，进一步完善了考务和评卷管理办法，组织考生进行了适应性训练；承担网上评卷任务的高校，及早对设施条件进行了完善，对所有参加网上评卷的教师进行了上岗前培训，并组织模拟演练；相关技术服务公司全程协同，密切配合，确保了评卷系统稳定、运行顺利、信息安全。对口招生和专升本仍实行传统评卷方式，在两种评卷模式并存的情况下，制卷、考试和评卷等各环节管理更加严格细致，确保了考生成绩客观准确。

[网上评卷技术保障]　网上评卷工作实施了两项改革：首次采用了“集中扫描、异地存储、远

程阅卷”的“三地协作”工作模式，即答卷扫描集中在登封进行，答卷图像通过光纤实时传输至省招办郑东新区的服务器中，评卷点通过光纤连接省招办服务器进行评卷；这次答卷首次采用了主、客观题合并设计的方式。根据国家教育考试网上评卷有关要求，制定了扫描及技术保障工作细则等。明确分工，强化职责，成立了扫描组、质检组、答卷保管组、技术支持组、综合协调组五个职能工作组，按照职责分工分别负责有关网上评卷扫描工作。在郑州、登封两地分别部署相应安全技术手段，建立健全安全保障 24 小时值班制度，确保郑州、登封两地监控机房 24 小时对线路连接状况、线路流量及病毒等进行不间断监控。对扫描现场及评卷点所有涉及评卷计算机统一进行集中病毒监控，及时提醒和发现病毒及时查杀，避免评卷网络由于病毒蔓延造成的严重后果。同时，建立线路保障预案、设备保障预案、安全保障预案、数据保障预案各种应急预案。

[艺术专业考试改革]　针对艺术招生录取规则多、专业要求不同等特点，推广专业考试全省统一组织，共有九类省统考，实行全省统一命题、统一考试、统一聘请评委。调整优化了部分专业的考试科目和分值，加强考场管理，专业考试现场实行全封闭管理，评委及考生进入考场号是现场随机抽签决定，全部实行现场集体（5 个评委）亮等、打分。首次在美术类评卷中实行专家评审的形式，对评卷组评定的各类试卷由专家评审组统一审定，以专家审定的结果为考生答卷的答卷类别，再由评委在具体的类别内打分。对艺术类本科志愿由原来的一个批次三个志愿，本科改为“一个批次、四个志愿、两段录取”的办法，增加了考生选择机会，降低了高分考生填报志愿的风险。

[体育专业考试改革]　对足球、篮球、排球等部分专项技术的考试内容、标准进行改进修订。改进了报名办法，专业准考证通过防伪印刷厂制作，杜绝了假准考证。随即选聘主考和考评员，所有考评员都签订承诺遵守考评员守则的承诺书。考场和住宿地点仍实行封闭式管理，手机由监察工作小组集中保管。建立考风考纪监察工作制度，在考试期间负责对专业术科考试各个环节的监督检查。

[制定应急处理预案]　按照教育部《国家教育考试突发事件应急处置预案实施办法（暂行）》和教育部 2008 年高等学校招生全国统一考试工作有关规定，总结本省多年来高考实施工作中行之有效的经验和做法，针对试卷、答卷印制、接运、保管、使用过程中发生的失密、泄密、损毁事件；考试实施阶段发生的大面积集体舞弊事件和偶发事件；考试期间考生、考试工作人员在集中食、宿、行方面发生的集体意外事件；评卷、录取期间发生的评分参考、评分细则、成绩信息、录取信息的失密、泄密、数据丢失事件；评卷、录取工作人员在集中食、宿、行方面发生的集体意外事件；考试期间突发的自然灾害或人力不可抗拒事件，制定河南省 2008 年普通高考突发事件应急处置意见。严格执行值班制度和考试、保密情况日报告制度，各级安排领导带班，专人值守，保证了考试期间 24 小时联系畅通。

[建立完善招生工作责任制]　在 2008 年的全省普通高校、普通中专招生计划和招生工作会议上，省政府与各省辖市政府、教育厅与各省辖市教育局、各招生院校、省招办与各省辖市和重点扩权县招办签订了高考工作责任书。全省招生工作会议后，各地仿效这一做法，层层签订了考试管理责任书。各省辖市招办按照责任书上的职责有 11 项，与考试有关的有 8 项，特别是按照《考务实施细则》做好考试组织实施工作，确保高考安全顺利进行。做好高考试卷的安全保密管

理工作，确保不发生失泄密案件。加强防范和严肃查处考试违规行为，确保不发生群体舞弊及利用手机等通讯工具舞弊事件等。高考管理重点在县（市、区），要认真按照“谁主管，谁负责”的原则，将责任明确到岗、落实到人，做好各自的工作。录取现场继续实行“集体议事、民主决策和集体办公、封闭管理”的工作机制和管理体制，认真落实工作责任制、岗位责任制和责任追究制，人人签订遵守工作和廉政纪律承诺书。

[**优化招生考试服务**]　全省各地各有关部门坚持以考生为重，以考生为本，推出许多更加人性化举措，服务考生，服务高考。省招办印制 100 万份《考生指南》，考前免费发给每位考生。考试期间各县、区招办设专人值班，为丢失准考证的考生及时补办准考证。在集中录取期间，省录取现场继续做好信访接待工作，各级招生服务大厅全程开放、专人值班，增强服务意识，提升服务质量，很好地完成了政策宣传、信息咨询、信访接待和征集志愿等工作任务，让广大考生足不出户即可了解招生信息，人不出县就能解决具体问题，人民群众十分满意，省领导充分肯定。

[**建立招生考试宣传工作长效机制**]　在省委宣传部、省教育厅的全力支持下，省招办和 18 家新闻媒体记者建立了密切的合作关系，及时邀请他们参加招生考试工作的重大活动，安排现场采访，召开新闻发布会，参与媒体策划的热线宣传和直播节目，实时、准确、全面、深入宣传招生考试的方针政策。全年共举办新闻发布会 20 次，电台、电视台录播节目 10 次。省内主要媒体播发有关招生工作的稿件、图片 600 余篇，编印《高招快报》26 期，河南招生考试信息网共发布新闻 884 篇、访问量 6 500 万人次。为招生考试工作创造了良好的舆论氛围。

[**普通高招网上咨询周**]　为帮助考生全面了解招生政策规定，恰当填报志愿，在高考填报志愿期间，本省组织在豫招生的省内外高校、省辖市招办参加教育部主管部门组织的“普通高招网上咨询周”活动，利用计算机网络为社会提供政策咨询，为考生填报志愿提供帮助。2008 年咨询活动期间，省招办和各省辖市招办通过网络接受考生和家长咨询 2 768 人次，开通电话接受考生和家长咨询 16 513 人次。网上咨询活动为考生和社会群众提供了实实在在的、个性化的信息咨询服务，得到了社会的广泛认可。

[**普通高校招生现场咨询活动**]　经省教育厅批准，2008 年全省普通高招现场咨询活动，省招办委托河南农业大学、黄河科技学院于6 月12 日至13 日在两校举行。咨询现场免费为省内外高校安排咨询场地，免费接待考生咨询，得到了省内外高校的普遍赞誉。共有 600 多所高校参加现场咨询活动，面对面解答考生的问题，为考生恰当填报高考志愿提供了个性化的服务。前来咨询的考生及家长 7 万多人。考虑到大部分考生不能到现场咨询的实际情况，河南电视台都市频道还将直播车开进现场，组织省内外高校教师通过电视直播回答考生的短信咨询和电话咨询。

[**网络信息监控**]　为了在网上了解有关招生考试的信息，及时封堵有害信息的传播，在各项考试和招生录取期间，安排专门人员实施网络监控，将监控范围深入到了各大门户网站的论坛中，在第一时间发现并上报监测到的信息。在公安部门的密切配合支持下，对有害信息及时进行了有效的封堵，最大限度的净化了招生考试网络环境。根据监控结果，整理有关信息快报供领导参考，共编印《招考舆情》42 期。

[**开展高招短信息服务**]　根据考生信息需求和手机用户逐年增加的现状，为进一步推动“阳光工程”的实施，解决部分考生在高招录取期间流

动性强，不能及时获取相关信息的问题，2008 年首次推出了及时便捷、针对性强的免费手机短信服务。短信信息服务时间为 6 月 1 日至 9 月 1 日，内容分公共信息和个人信息，考生和家长可根据需要进行订制。2008 年共为 120 946 名考生提供了短信服务，累计发送信息 400 多万条。

[加强招生考试数据审计]　为了加强和规范招生考试信息管理，维护招生考试信息的完整性、准确性和权威性，确保招生考试信息的真实、可靠、公正，增加了高招录取过程中的数据信息审核工作，并制定了《河南省招生考试信息审核方案》，从四个方面来进行信息校验：检查数据量是否一致，是否存在缺失数据或者多余数据；检查被审核数据与源数据是否各个字段一一对应；若被审核数据经过修正，需确认修正数据的合法性；检查被修正的数据是否各个字段与被审核数据一一对应。从 7 月 7 日至 8 月 15 日，共进行提前批、本科一批、本科二批、本科三批、高职高专一批、高职高专二批共 6 次数据信息审核。审核数据量共 2.2G 字节，审核数据记录共 39 130 705条。通过数据信息审核，进一步规范了录取工作中的过程数据变动，明确了数据的添加、修改、删除的跟踪方式和记录方式。提高了数据的可靠性，保障了数据变动的正确性，增强了系统的稳定性。

[招生考试信息服务]　(1) 为招生院校提供技术咨询服务。技术支持是省招办面向高校服务的一个窗口。高招录取期间，共接来电 534 个，其中：网站登录方面的问题 136 个，占总电话记录的 25.47%，院校子系统登录方面的问题 340 个，占总电话记录的 63.67%，院校子系统使用方面的问题 14 个，占总电话记录的 2.62%，录检方面的问题 40 个，占总电话记录的 7.49%，其他方面的问题 4 个，占总电话记录的 0.75%。

(2) 建好“河南高招在线”。“河南高招在线”是网上录取系统的组成部分，是沟通省市县招办、高校、教育行政部门等相关部门的信息平台，是本省实施高校招生“阳光工程”的重要窗口。录取期间省招办通过“河南高招在线”预告开档时间、通告录取进度、公布生源统计、投档最低分、计划余额等信息，指导县区招办做好志愿信息采集，通过联网打印、上传，实现了县区招办考生志愿信息实时报送，保证了及时、准确汇总志愿信息。进一步加强了“河南高招在线”用户管理和查询控制，继续实行用户、账号和登录机器的一一对应，确保“河南高招在线”的安全运行和面向考生开展信息查询服务的正常进行。高招录取期间，在“河南高招在线”上发布政策新闻 35 篇。“河南高招在线”页面访问量达到10 170 398人次，全部查询总量为 2 112 048 人次。

(3) 搞好网站建设，为考生和社会提供信息服务。2008 年省招办外网页面点击次数 43 313 万次，全年数据中心查询次数 2004 万次，工作日均点击次数为 1 406 693 次，单日最高点击次数为 12 014 543 次（6 月 26 日）。由于采用了多台 WEB 服务器负载均衡的方式，保证了网站的平稳运行，使得面向社会公开的公告、通知和文件以及各种查询服务得以顺利进行。高招录取期间，通过省招办网站数据中心查询各种数据总量为 13 898 908 次。通过短信平台查询普通高考成绩 528 次，查询普通高招录取结果 1 429 467 次，考生定制信息 88 297 人次。

(4) 建好免费语音查询平台。利用现有线路资源，建立了河南省招生考试自动语音服务系统，统一咨询号码，全省均按照市话拨打，免费查询招生考试信息，为广大考生特别是农村考生提供了更加便利的信息获取渠道，面向社会免费提供考试分数语音查询。经过多年的运行，河南省招生考试自动语音咨询服务系统（9601166）已成为本省招生考试咨询服务的一个品牌。同时还成为打击非法招生和中介诈骗活动的一项措施，录取期间免费提供录取结果查询，供考生随时查询确认录取的有效性和真实性，预防不法分子利用假通知书进行诈骗，保护考生的切身利益。

研究生招生考试

[**概况**]　2008 年，全省 28 个硕士研究生报名点网上报名人数 137 026 人，现场确认 87 766 人，确认率 64.1%，比上年减少 7 655 人。按考生来源统计，在职人员 19 145 人，应届普通高校本科毕业生 50 404 人，其他人员 18 217 人，分别占报名人数的 21.8%、57.4% 和 20.8%。本省 26 个招研单位报名人数为 29 325 人，占考生总数的 28.6%；报考其他省份招研单位的 58 441 人，占考生总数的 71.4%。国家教育部、发改委下达本省研究生招生计划总规模为 8 247 人，实际录取 8 310 人。其中：录取统考生 7 552 人，单考生 4 人，MBA 联考 187 人，法律硕士 80 人，推荐免试生 423 人，农村师资 64 人。

成人高考

[**概况**]　2008 年，全省报考各类成人高校的考生总人数为 178 414 人，比上年减少 12 713 人，减幅为 6.7%。其中：报考专升本的考生有 58 684人，比上年减少 11 535 人，减幅 16.4%；报考高起本的考生有 5 475 人，比上年减少 1 565 人，减幅 22.2%；报考专科的考生有 114 255 人（含后期报名参加专科注册入学试点考生 21 490 人，小学、幼儿园骨干教师 11 527 人），比上年增加 386 人，增幅 0.3%。参加河南省成人高招录取的院校共 212 所，招生计划总数为 122 114 人，共录取新生 160 234 人，完成招生计划的 131.2%。其中：专升本招生计划 52 929 人，录取新生 54 086 人，完成招生计划的 102.2%；高起本招生计划 5 069 人，录取新生 3 830 人，完成招生计划的 75.6%；专科招生计划 64 116 人，录取新生 102 318 人，完成招生计划的 160%。本省院校招生计划 104 370 人，共录取新生 146 817人，完成招生计划的 140.7%。其中，专升本招生计划 41 367 人，录取新生 47 567 人，完成招生计划的 115%；高起本招生计划 4 173 人，录取新生 3 037 人，完成招生计划的 72.8%；专科招生计划 58 830 人，录取新生 96 213人，完成招生计划的 163.5%。在录取专科新生中，录取专科注册入学试点考生 16 644 人；录取免试进修专科教育的小学、幼儿园骨干教师 11 498 人。

[**成人高考实行网上报名**]　本省成人高校招生全部实行网上报名。积极开展网上报名政策咨询及网上报名操作技术指导，增加了网上报名实时咨询和“9601166”语音咨询服务平台，建立了网上、语音、现场三位一体的咨询服务体系，收到良好效果。

[**成人高考顺利进行**]　全省共设 24 个考区、174 个考点、4 994 个考场。考点全部集中设置在省辖市、重点扩权县（市）政府所在地。在有关部门大力支持密切配合下，各级教育行政部门和招生考试机构认真贯彻教育部关于加强考试环境综合治理、防范作弊行为、确保考试安全，积极采取措施，认真部署，精心组织，严格管理，没有发生利用现代化通讯工具集体作弊事件，没有发生大面积舞弊及替考事件。在考试过程中，全省统一抽调 163 名巡视员跨省辖市定点巡视。全省共查处违纪舞弊考生 1 069 人，占报名总人数的 0.6%，比上年降低了 0.2 个百分点。缺考 11 384人，占报名总人数的 6.4%。

中专招生考试

[概况]　2008 年，全省安排普通中专招生规模是 22 万人，较上年增长 2 万人，增长 10%。2008 年全省应届初中毕业生为 181.4 万人，比上年减少 6.3 万人，参加中招考试的考生为 109 万人，比上年减少 13.9 万人。普通中专招生实行二次集中一次收尾的录取模式，第一次集中预录参加中招考试、报有中专志愿的考生 61 975 人，比上年减少 27 715 人。第二次集中办理普通中专所有计划类别考生的正式录取手续，加上预录已报到的学生，共计录取到校新生 198 821 人。年底集中扫尾录取 3 万余人。2008 年，共计录取 23 万人，超额完成招生计划。

高中毕业会考

[普通高中毕业会考]　2008 年，全省普通高中毕业会考进行两次考试，第一次在 1 月 11 ~ 13 日进行，参加考试 181 万科人次；第二次在 5 月 16 ~ 18 日进行，参加考试 428 万科人次。两次共计 609 万科人次，比上年增加了 21 万科人次，为历年之最。

[加强会考考务管理]　（1）认真做好考前准备工作。各省辖市、扩权县会考办采取措施，认真做好考试的报名、编排考场、考试监印、领运及保密等考前准备工作。

（2）加大巡视工作力度。除省招办工作人员分别对各省辖市及扩权县进行定点巡视外，在原有每市 2 名省派巡视员的基础上又增加了 2 名巡视员，对考试工作的全过程进行检查、监督，发现问题及时解决，确保了考试的顺利进行。

（3）认真组织评卷、登分工作。继续采取客观题省招办统一评卷、主观题由各省辖市、扩权县分别集中评卷的方式进行。严格遵守公平公正的评卷原则，认真做好合分、登分工作。

（4）进一步规范考务细则。在征求各省辖市（扩权县）会考办、部分高中学校意见的基础上，对会考考务细则进行了修改。

自学考试

[概况]　2008 年，自学考试开考专业 100 个，其中专科 40 个，本科 60 个。全年共报考 345 349 人，882 422 科次。其中 4 月自学考试开考专业 94 个，考试课程 398 门，报考 177 015 人，449 027科次；10 月自学考试开考专业 100 个，考试课程 422 门，报考 168 334 人，433 395 科次。中小学教师教育技术水平考试共报考 53 140 科次。其中 6 月 22 382 科次，9 月 5 594 科次，11 月 25 164 科次。非学历证书全年共报考13 912 科次。其中，上半年报考 8 002 科次，下半年报考 5 910 科次。全年毕业生 34 083 人。

[优化自学考试专业结构]　根据本省经济社会发展需要，积极开展专业结构的调整。经过调整，本省自学考试专业结构呈现出四大特点：即积极发展本科教育，本科专业的数量占开考专业总数的 60%；应用型、职业型、技能型专业吸引大量的高中后学生加入自考行列；学历证书与职业资格证书相结合的“双证书教育”健康发展；2008 年根据全省经济发展需要，论证开设了商务秘书（本科）、生物技术（本科）、农产品储运与加工（本科）、食品质量与安全（本科）和畜牧兽医（专科）五个专业。对于报考人数较少、发展潜力较小的专业继续实行关停并转；组织有关高校工作人员多次学习并论证，吸取先进经验，积极推动了高职高专在校生参加自学考试本科教育的试点工作。

[自学考试考风考纪建设]　按照落实三项制度、遵循四项原则、突出一个重点的指导思想，切实加强考风考纪建设。“三项制度”即：(1) 继续实行监考教师上岗培训考核制度和考场随机抽签制度，先培训后上岗，不合格不能上岗；(2) 坚持省、市、县三级巡视检查制度，加大对考风考纪薄弱考区考试的巡考力度；(3) 继续推行与考生签订考试诚信承诺书制度。在加强考风考纪、防范和打击考试作弊上，遵循“四项原则”即：严格管理与加强督察相结合的原则；教育为主、处罚为辅，教育与处罚并举的原则；严格防范与严肃查处并举的原则；人防为主、技防为辅，人防技防并重的原则。突出“一个重点”，即重点打击有组织的集体舞弊和利用现代化通讯工具等作弊的行为。

社会考试

[概况]　2008 年各项非学历教育考试共组织 11 次考试，考生总人数为 1 095 878 人，比上年的 930 893 人增加了 164 985 人，增加幅度为 17.72%。其中：计算机等级考试（NCRE），报名人数为 163 267 人，比上年（144 132 人）增加 19 135 人，增长率为 13.27%。英语等级考试（PETS），全省报名总人数 19 180 人。剑桥少儿英语考试（CYLE），培训机构通过年度考评的 74 个，在培儿童 5 万多人。考生人数 6 141 人，比上年增加 11.3%，考试规模年平均 5 500 人。全国大学英语四、六级考试（CET），报名人数为 906 865 人，比上年报名人数（770 197 人）增加了 136 668 人，增幅为 17.74%。

供稿：河南省招生办公室
撰稿：孟留拴
审稿：朱玉山

湖　南　省

综　述

[概况]　2008年湖南省教育招生考试工作在省委、省政府和省教育厅的正确领导下，全省各级招生考试机构坚持“一切为考生着想，全力为学校服务”，突出保障考生的知情权、选择权、竞争权，圆满完成了教育招生考试的各项工作任务。全年共组织各类考试43次，各类教育考试规模达231.3万人次，比上年增长13.4%；组织录取各类新生44.2万人，比上年增长6.5%。

[全力以赴创建“平安招考”]　2008年，湖南省上下紧紧围绕省委、省政府“创建平安招考”的目标，周密部署，精心组织，确保了各次考试安全有序进行。突出抓了试卷的安全护卫和质量监控，通过采取高考试卷全程免检通行、研考试卷集中保管等措施，克服了多种困难，确保了各项考试试卷的绝对安全。层层建立和完善预警应急机制，认真落实各项考务管理制度和监控措施，去年全省各类考试没有发生失密、泄密以及其他安全事故；高考有33个考区实现了答卷装订零差错，高考网上阅卷保持零差错，成考实施网上阅卷后差错率明显下降；各类考试的试卷命制没有出现任何政治性、科学性和技术性错误。进一步发挥各级招委会、自考委和部门联席会议等综合协调机制的作用，开展招考环境专项整治，着力防范和打击高科技手段作弊等群体性舞弊行为，破获和查处了耒阳高考无线电舞弊等数起违规违法案件。健全巡考督考与随机暗访相结合、人工监考与现代监控手段相结合的多重监管机制，进一步改进了考风考纪管理。继续加强国考统筹管理，着力抓好国家教育考试与招生责任制、年度目标管理考核等制度的落实，促进了全省教育考试整体水平的提高。各地、各高校积极争先创优，涌现了株洲、常德、郴州、中南大学、湖南大学、湖南师大、湖南农大、湖南科大、湖南财专等一批招生考试工作的先进典型，基础薄弱的地方和单位在许多方面也取得了明显进步。

[进一步严格招生录取管理]　（1）坚定不移地执行“不点录”、“不降分录取”等政策，切实维护了考生权益和公平公正。下决心取消“点录”及相关照顾性政策，严格按考生志愿从高分到低分投档录取，不留任何政策性空间。省教育考试院从制度上、操作程序上将政策落实到位、执行到底，维护了高校招生秩序，增强了湖南生源在全国的信誉度和竞争力，社会反响良好。在高考参考人数增长2.9%的情况下，录取率比上年增长4.5个百分点。

（2）继续深入实施高校招生“阳光工程”。最大限度地公开招生信息，狠抓招生公示制度的落实，尤其在防范和制止高考少数民族和华侨考生身份造假、研究生推免资格造假等方面发挥了积极作用。切实做好信息咨询服务和预警工作，通过发公开信、及时公布艺术类考生录取名单、畅通信息查询渠道、开展政策巡讲、推进志愿指导“进课堂”、组织网上咨询等，尽可能为考生提供有效帮助和指导。高考网上咨询会期间，共有645 所高校参加，33 万考生注册，高峰期网站点击率超过 2.42 亿人次。在高考和成考中严格执行招生计划和网上编制、调整计划的相关规定，加强对研究生招生复试和破格、调剂录取的监管，认真执行教育部“六不准”和省“八条禁令”等规定，切实加强了录取现场管理。

（3）进一步改善招考舆论环境。完善与新闻媒体良性互动的沟通协调机制，全面规范了各类招生考试的新闻宣传，坚持新闻通气会、新闻评奖等制度，加强对有害信息的防范和监控，有效防止了媒体炒作和违规招生咨询行为。

[努力促进自学考试和社会考试健康发展]　召开了湖南省自学考试工作会议，理顺了发展思路和管理体制，出台了一系列规范管理、促进发展的政策和措施，制订了自考发展三年规划和中长期规划。立足于湖南省经济社会发展实际，合理调整了专业结构，严格执行新增专业开考论证、审批制度，全面规范了计划管理。全年共为申报新开专业的11 所高校组织了专业论证会，对 178 个自考本、专科专业的公共政治理论课全部调整到位，对 83 个面向助学班开考的本、专科专业考试计划进行了统一调整。完善和修订了考务、评卷、考籍管理相关规定和操作规程，调整了考试时间，实现了面向社会开考和面向助学班开考两种自考形式的全面“并轨”。对省内自考助学班进行了清理整顿，全面规范了自考助学班生源组织和办学行为。社会考试方面，加大项目推介力度，通过鼓励和引导各地、相关学校和机构积极宣传、层层发动，充分利用新闻媒体、网络等多种宣传渠道和形式，努力提高社会考试项目的知名度和影响力。根据市场需求，充分利用普通和职业高校现有生源、师资和办学条件，推动了社会考试支柱项目的良性发展。切实加强项目质量监管，狠抓了 CET 考务管理的规范、PETS 口试质量监控、剑桥少儿英语评估等，提高了社会考试质量和效益。完善社会考试管理体制，充分发挥社会考试协会的作用，强化了激励措施，增强了社会考试发展活力和后劲。

[切实加强招生考试基本建设]　继续推进招生考试装备和手段现代化，在全面普及考点电子监控的基础上，上年新增的 13 个高考考点全部按要求装备了视频监控系统，各类考试的考点基本上配置了通讯屏蔽系统，加大了电子信号探测及干扰等新技术在组考中的推广力度；会同公安、保密等部门出台国考保密室建设与管理细则，组织了全省性的检查验收，促进保密室建设全面达标升级。加快招生考试信息化进程，完善新一代业务处理系统，全面实现各类国考业务操作和办证服务网络化、数据管理和考生档案信息电子化；在各类考试中推行网上报名、网上采集信息，网上阅卷由高考扩大到成考、研考中，高考网上填报志愿扩大到 9 个市州，确保了顺利实施。经过多方努力，启动了湖南省招生考试基地建设，目前各项工作进展顺利。创办了《教育测量与评价》杂志，与湖南大学合作成立了教育评价研究中心，为加强教育考试科研、拓展教育考试业务空间、推进教育评价改革等提供了重要平台和基地。

[积极稳妥地推进各项改革]　平行志愿改革在全国产生重要影响，并得到积极推广。湖南省首创并率先推行的平行志愿和多次征求志愿的办法效果更加明显，去年已经扩大到除本科提前批艺术类之外的所有科类批次中，全省高考志愿直接满足率近六年一直保持在 99% 以上，得到了社会

的广泛好评。中央和地方多家媒体进行了报道，教育部明确在全国推广，当年将有16个省市实行平行志愿。高考自主命题的“湖南风格”进一步显现，自主命题科目试题实现了预期目标，得到考生和社会各界的好评。加强教育考试科研工作，组织了首届全省教育考试科研专项课题的征集、评审。

[**进一步提高队伍整体素质**] 紧密联系业务工作实际，认真开展学习实践科学发展观活动，通过开展专题讲座、进行不同形式的调研，认真查找和整改问题，力求从根本上建立有利于事业科学发展的机制和体制，取得了阶段性的成效，得到了省委和省教育厅指导组的好评。进一步加强党的思想建设、作风建设和组织建设，巩固和提高了党的建设和机关文明建设成果。大兴调查研究之风，层层开展各项业务培训和技术练兵活动，招考队伍的综合素质和业务能力有新的提高。重视和加强工会等群团工作，进一步加大职工维权力度，积极为干部职工办实事、好事，开展了文体比赛、知识竞赛等多项丰富多彩的有益活动，坚持工间操制度，使干部职工增强了体质、陶冶了情操，做好老干部、关心下一代等工作，妇女、计划生育等各项工作实现全面进步。

普通高考

[**概况**] 2008年全省共有普通高考考生53.4万人，比上年增长2.9%，考生人数创历史新高；共录取新生32.1万人，录取率自国家稳定招生规模以来首次回升到60%，增长4.5%，其中本科录取率为26.6%，比上年增长1.8%。录取的新生中本科142 016人、专科179 007人；文科类134 143人（含文科艺术27 119人、文科体育1 421人）、理科类168 406人（含理科艺术3 572人、理科体育2 829人）、职高类18 474人。此外，全国普通高校在湘特殊类型招生录取2 265人，其中保送生147人、盲聋哑单招24人、运动训练和民族传统体育单招580人、职教师职单招11人、小语种单招110人、少年班1人，示范性高职院校单招1 392人。

研究生招生考试

[**概况**] 全省硕士研究生考生人数49 462人，比上年减少5 822人，降幅为10.5%。报考在湘18个招生单位（包括国防科学技术大学）的考生36 913人，录取各类考生13 005人，比上年多录取618人，增幅4.99%。2008年全省博士生报考人数（不包含国防科技大学）5 062人，比上年人数减少23人，降幅为0.5%。录取考生1 800人，比上年多录取48人。

成人高考

[**概况**] 全省成人高考报考人数18.1万人，比上年增长10.8%，增幅保持全国前列。共录取新生105 569人，其中专升本41 487人、高升本3 564人、高职高专63 425人，录取率达97%。

自学考试

[**概况**] 全年共开考179个自考专业（其中本科专业101个，专科专业78个），开考课程计1 758门（含实践课）。全省共有554 712人次报名参考，累计报考1 775 220科次（其中面向社会开考考生共155 740人计388 769科次，面向助学班开考考生共398 494人计1 385 765科次，中学教师远程教育本科及点考考生共计478人686科次）。全年共完成368门课程计1 430套试卷的命制工作，参加命题的教师达700人次。目前拥有在籍考生140万余人。

社会考试

[**概况**]　全年开考非学历教育考试项目9项，共组织各类考试18次。考生总计达988 168人次，比上年增加87 185人次，增长9.7%，考生总规模名列全国前茅。其中，全国英语等级考试（PETS）开考两次，考生人数为156 246人，比上年减少18 284人，减少10.5%；全国大学英语四、六级考试（CET）开考两次，报考人数为662 700人，比上年增加91 821人，增长16.1%；全国计算机等级考试（NCRE）开考两次，报考人数为160 917人，比上年增加17 519人，增长12.2%；剑桥少儿英语和其他五项非学历岗位资格证书考试的报考人数共为8 305人次。

供稿：湖南省教育考试院
撰稿：张和生　邱　斌
审稿：余军民

广　东　省

综　述

[概况]　2008 年，广东省坚持以科学发展观为指导，以思想大解放推动教育考试招生改革发展，认真贯彻落实教育部和广东省委省政府的工作部署，精心组织，严格管理，扎实工作，积极开拓，坚持以人为本、以考生为本，努力为学校、为考生提供优质服务，实现了各类教育考试、招生工作的全面、协调、可持续发展。

2007 年、2008 年广东省各类教育考试招生及命题情况对照表

类别	2007 年	2008 年	增减数
普通高考报考	553 826 人	615 481 人	61 655 人
普通高校录取	385 767 人*	430 953 人	45 186 人
成人高考报考	21.3 万人	26.6 万人	5.3 万人
成人高校录取	19.2 万人	20.2 万人	1 万人
硕士生录取	16 564 人	17 894 人	1 330 人
博士生录取	2 902 人	2 985 人	83 人
港澳台联招录取	2 097 人	2 126 人	29 人
高中阶段学校招生	1 153 819 人	1 269 591 人	115 772 人
自学考试	767 821 人次	745 340 人次	－22 481 人次
非学历证书考试	130 万人次	143 万人次	13 万人次
各类考试命题	5 274 套	5 330 套	56 套
印制各类试卷	1 078.5 万份	1 098.8 万份	20.3 万份

* 含预录数，不含插班生

普通高考

[概况]　2008 年，广东省普通高校招生考试考生大幅增加，报考人数再创历史新高，达到 615 481人，比 2007 年增加 61 655 人，增长 11.1%。其中报考普通高考的考生 577 498 人，比 2007 年增加 67 814 人，增长 13.3%；中等职

业学校毕业生报考高等职业学院招生“3+专业技能课程证书”考试的考生37 983人。全国各普通高校在广东总共录取430 953人（含预录数，不含本科插班生、五年制大专班），录取率70.02%。其中，本科录取179 001人，专科录取251 952人（含“3+专业技能课程证书”考生15 377人）。在本科录取中，理科类录取103 683人，文科类录取61 009人，体育类录取2 545人，音乐类录取2 600人，美术类录取7 903人。在专科录取中，理科类录取123 706人，文科类录取110 368人，体育类录取2 347人，音乐类录取2 874人，美术类录取11 658人。另外，单考单招本科录取1 261人，专科录取468人。

[科学命制高考试题]　广东省自行组织命制了语文、数学（文科）、数学（理科）、英语、文科基础、理科基础、政治、历史、地理、物理、化学、生物共12个科目的试卷。高考命题指导思想、命题思路、考试内容和能力考核的要求保持相对稳定，着力处理好文科类与理科类不同选考科目之间的难度均衡问题。增强试题的基础性、灵活性和开放性，使试题的解答过程反映学生的知识与技能、思维过程与方法、情感态度和价值观。试题立意突出时代性，努力增强试题的文化价值和教育意义。坚持高考试题编制的原创性，避免使用成题或雷同试题。各学科命题既兼顾了选拔性考试与普通高中新课改的双重要求，又重视落实命题的公平性、科学性、规范性要求，符合考试大纲要求，难度分布合理，有较好的区分度、效度与信度，考试结束后社会各界反映良好。

[严抓考风考纪]　2008年，广东省参加普通高考的人数增幅较大，新增考点较多，考试组织难度较大。各级教育部门和招生考试机构、考场采取了多项有效措施，加强考场管理，严肃考风考纪，维护高考公平公正，圆满实现了“平安高考”的目标任务。

（1）完善考场电子监控系统。2008年，广东省拨出专款2 000多万元资助经济欠发达地区定点考场电子监控系统建设，全省普通高考481个考场、20 948间试室均建立了电子监控系统，实现了对考试过程的实时和网上远程监控，所有考生都在电子监控下进行考试。

（2）加强招生考试队伍的培训和管理。先后召开了两次全省考务工作会议，加强招生考试队伍培训，加大纪律教育力度，统一思想认识，进一步增强责任感和紧迫感。

（3）加强诚信考试教育和管理。建立了考生考试诚信档案，加大了考试违纪处罚力度，强化对违纪违规考生的约束力。

（4）严厉打击利用通讯手段作弊的行为。考试期间，各地无线电管理部门共启用了120多座无线电监测站，派出了40多部无线电监测车，对无线电专项电磁环境进行严密监听、监测和巡查，加强了对考场周边非法无线电信号的监测；公安机关加强对安装非法发射、接收装置的车辆及人员的打击和处罚，防范和打击了非法利用无线电设备作弊等行为。

（5）加大考试巡查力度。从有关高校抽调纪检干部组织了巡视组分赴全省各地巡视，检查、监督考试安全保密、考生考风考纪、监考人员执行考试纪律情况，严肃查处顶风违纪案件和营私舞弊行为，维护了考试的公平公正。

[切实加强评卷管理]　2008年，广东省对高考评卷管理进行了改革，采取了一些新的措施和办法，严格评卷程序，完善评卷工作管理办法和评卷监督制约机制，加强对评卷工作全过程的质量监督检查，取得了较好的成效。

（1）首次建立高考评卷教师库，严格评卷教师的资格审查；

（2）加强了选配学科组长和题组长的监管力度，加强评卷工作的全程监控和管理；

（3）认真做好答卷试评工作，制定科学合理的评分标准，定制供评卷教师考核的标准样卷；

（4）认真抓好岗前培训工作，评卷教师上岗前要使用标准样卷进行考核试评，试评合格才能上岗；

（5）拓展评卷系统的监控功能，加强评卷考核和质量检测；

（6）加强评卷误差的控制，确保评卷工作质量。由于评卷工作组织严密，措施有力，操作规范，全程纠正评卷教师评卷工作的宽严和错漏现象，保证了各个学科评卷质量宽严适度，前后一致，确保了评卷工作的科学、公平、公正，赢得了教育部评卷工作检查组的高度肯定，《人民日报》和中央电视台都分别报道了广东省的做法和经验。

［严格审核招生章程］ 规范招生章程是实施高校招生“阳光工程”的重要内容之一。根据教育部的有关规定，所有高校的招生章程报送教育部“阳光高考”平台，经省教育厅规划处和省招生办公室审核通过方可向社会、考生公布，并不得擅自更改。各高等学校严格按照教育部和省招生委员会的有关规定，切实加强对招生“阳光工程”的领导和管理，把“阳光工程”的推进作为规范招生操作、严格招生管理的重要任务摆上各招生部门的重要日程，严格按照“阳光工程”的工作要求，结合普通高校招生的特点和本校的实际，制订切实可行的招生章程，进一步从实施主体、流程环节上细化、实化“阳光工程”的基本内容和要求。各高校在招生章程中公布的办学性质、录取条件、录取原则等信息更加清晰，录取操作规程更加规范，更加细致，操作性更强，提高了招生章程的可信度，受到社会和考生的肯定。

［严格执行录取原则］ 为坚定不移地贯彻执行国家招生政策，坚持“公开公平公正和择优录取”的原则，严格执行招生计划和录取标准，广东省将招生录取中的每一项工作、每一个环节、每一个流程都用制度的形式进行明确，对招生录取行为进行细化、实化，努力提高科学管理水平，尽可能减少人为因素对招生录取工作的影响。

（1）严格执行本、专科一分不降的政策，禁止“特批”、“点招”录取不符合条件的考生。2008年，广东省在严格执行本科一分不降政策的基础上，首次取消专科“点档”，专科录取也做到了一分不降，本、专科录取（含预留计划）坚持在全省公布的最低控制分数线上，严格按考生志愿顺序从高分到低分投档，凡未达到录取分数线或投档线的，一律不得投档、录取，严格做到“不在政策外降一分，不在政策外特批一人”。

（2）严格按照招生章程择优录取。本、专科招生学校严格按照向社会公布的招生章程择优录取，不准降低投档要求指名录取考生或照顾录取不合格考生。

（3）严格执行“三关”审批程序。在招生录取过程中，广东省坚持实行档案投放和录取审批两个“把三关”的制度，避免人为疏漏和管理失控，确保了录取工作井然有序。

［严格信息公开操作规程］ 2008年，广东省进一步完善招生录取信息公开制度，加大招生录取信息公开的工作力度，规范信息公开的操作规程，加大公开信息量，明确信息发布的方式、内容、时间和要求。在录取阶段，全面、准确、及时、广泛发布有关招生录取信息，确保录取工作实行“阳光作业”。在招生宣传和录取信息公开方面，一是公布各分数段考生人数；二是公布招生院校第一志愿上线考生人数、第一次投档分数线和投档人数；三是公布未完成招生计划院校缺额情况；四是公布生源不足院校调整分数线的情况；五是及时解答考生、家长来信来访，并对信访热点问题定期集中公开答疑，使招生录取工作

经得起社会质询和检验；六是对每批次完成录取审批的院校，及时上网公布，使考生能够迅速及时地查询录取结果。

[制定颁布《广东省普通高校招生考试改革调整方案》]　为深入贯彻落实科学发展观，积极推动广东省招生考试制度改革发展，根据教育部《关于普通高中新课程省份深化高校招生考试改革的指导意见》精神，为建立全面、综合、多元化的评价制度和科学、合理、多样化的人才选拔制度，以满足人民群众对高考公平公正的要求，广东省在认真总结 2007 年高考方案的基础上，提出了高考方案改革的构想。2007 年高考结束后，为完善高考方案，广东省教育考试院组织了广泛深入的调研，与兄弟省市同行和各方面专家进行深入交流；在全省 21 个地级以上市及部分县、区多次召开座谈会，组织基层教育局、教研室、招生考试部门和高校、中学的负责人、教师一起探讨；在中学教师、学生及其他相关人士中开展问卷调查，广泛征求社会各界的意见和建议。在此基础上，制定了《广东省普通高校招生考试改革调整方案》，经省政府常务会议讨论通过，报教育部核准，于 2008 年 11 月 3 日向社会正式公布，将于 2010 年开始实施。

研究生招生考试

[概况]　2008 年广东省研究生（含博士、硕士）招生总计划为 20 614 人，比 2007 年增加 1 130人，增长 5.8%。其中硕士生招生计划 17 662人，博士生招生计划为 2 952 人。2008 年在广东省 26 个报名点报名参加全国研究生考试的考生总共 34 340 人，全国报考广东省 33 个硕士研究生招生单位的考生 60 802 人，报考广东省 19 个博士研究生招生单位的考生 6 981 人。实际录取硕士研究生 17 894 人，比 2007 年增加 1 330 人；录取博士生 2 985 人，比 2007 年增加 83 人。2008 年广东省研究生教育取得较好发展，南方医科大学、广东外语外贸大学、汕头大学等 3 所高校取得免试推荐硕士研究生资格。

成人高考

[概况]　2008 年，广东省成人高校招生考试报名人数再创新高，达 26.6 万人，报考人数位居全国第一。比 2007 年增长 23.5%，净增 5 万多人，占全国净增人数的一半以上。成人高校总计录取 20.2 万人（含预录数），其中本科录取 7.8 万人，专科录取 12.4 万人。

高中阶段学校招生考试

[概况]　2008 年，广东省启用了全省统一的高中阶段教育招生管理系统即高中阶段教育招生统一服务平台，建立了全省初中毕业生基本信息数据库。2008 年通过该平台进行招生录取的中等职业学校 817 所、技工学校 171 所、五年制大专 14 所，截止到 2008 年 11 月底，通过平台共录取 91.7 万人，其中普通高中录取 60.6 万人，中职学校录取 31.1 万人。平台对中职学校长年开放，在秋季招生后，中职学校还可在平台上进行春季招生。

自学考试

[概况]　2008 年，广东省自学考试开拓进取，不断加快考试管理的制度化、规范化和信息化进程，认真抓好计划编排、报名报考准备、考场安排、考试组织以及试卷评阅、成绩登录、成绩公布、毕业登记和审核等各个工作环节，严把质量关。圆满完成了全年 4 次自学考试的命题及考试组织工作。全年共开考专业 129 个（本科专业 65

个，专科专业 64 个），开考课程 1 528 门次，累计报考 745 340 人次、1 575 254 科次，毕业考生 26 735 人（本科 13 412 人，专科 13 323 人）。广东省高等教育自学考试报考人数和毕业生人数均居全国前列。

[稳步推进自学考试专业建设]　按照广东省自学考试专业建设必须适应经济建设和社会发展要求的思路，从实际出发，加强专业发展研究，合理构建开考专业体系。2008 年开考 4 个专科专业和 2 个本科专业。向全国考办申报备案开考 4 个专科专业和 4 个本科专业，专科专业主要是面向中等职业教育学生的应用型专业。逐步停考一些失去发展前景的专业。根据全国考办有关文件精神，重申和规范了 6 个医学类、药学类专业的报考条件，调整了 2 个专业的考试计划，调整了 1 门省统考课程的课程设置和 5 门省统考课程的课程代码。对省统考课程的考试大纲进行了全面清理核对，开展了对 203 门课程考试大纲的重新修订和编写工作，印发了 20 门课程的考试大纲，调整了 9 门省统考课程的使用教材。

[继续推进自学考试与高职高专相沟通试点工作]　2008 年共有 1 所主考学校和 3 所高职高专院校加入合作办学的行列，2 个本科专业首次进行相沟通试点。目前，广东省参加高等教育自学考试与高职高专教育相沟通试点工作的主考学校 8 所，高职高专院校 29 所，共 33 个专业，参加考试人数累计达 15 000 多人。同时，为适应广东经济建设和社会发展对高技能岗位人才的需要，积极与省劳动厅和相关高级技工学校共同探讨，整合自学考试学历教育与高级技工教育优势资源，在高级技工学校中试行学历证书与职业资格证书“双证书”制度，开展高等教育自学考试与高级技工教育相沟通试点工作。

[切实做好自学考试宣传工作]　2008 年是《高等教育自学考试暂行条例》（以下简称《条例》）颁布 20 周年。按照全国考办的要求，结合实际情况，广东省组织开展了一系列纪念活动，以充分展示自学考试制度在构建终身教育体系和建设学习型社会过程中的积极作用，进一步扩大自学考试的社会影响。系列活动的主要内容有：召开纪念《条例》颁布 20 周年座谈会；与新浪网联合开展高等教育自学考试网络在线访谈活动；编辑出版一期《广东招生考试报·自考版（纪念〈条例〉颁布 20 周年专刊）》；开展自学考试征文活动，出版征文文集；制作介绍广东省自学考试基本情况的图文展板，宣传推介自学考试。

[稳步开展自学考试社会助学工作]　认真落实教育部关于开展高校违规招生隐患排查工作的紧急通知要求，布置各主考学校和社会助学机构认真开展高等教育自学考试招生办学隐患排查工作，深入了解主考学校和社会助学机构进行高等教育自学考试招生办学的情况，排除招生办学隐患，打击各类违规招生办学行为，进一步规范管理，维护学校和社会的稳定。在高等教育自学考试社会助学的日常工作中，严格履行检查、指导和监督职责，认真做好社会助学组织的年度登记备案工作，加强社会助学管理。2008 年共有 106 家助学单位办理了社会助学组织年度登记备案手续。

非学历证书考试

[概况]　坚持学历教育与非学历教育并重，解放思想，开拓创新，实现了非学历证书考试规模与质量的协调发展。严格执行各项考试规章制度，高标准、严要求开展各项考试工作，狠抓试卷的安全保密和考风考纪建设，确保非学历教育考试在安全保密和考风考纪方面不发生重大责任事故，促进非学历教育考试的健康发展。2008 年

广东省非学历证书考试共开考全国大学英语四六级考试、全国计算机等级考试、全国英语等级考试、剑桥少儿英语学习系统考试、非学历（行业）证书考试等14个项目，全年累计报考约143万人次，162万科次，比2007年分别增长约10%和6%，初步形成了学历教育与非学历教育并重的局面，实现了非学历证书考试在规范中稳步发展的目标。

供稿：广东省教育考试院
撰稿：周鹏程
审稿：杨开乔

广西壮族自治区

综　　述

2008 年，广西组织实施的教育考试项目共 14 个 31 次考试。其中，国家教育统一考试 4 项共 9 次，包括普通高考（含体育高考、艺术高考）、硕士研究生招生考试、成人高考、高等教育自学考试；非学历证书考试有 9 个项目，共 18 次考试；大学英语四、六级考试和英语应用能力考试共 4 次；全年平均每个月有 2.6 次考试。

普通高考

[概述]　2008 年，广西高考报名人数 303 778 人，比 2007 年增加 9 335 人，增幅 3.17%。其中，参加全国统考人数 295 719 人，比 2007 年增加 10 427 人，增幅 3.65%。考生中，少数民族考生 115 563 人，占考生总数的 38.04%。

2008 年，广西艺术高考报考人数 16 247 人，比 2007 年增加 779 人，增幅 5.04%。其中美术类 11 930 人，比 2007 年增加 742 人，增幅 6.63%；音乐、舞蹈类 3 594 人（舞蹈类 359 人），比 2007 年增加 81 人，增幅 2.31%；播音与主持艺术专业 941 人，比 2007 年增加 174 人，增幅 22.69%。

2008 年，广西体育高考报名总人数为 6 682 人，比 2007 年减少 256 人，减幅 3.69%。其中体育本科 6 679 人，比 2007 年减少 172 人，减幅 2.51%；体优统测 385 人，比 2007 年减少 22 人，减幅 5.4%。

普通高校招生考试工作试题安全保密，考风考纪良好，录取规范有序，胜利实现在北京奥运之年“平安高考”的既定目标。共录取新生 181 032人,其中本科 76 235 人,专科 104 797 人。

[高考与奥运圣火传递同时顺利进行]　2008 年，广西的普通高考因为与奥运火炬传递时间重叠而具有特殊的意义。在自治区党委、政府的统一部署下，广西教育厅、招生考试院与公安、交通等部门一道，采取多项措施，确保了高考与奥运圣火传递同时顺利进行。南宁市、百色市政府在制定奥运圣火传递方案时充分考虑了高考因素，调整了圣火传递时间和线路，尽量避开考试时间和考点。两市公安交通管理部门为高考开通了绿色通道。在奥运圣火传递期间，高考平安顺利进行，没有考生因为奥运圣火传递而误考。

[试题安全保密]　广西把高考试题的安全保密作为高考的第一要务来抓，切实做到了“五到位”：（1）领导目标责任到位，按照“平安高考”的要求，逐一分解目标和责任，并签订目标责任书；（2）制度建设到位，进一步完善了规章制度并强化了管理措施，如制作《试卷、答卷保

密室现状登记表》、《保管人员情况登记表》、《保密室日志》、《值班记录本》等；（3）安全保密教育到位，针对考务工作的不同岗位人员，分层次进行保密教育和培训，切实增强他们的保密意识。（4）关键环节管理到位，试卷从印制、分发、运输到回收，每一个细节都做细做实，做到每个岗位有专人负责；（5）检查监督到位，更新改造了监控系统；在试卷存放到保密室之前，各地联合公安、保密部门对保密室进行了多次检查，查找漏洞，及时整改，消除隐患。2008 年，广西高考试题没有失泄密等安全事故发生。

[严肃考风考纪] 2008 年，广西采取五项管理措施，严肃考风考纪，维护了良好的考场秩序。

（1）加强对考生的诚信考试教育和管理；

（2）加强考试工作人员的选拔、培训和管理，持证上岗；

（3）严厉打击利用现代通讯手段团伙作弊，严肃查处、打击非法制销、使用作弊工具行为；

（4）加强巡视，强化对考风薄弱地区的管理，自治区教育厅各位领导和自治区监察厅领导分别带队深入各地对高考工作进行检查、指导，自治区向各市、县选派了 273 名巡视员，各市也选派 250 名巡视员到各县（市），检查试卷保管和考试情况，协助做好考试工作。对历年来高考管理比较薄弱的县、市，自治区招生考试院派出 25 名专职干部驻点巡视；

（5）严格考试组织管理。由于措施到位，2008 年，广西没有发生群体性舞弊事件，考生考试违规率为万分之一点三，维持在历史最低点。

[深入实施高校招生“阳光工程”] 2008 年，广西高校招生录取工作深入实施高校招生“阳光工程”，各类招生考试信息公开，宣传工作到位，招生录取工作公平、公正，特别是在录取现场继续设立专门的监察和咨询组，接待考生、家长咨询，受理群众投诉，因此 2008 年群众对普通高校招生的反映比较平静，来访量比往年大大减少。在整个招生录取过程中，监察和咨询组共接到来访来电 4 215 人次，其中约有 10% 是来访，90% 是来电的，而且绝大多数是咨询出档、录取情况，询问有关信息。投诉件比较少，只有 60 人次。

[继续推进高考配套改革] （1）实施高考报名时间改革。分类报名，即分艺术类、体育类和普通类；报名开始时间提前，报名工作在 1 个月内完成，比往年缩短了 1 个月时间。这项改革，既解决了艺术类考生参加广西艺术类专业统考和参加区外艺术院校专业考试的矛盾，也使高考报名工作更加紧凑。

（2）实施艺术高考命题方式改革。2008 年，广西借鉴外省的经验，聘请区外院校的专家命题，取得了较好的效果。

（3）实施英语口语考试模式改革。2008 年，广西高考英语复试的英语口语考试引入计算机辅助考试模式（即人机对话的考试形式），较好地解决了英语考试目前存在的问题和困难，考试整体上是顺利的，达到了改革的目的。

研究生招生考试

[概况] 2008 年，广西报名参加硕士研究生入学考试的共 13 405 人，比 2007 年减少 1 077 人，减幅 7.7%。其中，报考区内招生单位共 10 836 人，比 2007 年减少 2 041 人，减幅达 15.8%。广西报考“少数民族高层次人才培养计划”的人数，硕士 646 人，比 2007 年增加 221 人，增幅达 52%；博士 214 人，比 2007 年增加 83 人，增幅 63.3%。区内高校录取硕士研究生 5 949 人，比去年增加 470 人，增长 8.6%。录取博士研究生 156 人，比去年增加 19 人，增长 13.9%。

[严格管理，规范操作]　2008 年，为确保研究生招生入学考试顺利进行，广西完善方案，周密安排，确保试卷印制运送的安全保密；加强考试环境的综合治理，净化考试环境；加强网上监控，对于研究生考前辅导班工作进行综合治理，加强对校园内的小广告的清理，减少不良信息对考试的影响；加强考试巡视工作，建立与公安、信息部门配合的联动机制，确保考风考纪良好；统筹安排，按时完成评卷工作；加强复试工作指导，规范复试工作；采取措施，稳定复试考生；争取增加计划，扩大招生规模。

成人高考

[概况]　2008 年，广西共有 97 049 人报名参加成人高考，其中高升专 57 839 人，高升本 1 716 人，专升本 37 494 人（含免试生 5 人），总规模与 2007 年大致持平，连续两年实现了报考生源与招生计划不倒挂的目标。

2008 年，广西共录取新生 90 230 人，录取率为 93%，录取人数创 2005 年以来的新高。其中，高升专 54 306 人，高升本 1 409 人，专升本 34 515 人。区内高校 76 366 人，区外高校 13 864 人。

[做好宣传发动工作]　协调各高校精心设计宣传方案，以考试院网站、广播电视、报纸为宣传主阵地，开辟成人高校招生专栏，联合开展多渠道、多层次、全方位的宣传；更加注重发动中职应届毕业生报考高升专；延长网上报名系统开放时间；在重新开通报名系统期间，有几千人得以报名确认。

[加强考务管理]　2008 年，为确保成人高校招生考试顺利进行，广西加强领导，强化管理，精心组织；加强涉考人员的业务培训，增强责任意识，规范操作；加强巡视，强化监督；强化考试规范化管理，严肃查处违纪作弊行为，确保考试顺利进行。

2008 年广西成人高考报名首次实行现场确认预约制，有效地避免了考生扎堆确认现象，减轻了工作压力，减少了考生排队等候的时间，得到各地市招办和考生的一致好评。

[改革录取方式]　2008 年，广西首次成功实施成人高校招生远程网上录取工作，极大地提高了录取工作效率、减轻工作压力、减少开支，取得了考生满意、学校满意、社会满意的良好效果。

自学考试

[概况]　2008 年，广西共组织了 3 次高等教育自学考试，参加自学考试合计 137 687 人次，274 250科次，比 2007 年分别减少了 20 190 人次和 35 598 科次。2008 年，广西新生报考人数为 13 866 人，与上年相比减少 1 705 人。参加助考班沟通考试为 12 695 人次和 30 656 科次，比 2007 年增加了 10 295 人次和 3 152 科次。

[自考考试管理进一步规范]　（1）专业建设、考试计划及教材管理工作得到加强。整理、建立开考专业档案的工作，通过了全国考办委托山东省自考办对广西进行的自考专业档案的审核，并上报全国考办审批。

（2）考试的组织管理工作更加严密。

（3）考籍管理更加严格。完成了 2007 年下半年及 2008 年上半年毕业审核工作。

（4）充分利用考试院的门户网站开展自学考试宣传。编印 3 万份《高等教育自学考试指南》宣传册，在《2008 年普通高考报考指南》上刊登自学考试宣传资料，开展纪念《高等教育自学考试暂行条例》颁布 20 周年征文活动。

（5）成功开发了自考信息查询系统。

（6）在南宁、桂林、柳州 3 个主要地级市成功设立了全国计算机等级考试试卷集中保管点，试卷保管安全系数大大提高，保证了考试的安全进行。

[自学考试命题管理]　2008 年，广西加强自学考试命题的组织管理工作，进一步完善试题的卷库建设；加强对命题教师队伍的管理，建立并不断完善自考命题教师信息库；加强自学考试命题审题工作，把好命题质量关；积极开展省际之间的自考命题交流工作，相互交叉组织命题；完成了全年高等教育自学考试区内的自主命题工作（412 门课程）。

[推行自学考试网络助学]　2008 年，广西把开展高职高专与自考本科衔接沟通作为工作的切入点，开展网络助学，使之成为高职高专在校生进行自学考试助学活动的有效形式之一。这一形式的优点在于，一方面学费相对低廉，可以减轻学生经济负担；另一方面学生接受助学的时间灵活，不影响他们的正常学习，也不影响高职高专的正常教学秩序。

社会考试

[概况]　2008 年，广西共开考非学历考试项目 9 个，合计 70 129 人（科）次，与 2007 年度的 62 122 人（科）次相比，增加了 3 093 人（科）次，增幅为 0.05%。其中，全国计算机等级考试 50 627 人次，全国英语等级考试 3 397 人次，剑桥少儿英语考试 2 979 人次，全国中小学教师教育技术水平考试 4 571 人次，调查分析师证书考试 318 科次，机械工程师资格认证考试 16 科次，中国物流职业经理资格证书考试 6 029 科次，中国市场营销经理资格证书考试 41 科次，中英合作采购与供应管理职业资格证书考试 232 科次。

[大学英语四、六级考试和英语应用能力考试]　2008 年，广西大学英语四、六级考试和英语应用能力考试的报考人数总计达到 501 145 人，比 2007 年增加 59 429 人，增幅为 13.5%。其中上半年 243 067 人（四级 126 433 人，六级39 363 人，小语种 278 人，英语应用能力76 993人），下半年 258 078 人（四级 124 723 人，六级53 103 人，英语应用能力 80 252 人）。

[社会考试管理体制改革见成效]　自 2008 年下半年起，广西开始实施社会考试管理机制改革，将全国计算机等级考试等 11 项非学历证书考试项目的考务工作由行政管理转为服务性管理，使社会考试项目迈向市场化、社会化。同时，狠抓试卷的安全保密和考风考纪，社会考试项目组织严密，没有失密、泄密、群体舞弊等现象发生，全年各项考试顺利进行。

供稿：广西壮族自治区招生考试院
撰稿：宋潇潇　胡兆阳
审稿：杨伟嘉

重　庆　市

综　　述

[概况]　2008 年，重庆市共组织各类招生考试 30 次；共有 94.6 万人次考生参加研究生、普通高考、成人高考、自学考试、社会考试；为各类高校录取 19.2 万人，自考毕业 1.1 万人；命制各类考试试题 1 166 套；全市招生考试规模保持了持续增长态势。

[加强宣传、信访工作]　全年统筹安排各类招生考试宣传工作，联合电视台、广播电台、报刊网络等媒体，采取政策咨询、志愿填报指导等全方位宣传形式服务考生；全年共组织大型新闻发布会 3 次、现场采访报道 14 次、专题节目直播 4 次，发送各类新闻通稿 94 篇；出版《重庆招考信息》142 期，共编辑稿件 2 400 篇，图片 600 张，每期发行量达 14 万份，全年总发行量为 1 778万份；与《工人日报》联合推出“纪念《高等教育自学考试暂行条例》颁布 20 周年”和“全国《十佳自考生》宣传活动”；高度重视信访工作，设立信访接待室，修订完善《重庆市招生自考办公室信访工作制度》，规范信访受理流程，信访量与 2007 年相比下降 40%。

[专项活动有新特色]　全年共开展“科学发展观实践活动”等 8 项专项活动。组织全办向四川地震灾区捐款 52.5 万元，缴纳“特殊党费”3.5 万元；高考期间组成抗灾救援队，协助四川考试院做好抗震救灾和高考准备工作；机关资源节约工作连续两年被评为优秀单位；“执政为民、服务发展”学改活动全市机关考评居第 19 位；积极深入开展科学发展观学习实践活动，加强干部队伍培训，深入招考工作一线调研，广泛征求意见，制定切实可行措施，使党员干部受教育、事业上水平、考生得实惠。

[建立健全招生考试规章制度]　制定了《重庆市国家教育考试考务指挥中心管理办法（试行）》、《重庆市国家教育考试考务指挥中心工作手册》、《重庆市国家教育考试网上评卷暂行管理办法》、《重庆市国家教育考试网上评卷工作手册》、《重庆市教育考试诚信档案系统管理办法（暂行）》、《重庆市普通高校招生录取现场投档组管理办法》、《重庆市普通高校招生录取现场系统组管理办法》，修订了《重庆市国家教育考试网上巡查系统管理办法（2008 年修订）》，进一步规范了管理。

[完成计算机信息系统等级保护定级工作]　根据国家网络与信息安全协调小组 2007 年的工作部署和公安部、国家保密局、国家密码管理局、国务院信息化工作办公室统一安排及《中华人民

共和国计算机信息系统安全保护条例》等法律法规规定，对自考办重要信息系统开展了安全等级保护定级工作，完成了“重庆市普通高校招生录取系统”等15个重要系统的等级保护定级工作，并获得了“重庆市计算机信息系统等级保护先进单位”称号。

[加强信息安全管理]　在保障信息安全方面，坚持技术与管理并重，防内与防外并重，防范与惩戒并重的原则，志愿填报、网上评卷、录取等重要阶段，与重庆市公安局网监处等有关部门合作，提高对外防护技术，在管理上，开通数据库审计功能，严格口令管理，坚持数据库服务器口令由双人分段掌握，坚持开通审计功能，修改普通高校招生录取系统中可能造成信息泄露的漏洞，实行账号、人员、机器三绑定，有效预防盗用账号现象。

[部门联合打击高科技作弊]　召开了2008年国家教育考试安全联席会议，联合市公安局、市信产局和市保密局，采取“以干扰信号源为主，追踪危害信号源为辅”的方式，并共同制定了详细的非法无线信号监测方案，组成流动监测工作组，在研究生考试、普通高考、成人高考、自考和社会考试中对利用高科技作弊行为进行了严厉打击，进一步净化了考试环境，维护了考生利益。

[全国自学考试报刊宣传协会第十四届年会在渝召开]　10月11日，全国自学考试报刊宣传协会第十四届年会在渝召开，共有来自全国30个省市（自治区）的招生考试机构所属报刊部门代表参加。会议总结交流了各省市（自治区）开展自学考试宣传工作和办报、办刊经验；听取协会年度工作报告，并研究确定协会下一年度工作计划；选举通过了新一届协会理事会理事长、副理事长和秘书处秘书长、副秘书长。

[重视科研工作]　制订了《重庆市招考办科研工作管理暂行规定》、《重庆市招考办科研专设课题管理暂行规定》等相关文件；申报市级科研课题15项，批准立项4项；参与了全国教育考试“十一五”科研项目《考试难度研究》；承担教育部考试中心“自学考试改革和发展战略与政策研究”中“自考生群体特征与学习需求研究”子课题；形成《2008年重庆市高等教育自学考试调研报告》；与西南大学联合启动了“普通高校招生数据挖掘系统研究与开发”项目；承担《高等教育自学考试标准定位研究》、《考试大规模数据开发及利用研究》等课题；作为全国唯一的自学考试学习服务中心建设试点市，组织开展“高等教育自学考试学习服务中心建设”课题研究及相关论证工作，形成课题报告和《高等教育自学考试学习服务中心管理办法（暂行）》；编辑出版了《见证三十年——重庆市招生自考三十年》大型纪念文集。

[高质量完成各类命题工作]　2008年，重庆命题中心共组织8次命题会议，命制市考课程近900门，提供1 106套试卷清样，统考课程32门，向其他省市提供60套统考试卷清样。市考课程合格率达到56.11%，比去年提高了近2%，接受委托命题1次。继续完善了命题管理信息系统，所有命题相关数据进行计算机数据库管理；在总结经验的基础上，对命题、审题、组卷、研磨等各个环节进行精心设计和组织，所命制的统考试卷经32个省、自治区反馈，在信度、效度、难度的把握上较高，市考课程在规范性和科学性上经4次考试检验，达到了零误差。

普通高考

[概况]　2008年，重庆市普通高校招生各类报考人数189 167人，比2007年增加11 818人，

增幅为6.66%。其中，报考普通高校169 611人，比2007年增加13 579人，增幅为8.7%；三校生报考高职12 731人，比2007年增加829人，增幅为6.97%；预科直升生为2 171人，体育单招考生119人，残疾单招考生11人，中职直升生为3 268人，软件示范类考生1 256人。全国共有1 205所高等学校在渝招生，原始招生计划111 225人，其中普通文理科94 698人、体育类859人、艺术类6 975人，职教师资班459人、三校高职专科班5 637人，少数民族预科916人，中职直升1 181人，软件示范生500人。实际录取新生123 266人。高考总录取率为65.31%，比2007年的65.85%减少了0.54%。其中，本科层次的升学率为33.01%，专科层次的升学率为32.30%；文史类录取新生34 798人，录取率达57.18%，占28.23%；理工类录取新生65 699人，录取率达61.88%，占53.30%。

[丰富完善考生电子档案]　2008年，重庆市高考电子档案中增加了《重庆市普通高中学生综合信息表》，涵盖考生公民素养、团队协作与人际交流、学习态度及能力、体育运动与身体状况、社会实践服务、特长与个性发展、创新能力与获奖情况、专业志趣意向及看法等内容，向录取院校提供更加全面、客观的考生信息，为录取提供更多的参考，改变把高考分数作为唯一录取标准的现象。各高校反馈良好，认为有利于全面、综合选拔人才，有利于新课改的推进，改革效果十分明显。

[深化高职单独招生改革]　2008年，重庆市在去年进行高职学院单独招生试点成功的基础上，继续深化改革，在高职单独招生中试行“一档多投”的探索，考生和高校间实现了双向选择。试点高校自主组织入学测试，自主确定入学标准，自主实施招生录取，根据高职教育特点注重考查考生多种相关能力，根据专业要求采取形式多样的面试，招生章程、录取标准、过程和结果公开，得到考生和社会一致认同。参加试行高职单独招生的高校4所，计划招生2 000人，报名14 935人，录取2 613人。

[试行自主选拔中职优秀毕业生]　2008年，重庆市首次试行了中职自主招生改革，达到条件的优秀的中职毕业生通过本人申报、广泛公示后由学校推荐，再经高职院校测试，市教委资格审查后录取到高职院校学习，开通了中职学校和高职院校之间的“直通车”。此举对于促进中职教育的发展、创新中职学生科学评价体系、强化中职学生的技能基础，实现中等职业教育和高等职业教育的有效对接、培养适应经济社会发展多层次的高技能人才，具有十分重要的意义和作用。

[全面实施二次志愿征集]　2008年，重庆市继续扩大二次征集志愿的批次，除提前批本科和提前批专科外，其余各批次取消志愿调配，录取中统一公布未完成的院校专业招生计划，面向全体考生实施二次征集志愿。此举进一步增加了招生工作的透明度，增大了考生的录取机会，进一步体现了公平公正，有利于招生计划的顺利完成。今年面向全市公开征集的院校数为384所，计划数为10 303人，有39 055名考生补填了有效志愿99 673条，最终录取了8 862人。

[普通高考远程网上巡考视频会议圆满成功]

2008年6月7日上午，教育部召开普通高考远程网上巡考视频会议，中共中央政治局委员、国务委员刘延东亲自到教育部国家教育考试考务指挥中心视察，并与部分省市领导通话，中共重庆市委常委、常务副市长、市招委主任黄奇帆及四大班子领导亲临重庆市国家教育考试考务指挥中心参加会议，并通过远程网上巡考系统视察了重庆市部分考点的高考情况。

[**抗震保考工作出色**]　2008 年的高考适逢北京奥运会前夕，形势非同寻常。5 月 12 日四川汶川发生了 8.0 级强地震，又给高考工作带来了新的压力和严峻挑战。重庆市作为受灾区，面对今年自然灾害和其他因素的影响，狠抓考试安全。黄奇帆常务副市长亲任高考安全工作应急处置领导小组组长；主管安全稳定工作的刘学普副市长于 5 月 31 日亲自组织召开了全市普通高考安全稳定工作会；市教委、市招办也多次专题研究高考工作。对考点学校、考生住宿地房屋以及周边建筑、山体、河流等逐一进行排查，及时消除隐患，同时准备了备用考点和考生安置场所；做好预案，强化培训，重点做好监考员应对余震和次生灾害时的处置培训以及组织考生进行疏散演练。通过全市上下的努力，高考在全市 40 个考区、121 个考点顺利进行，抗震保考取得圆满成功。

[**全面网上评卷顺利完成**]　2008 年，重庆市高考网上评卷工作在西南大学进行。市政府副秘书长涂经平亲任评卷工作领导小组组长，37 名专家、教授等组成评卷指导委员会，总计评卷教师 1 000 余人，管理和技术人员 50 余人，工作人员 120 余人，安全保卫人员 200 余人。主要采取了四条措施保证评卷质量：一是采取试卷“四评制”；二是将一定比例的试卷评后再发给本人“复评”；三是切实加强监控、监督和检查力度，共抽查了近 2 万份考生试卷；四是自行开发登分系统与原登分系统分别独立工作，校验登分结果，杜绝登分错误。通过以上措施，确保了高效率完成评卷工作，实现了统分工作的零差误。

[**举行网上咨询活动**]　6 月 13 日至 15 日，重庆市招办组织开展了普通高校招生网上咨询活动。2008 年的网上咨询活动除市招办外，还有北京大学、清华大学、中国人民大学、北京师范大学、同济大学、重庆大学等 394 所高校参与了咨询活动，通过网络对考生提出的问题给予了详细的解答。这种咨询方式方便了考生和高校，避免了因考生、家长大量聚集而可能引发的安全隐患。市招办和各高校招生工作人员共回答考生问题 18 592 个。

[**全面实施网上填报志愿**]　2008 年 6 月 26 日至 28 日，重庆市继续全面实行统一网上填报志愿。市招办投入资金完善网络设施，将网络带宽由 10 兆增加到 100 兆，制定了详细的工作方案和预案，召开了填报志愿指导会议，明确志愿填报方法、步骤和重点；联合重庆大学、重庆市公安局网监大队参与，市招考办各处、各区县招办积极配合，市纪委全程监督；在填报志愿期间，市、区（县、自治县）招办安排专人 24 小时电话值班，解决志愿填报中遇到的问题；各学校也提供了网络教室，组织、指导考生进行填报；志愿填报整体工作安全、有序，共有近 20 万考生填报了 108 万条高考志愿。

[**深入推进“阳光工程”**]　市招办进一步解放思想、大胆尝试，为了把高考工作建设成为老百姓真正相信、放心的“阳光工程”，切实开展“阳光高考系列活动”，以实际行动取信于民。6 月 12 日上午，重庆市招办组织了 50 余位市人大代表、市政协委员、考生和家长以及新闻媒体记者首次走进高考评卷场，让他们了解到高考评卷的流程和管理措施，首次开放“禁区”，打破神秘。此举受到了社会的充分肯定和高度评价，中央电视台两次播报了这一举措。7 月 19 日，重庆市招办组织了 50 余位人大代表、政协委员、考生和家长代表、教师代表以及社会各界人士和新闻媒体记者首次走进高考录取场，各位代表表示本次参观活动不仅让他们了解到录取的各个环节，看到了严格的管理，更让以前心中存在的顾虑烟消云散，使他们对录取工作的公平公正更加放心。

[普招录取各类文考最低控制分数线] 6月23日，重庆市招生委员会确定了本市普招录取各类文考最低控制分数线，各类文考控制分数线划定情况：(1) 普通文理类：本科第一批（文科576分、理科544分），本科第二批（文科510分、理科488分），本科第三批（文科466分、理科456分），高职（专科）一阶段（文科444分、理科430分），高职（专科）二阶段（文科334分、理科316分）；(2) 体育类：本科第一批390分（专业88分）；本科第二批354分（专业78分），高职（专科）批310分（专业70分）；(3) 艺术类：本科批：音乐师范专业360分、音乐非师范专业280分，美术专业328分，编导（含广播电视编导、导演、戏剧影视文学）专业380分，美术学史论专业400分，影视表演专业320分，舞蹈表演专业200分，播音主持355分；高职（专科）批：音乐师范专业310分、音乐非师范专业240分，美术专业242分，编导专业355分，影视表演专业258分，舞蹈表演专业170分，播音主持专业306分；(4) 职教师资本科：财经类617分，电子类517分，涉外与旅游类596分，计算机类593分；(5) 三校高职类：种植与养殖类366分，建筑类300分，财经类344分，电子类344分，机械类383分，涉外与旅游类395分，公关文秘类311分，计算机类342分，医药与卫生类391分，艺术服装类130分；(6) 中职直升生：在专业合格的前提下，语文、数学、英语3科总分126分；(7) 软件示范生：在专业合格的前提下，语文、数学、英语3科总分216分；(8) "高分二视一"最低控制线：文科610分，理科630分。

研究生招生考试

[概况] 2008年报考重庆16所硕士生招生单位人数总计22 011人，比2007年报考人数减少2 306人，下降9.48%，招生规模为10 968人（含少数民族骨干计划145人）。其中，两所部属院校招生规模6 094人（含少数民族骨干计划145人）；9所市属院校招生规模4 856人；中共重庆市委党校招生规模12人；1所科研机构招生规模6人，与2007年同口径招生规模相比增加777人，增长幅度为7.62%；博士生招生规模1 038人，比2007年增加29人，其中，国家计划增加82人，博士研究生总规模和国家计划增加比例分别为2.87%、10.70%。2008年重庆实际录取硕士研究生共10 992人（含农村教育硕士和少数民族骨干人才），比2007年实际录取人数增加778人，增长幅度7.62%。录取博士研究生1 094人，比2007年增长7.47%。

[加大对高科技作弊行为的防范和打击力度]

市招办为各报名考试点配备了一、二代身份证鉴别仪、手持式金属探测器和隐形耳机探测仪，有效地防范和打击了利用假身份证替考、携带隐形耳机进入考场等作弊行为。同时下发高科技作弊工具的图片和视频要求各报名考试点对监考教师进行严格的培训，留意可疑考生和物品。

[新增开展推免生高等学校] 7月上旬，市招办成立"重庆市遴选2008年新增推荐免（初）试硕士生单位专家评审委员会"，对2所申报开展推免生工作的高等学校进行了评审，推选重庆交通大学为新增开展推免工作的高校。

[加强对考研辅导活动的监管和整治] 11月，市招办根据《教育部办公厅关于严禁研究生招生单位举办考研辅导班的通知》（教学厅［2004］15号）精神，要求各高等学校、报名考试点对校园内的考研辅导活动宣传单、宣传牌进行清理，净化校园环境。

成人高考

[概况]　2008年全国共有66所成人院校在渝招生，其中市属院校41所，市外及部委属院校25所。公布招生计划总数43 634人，比2007年减少了1 924人，降幅为4.2%。其中层次计划结构为：专升本计划14 940人，占计划总量的34.24%；高起本计划2 761人，占计划总量的6.33%；高起专计划25 933人，占计划总量的59.43%。2008年全市成人高校招生各类报名总数为62 571人，比2007年增加14人。其中专升本7 023人，比2007年减少2 798人，降幅近30%。高起本3 591人，比2007年减少736人，降幅约为17%。高起专51 957人，比2007年增加3 548人，增幅达到了7.3%。截至2008年12月28日，共录取新生46 398人，升学比例为74.15%。其中专升本5 953人，高起本2 335人，高起专38 110人。总人数与2007年相比增加了565人，增幅为1.23%。

[成招录取最低控制分数线]　专科起点升本科文史、中医类：200分；艺术类：160分；理工类：130分；经济管理类：120分；法学类：170分；教育学类：170分；农学类：160分；医学类：160分。高中起点升本科文史（外语）类：230分；文史（艺术）类：150分；理工（外语）类：215分；理工（艺术）类：150分。高中起点升专科文史类：248分；文科（艺术）类：180分；文科（体育）类：210分；理工类：248分；理科（艺术）类：190分；理科（体育）类：210分。

[推进“乡镇人才”计划实施]　贯彻落实“重庆市农村乡镇人才队伍建设计划”，统筹推进城乡人才资源开发，加大农村乡镇人才开发力度，不断优化农村乡镇人才队伍结构、提高人才队伍素质。全市“乡镇人才”考生报名人数为1 230人，实际参加成人高考1 064人，最后录取888人，有效升学率83.5%。

自学考试

[概况]　2008年，重庆市自考办共组织进行13类27次考试，共计报考722 514人次。其中，学历教育考试4次，共计报考279 708人、601 981科次；非学历教育考试21次，共计报考436 578人；受重庆市委组织部委托，成功组织了优秀大学毕业生选调考试，共计报考6228人、12 456科次。全年共毕业11 653人，其中，专科3 663人，本科7 990人。

[专业设置]　开考专业总数为136个，其中专科层次专业71个（含试行审批开考的专科专业17个、中英合作开考专科专业2个），本科层次专业65个（其中开展沟通衔接考试专业30个），所有开考专业覆盖8个一级学科，19个二级学科。其中，全国统一考试计划专业64个，占全市开考专业总数的47.06%。

[社会助学组织]　执行严格的社会助学组织登记和审批制度，对全市社会助学组织资格进行全面清查，对新申报单位进行实地考察，不符合条件者一律不予接受参与自学考试助学工作。9月至11月，完成2008年度自考助学单位信息登记工作。重庆市注册登记并经教育行政管理部门批准的社会助学组织共有49个。其中普通高校（成人学院）22所，占45%，成人高校、民办高校、部门培训机构以及其他形式的培训机构27个，占55%。数据显示，普通高等学校仍然是助学的中坚力量。

[**学历教育考试规模稳中有升**] 与2007年相比，2008年学历教育考试总报名人数增加13 383人，总科次增加26 129科，新增考生3 304人，前几年考试规模连续下滑的趋势有所缓解，并逐步呈现上升势头。

[**优化专业结构、完善课程体系**] 主动适应地方经济社会发展需要和多层次、多形式的教育需求，积极拓宽高等教育自学考试教育面向，合理进行专业“关停并转”和专业计划调整。新开考1个本科专业、1个自主审批专科专业和2个衔接考试专业，完成10个停考专业的衔接过渡方案，调整3个一类助学专业面向社会开考，调整艺术类专业考试计划和实作课程。

[**加强非统考课程教材建设**] 对于非统考课程，尽量选择质量高、版本新、符合自学考试特点的正式出版书籍作为自学考试教材。2008年使用的统编教材约544门，非统编教材约741门，更新相关专业教材及大纲约40门。

[**改革课程考核方式，强化教育功能**] 自2008年7月起，在一类助学中对高等数学（一）等20门课程试行统一考试成绩与综合评定成绩按7:3比例折算为该课程单科成绩的课程考核及其成绩评定方式，使考生成绩评价方式更为合理。

[**深化与其他教育形式的沟通衔接**] 进一步优化高职高专与部分高教自考本科衔接试点工作程序，实行全市统一制卷，确保安全、规范。5月17日至18日和11月15日至16日，举行两次高职（专科）与自考本科衔接考试。在此基础上，11月13日，召开了中职中技与自考专科衔接专题研讨会，着手开展“自学考试与中职中技教育形式衔接考试”试点工作。

[**遴选民办学院作为自考主考学校**] 5月5日，对重庆信息技术职业学院（民办）申报主考院校进行实地评估，经专家委员会评估原则通过，5月14日，批复其作为计算机网络及应用专业（专科）主考学校。这是民办高校作为主考学校的首次突破。

[**进一步规范考务管理**] 修改制定了《重庆市高等教育自学考试考务工作细则》和《重庆市高等教育自学考试考务工作手册》（试行稿），审核、录制了《自学考试考务培训光盘》，编制《2008年高等教育自学考试工作日程》，做到有规可依、有章可循。

[**进一步规范考籍管理**] 进一步完善了考籍管理工作责任制，完善了考生电子考籍建档工作，出台了《高等教育自学考试考籍管理工作细则》，向考生和社会广泛提供自考信息查询。共办理转出考生1 060人次、4 220科次，接收外省转入考生2 045人次、6 523科次；办理课程免考5 144人次、9 513科次。补办毕业证书51件，接受查询毕业证书真伪121人次，出国资料翻译件审核办理26人次。

[**举行自考网络在线访谈活动**] 按照教育部考试中心统一部署，8月5日，重庆市自考网络在线访谈活动顺利进行。全面宣传重庆市自学考试发展趋势和改革新举措，利用网络现场详细解答考生咨询。市招考办主任邱可、副主任唐大庆亲自在线答疑，超过2 000名考生参与此次活动，宣传效果十分明显，受到考生和教育部考试中心肯定。

[**信息化进程加快**] 为推进国家教育统一考试信息平台建设做了大量基础工作，初步实现自考管理业务工作中的信息与二级考试机构和主考院校的实时交互，主要体现在：考务信息（通知、非保密文件等）交换，考试差误信息、阅卷安排

无纸化传递，考籍信息实时网络查询，专业课程开考计划、座签、考试成绩等也实现了网络查询。

[改革试卷分发方式，提高工作效率] 将黔东南、东北及沿线分成3个片区，以丰都县、云阳县和黔江区作为市考办自考试卷2级分发点，授权这3个区县对其沿线县的自考试卷实行送达和代发工作，通过优化组合，有效降低边远区县办考成本。

[专业审议专家组换届] 12月26日，召开全市专业审议专家组工作会议。由于上届专业审议专家组3年任期已满，会上新聘任了42位来自不同学科领域的专家教授，分别构成了9个专业类别的专家组。

[评选优秀自考生] 根据全国考办要求，坚持公开、公平、公正的原则，经各区（县）、主考学校自考办推荐，经公开测评和领导研究，最终审议确定了李宣章、帅育强、邱驷、熊安林等4位考生作为优秀自考生推荐人选。12月13日，全国考办主任会议暨优秀自考生表彰大会在北京举行，重庆市4名考生受到表彰，并有2名考生出席了表彰大会。

社会考试

[概况] 2008年，共举办21次11个项目的考试，共计报考436 578人。其中，全国计算机等级考试（NCRE）72 724人，全国英语等级考试（PETS）2 458人，全国剑桥少儿英语考试1 745人，全国大学英语四、六级考试（CET）358 322人，非学历证书考试1 329人、3 004科次。总体来看，非学历教育考试报考规模稳中有升，与学历教育并重并举的局面逐步显现。

[调研非学历证书考试项目发展状况] 配合教育部考试中心，为进一步规范非学历（行业）证书考试的管理工作，组织开展了非学历（行业）证书考试项目发展状况调研，结合工作实际，汇集相关行业、考点和培训机构的意见和建议，认真及时填报《非学历（行业）证书考试项目发展状况调查问卷》。

[加强与行业部门的合作] 进一步加强与行业部门的沟通与协作，积极探索和完善与部门、行业、高校合作开考的机制，加大对合作行业部门的协助力度，为其提供人员和技术支持，确保考试工作的有序和相关数据的准确。

[圆满完成CET评卷及查询工作] 全年圆满完成全年123万余份的评卷任务，其中，上半年共承担614 750份四级主观题的阅卷工作，下半年共承担618 155份四级主观题的阅卷工作；开发了重庆市CET网上查询系统和CET通讯录网上查询系统，并整合在重庆市自考信息平台中。

[参加第六届全国社会考试论坛] 作为主办方之一，积极配合北京教育考试院，全程参与第六届全国社会考试论坛相关筹备和宣传工作。11月，论坛在北京顺利召开。重庆市先期组织部分专家展开调研，共向论坛提交8篇论文，并在论坛上做了主旨演讲和平行发言。

供稿：重庆市大学中专招生委员会办公室
重庆市高等教育自学考试委员会办公室
撰稿：李　萍　刘　志　江　涛　胡松涛
黄纯雁　周呈维　关玉林　徐　海
审稿：邱　可

四　川　省

综　　述

2008年，是四川招生考试史上极不平凡的一年。2月的雪灾、5月的地震、8月的奥运，教育部提出平安高考的要求，四川高考人数再创新高，工作的艰巨性和复杂性增大。特别是5月12日发生的汶川特大地震，破坏性之强、波及范围之广、救灾难度之大，历史罕见，使四川招生考试工作面临空前的困难和挑战。全省招生考试工作人员在教育部、省委、省政府和省教育厅的坚强领导下，在各有关部门的大力支持下，临危不惧，万众一心，众志成城，忘我奋战，圆满完成了各类招生考试工作任务，谱写了一曲抗震保考的壮丽凯歌，得到了教育部、省委、省政府的高度肯定，省教育考试院被省委、省政府和省教育厅授予“抗震救灾模范集体”光荣称号。

总　　类

[抗震保考 决策科学]　“5・12”地震发生时，离6月7日高考只有26天。面对灾情，省教育厅紧急启动突发事件应急预案，涂厅长亲自坐镇，现场指挥抗震保考工作。省教育考试院按照厅党组的要求，迅速成立了抗震保考办公室，克服时间紧、任务重，道路中断、通讯不畅、余震不断、次生灾害接连发生、没有任何经验可循的重重困难，以最快的速度摸准了全省受灾情况，及时向省教育厅党组、省政府、教育部领导作了汇报。省政府审时度势，并报经教育部批准，作出了受灾严重地区延期高考的决定，同时，根据听力设备受损严重和余震不断的实际情况，取消了全省高考听力考试。并专门成立了抗震保考应急指挥中心，召开了抗震保考电视电话会议，下发了做好高考工作的紧急通知，为抗震保考提供坚强组织保证。教育部学生司、考试中心第一时间启动应急预案，先后派出8个工作组莅临四川指导抗震保考工作。在整个抗灾保考中，全省每个重要环节的安排，每项重大决策，以及工作方案和预案制定，都包含教育部学生司、考试中心领导的智慧和心血，为抗震保考提供了有力指导。

[以人为本 确保考生安全]　地震发生后，余震不断、次生灾害时有发生，抗震保考没有任何经验可循，采取措施确保考试安全是抗震保考圆满成功的关键。

（1）以人为本，精心制定和落实工作方案和预案。工作方案和应急预案科学性、操作性强，体现了对考生安全的关爱之意。

（2）狠抓落实。按照省上的统一要求，各地科学选择考试用房和设置考点，逐一进行抗震检测，千方百计搭建舒适的板房考场，落实考点防震、防暑、防雷、防洪、防疫和消防措施，清理考点建筑附属物，设立临时应急场所，开展防震疏散演练，进行防震教育和疏导；对因地震不能在原地高考的都江堰、平武、北川、青川、汶川5个县区，全部或部分考生异地高考，还为4名德阳籍伤残考生在重庆一家医院设置了特殊考场。

（3）省上派出巡视组加强督促、指导。

[采取非常措施 确保试卷安全]　首先按照“分级管理，逐级负责”的原则，采取先自查、后检查的办法，对各市（州）安全保密工作进行了拉网式检查，发现问题，限期整改，全省181个县（市、区）试卷保密室均达到国家和省规定的二楼以上、“三铁”、“四防”、“四装置”的要求。同时强化试卷（答卷）在领取、运送、保管、分发、考试、返卷过程中的安保措施，加派警力，为确保高考试卷的绝对安全提供了保障。在阿坝州道路严重损毁，交通阻断，余震不断，飞石随时可能阻断交通的情况下，通过省抗震救灾指挥中心协调，动用6架直升飞机为阿坝州往返运送高考试卷和答卷，开创了我国高考史上飞机送卷的先河。对延考区设在活动板房的保密室，增加了人力，实行24小时武警守护，守护人员做到视线对接，不留死角。通过全省公安、保密、武警、招生机构等部门的共同努力，未发生任何失泄密事件和人身安全事故。

[考试管理强化 考风考纪好转]　修订完善《考务工作细则》，省、市、县层层加强培训。加强对监考人员的选聘和上岗培训，未经培训和培训不合格的人员不得上岗，对监考人员的工作表现作为教师晋职晋级的依据。加强监考人员诚信监考和学生诚信考试教育，监考人员和考生签订诚信责任书，实行责任追究制。给每一位考生一本《考生必读》和“一封信”，把考前、考中应遵守的规则以及违纪舞弊将受到的处罚告诉考生，尽到事前告知的责任。采取人防与技防相结合，采取科技手段防范高科技作弊，配合信息、公安、工商等部门严厉查处打击非法制销使用作弊工具的行为，严厉打击利用现代通信手段进行团伙作弊的行为，严防内外勾结作弊，严防大面积作弊。对互联网上有害教育考试信息及时进行封堵、删除。同时，加强考试期间巡考和查处力度。省对市（州）巡考面达到100%。各次统考全省未发生大规模考试作弊和利用通信手段团伙作弊的行为，考生违规率进一步下降。

[信息管理水平提高]　进一步完善了信息管理制度和规范，优化管理软件和工作流程。培训招生系统信息技术人员500多人次；重新研发了考生准考证编排系统。招生网上报名、普通高校招生网上填报志愿试点顺利实施，各类招生基础信息采集准确、完整。进一步改进网上录取程序，加强录取演练，强化网上录取安全措施。并根据非延考区和延考区的具体情况，完善了五年制高职录取管理系统。普通高校（含艺体）、成人高校招生网上录取和中职录取圆满成功。自学考试信息化工作实现了业务信息采集、传输、应用、管理、查询的电子化和网络化，确保了考试信息数据安全、实时、高效传输，网上报名和过程性学习考核的软件研发已基本完成了前期调研工作。招生、自考网站运行良好。

[宣传管理进一步加强]　在抗震保考的非常时期，尤为重视招生自考宣传。反复推敲，精心设计宣传内容，大力宣传党和政府对考生的关爱，宣传维护考生利益的措施和办法，并对考生进行心理疏导，鼓励考生从地震的阴影中走出来，积极复课迎考。加强宣传管理，统一宣传口径。实行新闻发言人制度、新闻通稿制度、新闻审核制度，定时不定时地向媒体通报情况，提供新闻通稿，牢牢把握招生考试话语权。同时，向省委宣传部报送了《2008年四川省普通高校招生宣传要求》，并通过省委宣传部，召开了在蓉新闻单位

通气会，规范宣传行为，做到帮忙不添乱。特别是对招生考试中可能的突发重大事件，要求按应急预案和应对机制稳妥报道，防止炒作和误导。编印了《2007年四川省高等教育自学考试大事记》，8月下旬在全省范围内组织开展了“自学考试宣传活动周”，开展了以“融入自考，成就人生”为主题的自考征文活动，征文124篇；在第三届全国自学成才评选活动中，多名自考生获全国奖。

[**“阳光工程”有效实施**]　在坚持以信息公开为主要内容的“六公开”制度的同时，录取期间，通过与四川电视台联办的“招生录取快讯”节目、向媒体提供新闻通稿、举办记者“开放日”等正常途径发布录取信息，让考生通过电视、报纸了解录取进程，同时，克服经费困难，加大投入，及时开通免费网上查询系统，为考生查询高考成绩和录取结果提供方便。还组织“老少边”县区、地震重灾区县招考办主任、中学校长、教师和考生及家长代表进场了解录取工作情况，进一步增大了招生工作的透明度。同时，加强对有害信息的监控。与公安、信息产业等部门协调、沟通，安排专人24小时监控互联网，防止有害信息对招生考试工作的干扰和对考生的误导。

[**加强信访 维护考生权益**]　2008年，两次高考，分别录取，工作复杂，矛盾增多，加强招生自考信访工作十分必要。为此，省教育考试院班子分工专人负责信访工作，配备强有力的工作人员。并进一步完善了信访登记和重大问题汇报制度，随时听取考生的呼声，对考生来信来访，做到耐心解答，百问不厌。录取期间，向社会公布了8部热线电话和1部24小时有人值守的举报电话，对考生的合理诉求及时地解决。同时，与省公安厅建立了打击招生诈骗和非法招生中介的联动机制，向社会公布了举报电话，发放今年招生录取工作的特点及如何防止欺诈行为等问题的宣传资料共3 000份，有效地遏制了各种招生诈骗活动。

[**情系考生　奉献爱心**]　省教育考试院全体干部职工在奋力抗震保考的同时，情系灾区，奉献爱心。干部职工向灾区捐款15.45万元，上交特别党费2.47万元；考试院向灾区每个县级招考办拨补助款共计67.5万元，向灾区基层招办赠送汽车2部、手提电脑10部，免费向灾区考生赠送《招生考试报》2008年招生计划合订本和《招生章程》汇编，价值380万元。《高校招生》杂志社不仅向北川中学、汶川威州中学等地震极重灾区的高考学生捐赠了近千册《高校招生》杂志，还组成志愿者分队，深入绵阳、德阳等地震灾区学校救援地，参加抗震救灾服务工作，慰问师生。《高校招生》杂志社还向45个极重灾区中学的高三年级免费赠送2009学年度《高校招生》杂志，帮助灾区考生重拾信心，迎接新的挑战。对抗震保考工作，新华社、央视新闻联播、焦点访谈、东方卫视、四川卫视等媒体都从不同角度和不同层面给予充分肯定。

普通高考

[**概况**]　普通高校报考517 560人，其中非延考区考生421 126人，延考区考生96 434人，全国1 470所院校共录取新生306 873人，完成招生总计划的105.87%；成人高校报考共177 594人，同比增加12 561人，增长7.61%，录取新生118 627人，完成招生计划的101.29%；全省初中毕业生报考高中阶段教育学校共计761 315人，录取新生212 146人，完成招生计划的100%；全省硕士生报考40 839人，减幅为11.34%，录取硕士生19 178人（含7名港台生），全国各地共有5 032人考生报考了四川21个博士生招生单位的研究生，录取博士生2 546

人（含港、澳、台学生4人）。

[**招生改革稳步推进**]　按照教育部的规定，对各类招生政策、规定、办法作了相应的调整。并适度推进招生考试改革，普通高校招生中第二志愿实行了平行志愿；建立并完善了艺术类专业考试主考和评卷教师信息库，制订了适用于艺体各专业考试的《考务工作细则》和《主考、评卷教师工作手册》，艺术类专业考试更加规范。成人高校招生专门制定了考生身份证审验的管理办法。同时，针对地震灾害导致各地中考时间先后相差较大的实际情况，五年制高职专科录取工作由以往的每年全省一次性统一录取调整为按市、州中考时间分别于7月中旬、8月中旬、9月上旬进行了3次录取。对无法举行中考的阿坝州，都江堰、祟州、彭州、北川、平武、青川6个受灾严重的市、县，采取了免试录取、社会公示的办法，确保了录取的公开、公平、公正。实践证明，2008年四川各类招生政策、规定和办法，既符合教育部规定，又符合四川实际，深受社会欢迎。

[**高考命题平安顺利**]　认真总结分省命题的成功经验，以“注重能力考查，引领素质教育，力求平稳推进，确保命题安全和命题质量”为指导思想，制定了详尽的工作实施方案，完善各项规章制度和工作规范，组建了精干的命题工作班子和高水平的命题教师队伍，实行全封闭入闱命题。“5·12”汶川特大地震发生后，经省政府、省教育厅领导同意，果断采取措施，及时将命题教师和工作人员转移到了安全地方，并搭建了抗震房，保证了命题工作的顺利进行。

[**招生录取严格规范**]　普通高校招生录取工作按非延考区和延考区分别进行，工作量、复杂性前所未有。录取场严格选派工作人员，严格管理，严明纪律。录取期间，分别召开省内本一批、本二批、专科（高职）院校招生负责人会议，通报情况，明确录取要求，严禁违规招生。同时，严格延考区和非延考区招生计划管理，对学校未完成的计划，均采用公开征集志愿的办法努力完成招生计划。既服务了高校，也为考生提供了升学的机会。成人高校、中职学校、研究生录取进一步完善录取办法，规范运作，圆满完成录取任务。各类招生录取严格执行招生政策，没有违规录取一名考生，也没有降低标准录取一名考生。

自学考试

[**概况**]　全年共组织实施了29次规模不等的各类教育考试，考试总规模达130余万人次。其中自学考试全国统考4次，报考人数达45万人次；非学历教育考试25次，报考人数达85万余人次。全年自考本、专科毕业生共17 206万人。

[**专业建设步伐稳妥**]　2008年新设置专业6个，其中独立本科段专业2个、专科专业4个，并同步开展了大纲、教材建设。同时，停考了1个社会需求量小、生源萎缩的专业。2008年全省自学考试共开考专业172个，其中本科专业94个，专科专业78个，本、专科专业分别占专业总数的55%和45%，专业结构更趋合理。制定了四川省自学考试学习服务中心试行办法，并建立了四川大学等10个省级自学考试学习服务中心；推出了18门课程作为过程性考核试点；捆绑式推出了中国物流职业经理资格证书（初级）考试和物流管理专业（专科）自学考试；进一步开展自学考试与职业教育衔接工作，重点推进普通中专（中职）与自考专科衔接试点，调整了汽车维修与检测等14个专科专业以适应中职中专与自考专科衔接工作的开展。增强了自学考试适应社会经济发展需要的能力。

［**自考命题任务圆满完成**］　紧紧围绕坚持课程标准、体现培养目标、确保试题质量、维护自考信誉这一指导思想来开展命题工作，顺利完成了451 科共 1 311 套全国、全省统考课程的命题任务，其中全国统考课程 41 科 86 套，全省统考课程 410 科 1 225 套，在全年 4 次统考中确保了较高的试题质量。全年专题培训新聘任的命题教师 60 余人，以会带训原有的命题教师 354 人次。全年对 64 科试卷进行了定性分析。

［**自考科研工作取得新成绩**］　完成省自学考试“十一五”科研规划第一阶段立项课题的研究任务，并评出专著一等奖 2 项，二等奖 2 项，三等奖 6 项；论文一等奖 2 篇，二等奖 4 篇，三等奖 11 篇。启动了省自学考试“十一五”科研规划第二阶段的课题申报工作。确定了 16 个科研课题作为省教育考试院立项的重点科研课题，资助经费 8.15 万元。承担了教育部下达课题《自学考试学习支持服务体系研究》的研究任务；承担了教育部考试中心关于《社会助学在自学考试中的地位和作用》、《自学考试定位问题研究》和《自学考试计算机化考试探索性研究》的研究任务。完成了《四川自学考试改革发展回顾与展望》的撰写工作。

社会考试

［**概况**］　2008 年全省社会考试发展势头良好，考试总规模达 85 余万人次，与 2007 年相比增长 6.25%，学历教育与非学历考试并重并举协调发展。全国大学英语四六级考试规模达到了 72 万余人次，考试工作做到了试题无泄密，无群体违纪舞弊，维护了大学英语四六级考试的严肃性。

供稿：四川省教育考试院
撰稿：周新斌　寇昆仑
审稿：洪　流　李光华

贵　州　省

普通高考

[**概况**]　2008 年，贵州省普通高校招生考试最低投档控制分数线为：第一批本科录取院校：理工类 521 分、文史类 566 分；第二批本科录取院校：理工类 468 分、文史类 503 分。全省报名人数为 242 450 人，比 2007 年增加 16 615 人，增长率为 7.36%。其中普通高考考生 227 915 人，中职单报高职考生 8 324 人，中期选拔报考考生 6 211 人。在高考报名中，理工类 124 662 人，文史类 79 877 人，体育类 9 219 人，艺术类 14 157 人。

2008 年在贵州招生的院校共计 1 159 所，其中省外 1 113 所，省内 46 所（含 8 所独立院校），共录取 112 902 人，录取率为 47.79%，比 2007 年上升了 3.09 个百分点。其中：本科 59 953 人，专科 52 949 人；理工类 63 212 人，文史类39 960 人，体育类 1 668 人，艺术类 5 287 人，中职单报高职 2 775 人。在录取的考生中，男生 60 887 人，女生 52 015 人；汉族考生 66 793 人，少数民族考生 46 109 人；应届生 60 923 人，往届生 51 979 人；城镇考生 49 768 人，农村考生 63 134 人；党员 720 人，团员 99 226 人。

[**招考新举措**]　2008 年贵州省招生工作认真实施科学招生、阳光招生、公平招生、廉洁招生、满意招生、平安招生，采取了以下的新思路、新举措：

（1）实行高考网上报名。至 2008 年，招生考试工作各个阶段和环节均实现了科学化、信息化管理模式。

（2）实行考生知分知位知线方式填报志愿，在全省各媒体公布考生分数、成绩排位和分数线，帮助考生更直观、更有针对性地填报志愿。

（3）增加考生准考证功能，准考证既可查找考点考场，又可查询考试成绩和录取信息等，便捷了考生，提高了招生工作的透明度和获取信息的快捷性。

（4）积极争取优质计划，缓解升学矛盾。在教育部的大力支持和省招委、省教育厅党组的领导下，抢抓机遇，全力做好争取高校招生计划工作。二本以上省外院校 2008 年在本省增加招生计划 8 476 人。

（5）进一步加大考风考纪治理力度。结合当前高考中高科技作弊手段不断翻新，形式呈多样化的严峻形势，在全省 236 个考点的 8 195 个考场全部安装屏蔽器，强化部门联动机制，会同公安、无线电管理部门有效打击高科技作弊行为。

研究生招生考试

[**概况**]　2008 年贵州省硕士研究生招生报名人

数为9 576人。省内各研究生招生单位共录取硕士研究生3 352人，较2007年增加356人，增长率为11.88%。博士生共录取93人，较2007年增加3人，增长率为3.33%。

成人高考

［概况］　2008年贵州省报考总人数38 698人，成人高校招生总计划数为37 540人，分别比去年减少9 082人、539人，减幅分别为19.0%、1.4%。共录取35 466人，完成计划总数的94.5%。对网上报名系统进行了二次开发；严格选聘评卷教师，充分发挥评卷基地的作用，加大评卷工作的管理力度。

自学考试

［概况］　2008年贵州省高等教育自学考试共设置专业60个（本科39个，专科21个），比2007年增加7个专业，完成了130门课程456套试卷的命题、审校工作，分别在1月、4月、7月、10月组织了4次考试，考生总数88 351人，共计报考215 898科次，分别较2007年增加21 321人和54 507科次；完成了21万余份试卷的评阅任务。全年共审核、办理毕业证书7 592人，其中专科3 620人，本科3 972人，审核办理了4 767人、11 193科次免考，组织完成了19个专业、48门课程、5 109科次的课程实验实践环节、毕业论文答辩考核和成绩发布工作。

开展高等教育自学考试与职业教育的衔接沟通的改革工作，在12所高职院校开展高职专科与自考本科衔接沟通的改革工作，共有考生4 556人。加大信息化管理改革力度，进一步规范加强考务管理。

社会考试

［概况］　积极推进各项考试发展，规范和完善考试管理规则，加强制度建设，大力开展考风考纪治理工作，确保各次考试安全顺利实施。2008年共组织了各项考试14次，报考人数251 846人，较2007年增加36 111人，增长率16.7%。其中，全国英语四、六级考试175 918人，高校英语应用能力考试17 821人，全国英语等级考试1 166人，剑桥少儿英语考试2 307人，全国计算机等级考试53 652人，全国青少年计算机考试524人，调查分析师资格证书考试292人、642科次，劳动和社会保障资格证书考试166人、393科次。

供稿：贵州省招生考试中心
撰稿：黄克勇
审稿：周宝英　陈　勤

云 南 省

总 类

[云南省招生考试院成立]　2008 年 8 月 18 日，经云南省人民政府(云编[2008]21 号文)批准，云南省招生考试委员会办公室更名为云南省招生考试院，机构规格由正处级调整为副厅级，核定副厅级领导职数 2 名(院长 1 名、书记 1 名)。

云南省招生考试院主要负责组织、管理全省研究生、普通高校、中专学校、成人学校的招生考试工作，组织、管理全省自学考试、教师资格考试、大学英语四六级考试以及社会考试工作。全年共组织实施 8 大类 29 项/次教育考试工作，以及普通高校等 4 大类招生录取工作。管理和指导全省 16 个州（市）招生考试机构的工作，并开展有关考试和录取的科学研究，为省委、省政府指导全省教育工作提供决策支持。

2008 年 12 月 18 日，云南省招生考试院经过紧张的筹备，在云南省教育厅真履广场举行了隆重的成立挂牌仪式。教育部考试中心主任戴家干、高校学生司副司长姜钢、高校学生司本专科招生处处长杨松，省委宣传部部长张田欣、副省长高峰、省委副秘书长钱恒义、省政府副秘书长卫星，省教育厅厅长罗崇敏、高校工委副书记杜玉银，省招生考试院院长朱华山，各有关厅局特邀代表，各州（市）招考办主任等出席了挂牌仪式。

云南省招生考试院领导班子及机构设置：院长：朱华山，院党委书记：杨嘉华，机构设置为一办三处：院办公室、招生处、信息处、考试处。

普通高考

[报名情况]　2008 年云南省高考报名人数为 220 535 人，同比增长 7.67%。其中，文史类考生报名人数为 75 864 人，同比增长 10.85%；理工类考生报名人数为 113 502 人，同比增长 6.17%；艺术类考生报名人数为 8 185 人，同比增长 14.30%；体育类考生报名人数为 4 917 人，同比增长 12.39%；“三校生”报名人数为 18 067 人，同比增长 0.7%。

[招生计划情况]　2008 年云南招生计划总数约为 110 525 人，同比增长 9.79%。其中，文史类计划招生 33 895 人，同比增长 11.62%；理工类计划招生 62 851 人，同比增长 10.29%；艺术类计划招生 6 184 人，同比增长 12.79%；体育类计划招生 1 985 人，同比增长 4.63%；“三校生”计划招生 5 610 人，同比减少 5.5%。

[录取情况]　2008 年云南省共录取考生116 726

人，录取率为52.93%。

[招考新举措] 2008年，云南省招生考试院在招生工作中严格管理、优质服务、改革创新成效显著：（1）科学合理设置录取批次，率先实行“985”批次录取，得到了有关高校的支持，增加计划500余人；（2）对边疆民族贫困地区给予特殊政策照顾，增设了东南亚国家语言专业并增加了招生人数，为云南省实施南亚、东南亚大通道等经济社会发展战略提供了语言专业人才支持；（3）通过对考生志愿填报科学有效的指导工作，使考生志愿填报基本合理、一志愿录取率高；（4）建设了覆盖全省的保密室网络监控体系，对全省145个保密室都加装了网络监视系统，实现了对全省每个试卷保密室24小时的网络远程监控，确保了考试工作安全有序。

研究生招生考试

[博士研究生招生] 2008年全国报考云南省博士研究生人数为1 186人，比2007年的1 048人增加138人，增幅为13.2%，国家下达云南省2008年博士研究生招生计划规模数为422人，实际录取426人，完成国家招生计划规模数的100.9%，比2007年399人增录27人，增幅为6.77%。

[硕士研究生招生] 2008年全国报考云南省硕士研究生人数为16 266人，比2007年的18 335人减少2 069人，减幅为11.28%，国家下达云南省2008年硕士研究生招生计划规模数为6 815人，实际录取6 657人，完成国家招生计划规模数的97.68%，比2007年的6 337人增录320人，增幅为5.05%。

[招生特点] （1）报考人数增加，其中应届本科毕业生报考人数为8 691人，占报考总数的53.43%；

（2）录取一志愿考生3 824人，占录取总数的57.44%；

（3）录取本科学历6 252人，占录取总数的93.92%，同等学历405人，占录取总数的6.08%；

（4）录取云南籍考生2 362人，占录取总数的35.48%。

成人高考

[报名情况] 2008年云南省成人高校招生考试报名总数85 678人，其中专升本34 250人、高起本5 439人、高起专45 705人，中专374人。

[招生计划情况] 2008年云南省成人高校计划招生87 722人（含追加计划）。报名人数与计划数比分别为：专升本1.08∶1，高起本1.24∶1，专科1.49∶1。报名考生中，有部分聋哑考生和13个盲人考生。

[录取情况] 2008年云南省成人招生共录取考生77 152人，录取率为89.96%。根据教育部规定，云南省从2008年起不再招收成人脱产班。

普通中专招生考试

[概况] 2008年云南省初中毕业生数60.52万人，比2007年的60.88万人减少0.36万人。全省中考报考人数39.38万人，占初中毕业生总人数的65.07%。高中阶段招生数37.92万人（含中等职业教育及普通高中），比2007年的35.59万人增加2.33万人，增幅为6.55%。其中：中等职业教育招生16.71万人（其中普通中专8.34万人、成人中专0.31万人、职业中专及职业高中8.06万人），比2007年15.26万人增加1.45

万人，增幅为 9.50%；普通高中招生 21.20 万人，比 2007 年的 20.33 万人增加 0.87 万人，增幅为 4.28%。初中毕业升学率为 67.86%，比 2007 年的 58.46% 增加了 9.40 个百分点。招生普职比为 1∶0.80（2007 年为 1∶0.75）。另：技工学校招生 3.53 万人，中职共招生 20.24 万人。

[统筹管理高中阶段教育招生信息]　从 2008 年开始，云南省在 3 年时间里完成高中阶段教育招生信息的统筹管理工作。统筹管理高中阶段教育招生信息，对加快云南省中职发展、统筹管理高中阶段教育提供了强有力的支持，对扩大中职招生规模起到推动作用，加速了云南省中职招生工作现代化进程，实现了中职招生工作的新突破，使得中职招生工作更加科学规范。

自学考试

[概况]　2008 年云南高等教育自学考试于 1 月、4 月、10 月共开考 3 次。开考 62 个专业（27 个本科专业，35 个专科专业），共有 136 902 人次、报考 310 902 科次；全年两次审核办理毕业证 6 323 个，本科毕业 2 875 人，专科毕业 3 448 人。

[应用现代科技进行考务管理]　全面使用自主开发的考务考籍管理系统，实施网上报名；逐步完善考生电子档案；运用“国家教育考试考务指挥平台”，在各州、市建立了视频监控考点，实施网络视频监控考试，大大提高了预防和处理各类突发事件的能力。

社会考试

[概况]　2008 年云南省招生考试院共组织了 19 次（10 项）非学历教育考试，如下表：

序号	考试项目	考试时间	开考次数
1	全国计算机等级考试（NCRE）	4 月、9 月	各 1 次
2	全国英语等级考试（PETS）	3 月、9 月	各 1 次
3	全国剑桥少儿英语考试（UCLES）	3 月、9 月	各 1 次
4	全国青少年计算机考试（YNIT）	11 月	1 次
5	中国市场营销资格证书考试	5 月、11 月	各 1 次
6	调查分析师证书考试	5 月、11 月	各 1 次
7	机械工程师资格认证考试	11 月	1 次
8	中国餐饮业职业经理人资格证书考试	5 月、11 月	各 1 次
9	中国物流职业经理资格证书考试	5 月、11 月	各 1 次
10	全国中小学教师教育技术水平考试（NTET）	5 月、9 月、11 月	各 1 次

[全国计算机等级考试（NCRE）]　已在全省 16 个州（市）设 60 个考点，有近 10 万人参加考试，近 4 万人取得了合格证书；近 6 万人取得单科合格证书。

为了保证补考考生的权益，云南省招生考试院对报名系统进行了改革创新，在系统中增加“可保留成绩考生未保留成绩时给予提示”的功能，解决了历次考试都无法避免的严重问题，极大地减轻了考点及我们省级承办机构的工作的难度。

[**全国英语等级考试（PETS）**]　在全省 16 个州（市）设立 32 个考点，全年共组织 2 次考试，有 1 万余人参加，其中近 3 千人取得了合格证书；8 千余人取得单科合格证书。

[**全国剑桥少儿英语学习系统**]　全省共设立了培训机构 55 个。全年举办了两期上岗教师培训，共计培训上岗教师约 80 人。云南省目前已有上岗教师 800 余人、累计参加培训的学员 8 万余人。

[**全国青少年计算机考试（YNIT）**]　2008 年云南省在 16 个州（市）设立了 25 个培训机构，共培训上岗教师 368 人，累计参加培训学员近 2 千人，已有 500 余人参加考试并获证书。

[**大学英语四、六级考试**]　2008 年云南省组织的全国大学英语四、六级考试参加考试 236 090 人次。其中，大学英语四级 177 927 人次，大学英语六级 58 163 人次；上半年 111 529 人次，下半年 124 561 人次。

[**加强对考试舞弊的防范**]　针对大学英语考试中利用现代通信工具作弊的现象，云南省招生考试院增加了无线信号屏蔽仪等技防设备，对违纪舞弊考生起到了一定的震慑作用，收到了一定的使用效果。

供稿：云南省招生考试院
撰稿：王　建
审稿：朱华山

陕 西 省

综 述

[**概况**] 2008 年由陕西省教育招生考试部门负责组织的教育招生统一考试及证书类考试共 18 类30 次，参加各类考试的考生总人数为 3 180 882 人。

[**考风考纪**] 2008 年陕西省狠抓各类教育考试考风考纪，取得了良好效果。

（1）各级政府、教育行政部门和考试管理部门高度重视。普通高考、成人高考等各类考试均由政府分管领导担任考区主任；研究生招生考试和大学生英语四六级考试，主考均由各考点院校负责人担任。

（2）完善制度，规范管理。各级考试管理部门认真总结经验，根据教育部相关要求，修订完善各类考试管理规章制度，从组织领导、考前准备、工作人员选聘和培训、考试程序、整肃考纪措施、试卷分发与回收以及违纪处理办法等，都有详细的操作规程。

（3）严格选聘，加强培训。在各类考试中坚持严格的选聘培训制度，采取省、市级考试部门选聘培训督查员，县（区）和考点学校选聘培训监考及考试工作人员的做法，加强对各类考试过程的监督检查和指导，确保考风考纪严明有序。

（4）创新手段，提高效果。在普通高考、研究生招生考试、自学考试、成人高考等考试中继续实行考前随机调换监考的做法；在初中毕业升学考试中，实行校与校之间“推磨式”对调。

（5）加强考生诚信教育，使考生普遍树立起“诚信考试光荣、作弊违纪可耻”的意识。

（6）狠抓落实，实行责任追究。各级考试部门层层签订考风考纪责任书，分解任务，落实责任。对在考试工作中不负责任，造成失误的当事人，按照责任书有关条款严肃查处。

（7）严处违纪舞弊行为。对在各类考试中违纪舞弊的考生和工作人员，根据《国家教育考试违规处理办法》严肃处理，绝不姑息。

（8）重点防范利用现代通讯工具违纪舞弊。各类考试均使用无线信号屏蔽仪屏蔽考场，并利用安全门、耳机探测器等手段，有效遏制了利用现代化通讯工具作弊的行为。

（9）考试、公安、通信管理等部门加强考点周边环境整治，进一步加大考风考纪综合治理力度。

[**安全保密**] （1）全省各级考试部门高度重视安全保密工作，均成立了由政府主管领导任组长，保密、监察、教育、公安、卫生等相关单位为成员的考试安全领导小组，协调部署考试期间的安全保密工作。

（2）把狠抓各类考试安全、确保试题保密作为第一要务。今年继续从加强队伍建设、提高保密意识、完善保密室硬件建设、提高防范能力入手，分别在“命题、制卷、拉运、保管、评卷、录取”七个关键环节上做好安全保密工作。

（3）加强监督检查。在普通高考、研招等影响较大的考试中，各级政府、教育行政部门负责人亲自过问或检查安全保密设施、制度建设。各类考试前公安、保密、教育等部门联合对保密室进行检查验收，严格遵循“保密室检查验收不合格的不予发题”的工作程序，将安全保密工作落在实处。

（4）逐级签订责任书，完善规章制度。即从考试安全到考场安全、再到全体考生和考试管理人员人身安全各个环节均签订责任书，责任到人、到岗，实行责任追究。同时加强了命题、印制等环节的安全保密制度建设和管理程序规范工作，确保试题命制、印刷、保管、交接、拉运各环节责任明确，有章可循。为提高突发事件应对能力，各级考试部门都制定了应急预案和突发事件处理办法，确保考试工作有条不紊地展开。

（5）在各类考试的试题命制、保管、运送、评卷等环节，工作场所均采取电子监控和无线电屏蔽仪，封堵计算机接口等技术措施，加强安全管理。

[宣传工作]　为加强招生考试宣传报道管理工作，根据教育部关于做好普通高校招生宣传工作的要求，省招办制订了详细的高考宣传计划，成立了普通高校招生宣传工作领导小组，统筹协调宣传工作中的有关问题，抓好《陕西招生考试特刊》和陕西招生考试信息网站建设，加强与社会媒体的沟通、协调，坚持和完善新闻发言人制度，严格新闻稿件审稿程序。在工作中坚持正面宣传为主，把推进“阳光工程”制度化、严肃考风考纪、严厉打击招生诈骗和“黑中介”等内容作为高考和各类招生考试宣传的重点，遏制各种炒作和不实报道。在宣传上形成了省招办有专门的宣传媒体《招生考试特刊》（高考版、中考版、自考版），市、区招生办依托党报、电视台，县（区）招办依托县有线电视台、板报、专栏等形式多渠道、多途径宣传招生考试工作。通过各项有效措施，牢牢把握住宣传方向，为招生考试工作营造了良好的舆论氛围。

[信访接待]　依据《信访条例》做好信访工作。省招办设立信访接待室，热情接待来访人员，耐心解释有关政策，对信访反映的问题及时研究妥善处理，不拖延，不推诿。尤其在高考录取期间，安排专人值班，对考生、家长上访的热点、难点问题，及时回复和办理，及时化解了有关矛盾，维护了招生考试的声誉。

普通高考

[概况]　普通高校招生考试报名人数414 007名，其中全国统考生401 544人，比去年增加3 663人；“三校生”单招考生12 463人。

2008年陕西省高考报名人数414 007人。其中，全国统考生401 544人，比去年增加3 663人；“三校生”单招考生12 463人。在全国统考生中，应届高中毕业生299 853人，往届高中毕业生101 691人；男生209 348人，女生192 196人；报考文史类113 496人，理工类260 902人，体育类6 705人，艺术（文）类16 290人，艺术（理）类4 151人。中共党员268人，共青团员391 728人，少数民族考生2 345人，归侨、华侨子女14人。应届高中毕业生中奥林匹克竞赛和科技创新大赛获奖者46人。

全国共有1 467所普通高校在陕计划招生209 560人。其中全国统招计划204 697人，“三校生”单招计划4 863人。统招计划中本科101 384人，高职（专科）108 176人。各科类招生计划分别为：文史类59 902人，理工类

133 931人，体育类 1 356 人，艺术（文）类 7 894人，艺术（理）类1 614 人。

普通高校在陕实际录取新生232 134 人，录取率为56. 07%。其中全国统招录取新生227 594 人，录取率为56. 68%，本科113 054 人，录取率28. 15%，高职（专科）114 540 人，录取率28. 52%；“三校生”单招录取新生4 540 人，录取率36. 43%，其中本科168 人，录取率1. 35%。全国统招新生中有文史类68 648 人，理工类148 574人，体育类 1 272 人，艺术（文）类 7 984人，艺术（理）类1 116 人；定向生70 人；男生109 581 人，女生118 013 人；中共党员151 人；共青团员 222 704 人；应届高中毕业生144 053人，往届高中毕业生83 541 人。

[抗震防震　确保高考顺利进行]　陕西省是“5·12”汶川大地震3 个受灾严重的省份之一，确保震灾发生后如期举行高考，成为各方关注的焦点。省招办从维护社会稳定、对考生负责的高度出发，通过实地考察调研，及时向省政府提出了高考如期举行的建议。省委、省政府成立了在省抗震救灾指挥部领导下的高考应急指挥中心，陕西省委常委、常务副省长赵正永同志任主任，分管副省长朱静芝同志任副主任，省招委会成员单位和省地震局、气象局、交通厅等部门的负责同志为指挥中心成员，省高考应急指挥中心在高考期间坚持在省招办现场集中办公，加强了对全省高考的统一指挥和协调力度。

陕西省高考如期举行的决定发布后，省招办紧急召开全省各市（区）招办主任会议，传达省政府的决定，对全省的高考防震和组考工作进行全面动员部署，积极协调有关部门在各自的职责范围内为高考顺利进行提供了有力保障。各市（区）、县（区）积极应对，都成立了高考防震工作的相应机构，加强领导、落实责任，立足于“有震抗震，无震防震”，采取有力措施，制定了切实可行的突发事件应急预案。考前，对考点、考场以及涉考的各种设施进行拉网式排查，消除安全隐患。组织考生进行应急疏散演练，以确保考生、考试工作人员的人身安全和考试安全，确保考试顺利进行。

6月7 日高考开考之前，中共中央政治局委员、国务委员刘延东同志通过“国家教育考试管理与服务平台”对陕西如期举行高考以及各项准备工作给予了充分肯定。高考结束后国家有关领导同志、教育部也对陕西省如期高考给予了高度评价。

[考务管理与服务平台建设]　省教育厅副厅长兼省招办主任李谦同志在全省市级招生考试部门负责人联席会议和全省普通高校招生工作电视电话会议等重要会议上多次强调，落实平台建设规划是2008 年陕西省招生考试的重点工作，是硬任务。省招办专门划拨资金，对完成平台建设任务的市（区）、县（区）进行奖励。各市（区）、县（区）高度重视，加强领导，积极准备，基本完成了平台建设。对受汶川大地震影响较重的县（区），克服困难，于高考前夕完成了考点、考场的视频设备安装和调试，并通过省级平台将视频图像传输到教育部考务指挥中心。省招办建设的考务管理与服务平台，初步实现了网上考试巡查、考试指挥、突发事件处置、考试预警、视频会议等网络管理的目标。

[网上报名]　为更好服务考生，减轻基层招办工作压力，确保考生报名信息采集准确、高效，2008 年首次实行了高考网上报名。省招办制定了网上报名的具体办法和工作程序，发布报名网站网址，编制软件并搭建网络平台。各市、县招办和中学组织考生和相关人员进行模拟演练，熟悉网上报名办法和工作程序。报名时，考生登录网上报名系统直接输入报名信息，使报名工作效率和信息采集的准确性大大提高，全省考生在规定时间内顺利完成了报名任务。

[网上填报志愿]　实行网上填报志愿是2008年陕西省普通高校招生的一项重要改革。省招办提前编制软件、优化网络、购置小型计算机，并加强宣传、培训和模拟演练。实行网上填报志愿减去了考生填涂、招办采集志愿卡信息等工作环节，考生填报的志愿信息直接录入填报志愿系统，进一步提高了工作效率和信息采集的准确性。实行网上填报志愿，招生计划提前导入填报志愿系统，考生填报志愿时，一旦出现院校错误、跨批次或跨科类选择院校、跨院校选择专业等无效志愿，系统立即提示并限制提交和确认，杜绝了无效志愿。今年从提前批次到高职（专科）以及录取过程中征集志愿，全部实现了网上填报志愿。

[网上评卷]　省招办认真总结2年来网上评卷的成功经验，进一步完善网上评卷管理办法，确保了评卷质量。

（1）加强对网上评卷工作的组织领导。成立由省招办、各评卷院校负责人和各学科专家组成的评卷委员会，全面领导评卷工作。各评卷院校除按要求配置设备外，在评卷教师选聘、评卷场所安排、安全保密、后勤保障等方面加强领导，通力协作。

（2）精心制定评分细则和误差参数。各学科评卷中心组认真分析试评试卷，进一步细化评分尺度，制定详细的评分细则。同时，根据试题难易程度、考生答题情况，确定合理的评分误差参数。

（3）合理确定图像切割方案。各学科中心组根据试题数量、难易程度、考生答题情况和评卷教师的配置，制定科学合理的切割方案。

（4）狠抓业务培训。各评卷点对评卷教师进行了扎实的业务培训，对解法多样、论证复杂的试题逐一向评卷教师讲解，使其熟练掌握评分细则。

（5）加强质量监控。评卷过程中建立题组长、学科组长、省招办三级管理体系和评卷教师阅卷总量、平均分、三评和四评数量等多个指标监控体系，发现问题及时纠正，从而有效控制评卷误差，确保评卷质量。

（6）加强技术管理。对网上评卷使用的图像扫描、数据处理、备份、传送等各种应用软件和设备，在正式评卷前反复测试，确保正常运行。对主观题判分、客观题成绩合成等关键环节，均使用两种不同程序分别进行处理，相互验证。对评卷数据定时备份，并刻入光盘，专人存档。

（7）严格校验与复核。对出现的答案填涂不规范、试卷类型填涂不规范、缺考标记填涂有误等异常卷和考生各科主、客观成绩比例异常、单科成绩偏低等情况，采取调阅考生答卷图像和抽卷相结合的办法进行校验复核。并建立随机抽查机制，发现问题及时处理，确保了考生成绩准确无误。

[报考资格审查]　在做好报名、体检与思想政治品德考核工作基础上，进一步加强了对考生报考资格的审查，把“考生户籍和高级中等教育学籍均在陕3年以上”的规定落到实处。各级教育局、招办和各中学加强学籍管理，严格转学手续，严禁伪造学籍档案。各级公安部门严格户口迁移手续，对单独进行户口迁移以及有组织的集体户口迁移等情况，严格审核把关。报名资格审查中，重点审查持有外地公安机关签发的居民身份证的考生，发现问题及时处理。对凭虚假材料报名或通过办理非正常户口迁移手续报名的考生，一经查实，立即取消其资格。对发现的违规落户人员，积极与其原户口所在地公安机关联系，及时办理户口回迁手续。各级教育、公安部门，各级招办，各中学按照“谁主管、谁负责”的原则，将高考报名资格审查责任明确到岗、落实到人。从而有效防止了“高考移民”报名，维护了招生政策的严肃性。

［**自主命题**］　陕西省继续实行数学、英语2科自主命题。按照“有利于全面实施素质教育，有利于培养学生的创新意识和实践能力，有利于高校选拔人才”的要求，狠抓命题质量。命题人员在研究往年高考试题、现行中学教材、考试大纲和社会上发行的复习资料的基础上，认真制定各学科命题双项细目表，精心编制试题，经反复研讨后，组配成卷；再由审题人员审核评估，提出修改意见；最后命题人员与审题人员一起研讨、论证、修改，确定正式试卷。高考结束后，考生、中学、高校和社会各界对今年高考自主命题试题质量反映良好。

［**录取工作**］　（1）2008年录取工作中，加强组织领导。在省招委会的统一领导下，成立了由省教育厅负责人为组长的录取工作领导小组。在领导小组的统一指挥下，各工作小组各司其职，既密切配合又相互监督。省委、省政府对今年普通高校招生录取工作十分重视，省委副书记、省委教育工委书记王侠同志和副省长朱静芝同志，先后视察了录取现场，对做好录取工作作出重要指示。

（2）加强计划管理。及时汇总、核对和公布招生来源计划。录取期间，严格执行教育部规定，所有计划调整均通过“普通高校招生来源计划网上管理系统”进行，并指定专人负责。严格履行各院校增补计划的审批手续，未经教育部审批的计划不予接收。

（3）严格执行招生政策。省政府常务会议根据国务院确定的地震灾区范围和教育部有关要求，明确了灾区考生录取的基本原则；省招委会决定对宁强、略阳两县考生照顾10分录取。同时，积极与各院校联系，一方面落实教育部对地震灾区的照顾政策，另一方面争取各院校在陕追加计划，为更多考生争取升学机会。通过多方努力，今年高考录取率较往年有较大幅度提高，对宁强、略阳两县考生实行降分照顾后，线下多录取211人，两县录取率平均比去年提高9个百分点，让灾区考生切实感受到党和政府的关怀。对享受录取照顾政策的各类特殊考生，认真审查其资格并进行公示。定向就业招生、少数民族预科、民族班、高水平运动员、艺术特长生、自主选拔录取等各种特殊形式招生，严格执行教育部规定的生源范围和降分幅度。在考生电子档案中如实记录2007年录取后不报到的信息，作为院校录取与否的参考依据，并按照规定的时间和程序完成投档、录检、审批、新生名单和录取信息确认卡打印、寄发等各项工作。

（4）完善体育、艺术类和“三校生”单独招生录取办法。体育、艺术类本科和专科分别安排在提前录取本科和提前录取专科两个批次。体育类在考生文化课和专业课成绩均达到分数线的情况下，按专业课成绩从高到低投档录取。艺术类由院校提供拟录取考生名单，经审核合格后照单投档，并将各院校报送的拟录取考生名单扫描后存入计算机，以便查询。这种办法减少了录检工作量，加快了录取进度。“三校生”单独招生中，在认真做好报名、考试、填报志愿、建档等工作的基础上，将单招录取系统与统招录取系统合并，使录取工作质量和效率进一步提高。

（5）确保录取数据安全和网络畅通。录取系统配置了小型机，极大地提高了数据处理速度；升级安全系统，增加用户密钥；提升网络带宽，增加备用链路；及时更新系统补丁。录取过程中，及时排除故障，并随时为录取现场和远程院校提供技术服务，保证了数据安全准确、网络系统畅通。

［**阳光工程**］　在教育部“六公开”要求基础上，进一步丰富了信息公开的内容。考生各科选择题所选字符及得分、非选择题各大题得分等答卷得分情况，各院校第一志愿报考人数及排序情况，以及考生档案的运行轨迹等信息，都及时通过陕西招生考试信息网向社会公布，全部免费查询。

进一步完善高考短信服务平台功能。从成绩公布到录取结束，用短信方式为考生免费提供高考信息服务。高考报名时，专门设置“接收信息的手机号码”栏目，由考生自愿登记。成绩揭晓后通过高考短信服务平台及时向全省考生发送成绩短信，在录取过程中短信平台信息每5分钟滚动一次，将最新的录取结果直接发送到考生手机上，有效遏制了不法分子利用考生获取信息的时间差进行诈骗。同时，还利用这一平台为考生发送征集志愿提示等信息。从公布成绩到录取结束，共向考生免费发送各种信息约140万条。短信平台还可以接收考生提出的意见、建议、咨询等信息，从而实现了考生与招生部门之间的良性互动，使“阳光工程”的信息公开实现了多渠道、全方位的立体构架，进一步丰富和拓展了“阳光工程”服务考生的功能。

研究生招生考试

[概况]　2008年陕西省29个博士生招生单位报名人数6 243人，实际录取3 242人，比2007年增加1.09%。其中12所普通高校录取2 757人，占录取总数的85.04%；12所科研院所录取79人，占录取总数的2.44%；5所军事院校（所）录取406人，占录取总数的12.52%。

在录取的新生中，男生占67.74%，女生占32.26%；25岁（含）以下者占21.70%，26岁至40岁者占74.81%，40岁以上者占3.49%；国家计划内非定向生占54.77%，定向生占31.18%，委托培养生占9.94%，自筹经费生占4.11%；已获硕士学位人员占45.08%，应届硕士毕业生占27.82%，在学硕士生占24.76%，应届本科直博者占1.20%，同等学力者占1.14%；公开招考者占67.21%，提前攻博者占20.30%，硕博连读者占11.20%，直接攻博者占1.29%。

硕士研究生招生，陕西省24个硕士生报名考试点共接受考生58 330人，比2007年减少3 275人，减幅5.32%；全国报考陕西省57个招生单位的考生共有57 954人，比2007年减少2 014人，减幅3.48%。其中男生占55.82%，女生占44.18%；25岁（含）以下者占78.37%，26岁至35岁者占20.15%，35岁以上者占1.48%；共产党员占25.28%，共青团员占55.39%；应届本科毕业生占62.71%，成人应届本科毕业生占1.61%，在职人员占18.70%（其中科技人员占0.71%，高校教师占2.97%，中学教师占2.35%，其他成分占12.68%），其他人员占16.98%；参加全国统考的占87.48%，MBA联考的占3.42%，法律硕士联考的占1.29%，单独考试的占0.54%，推荐免试的占6.71%；大学本科学历占95.06%，同等学力占4.88%，研究生学历占0.06%。

在录取的新生中，陕西省57个硕士研究生招生单位共录取新生22 927人，比2007年增长5.39%。其中24所普通高校录取21 183人，占录取总数的92.40%；26所科研机构录取394人，占录取总数的1.58%；7所军事院校（所）录取1 381人，占录取总数的6.02%。其中，非定向生占55.51%，定向生占4.84%，委托培养生占2.71%，自筹经费生占36.94%；应届本科毕业生占69.74%，在职人员占14.64%，（其中科技人员占0.62%，高校教师占2.38%，中学教师占1.54%，其他成分占10.10%），其他人员占15.62%；参加全国统考的78.01%，推荐免试的占15.75%，单独考试的占1.37%，MBA联考的占3.82%，法律硕士联考的占0.86%；大学本科学历占97.41%，同等学力占2.57%，研究生学历占0.02%；男生占54.75%，女生占45.25%；25岁（含）以下者占83.48%，26岁至35岁者占15.36%，35岁以上者占1.16%；共产党员占27.66%，共青团员占52.20%；少数民族考生占3.36%。

[网上报名] 2008年陕西省主要从以下几个方面做好报名工作。

（1）领导重视。报名期间，省招办领导深入报名现场检查报名组织情况，了解动态，指导、协调有关工作。

（2）做好准备工作。为保证报名现场确认工作规范有序，各报名点制作了报名流程图、报名须知、报名注意事项等，并设专人现场咨询。

（3）顺利完成硕士生招生专业目录的网上编制，按教育部网上报名工作进程表的日程安排下载、上传报名各阶段的考生数据信息，建立了完整、规范的考生报名信息库。

（4）加强培训。报名前专门举办培训会，对所有报名点和招生单位工作人员进行业务培训，使其做到熟悉政策、熟悉系统、熟练操作。

（5）做好宣传。利用陕西招生考试信息网中研究生版块，介绍陕西省硕士研究生招生报名点设置及招生考试的各项政策规定，拓宽了与考生沟通的渠道。由于各报名点准备充分、安排得当，确保了报名确认现场工作程序规范，服务周到，秩序井然，报名信息准确、完备。

[复试工作] 2008年是硕士研究生复试改革的第三年，也是陕西省研究生复试工作巩固成果并取得显著成效的一年。

全国招生工作会议之后，结合会议精神，针对招生单位复试中存在的问题，专门召开了复试工作会议，印发了《关于做好2008年硕士研究生复试录取工作的通知》（陕招办［2008］3号），要求各招生单位进一步落实科学发展观，进一步加强和规范复试工作，进一步深化复试改革，提高复试质量，探索建立不拘一格选拔优秀人才的机制。特别强调复试工作要坚持“三公开”制度，即：复试的具体条件、要求公开，复试的办法公开，复试的结果公开。

复试期间，检查复试现场发现，2008年陕西省复试工作呈现以下特点：领导更加重视，组织机构更加健全；各项工作组织更加严密，准备更加充分，程序更加规范；对学生的考查针对性更强，在紧扣专业特点的同时，更加突出能力考查；复试方式更加多元化，体现出各自的特色和专业特点；不少单位相应扩大了复试的权重，强化了复试的地位和作用，以往那种重初试轻复试的现象得到彻底改变。特别是为改变复试工作中起关键作用的一些导师的重教学、轻评价，重初试、轻复试的传统习惯，要求各招生单位加强对导师进行有关复试内容和复试方法方面的专门培训，充实导师在评价和选拔人才方面的专业知识，使他们既掌握招生政策，又掌握本专业以外的教育评价、心理测试等评价考核的基本理论和技能，以提高其选拔评价能力。

[免试生推荐] 根据教育部《全国普通高等学校推荐优秀本科毕业生免试攻读硕士学位研究生管理办法（试行）》和《关于做好2008年推荐优秀应届本科毕业生免试攻读硕士学位工作的通知》要求，加强了对推免生工作的领导和监督，结合本省实际印发了《关于做好2008年陕西省硕士研究生推荐免试工作的通知》（陕试研招［2007］24号），完善了检查程序和办法，制定了规范统一和操作简便的学校推荐情况登记表，对推荐单位提出了明确的要求。从检查过程和结果看，各单位均制定和规范了推荐免试基本原则、实施办法和细则，明确了推免生公示方式和公示时间，确保推免生工作公平、公开、公正，高质量地完成了推免生工作。

教育部下达给陕西省招生单位2008年的推免生名额为4 068人，实际完成3 963人，比计划少105人，其中省内完成3 160人，外推803人。

[博士生招生] 根据博士研究生招生工作的特点，强化管理力度，规范了报名信息、成绩信息、录取信息标准，加强了报名资格和录取资格审核，特别加强了对同等学力考生资格的审查。

在全省博士生录取备案会上，成立有博士生招生单位参加的检查组，依据前期拟定的录取检查项目和量化评估标准，严格检查程序，评定各招生单位的工作成绩和不足，达到了互相学习、共同提高的目的，促进了博士研究生招生工作的规范化进程。

成人高考

[概况] 2008 年全国 101 所各类成人高等院校计划在陕西省招生 57 841 人。其中，专升本 26 550人，高中起点本科 4 580 人，高中起点专科 26 711 人；脱产学习 7 200 人，业余学习 25 601人，函授学习 25 040 人；部委院校 12 370 人，本省院校 44 033 人，外省院校 1 438 人。

2008 年陕西省共有 95 605 人报考成人高校，较去年增加 18 757 人，增幅 24.41%。其中，专升本 20 100 人，较去年减少 1 816 人；高中起点本科 4 050 人，较去年减少 542 人；高中起点专科 71 455 人，较去年增加 21 115 人。25 所成人中专学校，计划招生 14 330 人。

2008 年 10 月 11 日至 12 日成人高校招生考试工作，按照全国统一安排进行了考试，考试在全省 11 个市（区）、21 个考区、104 个考点计 3 300个试场进行。

为了规范管理，2008 年取消了山区县照顾政策；要求考场实行电子监控，实现了网上巡查；考生档案实行计算机管理。

2008 年成人学校招生录取新生 72 124 人。其中各类成人高校统一招生考试录取 66 546 人，完成招生计划 110%，在录取的新生中，专科起点本科 12 982 人，高中起点本科 2 368 人，高中起点专科 51 196 人；成人中等专业学校免试录取 5 578 人。

[积极扩大生源] 根据教育部《关于做好 2008 年成人高校招生工作的通知》精神，通过教育部招生来源计划管理平台及时下载、汇总各院校计划，下发各市（区）招生办，并在中心网站发布，方便考生查阅；各市（区）招生部门通过省电台、电视台、省报等媒体播出或刊登招生专栏，大力宣传；许多成人高校举办考前辅导班，下到各县（区）报名点进行宣传、咨询。在报名期间，还深入基层，了解情况，及时解决各市（区）在报名过程中遇到的问题，并着重检查了报考资格和照顾考生条件的审核，报名信息的采集及考生确认工作。由于措施得力，2008 年成人高考报名人数增加较多。

[计划管理] 按照教育部的要求，对招生计划的汇总和调整，实行计算机异地远程网络管理。为了保证准确，今年实行网上核对计划，通过网上与各招生院校联系，对在核对中发现的学制、学习形式等问题，要求学校及时与招生计划管理部门联系解决。11 月上旬，向所有在陕招生院校书面通报了第一志愿上线生源情况，同时安排了网上计划调整工作，方便了院校录取，提高了工作效率。

[录取工作] 2008 年成人高校录取统一使用计算机管理档案，包括考生的基本信息（含照片）、统考成绩、报考志愿等，由省招办汇总建立，招生学校录取时在网上下载。录取工作实行“学校负责，招办监督”的办法，坚持“按照志愿，从高分到低分择优录取”的原则在网上进行。工作过程中，严格管理，严格执行招生政策，严格执行最低控制分数线，严格按照考生志愿顺序投档录取。为了使上线考生尽可能被录取，对不足开班专业进行了调剂，从而减少了遗留问题。纪检部门全程参与录取工作，认真监督检查，确保了录取的公平、公正，维护了成人高校招生工作的严肃性和广大考生的合法权益。

专升本考试

[概况]　2008 年陕西省 22 所高等院校、45 个专业，计划招收普通高等教育专升本（以下简称“专升本”）学生 6 145 人，比去年增加 464 人，增幅为 8%。其中文史类 2 230 人，理工类 2 415 人，外语类 705 人，艺术类 195 人，医学类 600 人。

全省 82 所生源学校共有 15 351 名高职（专科）学生报考，比去年减少 2 541 人，考生人数是计划数的 2.5 倍。其中文史类 6 538 人，理工类 4 499 人，外语类 2 553 人，艺术类 456 人，医学类 1 305 人。

4 月 12 日全省进行了统一考试，共 11 个考区，21 个考点，535 个试场。

录取新生 5 712 人，完成了招生计划的 92.95%，录取率为 37%。其中，文史类录取 2 184 人，完成计划的 97.94%；理工类录取 2 052人，完成计划的 84.97%；外语类录取 698 人，完成计划的 99.01%；艺术类录取 177 人，完成计划的 90.77%；医学类录取 601 人，完成计划的 100.17%。

[报名工作]　将专升本招生考试的相关政策规定通过陕西招生考试信息网及时公布，同时对省教育厅下达的招生计划进行了整理和编排，将专升本招生政策、专业课考试科目、报名信息卡、志愿卡填涂标准等考生须知的内容整理汇总，编印了《2008 年陕西省普通高等教育专升本招生报考手册》。专升本报名实行现场采集信息、数码照相、签字确认的办法，保证了考生基本信息的准确性。报名期间，与各市（区）招办积极联系，了解报考政策执行情况，解决报名中遇到的问题，使全省专升本报名工作有条不紊。

在 2008 年的专升本报名工作中，通过“学校主审，市（区）复审，省招办复核”的资审办法，全省共查处违规报考考生 10 人，省招办按规定做出了取消报考资格的决定，同时要求市（区）招办上报资审复查情况说明。

[录取工作]　根据专升本录取工作的实际情况，制定了《2008 年陕西省普通高等教育专升本招生录取指南》，对录取工作的组织机构及职责、录取原则、档案调配细则、录取工作程序及要求等都作了详细的介绍，为院校录取工作提供了方便。

在录取期间，主要抓了以下几方面的工作：（1）合理设置机构。录取现场设置了录取领导小组、计划打印组、院校协调组、档案管理组、纪律检查组和会务组，各组职责明确，严格把关，既互相协作，又互相制约。（2）严格录取程序，实行“院校负责，招办监督”的录取办法，遗留问题由学校负责处理。（3）严格执行录取政策规定，严格执行各专业分数线，严格按照考生志愿顺序和各专业招生计划，由高分到低分投档，确保了公平、公正和择优原则的落实。虽然录取期间遭受了地震威胁，但在录取领导小组的有效组织和协调下，全体工作人员坚守岗位，高效、顺利地完成了录取任务。

普通高中毕业会考

[概况]　2008 年全省 202 725 名普通高中二年级学生参加了物理、化学、生物等三个科目的会考，431 640 名考生参加外语听力考试。

各科及格人数及其占参考人数的百分比分别为：物理科及格 95 609 人，占 48.10%；化学科及格 138 860 人，占 70.47%；生物科及格 142 434人，占 71.57%。

[会考英语听力考试]　为做好高中会考外语听

力考试工作，及时下发了《关于做好2008年高中会考外语听力考试的通知》，明确了考试对象和考试时间，确定了命题、制卷和评卷办法，修改了成绩数据库结构，提出了管理要求。特别强调，考前要认真检查听力设备，严格培训监考，确保设备良好、播音清晰、操作准确，同时制定设备故障及突发事件应急处理预案；要采取必要措施，保证考试期间考点周边无噪音干扰；要做好考生入场、试卷分发、播音试听、播放正式考试内容、答题卡回收等各环节的工作；各级会考机构对此次考试进行了全面布置和安排，整个工作平稳有序，进展顺利。

[高二年级会考工作]　专门印发了《关于做好2008年普通高中毕业会考工作的通知》，要求各级会考机构切实加强对会考工作的领导，克服轻车熟路的麻痹松懈思想，狠抓考试安全教育，确保试题试卷在运送和保管中的安全、保密，严防各种失密、泄密事件的发生，做到责任落实、措施落实、监督落实；严格执行会考考务管理办法和操作规程，加强考试管理、严肃考风考纪，特别要加大对代考、利用现代通讯工具作弊、有组织的群体舞弊等严重违规行为的防范和查处力度，确保考试的信度和效度。同时，对制卷、施考、评卷、成绩管理等环节制定了严格的管理措施。在制卷中，对试题监印人员进行安全保密教育，印刷厂严把质量关，及时解决试卷印制中存在的问题。领运试题，要求试题交接层层清点签字，严格实行专人专车运送。试题保管严格执行《国家教育考试考务安全保密规定》。施考中认真履行工作程序，试题清点、整理责任到人。在此基础上，印发了《评卷工作实施程序》，对评卷登分的质量提出了具体要求，同时与评卷点签定了评卷合同。试卷保管站期间，充实市（区）人员力量，及时召开市（区）试卷保管室工作人员会议，明确工作纪律，要求做到人不离卷，卷不离人，保证试卷安全。试卷调拨期间，制定会考试卷的领退、保管和调度规定，专人负责试卷交接管理，严格规范试卷的调配和交接手续，确保责任落实，措施到位。为了对评卷质量做到心中有数，组织人力，抽查各科部分评阅的试卷，对存在的问题登记造册，查找原因，分析处理。这些措施的实施，确保了试题试卷的安全保密，提高了会考评卷的工作质量。

初中毕业升学考试及中等职业学校招生

[概况]　2008年全省中考报名497 538人，其中西安102 226人、铜川10 641人、宝鸡52 896人、咸阳65 515人、渭南78 233人、榆林58 103人、延安31 944人、安康27 709人、汉中35 184人、商洛33 426人、杨凌1 661人。职业技术学院、普通中等专业学校在陕计划招生88 395人。其中五年制高职37所，计划招生9 785人；普通中专125所，计划招生59 794人；本省联办40所，计划招生7 170人；陕西与东部省市中专学校连班学校26所，计划招生11 546人。据统计，全省截止10月份共录取新生73 369人，其中五年制高职13 107人，普通中专58 964人。

[录取工作]　为了进一步贯彻落实全国职业教育年度工作会议精神，努力扩大招生规模，认真抓了以下几个方面：（1）6月初印发了《关于做好2008年陕西省职业技术学院和普通中专艺术体育类专业招生工作的通知》，对中专报名、录取等工作进行了全面的安排部署。（2）录取工作开始前，召开了省、市两级招生人员工作会议，在广泛征求了市区招生部门意见的基础上，省招办负责领导从工作和纪律方面对录取工作提出了具体要求，使各级招生部门统一了认识，明确了责任。录取会在省招委会的统一领导下，各部门

各司其职，既密切配合又相互监督，出色地完成了各项工作任务。(3) 完善招生政策，全省采取集中录取与全年滚动式录取相结合、地市提供生源与学校组织生源相结合的方式，允许5年制高职按20%比例超录，3年制中专按30%比例超录，鼓励普通中专学校招收历届初中、高中毕业生；支持东西部学校联合办学。

[加强管理] 增强服务意识，提高服务质量。坚持以考生、学校、基层为本，努力改进工作作风，不断增强服务意识，以优质的服务促进招生。省招办在录取会前主动征求地市、学校意见，共同商讨5年制高职录取分数线，交流扩大招生规模的办法，督促鼓励积极完成招生计划。录取会结束后，对于未完成招生计划的学校全年滚动式录取，省、市招生部门每月提供办理录取手续的时间。这些做法，为学校提供了优质的服务，保证了招生任务的顺利完成。

大力推进招生管理手段现代化。为推进管理手段现代化，提高工作效率，在全省统一了中考报名信息标准。根据中考出现的新情况，对全省职业技术学院和普通中专招生计算机软件进行了修改，使之日臻完善。全省11个市（区）都做到了利用计算机统一采集报名和志愿信息，统一评卷与登分，统一实行了无纸介质档案录取，统一打印录取新生名册。

自学考试

[概况] 2008年，陕西省自学考试共开考了88个专业，其中专科50个、本科38个。全年共组织了4次考试，安排了共400门课程（不重复统计）的考试，累计报考人数466 275人次，报考科次1 080 839科次。

与2007年相比，报考人数减少了3 972人，下降0.84%；报考科次增加了12 387科次，增长1.16%。除西安、咸阳外，其他9个地市的考生报名人数都有不同程度的下降，个别地市较为严重。

参加实践环节考核共10 219人，共计15 185科次；参加毕业论文共3 071人次，合格率为90%。参加计算机应用基础和管理系统中计算机应用实践环节的考生共计4 489人，合格率为70%。

[舆论宣传] 2008年是《高等教育自学考试暂行条例》颁布20周年，全国考办于4月初专门召开了自学考试宣传工作会议。按照会议精神，陕西省及时转发了全国考办《关于组织在媒体发表系列宣传文章的通知》，下发了《关于开展纪念〈高等教育自学考试暂行条例〉颁布20周年征文活动的通知》。各级考试机构、主考院校以及自学考试工作者、自考生满怀对自学考试的极大热情，积极参与撰写自学考试的宣传文章，从不同的角度、不同的侧面，广泛宣传自学考试20余年来取得的辉煌成就，收到了显著的成效，社会上更多的人们从中了解了自考，进而关注自考并积极的参与自考。

[命题工作] 根据业务性质，科学地进行分工，增设命题计划管理员、题库管理员各1人，设置了3个命题组，即自考统考命题组、自考省级命题组和其他考试项目命题组，工作职责到人到组，要求“两员”严格按照工作规范和时限，制定好命题计划，及时准确申报试题，管理好题库，做好所命省级试题入库和全国统考试题的接收、移交工作。对于每次命题，要求三个命题组要开好两会，即培训会和审定会，不偷工减料，不减少环节，扎扎实实地做好保密教育、业务培训，命题蓝图设计和样题审核工作；做好试题审定验收入库工作；做好统考试题清样的审定、打印、校对、复制、封装和邮寄工作。1年来，共组织各类考试命题工作会议17次，参会命题教

师 730 余人次，命题、审定试题试卷 1 848 份，确保了各项考试的顺利进行。

[评卷工作]　(1) 排除干扰，坚持按规定程序和条件确定评卷点。省考办与评卷院校签订评卷责任书，制定奖罚标准，并派专门人员参与评卷的监督管理工作，对评卷过程中出现的问题严肃处理，杜绝违规行为，确保评卷工作的严肃性。

(2) 注重能力，坚持按标准选聘评卷教师。为保证评卷质量，对评卷工作人员的选聘有严格的要求。所聘评卷教师必须是本课程业务水平较高、责任心强、作风正派、无直系亲属参加当次考试的任课教师，且经过保密纪律教育和评卷工作培训后方可上岗。

(3) 统一标准，严格评卷工作程序。评卷开始前，要求评卷院校组织骨干教师对各课程试题及《参考答案和评分标准》进行认真研究，并随机试评一定数量的试卷，熟悉评分标准后，再结合考生的实际答题情况，拟定出评分细则和补充评分标准。评卷教师根据评分细则和补充评分标准，采取分题流水作业。试卷评完后，评卷人自查、评卷小组复查、评卷学校组织专人全面复查、省派联络员抽查。主要是复查有无漏评、错评，卷面给分标准掌握是否恰当，卷面答案或得分是否有异常涂改和其他异常情况等。试卷评完交回省自考保管站后即抱卷登分。期间，任何人不得以任何理由私自调卷或更改分数，确保评卷的公平与公正。

社会考试

[概况]　大学外语四、六级考试 2008 年 2 次报考人数为 704 013 人，其中：英语六级 247 680 人，四级 455 289 人，其他语种 65 617 人。

2008 年社会考试开考的项目有：全国计算机等级考试（NCRE）、全国计算机应用技术证书考试（NIT）、全国英语等级考试（PETS）、剑桥少儿英语考试、中国物流职业经理资格证书考试、中国餐饮业职业经理人资格证书考试、调查分析师证书考试、中国市场营销资格证书考试以及全国中小学教师教育技术水平考试（NTET）共计 9 项。其中全国中小学教师教育技术水平考试为 2008 年新开考项目。

按照考试计划，每个项目每年组织 2 次考试。截止 11 月底，已成功组织了 17 次考试，累计参加考试 289 155 人次。

[确保新项目考试顺利实施]　按照教育部统一部署，自 2008 年起，陕西省开展了全国中小学教师教育技术水平考试（简称 NTET）工作。由省教育厅、省电教馆、省考试管理中心组成项目领导小组，各试点县区成立项目办公室，全面推进 NTET 考试工作。作为组织实施考试的部门，在周密策划的基础上，精心安排考前各项准备工作。及时发文，明确了考试方式和时间安排，划分了省、市（区）考试部门和考点职责，规定考点设置程序、设备标准；会同专家分赴各市（区）逐一检查验收，确定了全省 11 个 NTET 考点；及时印发考务工作手册，聘请专家开展业务培训；按照教育部考试中心的要求，顺利完成考前全网测试和网上报名工作。考试期间，系统运行稳定，数据回收完整及时。上半年全省共报名 1 236 人，考试合格 993 人。

[提高考试项目的社会认可]　1 年来，在各考试项目的宣传推广方面，主要侧重以下方面：科学选定考试科目。计算机等级考试、NIT 等项目，每次考试，科目均有不同程度变化，根据教育部考试中心规定的开考科目并结合本省具体情况，制定本年度考试科目。对于报考人数过少的科目及时停考，对于具有一定市场潜力的新科目逐步引进。同时根据市场需求，及时调整科目设置，停考低版本，引入高版本。不断增强证书考试的

实用性和吸引力。通过多种渠道，拓展考试宣传。通过宣传，让更多的人了解社会考试，参与社会考试。2008 年重点抓了英语等级考试、剑桥少儿英语考试、物流资格证书考试、市场营销资格证书考试的宣传工作。印制各类图文并茂的考试宣传册，对有关考试的性质、特点、相关的政策以及报名的时间、地点、联系方式等作详细的介绍，并通过多种渠道向社会免费散发；报名前夕和考试期间，通过在陕的主流媒体刊载有关考试信息；发挥网络快速、高效的宣传优势，借助陕西招生考试信息网和社会考试信息平台等及时发布有关考试信息，指导市区和考点的工作。

供稿：陕西省考试管理中心
撰稿：张军利　吴介军
审稿：李　谦

甘 肃 省

综 述

2008 年，甘肃省普通高校招生考试报考人数仍持续增加。全省各类招生工作全面深入贯彻实施阳光工程，稳步推进各项招生改革。全省各级政府、招生委员会、教育行政部门在有关部门的支持配合下，用科学发展观统领招生考试工作全局，一手抓防震和藏区安全稳定，一手抓考试管理。加强领导，狠抓安全保密，逐项落实考务工作，综合治理考试环境，取得了明显成效。普通高校招生两次高考、两次评阅试卷平稳顺利，高校各项招生录取取得圆满成功。

2008 年，甘肃省报考各类高、中等学校的考生共有 443 727 人，其中普通高校 292 637 人，普通中专 76 400 人，成人高校 40 407 人，成人中专 5 357 人（报读），研究生 21 599 人（其中：博士研究生 1 429 人），普通高校“专升本”7 327人。实际录取新生 265 490 人。其中：普通高校 148 356 人，占考生总数的 50. 7%，比原计划增招 20 877 人。按层次分：本科共录取 76 787 人，占录取人数的51. 8%；专科（高职）共录取 71 569 人，占录取人数的 48. 2%。普通中专 64 940人；成人高校 37 221 人；成人中专 5 357 人；硕士研究生 7 735 人，其中博士研究生 802 人；省内普通高校“专升本”1 881 人。

普通高考

[概况]　2008 年在教育部、省招委、省教育厅的领导下，各级政府、招生委员会、教育行政部门在有关部门的积极配合下和省内外普通高校的大力支持下，对甘肃受地震严重的陇南、甘南两地实施延考。全省实施两次高考，两次评卷。采取给延考区单独下达招生计划，单独划定分数线，单独录取的模式。确保考试安全，加强规范管理，稳步推进改革，切实维护好招生考试秩序和公平公正，以努力办人民满意的高考为招生工作的出发点和落脚点。综合整治招生考试环境，严格安全保密措施，狠抓考风考纪建设，构建了和谐的招考环境，圆满完成了各项工作任务。

[制定科学合理方案，做好特殊时期高考]　四川汶川大地震后，省委、省政府坚持以人为本，经慎重研究并经教育部同意，决定陇南市和甘南州的 17 个县（市、区）延期举行 2008 年普通高考。省招生办及时研究，在广泛征求各方意见和论证基础上，制定了《甘肃省陇南市甘南州延考区 2008 年普通高考工作方案》，及时调整本省高校招生整体工作方案，主要做好以下几项工作：

（1）让教育部和青海省为延期高考地区重新命制各科目试卷；

（2）制定出台《甘肃省2008年普通高校招生统考防震预案》、《延考区2008年普通高校招生考试工作的通知》、《关于进一步加强2008年普通高等学校招生全国统一考试防震等安全工作的紧急通知》和《关于做好2008年甘肃省普通高校招生延考区和非延考区录取工作的通知》等文件；

（3）省内外院校的招生计划按照延考区和非延考区1:10的比例进行分解；

（4）继续由兰州大学、西北师范大学、西北民族大学、甘肃农业大学和省招办评阅延考区试卷，延期考区采取成绩公布后单独填报志愿、单独划线、单独录取的办法，整体推迟录取时间，使延考区与非延考区录取时间同步进行。

[**制定符合甘肃省情的招生政策**]　2008年，招生工作主要在五个方面进行改革。严格考生报名资格审查，利用数码照相技术采集考生图像信息；增加两项地方性照顾政策，分别是：获得全国青少年科技创新大赛三等奖和省级大赛一等奖的应届高中毕业生及获得青少年机器人竞赛省级一等奖及以上的应届高中毕业生，报考省内普通高校理工、文史类专业时可加10分投档；首次推行成绩公布后填报志愿，分三次划定和公布录取分数线，指导考生正确填报志愿；充分研讨论证，按照“志愿优先、分数优先”的原则，设置第一志愿和平行第二志愿的高考志愿；美术实行全省统一考试，省内所有院校美术类专业校考必须在全省划定的合格生源内进行，音乐类实行全省联合考试，确定了美术类统考和音乐类联考专业成绩使用范围。

[**国家教育考试考务管理与服务平台建设**]　2008年，积极筹措资金，提供技术保障，建成了省、市（州）视频会议，与教育部网对接，高考期间，充分利用平台实现对考试的统一指挥。以后继续努力，循序渐进，逐步建成甘肃省考试考务管理与服务平台。

[**建立完善和落实考生诚信档案制度**]　2008年，省招办对统考中违纪作弊考生和按志愿录取而未报到的考生，详细地进行电子档案登记，录取时提供给相关高校。同时，有关市、县级招办对违纪作弊考生应做好纸质档案的登记工作，使省招委会的诚信记录举措落到实处。

[**顺利实现“平安高考”目标**]　2008年，全省各级政府、招生委员会、教育行政部门克服实际困难，部署周密，措施得力，在组考期间余震不断的情况下，没有扩大本省延考区的范围，没有中止正常的考试，顺利实施了两次高考。

（1）考试安排部署有力。认真落实工作责任制和责任追究制，省招委会与四个评卷院校签订了《评卷工作安全保密责任书》，省、市（州）、县、考点层层签订了《考试安全保密考风考纪责任书》，把责任逐级落实到考点及考点主任。实行省、市、县三级巡视制度，进一步落实考试巡查职能。

（2）安全保密措施落实到位。继续在招生考试中严格贯彻落实招生管理和安全保密的四个“制度”、两个“管理办法”、一个“建设标准”和两个预案。特别是制定了《甘肃省2008年普通高校招生统考防震预案》，增强了各级招生部门、各考点突发事件应变处理能力。

为了确保试题的印制、运送、保管、考试等各环节的安全，采取了如下措施：试卷印刷厂安装了监控报警系统和手机屏蔽系统，采取全封闭管理，对试卷印刷厂检查验收；全省103个保密室（包括地震灾区受损后重新建设的）均具备“三铁”、“四防”功能，全部安装了监控报警系统，省、市、县三级试卷保密室均实行视频远程监控；全省各地接题车辆全是密封专用车，由公安人员和各地招生考试机构负责人三人以上押运，实行随时报告制度；省、市、县三级招办建立网络系统和值班巡逻制度，实行层层日报制度；兰州设立中转站，为路途较远的武河西各地试卷中转提供安全的场所；按当地抗震设防标准，对所有考场进行了彻底排查。安排了备用考场、临时地震避险场所和防震紧急疏散通道。

2008 年全省非延考区的所有考生，均在符合当地抗震设防标准的考场中安全应考。延考区 23.49 万余名考生均在安全的教室和活动板房顺利参加了高考。

（3）考试过程管理严格规范。2008 年，进一步加强对考试的领导，充分发挥国家教育统一考试联席会议制度职能作用，采取一系列有效措施为综合整治考试环境提供坚实的保障。

考务管理严格。2008 年进一步加大了对考试组织者及考生的管理。县招办统一对监考教师实行“九会”、“十不准”的培训，坚持培训合格后上岗；坚持监考县与县对调制度；对监考人员实行“八制”管理制度；在考前签订《考生诚信承诺书》；进行考试规则教育；进行考生答题和涂卡培训教育，指导考生正确填涂，规范答卷。

管理措施得力到位。采取一系列措施狠抓考风考纪：充分利用现代化手段，继续启动考场手机屏蔽系统；购置无线耳机探测仪，配备到今年普通高考、成人高考和研究生入学考试的所有考点使用；考试期间，加大对互联网实行监控；成立高考突发事件处置安全工作领导小组，建立防范和打击网络、无线传播高考有害信息的联动、快速反应机制。

高考延考区增加六项措施，加大管理力度。陇南、甘南两地严格资格审查，进行考前考生资格重新认证；灾区监考暂不实行相互对调制度，强化监考责任；力争有关部门的配合和支持，确保涉考人员在生活、住宿和施考过程中的安全；进行地震突发应急避险演练，建立和完善应急预案的具体实施方案；认真做好宣传工作，稳定考生情绪；做好甘南藏区考试的安全保卫工作。

全方位落实考试过程督察制。实行“三级巡视”制度；邀请省内各新闻媒体参与考试期间巡视会，进行宣传现场报道；召开考前巡视会议，检查落实考前准备工作；全省各级招办均设立举报电话，考点均设举报电话与举报箱，及时听取群众意见，自觉接受监督；实行首问制，加强信访制度，切实维护广大考生的合法权益。

[评卷质量不断提高]　当年全省普通高考评卷工作受汶川大地震的影响，开展两次评卷工作，评卷工作呈现以下特点：

（1）评卷组织机构健全。各评卷院校严格履行《评卷工作责任书》，加强对评卷工作的领导。都成立了评卷安全保密领导小组和评卷领导小组，健全机构，明确职责。

（2）答卷保密措施到位。评卷点实行全封闭管理，由学校保卫人员和解放军战士昼夜值班，按照“三铁四防—监控—报警”的规定标准在高校建立试卷保管室，省招办与评卷院校的试卷保管室既分清职责，严格履行试卷交接手续，切实做到试卷万无一失。

（3）评卷程序规范严密。采取试卷在完全密封下进行评卷、成绩复核、登分等工作。建立考场首考号和保密号的对应关系，建立科学合理评卷流程，加强抽查复核管理，加强成绩录入核对，计算机自动确认通过等一系列的措施，使评卷程序更严密，流程更科学。

（4）评分细则制定客观。今年加强了对评卷工作的整体管理和评卷院校工作检查交流，按照公平公正的原则，做到评卷不违规，考生不吃亏，保证质量，保证速度。做到坚持执行教育部评分标准，制定符合实际评分细则，坚持先试评后评卷，一把尺子量到底，坚持评卷复查。

普通高考成绩公布后，甘肃省对有疑问的考生进行了查卷。今年共接待申请查卷考生 500 多科次。查询结果证明，今年的高考从阅卷、核分及登分均准确无误，申请查卷考生的Ⅰ、Ⅱ卷成绩差错率为零。

[录取更加公平公正] 2008年普通高校录取时间整体推迟，录取工作分延考区和非延考区两个部分，工作量增加一倍。招生部门主动采取有效措施，不断提高第一志愿录取率，降低高分考生落榜率，满足广大考生求学的愿望，确保了录取工作的安全、顺利、高效和公平公正。

（1）严格执行录取政策。当年投档时按照第一志愿“志愿优先”、平行第二志愿“分数优先”的投档原则，按录取批次、根据志愿、从高分到低分排序，按照学校招生计划的120%比例向招生院校提供考生电子档案，由学校审查录取，充分体现了招生的公平公正。

（2）尽可能满足灾区考生专业需求。延考区的考生在公布学校的招生专业中选报专业志愿，学校要根据考生选报的专业志愿确定录取考生的专业，即视为该校当年分专业招生来源计划，各个环节录取及新生学籍电子注册等予以认可。落实了灾区考生的利益。

（3）及时公布录取结果。在每批次录取前后利用各大媒体及时向社会公布招生录取政策和录取情况。第一时间公布各批次各高校第一志愿投档分数线。甘肃日报和甘肃卫视两大新闻媒体记者驻点进行采取追踪报道，特别是对于灾区考生、残疾考生等弱势群体和高分落榜考生解决录取等情况的特别关注报道。省招办每天晚上10点将该批次已录取的结果通过招生系统网传至各县区，供考生随时免费查询。省招办信访接待组每天将录取的信息复制到办公室，为来访考生及家长查询和服务。

（4）争取计划，缓解升学压力。当年采取积极措施尽可能地增加招生计划，提高升学率。主要体现在：申请教育部同意在甘肃招生的普通高校可以放大比例，按照不低于110%来录取延考区和非延考区的考生；省政府郝远副省长亲自致函感谢各普通高校，呼吁在录取中进一步关心照顾灾区考生；及时向教育部汇报面临的困难，妥善解决了高分落榜考生的问题；每个录取批次对于增加计划的各高等学校一一致函感谢。2008年延考区共录取新生13 725人，比原计划增招3 040人，录取率为58.4%，比全省录取率高出8个百分点。按层次分：本科共录取6 041人，占录取人数的44%；专科（高职）共录取7 684人，占录取人数的56%。地震灾区考生充分体会到党和政府的关怀。

研究生招生考试

[概况] 2008年甘肃省研究生招生工作，在省政府和省教育厅的直接领导下，认真贯彻落实教育部精神，全面实施“阳光工程”，深化研究生招生改革，综合整治招生环境，加强安全保密措施，狠抓考风考纪建设，圆满地完成了招生任务。

[深化研究生网上报名的改革] 继续深化研究生网上报名的改革：全面开展网上报名宣传、咨询活动；进行网报演练，现场模拟确认预报名演练信息，发现的问题及时修正；公布报考信息和要求，监控考生上传数据，及时反馈错误信息；统一进行报名现场确认设备和软件测试；考生携带有效身份证件到规定的报考点现场确认报名信息。当年网报工作未出现一例差错，网上报名的信息准确无误。

[加大考试管理力度] 研究生考试强化了三项措施：所有考场使用手机屏蔽器；每个考点配备了隐形耳机探测器，进行巡回探测；出动无线电测向车，在考场周边巡查，注意发现、查找可疑车辆、发射装置和人员，一旦发现利用通讯工具组织集体作弊的团伙和个人迅速查处。

[统考试卷万无一失] 各招生单位、报考点和评卷院校试卷保管室全部安装了监控报警系统，

建成标准的试卷保管室。各报考点均由武警、公安用密封车辆接运试卷；试卷的接收、保管、分发、回收、寄送等各环节工作，严格遵守各项规章制度，严格试卷交接手续；试卷保管和考试期间，建立了 24 小时值班制度。

［评卷质量稳步上升］ 根据教育部考试中心制订的评分标准，制订符合甘肃考生实际的评分细则。统一评分尺度，掌握评分标准，尽量缩小因评分标准掌握不一而造成的评分误差。各评卷点学科组职责分明，层层把关，严抓评分细则的落实，控制评卷尺度，统一评卷口径，把握评卷进度，防止前松后紧，突击评卷等。各评卷点加强政治、外语短文评卷教师的力量。各学科组成立复查小组，对评分弹性较大的试题进行复查，确保评卷质量。

［严把破格复试程序］ 规范破格复试程序，坚持破格复试人数不超过本单位招生规模的 3%，破格降分只降一头（降单科不降总分或降总分不降单科）。降分幅度控制在 5 分之内，个别艰苦行业专业和特殊专业降分最多不得超过 10 分，必须专题报告报省招办。生源较丰富的学科专业不得破格复试，破格考生必须第一志愿填报申请破格的招生单位，破格考生必须全部进行公示。

当年全省的破格限额 126 人，招生单位申请破格考生 123 人，省招办主任办公会议审核批准破格考生 117 人。有效地规范了破格复试的管理。

［确保研究生录取公平、公正］ 当年为确保录取工作顺利进行：录取实行“招生单位负责，招办监督”的录取体制；继续坚持德智体全面衡量、择优录取和保证质量、宁缺毋滥的原则；严格按初试成绩、复试成绩、思想政治素质和品德考核三方面综合评定的结果为依据录取，充分体现志愿优先、分数优先的录取办法。2008 年呈报的拟录取名单，经教育部网上录取联合检查全部顺利通过。

成人高考

［概况］ 2008 年成人高校招生工作继续推行高校招生“阳光工程”，使招生考试各个环节的工作公开公平和公正。主要抓了以下工作：

（1）切实做好试卷清样和试卷的安全保密工作。强化试卷的运输、分发、保管环节的措施，坚持 24 小时值班制，利用远程监控系统对全省实时进行检查和监控。

（2）严格考风考纪管理。建立成人高考网络有害信息督查制度。落实分级管理责任制、招生过程督察制、重大问题报告制和违纪舞弊通报处罚制四项制度。加强对监考人员的培训和参考考生开展三项教育。

（3）坚持省、市、区“三级巡视”制度，把考风考纪纳入目标管理责任制，实行一把手负责制。综合整治考试环境，全方位落实考试过程督察制，加强对考试过程的管理。

（4）成人高考平稳顺利成功实施了网上阅卷改革。2008 年，为做好网上评阅试卷这一改革，先后两次考察学习网上评卷技术和组织管理工作，依靠网上阅卷的技术服务公司的支持，西北师大顺利完成了 2008 年成人高考网上评卷工作，不断提高评卷质量。

（5）根据成人招生的特点、生源分布情况，实行分类划线，增强了录取工作的公正性和可操作性，减少了降分录取和招生计划互调带来的矛盾。

（6）适时调整各专业招生计划并及时和考生联系落实生源，提高第一志愿考生录取率，努力完成招生计划。

［省内普通高校“专升本”招生考试］ 2008 年

甘肃省普通高等学校专升本招生主要特点：

（1）加强组织领导，确保考试安全。对统考试卷的运输、保管、保密、值班报告制以及应急预案、监考人员的选聘培训和管理等环节工作提出了具体要求，在组织考试实施过程中认真落实，确保考试工作平稳进行；

（2）各院校严格执行招生计划，根据生源情况，实行总量控制，科类、专业之间计划可作调整；

（3）部属普通高校和独立院校不再安排专升本招生计划；

（4）各院校采取公共课统一划线、专业课分专业划线的方式进行录取，进一步体现了招生的公平性；

（5）推进“阳光工程”制度化，切实维护录取公平公正。各招生学校切实加强了对专升本招生工作的组织领导，严格执行了“六公开”、“六不准”的要求，公开招生计划、收费项目和标准、录取条件和结果。

普通中专招生考试

[概况] 2008 年普通中专招生改革继续深化，采取有力措施，不断提高普通中专的录取率和报到率。主要体现在：认真贯彻执行国家各项招生政策，放宽普通中专报考条件，允许高、初中毕业生凭毕业证办理入学手续，允许学校按专业大类招生，鼓励省内学校与东部发达地区学校实行多种模式联合招生、合作办学，2008 年，继续与天津、山东职业教育发展合作项目，为使更多的考生报考普通中专，考生报名和填报志愿的时间相对延长，普通中专在录取时，可超招生计划数的20%预录取。同时，允许学校在一定的时限内进行补录，让更多的学生享有升学机会。

自学考试

[概况] 学历教育考试共开考专业 137 个，其中本科 80 个，专科 57 个。2008 年举行学历教育考试 4 次：1 月份中英合作专业报考 855 人，2 343科次；4 月份自学考试（含教师资格考试）报考 74 028 人，168 720 科次；7 月份自学考试（含中英合作专业考试）报考 18 816 人，26 559 科次；10 月份自学考试（含教师资格考试）报考 65 633 人，152 171 科次。全年共计报考 159 332人，349 793 科次。与 2007 年相比学历教育报考人数下降了 7. 7%。

2008 年举行非学历教育考试 14 项 16 次，其中：餐饮管理、调查分析师等 6 个专业资格证书考试报考 1 051 人、2 123 科次；全国大学英语四六级考试报考 274 877 人；全国高校英语应用能力考试报考 66 375 人；全国计算机等级考试报考 100 149 人；全国英语等级考试报考 6 345 人；全国计算机应用技术证书考试报考 4 224 人；剑桥少儿英语全国统一考试报考 2 564 人；甘肃省农村义务教育阶段学校教师特设岗位考试报考4 693 人。全年共计报考 460 278 人。与 2007 年相比非学历教育考试报考人数净增 6. 1 万余人，增长率为 15. 3%。

2008 年共选育毕业生 12 916 人，其中本科 8 810人、专科 3 342 人、中专 764 人，并上报教育部进行电子注册。截止 2008 年底，累计选育毕业生 247 601 人，其中本科 65 663 人、专科 154 824 人、中专 27 114 人。

[考务考籍管理] 严格执行国家四部委关于《国家教育考试考务安全保密工作规定》的通知精神，完善各类考试预案，应对突发、偶发事件。修订印发《甘肃省高等教育自学考试安全类突发事件应急处置预案》和《甘肃省高等教

育自学考试、大学英语四六级考试、高等学校应用能力考试期间防震应急处置预案》。狠抓各项安全保密规章制度和责任制的落实。要求各市（州）、主考学校认真检查考试安全保密设施，完善安全保密规定，严格试卷运送、交接、保管、考试值班制度，确保安全保密万无一失。考试期间省考办通过远程电子监控系统对各市（州）自考办试卷保密室实施监控，并协调兰州市公安局网监部门加强考试期间网络不良信息的监控。

考风考纪是确保自学考试质量的重要保证。2008 年，甘肃省自考办的主要做法是落实三项制度、遵循四项原则、突出一个重点。“三项制度”即：继续实行监考教师上岗培训考核制度和考场随机抽签制度，先培训后上岗，不合格不能上岗；坚持省、市、县三级巡视检查制度，加大对考风考纪薄弱考区考试的巡考力度；继续推行与考生签订考试诚信承诺书制度。在加强考风考纪、防范和打击考试作弊上，遵循“四项原则”，即：严格管理与加强督察相结合的原则；教育为主、处罚为辅，教育与处罚并举的原则；严格防范与严肃查处并举的原则；人防为主、技防为辅，人防技防并重的原则。突出“一个重点”，即重点打击有组织的集体舞弊和利用现代化通讯工具等作弊的行为。全年自学考试中各考区所有考场均安置了通讯信息屏蔽器。大学英语四六级考试中免费为考生提供手机存放袋，巡考人员携带考场手机信息探测器，重点加强对替考和使用手机等通讯工具作弊的防范和查处力度，有效遏制了利用高科技手段作弊的行为，也增强了监考人员的责任感。

严格按《甘肃省自学考试考务考籍管理办法》、《甘肃省自学考试实践环节考核管理办法》等规范考籍管理工作，并建立了相应的岗位责任制度。

（1）日常及时处理大量的考生课程免试、转档合档工作、接待考生来访、开据成绩证明、实践环节考核过程管理及成绩管理等工作，每项工作都有专人负责，并辅以计算机管理，工作规范有序，数据信息准确可靠；

（2）制定《甘肃省高等教育自学考试毕业论文（设计）写作规范及答辩要求》，进一步规范和加强自考生毕业论文答辩工作；

（3）严把毕业生审查关，特别对考生的转考、免考资料及本科毕业生的专科毕业证书、中级职称证书等进行认真细致的审查，严格把好了毕业生的“出口”关。

[专业和课程体系建设]　经过调整，甘肃省自学考试专业结构呈现出四大特点：即积极发展本科教育，本科专业的数量占开考专业总数的 60%；应用型、职业型、技能型专业吸引大量的高中后学生加入自考行列。学历证书与职业资格证书相结合的“双证书教育”健康发展。面向民族地区开考的少数民族专业和面向农村开考的适农专业发展势头良好。2008 年，论证开设了公安管理、公共事业管理、电子信息工程等专科专业和对外汉语、侦查学、物理教育、地理教育、电子信息工程等本科专业；对多年来招生人数较少、发展潜力较小的监所管理等专业停、并、转。全面核对、清理目前开考的所有专业所涉及的课程名称、学分、使用教材，完成全国考办布置的专业公告自查自评工作。经过协调，基本解决了高职高专学校学生通过自学考试接受“专升本”教育主考学校的问题。制定《关于加快发展自学考试“双证书”试点工作的意见》，批准甘肃省卫生学校等五所学校参加试点。

[命题管理和评卷]　2008 年，受全国考委委托承担了 8 门课程国家命题任务，向有关省市提供 297 份试卷、试题参考答案及评分标准；全面完成自学考试省级自命题 410 门课程、教师特设岗位考试等 2 门课程及外省委托 60 门课程的命题任务。命题工作中采取的措施：完善制度，修定了

“命题工作规定”、“入闱人员保密规定”、“保密协议书”等各项规章制度，规范了命题业务流程，保证了“教考职责分离”原则及三级命题制度的贯彻落实；合理掌握试题标准，注重命题难易度的控制和卷样质量、安全保密等工作过程管理，杜绝差错，切实保证命题质量；注重省际间的协作命题，强调命题信誉、质量和效益的有机结合；坚持开展考后试卷分析评估和反馈信息工作。

评卷工作做到了严把“五关”，即：评卷教师选聘关，各评卷点严格选聘评卷教师，具备中级以上职称的占评卷教师总数的70%以上；坚持“试评”关，评卷前对每门课程的试卷进行试评，具体细化“参考答案及评分标准”实施意见，便于合理掌握评卷标准；把好评卷关，每份试卷保证有两位以上的教师流水评阅，坚持“给分有据，扣分有理”的原则，要求尽量发掘考生答题的合理成分，不能活题死评；严把复查关，对错评、宽严不一的现象及时纠正，并由课程评卷组组长和省派驻点工作人员确认；严把核分校验关，组织经验丰富的教师对已评试卷进行核分抽查，防止出现前紧后松、时宽时严的现象。

[信息化建设]　积极推进网络信息系统建设，充分发挥甘肃自考网络信息系统的作用，不断扩展应用范围。采取采编、转载、链接、生成等多种方式，积极组织信息上网，努力做好网络维护，充分发挥网络的宣传、信息发布、答疑咨询、信息查询、数据传输、电子邮件等功能，服务考生和社会。与华夏大地教育网合作开展网上助学、辅导、答疑活动，为自考生提供了数百门课程的网络课件，回复考生留言千余条。启动国家教育考试考务管理与服务平台建设工程，其中考务管理专网平台正式投入使用，视频会议系统方案已经确定，正在建设中。初步实现了国家级考试考务指挥中心与省级考办24小时在线值班和远程视频指挥功能。实现了网上远程监控市(州)考办试卷保密室。配置高端网络交换机，彻底解决了甘肃自考信息网与CERNet、ChinaNet、CNC三大网络之间互访的瓶颈，实现快速对称访问。

[理论研究与宣传]　全国重点课题《新农村建设视野中的自学考试制度创新研究》结题报告基本完成，《“西部欠发达地区自学考试功能价值综合研究”问卷调查》和《自学考试面向西北少数民族地区社会主义新农村建设服务体系的构建及制约因素与对策研究》两个课题进展顺利。

根据全国考办《2008年高等教育自学考试宣传工作指导意见》，以国务院《高等教育自学考试暂行条例》颁布20周年为契机，结合年度工作重点、热点和亮点开展自学考试主题宣传。

(1) 充分利用社会新闻媒体，建立稳定的自学考试宣传渠道，在《甘肃日报》、《兰州晨报》、《兰州晚报》刊登学历、非学历考试、应用型专业报名招生等宣传广告10多次；

(2) 各类考试期间《甘肃日报》、甘肃电视台、《兰州日报》、《兰州晨报》等主流媒体刊登自学考试新闻稿30多篇；

(3) 编发自考简报6期，分别向省教育厅、教育部考试中心上报各项考试工作信息；

(4) 充分发挥网络信息化优势，加强自学考试与广大考生的沟通与交流，扩大自学考试宣传；

(5) 在新浪网首次举办了甘肃高等教育自学考试在线访谈活动，收到良好的效果；

(6) 经省自考办指导，由北京环球燕园书店有限责任公司和甘肃华夏科教书刊发行有限公司主办，开展了甘肃省首届“燕园杯”高等教育自学考试“单科状元”(2008年上半年)评选奖励活动，对53名单科成绩优秀考生进行了表彰，同时为陇南市、甘南州灾区捐赠10万元书籍；

(7) 举办首届高等教育自学考试毕业生专场

招聘会，有 100 多家用人单位设展，有3 000余名自考生参加应聘。

（8）与甘肃日报社联合，开展“融入自考、成就人生”为主题的征文活动，收到各种体裁的文章 100 余篇，刊登 70 余篇。

供稿：甘肃省高等学校招生办公室
甘肃省高等教育自学考试办公室
撰稿：李晓冬　陈　琦　马尚玮　马元让
审稿：程耀荣　董首昌　李小平

宁夏回族自治区

综　述

[概况]　2008 年，宁夏教育考试工作以邓小平理论、“三个代表”重要思想、科学发展观为指导，在自治区党委、政府的高度重视和支持下，在教育部的指导下，在自治区教育厅党组、教育工委的正确领导下，紧紧围绕以人为本、科学发展、构建和谐社会、促进教育公平的总体目标，强化考试安全，规范考试管理，提高效能建设，确保平安高考，维护公平公正，提高管理水平，提升服务质量，为办好政府放心、人民满意的教育考试，促进和谐宁夏建设做出了新的成绩。普通高等学校招生、硕士研究生招生、成人高等学校招生、普通中等专业学校招生、高等教育自学考试和非学历考试、普通高中学业水平测试等国家及自治区教育考试和招生工作平稳顺利实施。

[考试安全]　2008 年 4 月，宁夏教育考试院联合宁夏回族自治区保密局组织了一次安全保密专项检查，各级招生考试机构都建立了符合国家要求的保密室，按规定安装了电子监控设备，制定了严格的保密制度。试卷的运送、发放和保管以及答卷回收、运送、保管等环节都严格按照教育部、中宣部、公安部、国家保密局发布的《国家教育考试考务安全保密工作规定》执行。考前，对保密、保卫人员通过学习《中华人民共和国保守国家秘密法》、《中华人民共和国保守国家秘密实施办法》、《保密制度》、《国家教育考试考务安全保密工作规定》等进行纪律和保密知识教育。考试期间严格执行试卷保密室 24 小时值班和巡视检查制度，严格履行试卷、答卷交接手续。2008 年，宁夏教育考试院还进一步加强了高职、普通高中学业水平考试、艺术类专业考试、自学考试部分科目从命题到施考全过程的监督管理，认真落实分级管理责任制、重大问题报告制、招生过程监督制、违纪舞弊通报制、教育厅督察组督察制和考试期间零报告制度，实现了各类教育考试全过程无泄密、无丢失、无错漏。

[考试管理]　2008 年，宁夏教育考试院在教育考试考风考纪方面重点抓了六个方面：一是普通高考实行考前公示制度，普通高考不仅公示考生基本信息，而且公布了举报电话，接受社会监督；二是加大考场管理力度，严格执行教育部有关全国统一考试考务工作规定，把不准携带手机、传呼机等无线通讯工具进入考场的规定印制成醒目的宣传页张贴在考点提醒考生；三是加强考生身份验证，如在成人和自学考试中，对可疑考生进行仔细辨认，防止“枪手”替考，保证了考试的严肃性与公正性；四是维护考点安全秩序，全区所有考区与有关部门协调，确保了考点、考场及考生食宿场所安全、卫生；五是实行

逐级签定责任书制度，明确了责任与责任追究，实行多种形式的交叉监考、山区川区对调巡视员驻点巡查和“实名挂牌”监考制度；六是自治区教育厅高度重视教育考试工作，每次考试都向区内5个地市派出由教育厅领导带队的巡视督察组，监督指导各地教育考试的组织、安全、考风考纪等工作。

[主题调研]　2008年10月29日至31日，宁夏教育考试院结合学习实践科学发展观活动，在5个地级市通过座谈会和调研问卷的方式，开展了以“强化国家教育考试环境综合治理机制，为广大考生创造良好的考试环境，维护国家教育考试的社会声誉”为主题的调研活动，认真梳理整理了宁夏教育考试工作中存在的突出问题，深刻分析了宁夏国家教育考试和省级教育考试面临的形势，从六个方面提出了今后强化宁夏国家教育考试和省级教育考试环境综合治理工作机制、营造良好的考试环境的措施：一是提请宁夏回族自治区政府明确区国家教育考试联席会议成员部门（单位）在国家教育考试中的职能，实行国家教育考试期间联席会议成员部门（单位）联动制度，将自治区国家教育考试联席会议制度落到实处。二是积极争取政府支持，逐步加大教育考试管理的高科技投入力度，逐步建立现代化的全电子监控标准化考场，加大用高科技手段防范和严厉打击利用高科技手段作弊的工作力度。三是积极争取部门配合，进一步明确“高考移民”治理工作的联动部门和部门职能，加大“高考移民”的治理力度。四是建立国家教育考试诚信档案，加强宣传，充分发挥诚信档案在打击考试违纪舞弊工作中的震慑作用。五是积极争取财政补助，适当提高报名考试收费标准，缓解各级教育考试经费困难。六是多方筹措资金，更新高考听力考试设备，以降低高考英语听力考试的风险。

普通高考

[概况]　2008年，宁夏回族自治区共有58 315人报名参加普通高等学校招生全国统一考试，报名人数比去年增加1 762人，增长幅度为3.1%。其中，应届生为42 005人，占报名总数的72%；往届生为16 310人，占报名总数的28%；文史类考生20 043人，占报名总数的34.4%，理工类考生38 272人，占报名总数的65.6%；农村考生为32 009人，城市考生为26 306人，分别占报名总数的54.9%、45.1%，农村考生比城市考生多5 703人。

2008年，宁夏回族自治区共设置考点64个、考场2 364个，有近6 000余名工作人员参与考务工作。

2008年，宁夏回族自治区实际录取新生33 924人，其中，本科层次录取18 780人，高职（专科）层次录取15 144人。本科层次少数民族考生录取比例达到33.9%，与2007年相比增长了0.9个百分点。

[少数民族考生报考比例继续上升]　2008年，少数民族考生报名人数13 508人，占报名总数的23.2%，比2007年增长0.2个百分点；其中回族考生报名人数12 458人，占报名总数的21.36%，比2007年增长了0.14个百分点。

[阳光工程]　2008年，宁夏从九个方面入手继续深入实施普通高校招生“阳光工程”，一是严格执行《宁夏高校招生“阳光工程”制度》，坚持“六公开”、“六不准”；二是坚持录取期间在《宁夏日报》、《新消息报》等媒体开办专版和在5个地级市政府所在地利用电子大屏幕及时播出录取信息的做法；三是充分发挥22个县级政府所在地设立的录取信息查询点的作用，确保所有

考生都能够及时看到录取过程等信息；四是在填报志愿阶段召开招生咨询会，公布高考成绩10分段人数和近5年来各院校在本区的录取分数线，指导考生填报志愿；五是坚持办好《招生简讯》、《宁夏报考普通高等学校填报志愿指南》，公开各种招生信息；六是按志愿录取未完成招生计划的学校，实行公开在网上征集志愿的办法，特别是在二本录取后期，将尚有计划缺额的院校面向尚未录取的考生在网上征集志愿，将以往由招生考试部门调剂变为考生自行选择院校和专业；七是高职（专科）补录计划首次面向社会重新征集志愿；八是在阅卷和录取期间，邀请部分自治区人大代表、政协委员、中学校长、教师和家长、考生代表进入阅卷和录取现场，了解阅卷和录取规定、操作程序和流程，参观阅卷和录取全过程；九是录取期间，记者可凭记者证随时进入录取现场采访。

［招生咨询会］ 6月21日至22日，在银川市中山公园召开了“2008年普通高等学校招生咨询会”，100多所在宁夏招生的普通高等学校为考生进行了志愿填报指导和咨询。

研究生招生考试

［概况］ 2008年，在宁夏报考研究生的考生总数为3 865人。报考宁夏区属3个招生单位的考生共计2 116人。宁夏共设置3个考点、127个考场，聘请考务工作人员及监考教师342人参与考试工作。

［招生计划］ 2008年，宁夏区属招生单位招生计划总规模943人，比2007年增加130人。

［特殊类型招生］ 2008年，国家招收“少数民族高层次骨干人才计划”研究生，在宁夏办理该计划报名手续的考生共533人，正式签订协议办理录取手续的考生89人。

［评卷制度］ 为了加强攻读硕士研究生招生考试的评卷管理，使评卷更加公平、公正，2008年宁夏回族自治区继续实行“联合办公、统一评卷”的评卷管理办法。具体做法是：评卷前，考试院抽调招生单位人员，组成联合评卷工作组，对统考试卷和专业课试卷集中保管、清点、整理、拆封、装订、密封；评卷时，统考课评卷组、各招生单位的专业课评卷组到试卷保管组领取试卷，在规定时间、指定地点进行评卷；评卷结束后，将试卷收回联合评卷工作组，统一启封、复核、登分、核对。

普通高中学业水平测试

［概况］ 2008年，194 533科次的学生参加了物理、化学、生物、政治、历史、地理6个学科的普通高中学业水平测试文化课考试；133 175科次的学生参加了物理、化学、生物3个学科的普通高中学业水平测试实验操作考查；39 321人次的学生参加了语文学科的质量抽测；向39 138名符合毕业标准的普通高中学生核发了毕业证书。组织编写了两期《普通高中学业水平测试质量分析报告》，发到全区20个县、市（区）的所有高中学校。

［考试管理］ 宁夏普通高中学业水平考试在试卷印制、运送、发放、考试纪律、试卷回收、阅卷、成绩统计等方面参照国家教育考试的要求组织实施，在物理、化学、生物实验考查管理上采取全面巡视、检查、指导的方法。

［数据库应用］ 2008年，宁夏发挥统一建立的全区普通高中生学籍档案数据库优势，积极配合

社会招生、招工、征兵等相关部门审核应试、应征者高中学籍及学历证书，积极配合普通高校招生核查应届高中毕业生高考报名资格。普通高中毕业证打印利用普通高校招生报名采集的照片信息库，方便了考生，减少了工作量。

成人高考

［概况］　2008 年，20 919 人在宁夏报名参加了成人高校招生全国统一考试，全区共设置考区 11 个、考点 28 个、考场 817 个，聘用考务人员 2 000多人。教育部给宁夏下达各类成人高校统一招生计划 17 936 人，比 2007 年减少 2 151 人。实际录取 18 900 人，其中专科起点升入本科录取 5 826人，高中起点升入本科录取 176 人，高中起点升入专科录取 12 898 人。

［考区调整］　为方便考生参加考试，2008 年宁夏将成人高校专升本组考形式由原来的全区统一在兴庆区设置考点组织实施调整为在 5 个地级市政府所在地设置考点组织实施。按照报名人数不足 100 人的要求，2008 年，宁夏在贺兰县、平罗县、盐池县、中宁县、海原县、同心县、西吉县、隆德县、彭阳县、泾源县十县仍然未设考点。

［招生宣传］　为促进成人高校招生工作持续健康发展，2008 年，宁夏继续采取了以往行之有效的方式开展宣传工作：一是及时召开招生院校宣传动员会，安排部署全年的招生宣传工作；二是积极组织招生院校在《新消息报》上做专版宣传；三是利用《交通音乐台》向社会及时发布成人高校招生信息；四是积极办好招生指南，向社会及时公布各院校招生计划和招生章程，向各报名点配发招生报名宣传材料。

普通中专招生

［概况］　2008 年，普通中等专业学校招生计划总数为 18 592 人，其中区内招生计划为 16 276 人（含 3 +2 高职招生计划 436 人），区外招生计划为 2 316 人（含 3 +2 高职招生计划）。

2008 年，普通中专招生实际录取新生 17 912 人，完成招生计划的 96.34%。其中区内学校录取 15 589 人，完成招生计划的 98.5%；区内学校 3 + 2 高职录取 437 人，完成招生计划的 102%；区外学校录取 2 323 人，完成招生计划的 100.3%。

自学考试

［概况］　2008 年，40 967 人在宁夏参加了 92 个专业、613 门课程、84 644 科次的高等教育自学考试，其中新生 10 371 人；3 843 人参加了毕业论文答辩；3 351 人修完全部课程，符合毕业标准，获得毕业证书，其中本科 1 960 人，专科 1 491 人。宁夏高等教育自学考试组织命制了 667 门课程的试题，其中国家统一命题 368 门，省际协作命题267 门，省级自命题32 门。4 月、7 月、10 月举行的 3 次全国自考统考共设立银川市、石嘴山市、吴忠市、固原市、中卫市 5 个考区。

［考试宣传］　2008 年，宁夏加大了对国家出台的有关高等教育自学考试的一系列法规性文件的宣传力度，在宁夏教育考试院信息网上开辟自考专页，专门印制了考试工作手册、考生须知、考场规则、违纪考生处理规定以及“致考生的一封信”等宣传材料免费发送考生，专门制作了全区统一的宣传栏，分发到各考区，集中公布全年自考信息。

[**考籍管理**]　2008 年，宁夏积极推进自学考试考籍管理现代化进程，稳步推进考生信息基础数据库扩大建设，完成了考生历史信息电子化信息采集工作，实现了包括考试成绩在内的各种自考信息的网上查询服务。

[**专业调整**]　2008 年，宁夏对人数偏少的部分专业进行了适度调整，对保险（专科）等 20 个专业实施停考，法律等 5 个专科专业面向社会开考。

社会考试

[**全国计算机等级考试**]　2008 年，宁夏顺利完成 4 月、9 月两次全国计算机等级考试，其中 4 月份报考人数为 9 050 人，9 月份报考 8 424 人。

[**全国大学英语四、六级考试**]　2008 年，宁夏顺利完成 6 月、12 月两次全国大学英语四、六级考试，其中 6 月份英语四、六级报考人数为 24 224 人，12 月份英语四、六级报考人数为 26 240 人。

[**其他考试**]　2008 年，宁夏还开展了以下社会考试工作：

（1）恢复了全年两次的全国英语等级考试。

（2）11 月份组织了全区中小学教师教育技术水平考试，报考人数为 1 717 人。

（3）组织了两次教师资格认定课程（教育学、心理学）的考试。

（4）组织了“中国物流职业经理资格证书”考试。

（5）引进了“采购与供应管理职业证书考试”项目，并于 2008 年 11 月举行首次考试。

供稿：宁夏回族自治区教育考试院
撰稿：王　治　丁广兴
审稿：戴冰青　张文国　李传武　黄　鹏

新疆维吾尔自治区

综　述

2008 年，新疆高等教育自学考试在全国考办、各级党委、政府的领导下，不断深入学习和践行科学发展观，勤奋工作，以科学发展观为指导，始终把人才培养质量放在第一位，坚持质量是自学考试发展的核心竞争力，努力为各族考生服务、办好人民满意的自考事业，形成了学历考试与非学历考试并举的新局面。

[加强安全保密 严格考试管理]　进一步全面落实国家安全保密措施，全疆各级自考办分解细化各项指标，仔细查找漏洞，切实抓紧各项安全保密规章制度和责任制度的完善和落实。奥运期间，制定了相应的工作方案和应急预案；实行严格的考试情况报告制度；在试卷存放、押运、发放、寄送、回收、评卷等工作中，都明确交接责任，落实保密值班制度；加强考试过程管理与控制，防止高科技手段作弊；加大各类考试的巡查、监督力度，对违纪考生和直接责任人进行了及时查处，考风考纪有了明显改进；会同各高校纪检部门，严把评卷教师选派关，评卷质量、评卷管理工作有了进一步改善，全年考试工作没有出现泄密、失密事件。

[开展机关效能建设 加强考办队伍建设]　2008 年修订《事业单位人事制度改革的岗位设置方案》，积极开展机关效能建设；规范自学考试管理工作流程，严格各项审批手续，明确职责、责任到人，量化质量指标；加强考试组织、成绩登录和毕业审核等环节管理，严格规范操作，杜绝工作流程中的随意性和人为因素，确保了国家考试的严肃性和公平公正。

自学考试

[概况]　2008 年 4 次自学考试，全疆合计报考人数 167 047 人，计 427 118 科次。其中 1 月 25 991人参加，共 75 719 科次；4 月 57 180 人参加，共 140 764 科次；7 月 25 300 人参加，共 66 371科次；10 月 58 576 人参加，共 144 264 科次。全年用汉、维、哈、蒙 4 种文字开考 103 个专业，其中本科 51 个、专科 52 个，汉文开考专业 69 个，维文 27 个，哈文 6 个，蒙文 1 个。开考课程总数为 918 科，其中上半年 453 科，下半年 465 科。全疆共设 17 个考区，17 000 多名监考教师和考试工作人员参与了考试工作。

2008 年产生各语种（汉、维、哈）本、专科毕业生 6 979 人。其中汉文：2 442 人，维文：4 083人，哈文：454 人。

[加强自考专业研究 适时开考自考新专业] 根据教育部考试中心2008年工作重点，在广泛开展调研的基础上，加强自学考试专科向应用型、技能型、适用型的转变，大力推进本科学历考试，推广专本衔接和第二学历考试，加强民语类专业调整和教材建设，为社会主义新农村服务，增设新疆农业职业技术学院为专科主考院校，调整畜牧兽医、园林两个专业考试计划，加大课程实践环节，对汉文交通运输（铁路方向）、会计（电算化方向）专科、计算机通信、通信工程本科及维文金融（专科）、财税（本科）6个专业停考。

[完善自学考试信息化管理 促进自考向前发展] 加快信息化建设进度，改进了新疆自考在线网站，增强了网络互动的服务平台；考生报名报考、考场编排、试卷配置和登分成绩查询充分利用计算机网络，全面实现网上操作，扎实推进网上预报名及网上下载考试座位通知单和毕业审批表等工作；采用毕业生数据网上传输及使用自学考试毕业生计算机自动产生（民、汉）智能软件，确保考试实施程序化、规范化管理；通过新疆自考在线网发布自学考试新闻动态、考试计划、课程、各类证书成绩等相关信息；完成了国家教育考试考务管理与服务平台建设工作，利用网络技术和视频监控技术实现考试监控、指挥和应急处理，考务考籍现代化管理手段不断改进，方便了考生，促进了自考事业向前发展。

[注重自学考试宣传策划 延伸自学考试服务职能] 以2008年自学考试宣传年为契机，在《新疆招生与考试》招生刊物上制作宣传插页；在新疆人民广播电台738频道制作自学考试节目；新增了自学考试宣传课件，深入到部分主考院校和助学单位进行讲解；召开新疆高等教育自学考试工作研讨会；开展以“融入自考、成就人生”为主题的纪念自学考试条例颁布20周年征文活动；评选全国优秀自考毕业生，宣传优秀自考毕业生先进事迹；利用《新疆日报》专版编发2008年新疆自学考试《简报》宣传自学考试，全国考办自学考试《简报》刊登、选用本区报送的工作信息数篇。

社会考试

[概况] 2008年，组织开考了全国计算机等级考试、全国英语等级考试、全国大学英语四六级考试、高校英语应用能力考试、教师资格认定教育学心理学课程考试、农村特岗教师招聘考试、中国物流职业经理资格证书考试、调查分析师证书考试、中国餐饮业职业经理人资格证书考试、中国市场营销资格证书考试、机械工程师资格考试、剑桥少儿英语考试、全国中小学教师教育技术水平考试13项社会考试，报考人数累计达243 089人，计299 101科次。

[非学历证书考试稳步推进并有新的发展] 非学历证书考试稳步推进并有新的发展，报考科次较上一年同期有新的增长，其中全国中小学教师教育技术水平考试是首次开考，主要面向在职中小学教师，全年报考人数达4 500人，该项目适合社会需求，有着良好的发展前景。全国计算机等级考试和全国英语等级考试形成规模。

2008年部分社会证书考试报考情况统计表

	全国英语等级考试	全国中小学教师教育技术水平考试	剑桥少儿英语考试	全国计算机等级考试	教育学心理学课程考试	大学英语四六级考试	合计
人数	1 414	4 500	2 106	26 902	31 538	134 773	201 233
科次	1 414	4 500	2 106	26 856	54 929	134 773	224 578

供稿：新疆维吾尔自治区高等教育自学考试办公室

撰稿：陈　华　孙　阳

审稿：米吉提·胡加力木　张雨明　王　燕

统　计　资　料

2008年全国普通高等学校招生统一考试报考情况统计表

单位：人

省 份	报考人数
北京	102 093
天津	88 944
河北	533 056
山西	377 159
内蒙古	251 381
辽宁	278 705
吉林	200 840
黑龙江	229 576
上海	97 836
江苏	499 970
浙江	364 171
安徽	608 634
福建	317 481
江西	354 872
山东	742 290
河南	899 319
湖北	500 156
湖南	499 151
广东	576 427
广西	295 339
海南	49 388
重庆	169 113
四川	538 962
贵州	227 868
云南	202 365
西藏	15 774
陕西	401 415
甘肃	286 928
青海	38 285
宁夏	56 260
新疆	162 843
合计	9 966 601

注：此表数据由教育部高校学生司提供，只包含秋季统考类考生的信息。

2008 年全国招收攻读硕士学位研究生统一入学考试报考情况统计表

单位：人

省 份	报考人数
北京	98 592
天津	27 674
河北	60 489
山西	40 350
内蒙古	21 488
辽宁	51 325
吉林	34 583
黑龙江	44 275
上海	36 582
江苏	72 544
浙江	29 045
安徽	49 929
福建	19 099
江西	28 817
山东	128 151
河南	87 598
湖北	83 857
湖南	49 372
广东	34 232
广西	13 380
海南	3 724
重庆	21 989
四川	40 773
贵州	9 552
云南	14 441
西藏	1 370
陕西	58 230
甘肃	21 522
青海	2 215
宁夏	3 858
新疆	12 459
合计	1 201 515

注：此表数据由教育部高校学生司提供。

2008 年全国成人高等学校招生统一考试报名情况统计表

单位：人

省份	高中起点							专升本	总计
	文科			理科			合计		
	层次		小计	层次		小计			
	专科	本科		专科	本科				
北京	34 660	14 365	49 025	15 395	4 920	20 315	69 340	45 830	115 170
天津	9 907	154	10 061	16 666	140	16 806	26 867	16 627	43 494
河北	38 340	2 378	40 718	46 241	2 227	48 468	89 186	47 500	136 686
山西	19 997	1 029	21 026	36 244	842	37 086	58 112	45 123	103 235
内蒙古	12 885	570	13 455	26 712	1 322	28 034	41 489	25 400	66 889
辽宁	24 963	1 301	26 264	53 589	5 391	58 980	85 244	29 575	114 819
吉林	21 947	2 150	24 097	36 319	1 700	38 019	62 116	17 171	79 287
黑龙江	22 435	1 085	23 520	26 536	2 841	29 377	52 897	31 810	84 707
上海	21 762	7 285	29 047	8 704	3 717	12 421	41 468	49 699	91 167
江苏	48 634	6 119	54 753	62 216	7 471	69 687	124 440	63 308	187 748
浙江	83 106	2 809	85 915	35 312	1 404	36 716	122 631	38 855	161 486
安徽	30 026	1 153	31 179	34 401	1 450	35 851	67 030	35 488	102 518
福建	15 732	524	16 256	20 417	336	20 753	37 009	26 165	63 174
江西	11 816	1 462	13 278	22 105	10 733	32 838	46 116	21 426	67 542
山东	76 039	3 489	79 528	62 892	6 359	69 251	148 779	80 498	229 277
河南	49 592	2 078	51 670	70 574	3 397	73 971	125 641	58 684	184 325
湖北	23 020	1 752	24 772	40 309	2 820	43 129	67 901	20 721	88 622
湖南	70 350	756	71 106	72 166	2 674	74 840	145 946	34 720	180 666
广东	107 830	1 273	109 103	69 669	1 257	70 926	180 029	83 195	263 224
广西	27 803	921	28 724	30 036	795	30 831	59 555	37 494	97 049
海南	6 915	273	7 188	4 876	475	5 351	12 539	7 704	20 243
重庆	23 278	1 699	24 977	28 679	1 892	30 571	55 548	7 023	62 571
四川	48 718	3 122	51 840	95 938	2 603	98 541	150 381	28 148	178 529
贵州	10 948	1 614	12 562	6 730	1 120	7 850	20 412	19 054	39 466
云南	22 047	4 036	26 083	23 658	1 404	25 062	51 145	34 250	85 395
西藏	2 109	0	2 109	698	0	698	2 807	5 840	8 647
陕西	25 402	1 245	26 647	46 313	2 806	49 119	75 766	20 422	96 188
甘肃	7 713	102	7 815	16 082	1 322	17 404	25 219	15 188	40 407
青海	1 231	237	1 468	2 213	190	2 403	3 871	7 063	10 934
宁夏	4 317	72	4 389	10 017	169	10 186	14 575	6 344	20 919
新疆	13 497	31	13 528	14 225	100	14 325	27 853	15 638	43 491
合计	917 019	65 084	982 103	1 035 932	73 877	1 109 809	2 091 912	975 963	3 067 875

2008年全国高等教育自学考试报考情况统计表

单位：人次/科次

省份	报考人数	报考科次
北京	493 319	1 350 882
天津	320 162	632 285
河北	363 030	777 059
山西	142 532	380 129
内蒙古	152 527	513 880
辽宁	168 018	428 419
吉林	332 809	985 632
黑龙江	117 811	315 575
上海	234 655	618 341
江苏	879 691	2 143 989
浙江	495 247	1 036 713
安徽	411 643	846 167
福建	350 931	686 486
江西	634 985	1 519 554
山东	515 268	905 731
河南	345 348	882 422
湖北	740 908	1 852 955
湖南	162 874	404 733
广东	745 440	1 575 471
广西	124 527	246 222
海南	41 901	97 114
重庆	276 444	601 923
四川	324 266	612 881
贵州	88 264	215 843
云南	136 902	310 902
西藏	5 638	13 925
陕西	466 276	1 080 839
甘肃	139 382	313 588
青海	18 647	40 741
宁夏	40 996	84 704
新疆	132 841	317 719
解放军	484 890	1 636 173
合计	9 888 172	23 428 997

2008年全国大学英语四、六级考试报考情况统计表

单位：人次

省　份	英语四级	英语六级	日语四级	德语四级	俄语四级	法语四级	合计
北京	240 181	244 934	532	438	103	812	487 000
天津	251 823	138 286	145	237	47	257	390 795
河北	596 183	269 635	618	26	302	527	867 291
山西	205 965	104 930	130	638	71	114	311 848
内蒙古	165 000	54 444	974	7	601	0	221 026
辽宁	422 696	232 682	2 920	367	1 406	662	660 733
吉林	337 060	154 941	2 059	462	439	320	495 281
黑龙江	351 392	169 535	923	174	5 960	641	528 625
上海	346 834	284 265	577	2 714	29	2 036	636 455
江苏	909 804	564 587	288	408	63	322	1 475 472
浙江	405 027	283 092	736	566	63	643	690 127
安徽	434 025	215 478	250	209	66	293	650 321
福建	317 406	149 103	23	3	12	32	466 579
江西	467 165	192 362	0	0	22	0	659 549
山东	557 286	388 831	446	378	1 287	290	948 518
河南	650 004	256 691	79	9	46	30	906 859
湖北	604 930	354 991	236	392	114	736	961 399
湖南	428 426	233 614	86	341	32	337	662 836
广东	657 501	352 606	181	105	20	93	1 010 506
广西	251 156	92 466	81	1	6	190	343 900
海南	68 588	22 751	149	1	24	1	91 514
重庆	231 272	126 245	486	112	62	145	358 322
四川	465 851	272 952	228	170	145	149	739 495
贵州	143 572	35 009	5	0	16	0	178 602
云南	177 775	58 163	60	7	18	67	236 090
西藏	3 286	377	0	0	0	0	3 663
陕西	455 289	247 680	381	347	127	189	704 013
甘肃	196 050	77 422	117	22	59	113	273 783
青海	25 274	7 222	44	0	12	0	32 552
宁夏	40 251	10 194	4	0	15	0	50 464
新疆	102 635	32 049	0	0	56	0	134 740
总计	10 509 707	5 627 537	12 758	8 134	11 223	8 999	16 178 358

全国教育考试大事记

全国教育考试大事记

1 月

4 日　全国考委公共政治课专家组召开了自学考试公共政治课《思想道德修养与法律基础》课程考试大纲、教材审定会。

7～10 日　全国计算机等级考试（NCRE）考务工作及上机考试培训会在武汉召开，各省级承办机构代表参加了会议。

9 日　教育部部长周济主持召开了教育部新年第 3 次部长专题办公会，专题研究讨论《高等教育自学考试改革发展纲要（2007～2012 年）》。副部长赵沁平、吴启迪，部长助理郭向远、杨周复出席会议。考试中心主任戴家干在会上作专题汇报，副主任刘军谊出席会议。教育部相关司局负责人参加了会议。

9～10 日　全国考委法学类专业委员会召开了自学考试法律专业《公司法》课程、监所管理专业（独立本科段）《罪犯改造心理学》、《罪犯劳动改造学》课程大纲、教材审定会。

12～13 日　全国 17 个省市举行了高等教育自学考试全国统考课程考试，报考人数 139.7 万，报考科次 297.8 万。

13 日　“国家教育考试考务管理与服务平台 2008 年工作部署暨国家教育考试网上评卷标准研讨会”在沈阳召开，总结了平台建设及网上评卷工作，对 2008 年工作提出明确要求。

14～15 日　在深圳召开了全国普通高校招生省级招办主任联席工作会议。教育部学生司司长林蕙青、考试中心主任戴家干出席会议并讲话，对 2007 年全国普通高校招生考试工作进行了总结，并对 2008 年的有关工作进行了部署。

19～20 日　2008 年全国统考及联考科目研究生考试举行。考试期间，国家督考小组部分成员和考试中心有关同志组成巡考组，分别对辽宁、安徽、山东的考试实施情况进行了巡视检查。

21 日　高等教育自学考试专业建设和课程体系研讨会在京召开。全国考委各专业委员会在京主任、秘书长、部分专家参加会议，考试中心有关处室负责人作了工作汇报，与会代表对自学考试专业建设的发展思路以及课程体系的改革设想进行了讨论。

22～23 日　召开了四、六级考试评价工作会，四、六级考委会主要负责人、教育测量领域的相关专家及考试中心有关处室的同志参加了会议。

2 月

22 日下午　中纪委驻教育部纪检组组长、教育部党组成员田淑兰率纪检、审计部门负责同志到考试中心考察工作。她听取了中心主任戴家干所作的 2007 年工作汇报，参观了“国家教育考试考务管理与服务平台”和“考试中心成立二十年展览”，对中心近年来的工作给予了充分肯定，对中心今后的发展提出了希望，并表示纪检部门将会更加支持教育考试工作。

26～28 日　召开了国家教育考试网上评卷标准制订第三次工作会。考试中心副主任李光明、主任助理张为舟及教育部学生司有关负责同志到会并讲话，有关教育考试测量机构的专家参加了会议。经专家组论证和评审，会议通过了《网上评卷实施办法（试行稿）》、《网上评卷技术规范（试行稿）》、《网上评卷误差控制的统计测量规范（试行稿）》，并建议下发各地有关单位，经过试行反馈后对其进行补充和完善。

28 日　全国考委经济类专业委员会召开了国际贸易专业（专科）《国际贸易》、会计专业（专科）《中国税制》课程考试大纲审稿会议。

3 月

4 日　高等教育自学考试考务管理工作研讨会在京召开。会议讨论和修改《高等教育自学考试考务工作规定（征求意见稿）》，在此基础上形成《高等教育自学考试考务工作规定》。北京等 13 个省级自考办负责同志以及考试中心有关处室同志参加了会议。

3～7 日　考试中心副主任梁育民率高考学科秘书一行 7 人赴海南省进行 2008 年新课程改革高考调研，通过与教育考试机构负责同志座谈和深入学校听课两种形式，了解海南省对 2007 年高考工作的意见及对 2008 年命题工作的建议和海南省新课程改革后的课堂教学实际和考生实际水平。

10 日　全国考委法学类专业委员会召开了法律专业《西方法律思想史》课程大纲、教材审定会。

10～12 日　NCRE 新上机考试系统测试及制盘会在京举行。

12 日　教育部、信息产业部、公安部三部委相关司局在黑龙江共同召开防范和打击国家教育考试中利用无线电通信设备作弊工作研讨会。考试中心有关处室的同志参加了会议。会议认为：为了保证 2008 年高考的顺利实施，教育部、公安部、信息产业部无线电管理委员会应共同制订并下发关于防范和打击国家教育考试中利用无线电通信设备作弊的管理意见，明确各自的工作职责和任务，形成联动和快速反应的工作机制，保证考试的公平公正，维护社会的稳定。

13 日　由考试中心起草、教育部办公厅、学生司、高教司等 8 个司局（直属单位）参加制订和修改的《国家教育考试突发事件应急处置预案实施办法（暂行）》由教育部办公厅印发各省教育行政部门和考试机构。

15 日　剑桥少儿英语全国统一考试举行，近 9 万名 6～12 岁的少年儿童参加了考试。

16 日　全国英语等级考试（PETS）一、二、三级的平行实验在湖北进行。实验结果被用来对 3 月 22 日至 23 日的正式考试进行等值。此外，在天津等地还进行了 PETS 一级 B 和一级考试的计算机辅助口语考试。

17～19 日　2008 年全国大学英语四、六级考试（CET）考务工作会在山东召开。考试中心主任助理张为舟到会并讲话。各省级 CET 承办机构、CET 委员会办公室、12 所评卷高校的负责人参加了会议。

18 日　北京市哲学社会科学规划重点课题——“教育考试公平性及其评价标准研究”开题报告会在考试中心召开。

22～23 日　2008 年上半年全国英语等级考试（PETS）举行。

20 日、27 日　全国考委经管类专业委员会召开了自学考试采购与供应管理专业《采购与供应链案例》、《商业组织与过程》等课程的大纲审稿会和教材审定会。

22～24 日　在北京召开了 2008 年新高考命题工作培训与交流会，总结 2007 年新高考命题工作经验，明确了新高考命题的指导思想和命题原则。考试中心主任戴家干到会并讲话，副主任梁育民作总结讲话。2007 年已经实施新高考的广东、山东以及 2008 年和 2009 年即将实施新高考的江苏、天津、辽宁、福建、浙江和安徽等 8 省（市）教育考试机构的相关人员参加了会议。

24 日　“2008 年 NTET 新开考省考务和技术工作培训会”召开。陕西、新疆、青海、内蒙古等四省区教育考试机构的考务和技术负责同志参加了会议。

24～26 日　全国英语等级考试（PETS）试评会在京召开，对 3 月份相关级别考试的主观题进行试评，并将遴选出的试卷和相关点评发往各省级 PETS 考试承办机构，以最大限度地保证评分标准在全国各省（区、市）的一致性。

31 日　全国考委法学类专业委员会召开了自学考试法律专业《税法》课程大纲、教材审定会。

4 月

1～2 日　2008 年全国研究生招生工作会议在浙江杭州召开。

19～20 日　2008 年 4 月高等教育自学考试全国统考举行，共有 376 万名考生报考。

22 日　“国家教育考试突发事件应急处置预案实施办法暨制卷监印工作管理办法”工作会议召开，就应急预案实施办法和制卷监印工作管理办法进行了讲解培训和相关工作部署。

23 日　2008 年高等教育自学考试宣传工作会在河南省登封市召开，包括解放军在内的 31 个省（区、市）的自学考试办公室宣传工作负责人及考试中心主任戴家干参加了会议。

25～26 日　“第七届全国教育考试科研讨论会”在安徽合肥召开。会议以“创新考试与评价，促进教育公平”为主题，总结了“十一五”全国教育考试科研工作两年多来的主要成果和经验，研究和部署今后一段时期需要开展的工作。考试中心主任戴家干出席会议并讲话，副主任李光明主持会议。各省级教育考试机构的考试研究人员和部分高校专家学者参加了会议。

26 日　2008 年高考网上有害信息监控研讨会在北京召开。公安部网监局、教育部学生司相关负责同志及考试中心有关同志参加了会议。

29 日上午　教育部副部长赵沁平召集学生司和考试中心负责同志，专门听取了考试中心今年的高考准备工作情况，提出确保考试平稳实施要求。

4 月底至 5 月中旬　考试中心按计划先后派出 6 个检查组，由中心领导带队，分别对天津、辽宁、黑龙江、江西、湖南、广西、海南、云南、甘肃、新疆等省（区、市）考前准备工作及安全保密情况进行了检查。

5 月

5 日上午　考试中心召开高考准备工作会，传达 4 月 29 日教育部副部长赵沁平在听取考试中心高考准备工作报告后的讲话精神，进一步落实赵沁平同志对今年高考工作提出的要求，明确了中心各有关部门的职责和分工，要求中心上下团结一心，调动一切力量，重点针对安全保密、考风考纪管理、应对突发事件及敌对势力破坏等方面，全力做好高考准备工作。

5 日　启动了《全国中小学教师教育技术水平考试教学人员中级考试说明》编写工作。

5～17 日　考试中心在杭州分别召开了研究生考试日语、俄语题库命题暨大纲编审会及全国英语等级考试（PETS）1、3、4 级题库命题工作会。

6 日　教育部召开 2008 年全国普通高校招生考试工作电视电话会议，教育部部长周济、副部长陈小娅、中纪委驻教育部纪检组组长田淑兰出席会议并作重要讲话。周济同志深刻分析了 2008 年高考所面临的复杂多变的形势，明确指出要全力以赴完成 2008 年“平安高考”的工作目标。考试中心主任戴家干、副主任刘军谊、纪委书记来启华和主任助理张为舟同志参加了会议。

7 日　2008 年全国普通高校招生考试考务管理工作会在北京召开，具体部署 2008 年高考考务工作。教育部学生司姜钢、监察局董晞同志，考试中心主任戴家干、副主任刘军谊、纪委书记来启华和主任助理张为舟出席会议并讲话。各省、自治区、直辖市考试机构主要负责人参加了会议。

8 日　“全国音乐等级考试项目启动暨教材首发式”在中央音乐学院举行。中央音乐学院院长兼考试委员会主任王次炤、考试中心副主任李光明出席仪式并致辞。该项目是在原“中央音乐学院校外音乐水平考级”基础上发展并完善起来的。《音乐基础知识　乐理·试唱练耳　分册》和《音乐基础知识　音乐常识　手册》两本教材首次面世。

9 日　“国家汉语水平测试”项目研讨会在天津召开。会议公布了该测试项目领导小组、学术委员会和课题组名单，提交了《“国家汉语水平测试（HSC）”项目论证报告》。教育部语用司司长王登峰、考试中心副主任刘军谊出席会议并讲话。

13 日　中国市场学会在北京召开了销售管理专业资格证书专题研讨会，围绕中国企业对销售管理人才的市场需求、销售管理人才对自考学历教育的需求等问题展开讨论。(社会考试处)

15 日　考试中心副主任李光明、学生司苟人民同志率队赶赴四川，慰问四川省教育考试院及受灾地区考试机构的工作人员，了解震灾对四川高考产生的影响，协助四川省教育考试院做好高考准备工作。

15 日　考试中心召开 2008 年普通高等学校招生全国统一考试网上评卷工作视频会，中心主任助理张为舟到会并讲话，就网上评卷实施关键环节和网上评卷技术问题提出了明确要求。各省级考试机构的分管领导及相关人员参加了会议。

17 日、18 日　中国物流职业经理资格证书、调查分析师证书等非学历证书考试举行。受汶川地震影响，四川省多个地区灾情严重且余震不断，为保障考生和工作人员的生命安全，经与四川省教育考试院商议，决定部分考试项目延缓至 7 月补考。

17 ~ 18 日　中英合作采购与供应管理职业资格考试举行。此次考试包括 7 个科目，在辽宁、上海、江苏、山东、福建、广西、宁夏 7 个区（省、市）开考，其中，宁夏和广西为首次开考。

19 ~ 20 日　教育部党组成员、中纪委驻教育部纪检组组长田淑兰带队前往河北，听取河北省教育考试院高考工作汇报，考察石家庄市、保定市、正定县高考准备和保密室建设情况，检查了试卷印刷厂的安全保密和印刷准备工作。考试中心党委书记李鹏、纪委书记来启华陪同考察。

21 ~ 23 日　考试中心副主任李光明带领高考应急工作组前往甘肃，了解受灾地区考生、考点、考试设施等基本情况，协助甘肃制订详尽的考务实施方案和预案。

21 ~ 25 日　考试中心副主任刘军谊带领中心第二个赴川高考应急工作组前往成都，指导四川完善和细化延期高考的具体考务实施方案，并协助制订如期考试地区的应急预案。

21 日、26 日　考试中心领导班子两次召开会议，听取赴川和赴甘高考应急工作组情况汇报，明确了当前及下一阶段的主要工作任务，要求把考试安全放在首位，在保证全国高考平稳进行的基础上，全力以赴做好四川、甘肃灾区延考预案。

23 日　考试中心在北京召开自学考试专题会议，对开考专业公告制的实施进行了部署，明确了专业公告的实施程序、方式和时间安排等具体工作。北京、福建、海南等 12 个省（市）自学考试机构的专业计划管理人员及中心有关处室的同志参加了会议。

24 日　全国考委医药学类专业委员会召开了自学考试护理学（专、本科）专业《内科护理学（二）》等 8 门课程大纲、教材编前会。考试中心有关处室的同志参加了会议。

24～25 日　2008 年上半年全国外语翻译证书考试举行，此次考试包括英语和日语两个语种各三个等级，共有 1 074 人报考，比上次考试有较大幅度增加。

26～30 日　考试中心召开高等教育自学考试试卷审定会，对 2008 年 7 月自学考试 16 门课程试卷进行了会审。

26～31 日　考试中心在广州四所学校进行了全国英语等级考试（PETS）1、3 级共 9 套试卷的试测。

29 日　考试中心主任助理罗民带领中心第三个赴川高考应急工作组赶赴成都，协助四川落实各项考试措施，实时协调如期举行的高考。

5 月 30～6 月 4 日　2008 年下半年全国计算机等级考试（NCRE）1－3 级命题会在北京召开，在原有基础上新命制笔试试卷 22 套、上机试卷 30 套，修订了 120 套上机试卷。

6 月

3 日　考试中心主任戴家干、副主任刘军谊等同志陪同教育部副部长赵沁平前往陕西指导检查高考工作，实地抽查宁强县、勉县拟作考场的教学楼和试卷保密室。

4 日　考试中心召开《国家教育考试技术安全保障应急预案》专家论证评审会，来自清华大学、北京大学、北京航空航天大学以及公安部等单位的 5 位网络、视频及信息安全方面的专家参加了评审。

4～7 日　考试中心召开全国计算机等级考试上机考试软件测试及制盘会，针对上半年考试中发现的问题进行修改测试，制作了正式考试系统光盘、模拟考试系统盘以及中心使用的多个功能盘。

4～9 日　考试中心副主任刘军谊带领中心第四个应急工作组赴四川，实时指导并协调如期举行的高考工作。

7 日至 8 日　普通高等学校招生全国统一考试举行。7 日上午，中共中央政治局委员、国务委员刘延东来考试中心视察高考工作并作重要讲话，强调必须从政治和全局的高度认识今年的高考工作，周密部署，精心组织，全力以赴，确保平安高考，让党中央放心，让人民放心，让考生放心。她通过国家教育考试考务管理与服务平台与四川、甘肃、陕西、西藏、新疆、江苏、北京 7 省（区、市）的省级领导通话，听取了工作汇报，慰问了一线的工作人员，并通过网上巡查系统巡视了部分考场和保密室。周济、田淑兰等教育部领导陪同视察。

9 日　除受地震影响严重需延考的地区外，全国高考考试工作顺利结束。

10 日　考试中心召开了 2008 年高考网上评卷检查培训会，强调了评卷检查工作的重要性，介绍了网上评卷实施办法及相关规范的背景情况和主要内容，并提出了具体的工作和纪律要求。

11 日　按照考试中心组织首批 12 省（市）举办高等教育自学考试网络在线访谈活动安排，福建省自考办首个通过新浪网教育频道（http：//edu. sina. com. cn/zikao）与广大网友进行了网络“面对面”的交流。中国教育考试网、有关省（市）教育考试机构网站、华夏大地教育网等网站通过链接进行了同步直播。

14～18 日　全国中小学教师教育技术水平考试举行，共有 10 个省、区的 69 177 名考生参加了考试，其中新疆、陕西是首次开考。

18 日　考试中心通过“国家教育考试考务管理与服务平台”召开 2008 年 6 月全国大学英语四、六级考试（CET）安全工作视频会议。

19 日　考试中心举行高等教育自学考试综合改革工作研究会，旨在落实 2008 年 3 月广州自学考试综合改革研讨会的精神，推进自学考试综合改革工作。中心副主任刘军谊同志出席会议并讲话。

20 日　在北京召开自学考试开考专业公告制

实施工作部署会，明确了专业公告的实施程序、方式和时间安排等具体工作，并结合专业公告进行了专业管理有关业务的培训。天津、湖南、辽宁等 10 个省区市自学考试机构的专业计划管理人员参加了会议。

21 日　2008 年 6 月全国大学英语四、六级考试（CET）举行，共有 776 万人报考。

24～26 日　考试中心在上海召开了自学考试《马克思主义基本原理概论》等 14 门全国统考课程命题工作会议。

24～28 日　第 30 届语言测试学术研讨会（LTRC）在浙江大学举行。该研讨会是国际语言测试协会（ILTA）主办的语言测试和评价领域的最高级别学术会议，今年首次在中国大陆举行。

26～29 日　考试中心主任戴家干带队赴四川检查指导延期高考准备工作，先后听取四川省教育厅、省教育考试院及绵阳市、德阳市关于延考工作准备情况的汇报，实地检查了都江堰市等异地安置考生的复习、集中食宿情况，查看了有关单位的活动板房考场、保密室，慰问了受灾考生和一线考试工作人员。

27～7 月 4 日　在北京召开 2008 年自学考试 10 月部分考试课程题库（B 类）命题工作会议，完成了《中国当代文学作品选》等 21 门课程命题任务。

30 日　考试中心举行高等教育自学考试综合改革专项研讨会，听取了江西、湖北两省关于开展高等教育自学考试综合改革试点方案的汇报，对两省进一步完善方案提出了明确要求。

30 日　教育部重大课题“继续教育改革和发展战略与政策研究”省（区、市）继续教育子课题研讨会在北京召开，考试中心有关处室同志代表自学考试子课题组参加会议并介绍了调研提纲。来自北京等 12 个省区市的继续教育子课题负责人和专家参加了会议。

30 日上午　国家社会科学基金重点课题“教育考试与评价制度创新研究”开题论证会在考试中心召开，课题总负责人、考试中心主任戴家干出席会议，就课题研究的背景、意义和对研究工作的基本要求做了重要讲话。中心副主任李光明主持会议。全国教科规划办常务副主任曾天山、北京师范大学心理学院院长车宏生等专家及相关单位的七个子课题负责人参加了会议。

7 月

1 日　考试中心党委书记来启华带队赴甘肃检查指导当地延期高考相关工作。

1～5 日　在北京召开全国硕士研究生入学统一考试《计算机学科专业基础综合》考试大纲编写会议，来自 15 所高校的 16 位教师参加了编写工作。《计算机学科专业基础综合》是教育部对“计算机科学与技术一级学科”初试科目进行改革后的考试科目之一，从 2009 年起开始执行，实行联合命题，由考试中心具体实施。

2～7 日　在北京召开了 2008 年下半年全国计算机等级考试（NCRE）新科目命题会，共命制 9 套笔试试卷，NCRE 计算机职业英语、四级数据库工程师等 4 个科目的命题人员参加了会议。

3 日　考试中心召开“教育考试国家题库软件系统”业务需求论证会，来自清华大学、北京航空航天大学等高校和有关科研机构的 7 位计算机专家参加了会议。

3～5 日　四川、甘肃两省地震重灾区延期高考如期顺利举行。本次考试共有 11.9 万考生参加，其中四川省考生 9.6 万，甘肃省考生 2.3 万。

4～18 日　考试中心副主任梁育民带队到成都现场指导四川省延期高考评卷工作。

5～6 日　全国 20 个省（区、市）举行了高等教育自学考试，共有 131 万人报考，报考科次 294.2 万。

6 日　受地震影响而延期举行的四川省 2008 年上半年行业证书考试结束，共有 741 名考生参加，报考1 406科次。

10日　全国中小学教师教育技术水平考试（NTET）试考在上海市举行，上海市11个区55名骨干教师参加了考试。

10日　考试中心召开全国计算机应用技术证书考试（NIT）项目发展研讨会，就NIT项目发展方向和体系结构调整与职业应用两个方面的主题展开了讨论，谭浩强等5位NIT考委会委员参加了会议。

10～22日　在兰州召开了全国外语水平考试（WSK）各语种、普通高考日俄语、成人高考外语各语种、专升本英语、研究生英语以及PETS 1级B、2级、5级题库命题会，完成了既定的命题任务。

11～18日　在北京召开了2008年自学考试10月部分考试课程题库（B类）命题工作会议，完成了《工程力学》等14门课程命题任务。同时，组织召开了自学考试统考课程《高级语言程序设计》、《人力资源管理》、《财务管理》、《国民经济统计概论》等4门课程题库（A类）试题编辑会议。

12日　在云南昆明召开了PETS口语机试考务培训会，对口语机试的开发背景和特点进行了介绍，并对考务人员、系统管理员、评卷教师进行了培训和考核。

14～18日　在北京召开了“2008年全国高考试题专家评价会”，来自全国的69位高考命题专家、阅卷人员、中学教研人员代表对118份高考试题进行了研讨和评价。

15～16日　全国中小学教师教育技术水平考试（教学人员中级）网上阅卷系统首次正式使用，运行平稳。

15～18日　“2008年NCRE考务管理工作研讨会”在内蒙古包头市召开，围绕新形势下NCRE考务管理工作面临的挑战及需要进一步改进和完善的方面等主题进行了研讨，来自全国10个省级承办机构的20多名代表参加了会议。

17日　全国外语翻译证书考试考务培训会在大连召开，37个考点的主考和考务管理员参加了会议。

29日　考试中心召开“教育考试国家题库建设一期总结与展望”专题会议，回顾题库一期工程建设情况，对二期主要目标和任务作部署，中心主任戴家干到会并讲话。

29～30日　全国考委第四届医药学类专业委员会议在黑龙江召开，本次会议是该委员会成立后的第一次全体会议，传达了全国考委关于落实《高等教育自学考试改革发展纲要》的精神，讨论了医药学类专业的定位和发展方向并研究部署了近期工作。

29～31日　考试中心组织召开2008年暑期中层干部工作研讨会，中心主任戴家干对2008年高考工作进行简要总结，从题库建设、应急预案制订等八个方面充分肯定了中心“十一五”上半段重点工作取得的进展，明确了“十一五”下半段的工作目标，强调建立教育评价体制、实现从单一考试到多元评价的工作思路。

8月

8月26日～9月1日　召开了高等教育自学考试中英合作商务管理与金融管理专业命题会，完成了2009年1月考试8个科目的命题任务。

27日　全军科学文化教育工作会议在呼和浩特举行，旨在贯彻落实全军在职科学文化教育“五五规划”，研究探索在职教育改革创新和转型发展的思路，推动军队科学文化教育工作持续健康发展。

29日　“海峡两岸考试改革研讨会”在北京召开，考试中心就考试突发事件应急处置、命题方法与评价理念等专题与台湾大考中心进行了交流研讨。双方围绕会议主题交流并分享了教育考试领域先进的理念和做法。

9月

2～6日　普通高考《考试大纲》（课程标准

版）及《考试说明》修订研讨会在大连召开，考试中心主任戴家干、副主任梁育民及教育部学生司、基础教育司有关负责同志出席会议并讲话。来自天津、辽宁、江苏、浙江、福建、安徽、山东、广东、海南、宁夏等10个新课程改革实验省区的考试机构相关负责人、全国高考命题专家代表70余人参加了会议。与会人员经充分讨论研究，在课程标准的框架内，对《考试大纲》和《考试说明》的修订内容达成了一致意见。

3～7日　由考试中心承担的中央政法委2008年政法院校招录培养体制改革试点笔试评卷工作顺利进行，共评阅试卷20 874份。

5日　全国考委电子电工及信息类专业委员会在北京召开计算机网络专业（独立本科段）《计算机网络安全》课程大纲、教材审稿会。

6日　剑桥少儿英语全国统一考试顺利进行，除北京地区由于奥运会和残奥会的原因推迟考试外，其余省（区、市）近10万名考生参加了考试。

9日　教育部教育改革发展战略与政策研究重大课题“继续教育改革和发展战略与政策研究”的子课题——“高等教育自学考试改革和发展战略与政策研究”开题会在北京召开。

10日　考试中心召开“教育考试机构财务管理模式的创新研究”课题暨教育考试收费事宜研讨会，明确了该课题研究对加强中心财务管理、保证财务健康持续发展的指导意义，另就恢复大学英语四六级收费标准等有关事宜展开了讨论。

10日　2008年成人省级招办主任联席工作会议在呼和浩特举行。

11～16日　根据教育考试系统援藏计划，应西藏考试院要求，考试中心工作组前往西藏，对西藏招生考试系统人员就信息技术在教育考试中的应用、国家教育考试考务管理与服务平台的功能实现等专题进行了技术培训和交流。

13日　全国外语翻译证书考试英语一级口译复试（同声传译考试）在北京举行，8名初试（交替传译考试）合格考生参加了考试。

13～14日　2008年下半年全国英语等级考试（PETS）顺利进行。此次考试在全国31个省（区、市）及总参系统开考，考生人数为66.47万。其中，浙江省首次使用PETS－2级听力考试替代高考英语听力考试，考生人数达33.22万。

13～21日　在北京召开成人高考题库工作会议，完成了成人高考高中起点升本专科、专科起点升本科、国家体育总局成人招生考试的18个考试科目多份平行试卷的命制任务。

16日　全国考委法学类专业委员会在北京召开法律专业《外国法制史》课程大纲、教材审定会。

16～20日　召开中英采购与供应职业资格证书考试命题会，完成了下半年考试5个科目的命题工作。

17～19日　全国中小学教师教育技术水平考试平稳进行，7 679名考生在辽宁、河南、云南3省的16个考点参加了考试。

19～21日　高等教育自学考试教材建设研讨会在呼和浩特召开，对自学考试教材建设方面落实考试中心“十一五”规划的情况进行阶段性总结，研究如何进一步加强教材计划和教材编选工作。江苏等部分省（区、市）自学考试机构有关部门负责人及中心有关处室的同志参加了会议。

20～24日　2008年下半年全国计算机等级考试（NCRE）顺利进行，共开考19个科目，全国共199.3万人报考，同比增长6.6%。

23日上午　美国加州考试中心（CTB）副总裁理查德·派兹先生一行6人来访，与考试中心联合召开“中美教育测评专题研讨会”。

24～26日　中国高等教育学会自学考试分会在福州举办了第三期自学考试管理干部培训班，紧密结合时势对中国的高等教育、自学考试、民办高等教育等的发展历程作了回顾。中心主任戴家干应邀到会并讲话，全国20个省（市）的170多名代表参加了培训。（自考综合处）

24～27日　考试中心组织开展全国中小学教师教育技术水平考试全网测试工作，相关省市考试机构和考点参加了测试，为11月考试顺利使用新版考试系统打下了良好基础。

25日　高等教育自学考试统计工作会在北京召开，总结2008年上半年首次试卷抽样工作经验，部署了下半年相关工作。考试中心主任助理张为舟到会并讲话，吉林、福建、四川三个试点省有关部门负责同志及中心相关处室同志参加了会议。

10月

8日　全国考委印发了《关于调整电厂热能动力工程专业（专科、独立本科段）等三个全国统一专业考试计划的通知》（考委［2008］5号），将以上3个专业调整为非全国统一专业考试计划，所涉及的部分命题课程从2010年起不再安排全国统一命题考试。

8日　在河南召开了2008年下半年全国大学英语四、六级考试（CET）考务工作会，对下半年CET考务及评卷工作进行了具体部署。

10日　考试中心命题业务基地奠基仪式在密云县溪翁庄镇隆重举行。教育部副部长赵沁平、学生司司长林蕙青、密云县县委书记夏强出席仪式并致辞，教育部办公厅、规划司、财务司、学生司及密云县有关部门领导，在京中心领导及部分员工参加了奠基仪式。

10日　全国普通高校高等教育自学考试教育研究会第11次年会在西安召开，研究了自学考试面临的新情况，交流了各高校开展自学考试的工作经验。全国30多所高校的60多位代表参加了会议。

10～13日　2008年全国剑桥少儿英语口试考官组长工作会在安徽召开，总结了2008年口试考官培训工作，布置了2009年口试考官培训和监察工作。

10～16日　在北京召开2009年1月和4月自学考试部分课程题库（B类）命题工作会议，完成了《马克思主义基本原理概论》等22门课程命题任务。同时召开了自学考试统考课程《物理》（工）、《对外经济管理概论》、《教育学》（一）等3门课程题库建设（A类）试题编辑会议。

10～18日　在北京召开硕士研究生入学全国统一考试计算机学科专业基础综合科目的首次命题会议，对首次参加该项考试命题的来自17所高校的22位教师进行了命题技术和安全保密培训，并在此基础上完成了6份平行试卷的命制。

11日　全国自学考试报刊宣传协会第十四届年会在重庆召开。会议总结了协会成立以来在推动全国自考报刊和宣传工作方面作出的努力和取得的成绩，交流了开展宣传工作的经验和做法，完成了协会的换届工作，并决定协会正式并入中国高等教育学会自考分会，更名为“中国高等教育学会自考分会报刊宣传专业委员会”。26个省（区、市）会员单位的80多位代表参加了会议。

11～12日　2008年成人高等学校招生全国统一考试顺利举行。考试第一天，考试中心主任戴家干通过考务指挥平台分别与北京、广东、浙江、山东等省考试院领导进行了通话，听取当地成人高考实施情况汇报，并对部分省市的考场和试卷保密室进行了随机抽查和巡视。

13～16日　第四届“科举制与科举学”学术研讨会在天津召开，考试中心主任戴家干应邀出席会议并结合我国当前教育考试改革的实际问题作专题讲话。

13～18日　在南昌召开2008年全国海外考试考务工作会。会议采取分批的形式分别召开了日本语、TOFEL、IELTS等各项海外考试专题会议，对考试各环节工作进行了总结，对新建考点的考务人员进行了业务培训。

14日　全国考办在新浪网就新形势下自学考试改革与发展举措以及考生、网友关心的问题进行了在线访谈。此次活动是2008年6月11日启动的自学考试网络在线访谈系列活动之一，数千考生和网友在线提出了问题，全国考办有关人员及时给予了解答。

15 日下午　考试中心召开深入学习实践科学发展观活动动员大会，中心全体党员和党外处级干部参加了会议。中心主任戴家干同志结合中心改革发展实际作了重要讲话，中心党委书记李鹏同志就中心开展深入学习实践科学发展观活动作了动员报告，党委副书记来启华同志主持会议。

21 ~30 日　考试中心主任戴家干率中心代表团应邀访问了美国大学理事会，双方在教育评价领域达成了合作共识。访问团还顺访了加拿大安大略省和不列颠哥伦比亚省教育评价机构，对美加地区的教育评价体系进行了调研。

23 日下午　国际远程教育与开放协会（ICDE）秘书长 Carl Holmberg 先生一行 13 人访问考试中心，就双方感兴趣的问题与中心进行了交流，中心副主任李光明出席了座谈会。

10 月 24 日 ~11 月 2 日　在北京召开了全国硕士研究生入学考试题库命题会，14 个二级学科的 45 位教师参加了会议，完成了各学科 2 至 3 份平行试卷的命制任务。

25 ~26 日　高等教育自学考试全国统考举行，全国共有 340.7 万人报考，其中本科 212.9 万，专科 127.8 万；报考科次为 822 万科次，其中本科 516 万科次，专科 306 万科次。

25 ~26 日　全国外语翻译证书考试（NAETI）顺利举行。本次考试首次实行网上报名，报考科次为 1 566 科次。英语语种考试开考四个级别，其中英语翻译四级为首次开考。

10 月 25 日 ~11 月 14 日　考试中心在部分省市 8 所高校进行了 PETS 4、5 级共 10 套试卷的试测，共2 597名学生参加了试测考试。

28 ~29 日　在北京召开了 2009 年全国硕士研究生入学考试考务工作研讨会，对《2009 年全国招收攻读硕士学位研究生统一入学考试初试考务工作规定（征求意见稿）》和《2009 年全国硕士研究生入学考试初试自命题工作指导意见》进行了讨论。考试中心主任助理张为舟到会并讲话，教育部学生司、部分省级考试机构和高校的相关负责人参加了会议。

10 月 29 日 ~11 月 6 日　考试中心先后在北京、长沙、贵阳召开命题工作调研座谈会，组织部分省市高考、研考、自考命题一线教师就命题安全与质量管理、命题教师队伍建设、命题技术和命题方式等问题开展座谈和调研，广泛听取意见和建议。

10 月下旬　经教育部批准，全国考委第四届专业委员会正式成立，共设置 15 个专业委员会，由 165 位来自相关部委、高校、行业和企业的专家组成。

11 月

1 日　全国考委文史类专业委员会在北京组织召开自学考试汉语言文学专业（本科）课程《古代汉语》、《外国文学史》考试大纲、教材重编审稿会议。

3 ~6 日　全国计算机等级考试新上机考试软件测试及考务工作会议在青岛召开，对新系统进行修改测试、功能测试及压力测试，重点对新版考务手册所涉及的关键问题进行了讨论，全国 8 个省市 27 位代表参加了会议。

6 ~10 日　考试中心主任助理罗民随团访问了新加坡教育考试评鉴局，交流了承办海外考试的经验和做法，探讨了开展合作的可能性。

10 日　全国非学历（行业）证书考试工作研讨会在广州召开，围绕行业证书考试的发展状况和发展思路等议题进行了研讨。考试中心副主任刘军谊到会并讲话，全国 12 个省级考试机构的相关负责人 40 余人参加了会议。

10 日　考试中心召开“教育考试改革的背景与思路”座谈会，就改革开放 30 年来教育考试取得的主要成绩和经验、未来社会需要什么样的考试评价制度、如何拓宽考试评价服务等专题开展研讨。中心主任戴家干到会并讲话，副主任李光明主持会议。教育发展研究中心、中央教科所等科研教学机构及部分省级考试机构的专家参加了会议。

10～15日　在北京组织召开“高等教育自学考试命题工作专题研讨会”，围绕“学习实践科学发展观”、“自学考试命题信息管理平台”、“自学考试省级命题管理办法”三个议题进行研讨。考试中心副主任梁育民到会并讲话，上海等17个命题中心有关负责人参加了会议。

14～15日　考试中心组织召开中层干部“深入学习实践科学发展观活动调研成果专题交流会”，结合如何进一步推动中心“十一五”规划的实施和谋划教育考试新发展，交流调研成果。教育部深入学习实践科学发展观活动督导组谢志敏、张建华同志到会，对中心的学习调研工作给予充分肯定和高度评价。中心主任戴家干肯定了各调研组的调研工作和成果，对下一步工作作了要求和部署。中心党委书记李鹏对中心开展学习实践科学发展观活动以来的总体情况作了小结。

15～16日　中英合作采购与供应管理职业资格证书考试举行。此次考试在12个省（市）开考，其中北京、吉林、四川、广东和浙江为首次开考。

15～19日　2008年下半年“全国中小学教师教育技术水平考试”平稳进行，此次考试采用了升级后的新系统，在江苏、广西、青海等13个省（区、市）开考，共有18万人报考。

17日　由考试中心委托北京师范大学教育管理学院招收和培养的“教育经济与管理专业教育考试管理方向”硕士研究生班第一届如期开学，考试中心主任戴家干、副主任李光明出席开学典礼并讲话。

18日　考试中心召开“学生能力国际评价”PISA2009等值设计和抽样方案研讨会，来自北京师范大学、中国人民大学、中央教科所的6位专家参加了会议。会议经研究讨论，基本形成了PISA2009中国试测研究等值设计和抽样设计的两项方案，部署了下一阶段专家组的相关任务，为PISA2009中国试测研究的顺利开展打下了良好基础。

20～21日　2008年全国普通高考命题工作总结会在重庆召开。会议全面总结了2008年高考命题工作，对今后的命题工作，特别是新高考命题提出了具体要求。考试中心主任戴家干、副主任梁育民及学生司有关领导出席会议并讲话。全国各省、自治区、直辖市招生考试机构的主要负责人及相关部门人员共约80人参加了会议。

11月22日至12月15日　考试中心组团赴英国剑桥评价（Cambridge Assessment）进行为期三周的培训与研讨活动。此次培训课程由剑桥评价英语考试部（ESOL）负责，以命题研究为主要内容，涉及考试大纲制定、命题、评分、评价、题库、招生等多个专题，对命题人员提高业务水平，提升教育评价理念，开展考试技术交流起到了积极作用。考试中心及部分省级考试机构人员参加了培训并顺利结业。

23日　全国大学英语四、六级考试（CET）评价2008年度方案制定工作会在北京召开，讨论在2008年度CET考试中加入问卷设计的基本框架、抽样设计及测试实施方案和加入等值趋势比较的数据分析方案，部署了下一阶段的任务分工。全国大学英语四、六级考委会及有关高校的专家参加了此次会议。

24日　全国考委新闻学类专业委员会在北京召开自学考试新闻学专业（本科）《新闻摄影》课程大纲、教材审稿会议。

27～28日　2008年“升学指导测验”工作总结会在厦门召开，总结了2008年度“升学指导测验”的推广工作，就进一步开展相关工作进行了讨论。四川、山东、贵州、吉林等10省市考试机构的代表40多人出席了会议。

28日至30日　全国考委第四届专业委员会全体会议在北京召开。教育部副部长、全国考委副主任赵沁平到会讲话并为委员颁发聘书，全国考委秘书长、全国考办主任戴家干就自学考试发展情况和工作思路作报告，全国考办副主任梁育民、刘军谊、李光明出席会议，15 个专业委员会的全体委员参加了会议。

12 月

3～10 日　在北京召开了自学考试部分考试课程题库（B 类）命题工作会议，完成了《内科护理学》（一）等 23 门课程命题任务。同时，召开了自学考试统考课程《大学语文》题库建设（A 类）试题编辑会议。

5～10 日　2009 年上半年全国计算机等级考试（NCRE）命题会在北京召开。会议对 2008 年下半年考试的统计数据进行了分析讨论，　完成 2009 年上半年考试试卷的命制工作，新命制笔试试卷 17 套，上机试卷 8 套，另对上机考试题库中的 388 套试题做了修订。NCRE 一至四级 18 个科目的命题教师参加了会议。

6 日　在上海进行了全国英语等级考试（PETS）5 级考试的平行实验，实验结果将被用来对 12 月的正式考试进行等值。

9～10 日　教育部学生司与考试中心在北京联合召开“2009 年全国研究生招生考试考务工作部署及业务培训会议”。会议分析了研究生招生考试面临的形势和现状，围绕招生政策与规定、考试安全管理、网上有害信息查处、突发事件处理等问题展开了讨论，就如何做好明年研究生招生考试总体工作作出了部署和要求。各省、自治区、直辖市教育考试机构及部分报考点院校相关负责同志共 150 余人参加了会议。

9～11 日　2008 年全国英语等级考试（PETS）考务工作研讨会在北京召开，就 PETS 考务手册的内容、网上报名需求及问题、现行考务软件的修改方案及 PETS 宣传推广工作进行讨论。北京、江苏、山东等 8 个省级承办机构的相关人员及考试中心有关处室的同志参加了会议。

10 日　考试中心承担的北京市哲学社会科学规划重点课题——“教育考试公平性及其评价标准研究”课题中期研讨会在中心召开，会议听取了该课题 3 个子课题的中期研究成果汇报，对把握课题研究方向和重点、更好地体现课题研究成果提出了明确要求。课题牵头人戴家干同志出席会议并讲话，中心副主任李光明主持会议。

10～12 日　全国计算机等级考试（NCRE）上机考试软件制盘会在北京举行。从 2009 年上半年开始，NCRE 将在全国推广使用基于新平台和新数据库的上机考试系统，并对 Windows 和 Office 等考试应用软件进行升级。

11 日　考试中心联合天津考试院召开国家社会科学基金重点课题“教育考试与评价制度创新研究”子课题——“基础教育评价体系研究”中期研讨会，小结工作，交流成果，为推进下一阶段的研究工作打下了良好的基础。

11 日　教育部语用司和考试中心联合召开了“汉语能力测试”学术委员会成立大会。国家语委咨询委员、原国家语委副主任、学术委员会主任委员仲哲明、语用司司长王登峰、考试中心主任戴家干出席会议并讲话，中心副主任刘军谊主持会议。会议为学术委员会委员颁发了聘书，围绕项目的研发工作进行了讨论，对汉语能力测试的研究、实施工作进行了部署。

13 日上午　“纪念《高等教育自学考试暂行条例》颁布 20 周年暨优秀自考生表彰大会”在北京召开。教育部党组成员、部长助理杨周复出席会议并讲话，教育部有关司局负责同志出席会议。全国考委秘书长、全国考办主任戴家干在会上致辞，全国考办党委书记、副主任李鹏主持会议。部分从事自学考试工作的老领导、老同志，全国考办负责人，各省、自治区、直辖市和解放军高等教育自学考试办公室负责人，来自全国考委专业委员会、助学单位、主考学校和相关部委、行业协会的代表，以及第三届全国自学成才奖励基金优秀自考生代表，共 300 余人参加了会议。会议回顾了自学考试制度的发展历程，总结了自学考试为我国经济社会的发展、国民文化素质的提高和促进教育公平等方面的成就，表彰了优秀自考生并为优秀自考生代表颁发了获奖证书。

13日下午　全国考办主任工作会议在北京召开，会议总结了近年来自学考试事业的发展状况，对《全国考办2009年工作要点》和《关于加强高等教育自学考试社会助学管理的意见》等文件进行了讨论，明确了下一阶段自学考试的工作重点。全国考办主任戴家干同志在会上作自学考试工作报告，党委书记李鹏主持会议，副主任刘军谊作大会总结，各省、自治区、直辖市和解放军高等教育自学考试办公室负责人参加了会议。

13日　全国外语水平考试顺利举行，本次考试全国共有36个考点开考，报考人数近1万人。

15~16日　教育部学生司联合考试中心在河南召开2008年全国普通高校招生工作总结暨2009年工作研讨会，对2008年全国普通高校招生、考试工作进行总结，并对2009年相关工作进行部署。学生司司长林蕙青、考试中心主任戴家干、副主任刘军谊、主任助理张为舟出席会议并讲话，全国31个省级教育考试机构、60多所部直属高校招办负责人参加了会议。

15~19日　在北京召开了全国英语等级考试（PETS）5级考试主观题试评会，对该级别考试主观题进行试评，以保证评分尺度的一致性。

20日　全国大学英语四六级考试举行，全国报考人数达841万人。

20日　全国中小学教师教育技术水平考试（NTET）教学人员中级试测在考试中心举行。

23日　考试中心召开评价服务项目工作研讨会，以“评价服务体系基本架构”和“拓宽服务领域，促进机构转型”为题，对近年来中心教育评价工作进行梳理，初步提出了评价服务发展的框架结构和规划，并对开展以“帮助学生进行高等教育准备”为理念的有关项目进行了说明。

26日　普通高等学校联合招收华侨、港澳地区及台湾省学生入学考试考务规则修订会在北京召开，会议就《中华人民共和国普通高等学校联合招收华侨、港澳地区及台湾省学生入学考试考务工作规定》进行讨论，并提出了修改意见。教育部港澳台办、学生司相关负责同志，考试中心主任助理张为舟出席会议并讲话，北京、上海、福建和广东等四省市教育招生考试机构负责人参加了会议。

30日　全国考委法学类专业委员会召开了自学考试律师专业《商法原理与实务》（本科）等课程的大纲、教材审稿会。

12月上旬　考试中心申请的“教育考试评价制度创新与经济分析研究”重点科研课题经财政部教科文司和教育部财务司批准，成功获得立项。该课题由考试中心主任戴家干牵头，从制度经济学视角分析国家教育考试制度的变迁、国家教育考试制度的供求关系、考试管理成本效益以及国家教育考试制度与宏观经济发展关系等，以期全面推进考试制度改革，探索完善教育考试财经管理机制。

附　录

附录一：教育考试机构通信地址

教育部考试中心（全国考办）

单位地址：北京市海淀区清华科技园立业大厦
邮　　编：100084
值班电话：010－82520010
传　　真：010－82520014

北京教育考试院

单位地址：北京市海淀区志新东路9号
邮　　编：100083
值班电话：010－82837261（日）
82837271（夜、节假日）
传　　真：010－82837263

天津市教育招生考试院

单位地址：天津市西青区宾水西道395号
邮　　编：300387
值班电话：022－23769000

河北省教育考试院

单位地址：石家庄市红旗大街231号
邮　　编：050091

山西省招生考试管理中心

单位地址：太原市并州北路267号
邮　　编：030012
值班电话：0351－4060140
传　　真：0351－4060137

内蒙古自治区教育招生考试中心

单位地址：呼和浩特市赛罕路234号
邮　　编：010051
值班电话：0471－6522487
传　　真：0471－6513149、6501621

辽宁省高中等教育招生考试委员会办公室

单位地址：沈阳市皇姑区崇山中路33号
邮　　编：110031
值班电话：024－86981029
传　　真：024－86981016

吉林省招生委员会办公室

单位地址：长春市经济技术开发区浦东路1388号
邮　　编：130033
值班电话：0431－4605008、4605019
4605035、4603030
传　　真：0431－4605001

吉林省高等教育自学考试委员会办公室

单位地址：长春市经济技术开发区金川街85号
邮　　编：130033
值班电话：0431－4658734、4658704
传　　真：0431－4658733

黑龙江省招生考试委员会办公室

单位地址：哈尔滨市南岗区黄河路69号
邮　　编：150090
值班电话：0451－82376007
传　　真：0451－82376008

上海市教育考试院

单位地址：上海市钦州南路500号
邮　　编：200235
值班电话：021－64511066
传　　真：021－64845777

江苏省教育考试院

单位地址：南京市北京西路15-2号
邮　　编：210024
传　　真：025－83235909

浙江省教育考试院

单位地址：杭州市文二路 331 号
邮　　编：310012
传　　真：0571－88906658

安徽省教育招生考试院

单位地址（西区）：合肥市绩溪路 240 号
单位地址（东区）：合肥市金寨路 188 号省人大院内
邮　　编：230022
值班电话：0551－3612580（西区）
3609500（东区）
传　　真：0551－3641906

福建省高等教育招生委员会办公室

单位地址：福州市北环中路 59 号
邮　　编：350003
值班电话：0591－87843095
传　　真：0591－87843366

福建省自学考试办公室

单位地址：福州市通湖路后曹巷 13 号
邮　　编：350001
值班电话：0591－87665963
传　　真：0591－87531047

江西省高等院校招生委员会办公室

单位地址：南昌市贤士二路 208 号
邮　　编：330006
值班电话：0791－8675794
传　　真：0791－8675383

江西省自学考试委员会办公室

单位地址：南昌市八一大道 541 号
邮　　编：330006
值班电话：0791－8696702
传　　真：0791－8696986

山东省教育招生考试院

单位地址：济南市文化西路 29 号
邮　　编：250011
值班电话：0531－82598702
传　　真：0531－86162727

河南省招生办公室

单位地址：郑州市郑东新区熊耳河路 1 号
邮　　编：450046
值班电话：0371－68101600

湖北省教育考试院

单位地址：武汉市武昌区东湖路 147 号
邮　　编：430077
值班电话：027－68880326
传　　真：027－68880230

湖南省教育考试院

单位地址：长沙市车站北路 138 号
邮　　编：410001
值班电话：0731－2297001
传　　真：0731－2297001

广东省教育考试院

单位地址：广州市中山大道 69 号
邮　　编：510631
值班电话：020－38627800
传　　真：020－38627900

广西壮族自治区招生考试院

单位地址：南宁市竹溪南路 16 号
邮　　编：530021
值班电话：0771－5337405、5337406
传　　真：0771－5337431

海南省考试局

单位地址：海口市流芳路 14 号
邮　　编：571100
值班电话：0898－65858897、65853852
传　　真：0898－65858897

重庆市教育考试院

单位地址：重庆市渝北区红锦 61 号
邮　　编：400020
值班电话：023－67860910、67861056
传　　真：023－67703819

四川省教育考试院

单位地址：成都市学道街 42 号
邮　　编：610016
值班电话：028－86666949、86666983
传　　真：028－86715375

贵州省招生考试中心

单位地址：贵阳市浣沙路 66 号
邮　　编：550003
值班电话：0851－5952660、5952842
传　　真：0851－5952985

云南省招生考试院

单位地址：昆明市学府路 2 号云南省教育厅大楼
邮　　编：650223
值班电话：0871－5154141
传　　真：0871－5177106

西藏自治区教育考试院

单位地址：拉萨市江苏路 29 号
邮　　编：850000
值班电话：0891－6323654
传　　真：0891－6335325

陕西省考试管理中心

单位地址：西安市含光北路 40 号
邮　　编：710068
值班电话：029－85221751
传　　真：029－85268527

甘肃省高等学校招生办公室

单位地址：兰州市城关区庆阳路 321 号中山大厦
邮　　编：730030
传　　真：0931－8440636

甘肃省高等教育自学考试办公室

单位地址：兰州市雁宁路 399 号
邮　　编：730010
值班电话：0931－8585265
传　　真：0931－8585312

青海省考试管理中心

单位地址：西宁市五四西路 33 号
邮　　编：810008
值班电话：0971－6304890
传　　真：0971－6309594

宁夏教育考试院

单位地址：宁夏银川新华东街 19 号
邮　　编：750004
值班电话：0951－6080053
传　　真：0951－6034457

新疆维吾尔自治区招生委员会办公室

单位地址：乌鲁木齐市南昌路 39 号
邮　　编：830091

新疆维吾尔自治区高等教育自学考试办公室

单位地址：乌鲁木齐市和平南路 77 号
邮　　编：830002
值班电话：0991－8609050
传　　真：0991－8873389

解放军自学考试委员会办公室

单位地址：北京市西城区总政宣传部第二教育局
邮　　编：100031

附录二：2009年教育部考试中心考试历

序号	考试时间	考试项目名称	备注
1	1月9~11日	中英合作商务、金融管理专业考试	
2	1月10日	TOEFL(托福)	
		IELTS	
3	1月10~11日	硕士学位研究生入学全国统一考试	
		高等教育自学考试全国统考课程考试	
4	1月15日	IELTS	
5	1月17日	IELTS	
6	1月18日	TOEFL(托福)	
7	2月7日	IELTS	
8	2月12日	IELTS	
9	2月14日	TOEFL(托福)	
10	2月21日	IELTS	
11	2月22日	TOEFL(托福)	
12	2月28日	TOEFL(托福)	
		IELTS	
13	3月5日	IELTS	
14	3月7日	TOEFL(托福)	
		IELTS	
15	3月11日	CGFNS(美国外国护士学校毕业生委员会证书考试)	
16	3月14日	TOEFL(托福)	
		IELTS	
17	3月14~15日	全国英语等级考试(PETS)	1B-3级
18	3月21日	IELTS	
19	3月22日	TOEFL(托福)	
20	3月28日	剑桥少儿英语	
		TestAs(德国学习能力考试)	
21	3月28~29日	TOEFL(托福)	
22	3月28~4月1日	全国计算机等级考试(NCRE)	1级-4级

序号	考试时间	考试项目名称	备注
23	3月30～4月3日	LCCIIQ(国际职业资格证书考试)	1级－3级
24	3月	全国计算机应用技术证书考试(NIT)	具体考试日期以各省级承办机构公布为准
		全国青少年计算机考试(YNIT)	
25	4月4日	IELTS	
26	4月11日	TestDaF(德福)	
27	4月18日	IELTS	
28	4月18～19日	高等教育自学考试全国统考课程考试	
29	4月19日	TOPIK(韩国语能力考试)	
30	4月25日	IELTS	
31	4月30日	IELTS	
32	4月	全国计算机职业技能考试(NIT－Pro)	
33	5月9日	TOEFL(托福)	
		IELTS	
34	5月16日	中国市场营销资格证书考试	
		TOEFL(托福)	
		IELTS	
		BEC(商务英语)初级考试	
35	5月16～17日	中国物流职业经理资格证书考试	
		中国餐饮业职业经理人资格证书考试	
		劳动和社会保障岗位资格证书考试	
		调查分析师证书考试	
		中英合作采购与供应管理职业资格证书考试	
		中国书画等级考试(CCPT)	
36	5月16～20日	全国中小学教师教育技术水平考试	
37	5月21日	IELTS	
38	5月23日	BEC(商务英语)高级考试	
39	5月23～24日	全国外语翻译证书考试(NAETI)	英语一级至四级； 日语一级至三级
40	5月30日	BEC(商务英语)中级考试	
		IELTS	
41	5月31日	TOEFL(托福)	
42	6月1～5日	LCCIIQ(国际职业资格证书考试)	1级－3级
43	6月6日	GRE(一般)纸笔考试	
44	6月7日	TOEFL(托福)	

序号	考试时间	考试项目名称	备注
45	6月7~9日	普通高等学校招生全国统一考试	
46	6月8日	LSAT(美国法学院入学考试)	
47	6月8~10日	LCCIIQ(国际职业资格证书考试)	1级-3级
48	6月11日	IELTS	
49	6月13日	TOEFL(托福)	
		IELTS	
50	6月13~14日	全国外语水平考试(WSK)	英(PETS-5)、法、德
51	6月19~21日	大陆普通高校招收港、澳、台学生入学考试(本科)	
52	6月20日	大学英语四、六级考试(笔试)	
		IELTS	
53	6月21日	TOEFL(托福)	
		BJT(商务日语能力考试)	
54	6月27日	TOEFL(托福)	
		IELTS	
55	6月	全国计算机应用技术证书考试(NIT)	具体考试日期以各省级承办机构公布为准
		全国青少年计算机考试(YNIT)	
		全国计算机职业技能考试(NIT-Pro)	
56	7月3~5日	中英合作商务、金融管理专业考试	
57	7月4~5日	高等教育自学考试全国统考课程考试	
58	7月4日	IELTS	
59	7月5日	JLPT(日本语能力测试)	
60	7月8日	CGFNS(美国外国护士学校毕业生委员会证书考试)	
61	7月11日	IELTS	
62	7月18日	TestDaF(德福)	
63	7月23日	IELTS	
64	7月25日	TOEFL(托福)	
		IELTS	
65	8月2日	TOEFL(托福)	
66	8月8日	TOEFL(托福)	
67	8月13日	IELTS	
68	8月22日	TOEFL(托福)	
		IELTS	
69	8月29日	IELTS	
70	8月30日	TOEFL(托福)	

序号	考试时间	考试项目名称	备注
71	9月5日	IELTS	
72	9月12日	TOEFL(托福)	
		IELTS	
73	9月12~13日	全国英语等级考试(PETS)	1级-4级
74	9月12~14日	全国中小学教师教育技术水平考试	
75	9月17日	IELTS	
76	9月19日	剑桥少儿英语	
77	9月19~23日	全国计算机等级考试(NCRE)	1级-4级
78	9月20日	TOPIK(韩国语能力考试)	
		TOEFL(托福)	
79	9月26日	TOEFL(托福)	
		IELTS	
80	9月	全国计算机应用技术证书考试(NIT)	具体考试日期以各省级承办机构公布为准
		全国青少年计算机考试(YNIT)	
81	10月8日	IELTS	
82	10月10日	TOEFL(托福)	
		IELTS	
		TestAs(德国学习能力考试)	
83	10月17~18日	成人高等学校招生全国统一考试	
84	10月18日	TOEFL(托福)	
85	10月24日	IELTS	
86	10月24~25日	高等教育自学考试全国统考课程考试	
		全国外语翻译证书考试(NAETI)	语种:英语 级别:二级至四级
		TOEFL(托福)	
87	10月31日	IELTS	
88	10月	全国计算机职业技能考试(NIT-Pro)	
89	11月1日	TOEFL(托福)	
90	11月2~6日	LCCIIQ(国际职业资格证书考试)	1级-3级
91	11月7日	TestDaF(德福)	
		IELTS	
92	11月8日	TOEFL(托福)	
		BJT(商务日语能力考试)	
93	11月9~13日	LCCIIQ(国际职业资格证书考试)	1级-3级
94	11月12日	CGFNS(美国外国护士学校毕业生委员会证书考试)	

序号	考试时间	考 试 项 目 名 称	备 注
95	11 月 14 日	TOEFL(托福)	
		IELTS	
96	11 月 19 日	IELTS	
97	11 月 21 日	中国市场营销资格证书考试	
		机械工程师资格认证考试	
		BEC(商务英语)高级考试	
		IELTS	
98	11 月 21 ~ 22 日	中国物流职业经理资格证书考试	
		中国餐饮业职业经理人资格证书考试	
		劳动和社会保障岗位资格证书考试	
		调查分析师证书考试	
		中英合作采购与供应管理职业资格证书考试	
		中国书画等级考试(CCPT)	
		TOEFL(托福)	
99	11 月 21 ~ 25 日	全国中小学教师教育技术水平考试(NTET)	
100	11 月 28 日	BEC(商务英语)初级考试	
		IELTS	
101	12 月 3 日	IELTS	
102	12 月 5 日	剑桥少儿英语	
		TOEFL(托福)	
		IELTS	
		LSAT(美国法学院入学考试)	
		BEC(商务英语)中级考试	
103	12 月 6 日	JLPT(日本语能力测试)	
104	12 月 12 日	TOEFL(托福)	
		IELTS	
105	12 月 12 ~ 13 日	全国外语水平考试(WSK)	英(PETS - 5)、日、俄
106	12 月 19 日	大学英语四、六级考试(笔试)	
		IELTS	
107	12 月 20 日	TOEFL(托福)	
108	12 月	全国计算机应用技术证书考试(NIT)	具体考试日期以各省级承办机构公布为准
		全国青少年计算机考试(YNIT)	
		全国计算机职业技能考试(NIT - Pro)	
109	一年中的每个工作日	GMAT(美国工商管理研究生院入学考试)	计算机方式考试
110		下半年 GRE	具体考试日期另行公布

附录三：

2009年高等教育自学考试全国统考课程考试时间安排表

专科

	4月				10月			
	星期六（4月18日）		星期日（4月19日）		星期六（10月24日）		星期日（10月25日）	
	上午（8:30~11:00）	下午（14:00~16:30）	上午（8:30~11:00）	下午（14:00~16:30）	上午（8:30~11:00）	下午（14:00~16:30）	上午（8:30~11:00）	下午（14:00~16:30）
公共课	毛泽东思想、邓小平理论和“三个代表”重要思想概论（3707） 普通逻辑（0024） 中国近现代史纲要（3708） 教育学（一）（0429）	政治经济学（财经类）（0009） 思想道德修养与法律基础（3706） 马克思主义基本原理概论（3709）	大学语文（4729） 英语（一）（0012） 英语（二）（0015）	心理学（0031）	英语（一）（0012） 英语（二）（0015）	教育学（一）（0429）	中国近现代史纲要（3708） 大学语文（4729） 毛泽东思想、邓小平理论和“三个代表”重要思想概论（3707）	思想道德修养与法律基础（3706） 马克思主义基本原理概论（3709） 政治经济学（财经类）（0009） 心理学（0031）
	复变函数与积分变换（2199）	线性代数（经管类）（4184） 线性代数（2198） 物理（工）（0420）	概率论与数理统计（二）（2197） 概率论与数理统计（经管类）（4183）	高等数学（一）（0020） 高等数学（工本）（0023） 高等数学（工专）（0022）	概率论与数理统计（经管类）（4183）	高等数学（一）（0020） 高等数学（工本）（0023） 高等数学（工专）（0022）	线性代数（经管类）（4184） 线性代数（2198）	物理（工）（0420）
经济类共同课	管理系统中计算机应用（0051）	计算机应用基础（0018） 管理学原理（0054）	基础会计学（0041）	对外经济管理概论（0053）	计算机应用基础（0018）	国民经济统计概论（0065）		经济法概论（财经类）（0043） 管理系统中计算机应用（0051）
农科类共同课	化学基础（2539）	普通遗传学（2666）	植物生理学（2662） 植物生产概论（2717） 动物生产概论（2762）	土壤肥料学（2668）	作物栽培生理（2676）	植物学（二）（2660）	田间试验与统计方法（2677）	
统计（会统方向）（020101）	社会经济统计学原理（0042）	企业经济统计学（0045） 计算机应用基础（0018）	基础会计学（0041）	社会经济调查方法与应用（0209）	财务管理学（0067）	国民经济核算原理（0206）	财政与金融（0048）	统计法规概论（0251）
财税（020103）	政府预算管理（0999）	国家税收（0061） 计算机应用基础（0018）	基础会计学（0041） 税收管理（0062）	财政学（0060）		国民经济统计概论（0065）	企业会计学（0055） 货币银行学（0066）	经济法概论（财经类）（0043）
金融（020105）	银行信贷管理学（0073）	商业银行业务与经营（0072） 计算机应用基础（0018）	中央银行概论（0074） 基础会计学（0041）	财政学（0060）	证券投资与管理（0075）	国民经济统计概论（0065）	企业会计学（0055） 货币银行学（0066）	经济法概论（财经类）（0043）

续表

	4月				10月			
	星期六(4月18日)		星期日(4月19日)		星期六(10月24日)		星期日(10月25日)	
	上午(8:30~11:00)	下午(14:00~16:30)	上午(8:30~11:00)	下午(14:00~16:30)	上午(8:30~11:00)	下午(14:00~16:30)	上午(8:30~11:00)	下午(14:00~16:30)
保险(020107)		计算机应用基础(0018)	基础会计学(0041)	财政学(0060)		国民经济统计概论(0065)	货币银行学(0066)	经济法概论(财经类)(0043)
国际贸易(020109)	国际商法(0091) 市场营销学(0058)	国际贸易(0089) 计算机应用基础(0018)	基础会计学(0041) 外贸函电(0094)	国际技术贸易(0093)	基础英语(0088)	国际金融(0076)	国际贸易实务(一)(0090)	中国对外贸易(0092)
证券投资与管理(020111)		计算机应用基础(0018)	基础会计学(0041)	财政学(0060)	财务管理学(0067)	国民经济统计概论(0065)	货币银行学(0066)	经济法概论(财经类)(0043)
工商行政管理(020112)		现代管理学(0107) 计算机应用基础(0018)	基础会计学(0041)	工商行政管理学概论(0108)		国民经济统计概论(0065)	财政与金融(0048)	经济法概论(财经类)(0043)
劳动和社会保障(020231)			劳动和社会保障法制建设(3313)		劳动和社会保障概论(3312)	公文写作与处理(0341)	劳动和社会保险统计与计算机应用(3320)	劳动和社会保险业务案例分析(3321)
物流管理(020228)	物流数学(5361)	计算机应用基础(0018)	物流企业会计(5364)		计算机应用基础(0018)		物流英语(5362)	国际物流导论(5372)
电子商务(020215)	市场信息学(0893)	商务交流(二)(0892) 互联网软件应用与开发(0898)	基础会计学(0041) 网页设计与制作(0900)	经济学(二)(0889) 电子商务案例分析(0902)	市场营销(三)(0890) 国际贸易实务(三)(0891)	电子商务英语(0888)	计算机与网络技术基础(0894)	电子商务概论(0896)
电子商务中级证书			网页设计与制作(0900)	电子商务案例分析(0902)	市场营销(三)(0890)		计算机与网络技术基础(0894)	电子商务概论(0896)
工商企业管理(020201)	市场营销学(0058)	计算机应用基础(0018) 中国税制(0146)	生产与作业管理(0145) 基础会计学(0041)	企业管理概论(0144)	人力资源管理(一)(0147)	国际企业管理(0148) 国民经济统计概论(0065)	企业会计学(0055)	经济法概论(财经类)(0043)
会计(020203)	管理会计(一)(0157)	计算机应用基础(0018) 中国税制(0146)	中级财务会计(0155) 基础会计学(0041)	企业管理概论(0144)	财务管理学(0067)	国民经济统计概论(0065)	成本会计(0156) 政府与事业单位会计(0070)	经济法概论(财经类)(0043)
房地产经营与管理(020206)	房地产经济学(0168)	计算机应用基础(0018)	建筑工程概论(0174)		房地产经营管理(0172)			房地产法(0169)
市场营销(020207)	市场营销学(0058) 谈判与推销技巧(0179)	计算机应用基础(0018) 市场调查与预测(0178)	消费心理学(0177) 基础会计学(0041)	企业管理概论(0144)	企业定价(0180)	国民经济统计概论(0065)	广告学(一)(0181) 公共关系学(0182)	经济法概论(财经类)(0043)
企业财务管理(020212)		金融理论与实务(0150) 计算机应用基础(0018)	中级财务会计(0155) 基础会计学(0041)	企业管理概论(0144)	财务管理学(0067)	国民经济统计概论(0065)		财务报表分析(一)(0161) 经济法概论(财经类)(0043)

续表

	4月				10月			
	星　期　六(4月18日)		星　期　日(4月19日)		星　期　六(10月24日)		星　期　日(10月25日)	
	上午(8:30～11:00)	下午(14:00～16:30)	上午(8:30～11:00)	下午(14:00～16:30)	上午(8:30～11:00)	下午(14:00～16:30)	上午(8:30～11:00)	下午(14:00～16:30)
法律 (030112)	宪法学(5679) 国际法(0247)	刑法学(0245)	刑事诉讼法学(0260)	法理学(5677)	民法学(0242)	行政法学(0261) 中国法制史(0223)	民事诉讼法学(0243)	经济法概论(0244)
律师 (030111)	宪法学(5679)	刑法原理与实务 (一)(0919)	刑事诉讼原理与实务 (一)(0920)	法理学(5677) 行政法与行政诉讼法 (一)(0923)	经济法原理与 实务(0922)	民事诉讼原理与 实务(一)(0918) 法律文书写作(0262)	商法原理与实务 (0921)	民法原理与实务 (0917)
监所管理 (030103)	宪法学(5679) 狱政管理学(0239)	刑法原理与实务 (一)(0919) 犯罪学(二)(0470)	刑事诉讼原理与 实务(一)(0920)	教育改造学(0238) 法理学(5677)	警察管理学(0241)	监狱学基础理论(0236) 劳教管理学(0852)	劳教学基础理论 (0237)	民法原理与实务 (0917)
行政管理 (030301)	市政学(0292)	计算机应用基础 (0018) 现代管理学(0107)	行政管理学(0277)	工商行政管理学概论 (0108) 法学概论(0040) 企业管理概论(0144)	人力资源管理(一) (0147) 管理心理学(0163)	公文写作与处理(0341) 政府经济管理概论 (3349)	社会研究方法(3350) 公共关系学(0182)	经济法概论(财经类) (0043) 政治学概论(0312)
机关管理及 办公自动化 (030307)	信息资源管理(2378)	计算机应用基础 (0018)	行政管理学(0277)	行政法与行政 诉讼法(一)(0923)	管理心理学(0163) 人力资源管理(一) (0147) 秘书学概论(0345)	高级语言程序 设计(一)(0342) 公文写作与处理(0341)	办公自动化原理及 应用(0346) 公共关系学(0182)	管理系统中计算机 应用(0051) 数据库及其应用(2120)
公安管理 (030403)	宪法学(5679)	刑法学(0245) 公安秘书学(0355)	刑事诉讼法学(0260) 治安管理学(0357)	预审学(0360)	保卫学(0359)	公安法规(0361) 公安学基础理论(0354)	公安管理学(0356)	刑事侦查学(0358)
餐饮管理 (020118)	酒水知识(0984)	计算机应用基础 (0018) 管理学原理(0054)	消费心理学(0177)	烹饪原料学(二) (0980)	计算机应用基础 (0018)	餐饮业法规(0977)	餐饮服务(0982)	烹饪工艺学(二) (0978)
电子政务 (082217)	计算机应用技术 (2316)		行政管理学(0277)	社会学概论(0034) 工商行政管理学 概论(0108)		公文写作与处理(0341) 行政法学(0261) 政府经济管理概论 (3349)	办公自动化原理及 应用(0346)	管理信息系统(2382) 数据库及其应用(2120) 政治学概论(0312)
学前教育 (040101)	幼儿园课程(0394) 学前心理学(0384)	学前卫生学(0385) 计算机应用基础(0018) 现代教育技术(0413)	幼儿园组织与管理(0387) 学前儿童美术教育(0396) 学前儿童体育(0392) 学前儿童音乐教育(0397)	学前教育学(0383)	幼儿文学(0386) 学前教育科学研究 (0389)	学前儿童数学教育 (0388)	学前儿童语言教育 (0393)	学前儿童科学教育 (0390) 科学.技术.社会(0395)
小学教育 (040103)	教育原理(0405)	小学教育科学研究 (0406) 计算机应用基础 (0018) 现代教育技术(0413)	中外文学作品导读 (0415) 高等数学基础(0417)	汉语基础(0416) 数论初步(0418)	美育基础(0409)	小学语文教学论(0410) 小学教育心理学(0407)	小学数学教学论(0411) 小学科学教育(0408)	科学.技术.社会(0395) 小学班主任(0412)

续表

	4月				10月			
	星期六(4月18日)		星期日(4月19日)		星期六(10月24日)		星期日(10月25日)	
	上午(8:30～11:00)	下午(14:00～16:30)	上午(8:30～11:00)	下午(14:00～16:30)	上午(8:30～11:00)	下午(14:00～16:30)	上午(8:30～11:00)	下午(14:00～16:30)
汉语言文学(050114)	现代汉语(0535)	中国现代文学作品选(0530)	写作(一)(0506)	中国古代文学作品选(一)(0532)	文学概论(一)(0529)	古代汉语(0536)	外国文学作品选(0534) 中国当代文学作品选(0531)	中国古代文学作品选(二)(0533)
秘书(050102)	现代汉语基础(0854) 市场营销学(0058)	当代中国政治制度(0315)	秘书实务(0510)	法学概论(0040) 企业管理概论(0144) 社会学概论(0034)	秘书学概论(0345) 财务管理学(0067) 管理心理学(0163)	公文写作与处理(0341)	办公自动化原理及应用(0346) 公共关系学(0182) 国际贸易实务(一)(0090)	外国秘书工作概况(0514) 机关管理(0509)
英语语言文学(050207)	英语阅读(一)(0595)	综合英语(一)(0794)	英语国家概况(0522)	综合英语(二)(0795)	英语阅读(二)(0596)	综合英语(二)(0795)	英语写作基础(0597)	综合英语(一)(0794)
新闻学(050308)	新闻学概论(0633) 普通逻辑(0024)	中国现代文学作品选(0530) 计算机应用基础(0018)	中国新闻事业史(0653)	社会学概论(0034) 法学概论(0040)	报纸编辑(0655)	新闻采访写作(0654) 新闻心理学(0657)	广告学(二)(0853)	广播新闻与电视新闻(0656)
公共关系(050303)	市场营销学(0058) 传播学概论(0642) 新闻学概论(0633)	计算机应用基础(0018) 现代管理学(0107)	公共关系策划(0645)	社会学概论(0034)	公关心理学(0643)	公共关系写作(0646) 公关礼仪(0644)	中国文化概论(0321) 公共关系学(0182) 广告学(二)(0853)	经济法概论(财经类)(0043) 公关语言(0647)
电力市场营销(020219)	管理会计(一)(0157) 市场营销学(0058) 谈判与推销技巧(0179)	企业经济统计学(0045) 计算机应用基础(0018)	电力市场法律法规选读(6138) 消费心理学(0177)	电力销售与管理(6141) 多种经营管理(6142)	应用文写作(2126)	电力企业管理概论(6137)	公共关系学(0182) 广告学(一)(0181)	电力市场基础(6139) 农村电力市场基础(6140)
机电一体化(080306)	机械制图(一)(2183)	电子技术基础(一)(2234)	机械设计基础(2185)	微型计算机原理与接口技术(2205)	机械制造(2230)	工程力学(一)(2159) 数控技术及应用(2195)	可编程控制器原理与应用(2236)	自动控制系统及应用(2237) 电工技术基础(2232)
电厂热能动力工程(080501)	机械制图(一)(2183)	电厂汽轮机(2255) 电工与电子技术(2187)	热工测量及仪表(2256) 工程流体力学(2250)	微型计算机原理与接口技术(2205)	电厂锅炉(2254)	工程力学(一)(2159) 泵与风机(2252)	工程热力学(一)(2248)	传热学(一)(2249)
电力系统及其自动化(080604)	电力系统继电保护(2302)	电机学(2271)	计算机基础与程序设计(2275) 电力系统自动装置(2304)	电子技术基础(二)(2273) 工程制图(2151)	电工原理(2269)	发电厂电气主系统(2301)	电力系统基础(2300)	微型计算机原理及应用(2277)
计算机及应用(080701)	计算机应用技术(2316) 计算机组成原理(2318)	电子技术基础(三)(4730)	计算机网络技术(2141)	操作系统概论(2323)	数据结构导论(2142)	高级语言程序设计(一)(0342)	微型计算机及接口技术(4732)	数据库及其应用(2120)

续表

	4月				10月			
	星期六(4月18日)		星期日(4月19日)		星期六(10月24日)		星期日(10月25日)	
	上午(8:30~11:00)	下午(14:00~16:30)	上午(8:30~11:00)	下午(14:00~16:30)	上午(8:30~11:00)	下午(14:00~16:30)	上午(8:30~11:00)	下午(14:00~16:30)
计算机信息管理(082207)	计算机应用技术(2316)	计算机原理(2384)	基础会计学(0041) 计算机网络技术(2141)	管理信息系统(2382) 企业管理概论(0144)	电子商务与电子政务(4754)	高级语言程序设计(一)(0342)	计算机原理(2384)	数据库及其应用(2120) 管理信息系统(2382)
林业生态环境管理(090608)	森林资源与环境管理(3168)	生态经济管理(3169) 森林防火(3165)	林业生态环境评价(3167)	林业政策与法规(2830) 林业经济管理(3163)	林学概论(3162)	森林生态学(2745) 森林资源与环境管理(3168)	社会林业(3166) 生态经济管理(3169)	环境科学概论(3164) 林业推广学(2853)
农业推广(090701)	农业推广心理基础(2861)	农业推广学(2678) 农业政策与法规(2554)	植物生产概论(2717) 动物生产概论(2762)	农产品加工(2680) 市场营销(一)(2546)	农业生态基础(2665) 农村社会学(0290)	农业经济与管理(0135)	农业推广技能(2845)	视听教育(2862) 农业推广项目管理与评价(2852)
房屋建筑工程(080801)	工程力学(二)(2391)	结构力学(一)(2393)	土木工程制图(2386)	建筑材料(2389)	建筑施工(一)(2400)	工程测量(2387)	混凝土及砌体结构(2396)	土力学及地基基础(2398)
农业经济管理(090601)	农业资源利用与环境保护(2541)	计算机应用基础(0018) 农业政策与法规(2554)	植物生产概论(2717) 动物生产概论(2762) 基础会计学(0041)	市场营销(一)(2546)		国民经济统计概论(0065) 农业经济与管理(0135)		经济法概论(财经类)(0043)
护理学(100701)	护理学基础(2997) 健康教育学(0488)	生物化学(三)(3179) 营养学(3000)	微生物学与免疫学基础(2864)	生理学(2899) 儿科护理学(一)(3003)	病理学(2901)	药理学(一)(2903) 护理伦理学(2996)	内科护理学(一)(2998) 医学心理学(2113)	外科护理学(一)(3001) 妇产科护理学(一)(3002)
营养、食品与健康(081310)	医学基础总论(5735) 烹饪与膳食管理基础(5751)	计算机应用基础(0018) 基础化学(5737)	生物化学(四)(5739)	食品卫生学(5746) 中医营养学基础(5749)	人体营养(5745) 临床医学总论(5747)	基础营养学(5743) 疾病的营养防治(5748)	食品加工与保藏(专)(5744)	微生物与食品微生物(5741) 食品卫生法规与监督(5750)
心理健康教育(040109)	心理健康教育概论(5615)	青少年心理卫生(5618)		心理学(0031)	心理咨询与辅导(一)(5619)	心理测量与评估(5616)	发展与教育心理学(0466)	
调查与分析(020163)	调查法规(4766)	计算机应用基础(0018) 抽样调查案例(4776)	访问技巧(4773)	经济数学(一)(4829)	现场调查组织与管理(4767)		宏观经济指标分析(4775)	
社区护理学(100704)	健康教育学(0488) 社区护理学导论(3621)	营养学(3000) 计算机应用基础(0018)	微生物学与免疫学基础(2864)	生理学(2899) 社区健康评估(3622)	病理学(2901) 计算机应用基础(0018)	药理学(一)(2903) 社区常见健康问题(3624)	社区特殊人群保健(3623)	社区护理技术(3625)
采购与供应管理(020265)	物流数学(5361)	计算机应用基础(0018)	物流企业会计(5364)		人力资源管理(一)(0147)		物流英语(5362)	

本科

	4月				10月			
	星期六(4月18日)		星期日(4月19日)		星期六(10月24日)		星期日(10月25日)	
	上午(8:30~11:00)	下午(14:00~16:30)	上午(8:30~11:00)	下午(14:00~16:30)	上午(8:30~11:00)	下午(14:00~16:30)	上午(8:30~11:00)	下午(14:00~16:30)
财税(020104)	市场营销学(0058)	管理学原理(0054)		对外经济管理概论(0053)	财务管理学(0067)		政府与事业单位会计(0070)	社会保障概论(0071) 管理系统中计算机应用(0051)
金融(020106)	市场营销学(0058)	管理学原理(0054)	银行会计学(0078)	对外经济管理概论(0053)	财务管理学(0067)	国际金融(0076)	金融市场学(0077)	管理系统中计算机应用(0051)
保险(020108)	市场营销学(0058)	管理学原理(0054)		对外经济管理概论(0053)	财务管理学(0067)			社会保障概论(0071) 管理系统中计算机应用(0051)
国际贸易(020110)	外贸英语写作(0097)	国际商务英语(5844) 企业经济统计学(0045)	外刊经贸知识选读(0096)	涉外经济法(0099)	国际运输与保险(0100)	外经贸经营与管理(0101)	世界市场行情(0102) 企业会计学(0055)	国际市场营销学(0098) 管理系统中计算机应用(0051)
经济学(020115)	西方经济学(0139)	发展经济学(0141)		国际经济学(0140)	经济思想史(0143)	计量经济学(0142)	中国近现代经济史(0138)	管理系统中计算机应用(0051)
会计(020204)	市场营销学(0058)	金融理论与实务(0150)	审计学(0160)	资产评估(0158)	会计制度设计(0162)	国际贸易理论与实务(0149)	高级财务会计(0159)	财务报表分析(一)(0161) 管理系统中计算机应用(0051)
市场营销(020208)	商品流通概论(0185)	金融理论与实务(0150)	市场营销策划(0184)	消费经济学(0183)	国际商务谈判(0186)	国际贸易理论与实务(0149)	企业会计学(0055)	国际市场营销学(0098) 管理系统中计算机应用(0051)
企业财务管理(020213)	市场营销学(0058) 管理会计(一)(0157)	中国税制(0146)	审计学(0160)	资产评估(0158)	国际财务管理(0208)		金融市场学(0077)	管理系统中计算机应用(0051)
工商企业管理(020202)	企业经营战略(0151)	管理学原理(0054) 金融理论与实务(0150)	质量管理(一)(0153)	组织行为学(0152)	财务管理学(0067)	国际贸易理论与实务(0149)	企业管理咨询(0154)	管理系统中计算机应用(0051)
法律(030106)	国际私法(0249) 中国法律思想史(0264)	国际经济法概论(0246) 西方法律思想史(0265) 公证与律师制度(0259)	保险法(0258) 劳动法(0167)	知识产权法(0226) 税法(0233)	金融法(5678) 合同法(0230)	公司法(0227) 法律文书写作(0262) 票据法(0257)	外国法制史(0263) 婚姻家庭法(5680)	环境与资源保护法学(0228) 房地产法(0169)
律师(030108)	国际私法(0249) 国际法(0247)	国际经济法概论(0246) 律师执业概论(0224)	劳动法(0167) 司法鉴定概论(0926)	知识产权法(0226) 税法(0233)	金融法(5678) 合同法(0230)	公司法(0227) 法院与检察院组织制度(0993)	证据法学(0229) 婚姻家庭法原理与实务(0924)	公证与基层法律服务实务(0925) 环境与资源保护法学(0228)

续表

	4月				10月			
	星期六(4月18日)		星期日(4月19日)		星期六(10月24日)		星期日(10月25日)	
	上午(8:30~11:00)	下午(14:00~16:30)	上午(8:30~11:00)	下午(14:00~16:30)	上午(8:30~11:00)	下午(14:00~16:30)	上午(8:30~11:00)	下午(14:00~16:30)
监所管理(030109)	劳动教养学(0929)	矫正教育学(0931)	中国监狱史(0934) 监所法律文书(0930)	中国司法制度(0927) 行政法与行政诉讼法(一)(0923)	罪犯劳动改造学(0928)	民事诉讼原理与实务(一)(0918) 狱内侦查学(0932)	婚姻家庭法原理与实务(0924) 西方监狱制度概论(0935)	罪犯改造心理学(0933)
行政管理学(030302)	公共政策(0318) 普通逻辑(0024)	当代中国政治制度(0315)	公务员制度(1848)	社会学概论(0034) 行政法与行政诉讼法(一)(0923)	领导科学(0320) 财务管理学(0067)	行政组织理论(0319)	西方行政学说史(0323) 中国文化概论(0321)	中国行政史(0322) 西方政治制度(0316)
公安管理(030401)	警察伦理学(0369)	刑事证据学(0370)	刑事侦查情报学(0861)	公安决策学(0371) 警察组织行为学(0859)	公安信息学(0372)	犯罪学(一)(0235)	公安行政诉讼(0860)	涉外警务概论(0373)
文化产业(020155)	传播学概论(0642)	中国文化导论(4121)	文化经济学(4124)		外国文化导论(4123)	文化市场与营销(4127)	文化产业与管理(4122)	
公共事业管理(020230)	公共政策(0318)			管理信息系统(2382) 法学概论(0040) 社会学概论(0034)	人力资源管理(一)(0147) 劳动和社会保障概论(3312) 管理心理学(0163)	行政法学(0261) 非政府组织管理(5723)	公共关系学(0182) 教育管理原理(0449)	公共经济学(5722)
餐饮管理(020119)	管理系统中计算机应用(0051)	食品营养学(0988)	宴会设计(0990)	餐饮经济学导论(0985)	国外饮食文化(0989)	中国饮食文化(0986)	餐饮美学(0987)	管理系统中计算机应用(0051)
电子商务(020216)	互联网数据库(0911) 电子商务法概论(0996)	网络营销与策划(0908)	数量方法(二)(0994)	电子商务与金融(0913)	网络经济与企业管理(0910)	电子商务与现代物流(0915) 商法(二)(0995)	电子商务网站设计原理(0906)	电子商务安全导论(0997)
电子商务高级证书	互联网数据库(0911)	网络营销与策划(0908)	网页设计与制作(0900)	电子商务与金融(0913)	网络经济与企业管理(0910)	电子商务与现代物流(0915)	电子商务网站设计原理(0906)	电子商务概论(0896)
教育管理(040107)	教育统计与测量(0452)	教育管理心理学(0455)	中外教育管理史(0445)	教育法学(0453) 教育评估和督导(0450)	教育预测与规划(0454)	教育经济学(0451) 学前教育管理(0457) 中小学教育管理(0458)	教育管理原理(0449)	教育科学研究方法(0456)
教育学(040108)	教育统计与测量(0452)	心理卫生与心理辅导(0465)	德育原理(0468) 比较教育(0472)	课程与教学论(0467) 教育法学(0453)	中外教育简史(0464)	教育学原理(0469)	教育管理原理(0449) 发展与教育心理学(0466)	教育科学研究方法(0456)
学前教育(040102)	学前教育原理(0398) 普通逻辑(0024)		学前教育史(0402)	课程与教学论(0467)	学前比较教育(0401) 美育基础(0409)	学前特殊儿童教育(0883)		

续表

	4月				10月			
	星期六(4月18日)		星期日(4月19日)		星期六(10月24日)		星期日(10月25日)	
	上午(8:30~11:00)	下午(14:00~16:30)	上午(8:30~11:00)	下午(14:00~16:30)	上午(8:30~11:00)	下午(14:00~16:30)	上午(8:30~11:00)	下午(14:00~16:30)
小学教育(040112)		心理卫生与心理辅导(0465)	比较教育(0472)	课程与教学论(0467)	中外教育简史(0464)	中小学教育管理(0458)	发展与教育心理学(0466)	
秘书学(050104)	中国秘书史(0523)	现代管理学(0107) 文书学(0524)	中外秘书比较(0527)	档案管理学(0511) 公文选读(0525)	领导科学(0320)	行政法学(0261)	中国文化概论(0321)	管理系统中计算机应用(0051) 经济法概论(财经类)(0043) 政治学概论(0312) 秘书参谋职能概论(0526)
汉语言文学(050105)	美学(0037)		中国古代文学史(一)(0538)	中国现代文学史(0537)	外国文学史(0540)		中国古代文学史(二)(0539)	语言学概论(0541)
英语语言文学(050201)	英语翻译(0087)	英语语法(0831) 英语科技文选(0836)	英语词汇学(0832) 外贸函电(0094)	英美文学选读(0604)	高级英语(0600)	旅游英语选读(0837) 现代语言学(0830)	外语教学法(0833) 语言与文化(0838)	英语写作(0603)
新闻学(050305)	传播学概论(0642)	中外新闻作品研究(0661)		新闻评论写作(0658)	文学概论(一)(0529) 新闻事业管理(0662)	新闻摄影(0659)	公共关系学(0182) 中国文化概论(0321)	外国新闻事业史(0660) 经济法概论(0244) 政治学概论(0312)
劳动和社会保障(020232)	管理系统中计算机应用(0051)	社会保险基金管理与监督(3327)	公共管理(3328)	社会学概论(0034)	人力资源管理(一)(0147) 劳动经济学(3323)	劳动关系学(3325)	劳动和社会保障法(3322)	社会保障国际比较(3326)
物流管理(020229)					物流企业财务管理(5374)			经济法概论(财经类)(0043)
调查与分析(020121)	管理系统中计算机应用(0051) 市场营销学(0058) 西方经济学(0139)		管理经济学(2628)	国际经济学(0140)		计量经济学(0142)		
公共关系(050309)	创新思维理论与方法(3298) 公共政策(0318)	公共关系口才(3292) 企业文化(3297)	现代谈判学(3293)	公共关系案例(3294) 组织行为学(0152)	人际关系学(3291) 领导科学(0320) 人力资源管理(一)(0147)	现代媒体总论(3300)	国际公共关系(3295) 中国文化概论(0321)	广告运作策略(3299)
档案学(060202)	档案行政学(0788)	文书学(0524) 情报学概论(0792)	行政管理学(0277)	档案管理学(0511) 社科文献检索(0786) 知识产权法(0226)	科技档案编研(0791) 外国档案管理(0789)	中国档案事业史(0785) 科技档案管理(0777)	办公自动化原理及应用(0346) 档案文献编纂学(0778)	档案保护技术(0779) 管理系统中计算机应用(0051) 中国行政史(0322)

续表

	4月				10月			
	星期六(4月18日)		星期日(4月19日)		星期六(10月24日)		星期日(10月25日)	
	上午(8:30~11:00)	下午(14:00~16:30)	上午(8:30~11:00)	下午(14:00~16:30)	上午(8:30~11:00)	下午(14:00~16:30)	上午(8:30~11:00)	下午(14:00~16:30)
机电一体化(080307)	机电一体化系统设计(2245)	计算机软件基础(一)(2243)	现代设计方法(2200)	模拟、数字及电力电子技术(2238)	工程经济(2194)	机械工程控制基础(2240)	传感器与检测技术(2202)	工业用微型计算机(2241)
工业工程(082205)	机械基础(2825) 现代制造系统(2633)	生产管理与质量工程(2647) 电工与电子技术(2187) 计算机软件基础(一)(2243)	企业经营战略与市场营销(2897)	基础工业工程(2629)	机械制造(2230) 工程经济(2194)	设施规划与设计(2648)	运筹学与系统分析(2627)	计算机辅助管理(2631)
电厂热能动力工程(080502)	汽轮机原理及运行(2265)	电力企业经济管理(2268) 流体力学及泵与风机(2259)	热力发电厂(2266)	传热学(二)(2261)	热工过程自动控制(2267)	工程热力学(二)(2258)	锅炉燃烧设备(2264)	机械设计基础及电厂金属材料(2262)
电力系统及其自动化(080605)	计算机软件基础(二)(2365)	电磁场(2305) 电力企业经济管理(2268)	电力系统微型计算机继电保护(2313)	高电压技术(2653) 电力电子变流技术(2308)	电力系统分析(2310)	电力系统远动及调度自动化(2312)	自动控制理论(二)(2306)	发电厂动力部分(2311)
计算机及应用(080702)	离散数学(2324) 计算机组成原理(2318)	操作系统(2326) 电子技术基础(三)(4730)	计算机系统结构(2325)	计算机网络原理(4741)	Java语言程序设计(一)(4747) 数据结构(2331)	高级语言程序设计(一)(0342) 数据库系统原理(4735)	C++程序设计(4737)	软件工程(2333)
计算机网络(080709)	网络操作系统(2335) 计算机组成原理(2318)			通信概论(4742) 计算机网络原理(4741)	Java语言程序设计(一)(4747) 数据结构(2331)	局域网技术与组网工程(3141) 数据库系统原理(4735) 高级语言程序设计(一)(0342)	计算机网络管理(2379)	互联网及其应用(3142)
计算机信息管理(082208)	信息资源管理(2378) 运筹学基础(2375)	计算机原理(2384)	管理经济学(2628)	计算机网络原理(4741) 管理信息系统(2382) 操作系统概论(2323)	数据结构导论(2142) 网络经济与企业管理(0910)	数据库系统原理(4735)	C++程序设计(4737) 软件开发工具(3173) 计算机原理(2384)	信息系统开发(2376) 管理信息系统(2382)
计算机通信工程(080708)	复变函数与积分变换(2199) 程控交换与宽带交换(2372)	操作系统(2326)	概率论与数理统计(二)(2197) 信号与系统(2354)	数据通信原理(2364) 通信英语(2368) 通信技术基础(2361)	非线性电子电路(2342) 数据结构(2331)	计算机通信网(2373) 数据库系统原理(4735)	数字通信原理(2360) 光纤通信原理(2338)	计算机通信接口技术(2369)

续表

	4月				10月			
	星期六(4月18日)		星期日(4月19日)		星期六(10月24日)		星期日(10月25日)	
	上午(8:30~11:00)	下午(14:00~16:30)	上午(8:30~11:00)	下午(14:00~16:30)	上午(8:30~11:00)	下午(14:00~16:30)	上午(8:30~11:00)	下午(14:00~16:30)
邮电管理工程(082211)	运筹学基础(2375)	邮政管理(3158) 电信管理(3157) 管理学原理(0054)	管理经济学(2628)	通信经济理论基础(3154)	人力资源管理(一)(0147) 财务管理学(0067)	邮电经营管理(3159)	现代电信技术概论(3155) 现代邮政通信技术概论(3156) 邮电管理信息系统(3160)	数据库及其应用(2120)
建筑工程(080806)	结构力学(二)(2439)	线性代数(2198)	计算机基础与程序设计(2275) 概率论与数理统计(二)(2197)	钢结构(2442)	混凝土结构设计(2440)	流体力学(3347)	工程地质及土力学(2404) 建筑结构试验(2448)	建筑经济与企业管理(2447)
电子政务(082218)	西方经济学(0139) 公共政策(0318)	当代中国政治制度(0315)		计算机网络原理(4741)	财务管理学(0067)	行政法学(0261)		电子商务概论(0896)
护理学(100702)	内科护理学(二)(3202)	计算机应用基础(0018) 预防医学(二)(3200)	护理学导论(3201) 老年护理学(4435)	急救护理学(3007) 社区护理学(一)(3004)	护理管理学(3006) 外科护理学(二)(3203)	护理学研究(3008) 精神障碍护理学(3009)	护理教育导论(3005) 公共关系学(0182)	妇产科护理学(二)(3010) 儿科护理学(二)(3011) 康复护理学(4436)
机电系统智能控制(080309)	复变函数与积分变换(2199)	计算机软件基础(一)(2243)	概率论与数理统计(二)(2197)	电力电子变流技术(2308) 计算机网络原理(4741)	现代控制技术基础(3206)	电机与控制(3209)	机电系统智能控制技术(3211)	工业用微型计算机(2241)
林业生态环境工程与管理(090609)	生物学基础(3224)	环境经济管理(3230) 管理学原理(0054)	自然保护区管理(3228) 环境生态学(2471)	林政学(3229) 林业经济管理(3163)	森林培育学(2752) 林学概论(3162)	水土保持学(3231) 森林生态学(2745)	森林资源经营管理(3225) 林业生态工程学(3233)	林业生态工程项目管理(3235) 森林保护学(3227)
营养、食品与健康(081311)	食品加工与保藏(本)(5767) 烹饪营养学(一)(5770)	食品化学与分析(5753)	流行病学(5757) 食品毒理学(5764)	健康教育与健康促进(5759)	营养学(一)(5760) 社区营养学(5769)	中医营养学(5763)	新型食品概论(5766) 临床营养学(5762)	实用卫生统计学(5755)
心理健康教育(040110)	变态心理学(一)(5626)		临床心理学(5622)		心理治疗(一)(5624)	职业辅导(5627)	团体咨询(5628)	心理的生物学基础(5621)
社区护理学(100705)	护理社会学概论(3700) 社区护理学导论(3621)	计算机应用基础(0018) 预防医学(二)(3200)	老年护理学(4435)	中医护理学基础(3629) 社区健康评估(3622)	护理管理学(3006) 社区卫生服务管理(3627) 计算机应用基础(0018)	护理学研究(二)(3699) 社区康复护理(3626)	护理教育导论(3005) 公共关系学(0182)	社区精神卫生护理(3628)
采购与供应管理(020282)					物流企业财务管理(5374)			

附录四：

2009 年高等教育自学考试全国统考课程 1 月和 7 月考试时间安排表

	1 月				7 月			
	星期六(1月10日)		星期日(1月11日)		星期六(7月4日)		星期日(7月5日)	
	上午(8:30～11:00)	下午(14:00～16:30)	上午(8:30～11:00)	下午(14:00～16:30)	上午(8:30～11:00)	下午(14:00～16:30)	上午(8:30～11:00)	下午(14:00～16:30)
公共课	马克思主义基本原理概论(3709) 英语(一)(0012) 英语(二)(0015) 概率与数理统计(经管类)(4183)	毛泽东思想、邓小平理论和"三个代表"重要思想概论(3707) 高等数学(一)(0020) 高等数学(工专)(0022) 高等数学(工本)(0023)	中国近现代史纲要(3708) 大学语文(4729) 线性代数(经管类)(4184)	思想道德修养与法律基础(3706) 政治经济学(财经类)(0009)	毛泽东思想、邓小平理论和"三个代表"重要思想概论(3707) 管理系统中计算机应用(0051)	思想道德修养与法律基础(3706) 政治经济学(财经类)(0009) 线性代数(经管类)(4184)	中国近现代史纲要(3708) 大学语文 (4729) 英语(一)(0012) 英语(二)(0015) 概率论与数理统计(经管类)(4183)	马克思主义基本原理概论(3709) 高等数学(一)(0020) 高等数学(工专)(0022) 高等数学(工本)(0023)
经济类	财务管理学(0067)	国民经济统计概论(0065)	企业会计学(0055)	经济法概论(财经类)(0043)	市场营销学(0058)	管理学原理(0054) 金融理论与实务(0150)	基础会计学(0041)	企业管理概论(0144) 对外经济管理概论(0053)
法学类	民法学(0242)	中国法制史(0223)	民事诉讼法学(0243)			刑法学(0245)		法理学(5677)
汉语言文学专业		古代汉语(0536)						
计算机类	数据结构导论(2142) 数据结构(2331)	高级语言程序设计(一)(0342) 数据库系统原理(4735)		数据库及其应用(2120)	计算机应用技术(2316)	电子技术基础(三)(4730) 操作系统(2326)		

附录五：

2009 年高等教育自学考试全国统考课程单独申报考试时间安排表

专科

	1 月				7 月			
	星期六(1 月 10 日)		星期日(1 月 11 日)		星期六(7 月 4 日)		星期日(7 月 5 日)	
	上午(8:30～11:00)	下午(14:00～16:30)	上午(8:30～11:00)	下午(14:00～16:30)	上午(8:30～11:00)	下午(14:00～16:30)	上午(8:30～11:00)	下午(14:00～16:30)
共同课	计算机应用基础(0018)	教育学(一)(0429)	线性代数(2198)	心理学(0031) 物理(工)(0420) 管理系统中计算机应用(0051)	普通逻辑(0024) 教育学(一)(0429) 复变函数与积分变换(2199)	线性代数(2198) 物理(工)(0420) 计算机应用基础(0018)	概率论与数理统计(二)(2197)	心理学(0031)
农科类共同课	作物栽培生理(2676)	植物学(二)(2660)	田间试验与统计方法(2677)		化学基础(2539)	普通遗传学(2666)	植物生理学(2662) 植物生产概论(2717) 动物生产概论(2762)	土壤肥料学(2668)
统计(会统方向)(020101)		国民经济核算原理(0206)	财政与金融(0048)	统计法规概论(0251)	社会经济统计学原理(0042)	企业经济统计学(0045)		社会经济调查方法与应用(0209)
财税(020103)			货币银行学(0066)		政府预算管理(0999)	国家税收(0061)	税收管理(0062)	财政学(0060)
金融(020105)	证券投资与管理(0075)		货币银行学(0066)		银行信贷管理学(0073)	商业银行业务与经营(0072)	中央银行概论(0074)	财政学(0060)
保险(020107)			货币银行学(0066)					财政学(0060)
国际贸易(020109)	基础英语(0088)	国际金融(0076)	国际贸易实务(一)(0090)	中国对外贸易(0092)	国际商法(0091)	国际贸易(0089)	外贸函电(0094)	国际技术贸易(0093)
工商行政管理(020112)			财政与金融(0048)			现代管理学(0107)		工商行政管理学概论(0108)
电子商务(020215)	市场营销(三)(0890) 国际贸易实务(三)(0891)	电子商务英语(0888)	计算机与网络技术基础(0894)		市场信息学(0893)	商务交流(二)(0892) 互联网软件应用与开发(0898)	网页设计与制作(0900)	经济学(二)(0889) 电子商务案例分析(0902)
工商企业管理(020201)	人力资源管理(一)(0147)	国际企业管理(0148)				中国税制(0146)	生产与作业管理(0145)	
会计(020203)			成本会计(0156) 政府与事业单位会计(0070)			中国税制(0146)	中级财务会计(0155)	
房地产经营与管理(020206)	房地产经营管理(0172)			房地产法(0169)	房地产经济学(0168)		建筑工程概论(0174)	

续表

	1月				7月			
	星期六(1月10日)		星期日(1月11日)		星期六(7月4日)		星期日(7月5日)	
	上午(8:30~11:00)	下午(14:00~16:30)	上午(8:30~11:00)	下午(14:00~16:30)	上午(8:30~11:00)	下午(14:00~16:30)	上午(8:30~11:00)	下午(14:00~16:30)
市场营销(020207)	企业定价(0180)		广告学(一)(0181) 公共关系学(0182)		谈判与推销技巧(0179)	市场调查与预测(0178)	消费心理学(0177)	
劳动和社会保障(020231)	劳动和社会保障概论(3312)	公文写作与处理(0341)	劳动和社会保险统计与计算机应用(3320)	劳动和社会保险业务案例分析(3321)			劳动和社会保障法制建设(3313)	
物流管理(020228)			物流英语(5362)	国际物流导论(5372)	物流数学(5361)		物流企业会计(5364)	
企业财务管理(020212)				财务报表分析(一)(0161)			中级财务会计(0155)	
法律(030112)		行政法学(0261)		经济法概论(0244)	宪法学(5679) 国际法(0247)		刑事诉讼法学(0260)	
律师(030111)	经济法原理与实务(0922)	民事诉讼原理与实务(一)(0918) 法律文书写作(0262)	商法原理与实务(0921)	民法原理与实务(0917)	宪法学(5679)	刑法原理与实务(一)(0919)	刑事诉讼原理与实务(一)(0920)	行政法与行政诉讼法(一)(0923)
监所管理(030103)	警察管理学(0241)	监狱学基础理论(0236) 劳教管理学(0852)	劳教学基础理论(0237)	民法原理与实务(0917)	宪法学(5679) 狱政管理学(0239)	刑法原理与实务(一)(0919) 犯罪学(二)(0470)	刑事诉讼原理与实务(一)(0920)	教育改造学(0238)
行政管理(030301)	人力资源管理(一)(0147) 管理心理学(0163)	公文写作与处理(0341) 政府经济管理概论(3349)	社会研究方法(3350) 公共关系学(0182)	政治学概论(0312)	市政学(0292)	现代管理学(0107)	行政管理学(0277)	工商行政管理学概论(0108) 法学概论(0040)
机关管理及办公自动化(030307)	管理心理学(0163) 人力资源管理(一)(0147) 秘书学概论(0345)	公文写作与处理(0341)	办公自动化原理及应用(0346) 公共关系学(0182)		信息资源管理(2378)		行政管理学(0277)	行政法与行政诉讼法(一)(0923)
公安管理(030403)	保卫学(0359)	公安法规(0361) 公安学基础理论(0354)	公安管理学(0356)	刑事侦查学(0358)	宪法学(5679)	公安秘书学(0355)	刑事诉讼法学(0260) 治安管理学(0357)	预审学(0360)
餐饮管理(020118)		餐饮业法规(0977)	餐饮服务(0982)	烹饪工艺学(二)(0978)	酒水知识(0984)		消费心理学(0177)	烹饪原料学(二)(0980)
学前教育(040101)	幼儿文学(0386) 学前教育科学研究(0389)	学前儿童数学教育(0388)	学前儿童语言教育(0393)	学前儿童科学教育(0390) 科学.技术.社会(0395)	幼儿园课程(0394) 学前心理学(0384)	学前卫生学(0385) 现代教育技术(0413)	幼儿园组织与管理(0387) 学前儿童美术教育(0396) 学前儿童体育(0392) 学前儿童音乐教育(0397)	学前教育学(0383)

续表

	1 月				7 月			
	星　期　六(1月10日)		星　期　日(1月11日)		星　期　六(7月4日)		星　期　日(7月5日)	
	上午(8:30～11:00)	下午(14:00～16:30)	上午(8:30～11:00)	下午(14:00～16:30)	上午(8:30～11:00)	下午(14:00～16:30)	上午(8:30～11:00)	下午(14:00～16:30)
小学教育(040103)	美育基础(0409)	小学语文教学论(0410) 小学教育心理学(0407)	小学数学教学论(0411) 小学科学教育(0408)	科学.技术.社会(0395) 小学班主任(0412)	教育原理(0405)	小学教育科学研究(0406) 现代教育技术(0413)	中外文学作品导读(0415) 高等数学基础(0417)	汉语基础(0416) 数论初步(0418)
汉语言文学(050114)	文学概论(一)(0529)		外国文学作品选(0534) 中国当代文学作品选(0531)	中国古代文学作品选(二)(0533)	现代汉语(0535)	中国现代文学作品选(0530)	写作(一)(0506)	中国古代文学作品选(一)(0532)
秘书(050102)	秘书学概论(0345) 管理心理学(0163)	公文写作与处理(0341)	办公自动化原理及应用(0346) 公共关系学(0182) 国际贸易实务(一)(0090)	外国秘书工作概况(0514) 机关管理(0509)	现代汉语基础(0854)	当代中国政治制度(0315)	秘书实务(0510)	法学概论(0040) 社会学概论(0034)
英语语言文学(050207)	英语阅读(二)(0596)	综合英语(二)(0795)	英语写作基础(0597)	综合英语(一)(0794)	英语阅读(一)(0595)	综合英语(一)(0794)	英语国家概况(0522)	综合英语(二)(0795)
新闻学(050308)	报纸编辑(0655)	新闻采访写作(0654) 新闻心理学(0657)	广告学(二)(0853)	广播新闻与电视新闻(0656)	新闻学概论(0633)	中国现代文学作品选(0530)	中国新闻事业史(0653)	社会学概论(0034) 法学概论(0040)
公共关系(050303)	公关心理学(0643)	公共关系写作(0646) 公关礼仪(0644)	中国文化概论(0321) 公共关系学(0182) 广告学(二)(0853)	公关语言(0647)	传播学概论(0642) 新闻学概论(0633)	现代管理学(0107)	公共关系策划(0645)	社会学概论(0034)
电力市场营销(020219)	应用文写作(2126)	电力企业管理概论(6137)	公共关系学(0182) 广告学(一)(0181)	电力市场基础(6139) 农村电力市场基础(6140)	谈判与推销技巧(0179)	企业经济统计学(0045)	电力市场法律法规选读(6138) 消费心理学(0177)	电力销售与管理(6141) 多种经营管理(6142)
机电一体化(080306)	机械制造(2230)	工程力学(一)(2159) 数控技术及应用(2195)	可编程控制器原理与应用(2236)	自动控制系统及应用(2237) 电工技术基础(2232)	机械制图(一)(2183)	电子技术基础(一)(2234)	机械设计基础(2185)	微型计算机原理与接口技术(2205)
电厂热能动力工程(080501)	电厂锅炉(2254)	工程力学(一)(2159) 泵与风机(2252)	工程热力学(一)(2248)	传热学(一)(2249)	机械制图(一)(2183)	电厂汽轮机(2255) 电工与电子技术(2187)	热工测量及仪表(2256) 工程流体力学(2250)	微型计算机原理与接口技术(2205)
电力系统及其自动化(080604)	电工原理(2269)	发电厂电气主系统(2301)	电力系统基础(2300)	微型计算机原理及应用(2277)	电力系统继电保护(2302)	电机学(2271)	计算机基础与程序设计(2275) 电力系统自动装置(2304)	电子技术基础(二)(2273) 工程制图(2151)
计算机及应用(080701)			汇编语言程序设计(2321)	微型计算机及接口技术(4732)	计算机组成原理(2318)		计算机网络技术(2141)	操作系统概论(2323)

续表

	1月				7月			
	星期六(1月10日)		星期日(1月11日)		星期六(7月4日)		星期日(7月5日)	
	上午(8:30~11:00)	下午(14:00~16:30)	上午(8:30~11:00)	下午(14:00~16:30)	上午(8:30~11:00)	下午(14:00~16:30)	上午(8:30~11:00)	下午(14:00~16:30)
计算机信息管理(082207)	电子商务与电子政务(4754)		计算机原理(2384)	管理信息系统(2382)		计算机原理(2384)	计算机网络技术(2141)	管理信息系统(2382)
林业生态环境管理(090608)	林学概论(3162)	森林生态学(2745) 森林资源与环境管理(3168)	社会林业(3166) 生态经济管理(3169)	环境科学概论(3164) 林业推广学(2853)	森林资源与环境管理(3168)	生态经济管理(3169) 森林防火(3165)	林业生态环境评价(3167)	林业政策与法规(2830) 林业经济管理(3163)
农业推广(090701)	农业生态基础(2665) 农村社会学(0290)	农业经济与管理(0135)	农业推广技能(2845)	视听教育(2862) 农业推广项目管理与评价(2852)	农业推广心理基础(2861)	农业推广学(2678) 农业政策与法规(2554)	植物生产概论(2717) 动物生产概论(2762)	农产品加工(2680) 市场营销(一)(2546)
房屋建筑工程(080801)	建筑施工(一)(2400)	工程测量(2387)	混凝土及砌体结构(2396)	土力学及地基基础(2398)	工程力学(二)(2391)	结构力学(一)(2393)	土木工程制图(2386)	建筑材料(2389)
农业经济管理(090601)		农业经济与管理(0135)			农业资源利用与环境保护(2541)	农业政策与法规(2554)	植物生产概论(2717) 动物生产概论(2762)	市场营销(一)(2546)
护理学(100701)	病理学(2901)	药理学(一)(2903) 护理伦理学(2996)	内科护理学(一)(2998) 医学心理学(2113)	外科护理学(一)(3001) 妇产科护理学(一)(3002)	护理学基础(2997) 健康教育学(0488)	生物化学(三)(3179) 营养学(3000)	微生物学与免疫学基础(2864)	生理学(2899) 儿科护理学(一)(3003)
社区护理学(100704)	病理学(2901)	药理学(一)(2903)			健康教育学(0488) 社区护理导论(3621)	营养学(3000)	微生物学与免疫学基础(2864)	生理学(2899) 社区健康评估(3622)
调查与分析(020163)	现场调查组织与管理(4767)		宏观经济指标分析(4775)		调查法规(4766)	抽样调查案例(4776)	访问技巧(4773)	经济数学(一)(4829)
心理健康教育(040109)	心理咨询与辅导(一)(5619)		发展与教育心理(0466)		心理健康教育概论(5615)	青少年心理卫生(5618)		心理学(0031)
营养、食品与健康(081310)	人体营养(5745) 临床医学总论(5747)	基础营养学(5743) 疾病的营养防治(5748)	食品加工与保藏(专)(5744)	微生物与食品微生物(5741) 食品卫生法规与监督(5750)	医学基础总论(5735) 烹饪与膳食管理基础(5751)	基础化学(5737)	生物化学(四)(5739)	食品卫生学(5746) 中医营养学基础(5749)
采购与供应管理(020265)	人力资源管理(一)(0147)		物流英语(5362)		物流数学(5361)		物流企业会计(5364)	

本科

	1月				7月			
	星　期　六(1月10日)		星　期　日(1月11日)		星　期　六(7月4日)		星　期　日(7月5日)	
	上午(8:30～11:00)	下午(14:00～16:30)	上午(8:30～11:00)	下午(14:00～16:30)	上午(8:30～11:00)	下午(14:00～16:30)	上午(8:30～11:00)	下午(14:00～16:30)
财税(020104)			政府与事业单位会计(0070)	社会保障概论(0071)				
金融(020106)		国际金融(0076)	金融市场学(0077)				银行会计学(0078)	
保险(020108)				社会保障概论(0071)				
国际贸易(020110)	国际运输与保险(0100)	外经贸经营与管理(0101)	世界市场行情(0102)	国际市场营销学(0098)	外贸英语写作(0097)	国际商务英语(5844) 企业经济统计学(0045)	外刊经贸知识选读(0096)	涉外经济法(0099)
经济学(020115)	经济思想史(0143)	计量经济学(0142)	中国近现代经济史(0138)		西方经济学(0139)	发展经济学(0141)		国际经济学(0140)
会计(020204)	会计制度设计(0162)	国际贸易理论与实务(0149)		财务报表分析(一)(0161)				资产评估(0158)
市场营销(020208)	国际商务谈判(0186)	国际贸易理论与实务(0149)		国际市场营销学(0098)	商品流通概论(0185)			消费经济学(0183)
企业财务管理(020213)			金融市场学(0077)			中国税制(0146)		资产评估(0158)
工商企业管理(020202)		国际贸易理论与实务(0149)			企业经营战略(0151)		质量管理(一)(0153)	组织行为学(0152)
法律(030106)	金融法(5678) 合同法(0230)	公司法(0227) 法律文书写作(0262) 票据法(0257)	外国法制史(0263) 婚姻家庭法(5680)	环境与资源保护法学(0228) 房地产法(0169)	国际私法(0249) 中国法律思想史(0264)	国际经济法概论(0246) 西方法律思想史(0265) 公证与律师制度(0259)	保险法(0258) 劳动法(0167)	知识产权法(0226) 税法(0233)
律师(030108)	金融法(5678) 合同法(0230)	公司法(0227) 法院与检察院组织制度(0993)	证据法学(0229) 婚姻家庭法原理与实务(0924)	公证与基层法律服务实务(0925) 环境与资源保护法学(0228)	国际私法(0249) 国际法(0247)	国际经济法概论(0246) 律师执业概论(0224)	劳动法(0167) 司法鉴定概论(0926)	知识产权法(0226) 税法(0233)
监所管理(030109)	罪犯劳动改造学(0928)	民事诉讼原理与实务(一)(0918) 狱内侦查学(0932)	婚姻家庭法原理与实务(0924) 西方监狱制度概论(0935)	罪犯改造心理学(0933)	劳动教养学(0929)	矫正教育学(0931)	中国监狱史(0934) 监所法律文书(0930)	中国司法制度(0927) 行政法与行政诉讼法(一)(0923)

续表

	1月				7月			
	星期六(1月10日)		星期日(1月11日)		星期六(7月4日)		星期日(7月5日)	
	上午(8:30~11:00)	下午(14:00~16:30)	上午(8:30~11:00)	下午(14:00~16:30)	上午(8:30~11:00)	下午(14:00~16:30)	上午(8:30~11:00)	下午(14:00~16:30)
行政管理学(030302)	领导科学(0320)	行政组织理论(0319)	西方行政学说史(0323) 中国文化概论(0321)	中国行政史(0322) 西方政治制度(0316)	公共政策(0318)	当代中国政治制度(0315)	公务员制度(1848)	社会学概论(0034) 行政法与行政诉讼法(一)(0923)
公安管理(030401)	公安信息学(0372)	犯罪学(一)(0235)	公安行政诉讼(0860)	涉外警务概论(0373)	警察伦理学(0369)	刑事证据学(0370)	刑事侦查情报学(0861)	公安决策学(0371) 警察组织行为学(0859)
餐饮管理(020119)	国外饮食文化(0989)	中国饮食文化(0986)	餐饮美学(0987)			食品营养学(0988)	宴会设计(0990)	餐饮经济学导论(0985)
电子商务(020216)	网络经济与企业管理(0910)	电子商务与现代物流(0915) 商法(二)(0995)	电子商务网站设计原理(0906)	电子商务安全导论(0997)	互联网数据库(0911) 电子商务法概论(0996)	网络营销与策划(0908)	数量方法(二)(0994)	电子商务与金融(0913)
教育管理(040107)	教育预测与规划(0454)	教育经济学(0451) 学前教育管理(0457) 中小学教育管理(0458)	教育管理原理(0449)	教育科学研究方法(0456)	教育统计与测量(0452)	教育管理心理学(0455)	中外教育管理史(0445)	教育法学(0453) 教育评估和督导(0450)
教育学(040108)	中外教育简史(0464)	教育学原理(0469)	教育管理原理(0449) 发展与教育心理学(0466)	教育科学研究方法(0456)	教育统计与测量(0452)	心理卫生与心理辅导(0465)	德育原理(0468) 比较教育(0472)	课程与教学论(0467) 教育法学(0453)
学前教育(040102)	学前比较教育(0401) 美育基础(0409)	学前特殊儿童教育(0883)			学前教育原理(0398)		学前教育史(0402)	课程与教学论(0467)
小学教育(040112)	中外教育简史(0464)	中小学教育管理(0458)	发展与教育心理学(0466)			心理卫生与心理辅导(0465)	比较教育(0472)	课程与教学论(0467)
秘书学(050104)	领导科学(0320)	行政法学(0261)	中国文化概论(0321)	政治学概论(0312) 秘书参谋职能概论(0526)	中国秘书史(0523)	现代管理学(0107) 文书学(0524)	中外秘书比较(0527)	档案管理学(0511) 公文选读(0525)
汉语言文学(050105)	外国文学史(0540)		中国古代文学史(二)(0539)	语言学概论(0541)	美学(0037)		中国古代文学史(一)(0538)	中国现代文学史(0537)
英语语言文学(050201)	高级英语(0600)	旅游英语选读(0837) 现代语言学(0830)	外语教学法(0833) 语言与文化(0838)	英语写作(0603)	英语翻译(0087)	英语语法(0831) 英语科技文选(0836)	英语词汇学(0832) 外贸函电(0094)	英美文学选读(0604)
新闻学(050305)	文学概论(一)(0529) 新闻事业管理(0662)	新闻摄影(0659)	公共关系学(0182) 中国文化概论(0321)	外国新闻事业史(0660) 经济法概论(0244) 政治学概论(0312)	传播学概论(0642)	中外新闻作品研究(0661)		新闻评论写作(0658)

续表

	1月				7月			
	星期六(1月10日)		星期日(1月11日)		星期六(7月4日)		星期日(7月5日)	
	上午(8:30~11:00)	下午(14:00~16:30)	上午(8:30~11:00)	下午(14:00~16:30)	上午(8:30~11:00)	下午(14:00~16:30)	上午(8:30~11:00)	下午(14:00~16:30)
公共关系(050309)	人际关系学(3291) 领导科学(0320) 人力资源管理(一)(0147)	现代媒体总论(3300)	国际公共关系(3295) 中国文化概论(0321)	广告运作策略(3299)	创新思维理论与方法(3298) 公共政策(0318)	企业文化(3297) 公共关系口才(3292)	现代谈判学(3293)	公共关系案例(3294) 组织行为学(0152)
档案学(060202)	科技档案编研(0791) 外国档案管理(0789)	中国档案事业史(0785) 科技档案管理(0777)	办公自动化原理及应用(0346) 档案文献编纂学(0778)	档案保护技术(0779) 中国行政史(0322)	档案行政学(0788)	文书学(0524) 情报学概论(0792)	行政管理学(0277)	档案管理学(0511) 社科文献检索(0786) 知识产权法(0226)
机电一体化(080307)	工程经济(2194)	机械工程控制基础(2240)	传感器与检测技术(2202)	工业用微型计算机(2241)	机电一体化系统设计(2245)	计算机软件基础(一)(2243)	现代设计方法(2200)	模拟、数字及电力电子技术(2238)
工业工程(082205)	机械制造(2230) 工程经济(2194)	设施规划与设计(2648)	运筹学与系统分析(2627)	计算机辅助管理(2631)	机械基础(2825) 现代制造系统(2633)	生产管理与质量工程(2647) 电工与电子技术(2187) 计算机软件基础(一)(2243)	企业经营战略与市场营销(2897)	基础工业工程(2629)
劳动和社会保障(020232)	人力资源管理(一)(0147) 劳动经济学(3323)	劳动关系学(3325)	劳动和社会保障法(3322)	社会保障国际比较(3326)		社会保险基金管理与监督(3327)	公共管理(3328)	社会学概论(0034)
物流管理(020229)	物流企业财务管理(5374)							
采购与供应管理(020282)	物流企业财务管理(5374)							
调查与分析(020121)		计量经济学(0142)			西方经济学(0139)		管理经济学(2628)	国际经济学(0140)
电厂热能动力工程(080502)	热工过程自动控制(2267)	工程热力学(二)(2258)	锅炉燃烧设备(2264)	机械设计基础及电厂金属材料(2262)	汽轮机原理及运行(2265)	电力企业经济管理(2268) 流体力学及泵与风机(2259)	热力发电厂(2266)	传热学(二)(2261)
电力系统及其自动化(080605)	电力系统分析(2310)	电力系统远动及调度自动化(2312)	自动控制理论(二)(2306)	发电厂动力部分(2311)	计算机软件基础(二)(2365)	电磁场(2305) 电力企业经济管理(2268)	电力系统微型计算机继电保护(2313)	高电压技术(2653) 电力电子变流技术(2308)
计算机及应用(080702)	Java语言程序设计(一)(4747)		C++程序设计(4737)	软件工程(2333)	散数学(2324)		计算机系统结构(2325)	计算机网络原理(4741)

续表

	1月				7月			
	星期六(1月10日)		星期日(1月11日)		星期六(7月4日)		星期日(7月5日)	
	上午(8:30~11:00)	下午(14:00~16:30)	上午(8:30~11:00)	下午(14:00~16:30)	上午(8:30~11:00)	下午(14:00~16:30)	上午(8:30~11:00)	下午(14:00~16:30)
计算机网络(080709)	Java语言程序设计(一)(4747)	局域网技术与组网工程(3141)	计算机网络管理(2379)	互联网及其应用(3142)	网络操作系统(2335)			通信概论(4742) 计算机网络原理(4741)
计算机信息管理(082208)	网络经济与企业管理(0910)		C++程序设计(4737) 软件开发工具(3173)	信息系统开发(2376) 管理信息系统(2382)	信息资源管理(2378) 运筹学基础(2375)		管理经济学(2628)	计算机网络原理(4741) 管理信息系统(2382) 操作系统概论(2323)
计算机通信工程(080708)	非线性电子电路(2342)	计算机通信网(2373)	数字通信原理(2360) 光纤通信原理(2338)	计算机通信接口技术(2369)	程控交换与宽带交换(2372)		信号与系统(2354)	数据通信原理(2364) 通信英语(2368) 通信技术基础(2361)
邮电管理工程(082211)	人力资源管理(一)(0147)	邮电经营管理(3159)	现代电信技术概论(3155) 现代邮政通信技术概论(3156) 邮电管理信息系统(3160)		运筹学基础(2375)	邮政管理(3158) 电信管理(3157)	管理经济学(2628)	通信经济理论基础(3154)
建筑工程(080806)	混凝土结构设计(2440)	流体力学(3347)	工程地质及土力学(2404) 建筑结构试验(2448)	建筑经济与企业管理(2447)	结构力学(二)(2439)		计算机基础与程序设计(2275)	钢结构(2442)
护理学(100702)	护理管理学(3006) 外科护理学(二)(3203)	护理学研究(3008) 精神障碍护理学(3009)	护理教育导论(3005) 公共关系学(0182)	康复护理学(4436) 妇产科护理学(二)(3010) 儿科护理学(二)(3011)	内科护理学(二)(3202)	预防医学(二)(3200)	护理学导论(3201)	急救护理学(3007) 社区护理学(一)(3004)
机电系统智能控制(080309)	现代控制技术基础(3206)	电机与控制(3209)	机电系统智能控制技术(3211)	工业用微型计算机(2241)		计算机软件基础(一)(2243)		电力电子变流技术(2308) 计算机网络原理(4741)
林业生态环境工程与管理(090609)	森林培育学(2752) 林学概论(3162)	水土保持学(3231) 森林生态学(2745)	森林资源经营管理(3225) 林业生态工程学(3233)	林业生态工程项目管理(3235) 森林保护学(3227)	生物学基础(3224)	环境经济管理(3230)	自然保护区管理(3228) 环境生态学(2471)	林政学(3229) 林业经济管理(3163)
文化产业(020155)	外国文化导论(4123)		文化产业与管理(4122)		传播学概论(0642)	中国文化导论(4121)	文化经济学(4124)	
公共事业管理(020230)	人力资源管理(一)(0147) 劳动和社会保障概论(3312) 管理心理学(0163)	行政法学(0261)	公共关系学(0182) 教育管理原理(0449)		公共政策(0318)			管理信息系统(2382) 法学概论(0040) 社会学概论(0034)

续表

	1月				7月			
	星期六(1月10日)		星期日(1月11日)		星期六(7月4日)		星期日(7月5日)	
	上午(8:30～11:00)	下午(14:00～16:30)	上午(8:30～11:00)	下午(14:00～16:30)	上午(8:30～11:00)	下午(14:00～16:30)	上午(8:30～11:00)	下午(14:00～16:30)
电子政务(082218)		行政法学(0261)			西方经济学(0139) 公共政策(0318)	当代中国政治制度(0315)		计算机网络原理(4741)
营养、食品与健康(081311)	营养学(一)(5760) 社区营养学(5769)	中医营养学(5763)	新型食品概论(5766) 临床营养学(5762)	实用卫生统计学(5755)	食品加工与保藏(本)(5767) 烹饪营养学(一)(5770)	食品化学与分析(5753)	流行病学(5757) 食品毒理学(5764)	健康教育与健康促进(5759)
心理健康教育(040110)	心理治疗(一)(5624)		团体咨询(5628)		变态心理学(一)(5626)		临床心理学(5622)	
社区护理学(100705)	护理管理学(3006)		护理教育导论(3005) 公共关系学(0182)	护理社会学概论(3700) 社区护理学导论(3621)	预防医学(二)(3200)	老年护理学(4435)	社区健康评估(3622) 中医护理学基础(3629)	

附录六：

2009年高等教育自学考试全国统考课程使用的大纲、教材目录

课程名称	课程代码	学分	大纲名称	教材名称	主编	出版社	版次
政治经济学（财经类）（0009）	0009	6	政治经济学（财经类）自学考试大纲	政治经济学原理	卫兴华 顾学荣	经济科学出版社	2004年版
英语（一）（0012）	0012	7	英语（一）自学考试大纲	大学英语自学教程（上册）	高　远	高等教育出版社	1999年版*
英语（二）（0015）	0015	14	英语（二）自学考试大纲	大学英语自学教程（上、下册）	高　远	高等教育出版社	1998年版
计算机应用基础（0018）	0018	4	计算机应用基础自学考试大纲	计算机应用基础	杨明福	机械工业出版社	2005年版
高等数学（一）（0020）	0020	6	高等数学（一）自学考试大纲	高等数学（一）微积分	章学诚	武汉大学出版社	2004年版
高等数学（工专）（0022）	0022	7	高等数学（工专）自学考试大纲	高等数学（工专）	吴纪桃 漆　毅	北京大学出版社	2006年版
高等数学（工本）（0023）	0023	10	高等数学（工本）自学考试大纲	高等数学（工本）	陈兆斗 高　瑞	北京大学出版社	2006年版
普通逻辑（0024）	0024	4	普通逻辑自学考试大纲	普通逻辑原理	吴家国	高等教育出版社	2000年版*
心理学（0031）	0031	4	心理学自学考试大纲	心理学	张厚粲	南开大学出版社	2002年版
社会学概论（0034）	0034	6	社会学概论自学考试大纲	社会学概论	刘豪兴	高等教育出版社	2003年版
美学（0037）	0037	6	美学自学考试大纲	美学	朱立元	华东师范大学出版社	2007年版
法学概论（0040）	0040	6	法学概论自学考试大纲	法学概论	吴祖谋	武汉大学出版社	2005年版
基础会计学（0041）	0041	5	基础会计学自学考试大纲	基础会计学	王俊生	中国财政经济出版社	2004年版
社会经济统计学原理（0042）	0042	7	社会经济统计学原理自学考试大纲	社会经济统计学原理	张小斐	中国统计出版社	1996年版
经济法概论（财经类）（0043）	0043	4	经济法概论（财经类）自学考试大纲	经济法概论（财经类）	刘文华	中国财政经济出版社	2004年版
企业经济统计学（0045）	0045	6	企业经济统计学自学考试大纲	企业经济统计学	钱伯海	中国统计出版社	2003年版
财政与金融（0048）	0048	5	财政与金融自学考试大纲	财政与金融	安体富 庄毓敏	武汉大学出版社	2004年版
管理系统中计算机应用（0051）	0051	4	管理系统中计算机应用自学考试大纲	管理系统中计算机应用	汪星明 周山芙	武汉大学出版社	2004年版
对外经济管理概论（0053）	0053	5	对外经济管理概论自学考试大纲	对外经济管理概论	杜奇华	武汉大学出版社	2005年版
管理学原理（0054）	0054	6	管理学原理自学考试大纲	管理学原理	李晓光	中国财政经济出版社	2004年版
企业会计学（0055）	0055	6	企业会计学自学考试大纲	企业会计学	方正生	中国财政经济出版社	2004年版
市场营销学（0058）	0058	5	市场营销学自学考试大纲	市场营销学	郭国庆 李先国	武汉大学出版社	2004年版
财政学（0060）	0060	4	财政学自学考试大纲	财政学	高培勇	中国财政经济出版社	2004年版
国家税收（0061）	0061	6	国家税收自学考试大纲	国家税收	郝如玉	中国财政经济出版社	2000年版
税收管理（0062）	0062	4	税收管理自学考试大纲	税收管理	李大明	武汉大学出版社	2000年版
国民经济统计概论（0065）	0065	6	国民经济统计概论自学考试大纲	国民经济统计概论	黄书田 刘娟	中国人民大学出版社	2004年版
货币银行学（0066）	0066	6	货币银行学自学考试大纲	货币银行学	王克华 陈雨露	武汉大学出版社	2004年版

续表

课程名称	课程代码	学分	大纲名称	教材名称	主编	出版社	版次
财务管理学(0067)	0067	6	财务管理学自学考试大纲	财务管理学	王庆成 李相国	中国财政经济出版社	2006 年版
政府与事业单位会计(0070)	0070	4	政府与事业单位会计自学考试大纲	政府与事业单位会计	林万祥 曹钟候	中国财政经济出版社	2000 年版
社会保障概论(0071)	0071	5	社会保障概论自学考试大纲	社会保障学	李晓林 王绪瑾	中国财政经济出版社	2003 年版 *
商业银行业务与经营(0072)	0072	5	商业银行业务与经营自学考试大纲	商业银行业务与经营	庄毓敏	中国人民大学出版社	2000 年版
银行信贷管理学(0073)	0073	6	银行信贷管理学自学考试大纲	银行信贷管理学	吴慎之	武汉大学出版社	2004 年版
中央银行概论(0074)	0074	5	中央银行概论自学考试大纲	中央银行概论	潘金生	中国人民大学出版社	2007 年版
证券投资与管理(0075)	0075	5	证券投资与管理自学考试大纲	证券投资与管理	任淮秀	中国人民大学出版社	2001 年版
国际金融(0076)	0076	6	国际金融自学考试大纲	国际金融	史燕平	中国人民大学出版社	2008 年版
金融市场学(0077)	0077	5	金融市场学自学考试大纲	金融市场学	周升业 王广谦	中国财政经济出版社	2004 年版
银行会计学(0078)	0078	5	银行会计自学考试大纲	银行会计	许 明	武汉大学出版社	2001 年版
英语翻译(0087)	0087	6	英汉翻译自学考试大纲	英汉翻译教程	庄绎传	外语教学与研究出版社	1999 年版 *
基础英语(0088)	0088	12	基础英语自学考试大纲	英语(上)(下)	吴顺昌 黄震华	中国人民大学出版社	2000 年版 *
★国际贸易(0089)	0089	4	国际贸易自学考试大纲	国际贸易	薛荣久	中国人民大学出版社	2008 年版
国际贸易实务(一)(0090)	0090	6	国际贸易实务自学考试大纲	国际贸易实务	黎孝先	中国人民大学出版社	2000 年版
国际商法(0091)	0091	4	国际商法自学考试大纲	国际商法	冯大同	中国人民大学出版社	1994 年版
中国对外贸易(0092)	0092	4	中国对外贸易自学考试大纲	中国对外贸易	黄晓玲	中国人民大学出版社	2006 年版
国际技术贸易(0093)	0093	4	国际技术贸易自学考试大纲	国际技术贸易	王玉清 赵承璧	中国人民大学出版社	2006 年版
外贸函电(0094)	0094	4	外贸函电自学考试大纲	外贸函电	方春祥	中国人民大学出版社	2005 年版
外刊经贸知识选读(0096)	0096	6	外刊经贸知识选读自学考试大纲	外刊经贸知识选读	史天陆	中国人民大学出版社	2000 年版
外贸英语写作(0097)	0097	8	外贸英语写作自学考试大纲	外贸英语写作	王关富 蒋显璟	中国人民大学出版社	1999 年版
国际市场营销学(0098)	0098	5	国际市场营销学自学考试大纲	国际市场营销学	吴世经、曾国安	中国人民大学出版社	1999 年版 *
涉外经济法(0099)	0099	4	涉外经济法自学考试大纲	涉外经济法	盛杰民	中国人民大学出版社	2004 年版
国际运输与保险(0100)	0100	6	国际运输与保险自学考试大纲	国际运输与保险	叶 梅 黄敬阳	中国人民大学出版社	2004 年版
外经贸经营与管理(0101)	0101	4	外经贸经营与管理自学考试大纲	外经贸经营与管理	宋 沛	中国人民大学出版社	2005 年版
世界市场行情(0102)	0102	4	世界市场行情自学考试大纲	世界市场行情	杨逢华 林桂军	中国人民大学出版社	2005 年版
现代管理学(0107)	0107	6	现代管理学自学考试大纲	现代管理学	刘熙瑞	高等教育出版社	2007 年版
工商行政管理学概论(0108)	0108	6	工商行政管理学概论自学考试大纲	工商行政管理学概论	许光建	中国人民大学出版社	2000 年版
农业经济与管理(0135)	0135	6	农业经济与管理自学考试大纲	农业经济与管理	谭向勇	经济科学出版社	1998 年版

续表

课程名称	课程代码	学分	大纲名称	教材名称	主编	出版社	版次
中国近现代经济史(0138)	0138	4	中国近现代经济史自学考试大纲	中国近现代经济史	贺耀敏	中国财政经济出版社	2008 年版
西方经济学(0139)	0139	6	西方经济学自学考试大纲	西方经济学	刘凤良	中国财政经济出版社	2002 年版 *
国际经济学(0140)	0140	6	国际经济学自学考试大纲	国际经济学	佟家栋	中国财政经济出版社	2000 年版
发展经济学(0141)	0141	6	发展经济学自学考试大纲	发展经济学	于同申	中国财政经济出版社	2000 年版
计量经济学(0142)	0142	6	经济计量学自学考试大纲	经济计量学	贺　铿	中国统计出版社	1999 年版
经济思想史(0143)	0143	5	经济思想史自学考试大纲	经济思想史	王志伟	中国财政经济出版社	2000 年版 *
企业管理概论(0144)	0144	5	企业管理概论自学考试大纲	企业管理概论	刘仲康	武汉大学出版社	2005 年版
生产与作业管理(0145)	0145	6	生产与作业管理自学考试大纲	生产与作业管理	张仁侠	中国财政经济出版社	2007 年版
★中国税制(0146)	0146	4	中国税制自学考试大纲	中国税制	郝如玉	武汉大学出版社	2008 年版
人力资源管理(一)(0147)	0147	6	人力资源管理自学考试大纲	人力资源管理(一)	孙健敏	高等教育出版社	2004 年版
国际企业管理(0148)	0148	6	国际企业管理自学考试大纲	国际企业管理	徐子健	中国财政经济出版社	2000 年版
国际贸易理论与实务(0149)	0149	6	国际贸易理论与实务自学考试大纲	国际贸易理论与实务	冷柏军	中国财政经济出版社	2000 年版
金融理论与实务(0150)	0150	6	金融理论与实务自学考试大纲	金融理论与实务	周升业	中国财政经济出版社	2000 年版
企业经营战略(0151)	0151	6	企业经营战略自学考试大纲	企业经营战略概论	刘仲康	武汉大学出版社	2005 年版
组织行为学(0152)	0152	4	组织行为学自学考试大纲	组织行为学	孙　彤	高等教育出版社	2000 年版
质量管理(一)(0153)	0153	4	质量管理自学考试大纲	质量管理学	焦叔斌 陈运涛	武汉大学出版社	2004 年版
企业管理咨询(0154)	0154	4	企业管理咨询自学考试大纲	企业管理咨询	刘仲康	中国财政经济出版社	2001 年版
中级财务会计(0155)	0155	8	中级财务会计自学考试大纲	中级财务会计	杨金观 宗文龙	中国财政经济出版社	2007 年版
成本会计(0156)	0156	5	成本会计自学考试大纲	成本会计学	贺南轩	中国财政经济出版社	1999 年版 *
管理会计(一)(0157)	0157	6	管理会计自学考试大纲	管理会计	余绪缨 蔡淑娥	中国财政经济出版社	1999 年版 *
资产评估(0158)	0158	4	资产评估自学考试大纲	资产评估	刘玉平	中国财政经济出版社	2006 年版
高级财务会计(0159)	0159	6	高级财务会计自学考试大纲	高级财务会计	李大诚	中国财政经济出版社	2008 年版
审计学(0160)	0160	4	审计学自学考试大纲	审计学	周勤业	中国财政经济出版社	2000 年版
财务报表分析(一)(0161)	0161	5	财务报表分析自学考试大纲	财务报表分析	袁　淳 吕兆德	中国财政经济出版社	2008 年版
会计制度设计(0162)	0162	5	会计制度设计自学考试大纲	会计制度设计	王本哲 王尔康	中国财政经济出版社	2008 年版
管理心理学(0163)	0163	5	管理心理学自学考试大纲	管理心理学	孔祥勇	高等教育出版社	2001 年版
劳动法(0167)	0167	4	劳动法学自学考试大纲	劳动法学	贾俊玲	北京大学出版社	2003 年版
房地产经济学(0168)	0168	4	房地产经济学自学考试大纲	房地产经济学	张永岳 陈伯庚	辽宁大学出版社	2000 年版

续表

课程名称	课程代码	学分	大纲名称	教材名称	主编	出版社	版次
房地产法(0169)	0169	3	房地产法自学考试大纲	房地产法	程信和 刘国臻	北京大学出版社	2006 年版
房地产经营管理(0172)	0172	6	房地产经营管理大纲	房地产经营管理	张跃庆	辽宁大学出版社	2001 年版
建筑工程概论(0174)	0174	6	建筑工程概论大纲	建筑工程概论	张婀娜	辽宁大学出版社	2000 年版
消费心理学(0177)	0177	5	消费心理学自学考试大纲	消费心理学	李 丁	中国人民大学出版社	2000 年版
市场调查与预测(0178)	0178	6	市场调查与预测自学考试大纲	市场调查与预测	车 礼 胡玉立	武汉大学出版社	2000 年版
谈判与推销技巧(0179)	0179	4	谈判与推销技巧自学考试大纲	谈判与推销技巧	王洪耘 李先国	中国人民大学出版社	2007 年版
企业定价(0180)	0180	4	企业定价自学考试大纲	企业定价	赵改书 陈 静	中国人民大学出版社	2001 年版
广告学(一)(0181)	0181	4	广告学自学考试大纲	中国广告学	汪 洋	中国财政经济出版社	2003 年版 *
公共关系学(0182)	0182	4	公共关系学自学考试大纲	公共关系学	廖为建	高等教育出版社	2000 年版
消费经济学(0183)	0183	4	消费经济学自学考试大纲	消费经济学	伊志宏	中国人民大学出版社	2000 年版
市场营销策划(0184)	0184	5	市场营销策划自学考试大纲	市场营销策划	杨岳全	中国人民大学出版社	2006 年版
商品流通概论(0185)	0185	5	商品流通概论自学考试大纲	商品流通概论	贺名仑	中国财政经济出版社	2004 年版
国际商务谈判(0186)	0186	5	国际商务谈判自学考试大纲	国际商务谈判	刘 园	中国人民大学出版社	2008 年版
国民经济核算原理(0206)	0206	6	国民经济核算原理自学考试大纲	国民经济核算原理	钱伯海	中国统计出版社	1994 年版
国际财务管理(0208)	0208	5	国际财务管理自学考试大纲	国际财务管理	王化成	中国财政经济出版社	2001 年版
社会经济调查方法与应用(0209)	0209	4	社会经济调查方法与应用自学考试大纲	社会经济调查方法与应用	赵彦云	中国统计出版社	1994 年版
中国法制史(0223)	0223	5	中国法制史自学考试大纲	中国法制史	王立民	北京大学出版社	2008 年版
律师执业概论(0224)	0224	5	律师执业概论自学考试大纲	律师执业概论	陈卫东	法律出版社	2005 年版
知识产权法(0226)	0226	4	知识产权法自学考试大纲	知识产权法	吴汉东	北京大学出版社	2003 年版
公司法(0227)	0227	4	公司法自学考试大纲	公司法	顾功耘	北京大学出版社	2008 年版
环境与资源保护法学(0228)	0228	4	环境与资源保护法学自学考试大纲	环境与资源保护法学	金瑞林	北京大学出版社	2006 年版
证据法学(0229)	0229	6	证据法学自学考试大纲	证据法学	江 伟	法律出版社	2004 年版
合同法(0230)	0230	5	合同法自学考试大纲	合同法	王利明 崔建远	北京大学出版社	2004 年版
★税法(0233)	0233	3	税法自学考试大纲	税法	徐孟洲	北京大学出版社	2008 年版
犯罪学(一)(0235)	0235	6	犯罪学自学考试大纲	犯罪学教程	宋浩波	中国人民公安大学出版社	2005 年版
监狱学基础理论(0236)	0236	5	监狱学基础理论自学考试大纲	监狱学基础理论	夏宗素	法律出版社	1998 年版
劳教学基础理论(0237)	0237	5	劳教学基础理论自学考试大纲	劳教学基础理论	姚喜平	法律出版社	1998 年版
教育改造学(0238)	0238	5	教育改造学自学考试大纲	教育改造学	兰 洁	法律出版社	1999 年版

续表

课程名称	课程代码	学分	大纲名称	教材名称	主编	出版社	版次
狱政管理学(0239)	0239	5	狱政管理学自学考试大纲	狱政管理学	王 泰	法律出版社	1999 年版
警察管理学(0241)	0241	5	警察管理学自学考试大纲	警察管理学	王明泉	法律出版社	1998 年版
民法学(0242)	0242	7	民法学自学考试大纲	民法学	郭明瑞	北京大学出版社	2001 年版
民事诉讼法学(0243)	0243	5	民事诉讼法学自学考试大纲	民事诉讼法学	江 伟	北京大学出版社	2003 年版
★经济法概论(0244)	0244	6	经济法概论自学考试大纲	经济法概论	张守文	北京大学出版社	2008 年版
刑法学(0245)	0245	7	刑法学自学考试大纲	刑法学	张明楷	北京大学出版社	2006 年版
国际经济法概论(0246)	0246	6	国际经济法概论自学考试大纲	国际经济法概论	陈 安	北京大学出版社	2005 年版
国际法(0247)	0247	6	国际法自学考试大纲	国际法	黄 瑶	北京大学出版社	2007 年版
国际私法(0249)	0249	4	国际私法自学考试大纲	国际私法	李双元	北京大学出版社	2005 年版
统计法规概论(0251)	0251	4	统计法规概论自学考试大纲	统计法规概论	熊振南	中国财政经济出版社	2000 年版
票据法(0257)	0257	3	票据法自学考试大纲	票据法	傅鼎生	北京大学出版社	2007 年版
★保险法(0258)	0258	3	保险法自学考试大纲	保险法	覃有土	待定	待定
公证与律师制度(0259)	0259	3	公证与律师制度自学考试大纲	公证与律师制度	陈光中 李春霖	北京大学出版社	2006 年版
刑事诉讼法学(0260)	0260	4	刑事诉讼法学自学考试大纲	刑事诉讼法学	王国枢	北京大学出版社	2005 年版
行政法学(0261)	0261	5	行政法学自学考试大纲	行政法学	罗豪才	北京大学出版社	2005 年版
法律文书写作(0262)	0262	3	法律文书写作自学考试大纲	法律文书写作	宁致远	北京大学出版社	2006 年版
★外国法制史(0263)	0263	4	外国法制史自学考试大纲	外国法制史	曾尔恕	北京大学出版社	2009 年版
中国法律思想史(0264)	0264	4	中国法律思想史自学考试大纲	中国法律思想史	杨鹤皋	北京大学出版社	2004 年版
★西方法律思想史(0265)	0265	4	西方法律思想史自学考试大纲	西方法律思想史	徐爱国	北京大学出版社	2008 年版
行政管理学(0277)	0277	6	行政管理学自学考试大纲	行政管理学	胡象明	高等教育出版社	2005 年版
农村社会学(0290)	0290	4	农村社会学自学考试大纲	农村社会学	赵莉红 罗学刚	经济科学出版社	1996 年版
市政学(0292)	0292	6	市政学自学考试大纲	市政学	张永桃	高等教育出版社	2000 年版
政治学概论(0312)	0312	6	政治学概论自学考试大纲	政治学概论	王惠岩 周光辉	高等教育出版社	2008 年版
当代中国政治制度(0315)	0315	6	当代中国政治制度自学考试大纲	当代中国政治制度	包玉娥	高等教育出版社	2007 年版
西方政治制度(0316)	0316	6	西方政治制度自学考试大纲	西方政治制度	曹沛霖	高等教育出版社	2000 年版
公共政策(0318)	0318	4	公共政策自学考试大纲	公共政策	宁 骚	高等教育出版社	2000 年版
行政组织理论(0319)	0319	4	行政组织理论自学考试大纲	行政组织理论	倪 星	高等教育出版社	2007 年版
领导科学(0320)	0320	4	领导科学自学考试大纲	领导科学	黄 强	高等教育出版社	2000 年版

续表

课程名称	课程代码	学分	大纲名称	教材名称	主编	出版社	版次
中国文化概论(0321)	0321	5	中国文化概论自学考试大纲	中国文化概论	王 宁	湖南师范大学出版社	2000 年版
中国行政史(0322)	0322	5	中国行政史自学考试大纲	中国行政史	虞崇胜	高等教育出版社	1999 年版
西方行政学说史(0323)	0323	4	西方行政学说史自学考试大纲	西方行政学说史	竺乾威	高等教育出版社	2001 年版
公文写作与处理(0341)	0341	6	公文写作与处理自学考试大纲	公文写作与处理	饶士奇	辽宁教育出版社	2004 年版
高级语言程序设计(一)(0342)	0342	4	高级语言程序设计自学考试大纲	高级语言程序设计	迟成文	经济科学出版社	2007 年版
秘书学概论(0345)	0345	6	秘书学概论自学考试大纲	秘书学概论	常崇宜	辽宁教育出版社	2006 年版
办公自动化原理及应用(0346)	0346	5	办公自动化原理及应用自学考试大纲	办公自动化原理及应用	孙淑扬	中国人民大学出版社	1999 年版
公安学基础理论(0354)	0354	6	公安学基础理论自学考试大纲	公安学基础理论	柳晓川 许新源	中国人民公安大学出版社	2006 年版
公安秘书学(0355)	0355	5	公安秘书学自学考试大纲	公安秘书学	魏永忠	中国人民公安大学出版社	2005 年版
公安管理学(0356)	0356	8	公安管理学自学考试大纲	公安管理学	杨建和 张光	中国人民公安大学出版社	2005 年版
治安管理学(0357)	0357	6	治安管理学自学考试大纲	治安管理学	熊一新	中国人民公安大学出版社	2005 年版
刑事侦查学(0358)	0358	7	刑事侦查学自学考试大纲	刑事侦查学	孟宪文	中国人民公安大学出版社	2004 年版
保卫学(0359)	0359	5	保卫学自学考试大纲	保卫学	郭太生	中国人民公安大学出版社	2004 年版
预审学(0360)	0360	6	预审学自学考试大纲	预审学	王怀旭 何泉生	警官教育出版社	2006 年版
公安法规(0361)	0361	6	警察法学教程自学考试大纲	警察法学教程	高文英 姚伟章	中国人民公安大学出版社	2005 年版
警察伦理学(0369)	0369	6	警察伦理学自学考试大纲	警察伦理学	高德原 周永玲 杜晋丰	中国人民公安大学出版社	2005 年版
刑事证据学(0370)	0370	6	刑事证据学自学考试大纲	刑事证据学	崔 敏	中国人民公安大学出版社	2005 年版
公安决策学(0371)	0371	6	公安决策学自学考试大纲	公安决策学	王明新 王光	中国人民公安大学出版社	2004 年版
公安信息学(0372)	0372	6	公安信息学自学考试大纲	公安信息学	孟宪文	中国人民公安大学出版社	2006 年版

续表

课程名称	课程代码	学分	大纲名称	教材名称	主编	出版社	版次
涉外警务概论(0373)	0373	5	涉外警务概论自学考试大纲	涉外警务概论	向 党	中国人民公安大学出版社	2005年版
学前教育学(0383)	0383	6	学前教育学自学考试大纲	学前教育学	梁志燊	北京师范大学出版社	2000年版
学前心理学(0384)	0384	6	学前心理学自学考试大纲	学前心理学	陈帼眉	北京师范大学出版社	2000年版
学前卫生学(0385)	0385	4	学前卫生学自学考试大纲	学前卫生学	万 钫	湖南师范大学出版社	2000年版
幼儿文学(0386)	0386	6	幼儿文学自学考试大纲	幼儿文学	祝士媛 张春妮	吉林大学出版社	2000年版
幼儿园组织与管理(0387)	0387	5	幼儿园组织与管理自学考试大纲	幼儿园组织与管理	张 燕 邢利亚	北京师范大学出版社	2000年版
学前儿童数学教育(0388)	0388	4	学前儿童数学教育自学考试大纲	学前儿童数学教育	张慧和	东北师范大学出版社	2003年版
学前教育科学研究(0389)	0389	4	学前教育科学研究自学考试大纲	学前教育科学研究	杨爱华	南京师范大学出版社	2001年版
学前儿童科学教育(0390)	0390	4	学前儿童科学教育自学考试大纲	学前儿童科学教育	王志明	南京师范大学出版社	2001年版
学前儿童体育(0392)	0392	4	学前儿童体育自学考试大纲	学前儿童体育	冯志坚	东北师范大学出版社	2000年版
学前儿童语言教育(0393)	0393	4	学前儿童语言教育自学考试大纲	学前儿童语言教育	周 兢	南京师范大学出版社	2001年版
幼儿园课程(0394)	0394	4	幼儿园课程自学考试大纲	幼儿园课程	冯晓霞	北京师范大学出版社	2000年版
科学.技术.社会(0395)	0395	5	科学.技术.社会自学考试大纲	科学.技术.社会	徐 辉	北京师范大学出版社	1999年版 *
学前儿童美术教育(0396)	0396	4	学前儿童美术教育自学考试大纲	学前儿童美术教育	屠美如	东北师范大学出版社	2000年版
学前儿童音乐教育(0397)	0397	4	学前儿童音乐教育自学考试大纲	学前儿童音乐教育	许卓娅	东北师范大学出版社	2000年版
学前教育原理(0398)	0398	6	学前教育原理自学考试大纲	学前教育原理	刘 焱	辽宁师范大学出版社	2002年版
学前比较教育(0401)	0401	6	学前比较教育自学考试大纲	学前比较教育	史静寰 周采	辽宁师范大学出版社	2002年版
学前教育史(0402)	0402	6	学前教育史自学考试大纲	学前教育史	唐 淑 何晓夏	辽宁师范大学出版社	2001年版
教育原理(0405)	0405	6	教育原理自学考试大纲	教育原理	柳海民	中国人民大学出版社	1999年版 *
小学教育科学研究(0406)	0406	4	小学教育科学研究自学考试大纲	小学教育科学研究	杨小微	北京师范大学出版社	1999年版 *
小学教育心理学(0407)	0407	5	小学教育心理学自学考试大纲	小学教育心理学	章志光	中国人民大学出版社	2001年版 *
小学科学教育(0408)	0408	4	小学科学教育自学考试大纲	小学科学教育	赵学漱	北京师范大学出版社	1999年版 *
美育基础(0409)	0409	4	美育基础自学考试大纲	美育基础	李 范	中国人民大学出版社	2000年版 *
小学语文教学论(0410)	0410	5	小学语文教学论自学考试大纲	小学语文教学论	崔 峦	中国人民大学出版社	1999年版 *
小学数学教学论(0411)	0411	5	小学数学教育自学考试大纲	小学数学教学论	周玉仁	中国人民大学出版社	1999年版 *
小学班主任(0412)	0412	4	小学班主任自学考试大纲	小学班主任	翟天山	北京师范大学出版社	1999年版 *
现代教育技术(0413)	0413	4	现代教育技术自学考试大纲	现代教育技术	乌美娜	辽宁大学出版社	1999年版 *

续表

课程名称	课程代码	学分	大纲名称	教材名称	主编	出版社	版次
中外文学作品导读(0415)	0415	8	中外文学作品导读自学考试大纲	中外文学作品导读	叶　鹏	中国人民大学出版社	1999年版*
汉语基础(0416)	0416	4	汉语基础自学考试大纲	汉语基础	陈　绂	中国人民大学出版社	1999年版*
高等数学基础(0417)	0417	8	高等数学基础自学考试大纲	高等数学基础	王德谋	北京师范大学出版社	1999年版*
数论初步(0418)	0418	4	数论初步自学考试大纲	数论初步	周春荔	北京师范大学出版社	2000年版*
物理(工)(0420)	0420	6	物理(工)自学考试大纲	物理(工)	吴王杰	机械工业出版社	2007年版
教育学(一)(0429)	0429	4	教育学自学考试大纲	教育学	劳凯声	南开大学出版社	2001年版
中外教育管理史(0445)	0445	6	中外教育管理史自学考试大纲	中外教育管理史	王炳照	湖南师范大学出版社	2000年版
教育管理原理(0449)	0449	6	教育管理原理自学考试大纲	教育管理原理	孙绵涛	辽宁大学出版社	2007年版*
教育评估和督导(0450)	0450	6	教育评估与督导自学考试大纲	教育评估与督导	刘淑兰	华东师范大学出版社	2000年版
教育经济学(0451)	0451	5	教育经济学自学考试大纲	教育经济学	靳希斌	辽宁大学出版社	2000年版
教育统计与测量(0452)	0452	6	教育统计与测量自学考试大纲	教育统计与测量	漆书青	辽宁大学出版社	2007年版*
教育法学(0453)	0453	4	教育法学自学考试大纲	教育法学	劳凯声	辽宁大学出版社	2000年版
教育预测与规划(0454)	0454	5	教育预测与规划自学考试大纲	教育预测与规划	徐　虹	辽宁大学出版社	2000年版
教育管理心理学(0455)	0455	6	教育管理心理学自学考试大纲	教育管理心理学	丁志强	辽宁大学出版社	2000年版
教育科学研究方法(0456)	0456	4	教育科学研究方法自学考试大纲	教育科学研究方法	裴娣娜	辽宁大学出版社	1999年版
学前教育管理(0457)	0457	4	学前教育管理自学考试大纲	学前教育管理	虞永平	华东师范大学出版社	2001年版
中小学教育管理(0458)	0458	4	中小学教育管理自学考试大纲	中小学教育管理	贺乐凡	华东师范大学出版社	2000年版
中外教育简史(0464)	0464	6	中外教育简史自学考试大纲	中外教育简史	刘德华	辽宁大学出版社	2007年版*
心理卫生与心理辅导(0465)	0465	4	心理卫生与心理辅导自学考试大纲	心理卫生与心理辅导	何艳茹	辽宁大学出版社	1999年版
发展与教育心理学(0466)	0466	6	发展与教育心理学自学考试大纲	发展与教育心理学	沈德立	辽宁大学出版社	1999年版
课程与教学论(0467)	0467	6	课程与教学论自学考试大纲	课程与教学论	钟启泉 张华	辽宁大学出版社	2007年版*
德育原理(0468)	0468	4	德育原理自学考试大纲	德育原理	胡厚福	辽宁大学出版社	2000年版
教育学原理(0469)	0469	6	教育学原理自学考试大纲	教育学原理	成有信	辽宁大学出版社	2007年版*
犯罪学(二)(0470)	0470	6	犯罪学自学考试大纲	犯罪学	张绍彦	法律出版社	1999年版
比较教育(0472)	0472	4	比较教育自学考试大纲	比较教育	王英杰	辽宁大学出版社	2007年版*
★健康教育学(0488)	0488	3	健康教育学自学考试大纲	健康教育学	吕姿之	北京大学医学出版社	2008年版
写作(一)(0506)	0506	7	写作自学考试大纲	写作	王光祖 杨荫浒	华东师范大学出版社	1999年版
机关管理(0509)	0509	6	机关管理自学考试大纲	机关管理	陈广胜 胡鸿杰	辽宁教育出版社	2001年版

续表

课程名称	课程代码	学分	大纲名称	教材名称	主编	出版社	版次
秘书实务(0510)	0510	6	秘书实务自学考试大纲	秘书实务	董继超	辽宁教育出版社	2005 年版＊
档案管理学(0511)	0511	6	档案管理学自学考试大纲	档案管理学	冯惠玲	中国人民大学出版社	1999 年版
外国秘书工作概况(0514)	0514	4	外国秘书工作概况自学考试大纲	外国秘书工作概况	方国雄	辽宁教育出版社	2000 年版
英语国家概况(0522)	0522	4	英语国家概况自学考试大纲	英语国家概况	余志远	外语教学与研究出版社	2005 年版
中国秘书史(0523)	0523	6	中国秘书史自学考试大纲	中国秘书史	杨剑宇	武汉大学出版社	2000 年版
文书学(0524)	0524	6	文书学自学考试大纲	文书学	王 健	中国人民大学出版社	2007 年版
公文选读(0525)	0525	6	公文选读自学考试大纲	公文选读	王 铭	辽宁大学出版社	2000 年版
秘书参谋职能概论(0526)	0526	6	秘书参谋职能概论自学考试大纲	秘书参谋职能概论	张清明	武汉大学出版社	2001 年版
中外秘书比较(0527)	0527	6	中外秘书比较自学考试大纲	中外秘书比较	方国雄	吉林大学出版社	2000 年版
文学概论(一)(0529)	0529	7	文学概论自学考试大纲	文学概论	童庆炳	北京大学出版社	2006 年版
中国现代文学作品选(0530)	0530	6	中国现代文学作品选自学考试大纲	中国现代文学作品选	钱谷融 吴宏聪	华东师范大学出版社	1999 年版＊
中国当代文学作品选(0531)	0531	5	中国当代文学作品选自学考试大纲	中国当代文学作品选	钱谷融 吴宏聪	华东师范大学出版社	1999 年版＊
中国古代文学作品选(一)(0532)	0532	6	中国古代文学作品选(一)自学考试大纲	中国古代文学作品选(一)	徐中玉 金启华	华东师范大学出版社	1999 年版＊
中国古代文学作品选(二)(0533)	0533	6	中国古代文学作品选(二)自学考试大纲	中国古代文学作品选(二)	徐中玉 金启华	华东师范大学出版社	1999 年版＊
外国文学作品选(0534)	0534	6	外国文学作品选自学考试大纲	外国文学作品选	陈 惇 刘建军	华东师范大学出版社	1999 年版＊
现代汉语(0535)	0535	7	现代汉语自学考试大纲	现代汉语	张 斌	语文出版社	2000 年版
★古代汉语(0536)	0536	8	古代汉语自学考试大纲	古代汉语	王宁	待定	2009 年版
中国现代文学史(0537)	0537	6	中国现代文学史自学考试大纲	中国现代文学史	吴宏聪 范伯群	武汉大学出版社	1999 年版
中国古代文学史(一)(0538)	0538	7	中国古代文学史(一)自学考试大纲	中国古代文学史(一)	罗宗强 陈 洪	华东师范大学出版社	2000 年版
中国古代文学史(二)(0539)	0539	7	中国古代文学史(二)自学考试大纲	中国古代文学史(二)	罗宗强 陈 洪	华东师范大学出版社	2000 年版
★外国文学史(0540)	0540	6	外国文学史自学考试大纲	外国文学史	孟昭毅	待定	2009 年版
语言学概论(0541)	0541	6	语言学概论自学考试大纲	语言学概论	胡明杨	语文出版社	2000 年版
英语阅读(一)(0595)	0595	6	英语阅读(一)自学考试大纲	英语阅读(一)	俞洪亮 秦旭	高等教育出版社	2006 年版
英语阅读(二)(0596)	0596	6	英语阅读(二)自学考试大纲	英语阅读(二)	白永权	高等教育出版社	2005 年版
英语写作基础(0597)	0597	4	英语写作基础自学考试大纲	英语写作基础	杨俊峰	辽宁大学出版社	1999 年版＊
高级英语(0600)	0600	12	高级英语自学考试大纲	高级英语(上下册)	王家湘 张中载	外语教学与研究出版社	2000 年版
英语写作(0603)	0603	4	英语写作自学考试大纲	英语写作	杨俊峰	辽宁大学出版社	1999 年版＊
英美文学选读(0604)	0604	6	英美文学选读自学考试大纲	英美文学选读	张伯香	外语教学与研究出版社	1999 年版＊

续表

课程名称	课程代码	学分	大纲名称	教材名称	主编	出版社	版次
新闻学概论(0633)	0633	6	新闻学概论自学考试大纲	新闻学概论	项德生 郑保卫	武汉大学出版社	2000 年版
传播学概论(0642)	0642	6	传播学概论自学考试大纲	传播学概论	吴文虎	武汉大学出版社	2000 年版
公关心理学(0643)	0643	4	公关心理学自学考试大纲	公关心理学	程曼丽	辽宁教育出版社	2001 年版
公关礼仪(0644)	0644	4	公关礼仪自学考试大纲	公关礼仪	李兴国	辽宁教育出版社	2002 年版
公共关系策划(0645)	0645	6	公共关系策划自学考试大纲	公共关系策划	余明阳	辽宁教育出版社	2000 年版
公共关系写作(0646)	0646	4	公共关系写作自学考试大纲	公共关系写作	周安华	辽宁教育出版社	2001 年版
公关语言(0647)	0647	4	公共关系语言自学考试大纲	公共关系语言	蒋春堂	辽宁教育出版社	2001 年版
中国新闻事业史(0653)	0653	6	中国新闻事业史自学考试大纲	中国新闻事业史	丁淦林	武汉大学出版社	2000 年版
新闻采访写作(0654)	0654	10	新闻采访写作自学考试大纲	新闻采访写作	张 默	武汉大学出版社	1999 年版
报纸编辑(0655)	0655	6	报纸编辑自学考试大纲	报纸编辑	郑兴东	武汉大学出版社	2000 年版
广播新闻与电视新闻(0656)	0656	6	广播新闻与电视新闻自学考试大纲	广播新闻与电视新闻	王振业	武汉大学出版社	2001 年版
新闻心理学(0657)	0657	4	新闻心理学自学考试大纲	新闻心理学	刘京林	武汉大学出版社	2001 年版
新闻评论写作(0658)	0658	6	新闻评论写作自学考试大纲	新闻评论写作	秦 圭	武汉大学出版社	2000 年版
★新闻摄影(0659)	0659	5	新闻摄影自学考试大纲	新闻摄影	毕根辉	武汉大学出版社	2009 年版
外国新闻事业史(0660)	0660	6	外国新闻事业史自学考试大纲	外国新闻事业史	张允若	武汉大学出版社	1999 年版
中外新闻作品研究(0661)	0661	4	中外新闻作品研究自学考试大纲	中外新闻作品研究	汤世英	武汉大学出版社	2000 年版
新闻事业管理(0662)	0662	4	新闻事业管理自学考试大纲	新闻事业管理	屠忠俊	武汉大学出版社	2001 年版
科技档案管理(0777)	0777	6	科技档案管理自学考试大纲	科技档案管理	王传宇	中国人民大学出版社	1999 年版
档案文献编纂学(0778)	0778	6	档案文献编纂学自学考试大纲	档案文献编纂学	韩宝华 刘耿生	中国人民大学出版社	2000 年版
档案保护技术(0779)	0779	6	档案保护技术自学考试大纲	档案保护技术	郭莉珠	中国人民大学出版社	2000 年版
中国档案事业史(0785)	0785	7	中国档案事业史自学考试大纲	中国档案事业史	周雪恒	中国人民大学出版社	1998 年版
社科文献检索(0786)	0786	7	社科文献检索自学考试大纲	社科文献检索	马文峰	中国人民大学出版社	2000 年版 *
档案行政学(0788)	0788	6	档案行政学自学考试大纲	档案行政学	陈智为	中国人民大学出版社	2000 年版 *
外国档案管理(0789)	0789	7	外国档案管理自学考试大纲	外国档案管理	韩玉梅 黄霄羽	中国人民大学出版社	1998 年版
科技档案编研(0791)	0791	5	科技档案编研自学考试大纲	科技档案编研	宫小东	中国人民大学出版社	2000 年版
情报学概论(0792)	0792	6	情报学概论自学考试大纲	情报学概论	周晓英	中国人民大学出版社	2000 年版 *
综合英语(一)(0794)	0794	10	综合英语(一)自学考试大纲	综合英语(一)上下册	徐克容	外语教学与研究出版社	2000 年版 *
综合英语(二)(0795)	0795	10	综合英语(二)自学考试大纲	综合英语(二)上下册	徐克容	外语教学与研究出版社	2000 年版

续表

课程名称	课程代码	学分	大纲名称	教材名称	主编	出版社	版次
企业组织与环境(0797)	0797	4	企业组织与环境自学考试大纲	企业组织与环境	马龙龙等	高等教育出版社	1999年版
商务交流(0798)	0798	4	商务交流自学考试大纲	商务交流	王秀村等	高等教育出版社	1999年版
数量方法(0799)	0799	6	数量方法自学考试大纲	数量方法	钱小军等	高等教育出版社	2000年版
经济学(0800)	0800	5	经济学自学考试大纲	经济学	刘凤良等	高等教育出版社	2000年版
会计学(0801)	0801	6	会计学自学考试大纲	会计学	耿建新	高等教育出版社	2000年版
管理信息技术(0802)	0802	4	管理信息技术自学考试大纲	管理信息技术	伊娜	高等教育出版社	2001年版
财务管理(0803)	0803	6	财务管理自学考试大纲	财务管理	黄慧馨等	高等教育出版社	2001年版
金融法(二)(0804)	0804	5	金融法自学考试大纲	金融法	强力	高等教育出版社	2000年版
管理会计(二)(0805)	0805	3	管理会计自学考试大纲	管理会计	王化成	高等教育出版社	2001年版
财务报表分析(二)(0806)	0806	5	财务报表分析自学考试大纲	财务报表分析	荆新	高等教育出版社	2001年版
金融概论(0807)	0807	6	金融概论自学考试大纲	金融概论	彭龙	高等教育出版社	2001年版
商法(0808)	0808	5	商法自学考试大纲	商法	王小能	高等教育出版社	2000年版
市场营销(二)(0809)	0809	5	市场营销自学考试大纲	市场营销	吕一林	高等教育出版社	2001年版
人力资源管理(二)(0810)	0810	4	人力资源管理自学考试大纲	人力资源管理	赵曙明	高等教育出版社	2002年版
国际贸易实务(二)(0811)	0811	6	国际贸易实务自学考试大纲	国际贸易实务	董瑾	高等教育出版社	2001年版
现代语言学(0830)	0830	4	现代语言学自学考试大纲	现代语言学	何兆雄 梅德明	外语教学与研究出版社	1999年版*
英语语法(0831)	0831	4	英语语法自学考试大纲	现代英语语法	李基安	外语教学与研究出版社	2000年版*
英语词汇学(0832)	0832	4	英语词汇学自学考试大纲	英语词汇学	张维友	外语教学与研究出版社	1999年版*
外语教学法(0833)	0833	4	外语教学法自学考试大纲	外语教学法	舒白梅 陈佑林	高等教育出版社	1999年版
英语科技文选(0836)	0836	4	英语科技文选自学考试大纲	英语科技文选	李碧嘉	高等教育出版社	2000年版*
旅游英语选读(0837)	0837	4	旅游英语选读自学考试大纲	旅游英语选读	修月祯	高等教育出版社	1999年版
语言与文化(0838)	0838	4	语言与文化自学考试大纲	语言与文化	王振亚	高等教育出版社	2000年版*
劳教管理学(0852)	0852	5	劳教管理学自学考试大纲	劳教管理学	张劲松	法律出版社	1999年版
广告学(二)(0853)	0853	4	广告学(二)自学考试大纲	广告学(二)	丁俊杰	武汉大学出版社	2001年版
现代汉语基础(0854)	0854	4	现代汉语基础自学考试大纲	现代汉语基础	陆俭明	辽宁教育出版社	2000年版
警察组织行为学(0859)	0859	5	警察组织行为学自学考试大纲	警察组织行为学	孙娟	中国人民公安大学出版社	2005年版

续表

课程名称	课程代码	学分	大纲名称	教材名称	主编	出版社	版次
公安行政诉讼(0860)	0860	4	公安行政诉讼教程自学考试大纲	公安行政诉讼教程	孟昭阳	中国人民公安大学出版社	2004年版
刑事侦查情报学(0861)	0861	5	刑事侦查情报学自学考试大纲	刑事侦查情报学	于凤玲	中国人民公安大学出版社	2004年版
学前特殊儿童教育(0883)	0883	4	学前特殊儿童教育自学考试大纲	学前特殊儿童教育	周 兢	辽宁师范大学出版社	2002年版
电子商务英语(0888)	0888	3	电子商务英语自学考试大纲	电子商务英语	崔 刚	辽宁教育出版社	2002年版
经济学(二)(0889)	0889	5	经济学自学考试大纲	经济学	刘凤良	高等教育出版社	2000年版
市场营销(三)(0890)	0890	5	市场营销自学考试大纲	市场营销	吕一林	高等教育出版社	2001年版
国际贸易实务(三)(0891)	0891	6	国际贸易实务自学考试大纲	国际贸易实务	董 瑾	高等教育出版社	2001年版
商务交流(二)(0892)	0892	4	商务交流自学考试大纲	商务交流	王秀村	高等教育出版社	1999年版
市场信息学(0893)	0893	5	市场信息学自学考试大纲	市场信息学	杨小平	中国财政经济出版社	2006年版
计算机与网络技术基础(0894)	0894	6	计算机与网络技术基础自学考试大纲	计算机与网络技术基础	于 淼	中国人民大学出版社	2007年版
电子商务概论(0896)	0896	6	电子商务概论自学考试大纲	电子商务概论	成 栋	中国人民大学出版社	2001年版
互联网软件应用与开发(0898)	0898	6	互联网软件应用与开发自学考试大纲	互联网软件应用与开发	杨纪成	经济科学出版社	2006年版
网页设计与制作(0900)	0900	5	网页设计与制作自学考试大纲	网页设计与制作	于 淼	中国人民大学出版社	2006年版
电子商务案例分析(0902)	0902	5	电子商务案例分析自学考试大纲	电子商务案例分析	杨坚争	中国人民大学出版社	2001年版
电子商务网站设计原理(0906)	0906	6	电子商务网站设计原理自学考试大纲	电子商务网站设计原理	于 淼	中国财政经济出版社	2007年版
网络营销与策划(0908)	0908	5	网络营销与策划自学考试大纲	网络营销与策划	褚福灵	经济科学出版社	2007年版
网络经济与企业管理(0910)	0910	6	网络经济与企业管理自学考试大纲	网络经济与企业管理	李凤云	辽宁教育出版社	2007年版
互联网数据库(0911)	0911	6	互联网数据库自学考试大纲	互联网数据库	周志忠	中国财政经济出版社	2006年版
电子商务与金融(0913)	0913	6	电子商务与金融自学考试大纲	电子商务与金融	陈 进 谢怀军	辽宁教育出版社	2001年版
电子商务与现代物流(0915)	0915	6	电子商务与现代物流自学考试大纲	电子商务与现代物流	何明珂	经济科学出版社	2002年版
民法原理与实务(0917)	0917	7	民法原理与实务自学考试大纲	民法原理与实务	李仁玉	北京大学出版社	2002年版
民事诉讼原理与实务(一)(0918)	0918	7	民事诉讼原理与实务自学考试大纲	民事诉讼原理与实务	陈桂明	北京大学出版社	2002年版
刑法原理与实务(一)(0919)	0919	7	刑法原理与实务自学考试大纲	刑法原理与实务	赵秉志	高等教育出版社	2002年版
刑事诉讼原理与实务(一)(0920)	0920	7	刑事诉讼原理与实务自学考试大纲	刑事诉讼原理与实务	王国枢	北京大学出版社	2002年版
★商法原理与实务(0921)	0921	6	商法原理与实务自学考试大纲	商法原理与实务	刘凯湘	北京大学出版社	2008年版
经济法原理与实务(0922)	0922	6	经济法原理与实务自学考试大纲	经济法原理与实务	盛杰民 刘剑文	北京大学出版社	2008年版

续表

课程名称	课程代码	学分	大纲名称	教材名称	主编	出版社	版次
行政法与行政诉讼法(一)(0923)	0923	7	行政法与行政诉讼法自学考试大纲	行政法与行政诉讼法	姜明安	高等教育出版社	2002 年版
婚姻家庭法原理与实务(0924)	0924	4	婚姻家庭法原理与实务自学考试大纲	婚姻家庭法原理与实务	杨大文 马忆南	高等教育出版社	2002 年版
公证与基层法律服务实务(0925)	0925	3	公证与基层法律服务实务自学考试大纲	公证与基层法律服务实务	李春霖 杜春	北京大学出版社	2007 年版
司法鉴定概论(0926)	0926	4	司法鉴定概论自学考试大纲	司法鉴定概论	何家弘	北京大学出版社	2002 年版
中国司法制度(0927)	0927	4	中国司法制度自学考试大纲	中国司法制度	张绍彦	法律出版社	2007 年版
罪犯劳动改造学(0928)	0928	5	罪犯劳动改造学自学考试大纲	罪犯劳动改造学	宋胜尊	法律出版社	2008 年版
劳动教养学(0929)	0929	5	劳动教养学自学考试大纲	劳动教养学	高莹	法律出版社	2007 年版
监所法律文书(0930)	0930	4	监所法律文书自学考试大纲	监所法律文书	白焕然	法律出版社	2007 年版
矫正教育学(0931)	0931	5	矫正教育学自学考试大纲	矫正教育学	夏宗素	法律出版社	2007 年版
狱内侦查学(0932)	0932	5	狱内侦查学自学考试大纲	狱内侦查学	王泰	法律出版社	2008 年版
罪犯改造心理学(0933)	0933	5	罪犯改造心理学自学考试大纲	罪犯改造心理学	章恩友	法律出版社	2008 年版
中国监狱史(0934)	0934	4	中国监狱史自学考试大纲	中国监狱史	王利荣	法律出版社	2002 年版
西方监狱制度概论(0935)	0935	3	西方监狱制度概论自学考试大纲	西方监狱制度概论	郭建安	法律出版社	2003 年版
政府、政策与经济学(0937)	0937	6	政府、政策与经济学自学考试大纲	政府、政策与经济学	马龙龙 裴艳丽	高等教育出版社	2002 年版
组织行为学(二)(0938)	0938	6	组织行为学(二)自学考试大纲	组织行为学(二)	褚福灵	高等教育出版社	2002 年版
商业伦理导论(0939)	0939	4	商业伦理导论自学考试大纲	商业伦理导论	赵书华	高等教育出版社	2004 年版
战略管理教程(0940)	0940	5	战略管理教程自学考试大纲	战略管理教程	祝合良	高等教育出版社	2004 年版
公司法律制度研究(0943)	0943	5	公司法律制度研究自学考试大纲	公司法律制度研究	郭 瑜	高等教育出版社	2004 年版
国际商务管理学(0947)	0947	7	国际商务管理学自学考试大纲	国际商务管理学	王文潭	高等教育出版社	2004 年版
国际市场营销学(二)(0952)	0952	5	国际市场营销学(二)自学考试大纲	国际市场营销学(二)	王秀村 崔新健	高等教育出版社	2002 年版
餐饮业法规(0977)	0977	5	餐饮业法规自学考试大纲	餐饮业法规	唐炳洪 虞嵘 王潭海	湖南科学技术出版社	2004 年版
烹饪工艺学(二)(0978)	0978	5	烹饪工艺学自学考试大纲	烹饪工艺学	周晓燕	辽宁教育出版社	2004 年版
烹饪原料学(二)(0980)	0980	5	烹饪原料学自学考试大纲	烹饪原料学	朱水根	湖南科学技术出版社	2004 年版
餐饮服务(0982)	0982	5	餐饮服务自学考试大纲	餐饮服务	郭剑英	湖南科学技术出版社	2005 年版
酒水知识(0984)	0984	4	酒水知识自学考试大纲	酒水知识	李勇平	湖南科学技术出版社	2004 年版
餐饮经济学导论(0985)	0985	6	餐饮经济学导论自学考试大纲	餐饮经济学导论	邢 颖	湖南科学技术出版社	2004 年版
中国饮食文化(0986)	0986	6	中国饮食文化自学考试大纲	中国饮食文化	华国梁 马健鹰	湖南科学技术出版社	2004 年版

续表

课程名称	课程代码	学分	大纲名称	教材名称	主编	出版社	版次
餐饮美学(0987)	0987	4	餐饮美学自学考试大纲	餐饮美学	周明杨	湖南科学技术出版社	2004 年版
食品营养学(0988)	0988	4	食品营养学自学考试大纲	食品营养学	翟凤英	湖南科学技术出版社	2004 年版
国外饮食文化(0989)	0989	4	国外饮食文化自学考试大纲	国外饮食文化	李维冰 周爱东 林刚	辽宁教育出版社	2005 年版
宴会设计(0990)	0990	4	宴会设计自学考试大纲	宴会设计	鞠志中 叶伯平	湖南科学技术出版社	2004 年版
法院与检察院组织制度(0993)	0993	3	法院与检察院组织制度自学考试大纲	法院与检察院组织制度	潘剑峰	北京大学出版社	2004 年版
数量方法(二)(0994)	0994	6	数量方法自学考试大纲	数量方法	钱小军	高等教育出版社	2000 年版
商法(二)(0995)	0995	5	商法自学考试大纲	商法(二)	王峰 曾咏梅	北京大学出版社	2008 年版
电子商务法概论(0996)	0996	6	电子商务法概论自学考试大纲	电子商务法概论	周庆山	辽宁教育出版社	2005 年版
电子商务安全导论(0997)	0997	5	电子商务安全导论自学考试大纲	电子商务安全导论	蒋汉生	辽宁教育出版社	2005 年版
政府预算管理(0999)	0999	4	政府预算管理自学考试大纲	政府预算管理	李 燕	中国财政经济出版社	2004 年版
公务员制度(1848)	1848	4	公务员制度自学考试大纲	公务员制度	李如海	高等教育出版社	2007 年版
医学心理学(2113)	2113	4	医学心理学自学考试大纲	医学心理学	胡佩诚	北京大学医学出版社	2000 年版
数据库及其应用(2120)	2120	4	数据库及其应用自学考试大纲	数据库及其应用	牛允鹏	经济科学出版社	2005 年版
应用文写作(2126)	2126	5	应用文写作自学考试大纲	应用文写作	火玥人	中国电力出版社	2003 年版
计算机网络技术(2141)	2141	4	计算机网络技术自学考试大纲	计算机网络技术	杨明福	经济科学出版社	2005 年版
数据结构导论(2142)	2142	4	数据结构导论自学考试大纲	数据结构导论	陈小平	经济科学出版社	2000 年版
工程制图(2151)	2151	4	工程制图自学考试大纲	工程制图	崔永军	中国电力出版社	2000 年版*
工程力学(一)(2159)	2159	5	工程力学(一)自学考试大纲	工程力学(一)	蔡怀崇 张克猛	机械工业出版社	2008 年版
机械制图(一)(2183)	2183	7	机械制图自学考试大纲	机械制图	虞洪述 徐伯康	西安交通大学出版社	2000 年版
机械设计基础(2185)	2185	7	机械设计基础自学考试大纲	机械设计基础	丁洪生	机械工业出版社	2000 年版
电工与电子技术(2187)	2187	6	电工与电子技术自学考试大纲	电工与电子技术	赵积善	中国电力出版社	2000 年版*
工程经济(2194)	2194	4	工程经济自学考试大纲	工程经济	陈锡璞	机械工业出版社	2000 年版
数控技术及应用(2195)	2195	4	数控技术及应用自学考试大纲	数控技术及应用	林其骏	机械工业出版社	2001 年版
概率论与数理统计(二)(2197)	2197	3	概率论与数理统计(二)自学考试大纲	概率论与数理统计(二)	孙洪祥 柳金甫	辽宁大学出版社	2006 年版
线性代数(2198)	2198	3	线性代数自学考试大纲	工程数学 线性代数	魏战线	辽宁大学出版社	2000 年版*
复变函数与积分变换(2199)	2199	3	复变函数与积分变换自学考试大纲	复变函数与积分变换	贺才兴	辽宁大学出版社	2000 年版*
现代设计方法(2200)	2200	6	现代设计方法自学考试大纲	现代设计方法	应锦春	机械工业出版社	2000 年版

续表

课程名称	课程代码	学分	大纲名称	教材名称	主编	出版社	版次
传感器与检测技术(2202)	2202	5	传感器与检测技术自学考试大纲	传感器与检测技术	张建民	机械工业出版社	2000 年版
微型计算机原理与接口技术(2205)	2205	6	微型计算机原理与接口技术自学考试大纲	微型计算机原理与接口技术	赵长德 雷田玉	机械工业出版社	1999 年版
机械制造(2230)	2230	8	机械制造自学考试大纲	机械制造	刘 谨	机械工业出版社	2008 年版
电工技术基础(2232)	2232	4	电工技术基础自学考试大纲	电工技术基础	席时达	机械工业出版社	2000 年版
电子技术基础(一)(2234)	2234	4	电子技术基础自学考试大纲	电子技术基础	周连贵	机械工业出版社	1998 年版
可编程控制器原理与应用(2236)	2236	3	可编程控制器原理与应用自学考试大纲	可编程控制器原理与应用	耿文学	机械工业出版社	2000 年版
自动控制系统及应用(2237)	2237	4	自动控制系统及应用自学考试大纲	自动控制系统及应用	孔凡才	机械工业出版社	2000 年版
模拟、数字及电力电子技术(2238)	2238	9	模拟、数字及电力电子技术自学考试大纲	模拟、数字及电力电子技术(上、下册)	余孟尝	机械工业出版社	1999 年版
机械工程控制基础(2240)	2240	4	机械工程控制基础自学考试大纲	机械工程控制基础(修订本)	陈康宁	西安交通大学出版社	1999 年版
工业用微型计算机(2241)	2241	5	工业用微型计算机自学考试大纲	工业用微型计算机	赵长德	机械工业出版社	2000 年版
计算机软件基础(一)(2243)	2243	5	计算机软件基础自学考试大纲	计算机软件基础	崔俊凯	机械工业出版社	2007 年版
机电一体化系统设计(2245)	2245	10	机电一体化系统设计自学考试大纲	机电一体化系统设计	董景新 赵长德	机械工业出版社	2007 年版
工程热力学(一)(2248)	2248	5	工程热力学自学考试大纲	工程热力学	武淑平	中国电力出版社	1999 年版
传热学(一)(2249)	2249	4	传热学(专)自学考试大纲	传热学	楼重义 陈梅倩	中国电力出版社	2000 年版
工程流体力学(2250)	2250	4	工程流体力学自学考试大纲	工程流体力学	吴本元	中国电力出版社	2000 年版 *
泵与风机(2252)	2252	3	泵与风机自学考试大纲	泵与风机	王杏珍	中国电力出版社	2000 年版
电厂锅炉(2254)	2254	4	电厂锅炉自学考试大纲	电厂锅炉	庞亚军	中国电力出版社	2000 年版
电厂汽轮机(2255)	2255	4	电厂汽轮机自学考试大纲	电厂汽轮机	朱新华	中国电力出版社	2000 年版
热工测量及仪表(2256)	2256	4	热工测量及仪表自学考试大纲	热工测量及仪表	吴文德	中国电力出版社	2000 年版
工程热力学(二)(2258)	2258	5	工程热力学自学考试大纲	工程热力学	徐 达	中国电力出版社	1999 年版
流体力学及泵与风机(2259)	2259	5	流体力学及泵与风机自学考试大纲	流体力学及泵与风机	王松岭 安连锁	中国电力出版社	2000 年版 *
传热学(二)(2261)	2261	5	传热学自学考试大纲	传热学	夏雅君	中国电力出版社	2000 年版 *
机械设计基础及电厂金属材料(2262)	2262	8	机械设计基础及电厂金属材料自学考试大纲	机械设计基础及电厂金属材料	芮晓明	中国电力出版社	2000 年版
锅炉燃烧设备(2264)	2264	5	锅炉燃烧设备自学考试大纲	锅炉燃烧设备	姚文达	中国电力出版社	2000 年版
汽轮机原理及运行(2265)	2265	5	汽轮机原理及运行自学考试大纲	汽轮机原理及运行	陈汝庆	中国电力出版社	2000 年版
热力发电厂(2266)	2266	4	热力发电厂自学考试大纲	热力发电厂	杨玉桓	中国电力出版社	2000 年版

续表

课程名称	课程代码	学分	大纲名称	教材名称	主编	出版社	版次
热工过程自动控制(2267)	2267	6	热工过程自动控制自学考试大纲	热工过程自动控制	郎泉江	中国电力出版社	2001年版
电力企业经济管理(2268)	2268	3	电力企业经济管理自学考试大纲	电力企业经济管理	萧国泉 李弘泽	中国电力出版社	2000年版
电工原理(2269)	2269	7	电工原理自学考试大纲	电工原理	张洪让	中国电力出版社	2000年版*
电机学(2271)	2271	5	电机学自学考试大纲	电机学	严震池	中国电力出版社	2000年版*
电子技术基础(二)(2273)	2273	6	电子技术基础自学考试大纲	电子技术基础	熊保辉	中国电力出版社	2000年版*
计算机基础与程序设计(2275)	2275	4	计算机基础与程序设计自学考试大纲	计算机基础与程序设计	曲俊华	中国电力出版社	2000年版*
微型计算机原理及应用(2277)	2277	4	微型计算机原理及应用自学考试大纲	微型计算机原理及应用	孙德文	中国电力出版社	2000年版
电力系统基础(2300)	2300	4	电力系统基础自学考试大纲	电力系统基础	韦 钢	中国电力出版社	2000年版
发电厂电气主系统(2301)	2301	4	发电厂电气主系统自学考试大纲	发电厂电气主系统	宗士杰	中国电力出版社	2000年版
电力系统继电保护(2302)	2302	4	电力系统继电保护自学考试大纲	电力系统继电保护	吴必信	中国电力出版社	2000年版
电力系统自动装置(2304)	2304	3	电力系统自动装置自学考试大纲	电力系统自动装置	黄 梅	中国电力出版社	2000年版
电磁场(2305)	2305	3	电磁场自学考试大纲	电磁场	王泽忠	中国电力出版社	1999年版
自动控制理论(二)(2306)	2306	5	自动控制理论自学考试大纲	自动控制理论	翁思义	中国电力出版社	1999年版
电力电子变流技术(2308)	2308	4	电力电子变流技术自学考试大纲	电力电子变流技术	解中秀	中国电力出版社	1999年版
电力系统分析(2310)	2310	5	电力系统分析自学考试大纲	电力系统分析	李焕明	中国电力出版社	1999年版
发电厂动力部分(2311)	2311	3	发电厂动力部分自学考试大纲	发电厂动力部分	关金峰	中国电力出版社	2000年版
电力系统远动及调度自动化(2312)	2312	4	电力系统远动及调度自动化自学考试大纲	电力系统远动及调度自动化	毕胜春	中国电力出版社	2000年版
电力系统微型计算机继电保护(2313)	2313	4	电力系统微型计算机继电保护自学考试大纲	电力系统微型计算机继电保护	张宇辉	中国电力出版社	2000年版
计算机应用技术(2316)	2316	5	计算机应用技术自学考试大纲	计算机应用技术	张 宁	经济科学出版社	2005年版
计算机组成原理(2318)	2318	4	计算机组成原理自学考试大纲	计算机组成原理	胡越明	经济科学出版社	2005年版
操作系统概论(2323)	2323	4	操作系统概论自学考试大纲	操作系统概论	谭耀铭	经济科学出版社	2005年版
离散数学(2324)	2324	4	离散数学自学考试大纲	离散数学	左孝凌	经济科学出版社	2000年版
计算机系统结构(2325)	2325	4	计算机系统结构自学考试大纲	计算机系统结构	李学干	经济科学出版社	2000年版
操作系统(2326)	2326	5	操作系统自学考试大纲	操作系统	谭耀铭	中国人民大学出版社	2007年版
数据结构(2331)	2331	4	数据结构自学考试大纲	数据结构	黄刘生	经济科学出版社	2000年版
软件工程(2333)	2333	4	软件工程自学考试大纲	软件工程	陆丽娜	经济科学出版社	2000年版

续表

课程名称	课程代码	学分	大纲名称	教材名称	主编	出版社	版次
网络操作系统(2335)	2335	5	网络操作系统自学考试大纲	网络操作系统	徐甲同	吉林大学出版社	2000 年版
光纤通信原理(2338)	2338	4	光纤通信原理自学考试大纲	光纤通信原理	张金菊	中国人民大学出版社	2000 年版 *
非线性电子电路(2342)	2342	4	非线性电子电路自学考试大纲	非线性电子电路	傅丰林	中国人民大学出版社	2007 年版
信号与系统(2354)	2354	5	信号与系统自学考试大纲	信号与系统	杨林耀	中国人民大学出版社	2000 年版
数字通信原理(2360)	2360	4	数字通信原理自学考试大纲	数字通信原理	毛京丽	中国人民大学出版社	2000 年版
通信技术基础(2361)	2361	4	通信技术基础自学考试大纲	通信技术基础	李标庆 张孝强	中国人民大学出版社	2000 年版
数据通信原理	2364	5	数据通信原理自学考试大纲	数据通信原理	倪维桢	中国人民大学出版社	2000 年版 *
计算机软件基础(二)(2365)	2365	5	计算机软件基础自学考试大纲	计算机软件基础	陈维钧	中国电力出版社	2000 年版 *
通信英语(2368)	2368	4	通信英语自学考试大纲	通信英语	张筱华	中国人民大学出版社	2000 年版
计算机通信接口技术(2369)	2369	4	计算机通信接口技术自学考试大纲	计算机通信接口技术	于英民	中国人民大学出版社	2000 年版
程控交换与宽带交换(2372)	2372	5	程控交换与宽带交换自学考试大纲	程控交换与宽带交换	桂海源	中国人民大学出版社	2000 年版
计算机通信网(2373)	2373	5	计算机通信网自学考试大纲	计算机通信网	王晓军 毛京丽	中国人民大学出版社	2000 年版
运筹学基础(2375)	2375	4	运筹学基础自学考试大纲	运筹学基础	张学群	经济科学出版社	2002 年版
信息系统开发(2376)	2376	7	信息系统开发自学考试大纲	信息系统开发	甘仞初	经济科学出版社	2000 年版 *
信息资源管理(2378)	2378	4	信息资源管理自学考试大纲	信息资源管理	甘仞初	经济科学出版社	2000 年版
计算机网络管理(2379)	2379	3	计算机网络管理自学考试大纲	计算机网络管理	雷震甲	经济科学出版社	2006 年版
管理信息系统(2382)	2382	5	管理信息系统自学考试大纲	管理信息系统	杨一平 马慧	经济科学出版社	2007 年版
计算机原理(2384)	2384	4	计算机原理自学考试大纲	计算机原理	侯炳辉	经济科学出版社	2000 年版
土木工程制图(2386)	2386	5	土木工程制图自学考试大纲	土木工程制图	宋兆全	武汉大学出版社	2000 年版
工程测量(2387)	2387	5	工程测量自学考试大纲	工程测量	邹永廉	武汉大学出版社	2000 年版
建筑材料(2389)	2389	3	建筑材料自学考试大纲	建筑材料	王世芳	武汉大学出版社	2000 年版
工程力学(二)(2391)	2391	6	工程力学自学考试大纲	工程力学	刘明威	武汉大学出版社	2000 年版
结构力学(一)(2393)	2393	5	结构力学自学考试大纲	结构力学	郭长城	武汉大学出版社	2000 年版
混凝土及砌体结构(2396)	2396	7	混凝土及砌体结构自学考试大纲	混凝土及砌体结构	程文瀼	武汉大学出版社	2004 年版
土力学及地基基础(2398)	2398	4	土力学及地基基础自学考试大纲	土力学及地基基础	杨小平	武汉大学出版社	2004 年版
建筑施工(一)(2400)	2400	7	建筑施工自学考试大纲	建筑施工	方先和	武汉大学出版社	2004 年版
工程地质及土力学(2404)	2404	3	工程地质及土力学自学考试大纲	工程地质及土力学	王铁儒	武汉大学出版社	2001 年版
结构力学(二)(2439)	2439	6	结构力学(二)自学考试大纲	结构力学(二)	张金生	武汉大学出版社	2007 年版

续表

课程名称	课程代码	学分	大纲名称	教材名称	主编	出版社	版次
混凝土结构设计(2440)	2440	8	混凝土结构设计自学考试大纲	混凝土结构设计	程文瀼	武汉大学出版社	2006 年版
钢结构(2442)	2442	5	钢结构自学考试大纲	钢结构	钟善桐	武汉大学出版社	2005 年版
建筑经济与企业管理(2447)	2447	4	建筑经济与企业管理自学考试大纲	建筑经济与企业管理	周银河 严薇	武汉大学出版社	2001 年版
建筑结构试验(2448)	2448	3	建筑结构试验自学考试大纲	建筑结构试验	姚振纲	武汉大学出版社	2001 年版
环境生态学(2471)	2471	4	环境生态学自学考试大纲	环境生态学	张银龙	辽宁大学出版社	2003 年版
化学基础(2539)	2539	4	化学基础自学考试大纲	化学基础	宁开桂	西安交通大学出版社	2000 年版
农业资源利用与环境保护(2541)	2541	5	农业资源利用与环境保护自学考试大纲	农业资源利用与环境保护	王朝全	经济科学出版社	2000 年版
市场营销(一)(2546)	2546	4	市场营销自学考试大纲	市场营销	何秀荣	经济科学出版社	1997 年版
农业政策与法规(2554)	2554	4	农业政策与法规自学考试大纲	农业政策与法规	陈文宽	经济科学出版社	2001 年版
运筹学与系统分析(2627)	2627	5	运筹学与系统分析自学考试大纲	运筹学与系统分析	陶谦坎 汪应洛	机械工业出版社	2000 年版
管理经济学(2628)	2628	5	管理经济学自学考试大纲	管理经济学	吴德庆	中国人民大学出版社	1999 年版
基础工业工程(2629)	2629	6	基础工业工程自学考试大纲	基础工业工程	张树武 孙义敏	机械工业出版社	2000 年版
计算机辅助管理(2631)	2631	5	计算机辅助管理自学考试大纲	计算机辅助管理	王刊良	机械工业出版社	2001 年版
现代制造系统(2633)	2633	4	现代制造系统自学考试大纲	现代制造系统	罗振璧 朱耀祥	机械工业出版社	2000 年版
生产管理与质量工程(2647)	2647	7	生产管理与质量工程自学考试大纲	生产管理与质量工程	蒋贵善 俞明南	机械工业出版社	2000 年版
设施规划与设计(2648)	2648	8	设施规划与设计自学考试大纲	设施规划与设计	王家善	机械工业出版社	2001 年版
高电压技术(2653)	2653	3	高电压技术自学考试大纲	高电压技术	张一尘	中国电力出版社	2000 年版
植物学(二)(2660)	2660	4	植物学自学考试大纲	植物学	张淑萍	辽宁大学出版社	2008 年版 *
植物生理学(2662)	2662	5	植物生理学自学考试大纲	植物生理学	孟繁静	华中科技大学出版社	2000 年版
农业生态基础(2665)	2665	4	农业生态基础自学考试大纲	农业生态基础	尹 均	经济科学出版社	1996 年版
普通遗传学(2666)	2666	5	普通遗传学自学考试大纲	普通遗传学	程经有	高等教育出版社	2000 年版
土壤肥料学(2668)	2668	5	土壤肥料学自学考试大纲	土壤肥料学	王申贵	经济科学出版社	2000 年版
作物栽培生理(2676)	2676	6	作物栽培生理自学考试大纲	作物栽培生理	任昌福	重庆大学出版社	2000 年版
田间试验与统计方法(2677)	2677	6	田间试验与统计方法自学考试大纲	田间试验与统计方法	朱孝达	重庆大学出版社	2000 年版
农业推广学(2678)	2678	6	农业推广学自学考试大纲	农业推广学	许无惧	经济科学出版社	1997 年版
农产品加工(2680)	2680	4	农产品加工自学考试大纲	农产品加工	罗学刚	经济科学出版社	1997 年版
植物生产概论(2717)	2717	7	植物生产概论自学考试大纲	植物生产概论	徐楚年	经济科学出版社	1997 年版
森林生态学(2745)	2745	4	森林生态学自学考试大纲	森林生态学	张金池	经济科学出版社	1999 年版

续表

课程名称	课程代码	学分	大纲名称	教材名称	主编	出版社	版次
森林培育学(2752)	2752	5	森林培育学自学考试大纲	森林培育学	沈海龙	辽宁大学出版社	2005年版
动物生产概论(2762)	2762	7	动物生产概论自学考试大纲	动物生产概论	张晓岚	经济科学出版社	1997年版
机械基础(2825)	2825	8	机械基础自学考试大纲	机械基础	吴宗泽	机械工业出版社	1996年版
林业政策与法规(2830)	2830	4	林业政策与法规自学考试大纲	林业政策与法规	周训芳	经济科学出版社	1999年版
农业推广技能(2845)	2845	5	农业推广技能自学考试大纲	农业推广技能	郝建平	经济科学出版社	1997年版
农业推广项目管理与评价(2852)	2852	6	农业推广项目管理与评价自学考试大纲	农业推广项目管理与评价	汪荣康	经济科学出版社	1998年版
林业推广学(2853)	2853	5	林业推广学自学考试大纲	林业推广学	张硕新	经济科学出版社	1999年版
农业推广心理基础(2861)	2861	4	农业推广心理基础自学考试大纲	农业推广心理基础	梁福有	经济科学出版社	1997年版
视听教育(2862)	2862	4	视听教育自学考试大纲	视听教育	余海清	经济科学出版社	1997年版
★微生物学与免疫学基础(2864)	2864	4	微生物学与免疫学基础自学考试大纲	微生物学与免疫学基础	安云庆	北京大学医学出版社	2008年版
企业经营战略与市场营销(2897)	2897	4	企业经营战略与市场营销自学考试大纲	企业经营战略与市场营销	张庚森 张仁华	机械工业出版社	2001年版
生理学(2899)	2899	4	生理学自学考试大纲	生理学	朱大年	北京大学医学出版社	2006年版
病理学(2901)	2901	6	病理学自学考试大纲	病理学	吴秉铨	北京大学医学出版社	2006年版
药理学(一)(2903)	2903	4	药理学自学考试大纲	药理学	金有豫	北京大学医学出版社	2006年版
护理伦理学(2996)	2996	4	护理伦理学自学考试大纲	护理伦理学	丛亚丽	北京大学医学出版社	2008年版
★护理学基础(2997)	2997	8	护理学基础自学考试大纲	护理学基础	绳宇	北京大学医学出版社	2008年版
内科护理学(一)(2998)	2998	8	内科护理学自学考试大纲	内科护理学	姚景鹏	北京大学医学出版社	2007年版
★营养学(3000)	3000	3	营养学自学考试大纲	营养学	郭红卫	北京大学医学出版社	2008年版
外科护理学(一)(3001)	3001	8	外科护理学自学考试大纲	外科护理学	顾　沛	北京大学医学出版社	2008年版
妇产科护理学(一)(3002)	3002	4	妇产科护理学自学考试大纲	妇产科护理学	何　仲	北京大学医学出版社	2008年版
★儿科护理学(一)(3003)	3003	4	儿科护理学自学考试大纲	儿科护理学	陈京立	北京大学医学出版社	2008年版
社区护理学(一)(3004)	3004	5	社区护理学自学考试大纲	社区护理学	刘纯艳	湖南科学技术出版社	2001年版
护理教育导论(3005)	3005	5	护理教育导论自学考试大纲	护理教育导论	郑修霞	湖南科学技术出版社	2001年版
护理管理学(3006)	3006	5	护理管理学自学考试大纲	护理管理学	姜小鹰	上海科学技术出版社	2001年版
急救护理学(3007)	3007	5	急救护理学自学考试大纲	急救护理学	王庸晋	上海科学技术出版社	2001年版
护理学研究(3008)	3008	5	护理学研究自学考试大纲	护理学研究	肖顺贞	湖南科学技术出版社	2001年版
精神障碍护理学(3009)	3009	5	精神障碍护理学自学考试大纲	精神障碍护理学	宋燕华	湖南科学技术出版社	2001年版
妇产科护理学(二)(3010)	3010	5	妇产科护理学(二)自学考试大纲	妇产科护理学(二)	岳亚飞	湖南科学技术出版社	2001年版

续表

课程名称	课程代码	学分	大纲名称	教材名称	主编	出版社	版次
儿科护理学(二)(3011)	3011	5	儿科护理学(二)自学考试大纲	儿科护理学(二)	崔 焱	上海科学技术出版社	2002年版
局域网技术与组网工程(3141)	3141	5	局域网技术与组网工程自学考试大纲	局域网技术与组网工程	张公忠	经济科学出版社	2000年版
互联网及其应用(3142)	3142	5	互联网及其应用自学考试大纲	互联网及其应用	袁保宗	吉林大学出版社	2000年版
通信经济理论基础(3154)	3154	3	通信经济理论基础自学考试大纲	通信经济理论基础	高 斌	中国人民大学出版社	1999年版
现代电信技术概论(3155)	3155	4	现代电信技术概论自学考试大纲	现代电信技术概论	吴德本	中国人民大学出版社	1999年版
现代邮政通信技术概论(3156)	3156	4	现代邮政技术概论自学考试大纲	现代邮政技术概论	时良平	中国人民大学出版社	1999年版
电信管理(3157)	3157	4	电信管理自学考试大纲	电信管理	梁雄健	中国人民大学出版社	1999年版
邮政管理(3158)	3158	4	邮政管理自学考试大纲	邮政管理	苑春荟	中国人民大学出版社	2000年版
邮电经营管理(3159)	3159	4	邮电经营管理自学考试大纲	邮电经营管理	吕 亮	中国人民大学出版社	2000年版
邮电管理信息系统(3160)	3160	4	邮电管理信息系统自学考试大纲	邮电管理信息系统	忻展红	中国人民大学出版社	2000年版
林学概论(3162)	3162	6	林学概论自学考试大纲	林学概论	马履一	经济科学出版社	1998年版
林业经济管理(3163)	3163	6	林业经济管理自学考试大纲	林业经济管理	高 岚	经济科学出版社	1999年版
环境科学概论(3164)	3164	6	环境科学概论自学考试大纲	环境科学概论	李玉文	经济科学出版社	1999年版
森林防火(3165)	3165	4	森林防火自学考试大纲	森林防火	胡海清	经济科学出版社	1999年版
社会林业(3166)	3166	4	社会林业自学考试大纲	社会林业	曹广侠	经济科学出版社	1999年版
林业生态环境评价(3167)	3167	5	林业生态环境评价自学考试大纲	林业生态环境评价	薛建辉	经济科学出版社	1999年版
森林资源与环境管理(3168)	3168	6	森林资源与环境管理自学考试大纲	森林资源与环境管理	孟宪宇	经济科学出版社	1999年版
生态经济管理(3169)	3169	5	生态经济管理自学考试大纲	生态经济管理	陈秋华	经济科学出版社	1999年版
软件开发工具(3173)	3173	5	软件开发工具自学考试大纲	软件开发工具	陈 禹 方美琪	经济科学出版社	2000年版
生物化学(三)(3179)	3179	4	生物化学自学考试大纲	生物化学	章有章	北京大学医学出版社	2006年版
预防医学(二)(3200)	3200	6	预防医学(二)自学考试大纲	预防医学(二)	黄子杰	上海科学技术出版社	2001年版
护理学导论(3201)	3201	5	护理学导论自学考试大纲	护理学导论	李小妹	湖南科学技术出版社	2001年版
内科护理学(二)(3202)	3202	5	内科护理学(二)自学考试大纲	内科护理学(二)	冯正仪	上海科学技术出版社	2001年版
外科护理学(二)(3203)	3203	5	外科护理学(二)自学考试大纲	外科护理学(二)	顾 沛	上海科学技术出版社	2002年版
现代控制技术基础(3206)	3206	6	现代控制技术基础自学考试大纲	现代控制技术基础	翁贻方 赵长德	机械工业出版社	2003年版
电机与控制(3209)	3209	5	电机与控制自学考试大纲	电机与控制	郭兴朴	机械工业出版社	2003年版
机电系统智能控制技术(3211)	3211	5	机电系统智能控制技术自学考试大纲	机电系统智能控制技术	韩力群	机械工业出版社	2003年版
生物学基础(3224)	3224	4	生物学基础自学考试大纲	生物学基础	李吉跃	辽宁大学出版社	2003年版

续表

课程名称	课程代码	学分	大纲名称	教材名称	主编	出版社	版次
森林资源经营管理(3225)	3225	5	森林资源经营管理自学考试大纲	森林资源经营管理	李凤日	辽宁大学出版社	2004年版
森林保护学(3227)	3227	4	森林保护学自学考试大纲	森林保护学	魏美才	辽宁大学出版社	2004年版
自然保护区管理(3228)	3228	4	自然保护区管理自学考试大纲	自然保护区管理	薛建辉	辽宁大学出版社	2004年版
林政学(3229)	3229	5	林政学自学考试大纲	林政学	吴铁雄	辽宁大学出版社	2004年版
环境经济管理(3230)	3230	5	环境经济管理自学考试大纲	环境经济管理	高 岚	辽宁大学出版社	2004年版
水土保持学(3231)	3231	7	水土保持学自学考试大纲	水土保持学	张金池	辽宁大学出版社	2004年版
林业生态工程学(3233)	3233	7	林业生态工程学自学考试大纲	林业生态工程学	王百田	辽宁大学出版社	2005年版
林业生态工程项目管理(3235)	3235	6	林业生态工程项目管理自学考试大纲	林业生态工程项目管理	张彩虹	辽宁大学出版社	2005年版
人际关系学(3291)	3291	6	人际关系学自学考试大纲	人际关系学	冯 兰	辽宁大学出版社	2004年版
公共关系口才(3292)	3292	6	公共关系口才自学考试大纲	公共关系口才	黄士平	辽宁大学出版社	2004年版
现代谈判学(3293)	3293	6	现代谈判学自学考试大纲	现代谈判学	蒋春堂	辽宁大学出版社	2004年版
公共关系案例(3294)	3294	6	公共关系案例自学考试大纲	公共关系案例	涂光晋	辽宁大学出版社	2004年版
国际公共关系(3295)	3295	6	国际公共关系自学考试大纲	国际公共关系	郭惠民	辽宁大学出版社	2005年版
企业文化(3297)	3297	6	企业文化自学考试大纲	企业文化	强以华	辽宁大学出版社	2004年版
创新思维理论与方法(3298)	3298	6	创新思维理论与方法自学考试大纲	创新思维理论与方法	周祯祥	辽宁大学出版社	2005年版
广告运作策略(3299)	3299	4	广告运作策略自学考试大纲	广告运作策略	黄升民	辽宁大学出版社	2005年版
现代媒体总论(3300)	3300	5	现代媒体总论自学考试大纲	现代媒体总论	金梦玉	辽宁大学出版社	2005年版
劳动和社会保障概论(3312)	3312	6	劳动和社会保障概论自学考试大纲	劳动和社会保障概论	褚福灵 宋连辉	中国劳动社会保障出版社	2005年版
劳动和社会保障法制建设(3313)	3313	6	劳动和社会保障法制建设自学考试大纲	劳动和社会保障法制建设	余明勤	中国劳动社会保障出版社	2005年版
劳动和社会保险统计与计算机应用(3320)	3320	6	劳动和社会保险统计与计算机应用自学考试大纲	劳动和社会保险统计与计算机应用	丁大建 赵锡铭	中国劳动社会保障出版社	2005年版
劳动和社会保险业务案例分析(3321)	3321	3	劳动和社会保险业务案例分析自学考试大纲	劳动和社会保障业务案例分析	宋连辉	中国劳动社会保障出版社	2005年版
劳动和社会保障法(3322)	3322	8	劳动和社会保障法自学考试大纲	劳动和社会保障法	杨燕绥	中国劳动社会保障出版社	2005年版
劳动经济学(3323)	3323	8	劳动经济学自学考试大纲	劳动经济学	王守志	中国劳动社会保障出版社	2005年版

续表

课程名称	课程代码	学分	大纲名称	教材名称	主编	出版社	版次
劳动关系学(3325)	3325	8	劳动关系学自学考试大纲	劳动关系学	程延园	中国劳动社会保障出版社	2005年版
社会保障国际比较(3326)	3326	8	社会保障国际比较自学考试大纲	社会保障国际比较	褚福灵	中国劳动社会保障出版社	2005年版
社会保险基金管理与监督(3327)	3327	8	社会保险基金管理与监督自学考试大纲	社会保险基金管理与监督	吕学静 张寿琪	中国劳动社会保障出版社	2005年版
公共管理(3328)	3328	8	公共管理自学考试大纲	公共管理	方虹	中国劳动社会保障出版社	2005年版
流体力学(3347)	3347	5	流体力学自学考试大纲	流体力学	刘鹤年	武汉大学出版社	2006年版
政府经济管理概论(3349)	3349	5	政府经济管理概论自学考试大纲	政府经济管理概论	孙亚忠 金乐琴	中国人民大学出版社	2004年版
社会研究方法(3350)	3350	4	社会研究方法自学考试大纲	社会研究方法	关信平	高等教育出版社	2004年版
社区护理学导论(3621)	3621	8	社区护理学导论自学考试大纲	社区护理学导论	郑修霞	北京大学医学出版社	2007年版
社区健康评估(3622)	3622	6	社区健康评估自学考试大纲	社区健康评估	李春玉	北京大学医学出版社	2007年版
社区特殊人群保健(3623)	3623	5	社区特殊人群保健自学考试大纲	社区特殊人群保健	刘建芬	北京大学医学出版社	2007年版
社区常见健康问题(3624)	3624	6	社区常见健康问题自学考试大纲	社区常见健康问题	陈佩云	北京大学医学出版社	2007年版
社区护理技术(3625)	3625	5	社区护理技术自学考试大纲	社区护理技术	尚少梅	北京大学医学出版社	2007年版
社区康复护理(3626)	3626	5	社区康复护理自学考试大纲	社区康复护理	刘纯艳	北京大学医学出版社	2007年版
社区卫生服务管理(3627)	3627	5	社区卫生服务管理自学考试大纲	社区卫生服务管理	傅 华	北京大学医学出版社	2007年版
社区精神卫生护理(3628)	3628	8	社区精神卫生护理自学考试大纲	社区精神卫生护理	刘晓虹	北京大学医学出版社	2007年版
中医护理学基础(3629)	3629	8	中医护理学基础自学考试大纲	中医护理学基础	韩丽沙	北京大学医学出版社	2007年版
护理学研究(二)(3699)	3699	8	护理学研究(二)自学考试大纲	护理学研究(二)	刘 宇	北京大学医学出版社	2007年版
护理社会学概论(3700)	3700	7	护理社会学概论自学考试大纲	护理社会学概论	王 雯	北京大学医学出版社	2007年版
思想道德修养与法律基础(3706)	3706	2	思想道德修养与法律基础学考试大纲	思想道德修养与法律基础	刘瑞复 李毅红	高等教育出版社	2008年版
毛泽东思想、邓小平理论和“三个代表”重要思想概论(3707)	3707	4	毛泽东思想、邓小平理论和“三个代表”重要思想概论自学考试大纲	毛泽东思想、邓小平理论和“三个代表”重要思想概论	钱淦荣 罗正楷	北京大学出版社	2008年版
中国近现代史纲要(3708)	3708	2	中国近现代史纲要自学考试大纲	中国近现代史纲要	王顺生 李 捷	高等教育出版社	2008年版
马克思主义基本原理概论(3709)	3709	4	马克思主义基本原理概论自学考试大纲	马克思主义基本原理概论	卫兴华 赵家祥	北京大学出版社	2008年版
中国文化导论(4121)	4121	6	中国文化导论自学考试大纲	中国文化导论	陈 洪 赵 季	南开大学出版社	2007年版
文化产业与管理(4122)	4122	5	文化产业与管理自学考试大纲	文化产业与管理	胡惠林	南开大学出版社	2007年版

续表

课程名称	课程代码	学分	大纲名称	教材名称	主编	出版社	版次
外国文化导论(4123)	4123	6	外国文化导论自学考试大纲	外国文化导论	刘建军	南开大学出版社	2006 年版
文化经济学(4124)	4124	5	文化经济学自学考试大纲	文化经济学	程恩富 顾钰民	南开大学出版社	2007 年版
文化市场与营销(4127)	4127	6	文化市场与营销自学考试大纲	文化市场与营销	王育济	南开大学出版社	2007 年版
概率论与数理统计(经管类)(4183)	4183	5	概率论与数理统计(经管类)自学考试大纲	概率论与数理统计(经管类)	柳金甫 王义东	武汉大学出版社	2006 年版
线性代数(经管类)(4184)	4184	4	线性代数(经管类)自学考试大纲	线性代数(经管类)	刘吉佑 徐诚浩	武汉大学出版社	2006 年版
老年护理学(4435)	4435	5	老年护理学自学考试大纲	老年护理学	尤黎明	北京大学医学出版社	2007 年版
康复护理学(4436)	4436	5	康复护理学自学考试大纲	康复护理学	黄永禧 王宁华	北京大学医学出版社	2007 年版
大学语文(4729)	4729	4	大学语文自学考试大纲	大学语文	徐中玉 陶型传	华东师范大学出版社	2006 年版
电子技术基础(三)(4730)	4730	7	电子技术基础(三)自学考试大纲	电子技术基础(三)	温希东	经济科学出版社	2006 年版
微型计算机及接口技术(4732)	4732	5	微型计算机及接口技术自学考试大纲	微型计算机及接口技术	孙德文	经济科学出版社	2007 年版
数据库系统原理(4735)	4735	6	数据库系统原理自学考试大纲	数据库系统原理	丁宝康	经济科学出版社	2007 年版
C++程序设计(4737)	4737	5	C++程序设计自学考试大纲	C++程序设计	刘振安	机械工业出版社	2008 年版
计算机网络原理(4741)	4741	4	计算机网络原理自学考试大纲	计算机网络原理	杨明福	经济科学出版社	2007 年版
★通信概论(4742)	4742	5	通信概论自学考试大纲	通信概论	曹丽娜	机械工业出版社	2008 年版
Java 语言程序设计(一)(4747)	4747	4	Java 语言程序设计(一)自学考试大纲	Java 语言程序设计(一)	夏宽理	机械工业出版社	2008 年版
电子商务与电子政务(4754)	4754	4	电子商务与电子政务自学考试大纲	电子商务与电子政务	陈建斌	机械工业出版社	2008 年版
调查法规(4766)	4766	4	调查法规自学考试大纲	调查法规	程子林	中国财政经济出版社	2007 年版
现场调查组织与管理(4767)	4767	6	现场调查组织与管理自学考试大纲	现场调查组织与管理	戚少成	中国财政经济出版社	2007 年版
访问技巧(4773)	4773	6	访问技巧自学考试大纲	访问技巧	简 明	中国海关出版社	2006 年版
宏观经济指标分析(4775)	4775	3	宏观经济指标分析自学考试大纲	宏观经济指标分析	吴汉洪	中国海关出版社	2006 年版
抽样调查案例(4776)	4776	3	抽样调查案例自学考试大纲	抽样调查案例	倪加勋	中国财政经济出版社	2007 年版
经济数学(一)(4829)	4829	6	经济数学自学考试大纲	经济数学	张天德 崔玉泉	中国财政经济出版社	2007 年版
物流数学(5361)	5361	6	物流数学自学考试大纲	物流数学	付维潼	高等教育出版社	2006 年版
物流英语(5362)	5362	7	物流英语自学考试大纲	物流英语	毛浚纯	高等教育出版社	2006 年版
物流企业会计(5364)	5364	4	物流企业会计自学考试大纲	物流企业会计	刘东明	高等教育出版社	2005 年版
国际物流导论(5372)	5372	4	国际物流导论自学考试大纲	国际物流导论	王德章	高等教育出版社	2006 年版
物流企业财务管理(5374)	5374	5	物流企业财务管理自学考试大纲	物流企业财务管理	刘东明	高等教育出版社	2005 年版

续表

课程名称	课程代码	学分	大纲名称	教材名称	主编	出版社	版次
心理健康教育概论(5615)	5615	4	心理健康教育概论自学考试大纲	心理健康教育概论	伍新春	北京大学医学出版社	2006 年版
心理测量与评估(5616)	5616	8	心理测量与评估自学考试大纲	心理测量与评估	漆书青	北京大学医学出版社	2007 年版
青少年心理卫生(5618)	5618	6	青少年心理卫生自学考试大纲	青少年心理卫生	许百华	北京大学医学出版社	2007 年版
心理咨询与辅导(一)(5619)	5619	8	心理咨询与辅导(一)自学考试大纲	心理咨询与辅导(一)	陶峡炟	北京大学医学出版社	2006 年版
心理的生物学基础(5621)	5621	6	心理的生物学基础自学考试大纲	心理的生物学基础	王立新	北京大学医学出版社	2008 年版
临床心理学(5622)	5622	8	临床心理学自学考试大纲	临床心理学	梁宝勇	北京大学医学出版社	2007 年版
心理治疗(一)(5624)	5624	8	心理治疗(一)自学考试大纲	心理治疗(一)	郑日昌	北京大学医学出版社	2006 年版
变态心理学(一)(5626)	5626	4	变态心理学(一)自学考试大纲	变态心理学(一)	王建平	北京大学医学出版社	2006 年版
职业辅导(5627)	5627	3	职业辅导自学考试大纲	职业辅导	侯志瑾	北京大学医学出版社	2008 年版
团体咨询(5628)	5628	4	团体咨询自学考试大纲	团体咨询	樊富珉	北京大学医学出版社	2006 年版
法理学(5677)	5677	7	法理学自学考试大纲	法理学	周旺生	北京大学出版社	2007 年版
金融法(5678)	5678	4	金融法自学考试大纲	金融法	吴志攀 刘 燕	北京大学出版社	2008 年版
宪法学(5679)	5679	4	宪法学自学考试大纲	宪法学	魏定仁	北京大学出版社	2005 年版
婚姻家庭法(5680)	5680	3	婚姻家庭法自学考试大纲	婚姻家庭法(一)	杨大文 马忆南	北京大学出版社	2004 年版
公共经济学(5722)	5722	5	公共经济学自学考试大纲	公共经济学	华 民	机械工业出版社	2007 年版
非政府组织管理(5723)	5723	4	非政府组织管理自学考试大纲	非政府组织管理	马庆钰	机械工业出版社	2007 年版
医学基础总论(5735)	5735	8	医学基础总论自学考试大纲	医学基础总论	王卫国	北京大学医学出版社	2006 年版
基础化学(5737)	5737	6	基础化学自学考试大纲	基础化学	吕以仙 李荣昌	北京大学医学出版社	2006 年版
生物化学(四)(5739)	5739	6	生物化学(四)自学考试大纲	生物化学(四)	李 刚	北京大学医学出版社	2006 年版
微生物与食品微生物(5741)	5741	4	微生物与食品微生物自学考试大纲	微生物与食品微生物	李平兰	北京大学医学出版社	2006 年版
基础营养学(5743)	5743	4	基础营养学自学考试大纲	基础营养学	苏宜香	北京大学医学出版社	2006 年版
食品加工与保藏(专)(5744)	5744	4	食品加工与保藏(专)自学考试大纲	食品加工与保藏(专)	綦菁华	北京大学医学出版社	2006 年版
人体营养(5745)	5745	6	人体营养自学考试大纲	人体营养	林晓明	北京大学医学出版社	2006 年版
食品卫生学(5746)	5746	4	食品卫生学自学考试大纲	食品卫生学	张万起	北京大学医学出版社	2006 年版
临床医学总论(5747)	5747	6	临床医学总论自学考试大纲	临床医学总论	周 普	北京大学医学出版社	2006 年版
疾病的营养防治(5748)	5748	8	疾病的营养防治自学考试大纲	疾病的营养防治	李淑媛	北京大学医学出版社	2006 年版
中医营养学基础(5749)	5749	4	中医营养学基础自学考试大纲	中医营养学基础	周 俭	北京大学医学出版社	2006 年版
食品卫生法规与监督(5750)	5750	4	食品卫生法规与监督自学考试大纲	食品卫生法规与监督	包大跃	北京大学医学出版社	2006 年版

续表

课程名称	课程代码	学分	大纲名称	教材名称	主编	出版社	版次
烹饪与膳食管理基础(5751)	5751	6	烹饪与膳食管理基础自学考试大纲	烹饪与膳食管理基础	闫怀成	北京大学医学出版社	2006年版
食品化学与分析(5753)	5753	6	食品化学与分析自学考试大纲	食品化学与分析	黄国伟	北京大学医学出版社	2006年版
实用卫生统计学(5755)	5755	6	实用卫生统计学自学考试大纲	实用卫生统计学	康晓平	北京大学医学出版社	2006年版
流行病学(5757)	5757	6	流行病学自学考试大纲	流行病学	胡永华	北京大学医学出版社	2006年版
健康教育与健康促进(5759)	5759	5	健康教育与健康促进自学考试大纲	健康教育与健康促进	张竞超	北京大学医学出版社	2006年版
营养学(一)(5760)	5760	8	营养学(一)自学考试大纲	营养学(一)	苏宜香	北京大学医学出版社	2006年版
临床营养学(5762)	5762	8	临床营养学自学考试大纲	临床营养学	李淑媛	北京大学医学出版社	2006年版
中医营养学(5763)	5763	8	中医营养学自学考试大纲	中医营养学	周 俭	北京大学医学出版社	2006年版
食品毒理学(5764)	5764	4	食品毒理学自学考试大纲	食品毒理学	郝卫东	北京大学医学出版社	2006年版
新型食品概论(5766)	5766	4	新型食品概论自学考试大纲	新型食品概论	孙长颢	北京大学医学出版社	2006年版
食品加工与保藏(本)(5767)	5767	6	食品加工与保藏(本)自学考试大纲	食品加工与保藏(本)	綦菁华	北京大学医学出版社	2006年版
社区营养学(5769)	5769	4	社区营养学自学考试大纲	社区营养学	吴 坤	北京大学医学出版社	2006年版
烹饪营养学(一)(5770)	5770	6	烹饪营养学(一)自学考试大纲	烹饪营养学(一)	路新国	北京大学医学出版社	2006年版
国际商务英语(5844)	5844	6	国际商务英语自学考试大纲	国际商务英语	王学文	中国人民大学出版社	2005年版
电力企业管理概论(6137)	6137	6	电力企业管理概论自学考试大纲	电力企业管理概论	张文泉	中国电力出版社	2003年版
电力市场法律法规选读(6138)	6138	4	电力市场法律法规选读自学考试大纲	电力市场法律法规选读	吕振勇 涂梅英	中国电力出版社	2003年版
电力市场基础(6139)	6139	5	电力市场基础自学考试大纲	电力市场基础	毛 晋	中国电力出版社	2003年版
农村电力市场基础(6140)	6140	5	农村电力市场基础自学考试大纲	农村电力市场基础	王广庆	中国电力出版社	2003年版
电力销售与管理(6141)	6141	5	电力销售与管理自学考试大纲	电力销售与管理	王广庆	中国电力出版社	2003年版
多种经营管理	6142	5	多种经营管理自学考试大纲	多种经营管理	王东林	中国电力出版社	2003年版

注:1. 在2009年首次使用的新教材或修订改版后首次启用的教材,均在课程名称栏内加“★”,以示区别。

2. 2009年统考课程使用的教材版次均为印刷改版后的最新版次。在“版次”栏内加注“＊”的课程表示其大纲和教材内容及要求未变动,只是改为大纲、教材合订或仅版式大小及装帧有所变化。

3. 本目录内的课程学分含实践性环节学分。